Rudolf Simek
Religion und Mythologie der Germanen

Rudolf Simek

Religion und Mythologie
der Germanen

Wissenschaftliche Buchgesellschaft

Das Werk ist in allen seinen Teilen urheberrechtlich geschützt.
Jede Verwertung ist ohne Zustimmung des Verlages unzulässig.
Das gilt insbesondere für Vervielfältigungen,
Übersetzungen, Mikroverfilmungen und die Einspeicherung in
und Verarbeitung durch elektronische Systeme.

© 2003 by Wissenschaftliche Buchgesellschaft, Darmstadt
Gedruckt auf säurefreiem und alterungsbeständigem Papier
Printed in Germany

Besuchen Sie uns im Internet: www.wbg-darmstadt.de

ISBN 3-534-16910-7

Inhaltsverzeichnis

Abkürzungsverzeichnis 9

I. Der lebende Mythos der germanischen Vorfahren: Drei Fallbeispiele 11
   1. Dreitausend Jahre lang verehrt und keiner kennt sie. Die vergessenen
      Göttinnen des Rheinlandes 11
   2. Odin sei bei uns! Junge Heiden und ihre alten Götter 13
   3. Wagner oder: Warum wanken Walküren nicht? 17

II. Vorspiel: Die Megalithkultur in West- und Nordeuropa und die skandinavische
    Bronzezeit 20
   1. Das Geheimnis der Megalithen 20
      a) Dolmen, Ganggräber und Hünengräber 22
      b) Steinkreise, Alleen und Menhire 31
   2. Bronzezeitliche Felszeichnungen als religiöse Urkunden 36

III. Das Opfer 42
   1. Das öffentliche Opfer 42
      a) Der öffentliche Opferkult der Eisenzeit 42
          Kriegsbeuteopfer 42
          Öffentliche Opferfeiern 52
          Wagenopfer 55
          Menschenopfer 58
          Weitere Formen kollektiven Opfers 64
      b) Die goldene Zeit Dänemarks: Goldopfer der Völkerwanderungszeit . . . 67
          Die Männerdarstellungen 74
          Die Darstellung von Paaren 76
          Tänzergruppe 77
          Die Frauendarstellungen 78
      c) Die Opfertätigkeit der Wikingerzeit 79
      d) Heilige Haine, Festhallen, Altäre 87
   2. Das private Opfer 97

IV. Die Götterwelt des heidnischen Polytheismus 103
   1. Idole, anthropomorphe Kultpfähle und Götterbilder 103
   2. Göttertriaden und Götter des germanischen Altertums 108
   3. Die Vielzahl der weiblichen Gottheiten (Matronen, Disen, Nornen, Walküren) 117

4. Das wikingerzeitliche nordische Pantheon 128
   a) Die Götter 130
   b) Die Göttinnen 153
5. Die persönliche Bindung an Götter 159

V. Die niedere Mythologie 165

VI. Vorchristliche germanische Kosmogonie, Kosmologie und Eschatologie 173
1. Kosmogonie 173
2. Kosmologie 175
3. Eschatologie 179
4. Die Rolle des unpersönlichen Schicksals 182
5. Jenseits der Mythologie: die Heiligkeit des Landes 185

VII. Tod und Jenseits: Die Fragen nach den letzten Dingen 190
1. Begräbnis und Grabbrauch 190
2. Jenseitsvorstellungen der heidnischen Spätzeit 201
   a) Seelenglauben 201
   b) Totenreiche 207

VIII. Magie und Zauber 213
1. Weiße Magie 213
2. Schwarze Magie 215
3. Zaubersprüche 217
4. Runenzauber 220
5. Seherinnen und Weissagungen 224

IX. Síðaskipti: Der Glaubenswechsel und seine Phasen 228
1. Die Christianisierung der germanischen Stämme auf dem europäischen
   Festland 229
2. Die Bekehrung Britanniens 235
3. Die Bekehrung Skandinaviens 240
4. Die Phasen der Bekehrungsgeschichte 251
5. Síðaskipti: Sitten und Gebräuche 255
6. Inhaltliche Elemente der Bekehrung vom Heidentum zum Christentum . . . 257
7. Einflüsse der Germanenmission auf das Christentum 260

X. Nachspiel: Das germanische Heidentum in der christlichen Zeit: antiquarisch-
historische und dichterische Beschäftigung im Mittelalter 263

Anmerkungen 285

Quellen 303

Literatur 305
  Vorgermanische Megalithkultur und Bronzezeit 305
  Germanische Religion und Mythologie 307

Register 330

Abbildungsverzeichnis 332

Abkürzungsverzeichnis

adän.	altdänisch	isl.	isländisch
afries.	altfriesisch	Jh.	Jahrhundert
ags.	angelsächsisch	Kap.	Kapitel
ahd.	althochdeutsch	lat.	lateinisch
air.	altirisch	lett.	lettisch
altengl.	altenglisch	lit.	litauisch
altnord.	altnordisch	mask.	maskulin
altsächs.	altsächsisch	mhd.	mittelhochdeutsch
dän.	dänisch	mnd.	mittelniederdeutsch
dt.	deutsch	mnl.	mittelniederländisch
engl.	englisch	nhd.	neuhochdeutsch
f.	und eine folgende Seite	nl.	niederländisch
fem.	feminin	norweg.	norwegisch
ff.	und folgende Seiten	pl.	Plural
franz.	französisch	röm.	römisch
fries.	friesisch	run.	runisch
germ.	germanisch	S.	Seite
got.	gotisch	schwed.	schwedisch
griech.	griechisch	sg.	Singular
hl.	heilige/-r	Str.	Strophe
holl.	holländisch	*	erschlossene Form
Hs.	Handschrift	>	geworden zu
idg.	indogermanisch	<	entstanden aus

Zahlen hinter Werktiteln beziehen sich, soweit nicht anders angegeben, auf Kapitel bzw. Strophen.

I. Der lebende Mythos
der germanischen Vorfahren: Drei Fallbeispiele

1. Dreitausend Jahre lang verehrt und keiner kennt sie. Die vergessenen Göttinnen des Rheinlandes

Gleichgültig, zu welcher Jahreszeit man sich in die nördlichen Ausläufer der Eifel aufmacht, des vulkanischen Hügellandes westlich des Rheins zwischen Koblenz und Bonn gelegen, kann man auch noch heute auf eine stille, fast heimliche Verehrung von Muttergottheiten stoßen. Die Verehrung, um die es hier geht, manifestiert sich im Anzünden von Kerzen, dem Niederlegen von Blumen und vielerlei kleinen Gaben an den Altären, die archäologisch korrekt ausgegraben und konservatorisch auf einen beschränkten Besucherkreis eingerichtet frei in der Landschaft auf Hügelkuppen nahe den Ortschaften Pesch und Nettersheim zu finden sind. Neben Kerzen, Blumen und Münzen, im Herbst auch oft Früchten, finden sich vereinzelt persönliche Gaben, ein billiges Armband etwa oder die Halskette eines Kindes, als Votivgaben auf den Altären der Göttinnen, deren Gedenksteine seit rund 1700 bis 1800 Jahren an denselben Stellen stehen (Abb. 1). Diese Verehrung steht in ihrer Form der volkstümlichen katholischen Heiligenverehrung und, wenn auch weniger deutlich ausgeprägt, dem ebenfalls vorwiegend katholischen Totengedenken nahe, was sich schon rein äußerlich an den in beiden Kultformen verwendeten Grabkerzen zeigt. Vielleicht nicht ganz zufällig hat der Kult der Matronen hier in einer durch und durch katholischen Gegend überlebt, während in anderen Zentren ihrer ursprünglichen Verehrung, etwa im römischen Britannien, davon nichts geblieben ist. Die Tafeln des Amtes für Rheinische Landeskunde berichten über die Ausgrabungsgeschichte, das Alter und die relative Lage dieser „römischen" Matronentempel zu den römerzeitlichen Siedlungen und Straßen der Umgebung und geben auch die Inschriften korrekt und mit deutscher Übersetzung wieder; sie verraten aber nicht, wofür diese fast immer in Dreiergruppen dargestellten Göttinnen verehrt wurden. Die Spender der Votivgaben wissen es wohl, und nicht umsonst erzählt man sich in der Gegend, dass ihre Anhänger nicht nur hierher pilgern, um ihre kleinen Gaben mit einem Wunsch niederzulegen, sondern dass auch kinderlose Ehepaare bisweilen den nächtlich-ruhigen Rasen in den Tempelruinen in warmen Nächten zum Beischlaf nutzen, um durch die Anwesenheit der Göttinnen ihrem Kinderwunsch Nachdruck zu verleihen. In der Tat war eine der ursprünglichen Funktionen dieser Göttinnen die ganz konkrete Fruchtbarkeit in der Familie, so wie andere private und familiäre Anliegen auch.

Die Tempelanlagen der Muttergottheiten in der Eifel wurden angelegt, als die römische Großstadt Colonia Agrippinensis, das heutige Köln, für ihre Versorgung eine 90 km lange Wasserleitung aus der Eifel zu bauen begann. Der Bau dieses Aquädukts mit der unerhörten Tagesleistung von 30 Millionen Liter Wasser verwandelte die bislang nur vereinzelt von Gutshöfen bewirtschaftete Eifel zu einer Großbaustelle mit Steinbrüchen, Kalkgruben und

Abb. 1: Matronentempel in Nettersheim in der Eifel.

Ziegelwerken, die mit der Anlage von Manufakturen und Straßen auch eine entsprechende Administration nach sich zog. Viele Beamte dieser Administration waren einheimische Ubier, ein urspünglich rechtsrheinischer germanisch-keltischer Mischstamm, der sich unter dem Druck der Sueben 38 v. Chr. unter Augustus auf die linke Rheinseite umsiedeln ließ und sich eng mit den Römern verbündete, aber auch mit einheimischen Kelten aus Siedlungen zwischen Köln, Eifel und Remagen verschmolz. Die Ubier und andere Germanen in römischen Diensten im 50 n. Chr. gegründeten Veteranenlager Colonia Agrippinensis gaben sich betont römisch, verwendeten Latein und partizipierten zu ihrem Vorteil an der römischen Kultur. Was sie aber offenbar nicht aufgaben, waren Teile ihrer Religion. Für die diesbezüglich tolerante römische Administration stellte das kein Problem dar, und so entstanden vielerorts, zuerst wohl in den Städten, dann an etwas abgelegeneren Orten wie den Hügelchen der Eifel, Tempel in römischem Stil, die aber einheimischen, vorrömischen und germanischen (sowie auch keltischen) Göttinnen geweiht waren. In diesen Tempeln wurden die verehrten Muttergottheiten, die so genannten Matronen, auf kleinen Votivaltären dargestellt und mit einer Inschrift versehen, wobei preisgünstigere Ausführungen für kleinere Beamte auch hin und wieder nur die Inschrift trugen und auf die Darstellung verzichteten. Die Darstellung auf den in römischem Stil gehaltenen Altärchen zeigt üblicherweise drei sitzende Frauengestalten, von denen die beiden äußeren durch ihre (ubische) Haartracht mit großen runden gestärkten Hauben als verheiratete Frauen, die mittlere durch ihr offenes Haar als Jungfrau, d. h. als unverheiratet, gekennzeichnet waren. Auf dem Schoß halten die Frauengestalten Fruchtkörbchen, Früchte, aber auch Windeln, und dies allein ist schon ein Hinweis auf die Funktion wenigstens mancher der Matronen. Die Inschriften, in denen sich die Stifter mit Namen und Berufsbezeichnung bei den jeweils eingangs genannten Matronen bedanken, und zwar „freiwillig und gerne bedanken", wie oft ausdrücklich erwähnt wird, nennen die Wünsche für das erfüllte Gelübde nur selten direkt, aber oft erwähnt einer der Stifter, dass er das Gelübde „für sich und die Seinen" abgelegt habe, dass es sich also um eine Familienangelegenheit handele. Wir kennen aus diesen Inschriften über 100 verschiedene germanische Namen solcher Göttinnen-Dreiheiten, aber die wenigsten können wir deuten, nur manchmal können wir die Funktion aus der Etymologie des Namens erahnen. Dabei erweisen sich etliche der Göttinnen als Lokalgottheiten, andere stellen sich trotz ihres friedlichen Auftretens als Kriegsgöttinnen heraus, wie sie uns sonst erst wieder als die Walküren der mittelalterlichen Literatur entgegentreten.

Die Matronen sind kein rein germanisches Phänomen, denn die Matronenverehrung kennen wir aus weiten Bereichen des römischen Imperiums, aus Gallien und Britannien, sie hat aber in der germanisch-keltischen Mischbevölkerung am Niederrhein einen Schwerpunkt, und aus dieser Gegend kennen wir auch viele Stifternamen germanischer Herkunft ebenso wie auch Matronennamen selbst, die germanisch sind.

Die Mode der Matronensteine begann wohl durch Römer am Unterrhein – der älteste Votivstein stammt aus der Zeit zwischen 70 und 89 n. Chr. von einem Matrosen der römischen Rheinflotte – und endete im späten 5. Jh., etwa um die Zeit, als 462 Köln endgültig unter fränkische Herrschaft kam, und kam schon in der nachfolgenden Zeit römisch-christlicher und fränkisch-heidnischer Koexistenz völlig außer Gebrauch, noch bevor die Gegend ab den 20er- und 30er-Jahren des 6. Jh.s durch den heiligen Gallus systematisch missioniert wurde.

Nicht überall wurden aber heidnische Heiligtümer – wozu die Matronentempel natürlich gehören – wie die in Köln durch diesen Heiligen zerstört. Anderswo begann man offenbar, die alten Kultstätten gemäß einem Brief des Papstes Gregor des Großen an Augustinus in Britannien vom Ende des 6. Jh.s nicht zu vernichten, sondern für den christlichen Glauben umzuwidmen. Daher kommt es wohl, dass der Chor des Bonner Münsters fast genau an der Stelle eines Matronentempels steht, der wohl in ihm aufgegangen ist. Auch damit war für die Amtskirche ebenso wie für die Gläubigen der Übergang zur Christianisierung dieser Vielzahl von kleinen, aber im täglichen Leben wichtigen Göttinnen erleichtert, deren Funktionen dann im Mittelalter von den christlichen Heiligen beiderlei Geschlechts übernommen werden konnten.

2. Odin sei bei uns! Junge Heiden und ihre alten Götter

Recht verschieden von dieser stillen Manifestation des Glaubens an Fruchtbarkeitsgöttinnen am Niederrhein sind ganz andere Äußerungen eines scheinbaren Glaubens an heidnische germanische Götter. Denn wenn sich junge Menschen in Deutschland, Dänemark, Schweden oder anderswo einen kleineren silbernen Thorshammer um den Hals hängen, könnte dies auf den ersten Blick auch als nostalgische Erinnerung an den ehemaligen, germanischen Glauben verstanden werden, dessen fortdauernde Wirkung man sich entweder wünscht oder an ihn glaubt. Natürlich soll hier nicht jedem oder jeder, der oder die einen Thorshammer aus den Museumsläden der großen skandinavischen Museen als Schmuckstück um den Hals trägt, unterschoben werden, er oder sie würden sich damit automatisch zu einer Religion des Gottes Thor bekennen. Als dessen Symbol gilt allerdings der Thorshammer Mjöllnir seit den letzten Jahrhunderten des germanischen Heidentums – also spätestens seit dem 9. Jh. – immer noch, aber damit auch als Symbol einer Religion, welche seit 1000 oder 1200 Jahren tot und vom Christentum überholt ist. Viele benützen demnach den ursprünglich als heidnisches Zeichen des Gottes Thor dem christlichen Kreuz entgegengesetzten Thorshammer als Ausweis ihrer Zugehörigkeit zu Kreisen, die sich bewusst vom Christentum ab- und der Religion einer recht fernen Vergangenheit zuwenden.

Ein wesentlicher Unterschied zum stillen, fast heimlichen Glauben an die Matronen ist der aktuelle politische Hintergrund der „Asengläubigen", also derjenigen, die an die Götter des altskandinavischen Pantheons glauben wollen. Es geht hier nicht (nur) um eine Religion, sondern auch um den Versuch, einer gesellschaftspolitischen Unzufriedenheit eine gewisse geistige Struktur zu geben. Derartige Missstimmungen werden in Veröffentlichungen von solchen „Neuheiden" durchaus verbalisiert, so etwa in dem Buch *Midgards Morgen* des Neugermanen-Gläubigen H. W. Hammerbacher:

„Heute ist Wolfszeit wie damals. Untergang, Wirrsal, Gemeinheit, Falschheit, Hinterlist, Landraub, Wucherung der Großstädte wie Krebsgeschwüre, Aussagen des Landes und Ausverkauf der Heimat wie eine Ware, der Bruder steht gegen den Bruder, Trümmer, Siechtum und Verrat sind weithin die Wahrzeichen der Zeit."[1]

Es sind aber nicht (nur) die Ewiggestrigen, die ihre eigene Zeit so sehen oder sehen wollen, es sind vielfach auch die Unterprivilegierten, die kaum eine andere Wahl haben, als unsere Zeit so zu sehen. Ihnen geben Werke wie das genannte ein Sinnangebot oder, besser gesagt, den Traum an eine heile, andere Welt, den ihnen das Christentum oder andere zeitgenössische Ideologien nicht mehr geben zu können scheinen:

„Wir aber wollen, dass die reine Welt unserer Vorväter wieder erstehe, nicht durch die Rückkehr in die damalige Zeit, sondern geläutert durch die Erkenntnis unserer eigenen Schwächen, aber auch im Wissen um die unvergänglichen Quellen unserer Kraft.

Wir rufen alle Gutwilligen auf, die noch den göttlichen Grund in sich spüren, die das Erbe ihrer lebendigen Abstammung von Midgards Söhnen und Töchtern nicht verraten und verschwendet haben.

Wir rufen alle hoch gewachsenen, hellen, geraden Menschen mit reiner Seele und freiem Geist auf, in den Ländern, die uns stammverwandt sind. Midgard hört nicht auf und fängt nicht dort an, es umfasst alle Deutschen und germanischen Verwandten, ganz gleich, wo sie sich heute befinden. […] einig, einig, einig im Glauben, in der Gesinnung, in der Tat für Deutschland, für Midgards heiliges Reich, jetzt und immerdar! Midgards Morgen naht!"[2]

Dies dürften in der Tat optimistische Worte für jene sein, denen Deutschlands untilgbare Schuld an den Gräueln der Vergangenheit eine möglichst rasch zu vergessende Schmach ist, die an das anknüpfen wollen, was sie für die große Zeit des deutschen Volkes halten. Da

2. Junge Heiden und ihre alten Götter

dies in der jüngeren Geschichte ohne Geschichtsfälschung nicht gut möglich ist, machen sie einen großen Sprung zurück zu einer alten, vermeintlich noch unverdorbenen, unschuldigen Ideologie, nämlich dem archaischen und zweifellos primitiveren Heidentum der Germanen. Aber diese Einstellung allein reicht noch nicht als Erklärung für eine Zuwendung zu den heidnisch-germanischen Göttern aus, denn nicht alle rechtsradikalen Kreise verschreiben sich einer Wotansreligion, und nicht alle Asengläubige sind notwendigerweise rechtsradikal.

Selbstverständlich sind es nicht nur frustrierte deutsch-nationale Kreise, die sich der neuheidnischen Bewegung anschließen, denn sonst könnte man ihren Zulauf in Skandinavien oder den USA kaum erklären. Es sind eine ganze Reihe von nicht immer in Verbindung stehenden Gründen, warum und welche Menschen sich noch an der Wende vom 20. zum 21. Jh. einer neugermanischen Religion zuwenden. Dazu zählen Rassismus und Fremdenhass, die eine sog. „arteigene" Religion als Antwort auf die internationalisierten Hochreligionen erscheinen lässt; auch zählt dazu die Unzufriedenheit mit einem besonders heute scheinbar „schwachen", durch Massenaustritte geschwächten, von Skandalen geschüttelten und oft kaum mehr für die Gesellschaft repräsentativen Christentum; ferner gehören dazu Kulturpessimismus und Fortschrittsfeindlichkeit wie in dem eingangs erwähnten Zitat, wie berechtigt er nun sein mag oder nicht; und letztlich gehört dazu auch – vielleicht überraschenderweise – ein ökologischer Fundamentalismus, der in der Kombination von „Blut und Boden" das zweite Element favorisiert und in einer Vereinigung von völkischem, esoterischem und ökologischem Gedankengut mit der Rückkehr zu einer vorindustriellen, agrarischen Religion eine Lösung der umweltpolitischen Fragen anstrebt. Zu diesen Ursachen kommt noch der Druck eines politischen Systems am Ende der Periode der Sozialstaatlichkeit, das von vielen Jugendlichen in Form des überzogenen Bürokratismus und den einseitigen Kriterien einer nur mehr auf Leistung orientierten Gesellschaft ausschließlich als Zwangsjacke empfunden wird, ohne ihnen eine festen ökonomischen, geschweige denn ethischen Boden unter den Füßen zu verschaffen.[3] Das Christentum als Staatsreligion in den mittel- und nordeuropäischen Staaten wird damit leicht zu einem verlängerten Arm der Staatsgewalt, wie viele Jugendliche schon in der Schule beobachten können. Mit der Abkehr vom Staat geht damit die Abkehr vom Christentum einher. Da nach dem Ende des real existierenden Sozialismus auch der politische Atheismus marxistischer Prägung seine Grundlagen weitgehend verloren hat, sind es häufig genug esoterische Bewegungen, die ein Sinnangebot vermitteln wollen, und die „Religion der alten Germanen" ist nur eine aus einem breiten Spektrum von Pseudoreligionen, aber eine, die besonders an völkisch-nationale Kreise appelliert.

Glaubt heute tatsächlich jemand an Odin und Thor als Götter in ihrer numinosen Mächtigkeit? Dies ist zwar eine Frage, die angesichts der politischen Seite der Neugermanen-Gruppen als nebensächlich erscheinen mag, ist aber nicht unwesentlich, was eine etwaige potente religiöse Bindung der „Gläubigen" an ihre Religion angeht, die für das längerfristige Überleben der neuheidnischen Gruppierungen relevant sein wird.

Der beste Kenner der Szene, der inzwischen verstorbene Friedrich-Wilhelm Haack, hat 1981 versucht, dieser Frage auf den Grund zu gehen:

„Für die alten Germanen waren ihre Götter ohne Zweifel richtige Götter. Donar meldete sich im Donnerhall ebenso persönlich und wollte persönlich beschwichtigt sein, wie Wotan, dessen wilde Jagd in Sturmnächten über das Land und die Wälder fegte.

Diese Götter waren nicht Symbol-Gestalten, Sinn-Gespenster ohne Fleisch, Blut und Wirklichkeit. Sie lebten, kämpften, zechten, und sie konnten dereinst in der Götterdämmerung sogar sterben. Für die Neugermanen-Gläubigen ist eine solche unmittelbare Göttergläubigkeit nicht möglich. Für sie bleiben eigentlich nur zwei Wege: Eine Art aufgelockerter Eingott-Glaube ('Allvater'), bei dem die Götter nur Erscheinungswesen des einen Ur- und Zentral-Gottes sind, oder ein Glaube an eine 'göttliche Kraft', die in allem Leben vorhanden, am stärksten aber im Menschen selbst vorfindlich ist. (Pantheismus)

In den Schriften des Armanen-Ordens-Gründers Guido (von) List findet sich diese letztere Gottesvorstellung."[4]

Sollte diese Einschätzung richtig sein, so besteht wohl kein Grund, auf religiösem Gebiet die Wiederkehr einer echten Odins- oder Thorsreligion zu befürchten. Selbst im Dritten Reich hat man sich von offizieller Seite ausgesprochen davor gescheut, eine Rückkehr zu einer Religion der heidnisch-germanischen Götter zu propagieren, sondern hat im Gegenteil ein „deutsches Christentum" gefördert, auch wenn man seit Oktober 1933 einen Zusammenschluss einer ganzen Reihe von deutschgläubigen Gruppen als Religionsgemeinschaft duldete, vor allem deshalb, weil diese es nie über wenige 100 000 Mitglieder brachte. Nur ein geringer Prozentsatz davon gehörte allerdings zu den sog. „Nordischen", also Asen-Gläubigen. Der Ausdruck deutschgläubig ist aber schon beträchtlich älter, stammt aus der Zeit vor der Jahrhundertwende und zwar vom österreichischen Antisemiten Georg Ritter von Schönerer (1842–1921), aus dessen Umfeld auch der später weithin verwendete Spruch stammte:

„Ohne Juda, ohne Rom, wird erbaut Germaniens Dom! Heil!"[5]

Aber selbst dieser Spruch ließ Raum sowohl für Deutsch-Christen als auch für die Asen-Gläubigen. In der Zeit nach dem zweiten Weltkrieg entstanden dann eine ganze Reihe von neuheidnischen Vereinigungen, darunter der neu gegründete Armanenorden mit seiner Zeitschrift *Irminsul*, die Gylfiliten mit ihrer Zeitschrift *Odrörir*, der Treuekreis Artglaube Irminsul oder der Godenorden. Aber selbst die Anhänger einer „harten" Organisation wie der Ludendorffianer verwehrt sich ausdrücklich dagegen, heidnische Götter anzubeten, sie seien „keine Wotansanbeter".[6]

Eine kleine Gruppe aber, die eher nicht am äußersten rechten Rand der Szene angesiedelt ist, sucht dennoch die alte Religion wiederaufleben zu lassen:

„Wenn hier von Neuheiden gesprochen wird, so ist das ein wissenschaftlicher Begriff, der betont, dass es keine nachweisbare lebendige alteuropäisch-heidnische Tradition gibt. Praktizierende 'Neuheiden' lehnen diese Bezeichnung oft ab, da sie – wie z.B. die verschiedenen Schulen des international aktiven Wiccakults – darauf beharren, archaisches rituelles Erbe weiter zu pflegen. Als Neuheide wird ein spirituell orientierter Mensch bezeichnet, dessen Religiosität von alten Mythen und Göttern inspiriert wird. Heute glaubt nur eine Minderheit unter ihnen an die reale Existenz heidnischer Götter wie z.B. Wodan, Freyja oder Balder. Vielmehr werden diese als unzerstörbare seelische Archetypen gedeutet."[7]

Hier zeichnet sich auch eine Entwicklung ab: Hat z. B. der Armanenorden anfangs unter dem Stichwort Wotanismus noch den Glauben an konkrete heidnische Götter propagiert, so wendet er sich neuerdings eher diffus-esoterischem Gedankengut zu.[8]

Insgesamt schätzte Haack die Zahl der Mitglieder all dieser Vereinigungen in der alten BRD auf immerhin 44 000,[9] dennoch ist heute in der Öffentlichkeit in Deutschland so gut wie keine Tendenz zu neugermanischem Heidentum zu spüren. Dagegen sind in Schweden und Dänemark unter Skinheads Manifestationen des Neuheidentums zu finden, hier allerdings als zwar öffentlichkeitswirksame, aber periphere Gruppierung, in Island sind die *Asatrúarmenn* („Angehörige des Asenglaubens") sozial durchaus akzeptabel,[10] und in den USA haben sich Anhänger einer „Odinic Religion" in einer ganzen Reihe von *hearths* („Herden, Feuerstellen") vereinigt.

So bleibt heute nur ein stilles und, wie ich meine, weitgehend ungefährliches Neuheidentum, das zu anderen esoterischen Sekten zu stellen ist und selbst innerhalb des Rechtsradikalismus keine politische Relevanz hat, sondern sich vielleicht auch hier nicht zu Hause fühlt; zu dieser Situation passt das Stimmungsbild in einem Zeitschriftenartikel von 1991:

> „Die Gruppe bekennt sich in aller Stille zum Neuheidentum. Sie feiert hier ihre Wintersonnwendzeremonie. Das Feuer ist ein Lichtsignal für die Sonne, die nun allmählich die Erde mit längeren Tagen beglückt und in der Zeit der anschließenden Raunächte – so erzählen es alte Mythen – die tief im Erdboden schlummernden Samen erweckt. Gleichzeitig soll das flackernde Feuer die Sonne magisch anziehen und näher zu den Menschen bringen. Der Gruppenleiter opfert etwas Salbei, Johanniskraut und Brot. Die Gaben sollen den Dank an die Geistwesen der Natur ausdrücken, mit denen sich die Gruppe verbunden fühlt. So wie Tausende von Neuheidenzirkeln in aller Welt, versucht auch diese Gmeinschaft, das uralte, heute noch von vielen Ureinwohnernationen gepflegte Ritual der Wintersonnenwende neu zu beleben."[11]

Wie auch dieses Beispiel zeigt, so haben selbst die religiösesten der Neuheiden äußerst wenig mit der eigentlichen germanischen Religion zu tun – und die Kenntnisse darüber sind meist mehr als bescheiden. Ein Wiederaufflackern der wikingerzeitlichen Religion Thors, Odins und Freyrs und damit eine Wiederbelebung der germanischen Mythologie ist also im Neuheidentum nicht zu sehen.

3. Wagner oder: Warum wanken Walküren nicht?

Dank des Leipziger Komponisten Richard Wagner (1813–1883) und ungezählter Inszenierungen seiner Ring-Tetralogie weiß auch heute jedermann, wie man sich eine Walküre vorzustellen hat – nur wozu sie gut sein soll, weiß keiner.

Wagners Beschäftigung mit der germanischen Mythologie reicht bis in in die 40er-Jahre des 19. Jh.s zurück, schon 1843 hatte er Jacob Grimms *Deutsche Mythologie* (1. Aufl. 1835) gelesen. Er selbst verfasste 1848 den Essay *Wibelungen: Weltgeschichte aus der Sage*, ein eher politisches Werk, in dem er die Nibelungensage mit zeitgenössischer Politik verbindet. Zwischen 1848, als er offenbar mit Vorarbeiten zu *Siegfrieds Tod* die ersten Ideen für eine Nibelungenoper sammelte, und 1851 erwarb er sich auch Kenntnisse des Altnordischen, las Freiherr Friedrich Heinrich von der Hagens Übersetzung der *Völsunga saga*[12] und verwendete auch eine Originalausgabe der Edda. Schon 1852 war die Ringdichtung fertig, die er 1853 drucken ließ, die Musik dazu beschäftigte ihn weitere zwei Jahrzehnte. Erst 1874 lag sein Nibelungenzyklus fertig vor, der aus dem Vorspiel *Das Rheingold* und den Opern *Die Walküre*, *Siegfried* (ursprünglich: *Der junge Siegfried*) und *Götterdämmerung* besteht.

Trotz seiner Quellenstudien ging jedoch Wagner mit dem Nibelungenstoff und noch mehr mit der nordischen Mythologie recht freizügig um: Odin bekommt eine Rolle in der Nibelungensage, der Gott Loki wird mit dem Feuerriesen (?) Logi zu einer Figur verschmolzen, und nicht zuletzt werden die Walküren völlig vermenschlicht. Wagners Verzerrung der Mythologie und Sagenwelt, sein Nationalismus – den es natürlich in den Quellentexten nicht geben kann – und seine eigenwillige Übertragung der Stabreimtechnik ins Deutsche hat zu vielen populären, aber durchaus falschen Vorstellungen über die germanische Mythologie geführt, die heute allerdings das öffentliche Bewusstsein stärker prägen als wissenschaftliche Erkenntnisse.

Dennoch hat Wagner der germanischen Mythologie zu einem Durchbruch in der Öffentlichkeit verholfen, wie sie ihn ohne Wagner und seine Musik wohl niemals geschafft hätte. Dabei helfen nicht zuletzt zwei wesentliche Faktoren, die ausschließlich mit Wagner, nichts aber mit der Mythologie zu tun haben:

1. Wagner polarisiert wie nur selten andere Komponisten; kaum jemand ist in der Lage, seine Musik ausschließlich zu tolerieren, sie zwingt zur Stellungnahme. Der Querdenker Wagner hat auch schon zu seinen Lebzeiten provoziert und polarisiert, und er tat dies nicht nur in seiner Musik, sondern auch in seiner durchaus politischen Behandlung der germanischen Mythologie: Er nutzt sie nicht nur als Opernstoff, sondern er gebraucht sie – oder: missbraucht sie? – als Vehikel für seine politischen Ansichten.

2. Wagner sensualisiert durch seine Musik, „eine Musik, welche die Hörerschaft unmittelbar anzusprechen vermag und die tieferen Schichten des kollektiven Unbewussten über die ganze Welt hin erreicht. Die zentrale Idee, der Gehalt des Textes wird sogar durch seine Musik unmittelbarer erlebt. Mancher Zuhörer erliegt den Zauberkünsten dieses Magiers und übernimmt unbesehen, was ihm an Ideen geboten wird. Diese Musik ist, wie Nietzsche zeigte, die Alleinherrschaft des Gefühls, losgelöst von allem andern."[13] Damit macht sich Wagner – aus wissenschaftlicher Sicht – derselben Verfremdung schuldig wie die Neuheiden, indem er die ihm brauchbar erscheinenden Elemente der heidnischen Mythologie in eklektischer Manier herausnimmt, verformt, und für seine Zwecke verarbeitet.

Wagner hatte, um am Beispiel der in der Überschrift genannten Walküren zu bleiben, die wohl jeweils jüngsten, schon am meisten durch mittelalterliche Formen geprägten Quellen herangezogen, statt – wie üblicherweise der Wissenschaftler – die jeweils ältesten, noch die heidnische Zeit am ehesten reflektierenden Quellen zu verwenden. Das führt dazu, dass das Bild der germanischen Mythologie, mit dem Wagner in den letzten einenviertel Jahrhunderten die Welt unterhalten und fasziniert hat, ein Bild ist, das mehr mit Wagners Ideologie und Phantasie als mit der alten heidnischen Religion zu tun hat.

In der von ihm benutzten *Sigrdrífomál* sind es schon vermenschlichte Mädchen, „Schildmaiden" nach dem Vorbild des altnordischen Motivs des *meykongr*, also des männlich handelnden und kämpfenden Mädchenkönigs, welche die alten Seelenführerinnen der wikingerzeitlichen Dichtung abgelöst haben, wobei auch das christliche Engelsbild schon für die Ausgestaltung des Walkürenkonzepts wirksam geworden sein kann. Der Name weist ursprünglich auf Totendämonen hin, welche die Gefallenen vom Schlachtfeld ins Jenseits führen (altengl. *wælcyrge*, altnord. *valkyrja* von *valr* „die auf dem Schlachtfeld liegenden Leichen" und *kjósa* „wählen", also „die die Gefallenen Auswählenden"). Schon in der Völkerwanderungszeit wurden daraus jedoch weibliche Gestalten, die den ruhmreich Gefallenen – und nur diesen – einen ehrenden Empfang in Walhall bereiteten. Sie taten dies wohl nicht in der Weise wie die Houris des islamischen Paradieses, sondern wurden seit der Wikingerzeit gedacht als Gesandte Odins, die den Kriegern bei ihrem Einzug in Walhall feierlich ein Horn mit einem Trunk reichten. An dieser zweifellos sehr feierlich gedachten religiösen Szene – immerhin erreicht der Tote gerade seinen zukünftigen Wohnort – ist nichts zu spüren von der wüsten Martialität der Wagner'schen Walküren, nichts vom dramatisch-lautstarken Walkürenritt, und nichts von den lauten, geharnischten, allzu kräftigen und „brunhildenhaften" Walküren der Wagnerikonographie, sei es auf dem Theater oder in den vielfachen Abbildungen der Folgezeit. Den „Walkürenritt" amerikanischer Kampfhubschrauber in Vietnam in Francis Ford Coppolas *Apocalypse Now* hat jedenfalls Wagner ebenso auf dem Gewissen wie die spätbürgerlichen Walkürengemälde der Jahrhundertwende.

Dennoch, wie andere Mythen der Neuzeit werden Wagners Walküren weiterreiten, unabhängig von historisch korrekteren Interpretationen, und werden im öffentlichen Bewusstsein das bleiben, was sie sind, auch wenn sie es erst seit etwas mehr als 100 Jahren sind: groß gewachsene, übergewichtige, martialische, meist negativ konnotierte Frauen, und nicht die ersehnten eleganten Empfangsdamen der Paradiesesvorstellungen wikingerzeitlicher Krieger.

II. Vorspiel: Die Megalithkultur in West- und Nordeuropa und die skandinavische Bronzezeit

1. Das Geheimnis der Megalithen

Niemand würde heute ernstlich von „Germanen" vor der älteren Eisenzeit, also etwa vor 400 v.Chr., sprechen und dennoch kann man schwerlich über die heidnische Religion Nordeuropas sprechen, die wir als germanisch bezeichnen, ohne auch auf die Religionen vor diesem Zeitpunkt einzugehen, da sie die Grundlagen späterer Entwicklungen bilden. Es sind in erster Linie die Denkmäler der Megalithkultur, die großen Steinsetzungen, Ganggräber und Menhire, die uns in Nord- und Westeuropa überall ins Auge fallen und uns nur allzu deutlich die Bedeutung dieser massiven Monumente aus tonnenschweren Steinen für das Glaubensleben und den Totenkult einer prähistorischen Bevölkerung vor Augen führen. In zweiter Linie sind es die gerade für Südskandinavien typischen bronzezeitlichen Felszeichnungen, die man in der Vergangenheit gerne als Zeugen früher „germanischer Religion" betrachtet hat und die zweifellos religiöse Relevanz besitzen, auch wenn sie einer älteren vorgermanischen Periode angehören. Diese zwei Perioden – die megalithische des Neolithikums und die Bronzezeit – seien daher, nicht ganz willkürlich, als Beispiele der vorgermanischen nordwesteuropäischen Kulturen herausgegriffen, da u. a. sie den Boden für die Glaubensvorstellungen der eisenzeitlichen und völkerwanderungszeitlichen Bevölkerung, und damit unserer nordwesteuropäischen Vorfahren im weitesten Sinn, bereiteten.

Der Begriff Megalith bedeutet nichts anderes als „Großer Stein", und die Kulturen, die man mit diesem Namen belegt, haben als gemeinsamen Nenner in erster Linie tatsächlich Grabanlagen, die aus derartigen Großsteinen errichtet sind. Es sind aber nicht nur die monumentalen Grabanlagen, die das Interesse an der Megalithkultur hervorrufen, sondern auch die zum Teil riesigen Steinkreise, von denen Stonehenge der bekannteste ist, die zahlreichen allein stehenden Menhire oder auch die weitläufigen Steinsetzungen der Bretagne aus hunderten von tonnenschweren Felsen.

Man kann schwerlich von nur einer Trägerkultur der Megalithkultur sprechen, denn der Brauch der Großsteingräber erstreckt sich von Südschweden und Dänemark über die deutsche und niederländische Tiefebene zu den nordatlantischen Inseln, den Orkneys, Hebriden, Schottland, England und Irland, über Frankreich und die Iberische Halbinsel zu den Balearen, Sardinien, Sizilien und Malta. (Abb. 2; nur die west- und nordwesteuropäischen Denkmäler sind im Folgenden Gegenstand dieser Darstellung). Die regionalen Ausformungen von Großsteinanlagen weichen stark voneinander ab, aber die meisten dieser Bauten fallen in das 3. und 2. (seltener das 5., 4. und 1.) Jahrtausend v.Chr. und damit in die jüngere Steinzeit (Neolithikum) und die beginnende Bronzezeit.

In den letzten Jahrzehnten haben sich einige konstante Formen des spätsteinzeitlichen religiösen Kultlebens herauskristallisiert, Formen, die nicht leicht anders als im religiösen

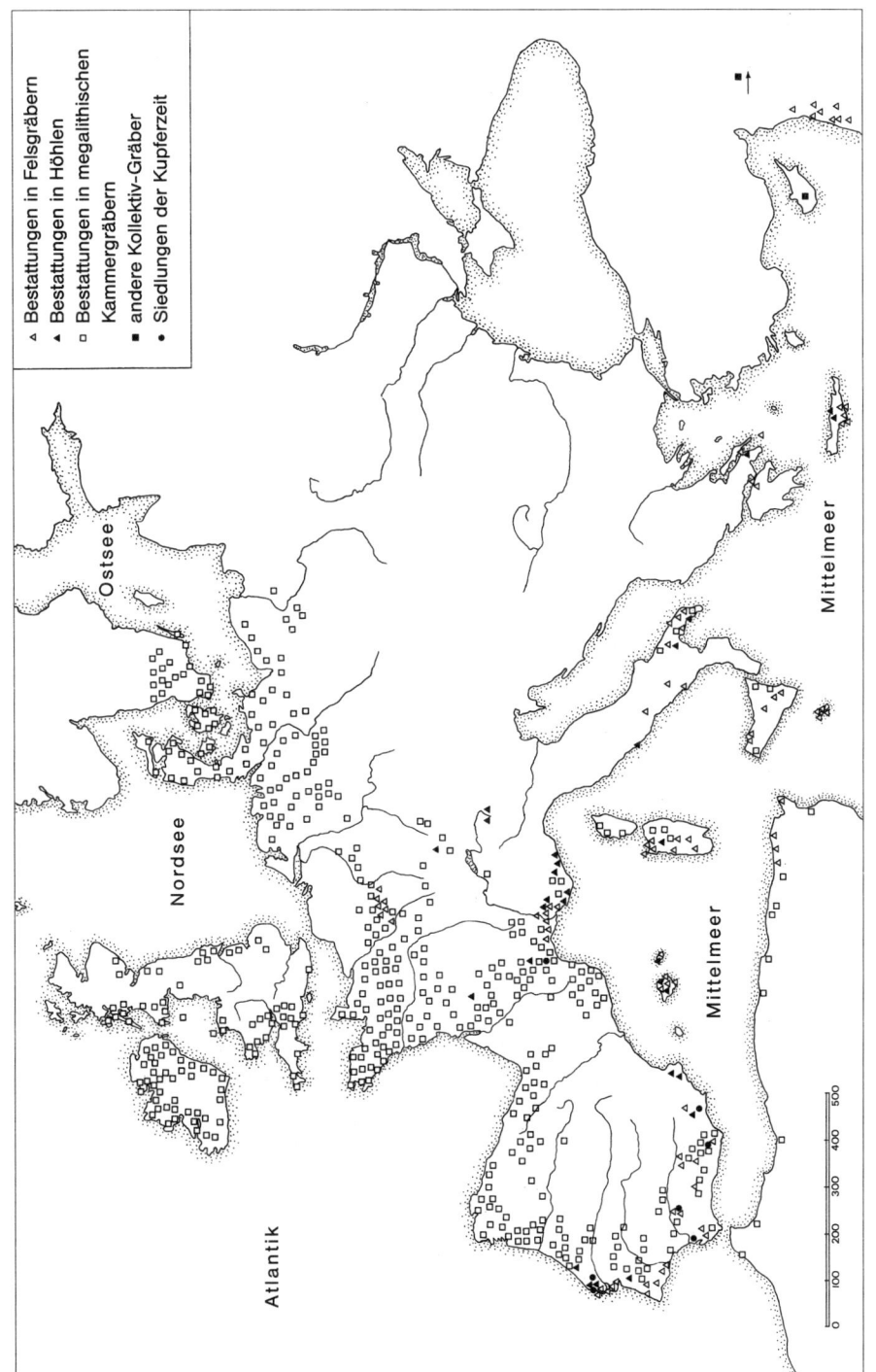

Abb. 2: Verbreitung megalithischer Grabformen in Europa (nach McKie, 148 f.).

Kontext zu erklären sind. Es sind dies der Cursus – der durch parallele Gräben oder Steinreihen markierte gerade Prozessionsweg –, die *Henges* – durch Wälle und Gräben mit einem (selten einem zweiten) Zugang über einen Damm versehene kreisrunde Grabenwerke –, die Steinkreise, einzelstehende Menhire sowie die sog. *Alignements*, Anlagen aus (annähernd) parallelen Steinreihen. Dazu kommen an Grabanlagen noch die verschiedenen Formen der Großsteingräber, in erster Linie Dolmen, Ganggräber (engl. *passage graves*; frz. *tombes à couloir*) und Langhügel (engl. *longbarrows*, frz. *allées couvertes*).

Zwar hat man die Megalithkultur auf Grund der Artefakte immer schon in das späte Neolithikum gestellt, aber erst durch die C^{14}-Datierungen (Radiocarbonmethode) seit den 50er-Jahren des 20. Jh.s hat man genauere Datierungen einzelner Anlagen erhalten, welche gegen Ende des 20. Jh.s durch die Fortschritte in der Dendrochronologie (der Datierung durch Vergleiche der Jahresringe von Bäumen) zusätzlich kalibriert werden konnten.[1] Die Datierungen der für die Megalithzeit so typischen Ganggräber und Dolmen reichen fast überall über mehrere tausend Jahre, wobei man in der Bretagne Datierungen zwischen 5500 und 3100 v. Chr. geb., in Portugal zwischen 5000 und 4590, im spanischen Galicien 3490 und 2100, auf den Orkneys 3700 und 2100, in Schottland 3000 und 1500, in Irland etwa 3000 und 2000 und in Schweden zwischen 3000 und 2800 v. Chr. erhalten hat. Alle derartigen Angaben sind nur sehr ungefähr, nicht nur wegen den Unwägbarkeiten der C^{14}-Methode, sondern auch wegen der statistisch nur recht geringen Auswahl. Sicher scheint dabei allerdings, dass die Ganggräber in der Bretagne und in Portugal zur ältesten Schicht der Megalithgräber gehören.

Die große Frage ist heute, ob sich die Ganggräber zwischen dem 5. und dem 3. Jahrtausend v. Chr. langsam, vielleicht vom Mittelmeerraum oder der Bretagne aus in den Küstengebieten Westeuropas verbreitet haben oder ob sich der Brauch der Großsteingräber unabhängig voneinander in mehreren Zentren, darunter wohl Portugal, die Bretagne, Dänemark und Irland entwickelt hat. Die Frage ist dabei auch, *wie* man sich die Diffusion eines so aufwendigen Grabstils über ganz West- und Nordwesteuropa vorzustellen hat.

a) Dolmen, Ganggräber und Hünengräber

Ganggräber bestehen aus einer mit Großsteinen errichteten und mit solchen gedeckten Grabkammer, die Nebenkammern aufweisen kann, und einem von außerhalb des Hügels meist relativ eben in diese Grabkammer führenden steinernen Gang, dessen Länge je nach Größe des über diesem eigentlichen Grab aufgeschütteten Schotter- und Erdhügels von wenigen Metern Länge bis zu 25 m variiert. Der äußere Fuß des Grabhügels ist vor allem bei den westeuropäischen Gräbern durch hoch gestellte Großsteine abgegrenzt und um den Eingang oft auch zu einer Fassade ausgearbeitet.

Dolmen (die Bezeichnung stammt aus bretonisch *tad*, „Tisch", und *maen*, „Stein") dagegen sind megalithische Grabkammern, üblicherweise ohne Gang, aber jedenfalls ohne bedeckenden Hügel, sodass die meist nur wenigen das Grab konstituierenden Monolithen mit ihrem bedeckenden „Dachstein" in der Landschaft tatsächlich wie Riesentische wirken.

Die dritte verbreitete Form der Großsteingräber sind die Langhügel (in Norddeutschland oft auch als Hünengräber bezeichnet), welche im Gegensatz zu den erwähnten beiden Formen in die existierende Erdoberfläche eingetieft sind und eine lang gestreckte Grabkammer, aber oft keinen Gang als permanenten Zugang umfassen; auch sie sind mit langen, aber üblicherweise sehr flachen Erdhügeln bedeckt.

Jede dieser Formen hat in Größe, Material und Grundplan eine enorme Vielfalt an Realisationen erfahren, aber einige Elemente sind dabei doch erstaunlich konstant.

Zum Ersten ist es der schiere Umfang der Bauwerke, der eine recht straffe soziale Struktur zur Voraussetzung hat. Beim Bau der meisten Ganggräber benötigte man zum Transport und zur Aufrichtung der Megalithen sowie zur Aufschüttung des Hügels darüber zehntausende bis hunderttausende Arbeitsstunden, und so eine Arbeitsleistung ist, auch über eine wohl jahrelange Bauzeit hinweg nur durch straffe Organisation, Bevorratung von Lebensmitteln und einen dezidierten Bauplan möglich. Die zu diesem Zeitpunkt schon agrarische Bevölkerung besaß also im Neolithikum offenbar Machtstrukturen, durch die eine solche Organisation über längere Zeiträume hinweg geplant und auch durchgesetzt werden konnte, also nicht nur eine primitive Stammes- oder Großfamilienorganisation, sondern regionale Häuptlinge oder Fürsten, die in einem delikaten Gleichgewicht mit ihren Nachbarn – und wohl auch in Zusammenarbeit mit ihnen – Bauwerke errichten wollten und konnten, die mehrere Tausend Jahre überstanden. Dazu tritt die Notwendigkeit einer ausreichenden Zahl von Arbeitskräften für ein solches Unternehmen, was wohl nur in wenigstens regionalen, aber jedenfalls nicht nur lokalen Machträumen denkbar ist; ein französisches Experiment hat gezeigt, dass für den Transport eines 32 Tonnen schweren Steins 200 bis 400 Arbeitskräfte notwendig sind, was eine regionale Gesamtbevölkerung von 1000 bis 2000 als Minimum zur Konstruktion eines größeren Dolmens oder Ganggrabs voraussetzt.[2]

Zum Zweiten ist es die Kenntnis von Materialien und Techniken, die solche Bauwerke von der technischen Seite her ermöglichten. Die Steinbrucharbeit und die Bearbeitung von Steinen ausschließlich mit Steinwerkzeugen erscheint uns heute als fast übermenschliche Leistung, aber im Neolithikum war die Technik bereits so weit ausgereift, dass bei entsprechendem Arbeitseinsatz die Bearbeitung der Großsteine selbst kein Problem mehr darstellte. Anders sieht es dagegen etwa bei der Konstruktion der Großsteingräber aus: Die Anlage und interne Konstruktion ist bei manchen Gräbern derartig komplex, dass wohl nur komplizierte Berechnungen und lange Erfahrung den Bau möglich machten.

Ein dritter Aspekt ist der Zugang zu den notwendigen natürlichen Ressourcen, der aber eine nur relativ kleine Rolle gespielt haben dürfte, da man bei der Konstruktion der Ganggräber sich den lokalen Umständen anzupassen wusste. Wo Monolithen fehlen, arbeitet man eher mit Trockensteinmauern, wo der zur Einhügelung notwendige Schotter und Humus fehlte, waren Dolmen wohl auch ohne Hügel möglich, indem man die Lücken zwischen den Orthostaten – den senkrechten Steinblöcken – mit Trockensteinmauerwerk füllte.

Ein vierter, bislang etwas vernachlässigter Aspekt ist die Notwendigkeit einer ausreichenden Motivation von Bauten, die die technischen und ökonomischen Möglichkeiten einer neolithischen Gesellschaft bis zur Grenze des Überlebens belastet haben mag. Die unmittelbare Motivation lag zweifellos in den genannten Machtstrukturen, aber die mittelbare muss darüber hinaus in Glaubensvorstellungen gesucht werden, welche die Errichtung solch aufwendiger Bauten als unbedingt notwendig für das Weiterleben der Toten in der jenseitigen Welt oder aber für die Beziehung zwischen den Lebenden und den Toten ansah. Dass man diese Bauten zweifellos als Wohnorte der Toten ansah und nicht nur als Grüfte oder Beinhäuser, erhellt sich aus dem teils enormen Aufwand, der, wie in Newgrange (Irland), getrieben wurde, um die Grabkammern völlig trocken zu halten.

Dass die Toten für die Lebenden in religiöser Hinsicht von Bedeutung waren, geht aus den zahlreichen Funden von Überresten geopferter Tongefäße hervor, welche wohl Gaben an die Toten enthielten und die nicht mit Keramikgefäßen als Grabbeigaben verwechselt werden dürfen, sondern sich sowohl in den Grabkammern als auch im Gang sowie, in größter Zahl, vor den Ganggräbern finden. Eine noch immer offene Frage ist jedoch, wer eigentlich in den großen Ganggräbern beigesetzt wurde. Die Zahl der Skelette in den – allerdings oft durch spätere Grabräuber geplünderten – Gräbern reicht von einigen wenigen bis zu 200, worunter sich Männer, Frauen und Kinder befanden. Allerdings ist diese Zahl zu gering, um die Leichen aller Toten einer Gemeinschaft in einem längeren Zeitraum umfassen zu können; im größten erhaltenen Ganggrab überhaupt, im irischen Newgrange, müssen hunderte und tausende von Menschen an dem 80 m im Durchmesser ausmachenden Hügel gearbeitet haben, aber nur fünf Individuen wurden schließlich darin beigesetzt, zwei als Leichen und drei verbrannte. Waren es also vielleicht nur die Toten einer bestimmten Klasse, die hier beigesetzt werden durften, oder etwa nur die Angehörigen einer bestimmten, von den Göttern abstammenden Familie? Jedenfalls ist sicher, dass die großen Ganggräber wie in der Bretagne oder in Irland nicht nur Begräbnisstätten, sondern auch zentrale Kultstätten waren; das geht einerseits aus ihrer Verbindung mit anderen megalithischen Bauwerken, wie Steinkreisen oder Steinreihen (s. unten) hervor, andererseits aus den schon erwähnten Opfergaben, aber auch aus der baulichen Anlage einzelner Ganggräber, bei denen der Vorplatz vor Fassade und Eingang zu einem regelrechten erhöhten ovalen Festpodium ausgestaltet ist, dessen Form in der Anlage des Grabhügels selbst berücksichtigt ist (sog. „gehörnte Hügel", da das Oval von zwei vorspringenden „Hörnern" des Hügels teilweise umgriffen wird).

Eine weitere Konstante in der Anlage von megalithischen Grabhügeln in Westeuropa ist die Tatsache, dass die Ganggräber und Dolmen in der überwiegenden Zahl der Fälle in Küstennähe und möglichst auch mit direktem Blick aufs Meer angelegt wurden. Ein extremes Beispiel dafür ist das kleine Grab (inmitten einer *Henge*) von Cairnpapple in West Lothian in Schottland, das, obwohl auf einer nur recht unscheinbaren Anhöhe gelegen, die Aussicht sowohl auf den Firth of Forth im Osten als auch den Firth of Clyde im Westen freigibt und somit gerne auf das *medio nemeton* („mittlere/zentrale Heiligtum") bezogen wird, welches der Geograph von Ravenna für Südschottland anführt. Selbst der einzig bekannte Dolmen in Sizilien, in der Nähe von Syrakus, liegt zwar versteckt in einer flachen Talsenke, aber mit einem überraschenden Blick auf das Meer. Diese Anlage in Küstennähe hat man in der Vergangenheit mit der maritimen Vertrautheit der neolithischen Bevölkerung erklärt, welche für die Verbreitung der Megalithkultur verantwortlich gewesen sei. Allerdings stießen die ersten neolithischen Ackerbauern in Westeuropa aus dem Donaubecken ins Seinebecken und andere Gebiete Westeuropas vor, und diese frühesten europäischen Bauern waren sicherlich nicht ursprünglich Seefahrer. Wahrscheinlicher ist es noch, dass die Anlage der Megalithbauten die Reaktion der einheimischen Küstenbevölkerung auf die Ankunft der Ackerbauern war[3], aber selbst diese Deutung könnte den externen Anstoß überbewerten; vielleicht hat auch nur der Import der Ackerbautechniken, ein gleichzeitiger Bevölkerungsanstieg auf Grund günstiger Bedingungen und die damit verbundene Veränderung sozialer Strukturen der älteren Jäger-Sammler-Gesellschaft[4] sowohl die Entwicklung des Ackerbaus als auch überregionaler Mobilität gefördert.

Es ist aber nur schwer vorstellbar, dass die Küstennähe reiner Zufall ist, sodass letztendlich doch mit einem maritimen Interesse der neolithischen Trägerkultur gerechnet werden muss. Bestätigt wird die nautische Kompetenz durch die in den Abfallhügeln der Siedlung von Skara Brae auf den Orkneys gefundenen Reste von Meerestieren, die zeigen, dass man sich u. a. auch von der Hochseefischerei ernährte. Selbst die Verbreitungskarte der europäischen Ganggräber zeigt, wie sehr sich die Megalithkultur auf die Küstengegenden beschränkt, und dies spricht gegen die Annahme[5], dass die Entstehungen der Ganggräber an verschiedenen Orten im Neolithikum unabhängig voneinander stattgefunden haben, denn dass dies nur in Küstengebieten passiert sein soll, ist ganz unwahrscheinlich.

Wer aber waren dann die Baumeister der Megalithdenkmäler? Wir wissen, dass sie meist schon Landwirtschaft trieben, in Schottland oder Schweden aber auch Viehzüchter waren. Wir kennen die hoch entwickelten Steinbearbeitungstechniken und die Bergwerke, aus denen sie das Rohmaterial für ihre Feuersteinwerkzeuge bezogen. Wir kennen ihre Keramik – üblicherweise als *grooved ware* bezeichnet – und ihre wichtigsten Symbole, u. a. die Steinaxt und die Doppelspirale (s. unten). Wir wissen inzwischen schon einiges über ihre normalen Wohnstätten, wenigstens in England, und durch einen besonderen Glücksfall kennen wir auch eine ganz besondere Art der Behausung vom Anfang des 3. Millenniums vor Christus auf den Orkneys, nämlich im Dorf von Skara Brae.

Skara Brae auf der Insel Mainland in den Orkneys wurde nur deshalb entdeckt, weil Mitte des 19. Jh.s das Meer an einem flachen Hügel nagte, der sich als künstlich erwies und eine wohl erhaltene, aus Schieferplatten erbaute Siedlung enthielt, die fast 5000 Jahre alt ist. Sie besteht aus neun bis zu 6 m × 6 m großen Steinhütten, deren Eingänge in einen zentralen Gang münden und die zum Großteil durch einen künstlichen, aus Speiseabfall, Sand und Asche bestehenden Hügel bedeckt waren. Eine der Hütten lag etwas abseits an einem gepflasterten, ursprünglich wohl oben offenen Hof und dürfte eine zentrale Küche gewesen sein; die anderen Hütten weisen aber auch zentrale Feuerstellen und eine äußerst komfortable Inneneinrichtung aus rechtwinkelig aneinander gefügten Schieferplatten auf (Abb. 3), die getrennte, im Boden eingelassene Vorratstanks für Fische und Krebse, aber auch Betten und Wandregale umfassten. Von jeder Hütte führte unter dem Boden ein Abwasserkanal in einen zentralen Sammelkanal unter dem mit Steinplatten ausgelegten Verbindungsgang, dessen einziger Ausgang aus der Siedlung eng und leicht zu verriegeln war. Die Nahrung der Bewohner bestand nach Ausweis ihrer Küchenabfälle aus Fisch, Meeresfrüchten, Schafen und Rindern, aber auch aus Gerstenprodukten. Auffällig ist dabei das Fehlen des ansonsten für das Neolithikum typischen Wilds – hatten es die Bewohner dieser Luxuswohnungen etwa nicht notwendig, auf die Jagd zu gehen? Wildmangel war jedenfalls nicht der Grund, denn nach der Naturkatastrophe, die das Ende der Siedlung verursachte, lebten Menschen eine Zeit lang in den nun von Sand verschütteten Ruinen, und sie nährten sich vornehmlich von der Jagd. Von Bedeutung ist aber neben der Qualität der Behausungen die Mobilität der Bewohner: Nicht nur befuhren sie das offene Meer zum Fischen, sondern sie hatten offenbar auch weiter reichende Kontakte, denn die von ihnen verwendete Keramik gleicht der zur selben Zeit im südenglischen Wiltshire und in Clacton in Essex verwendeten und weist auch deutliche Parallelen zu der in Portugal auf.[6]

Eine Erklärung dieser und ähnlicher Funde ist die einer extrem hoch entwickelten neolithischen Bevölkerung, die in verschiedenen Gegenden, je nach geologischen, topographischen und klimatischen Gegebenheiten unterschiedliche Techniken für Wohnbauten ebenso wie für ihre Grabdenkmäler und Kultbauten entwickelte. Auch die mit Skara Brae durch eine prähistorische Straße[7] verbundenen Steinkreise von Brodgar[8] und Stenness und das unweit davon gelegene Ganggrab von Maeshowe gehören nämlich zu den Meisterleistungen megalithischer Technik, sind aber zweifellos durch die Schiefervorkommen auf den unbewaldeten Orkneys mitbedingt. In anderen Gegenden – wie im bewaldeten Südengland oder der Bretagne – konnte man andere Techniken verwenden, aber die Errichtung solch monumentaler Denkmäler wie Stonehenge in Wiltshire oder den kaum weniger beeindruckenden 20 m langen Langdolmen La Roche-aux-Fées bei Essé in der Bretagne zeigen, dass die materielle Kultur trotz weniger imposanter (und jedenfalls weniger dauerhaften) Holzbauten hier nicht niedriger war als auf den Orkneys. Selbst Dänemark, wo die Ganggräber und Dolmen üblicherweise etwas kleiner und simpler ausfielen als am Atlantik, hat immerhin 20 000 bis 25 000 solcher Megalithgrabstätten hervorgebracht. Die Anlage der Ganggräber in Küstennähe wäre damit ein Hinweis auf die maritime Mobilität dieser sich somit gegenseitig beeinflussenden Gruppen, könnte aber auch – und das schon weithin, vom Meer aus sichtbar – ein physisches Zeichen territorialer Machtbereiche sein.[9] Die Gräber wären damit Markierungen von deutlich abgegrenzten, aber in ihren Kontakten keineswegs regional beschränkten religiös-politischen Territorien.[10]

Man hat aber noch eine andere Erklärung für den enorm hohen Standard der Häuser von Skara Brae und ihrer auffälligen Ernährungsgewohnheiten sehen wollen. Diese Bauten seien nicht die Behausungen der eigentlichen Bevölkerung, sondern die exklusiven Wohnungen einer Art von hochmobiler, technisch weit fortgeschrittener und astronomisch gut gebildeter Priesterkaste, die – irgendwo aus dem Süden kommend – die neue megalithische Religion in ganz Westeuropa verbreitet hätte und sich selbst damit als dünne Oberschicht über der einheimischen Bevölkerung etabliert hätte. Diese Priester seien für die weitgehenden Übereinstimmungen der Megalithbauten vom Nahen Osten bis Südskandinavien verantwortlich, die damit nicht den technischen Stand der neolithischen Ackerbauern darstellten, sondern einer importierten religiösen Revolution, welche, von Mesopotamien ausgehend, den Brauch der Kollektivbestattung erst über das Mittelmeer und dann über ganz Westeuropa verbreitet hätten.[11] Die in den verschiedenen Gegenden weitgehend überein-

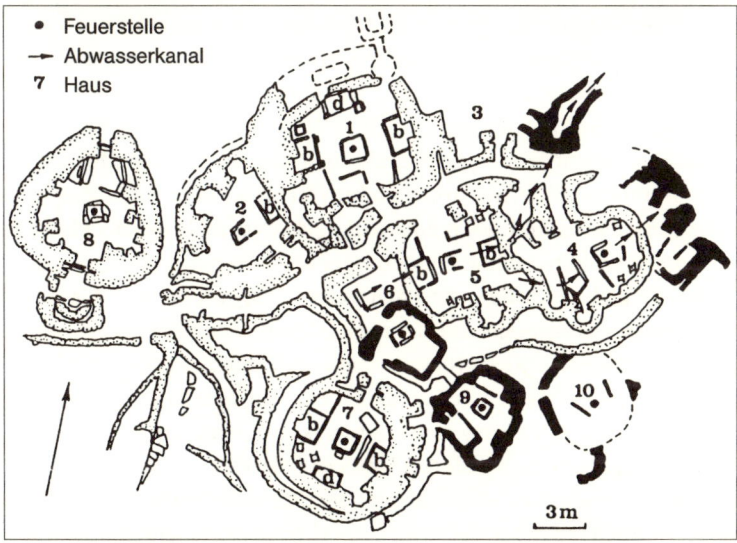

Abb. 3: Innenansicht eines Hauses und Plan von Skara Brae, Mainland, Orkney (Plan nach McKie, 33).

stimmende ikonographische Symbolsprache der Megalithkultur, die auf den Orkneys in Skara Brae und Brodgar geradezu die Form einer Protoschrift annimmt,[12] sei ebenfalls auf die Kenntnisse dieser Klasse von eingewanderten Priestern zurückzuführen. Selbst wenn diese Hypothese viel zu weit gehen mag, was ihre Träger und Verbreiter angeht, so kann man doch sicherlich von einer religiösen Revolution im Neolithikum sprechen. Die Grabsitte der älteren und mittleren Steinzeit bis zur mittleren Jungsteinzeit ist das Einzelgrab, und erst mit der Megalithkultur kommt in Europa erstmals die Kollektivbestattung auf. Dies trifft nicht nur auf die Megalithkultur im engeren Sinn zu, sondern auch auf andere jungsteinzeitliche Kulturen, etwa des Mittelmeerraums, wo man nun in den gewachsenen Fels gehaute Nekropolen, ganze Totenstädte, anlegte, wie etwa in den Catacombe Larderia (bei Modica) auf Sizilien und in Tarxien oder Saflieni auf Malta, wo man die Skelette von 7000 Individuen in einem einzigen Komplex aus in den Fels gehauenen Gräbern und Ossuarien (Beinhäusern) fand.[13] Diese Art der Bestattung der Toten bedingte, dass die fortschreitende Aushöhlung des Felsens ständig neben schon bestatteten Toten stattfand, ebenso wie bei der Weiterbelegung der westeuropäischen Ganggräber jede Neubestattung das Betreten des Grabes mit den Skeletten – oder auch noch nicht skelettierten Toten – bedingt. Die Konsequenz aus dieser Grabform ist einerseits, dass die Lebenden – oder manche von ihnen – eine nur geringe Scheu vor den (halbverwesten oder skelettierten) Toten im Grab hatten, andererseits, dass die Lebenden und die Toten eine Gemeinschaft bildeten, die vor regelmäßigen Berührungen der beiden Welten nicht zurückschreckte, sondern sie offenbar sogar institutionalisierte. Von den Nekropolen Maltas wissen wir, dass sie im Zusammenhang mit megalithischen Tempeln standen – den ältesten Europas –, in denen wenigstens u. a. eine weibliche Gottheit verehrte wurde, von deren Statuen man noch Reste vorfand. Welche Gottheiten man dagegen an den Atlantikküsten verehrte, wissen wir nicht, aber dass der Kult in engem Zusammenhang mit den Toten stand, können wir aus der Einheit von Kollektivgrab und Kultplätzen ablesen.

Irritierend ist bei der Interpretation die Inkonsequenz der mit den Megalithgräbern verbundenen Grabbräuche: Manche enthielten hunderte von über einen längeren Zeitraum bestatteten Leichen, andere enthielten nur wenige, gleichzeitig beigesetzte Leichname. Es ist wohl auch nicht überraschend, dass in den zwei oder eher drei Jahrtausenden, in denen Großsteingräber angelegt wurden, verschiedenste Veränderungen in der rituellen Praxis auftraten, während die Grundelemente der megalithzeitlichen Religion, nämlich Großsteingrab, Großsteinsetzungen, Kollektivbestattung und Verbindung von Grabbrauch und öffentlichem Kult, erhalten blieben. Jedenfalls ist zu erwarten, dass eine Religion, die über 2000 Jahre und in fast allen Küstengebieten Europas dominant war, erhebliche regional und zeitlich, vielleicht sogar ethnisch bedingte Unterschiede aufweist, sodass uns also Differenzen weniger überraschen sollten als offenbare Übereinstimmungen.

Newgrange, das bedeutendste der etwa 150 erhaltenen Ganggräber in Irland, ist aber auch für die Religionswissenschaft ein äußerst interessantes Bauwerk, nicht nur wegen seiner Dimensionen (Abb. 4). Umgeben wird der Hügel von etwa 80 m Durchmesser nicht nur von einer Fassade aus Steinplatten und Trockensteinmauerwerk, sondern weiters noch von einem großen Steinkreis von über 100 m Durchmesser und ursprünglich bis zu 38 Steinen.[14] Die Steine in Gang, Grabkammer und Dach sind vielfach durch eingemeißelte Muster dekoriert, wobei Doppelspirale, Zickzackmuster und konzentrische Kreise zu den häufigsten Motiven gehören; dabei wurden auch Steine dekoriert, die in der Konstruktion jedem Betrachter verborgen bleiben mussten.[15] Die auffälligste Besonderheit in Newgrange ist aber die erst 1963 entdeckte Kammer über dem Querträger des Eingangs, die 90 cm hoch, 1 m breit und reich verziert war und durch einen massiven Block aus Bergkristall ver-

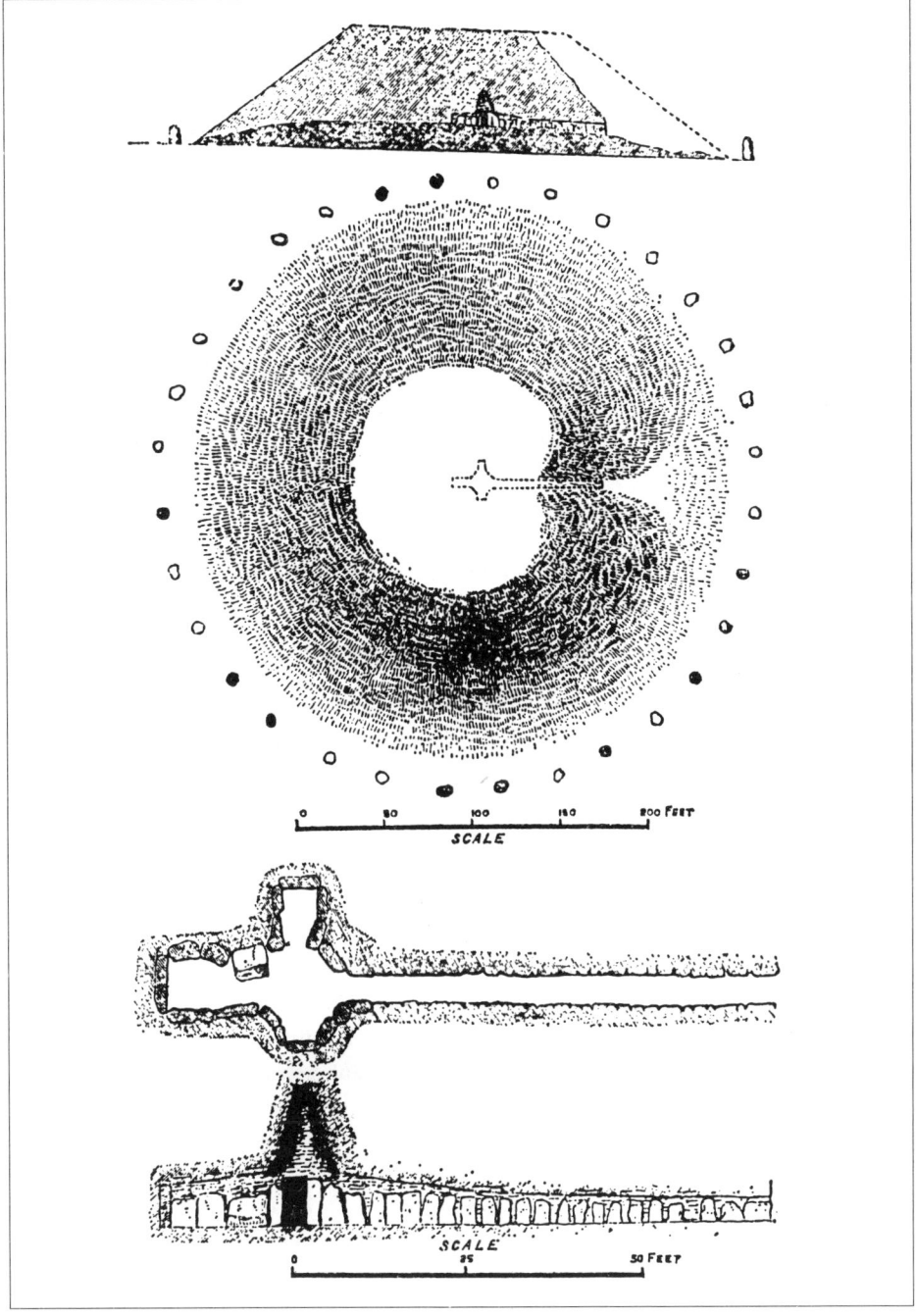

Abb. 4: Plan des Ganggrabs von Newgrange, Irland (nach: Sean P. ÓRíordán and Glyn Daniel: Newgrange, publ. by Thames and Hudson Ltd., London 1964).

schlossen war, durch den aber die Strahlen der Sonne bei Sonnenaufgang zu Mittwinter trotz des gewundenen Ganges und wegen dessen Steigung genau in die Grabkammer fielen. Dieses Datum muss also bei der Konstruktion eine zentrale Rolle gespielt haben, und die Bedeutung der Sonne im megalithischen Kult geht auch aus den Ausrichtungen etlicher Steinkreise, Ganggräber und den überaus häufigen konzentrischen Kreisen, Sonnenscheiben mit Strahlen und wohl auch der Doppelspirale hervor.

Die Interpretation der vielen Details von Newgrange ist trotzdem nicht einfach, denn wir wissen nicht, wie der Sonnenkult mit der Totenverehrung in Verbindung stand. Sollte die Mittwintersonne die Toten stärken, die wiederum für die Welt der Lebenden Verantwortung trugen? Dann stellt sich allerdings die Frage, warum die Sonne gerade an ihrem schwächsten Punkt im Jahreskreis in die Grabkammer scheint. Oder waren es die Sonnenstrahlen, die an den kürzesten Tagen des Jahres die Geister der Toten erleuchten und damit unschädlich machen sollten? Nichts weist aber darauf hin, dass man sich im Neolithikum die Toten schon als potentiell schadenstiftend vorstellte, im Gegenteil: Wir können ziemlich sicher davon ausgehen, dass die Toten ein wichtiger, das Leben und die Fruchtbarkeit der diesseitigen Welt garantierender Teil des gesamten Lebens waren. Vielleicht sollte also das Sonnenlicht am kürzesten Tag des Jahres die Toten erwecken und sie an ihre „Pflicht", nämlich das Hervorbringen des Wachstums der Erde, erinnern, gleichzeitig mit der nun wiederum erstarkenden Sonne, die das Ihrige dazutut.

Dabei darf aber keineswegs vergessen werden, dass es eben nicht alle Toten waren, die in diesen Gräbern beigesetzt wurden, und dass die Ganggräber neben ihrer Rolle im öffentlichen Kult auch noch eine stark politische Komponente aufweisen, wie ihre topographische Prominenz, ihre Verteilung in der Kulturlandschaft und schließlich das besonders in der Bretagne hervortretende Axtsymbol als Zeichen der Macht verrät. Dazu kommt die überregionale Komponente, die auf eine weit verzweigte maritime Kultur mit kulturellem wie ökonomischem Austausch deutet: Die enge Verwandtschaft der orkadischen, englischen und iberischen Keramik sind dafür nur ein Beispiel, die sowohl in Portugal wie in Irland als auch teilweise in Frankreich und selbst in Südschweden zu findende Tendenz der Ganggräber zu Kreisform, Küstenlage, erhöhter Position und Gruppenbildung ein weiteres.[16]

Hingegen ist in Dänemark und der Norddeutschen Tiefebene die Küstennähe kein auffälliges Kriterium, die erhöhte Lage mangels topographischer Möglichkeiten ohnehin nicht, obwohl in Dänemark eine Tendenz dazu bestand, Dolmen auf künstlichen Hügeln zu errichten.[17] Es ist also nicht auszuschließen, dass hier, im äußersten Nordosten des Megalithgebietes, eine Sonderentwicklung vonstatten gegangen ist, die möglicherweise auch eine politische Komponente hatte, da hier die Ganggräber in der Regel kleiner, gleichmäßiger verteilt und auch intensiver belegt waren als im Westen (mit bis zu 156 Skeletten; die Grabkammer des schwedischen Ganggrabs von Gökhem mit nur 2,8 m × 1,2 m enthielt wenigstens 20 Individuen)[18]. Der Grund dafür könnte sein, dass man hier eine andere Form des Kultplatzes entwickelt hat, nämlich eines nur kurzzeitig verwendeten Kulthauses aus Pfosten und sehr leichten Flechtwänden. Die Überreste einer ganzen Reihe sind in Dänemark zu Tage gekommen (Tustrup: Abb. 5, Ferslev, Herrup, Engedal, Foulnum, Sejerø), wenigstens teilweise in unmittelbarer Umgebung von Ganggräbern, und offenbar hat man

Abb. 5: Zeichnerische Rekonstruktion des Kulthauses von Tustrup, Nordjütland, Dänemark (nach Tilley, 228).

diese Häuser, nachdem man in ihnen Opfergaben in Keramikgefäßen deponiert hat, bewusst wieder abgebrannt. Möglicherweise sind südskandinavische Sonderentwicklungen durch die sukzessive Einwanderung der Streitaxtleute, Glockenbecherkultur und Bootaxtleute zu erklären, obwohl traditonellerweise eine gegenseitige Beeinflussung dieser Gruppen eher abgelehnt wurde.

b) Steinkreise, Alleen und Menhire

Mehr als alle anderen Monumente haben die zum Teil enormen Steinkreise der Megalithkultur die Phantasie der Nachkommen bis zum heutigen Tag beschäftigt. Das hervorstechendste Beispiel ist zweifellos Stonehenge, aber diese Steinsetzung ist zwar von auffälliger Größe und eigenwilliger Konstruktion, aber weder typisch für die spätsteinzeitlichen Anlagen noch annähernd die größte; zudem fand die eigenwillige Konstruktion keine Nachfolger.

Um es vorauszuschicken: Endgültig geklärt ist weder der Zweck der Steinkreise noch der enormen Steinsetzungen in parallelen Reihen in Carnac in der Bretagne noch der der Menhire, also der allein stehenden Felsblöcke und Felsnadeln.

Am ehesten ist es noch möglich, etwas darüber auszusagen, was die Steinkreise wohl alles nicht sind: So sind sie sicher nicht in erster Linie Sammelpunkte für fiktive Erdstrahlen oder Zentren für Kraftlinien (*leylines*), die angeblich die ganzen Britischen Inseln durchziehen und an deren Kreuzungspunkte Steinkreise und andere „Heiligtümer" liegen sollen. Auch sind die Steinkreise nicht in erster Linie vorgeschichtliche Observatorien, wenn sich auch für bestimmte solare und lunare Konstellationen durchaus Hinweise finden lassen. Aber die überzogenen astronomischen Interpretationen, die daraus hinauslaufen, dass die Linien zwischen den einzelnen Steinen eines Kreises alle ganz bestimmte Sterne markieren sollten, gehen viel zu weit. Diese Art der Paläoastronomie basiert in erster Linie darauf, dass sich etwa in einem Steinkreis mit 12 Steinen 36 Linien zwischen den Steinen ziehen lassen, wodurch sich 72 mögliche Punkte für astronomische Visierlinien, also für alle 2,7 Grad des Horizonts finden lassen.[19] Wenn man noch dazu nicht nur die Zentren der Steine annimmt, sondern auch ihre Außenkanten, verdreifacht sich die Zahl solcher Visierlinien, und wenn man dann noch mögliche Visierpunkte auf Hügeln und Bergen der Umgebung heranzieht, ist faktisch jeder Sternenaufgangs- und Untergangspunkt durch Peilungen in einem einzigen Steinkreis als bereits vorgeschichtlich zu „beweisen". Mit dieser Kritik an der Paläoastronomie in Bezug auf Megalithmonumente möchte ich keineswegs aussagen, dass die neolithischen Baumeister keine Ahnung von Astronomie hatten, ganz im Gegenteil. Aber man sollte weder in den Fehler verfallen, mit Peilungen aus Steinkreisen alle möglichen und unmöglichen astronomischen Punkte abdecken zu wollen, noch in den Steinkreisen reine Observatorien sehen zu wollen. (Siehe dazu auch Schlosser u. Cierny 1996.)

Einige der Steinkreise in Südengland und in Frankreich weisen einen derartigen Reichtum an Feuersteinwerkzeugen diversester Herkunft auf, dass man angenommen hat, es müsse sich hier um zentrale Handelsorte oder überregionale Treffpunkte gehandelt haben, andere Funde in England weisen auf irgendeine Art von Kult. Beide Fundgruppen und damit wohl auch Funktionen finden sich in den Erdkreisen (so genannten *Henges*), flache Erdanlagen aus Graben und Begrenzung, wieder, welche wohl, mit oder ohne hölzerne Pfostensetzungen, die Vorgänger der Steinkreise gewesen sein dürften.[20]

Die Größe der Steinkreise kann ein Hinweis auf ihre Funktion sein: Steinkreise bestehen aus 4 bis 60 Steinen und haben Durchmesser zwischen 3 und 103 Metern, wobei die kleinsten als Sammelplätze für Stammes- oder Handelstreffen ganz zweifellos ungeeignet sind. Nicht alle Steinkreise sind Begräbnisstätten: Während sie in Spanien und Skandinavien meist um ein Grab oder einen Grabhügel zu finden sind, ist auf den Britischen Inseln nur in 215 der 963 bekannten Steinkreisen ein Grab zu finden, und in der Bretagne enthalten sie ebenfalls kaum Gräber. Der Ursprung der Steinkreise, etwa um die Mitte des 4. vorchristlichen Jahrtausends, kann also weder in Grabanlagen überhaupt noch in den Fassadensteinen der großen Ganggräber gesehen werden, sondern es dürfte sich ganz besonders auf den Britischen Inseln diese Form von Kultplätzen entwickelt haben und erst später die Verbindung mit den Ganggräbern erfolgt sein – entweder durch Inkorporation von Gräbern in Steinkreise als sekundärer und vor allem auf dem Kontinent übernommener Brauch oder etwa durch die Errichtung der Fassaden der Ganggräber nach Vorbildern.

Wir müssen also annehmen, dass Steinkreise wohl schon ursprünglich einer ganzen Reihe von Zwecken gedient haben: als Versammlungsplatz, als Grabstätte, in erster Linie wohl aber als Kultplatz, dessen Platzwahl durch astronomische Beobachtungen durchaus mitbestimmt sein konnte. Dass der Ort keineswegs zufällig gewählt wurde, zeigen die vielen

Abb. 6: Stonehenge, Wiltshire, Südengland.

Steinkreise, die wie die Ganggräber in Sichtweite von Küsten angelegt wurden, oder auch die Tatsache, dass die Kreise keineswegs immer in unmittelbarer und somit ökonomischer Nähe der entsprechenden Steinbrüche angelegt wurden. Stonehenge ist wenigstens diesbezüglich kein Sonderfall, da die bis zu 7 m hohen und bis zu 45 t schweren Steine über eine Distanz von über 30 km herbeigeschafft werden mussten[21] und die kleineren, nur 4 t schweren Steine sogar aus den über 300 km entfernten walisischen Bergen kamen.

Wie schon erwähnt, weist die immense Arbeit, die mit dem Aufschütten von Wällen und Plattformen aus Erde sowie dem Transport und der Aufrichtung der Steine zehntausende, im Falle von Stonehenge und Avebury oder dem Ring von Brodgar auf den Orkneys wohl hunderttausende von Arbeitsstunden verschlungen haben muss, nicht nur auf eine relativ straffe soziale Organisation hin, sondern unterstreicht wohl auch die Bedeutung der größeren Anlagen als Zentren eines gemeinschaftlichen, öffentlichen Kults. Höchstwahrscheinlich waren derartige Kultzusammenkünfte mit Tänzen verbunden, denn im Volksglauben des Mittelalters und der Frühen Neuzeit tragen Steinkreise in England noch immer Namen wie Haltadans („lahmer Tanz" auf den Shetland-Inseln) oder Riesentanz (*Chorea Gigantum* bei Geoffrey of Monmouth in Verbindung mit Stonehenge). Im Zentrum solcher Kulte stand wohl irgendeine Art von Fruchtbarkeitskult, ob nun im Kontext von Erntedankopfern oder im Rahmen der Voraussage der kommenden Saison. Einer der besten Kenner der Steinkreise in Europa, A. Burl, konnte im Zusammenhang mit Stonehenge, aber weiter über alle Steinkreise, die lapidare Aussage treffen: "There was always the axe, the sun and moon, and there was always death."[22] Mit der Bedeutung der Axt bezieht er sich auf das bedeutendste Symbol der spätneolithischen Religion der Megalithkultur, nämlich die Steinaxt, wie sie uns aus Funden in Stonehenge und anderen Steinkreisen sowie aus Felsritzungen in einer Reihe von bretonischen Ganggräbern immer wieder entgegentritt. Andere im unmittelbaren Zusammenhang damit zu findende Symbole sind Gesichter, Brüste, Spiralen und Doppelspiralen und das labyrinthähnliche Symbol in Hufeisenform, das man verschiedentlich als Labyrinth, als symbolische Darstellung des menschlichen Körpers oder aber als Aufzeichnung des jährlichen Wegs von Sonne oder Mond gedeutet hat, das aber durchaus auch für den Prozessionsweg innerhalb der hufeisenförmigen *Henges* gestanden haben mag. Andere megalithische Darstellungen umfassen noch Waffen (wie die Dolche in Stonehenge), bewaffnete Krieger mit Pfeil und Bogen (Le Trepied bei Le Catioroc, Guernsey) und symbolische oder realistische Darstellungen von Menschen, wobei wohl auch irdische Menschen dargestellt wurden. Eine gemeinsame Interpretation von allen möglichen Symbolen (konzentrische Kreise, Doppelspiralen, anthropomorphe Darstellung) als Darstellungen der „Großen Göttin" halte ich bei dem weiten zur Verfügung stehenden Inventar für unwahrscheinlich.

Einige der Steinkreise enthalten Steine mit Löchern (wie in Avebury), und diese haben im Volksglauben vor allem eine Bedeutung für Fruchtbarkeit und Geburt sowie für Ehe (vgl. die symbolische Heiratsszene auf dem mit einem Loch versehenen Steindeckel einer Graburne von Maltgard).[23] Die Verwendung solcher Steine in Ganggräbern und Dolmen[24] dürfte sie wohl aber auch als symbolischen Eingang in die andere Welt ausweisen; auch dies kann ein Hinweis auf die Beziehungen zwischen öffentlichem (Fruchtbarkeits-?) Kult und Totenkult sein.

In der religiösen Welt der späten Steinzeit waren Leben und Tod nicht getrennt, sondern die Toten waren ein notwendiger Teil des Lebens, die wohl auch im Glauben für die Sicherung der Fruchtbarkeit (mit-)verantwortlich waren.

Wenn wir auch die Konstruktion der Kultplätze, ihre Entstehungszeit und einige der materiellen Überreste der Kulthandlungen eruieren können, so sind die Riten selbst natürlich nicht rekonstruierbar. Wir wissen nicht einmal, ob die Beisetzung der tierischen und menschlichen Schädel, der Skelette und Leichenbrandreste als Teil der Opferhandlungen oder erst in ihrer Folge stattfanden. Etwas mehr können wir allerdings über Festzeiten sagen, da die astronomische Ausrichtung der megalithischen Anlagen – oder das Wenige, was wir mit großer Sicherheit darüber sagen können – den solaren Mittwinter und Mittsommer zu bevorzugen scheint, wie auch die oben erwähnten aus dem Ganggrab von Newgrange gewonnenen Erkenntnisse bestätigen. Somit stehen diese – aus dem solaren Jahreszyklus entnommenen – Festzeiten den bekannten germanischen Jahresfesten (Mittwinter, Mittsommer, Herbstbeginn) näher als den keltischen (Oimelg im Februar, wenn die Schafe begannen, Milch zu geben, Beltane im Mai beim Viehaustrieb, Lugnasad im August als Erntefest und Ende Oktober, wenn die Geister der Toten erwachten). Dazu treten allerdings wohl noch Festzeiten, die durch den lunaren Kalender bestimmt waren, da man den Mond offenbar auch über lange Zeiträume hinweg beobachtete und daher zu Erkenntnissen über die längeren Zyklen kam, wie den metonischen von 62 Mondmonaten (18,61 Jahre). Was den lunaren Kalender betrifft, so hat man ein gewisses Interesse besonders an den maximalen Mondaufgangszeiten feststellen wollen,²⁵ was für mögliche Festzeiten jedoch wenig aufschlussreich ist. Allerdings ist der Zusammenhang zwischen Totenkult, Fruchtbarkeitskult und astronomischen Beobachtungen für das späte Neolithikum und die frühe Bronzezeit trotz aller Interpretationsversuche der „Paläoastronomie" immer noch weitgehend ungeklärt. Festhalten sollte man vorerst, dass jedenfalls der lunare und solare Kalender zweifellos wichtig waren, während alle Überlegungen zu stellaren astronomischen Zusammenhängen reichlich spekulativer Natur sind.

Komplexer als die Deutung der Steinkreise gestaltet sich die der Steinreihen, der sog. *Alignements*, wie wir sie in erster Linie aus der Bretagne, aber auch aus Schottland kennen. In der Bretagne finden sich fünf derartige Anlagen, wobei die beiden in unmittelbarer Nachbarschaft voneinander, nämlich Le Menec und Kermario mit 957 m/1099 Steinen bzw. 1128 m/1029 Steinen die größten sind. Auf den Britischen Inseln und auf Irland gibt es eine ganze Reihe von Steinreihen, aber nur die im nordöstlichsten Schottland (Caithness) reichen im Umfang an die bretonischen Anlagen heran, wobei die umfangreichste die von Mid Clyth in Caithness mit 23 Reihen und 44 m Länge ist; sie liegt wie einige andere schottische Steinreihen genau in Nord-Süd-Richtung, während die Mehrzahl zwischen NNO-SSW und OSO-WNW variiert.²⁶ Während sich die Vielzahl von parallelen Zweierreihen von Steinen am besten als Prozessionswege interpretieren lassen und häufig (wie in Callanish) auch in Verbindung zu Steinkreisen stehen, wird diese Deutung für die *Alignements* meist als unzureichend angesehen, wenn auch die Funktion als Orte der kultischen (und sekularen?) Machtdemonstration nicht ausgeschlossen werden sollten. Die Deutung schwankt daher zwischen Kultversammlungsplätzen und – weniger wahrscheinlich – neolithischen Observatorien, wobei astronomische Beobachtungen im religiösen Kontext mehr Sinn machen als eine rein säkulare Anlage zum Zwecke astronomischer Beobachtung. Für Letztere gäbe es auch keine ethnologischen Parallelen, während Beispiele astronomisch-kalendarisch dominierter Kulte (wie die der Inkas, Mayas und Azteken) sehr wohl beizubringen sind.

Eher gar nicht astronomisch zu erklären sind die zahlreichen einzelnen Menhire. Zwar hat man auch einzelne dieser ursprünglich bis zu 20 m hohen und 350 t schweren allein stehenden Steinstelen (der größte bekannte ist El Grah, auch Le Grand Menhir brisé genannt: Locmariaquer, Bretagne) als Fokuspunkte oder Vexierhilfen (gegen einen Hintergrund von markanten Hügeln oder Bergen) als Denkmäler astronomischer Beobachtungspraxis sehen wollen, aber die vielen Unsicherheiten bei nur einem Stein machen dies noch unwahrscheinlicher als bei den Steinkreisen. Viel eher sind sie markante Monumente eines Grabkults oder noch eher als territoriale Markierungen bestimmter Machtbereiche zu sehen (wozu ja auch die Ganggräber in einzelnen Gegenden fungieren) denn als Basen astronomischer Beobachtungen.

Bei der Interpretation individueller Steinsetzungen ist immer zu berücksichtigen, dass Steinkreise nicht nur in der Zeit der Megalithkultur und ihrer Ausläufer in der Bronzezeit, also grob gesprochen zwischen 3000 und 1500 v. Chr., errichtet wurden. Auch noch in späterer Zeit, und aus ganz unterschiedlichen Gründen, entstanden von der Eisenzeit bis zur Wikingerzeit weitere Steinkreise, wobei aber der wikingerzeitliche *domahringr*, „Gerichtskreis", einen Zentralstein als Achse der Anlage aufweist. Von den oft elliptischen Steinkreisen sind vor allem die skandinavischen Schiffssetzungen zu unterscheiden – auch sie reichen von der Bronzezeit bis zur Wikingerzeit –, welche in den meisten Fällen als sehr solide und sichtbare Form der Bootsbestattung (siehe Kap. VII) dienten. Einzelne Großsteine – und zwar nicht nur Runensteine – wurden ebenfalls in der Wikingerzeit gesetzt, und diese Bautasteine fungierten sowohl als Grabsteine als auch als Gedenksteine ohne dazugehöriges Grab.

2. Bronzezeitliche Felszeichnungen als religiöse Urkunden

Nach den Denkmälern der Megalithkultur sind die auffälligsten Hinterlassenschaften vorgermanischer Religion in Nord- und Westeuropa die bronzezeitlichen Grabhügel und die südskandinavischen Felszeichnungen derselben Periode, die in Nordeuropa mit etwa 1500 bis 400 v. Chr. angesetzt werden kann und damit deutlich später als in Südeuropa. Der Übergang zur ersten metallischen Kultur in Nordeuropa ging langsam vor sich, und mehrere hundert Jahre lang imitierten die an Kupfer und Zinn armen Skandinavier aus Feuerstein die eleganten Importartikel aus dem Süden, besonders Bronzedolche und -schwerter. In dieser ältesten Phase der Bronzezeit erlebte die Steinbearbeitungstechnik ihren Höhepunkt, und viele gerade der polierten dänischen Steinwaffen stehen in ihrer Eleganz den Bronzearbeiten nicht nach. Nach und nach begann man auch in Skandinavien aus importierten Rohstoffen Bronzeprodukte im Mischungsverhältnis 9 : 1 von Kupfer und Zinn herzustellen, und Nordeuropa konnte sich in der Qualität seiner Produkte am Höhepunkt der Bronzezeit mit der älteren südosteuropäischen Bronzekultur durchaus messen.[27]

Die Grabhügel markieren einen deutlichen Umschwung in der Religion und einen ökonomisch bedingten politischen Umschwung, der den Zusammenbruch alter neolithischer Machtstrukturen signalisieren dürfte. Im Grabbrauch manifestiert sich dies am deutlichsten am Wechsel von der Kollektivbestattung zum Einzelgrab, der Bestattung in schweren, individuellen Holzsärgen und in einer Aufgabe der massiven Großsteingrabmäler zugunsten von Erdhügeln. Dennoch sind auch deutliche Gemeinsamkeiten mit dem Neolithikum festzustellen: Bedeutende Personen wurden weiterhin in monumentalen Hügeln bestattet, und auch die Bronzezeit weist in Nordeuropa ein stark maritimes Gepräge auf, das sich allerdings weniger in der Lage seiner Grabhügel als vielmehr in seiner Bildsprache manifestiert. In der Megalithkultur des Neolithikums waren die bildlichen Dekorationen aber in erster Linie abstrakt (wenn wir von den Waffen und ganz vereinzelten Menschendarstellungen absehen) und an den Totenkult gebunden, aber in der Bronzezeit werden die Bilder konkret und sind, soweit wir wissen, wenigstens zu einem gewissen Grad losgelöst vom Grabbrauch.

Heute sind für uns die bronzezeitlichen südskandinavischen Felszeichnungen die prominentesten Zeugnisse der Vorgeschichte in Nordeuropa und, nachdem man seit Oskar Almgren 1927 die religiöse Relevanz der Felszeichnungen entdeckt hat, auch der nordeuropäischen Religionsgeschichte. Nicht alle skandinavischen Felszeichnungen (norweg., dän.

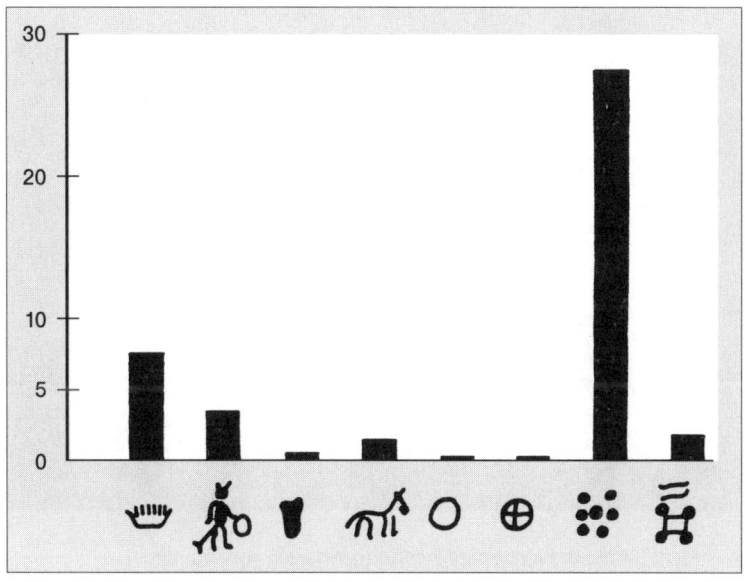

Abb. 7: Relative Häufigkeit der Felszeichnungsmotive
(nach Bertilsson: The Rock Carvings, 120).

helleristningar, schwed. *hällristningar*) stammen aus der Bronzezeit. Die meisten der in Nordskandinavien zu findenden Ritzungen sind deutlich älter, reichen wohl bis 6000 v. Chr. zurück und werden auf Grund der nördlichen Wohnsitze ihrer nomadisierenden und jagenden Trägerkultur üblicherweise als arktische Felszeichnungen oder Jagdritzungen (norweg. *veideristninger*, schwed. *fångstristningar*) bezeichnet.[28] Dagegen werden die bronzezeitlichen, üblicherweise in Südskandinavien zu findenden Felszeichnungen als Ackerbauritzungen (norweg. *jordbruksristniger*, schwed. *jordbruksristningar*) bezeichnet, weil sie einer eindeutig schon agrarischen Kultur entstammen.[29] Die südskandinavischen Felsbilder weisen gewisse Übereinstimmungen, aber noch mehr Unterschiede mit den ebenfalls umfangreichen südalpinen Felsritzungen aus der Schweiz und Südtirol auf, während die vereinzelten nordalpinen Felsritzungen aus Österreich und Bayern wesentlich einfacher und auch bislang nur unzureichend datiert sind.

Die Motivik der Felszeichnungen ist überaus reichhaltig. Eine Statistik der häufigsten Elemente (Abb. 7)[30] zeigt, dass unter den etwa 10000 bekannten Felszeichnungen Skandinaviens mit etwa 40000 bis 50000 Motiven die schalenförmigen Eintiefungen (sog. Schalengruben, engl. *cup-marks*) das häufigste Motiv sind, dessen Bedeutung aber nicht sicher ist. Schon das zweithäufigste Motiv ist jedoch das Schiff, und diese Häufigkeit unterstreicht sowohl die Bedeutung der Seefahrt im bronzezeitlichen Nordeuropa als auch die Rolle des Schiffs im Kult, während nichts im Neolithikum auf eine kultische Bedeutung des Schiffes hinweist. Dagegen ist auch in der Bronzezeit die Sonnenscheibe von großer Bedeutung, sowohl in Form von speichenradförmigen Darstellungen als auch Spiralen, ebenso wie die

Abb. 8: Bronzezeitlicher Sonnenwagen von Trundholm.

Doppelspirale, die nicht nur auf den Felszeichnungen, sondern noch häufiger auf Schilden und Waffen vorkommt. Eine Herleitung dieses Motivs aus älteren (bronzezeitlichen) griechischen Formen[31] ist jedoch nicht wahrscheinlicher als die Verbindung zu den westeuropäischen Symbolen der Megalithzeit; noch in keltischer Zeit ist die Doppelspirale, abgewandelt zu einem ornamentalen „S" oder den Doppelspiralen hallstattzeitlicher Brillenfibeln, in Westeuropa zu finden.[32] Dass die Sonne auch in der Bronzezeit der Gegenstand eines Kultes war, geht aus dem berühmten Sonnenwagen von Trundholm (Seeland) hervor, dessen bronzene, einseitig vergoldete Sonnenscheibe auf einem sechsrädigen Modellwagen von einem bronzenen Pferdegespann gezogen wurde; das ganze aufwendig gearbeitete Modell war nur knapp 60 cm lang und diente wohl als Kultgegenstand im Sonnenkult (Abb. 8); dies gilt wohl auch für die neu gefundene Bronzescheibe von Nebra in Sachsen-Anhalt.

Das dritthäufigste Motiv ist aber der Mensch, und diese Konzentration auf Menschen deutet auf einen gravierenden Unterschied zur neolithischen Religion, als die Darstellung des Menschen eine sehr geringe Rolle spielte. Wir sehen Menschen auf den Felszeichnungen in einer ganzen Reihe unterschiedlicher Funktionen, mit Waffen wie Pfeil und Bogen, Speer, Hammer, Äxten[33] und Schwertern, aber auch mit anderen Attributen wie Luren (s.u.), Sonnenscheiben und Zweigen, was alles auf einen kultischen Kontext hindeutet, ebenso wie die Tänzer, Voltigeure, Masken- und Helmträger. Daneben finden wir aber auch Wagenlenker, Pflüger oder Schiffsmannschaften, und hier können wir nur dem Kontext oder besonderen Merkmalen entnehmen, dass wir es mit rituellen und nicht alltäglichen Aktivitäten zu tun haben, etwa dem steilaufgerichteten Phallus eines Pflügers, der auf die Rolle des Pflügens in einem Fruchtbarkeitskult hinweisen könnte und nicht auf eine rein säkulare Szene.

Eine der prinzipiellen Fragen, die sich in der Ikonologie der Felszeichnungen stellt, ist die nach dem Status der dargestellten Personen: Sind es Götter, sind es Menschen, und falls Letzteres, sind es nur die Akteure öffentlicher Kulthandlungen? Wir müssen dabei einerseits ihre Größe, ihre Funktion, ihre Attribute und vielleicht auch die im Kontext zu findenden Schalengruben als Interpretationshilfen heranziehen, Letztere deswegen, weil man sie auch als Opfergrübchen neben besonders wichtigen Darstellungen interpretiert hat, was aber nicht ihre ausschließliche Bedeutung sein kann. Es stellt sich dabei auch die Frage, welche Aspekte einer Religion, ihrer Repräsentanten, Anhänger, aber auch der nur möglicherweise persönlich gedachten Gottheiten überhaupt ikonographisch darstellbar sind. Hier ist in erster Linie an die Darstellung von

a) Kulthandlungen
b) Kultobjekten
c) mythologischen Symbolen
d) mythologischen Figuren und Göttergestalten

zu denken, und wir können diese Möglichkeiten mit den Darstellungen der Felszeichnungen identifizieren, wobei es mir aber wichtig erscheint, den dargestellten Szenen, Figuren und Objekten möglichst keine Namen zu geben, sondern phänomenologisch vorzugehen.

Für die Bronzezeit können wir aus den Felszeichnungen allein weder persönliche Gottheiten im Allgemeinen noch bestimmte Gottheiten im Besonderen nachweisen, sodass der vierte genannte Punkt (d) eigentlich ausscheidet. Ein Sonnenkult dagegen tritt deutlich hervor, und selbst das Schiff dürfte nur eine Rolle als Kultobjekt in diesem Sonnenkult gespielt haben,[34] denn wie einzelne Felszeichnungen zeigen (Abb. 9), waren es nicht tatsächliche Schiffe, die hier abgebildet wurden, sondern Modelle oder Imitationen, die getragen werden konnten und auf denen, wie auf Bühnen, Kulthandlungen vonstatten gehen konnten. Als mythologische Symbole kommen außer den schon erwähnten Scheiben, Spiralen, Doppelspiralen und Schalen nur noch Schlangenlinien vor, die aber besser als Schlangen selbst zu interpretieren sind, da sie teilweise deutlich als Tiere markiert sind. Bei Waffen dagegen ist nur schwer zu entscheiden, ob diese als Kultobjekte (b) oder als religiöse Symbole (c) zu deuten sind, selbst wenn sie von Personen zu Lande oder auf Schiffen demonstrativ getragen werden, da beide Möglichkeiten zusammenfallen können. Bei Pferden in Wagen- oder Pfluggespannen scheint der Bezug zu Kulthandlungen klar, aber bei Elchen, Rentieren, Hirschen, Stieren, Ebern, Vögeln und Schlangen ist bislang völlig unklar, ob diese Tiere als Attribute irgendwelchen Gottheiten zuzuzählen sind, ob sie diese vielleicht überhaupt repräsentieren oder ob es sich um reale Darstellungen aus kultischem Kontext (Opfertiere) oder aus sekulärem (Jagd- und Haustiere) handelt.

Menschliche Akteure von Kulthandlungen dagegen finden sich als Adoranten (in deutlicher Anbetungshaltung), Voltigeure, Lurenbläser (s. Abb. 10), Kämpfer mit überdimensionalen Äxten, als Pflüger, als Träger von derartigen Äxten und Zweigen oder Bäumen, vor allem aber als Teilnehmer an Prozessionen, mit solchen oder anderen Attributen. Ob auch die vielfach dargestellten zwei- oder vierrädrigen zweispännigen Pferdewagen und ihre Wagenführer- oder -lenker als Teil dieses Kultszenarios zu sehen sind, ist zwar nicht ganz klar, aber aus dem Kontext heraus recht wahrscheinlich, auch wenn die Wagen simpel sind und in keiner Weise an den erwähnten Kultwagen von Trundholm erinnern.

Abb. 9: Felszeichnung mit Kultschiff aus Bohuslän, Westschweden.

Andere Objekte der Felszeichnungen hat man dagegen archäologisch nachweisen können, darunter die Luren, meist paarweise auftretende, über 2 m lange Bronzeblasinstrumente, die man fast ausschließlich in Dänemark gefunden hat und die außer durchdringenden tiefen Tönen auch durch angehängte Bronzeplättchen ein helles Klingeln von sich gaben (Abb. 10), oder die auffällig gehörnten bronzenen Kulthelme.

Auf Grund des reichen Bildmaterials lassen sich zwar Einzelaussagen über das Objekt des Kults, nämlich die Sonne, und über einzelne Elemente machen, aber über den eigentlichen Ablauf des Kults, sein Verhältnis zum Totenkult und das eigentliche Ziel wissen wir trotzdem wenig. Zwar hat man bestimmte menschenähnliche Figuren, die aber sehr stark stilisiert und in eine Art von Kapuze und Mantel mit Schleppe gehüllt sind, als die Seelen interpretiert, aber diese Interpretation ist nicht zu beweisen, auch wenn die in unmittelbarer Umgebung dazu realistisch dargestellten „lebenden" Menschen darauf hindeuten.

Keine Aussagen wurden bislang über den Ort eines derartigen Kultes gemacht, und obwohl in Südschweden etwa zwei Drittel der Felszeichnungen in unmittelbarer Nähe der (bronzezeitlichen, bis zu 12 m höheren) Uferlinie lagen, ist diese Situation nicht völlig zu generalisieren. Inzwischen hat man aber wenigstens aus Dänemark (Sandagergård, Horns Herrad, auf Nord-Seeland)[35] die Reste eines bronzezeitlichen Kulthauses aus der Zeit um 1000 v. Chr. entdeckt, das einzelne Monolithen enthielt; in diesem Fall trug jeder der vier Steine die Ritzung einer senkrechten Hand mit vier darüber quer eingeritzten Strichen, die auch aus dänischen Felszeichnungen bekannt ist, ohne dass wir aber die Bedeutung erschließen können. Eine Nähe von Felszeichnungen zu Gräbern ist in der Bronzezeit selbst nicht statistisch relevant, aber die erwähnten Kultplatzkontinuitäten scheinen sich dagegen in der auffälligen Korrelation zwischen bronzezeitlichen Felszeichnungen und eisenzeitlichen Friedhöfen oder Einzelgräbern zu manifestieren, sodass also nicht nur neolithische Grab- und Kultanlagen die bronzezeitlichen Felsbilder provozierten, sondern diese Stellen dann offenbar auch wieder eisenzeitlichen Grabbrauch nach sich zogen.[36]

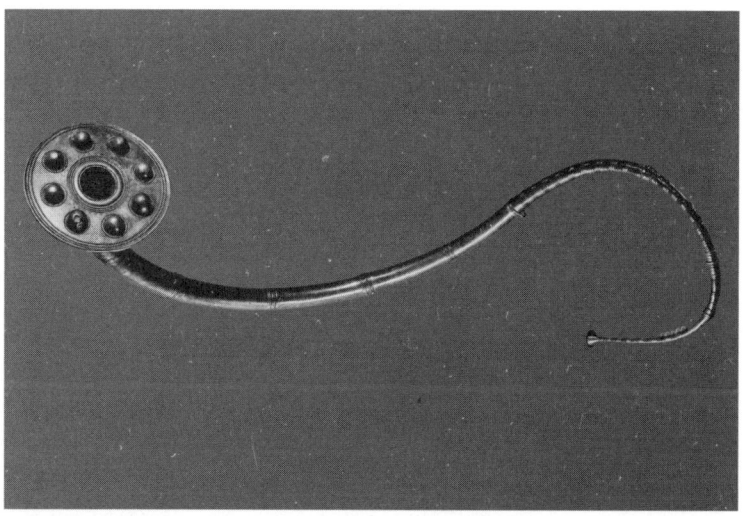

Abb. 10: Bronzezeitliche Luren und Kulthelme aus Dänemark.

Zusammenfassend ist festzuhalten, dass trotz der auffälligen Unterschiede zwischen der Religion des skandinavischen Neolithikums mit seinen Megalithmonumenten, der der Bronzezeit mit ihren vielfältigen Felsbildern und bronzenen Kultgegenständen und derjenigen der Eisenzeit, die sich vorerst durch Brandgrab und eine bemerkenswerte Fundarmut auszeichnet, auch Kontinuitäten vom späten Neolithikum bis in die vorrömische Eisenzeit hinein nachzuweisen sind. Dies betrifft die Tendenz zur Bestattung bedeutender Toter in Grabhügeln, Kultplatzkontinuitäten und, wenigstens in der Volksreligion, auch kontinuierliche Praktiken wie die Quellenverehrung.

III. Das Opfer

1. Das öffentliche Opfer

a) Der öffentliche Opferkult der Eisenzeit

Kriegsbeuteopfer

Irgendwann um 400 n. Chr. fand in Ostjütland in der Nähe von Hadersleben eine Schlacht statt, bei welcher auf einer Seite, vermutlich der der Angreifer, etwa 200 Mann fielen. Davon besaßen 9 ein Pferd, 60 von ihnen trugen Schwerter, Messer, Schilde, Speere und Lanzen, 140 weitere hatten nur Wurfspeere, Lanzen und Schilde (s. Abb. 12). Die Männer der siegreichen Verteidiger feierten ihren Sieg unter anderem dadurch, dass die Sättel, Zaumzeuge, Kleider und alle Waffen der besiegten Gefallenen verbrannt, demoliert und dann vom Ufer aus in Bündeln, welche teilweise durch Steine beschwert wurden, in einen kleinen Moorsee geworfen wurden, der auch zu anderen Zeiten zu diesem Zwecke diente. Dabei gingen etliche Keramikgefäße zu Bruch, deren Scherben man aber einfach am Seeufer liegen ließ. Der Sinn dieser Handlung, bei der nicht nur 200 brauchbare Kriegerausrüstungen systematisch vernichtet, sondern in Form der Schwerter, Schnallen und Zaumzeuge auch beträchtliche Werte ganz bewusst zerstört und versenkt wurden, kann wohl nur als Opferung dieser Gegenstände an eine Gottheit verstanden werden, der sie im Falle des Sieges versprochen worden waren.

Wir können bei dem beschriebenen Vorgang nur deswegen von einem Opfer, also einem religiösen Akt, sprechen, weil für diese Art menschlichen Verhaltens kein rationaler, profaner Grund gefunden werden kann, und diese Art der Einordnung unserer archäologischen Funde ist typisch für die religionsgeschichtliche Forschung im germanischen Bereich: Nur durch die Ausgrenzung unwahrscheinlicher Erklärungen können wir uns dem Phänomen des Religiösen nähern, wobei in vielen Fällen aber eine nähere Bestimmung unmöglich ist.

Das Opfer an Götter, an andere mythologische Wesen, ja selbst an Naturheiligtümer ist auf jeden Fall das sichtbarste Zeichen jeder Form von Religion, es ist die eigentliche Praxis der Religionsausübung. Es dient der Aufrechterhaltung des Kontakts mit den jenseitigen Mächten, wobei der Grund für diese Notwendigkeit die Abwendung des Todes in jeder Form war, ob persönlich – durch Garantie der Existenzgrundlage und der Gesundheit –, dynastisch – durch Nachkommenschaft und Fortleben der Familie überhaupt – oder kosmisch – durch Hinauszögerung des Weltendes mit dem Untergang von Menschen und Göttern. Eine zweite wichtige Funktion des Opfers ist die Regulierung des Lebens selbst in bestimmten Festzeiten des Jahres und auch längeren Perioden. Zusätzlich ist das Opfer aber auch ein Phänomen von Krisenzeiten: Die Waffenbeuteopfer der Eisenzeit markieren erfolgreich abgewendete militärische Aggressionen, die Menschenopfer von Königen in Schweden haben zwar vorwiegend mythischen Charakter, zeigen aber die Denkweise: Die ultimative Krise kann nur durch das größtmögliche Opfer, das des Königs, gelöst werden. Die früher angenommene Unterscheidung (Golther, Grimm) in zwei wesentliche Formen des Opfers, nämlich das Sühnopfer zum Beschwichtigen einer erzürnten Gottheit und das Dankopfer, ist im Wesentlichen falsch. Die wichtigsten Formen des Opfers sind nachweislich das Bittopfer und das Dankopfer, wobei das Bittopfer mitunter in Form des Gelübdes geleistet wird und somit nicht direkt greifbar ist und erst in Form des Dankopfers als eingelöstem Gelübde nachweisbar wird.

Das Problem bei der Betrachtung des Opfers ist, dass das Opfer ein Vorgang ist, der zwar von einem Teilnehmer oder Beobachter beobachtet und beschrieben werden kann, dass dieser Vorgang aber einen flüchtigen Charakter hat und mit seinem Ende auch unwiderruflich vorbei ist. Deswegen ist die Beschreibung der Opferzeremonien einer untergegangenen Religion ein beinahe hoffnungsloses Unterfangen, das nur beschränkte Chancen auf Erfolg hat: Wo die zeitgenössische Beschreibung fehlt, sind wir auf archäologische und bildliche Quellen angewiesen, und selbst wo solche Beschreibungen – für die heidnische Religion mangels eigener Schriftlichkeit ausschließlich durch außenstehende Fremde – vorliegen, sind sie mit großer Vorsicht zu genießen.

Aber auch die Archäologie bringt eigene Probleme mit sich; zwar hat sie in den letzten Jahrzehnten eine Unmenge von neuem Material zu Tage gebracht, dabei aber „auch deutlich werden lassen, dass dem Archäologen beim Fehlen der ins Wort gefassten Überlieferung enge Grenzen gesetzt sind, steht er doch in der Regel nur vor der trümmerhaften, materiell erfassbaren Überlieferung, also einem Rest – und vielleicht nicht einmal dem wesentlichsten – von Kulthandlungen, zu denen das für immer verlorene gesprochene oder gesungene Wort, der Tanz, die Mimik und Gestik gehört haben. Er erfasst also die materiellen Niederschläge von Kulthandlungen, ohne in der Lage zu sein, die hinter diesen stehende Gedankenwelt und ihre sakrale Äußerung in vollem Umfang erkennen zu können."[1] So berechtigtermaßen pessimistisch diese Einschätzung unserer Kenntnis des religiösen Lebens auch klingen mag, so sehr müssen wir dennoch alle möglichen Quellen zu seiner Rekonstruktion heranziehen, und die archäologischen Ausgrabungen sind die wertvollste Quelle für die möglichen Vorstellungen der Opfergemeinde.

Die ältere Forschung war bei der Rekonstruktion des heidnisch-germanischen Opfers fast ausschließlich auf die Berichte der antiken Autoren angewiesen, die uns mehr oder weniger detaillierte der blutigen Opferbräuche der germanischen Stämme überliefern. Alle diese Schilderungen haben gemeinsam, dass sie „barbarische" Menschenopfer beschreiben, welche für die „zivilisierten" Römer oder spätere, christliche Autoren ein Gräuel darstellten und deswegen der besonderen Erwähnung wert waren; andererseits dienten sie natürlich dazu, den Barbarismus der Germanen zu betonen. Im Gegensatz dazu haben die archäologischen Ausgrabungen von Opferplätzen zwar auch Belege für Menschenopfer erbracht, darüber hinaus aber deutlich gemacht, dass das Menschenopfer statistisch gesehen nur eine recht unbedeutende Rolle im Opferverhalten der Germanen eingenommen hat.

Es ist bezeichnend, dass ausgerechnet die älteste derartige Beschreibung eines germanischen Opfers von einem Menschenopfer berichtet. Es ist das in der Forschung immer wieder eingehend behandelte „Opfer im Semnonenhain", von dem der römische Historiker Tacitus um 90 n. Chr. in seiner *Germania* 39 relativ ausführlich erzählt:

„Als die ältesten und angesehensten unter den Sueben bezeichnen sich die Semnonen; die Glaubwürdigkeit ihres hohen Alters wird durch das religiöse Brauchtum erhärtet. Zu bestimmter Zeit kommen Abordnungen aller Völkerschaften gleichen Blutes in einem Wald zusammen, der durch Weihungen der Väterzeit und durch uralte fromme Scheu geheiligt ist, bringen dann im Namen des Bundes ein Menschenofer dar und begehen die schauerliche Feier ihres barbarischen Kultes. Auch eine andere Verehrung wird dem Hain noch gezollt: Niemand betritt ihn, ohne gefesselt zu sein, und zwar zum Ausdruck der menschlichen Unterlegenheit und zur Bekundung der göttlichen Macht. Wenn jemand zufällig ausgleitet, darf er sich nicht aufheben lassen und nicht aufstehen; man wälzt sich auf dem Erdboden hinaus. Der ganze Glaube geht auf die Ansicht zurück, dass hier der Anbeginn des Stammes liege, hier der allherrschende Gott wohne, dass alles andere ihm unterworfen sei und gehorchen müsse."

Die archäologischen Belege aus der ersten Hälfte des ersten Jahrtausends nach Christi Geburt sprechen freilich eine andere Sprache als die Tacitusstelle. Die großen Opferplätze, die bislang archäologisch untersucht worden sind, stammen zum überwiegenden Teil aus Dänemark, Süd-Schweden und Schleswig, aber eine große Opferstätte wurde auch auf der schwedischen Insel Öland (Skedemosse[2]) und zwei wurden in Thüringen[3] ausgegraben (Abb. 11). Alle diese großen Funde waren See- oder Mooropfer, und in allen von ihnen wurde eine Vielzahl von verschiedenen Gegenständen geborgen, die im Laufe der Jh.e darin geopfert worden waren.

Der berühmteste, weil als Erster entdeckte Fund ist der von Thorsberg (bei Süderbrarup in Schleswig).[4] In dem Thorsberger Moor (bis ins 18. Jh. hieß es selbst Thorsmoor) wurde zwischen 1858 und 1861 der Boden eines ehemals offenen Sees ausgegraben, in dem in der Zeit zwischen etwa 150 v. Chr. und 500 n. Chr. Waffen, Schmuck, Kleider, Pferdegeschirre, Wagenteile und selbst handwerkliche und landwirtschaftliche Geräte von einem mindestens 10 m langen Steg aus ins Wasser geworfen wurden, und zwar an einer Stelle, die von einem in Resten noch erhaltenen Flechtwerkzaun umgeben war, der die Stelle im See offenbar dem Blick von außen entzog. Dabei ändert sich über die mehr als 6 Jh.e, die dieser Opferplatz in Verwendung war, die Art der Gegenstände, die man opferte: In der ältesten Zeit, also der vorrömischen Eisenzeit, waren es vor allem Tongefäße[5] und vereinzelt auch Metallgegenstände, etwa bronzene Gewandnadeln. In den ersten beiden Jahrhunderten unserer Zeitrechnung mehren sich die Metallobjekte wie Schmuck und Gebrauchsgegenstände (besonders Fibeln), darunter auch Nachbildungen römischer Prunkgegenstände, um dann ab dem 3. Jh. von dem Brauch abgelöst zu werden, in dem Moorsee einzelne wertvolle Goldringe zu opfern, die man vorher absichtlich zerbrach. Nur ganz vereinzelt finden sich auch Pferdeknochen. Vom 2. bis zum 4. Jh. reichen wenigstens drei große Waffenopfer, die in Thorsberg nicht sehr gut erhalten sind, aber dennoch aus einer massiven Deposition von Waffen bestanden, die allerdings auch Fibeln enthielten. Später scheint man dann nur mehr vereinzelt metallische Gegenstände (Pferdeausrüstung) von geringerem Wert geopfert zu haben, und nach 400 scheint dieser trotz allem recht zentrale Opferplatz des germanischen

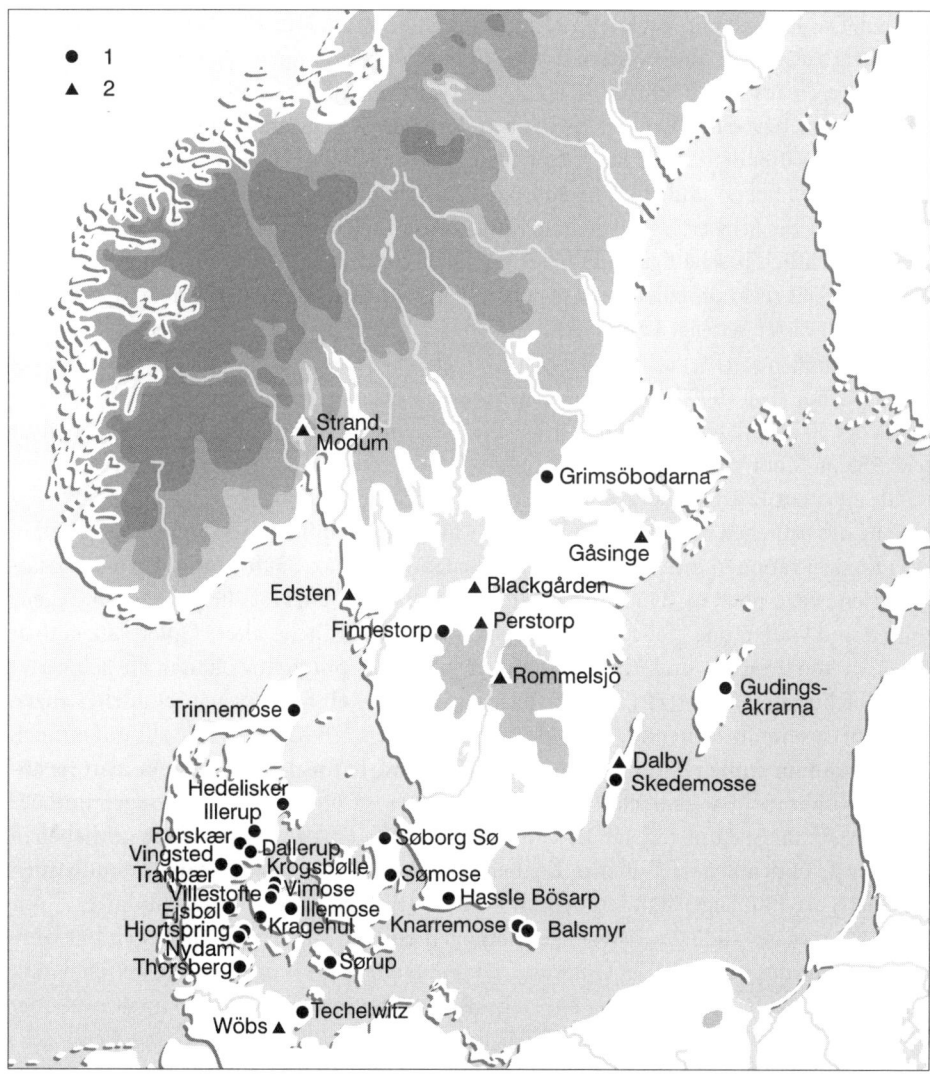

Abb. 11: Karte der großen Mooropferplätze in Nordeuropa;
1 Heeresausrüstungsopferplätze, 2 reine Waffendeponierungen
(nach Müller-Wille: Opferkulte, 1999, 41).

Stammes der Angeln außer Gebrauch geraten sein, und zwar, wie man früher dachte,[6] vielleicht zugunsten des etwa 50 km nördlich gelegenen Moors von Nydam. Wahrscheinlicher ist es jedoch, dass nach 500 Jahren Opfertätigkeit die Auswanderung der Angeln nach England für das Ende der Opferungen im Thorsberger Moor verantwortlich ist.

In Nydam hat man in einem großen Mooropferfund 1859/64 auch Boote gefunden, die wohl denen sehr ähneln, mit denen die Angeln im 5. Jh. nach England übergesetzt sein dürften. Das Eichenboot von knapp 23 m Länge ist heute im Museum in Schloss Gottorf in Schleswig ausgestellt, drei weitere Boote sind verloren gegangen.[7] Beim Opferfund von Nydam liegen aus dem 2. und 3. Jh. n. Chr. nur ganz vereinzelte Funde vor, darunter römische Münzen, bevor um 350 die Opfergaben durch die wenigstens drei mit Booten zu verbindenden Waffenbeuteopfer stark ansteigen, wobei allein der Nydam-I-Komplex fast 200 Schwerter, 278 Speer- und 260 Lanzenspitzen, 98 Schildbuckel sowie je 40 Bögen und Äxte umfasst. Wie die Schwerter und Schmuckstücke, so waren auch die Boote der Waffenopferfunde absichtlich beschädigt und im See versenkt worden. Am Ende des 5. Jh.s scheint die Opfertätigkeit recht plötzlich ganz abzubrechen, nachdem über einen längeren Zeitraum hinweg Schwerter, seltener Lanzen geopfert worden waren (die man individuell in den ufernahen Seeboden steckte) und schließlich noch ein letztes großes, erst kürzlich ausgegrabenes Opfer mit etwa 1000 Waffen- und Ausrüstungsteilen vorgenommen wurde.

Wieder 50 km weiter nördlich, in der Nähe des dänischen Städtchens Haderslev, hat man seit 1955 im Moor von Ejsbøl ein weiteres großes Kultzentrum ausgegraben, auch dieses am Rande einer zur Eisenzeit noch offenen Wasserfläche. An einer Strecke von weniger als 50 m entlang des östlichen damaligen Seeufers, das mit Baumstämmen befestigt war, wurden in zwei Konzentrationen mehrere tausend Gegenstände bis max. 35 m weit in den See hineingeworfen, wozu noch ca. 2500 etwa faustgroße Steine kamen. Fast alle geopferten Gegenstände sind Waffen oder Teile von Pferdegeschirr: Der nördliche, ältere Opferplatz enthält die Reste von 9 Sätteln und Pferdegeschirren sowie die Sporen ihrer Reiter, die Schwerter und Dolche von 60 schwerttragenden Kriegern und die einfachere, aus Schilden, Lanzen und Wurfspeeren bestehende Ausrüstung von weiteren 200 Kriegern, die alle auf einmal, irgendwann im frühen 4. Jh. n. Chr., in den See geworfen wurden, nachdem man sie absichtlich unbrauchbar gemacht hatte: Die Schwerter waren gewaltsam verbogen und der ganze Waffenberg dann vollständig verbrannt worden, bevor man die übrig gebliebenen Metallreste in den See warf oder in Körben oder Bündeln versenkte, worauf Fundhaufen mit mehr als 550 Gegenständen deuten können (Abb. 12). Der zweite Fundplatz – nur 20 bis 30 m weiter südlich – ist weniger homogen und die Fundstücke sind etwa 100 Jahre jünger als die der nördlicheren Opferung. Dies und einige vereinzelte Funde weisen darauf hin, dass der Opferplatz nach der ersten großen Waffenopferung um 300 noch zwei oder drei Generationen lang in Benützung blieb, dass aber nur noch einmal während dieser Zeitspanne ein Waffenopfer stattfand, während einige Einzelfunde – z. B. Äxte, Silberringe, Holzgegenstände und eine 1,2 m hohe „Bildstele" mit roh eingeschnitztem Tierkopf – wohl private Opferungen repräsentieren.[8] Die Opferstätte in Ejsbøl war also fast gleichzeitig mit der in Nydam in Verwendung, weist aber noch mehr als diese eine rein militärische Ausrichtung auf – im Gegensatz zu Thorsberg, wo die Fundstücke gemischter Natur sind.

Ein vierter großer Opferplatz in Jütland ist die Flusssenke des Illerup Å bei Skanderborg, wo in einem Flusstal mit verlandeten Seen in einem etwa 400 m × 250 m großen See, am Südufer auf einer Länge von etwa 200 m zwischen 200 und 400 n. Chr. drei große Waffenopfer mit etlichen tausend Objekten durchgeführt wurden. Das erste Opfer bestand aus über 11 000 Gegenständen, die zur Bewaffnung von über 200 Kriegern gehörten, darunter rund 100 Schwerter, die alle aus römischen Werkstätten stammten, während der Rest der

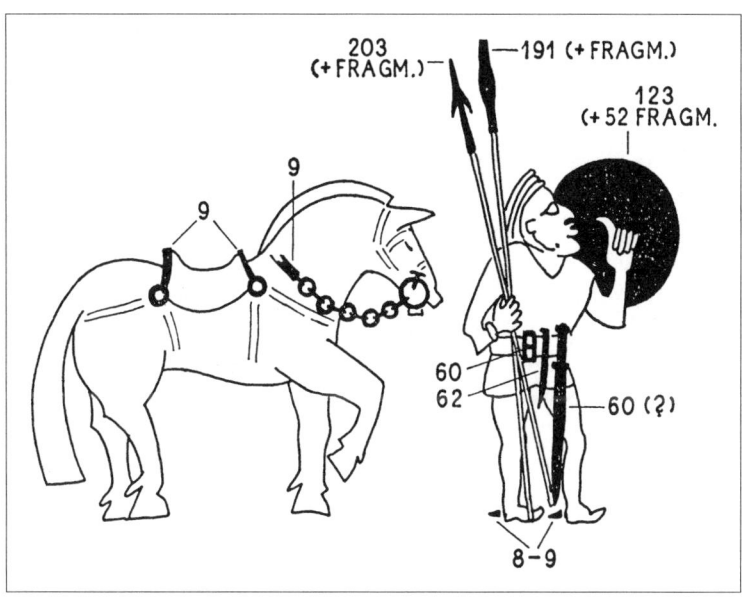

Abb. 12: Art und Anzahl geopferter Ausrüstungsgegenstände
im Kriegsbeuteopfer von Ejsbøl-Nord
(um 300 n. Chr.; nach Ørsnes: Der Moorfund, 179).

Ausrüstungen aus ganz Skandinavien gekommen sein kann; etwa 120 römische Münzen datieren das Opfer auf die Zeit bald nach 187/188 n. Chr. Reine Waffen – Schwerter, Messer, Speere, Lanzen und Schilde, in einigen Fällen nach der Zerstörung mit kurzen Runenritzungen versehen – wurden vor allem vom Ufer aus ins Wasser geworfen, während persönliche Gegenstände der Krieger wie Feuerschlagsteine, Pferdegeschirre, Werkzeuge und weitere Waffen von Booten aus im See versenkt worden sein müssen. Das zweite, kleinere und konzentriertere dieser Waffenopfer bestand aus der Ausrüstung von etwa 60 schwerttragenden und 100 Lanzen tragenden Kriegern; die unverbrannten Reste wurden nach 200 n. Chr. auch nicht nur vom Ufer aus in den See geworfen, sondern offensichtlich bündelweise mit Booten auf den See hinausgebracht und an verschiedenen Stellen darin versenkt.[9] Zu diesen beiden älteren Waffenopfern gehören auch etliche Werkzeuge, Goldringe, Goldbarren und Fibeln. Ein kleineres Waffenbeuteopfer stellt die dritte Opferung von diesmal verbrannten Ausrüstungsgegenständen am Ostufer des Sees dar, welche ins 4. Jh. gehört, während aus dem 5. Jh. nur mehr sechs Einzelfunde von Waffen nachweisbar sind, die nicht als Beuteopfer anzusehen sind. Keine 2 km weiter westlich fanden sich in Fœrlev Nymølle vier Opferplätze privater Natur (mit einem großen Holzidol, vgl. unten Kap. IV.1), nochmals 2 km weiter an der Mündung des Flusses in den Mossø bei Vædebro haben sich an drei Stellen Gruppen von Skeletten teils gewaltsam ums Leben gekommener Männer gefunden, an einer Stelle mindestens 26 Individuen von Kriegern, die z. T. auch alte, verheilte Wunden aufwiesen.[10] Darin die Spuren eines Begräbnisplatzes von Kriegsgefangenen sehen zu wollen, böte sich an, aber die C¹⁴-Datierungen stellen die Funde in das 1. Jh., sodass kein Zusammenhang mit den Waffenopferdeponierungen von Illerup Ådal bestehen kann.

Diese drei dänischen Opferplätze haben eines gemeinsam: In den damals existierenden kleinen Seen in Flussniederungen wurden mehrmals an ganz bestimmten Stellen, aber zum Teil im Abstand von bis zu 200 Jahren, große Kriegsbeuteopfer vollzogen. Die Opferplätze liegen jeweils so eng beisammen, dass nur ortskundige Ansässige als Opferer in Frage kommen. Es handelte sich wohl um die Ausrüstung der jeweils unterlegenen Truppe, die einen Aggressor repräsentiert, der wenigstens in einigen Fällen mit Sicherheit von außerhalb Jütlands kam – die Ausrüstung der späteren Niederlegung von Illerup Ådal weist nach Westschweden oder Südnorwegen, die Boote in Nydam zeigen, dass die Feinde jedenfalls übers Meer gekommen waren. In einer Zeit, als eine ganze Reihe von Stämmen die jütische Halbinsel nach Süden verließen, darunter die Kimbern, Teutonen und Ambronen im 2. Jh., später die Haruden (Charydes), Wandalen und (vielleicht ebenfalls aus Jütland) die Heruler, sowie wohl am spätesten und nach Westen statt nach Süden die Angeln und die Sachsen,[11] hat es sicherlich reichlich Anlässe für kriegerische Auseinandersetzungen gegeben. Es müssen nicht unbedingt Eroberungszüge nach Ostjütland und Fünen die Gründe für diese Schlachten geliefert haben, denkbar sind auch Flügelkämpfe der Stämme auf dem Weg nach Süden, reibungslos ist der Durchzug durch andere Stammesgebiete sicher nicht immer verlaufen. Die Zahl der Waffen scheint darauf zu deuten, dass es sich bei den Opfern um die Ausrüstung ganzer, mehr oder weniger vollständig vernichteter Heere gehandelt hat; wo aber sind die Leichen der Erschlagenen selbst? Obwohl man bei den älteren Ausgrabungen aus dem vorigen Jh. kaum auf Knochenreste achtete, haben auch die neueren Ausgrabungen keine Spuren verbrannter Knochen ergeben.

Die Kriegsbeute wurde also von den Siegern – ob nun von der Armee oder von der ganzen regionalen Gemeinschaft – an einen Platz gebracht, der nicht auch Grabplatz der eigenen und fremden Gefallenen war, und dort mit Brachialgewalt unbrauchbar gemacht. Die Frage, ob die Verbrennung von Schilden, Pfeilen, Lanzen und Wurfspeeren als das eigentliche Opfer anzusehen ist[12] oder aber erst die Versenkung, halte ich dabei für sekundär. Dann wurden die Reste dieser Waffen und verbrannte (wie in Ejsbøl) oder absichtlich zerstörte Boote (wie in Nydam) eingesammelt und teilweise sortiert, wobei die Anbringung von Runeninschriften in dieser Phase des Opfervorgangs auf einen komplexeren Ritus hinweist. Schließlich wurden die einzelnen Waffen oder Waffenbündel direkt vom Ufer in den See geworfen oder auch mit Booten auf die Oberfläche des Sees hinausgebracht und dort körbe- oder bündelweise in den See geschüttet, wohl um sie als Gabe an die Mächte oder Götter jedwedem Zugriff in Zukunft zu entziehen. Das war ja auch der Zweck der Demolierung und Verbrennung: Nie wieder sollten diese Waffen jemandem zu profanem Zwecke dienen. Nachdem aber prinzipiell auch die eisenzeitlichen Bewohner Angelns und Jütlands auf die Metallgegenstände angewiesen waren – Eisen wurde vorwiegend aus dem reichlich mühsam zu verarbeitenden Torferz gewonnen und die Schwertklingen römischer und rheinischer Herkunft waren daher zweifellos Wertgegenstände –, kann es sich nicht um ein profanes Verbergen und Vernichten feindlicher Waffen gehandelt haben, denn die hätte man sehr nutzbringend einschmelzen oder direkt wieder verwerten können. Es muss sich also um ein Opfer, in diesem Zusammenhang sicherlich ein Dankopfer für den errungenen Sieg, an eine Gottheit oder Gottheiten gehandelt haben, und ein „Opfer" im modernen Sinn war die Vernichtung derartig wertvoller Gegenstände zweifellos.

Wer aber war dieser Gott? Diese Frage ist, so viel sei gleich gesagt, nicht wirklich zu beantworten. Im Falle des Opfermoors von Thorsberg, das aber wohl länger in Benutzung war und auch anderen Zwecken als nur dem der Kriegsbeuteopfer gedient haben dürfte (obwohl man dies in der jüngeren Vergangenheit auch bestritten hat[13]), hat man verschiedene Überlegungen angestellt, wer der uns unbekannte Gott gewesen sein kann. Ein wichtiger Hinweis ist natürlich der Name des Platzes, denn irgendein Ort in der näheren Umgebung des Moores war wohl dem Gott Thor geweiht und hat damit auch dem Moor den Namen gegeben. Allerdings ist Thor in unseren Quellen der Wikingerzeit kein Gott, dem solche Opfer, noch dazu kriegerische, gemacht worden wären; auszuschließen ist Thor als Empfänger eines solchen Opfers jedoch natürlich auch nicht. Die vielen teuren Goldringe, die in der dritten Phase der Benützung des Thorsberger Opfermoors ins Wasser geworfen wurden, könnten allerdings auch auf den Fruchtbarkeitsgott Freyr als Rezipienten des Kultes hindeuten, da er auch der Gott des Reichtums und der Herrschaft gewesen sein dürfte; wieweit dies für die betroffene Zeit ab 200 n. Chr. jedoch auch gilt, wissen wir nicht. H. Jankuhn[14] hat darüber hinaus noch an eine nicht vollständig gedeutete kleine Runenritzung am Bronzebeschlag am Ende einer im Moor gefundenen Schwertscheide angeknüpft, die mit der Runenkombination *owl-* den Namen des Gottes Ullr enthalten könnte. Aber erstens ist diese Deutung nicht allzu überzeugend und zweitens wissen wir gerade über den Gott Ullr ausnehmend wenig; somit ist diese Deutung recht unwahrscheinlich. Ich halte die Fragestellung aber überhaupt für falsch, denn erstens wissen wir zu wenig über die Götterwelt in der ersten Hälfte des 1. Jahrtausends, um vor Spekulationen sicher zu sein, und zweitens weisen bis auf den Namen Thorsmoor weder die Namen der dänischen Opfermoore[15] noch vereinzelte, mit der Opferung in Verbindung zu bringende Runeninschriften auf bestimmte Gottheiten. Es sind im Gegenteil vielmehr die Götter oder Mächte im Allgemeinen (also „die Asen") und wohl noch mehr der heilige Ort selbst, dem das Opfer galt; dass die dänischen Moore die Erinnerung an Opfer oder wenigstens – aus christlicher Sicht – üble heidnische Riten bewahrt haben, dürften Namen wie Balsmyr (Scheiterhaufen-Moor), Valmose (Moor der Gefallenen), Vimose (Moor des Heiligtums) und Illemose (Übles Moor; kaum aber Illerup) belegen. Man sollte m. M. nach diese zweite Möglichkeit der Opfermoore stärker als bislang berücksichtigen, auf welche die lange Benützung der Opferseen, die teilweise Einfriedung der Anlagen, Uferbefestigungen und Stege hindeutet, nämlich die Deutung als Heiligtum, in welchem zu verschiedenen Göttern und zu ganz verschiedenen Zwecken geopfert wurde.

Die große Zahl insgesamt in Dänemark (inklusive Angeln in Schleswig) zu identifizierender (wenn auch nicht immer vollständig ausgegrabener) Waffenopferplätze macht aber deutlich, dass hier vom 3. bis zum 5./6. Jh. eine recht kriegerische Entwicklung stattgefunden hat, wenn wir die fast 50 zu unterscheidenden Niederlegungen mit 50 (größeren) Kampfhandlungen gleichsetzen. In der älteren römischen Kaiserzeit überwiegen in Dänemark vor allem friedliche Mooropfer, auch wenn der Moorfund von Hjortspring in Jütland (um 400 v. Chr.) schon zu den großen Waffenopferfunden zu zählen ist und sogar ein Schiff umfasst; Hjortspring wird jedoch als das mit Abstand älteste der großen Waffenbeuteopfer angesehen.[16] Gegen Ende dieser Periode hin steigt jedoch die Dominanz der Waffenfunde deutlich an, was auf geänderte politische Zustände, die militärische Aktionen bedingten, schließen lässt. Dabei ist es für unsere Zwecke hier irrelevant, ob dies Kämpfe mit „ausländischen" Aggressoren (wie im Falle der zweiten Niederlegung von Illerup Ådal) waren oder interne, bürgerkriegsartige Auseinandersetzungen. Was die wenigstens in einigen Fällen (wie Thorsberg) nachzuweisende Kontinuität von friedlichen Opfern und Kriegsbeuteopfern zeigt, ist das durchaus mögliche Beibehalten von bestimmten (zentralen?) Opferplätzen auch unter geänderten sozialen Bedingungen, entweder durch Opferung verschiedener, funktions- oder situationsgebundener Gegenstände an die gleichen Gottheiten oder aber die situationsabhängige Verehrung verschiedener Gottheiten am selben Ort. Dass am Ende dieser Entwicklung die Arrondierung von regionalen Herrschaftsgebieten und damit das Ende der häufigen Kampfhandlungen und eine prinzipielle Veränderung des Opferbrauches weg vom stammesgebundenen lokalen Opferzentren zu neuen, regionalen Heiligtümern stehen könnte, ist durchaus möglich.[17]

Im Zusammenhang mit den Kriegsbeuteopfern soll noch kurz auf die Möglichkeit von Schiffsopfern eingegangen werden. Niederlegungen von Schiffen – wie in Hjortspring oder Nydam – hat man bislang meist als Teil der Waffenopferfunde behandelt, es gibt aber Hinweise darauf, dass die Opferung von Schiffen auch einen eigenen religiösen Stellenwert gehabt haben könnte. Der älteste dieser Schiffsopferfunde stammt von der dänischen Insel Als aus dem Moor von Hjortspring, wo ein in die früheste Eisenzeit zu datierendes Boot aus Lindenholz gefunden wurde. Das Boot war zerstört, entspricht aber in seinen äußeren Konstruktionsmerkmalen den noch bronzezeitlichen Schiffen der südskandinavischen Felsbilder und Bronzeritzungen. Im 700 Jahre jüngeren Waffenopferfund von Nydam wurden ebenfalls insgesamt vier Schiffe gefunden, die schon oben besprochen wurden; nur das 23 m lange Eichenboot ist erhalten. Dass Boote nicht prinzipiell von der Verbrennung von Waffenopfern ausgenommen waren, zeigt der Waffenfund von Ejsbøl, bei dem auch die Nieten eines verbrannten Schiffes unbekannter Größe, aber wohl von der Bauart des Nydambootes, aufgefunden wurden. Ein sehr simples Boot fand bei den Opferungen in Oberdorla Verwendung, vermutlich, um Opfergegenstände von der Seeoberfläche aus zu versenken. Diese Bootsfunde ließen sich noch mehr oder weniger in die Erklärungsmuster anderer Moorfunde eingliedern, dies ist aber bei den etwa 100 kleinen Goldschiffchen aus einem Moor bei Nors in Jütland nicht der Fall; sie waren alle durch kleine konzentrische Kreise – wohl Sonnensymbole – an den Seiten verziert, ineinander geschachtelt und in einem Keramikgefäß im Moor versenkt worden. Sie stammen vermutlich aus der Zeit zwischen 200 und 400 n. Chr., ansonsten wurde in diesem Moor nur ein aus späterer Zeit stammender goldener Fingerring entdeckt[18] – dieser ist wie das Gefäß mit den Booten also offenbar eher ein individuelles Opfer. Die Nors-Boote können nur als Opfer für glückliche Seefahrt interpretiert werden und gehören damit in den Bereich der spezifischen Opfer, wie die Räder im noch zu behandelnden Opfermoor von Rappendam oder die verschiedentlich gefundenen Pflüge,[19] aber daneben sind sie auch noch in einen größeren Zusammenhang des Schiffs im

Kult zu stellen, der von den abertausenden Felszeichnungsbooten der Bronzezeit aus Südskandinavien bis zu den mythologischen Schiffsnamen der Eddadichtung reicht (s. Kap. II);[20] den oder die göttlichen Adressaten dieser eisenzeitlichen Opfer mit einem Namen der (nach-)wikingerzeitlichen Mythographie zu benennen, halte ich jedoch für riskant.

Die Art der Gaben ist aber nicht überall, so wie in den großen Kriegsbeuteopfern Südjütlands oder vorwiegend auch Thorsbergs, auf Waffen, Schmuck und metallene Gerätschaften beschränkt. Eine Reihe von weiteren großen Mooropferplätzen zeigt, dass die Bandbreite der Opfergaben viel größer war, als es diese vier Opferplätze vermuten lassen. Zwar weisen auch noch zwei weitere Fundstätten, die schon im 19. Jh. ausgegraben wurden, nämlich die Moorfunde von Vimose und Kragehul, beide im Westen der dänischen Insel Fünen gelegen[21], ähnliche Waffenopferfunde auf wie Nydam, Illerup Ådal oder Ejsbøl. Hier gibt es jeweils über lange Zeit ganz vereinzelte Deponierungen, aber im Falle von Vimose zwei große Waffenopfer, das erste in der frühen römischen Kaiserzeit (1. Hälfte des 3. Jh.s), die zweite im 4. Jh. In Kragehul dagegen zeigt sich eher kontinuierliche Opfertätigkeit vom 4. bis zum 7. Jh. mit einem einzigen großen Waffenopfer im 5. Jh.; insgesamt könnte hier Kragehul Vimose als Opferstätte abgelöst haben, aus der sich vielleicht vier Waffenopferfunde aus dem 4./5. Jh. herauslesen lassen.[22] In Vimose konnten Reste einer Umhegung der Opferstätte wie bei Thorsberg nachgewiesen werden, die aber hier aus Speeren bestand, und besonders die Zahl von 85 Schwertern sowie 325 Speer- und 775 Lanzenspitzen zeigt, dass hier möglicherweise die Ausrüstung eines besiegten Heeres von über 500 Männern vorliegt.[23]

Über die Kriegsbeuteopfer wissen wir nicht nur durch die archäologischen Funde recht gut Bescheid, sondern sie waren auch für ausländische Kommentatoren der Völkerwanderungszeit auffällig genug, um sie wiederholt für die germanischen Stämme zu erwähnen. Die älteste und vielleicht bekannteste Stelle ist die bei Tacitus über die sowohl in den *Annales* (I, 61) als auch in der *Germania* (12) erwähnten Folgen der Varusschlacht im Jahre 9 n. Chr., nach der die siegreichen Germanen die römischen Offiziere auf Altären geschlachtet, andere Römer in Bäumen aufgehängt und auf verschiedene Weise geopfert hätten. Obwohl die Nennung von Altären wohl eine Übertreibung darstellt, ist der Wille zur völligen, aber kultischen Vernichtung des gegnerischen Heeres hier deutlich reflektiert. Eine noch phantasievollere, aber ähnlich eindrucksvolle Stelle ist bei Strabo (VII. 2, 3) knapp 100 Jahre später zu finden, laut der bei den Kimbern Priesterinnen in langen weißen Gewändern nach der Schlacht bei Arausio an der Rhone (6. Okt. 105) die Kriegsgefangenen zu einem eisernen Kessel führten, wo sie ihnen die Kehle durchschnitten und aus dem Blut den Ausgang einer Schlacht weissagten.[24] Realistischer sind dagegen einige Stellen bei Orosius in seiner *Historia adversus paganos* (5. Jh.), so eine zur selben Schlacht über die Kimbern, nach der die Kimbern und Teutonen „infolge eines außergewöhnlichen Schwures" (also wohl wegen eines Gelübdes) alles zerstörten, was sie erbeutet hatten: „Die Gewänder wurden zerrissen und in den Kot getreten, das Gold und Silber in den Strom geworfen, die Panzer der Männer zerhauen, der Schmuck der Pferde vernichtet, die Pferde selbst in den Strudeln des Stromes ertränkt, die Menschen mit Stricken um den Hals an Bäumen aufgehängt, sodass der Sieger nichts von der unermesslichen Beute erhielt, der Besiegte kein Erbarmen erfuhr" (V, 16). Auch über eine Schlacht im Jahre 405 berichtet er, dass die Goten vorher ein Gelübde ablegten, alle gefangenen Römer zu opfern (VII, 37). Diese Stellen könnten auch ein Licht darauf werfen, wieso bei den Kriegsbeuteopfern keine menschlichen Skelette zu finden sind: Wenn die Beutestücke zwar zerstört und dann in Mooren, Seen und Flüssen versenkt wurden, die Gefangenen aber tatsächlich anderorts gehenkt wurden, sind auch keine Skelettfunde zu erwarten. Das Fehlen von Massengräbern im Zusammenhang mit den Kriegsbeuteopfern mag aber auch damit zusammenhängen, dass nur bei wichtigen Schlachten die Kriegsgefangenen geopfert wurden, während sie sonst wie üblich versklavt wurden.[25] Der gebildete Historiker Prokopius (gest. ca. 558) berichtet in seinem ursprünglich griechisch verfassten Werk *De bello Gothico* II, 15, 25, dass die „Thuliten" (also die ihm nur vom Hörensagen bekannten Skandinavier) nach gewonnenen Schlachten die ersten Kriegsgefangenen ihrem Gott Ares, d.h. Mars, als Menschenopfer darbringen; nach der Gleichsetzung der Wochentagsnamen müsste im 6. Jh. dem römischen Mars noch der Gott Týr und nicht Odin entsprechen; allerdings waren derartige Sitten offenbar ohnehin nicht an bestimmte Götter gebunden, denn derselbe Autor beschreibt wenig später (II, 25, 9), dass im Jahre 539 die schon christlichen Franken die gefangenen gotischen Frauen und Kinder als Opfer in den Po warfen. Ähnliches berichtet Mitte des 6. Jh.s Jordanes in *De origine actibusque Getarum* (V. 41), wo es jedoch die Goten waren, die Mars u.a. dadurch verehrten, dass sie alle Kriegsgefangenen schlachteten, ihm den größten Teil der Beute opferten und die Rüstungen der Besiegten ihm zu Ehren in Bäumen aufhängten. Außer dieser im 5. Jh. recht ambivalenten Nennung des Mars ist in der antiken Literatur nichts über bestimmte Götter als Rezipienten der Kriegsbeuteopfer zu finden, und auch dies weist darauf hin, dass die Opferung an bestimmten Orten (besonders Feuchträumen) wichtiger war als die Frage nach einem namentlich bekannten Gott.

Öffentliche Opferfeiern

Kollektive Opferfeiern waren aber natürlich nicht auf Kriegszeiten beschränkt, sondern zählten auch neben und außerhalb spezieller Gelübde zum normalen, rhythmisch wiederkehrenden jährlichen Kultzyklus. Ein derartiges „ziviles" Opfer haben wir wohl in Überresten an einem weiteren dänischen Opferplatz ganz anderer Art vor uns, welcher von 1941–44 im Valmosen bei Rislev, etwa 6 km nördlich von Næstved in Süd-Seeland, ausgegraben wurde. Die datierbaren Objekte gehören ins 4. und 5. Jh. n.Chr., aber es ist durchaus möglich, dass das Moor auch schon früher für Opfer verwendet wurde. Das längliche Moor entlang eines Baches enthielt die Überreste von wenigstens elf Pferden, die sich aber praktisch ausschließlich auf die Schädel, die Extremitäten und Schwanzknochen beschränken. Dazu kamen die Knochen von wenigstens sieben Rindern, die deutlich machen, dass sowohl aus den gespaltenen Schädeln und anderen Knochen alles Essbare ebenso verwendet wurde wie vom Rest der Tiere, wobei in zwei Fällen der Kopf des Tieres offenbar bei der Schlachtung abgetrennt wurde. Darüber hinaus enthielt das Moor noch die Skelette von drei Hunden, fünf Schafen und mindestens drei Schweinen. Dabei hat die genaue Untersuchung eines der Schafe ergeben, dass man das Tier durch einen schweren Schlag auf den Vorderkopf tötete, dann die Hörner an der Basis abschnitt und das Fleisch von den Knochen trennte, bevor das Fell mit Schädel und den vier Extremitäten in irgendeiner Weise ins Moor gelangte. Noch aussagekräftiger für den Opfercharakter des Ortes sind jedoch die Knochenreste von etwa vier Menschen, darunter eine Frau von 30 Jahren, eine Frau von 18 bis 19 Jahren und Reste eines jugendlichen Skeletts von etwa 13 bis 15 Jahren. Im Gegensatz zu den Tierknochen (und den Menschenknochen in anderen Funden wie etwa Skedemosse) weisen die Menschenknochen jedoch keine Spuren der gewaltsamen Tötung oder Spaltung auf, d. h., dass die geopferten Frauen zwar getötet und versenkt, offenbar nicht aber verspeist wurden. Neben den vielen Knochen fanden sich im Moor noch einige Keramikgefäße, wenige Werkzeuge, aber viele bearbeitete Pfähle und Stöcke und etwa 125 Steine, deren Bedeutung (wie die der Steine überhaupt in den Opfermooren: Ejsbøl weist davon sogar 3500 sowie 1500 bearbeitete Holzstäbe auf) nicht klar ist: Vielleicht dienten sie dazu, die tierischen und menschlichen Körper im Moor zu versenken, vielleicht der „Steinigung" des Opfers, wie man es bei Hjortspring vermutet hat, vielleicht hatten sie aber eine eigene, unabhängige Bedeutung im Opferzeremoniell. Waffen wie in den anderen großen Mooropferplätzen fanden sich hier überhaupt nicht, auch keine anderen metallenen Gegenstände.

Die Art des Tieropfers ist sowohl für Pferde als auch für Rinder und Schafe die rituelle Tötung durch Spaltung oder Einschlagen des Schädels von vorne mit Verspeisung der Fleischteile und Opferung der – wohl noch am Fell hängenden – Schädel und Extremitäten belegt, die auch sonst in der Eisenzeit wenigstens im germanischen Raum von Bornholm (Sorte Muld) bis nach Mitteldeutschland (Oberwerschen) von der frühen römischen Eisenzeit bis in die Merowingerzeit weit verbreitet war und etwa mit dem Befund im süddeutschen Donnstetten, Kr. Münsingen (2. Jh.), so eng übereinstimmt,[26] dass man auch hier einen germanischen (und nicht keltischen) Opferplatz annehmen muss. Besonders für die Opferung von Pferden dürfte das Aufhängen des Fells mit Schädel und den Knochen der Extremitäten typisch gewesen sein. Dies stellte aber auch für diese Tiere keineswegs die einzige Form der Opferung dar. Menschen dagegen und die ihnen offenbar nahe stehenderen Hunde wurden als Ganzes und ohne Schlachtung im Moor niedergelegt, wobei die vielen Stöcke darauf hindeuten, dass man nicht nur die Tongefäße (wie etwa im Fund von Käringsjön im südwestschwedischen Halland besonders auffällig)[27], sondern vielleicht auch die sterblichen Überreste der Menschen auf Packungen von Holzstöcken legte und mit Steinen beschwerte. Dies würde aber eher zu einer Niederlegung am Rande eines Sees oder auf der Oberfläche des Moores deuten als auf ein Versenken in einer offenen Wasserfläche.[28]

Im Opfermoor von Hassle Bösarp in Schonen, das aber noch keineswegs vollständig ausgegraben ist, fanden sich neben Speerspitzen ein Schwert, Messer, Schnallen und Sattelbeschläge sowie Tierknochen, Keramik, Steine und Holzgegenstände. Hier wurde zwischen dem 3. und dem 6./7. Jh. geopfert, wobei die Menschenknochen von einem etwa 25-jährigen Mann in die älteste, die von einem über 10-jährigen Mädchen in die jüngste Phase gehören.[29] Eines aber ist bei diesem Opfermoor besonders interessant, obwohl darüber bislang keine Untersuchungen stattgefunden haben: Auf der einen Seite des Moors steht auf einem Hügel eine Kirche, aber auf der gegenüberliegenden Seite des Moors lag oberhalb des Moors auf einem steil, etwa 30 m ansteigenden Hügel noch bis ins 19. Jh. eine große rechteckige Steinsetzung aus ursprünglich über 44 bis zu 3 m hohen Steinen, die wohl 60 m lang war und sogar auf Landkarten berücksichtigt war. Diese unmittelbare Nachbarschaft einer alten megalithischen Anlage und einem Opfermoor – von dem Standort der Kirche, der ebenfalls nicht untersucht ist, ganz zu schweigen – weist auf einen bedeutenden Kultplatz hin; da aber die anderen Mooropferplätze in Dänemark und Schweden keine Angaben über solche – wie hier eventuell inzwischen nicht mehr bestehenden – älteren Heiligtümer aufweisen, kann daraus vorerst nicht verallgemeinert werden. Die Anlage von Hassle Bösarp erinnert mit dem Moor zwischen steilen Hügeln an eine viel spätere Stelle bei dem fränkischen Geschichtsschreiber Gregor von Tours, der Ende des 6. Jh. den Kult eines (allerdings gallischen) Volkes beschreibt: „Auf dem Gebiet der Gabalitani befand sich ein Berg namens Helarius, bei dem sich ein großer See befand. Zu bestimmten Zeiten pflegte eine Zahl der Bewohner dieses Gebiets Leinen und Stoffe für Männergewänder als Erstlingsopfer in den See zu werfen. Einige warfen Wolldecken, andere Käsestücke, Wachs, Brot und verschiedene Gewürze, die man der Kürze halber nicht alle aufzählen kann, jeder nach seinen Möglichkeiten. Sie kamen auch in Wagen, brachten Essen und Trinken mit sich, schlachteten Tiere und hielten ein dreitägiges Fest ab."[30]

Die Funde von Hassle Bösarp als jüngstem aktiven Opfermoor sind, so karg sie auch sein mögen, der zeitlich und räumlich nahe liegendste Moorfund zu der Runeninschrift von Stentoften (Blekinge), welche aus der Zeit um 650 stammt und etwas über Ziel, Quantitäten und Art eines völkerwanderungszeitlichen Tieropfers in Schweden aussagt:

„Mit neun Böcken, mit neun Hengsten,
gab HaþuwolfR gutes Jahr.
Hariwolf ..." (das Ende der Inschrift ist wegen der unlesbaren Runen zu unsicher).[31]

Diese Runeninschrift erweist somit die Tierarten, die in Hassle Bösarp wie auch in Rislev auf Süd-Seeland am häufigsten als Opfertiere auftauchen, als die typischen Gaben des Schlacht- und Speiseopfers. Die Zahlen von Tieren (und menschlichen Skeletten), die wir auch in den reichsten Opfermooren finden, weisen zudem darauf hin, dass wir nicht unbedingt mit jährlichen Opfern zu rechnen haben, sondern eher mit periodisch wiederkehrenden, wie etwa die Opfer im neunjährigen Rhythmus, die Adam von Bremen gegen Ende des 12. Jh.s für Uppsala beschreibt.

Wo es in Schweden sonst größere erfasste Fundkonzentrationen in Feuchtgebieten gibt, so scheinen sich diese auf Pferdeausrüstungen zu beschränken wie in den Fällen von Vännebo und Finnestorp, beide in Westergötland,[32] oder gänzlich friedlicher Natur zu sein wie die zahlreichen Tongefäße aus dem Bereich von Käringsjön im westschwedischen Halland.[33] Hier wurden in der Zeit vom 3. bis zum 4. Jh. zahlreiche Tongefäße, üblicherweise mit Resten von Mahlzeiten (darunter häufig Fleisch), zusammen mit vielen gespitzten Stöcken, Steinen und zahlreichen landwirtschaftlichen Holzgerätschaften (Rechen, Spaten, Schüsseln, Kästchen) gefunden, allerdings keinerlei Waffen. Im Gegensatz zu den Waffenbeuteopfern handelte es sich hier um friedliche Opfer einer (wie in Skedemosse) wohl vorwiegend in der Viehzucht tätigen Bevölkerung.

Wesentlich längere Kultkontinuität konnte für die als Röekillorna bezeichneten Quellen bei Hagestadborg auf Schonen nachgewiesen werden. Hier wurden schon vom frühen Neolithikum bis zur älteren Bronzezeit Steinbeile und Dolche geopfert, in der Eisenzeit Messer, eine Fibel und Holzgegenstände, was alles auf einen typischen Quellopferplatz für private Opfer hinweisen würde, wenn man nicht auch 6000 Knochen gefunden hätte, die zwar überwiegend von fünf Pferden und zehn Hunden stammen, aber auch von drei Menschen, darunter einem Kind von 4 bis 5 Jahren.[34] Der Opferplatz, der noch in der Eisenzeit (um Christi Geburt) aufgegeben wurde, diente also offenbar sowohl dem privaten wie dem öffentlichen Opfer.

Wagenopfer

Um eine ganz andere Art von Moorfund handelt es sich bei dem 1941 und 1942 im Moor Rappendam beim Dorf Jørlunde in Nordost-Seeland ausgegrabenen Fund. Was die Torfarbeiter vorerst als „ein mit zwei Ochsen bespannter Wagen mit dem daneben liegenden Fuhrmann"[35] interpretierten, erwies sich als eine Reihe von wohl sieben verschiedenen Niederlegungen am Rande eines alten Moors oder verlandeten Sees. Hier waren am Fuße einiger großer Bäume einige Haufen von Holzgegenständen, die Knochen von Rindern und Pferden und eines Schweins sowie das Skelett einer 30 bis 35 Jahre alten Frau, die gemeinsam mit dem Kopf und den Beinen eines Pferdes auf Unterlagen von Zweigen niedergelegt wurden. Nicht weit von diesen Funden lagen weiter draußen im See noch die Skelette von vier ganzen Schafen, teilweise mit aufgeschlagenen Knochen, um ihnen das Mark zu entnehmen. Das Überraschende am Moorfund von Rappendam ist die Art der Holzgegenstände: Es handelt sich im Wesentlichen um 40 ganz oder teilweise deponierte Wagenräder, einige andere Wagenteile sowie drei Pflugscharen und einige nicht näher bestimmbare, aber bearbeitete Holzpflöcke. Ob ein etwa 1 m langer, etwas gebogener Pfahl, der deutliche Spuren der Bearbeitung aufweist, tatsächlich als weibliche Kultfigur – mit grob herausgearbeitetem Kopf und durch Kerben angedeutete primäre Geschlechtsmerkmale – zu deuten ist, kann kaum mit Sicherheit entschieden werden.[36] Die Scheibenräder sind entweder aus einem oder drei Holzteilen gefertigt, und nicht alle waren zu tatsächlichem Gebrauch bestimmt, wie Stücke aus dem viel zu weichen Erlen- oder Lindenholz bezeugen. Nichts deutet darauf hin, dass irgendwelche Räder zu ein und demselben Wagen gehört haben könnten. Auch eine der Deichseln war wohl für praktische Verwendung zu schwach und kann somit wohl nur als Symbol für die Niederlegung eines tatsächlichen Wagenteils gelten. Der ganze Fund stammt etwa aus dem 1. Jh. v. Chr. (die C^{14}-Datierung eines Radteils ergab 70 v. Chr. ± 110 Jahre)[37], und es ist offensichtlich, dass es sich bei der Niederlegung nicht um einen profanen Hort, sondern um eine religiös motivierte Deponierung dieser Gegenstände handelt. Ob die Niederlegungen all dieser Gegenstände gleichzeitig oder aber über Jahre, sogar Jahrzehnte hinweg an derselben Stelle – die Fläche des ganzen Fundorts beträgt etwa 8 m × 60 m – geschehen ist, kann archäologisch nicht sicher festgestellt werden, doch scheint Letzteres wahrscheinlicher zu sein.

Einzelne auch sonst gefundene Wagenräder und Wagenteile und die vor allem in Jütland häufig auftretenden Funde von absichtlich, etwa unter Steinhaufen, niedergelegten hölzernen Pflügen zeigen aber, dass der Moorfund von Rappendam kein Unikum ist, auch wenn man nirgendwo sonst so viele Wagenräder an einem Ort entdeckt hat; in den nördlichen Niederlanden sind solche Funde relativ häufig.[38] Im dänischen Dejbjerg bei Ringkjøbing, Westjütland, hat man sogar zwei ganze, wenn auch nicht sonderlich massive Wagen mit Bronzeverzierungen und Speichenrädern gefunden, die vor der Niederlegung absichtlich zerstört und auf der zugewachsenen Mooroberfläche niedergelegt worden waren. Einer der Wagen, den man teilweise rekonstruieren konnte, weist einen auffälligen niedrigen Stuhl auf, und die beiden Wagen stammen wie der Fund von Rappendam aus der jüngeren vorrömischen Eisenzeit. Die Archäologie ist schnell geneigt,[39] in solchen Moorfunden von Wagenteilen und Rädern einen materiellen Beweis für die Tacitus-Stelle von der Umfahrt der Nerthus zu sehen, wie er sie in Kapitel 40 seiner *Germania* und im zeitlichen Abstand von „nur" 1 bis 2 Jahrhunderten beschreibt:

„Die dann folgenden Reudigner, Avionen, Anglier, Variner, Eudosen, Suardonen und Nuitonen sind durch Flüsse und Wälder geschützt. Zu den Einzelnen ist nichts besonderes zu bemerken, außer dass sie allgemein die Nerthus, das heißt die Mutter Erde, verehren und glauben, sie mische sich in das Treiben der Menschen und fahre bei den Völkern umher. Auf einer Insel im Ozean gibt es einen unberührten Hain, darin steht, mit einem Tuch bedeckt, ein geweihter Wagen; ihn zu berühren ist allein dem Priester erlaubt. Er merkt, wenn die Göttin im Allerheiligsten weilt, und wenn sie, von Kühen gezogen, dahinfährt, gibt er ihr in tiefer Ehrfurcht das Geleit. Froh sind dann die Tage, festlich die Stätten, die sie ihrer Einkehr und ihres Besuches würdigt. Man zieht nicht in den Krieg, greift nicht zu den Waffen, weggeschlossen bleibt alles Eisen. Nun kennt, nun liebt man nur noch Ruhe und Frieden, bis der Priester die Göttin, wenn sie des Umgangs mit den Sterblichen müde ist, wieder in ihr Heiligtum zurückbringt. Sodann wird der Wagen und die Decke und, wenn man es glauben will, die Gottheit selber in einem verborgenen See gewaschen. Dabei dienen Sklaven, die alsbald derselbe See verschlingt. Daher der geheime Schauder und das ehrwürdige Dunkel um jenes Wesen, das nur Todgeweihte schauen."

Die in Tacitus' *Germania* 40 genannte Göttin Nerthus entspricht etymologisch dem altnordischen Gott Njörðr, unüblich ist allerdings die lateinische Endung -*us*, die eigentlich einen männlichen Namen andeutet. Wie jüngst wieder in einer durchaus bedenkenswerten Neuevaluierung der Nerthus-Erzählung durch Lotte Motz[40] hervorgehoben wurde, ist aber Nerthus, genauer gesagt der Akkusativ *nerthum*, nur *eine* der Namensformen, die sich in den Frühdrucken der *Germania* des Tacitus finden (so aber im Codex Aesinas); andere sind *necthum, neithum, herthum, Neherthum, Verthum*. Ein Teil der frühesten Herausgeber, darunter der Herausgeber der Frankfurter Tacitusausgabe von 1551 oder der Augsburger Kommentator Andreas Althammer (1580), zogen die Namensform *herthum* vor und schufen daraus eine Göttin, weil sich das Element *hert-* in der Tat häufig in altdeutschen Namen findet, während Nerthus und Njörðr auf dem europäischen Kontinent weder in Personen- noch in Ortsnamen vorkommen. Jacob Grimm schloss sich dagegen den Wiener (1515) und Baseler (1519) Herausgebern an, die *nerthum* lasen, und sah Nerthus als die definitive Namensform genau deswegen an, weil sie etymologisch dem altnordischen Njörðr entspricht, womit also in der Beweisführung für Nerthus = Njörðr ein Zirkelschluss vorliegt. Auch musste Tacitus die Gottheit als *Terra mater* näher kennzeichnen, aber *Terra mater* ist kein Titel irgendeiner römischen Gottheit, sondern sollte wohl „Schutzgottheit dieses Landstrichs" (irgendwo an der Ostseeküste zwischen Angeln und Rügen) bedeuten. Motz dagegen identifiziert Nerthus nicht mit einer römischen Fruchtbarkeitsgöttin wie Ceres oder Tellus, sondern setzt sie mit der im deutschen und österreichischen Volksglauben noch weit verbreiteten Frau Percht oder Frau Holle gleich, die mit Nerthus etliche Elemente der Geschichte gemeinsam hat: Wohnort im Wald, Umfahrt, Unsichtbarkeit, Prozessionen, Waschung. Diese Vermutung wird durch die Tacitus' *Terra mater* am nächsten stehenden Phrase in einer germanischen Sprache gestützt, durch die Anrufung: *Erce, eorþan môðor* in einem altenglischen Ackersegen. Da Frau Holle in manchen Gegenden auch Frau Arke oder Harke genannt wurde, stützt diese Parallele Motz' Theorie.

Neben dem Wagen von Dejbjerg sollten aber noch andere Kultwagen berücksichtigt werden, die zeigen, dass die eisenzeitliche Bevölkerung Mittel- und Nordeuropas vielleicht nicht nur die genannte Göttin Nerthus in Tacitus' Schilderung (die allerdings wohl durch römische Bräuche deutlich mitgeprägt war)[41] durch Umzüge auf einem Wagen ehrte, sondern dass auch andere Kulte mit Wagen verbunden waren. Der wie die Wagenräder von Rappendam ebenfalls in Seeland gefundene Kultwagen von Trundholm mit einer von einem Bronzepferd gezogenen Sonnenscheibe ist zwar bronzezeitlich, also mindestens 1000 Jahre älter (vgl. oben Abb. 8), zeigt aber, dass in Südskandinavien die Umfahrt von Kultobjekten schon eine längere Tradition aufweist. Ein ganz ähnlicher, wenn auch nicht so gut erhaltener Fund stammt aus Tågaborgshöjden bei Hälsingborg in Schonen, wo die Scheibe von zwei Pferdchen gezogen wurde.

Nicht alle Umzüge mit Kultbildern müssen jedoch Wagen involviert haben. Der *Indiculus superstitionum* (8. Jh.) spricht *de simulacro quod per campos portant* (Nr. 28), also auch von herumgetragenen Kultbildern, ob diese allerdings anthropomorphe Götterbilder waren (vgl. Kap. IV.1) oder ob es sich um zoomorphe Darstellungen handelte, muss offen bleiben. Dass Letztere existierten, zeigt eine Stelle bei Plutarch (*Marius* 23, 7) über einen Schwur der Kimbern auf einen ehernen Stier im Jahre 102 v. Chr.[42] ebenso wie eine fast 25 cm lange Stierfigur aus der späten römischen Kaiserzeit aus dem Gebiet um Rüsselsheim am unteren Main, die aus mit Bronze überzogenem Eichenholz bestand und zu einer Gruppe von Rinderfiguren aus Deutschland und Schweden gehört, wobei aber die kleinen norddeutschen Exemplare der sog. Hundisburger Gruppe kleine Miniaturfiguren mit zu vermutendem Amulettcharakter waren, während die Rüsselsheimer Figur und zwei öländische Exemplare im Maßstab eher den Tierfiguren auf den erwähnten Kultwagen entsprechen und somit als Kultfiguren in Frage kommen. Dafür spricht auch die massive polyedrische Gestaltung der Hornenden des Rüsselsheimer Stiers, die in ihrer dekorativen Funktion an die bronzezeitlichen Kulthelme erinnern, technisch aber zu spätkaiserzeitlichen Fibeln gehören, sowie die mögliche Verankerung auf einem Sockel.[43]

Wir müssen also davon ausgehen, dass die Beschreibung des Nerthus-Kultes bei Tacitus nicht die einzige mögliche Erklärung für das Auftreten von Rädern und Wagen in Opferfunden ist. Von der Bedeutung von Wagen im Begräbnisbrauch soll hier vorerst einmal abgesehen werden (vgl. dazu aber unten Kap. VII über die Begräbnissitten), da diese in der Hallstattzeit und Latènezeit nur für Kelten und erst ab der Merowingerzeit für die Germanen belegt ist.[44] Dagegen muss sowohl für Wagen als auch für Pflüge auf die rituelle Rolle hingewiesen werden, die sie schon auf den bronzezeitlichen Felszeichnungen Südskandinaviens aufweisen, wo sowohl Wagen mit Gespann als auch Pflügeszenen in zweifelos religiösem Kontext zu sehen sind.

Menschenopfer

Die weibliche Leiche im Rappendamer Moorfund ist ein Aspekt der öffentlichen Opfertätigkeit, der bei den eingangs besprochenen Kriegsbeuteopfern fast völlig fehlt. Es handelt sich mit Sicherheit um kein normales Begräbnis, was schon dadurch erhellt wird, dass wilde Tiere Teile der offenbar nicht oder unzureichend bedeckten Leiche verschleppen konnten. Der Körper der Frau wurde also wie die Räder auf einer Unterlage auf der Mooropferfläche liegen gelassen, was auf ein Menschenopfer schließen lässt. Diese Vermutung wird dadurch bestärkt, dass gemeinsam mit dem Frauenskelett auch bestimmte Teile eines Pferdeskeletts gefunden wurden, und zwar der Schädel und die Extremitäten, was auf den schon erwähnten Brauch eisenzeitlicher Germanen hinweist, Pferdehäute mit Schädel und Beinen als Opfer aufzuhängen.

Solche Tier- und Menschenopfer im Rahmen wohl eher großer, periodisch wiederkehrender Feiern sind aus anderen Moorfunden bekannt, wovon das ergiebigste in Skandinavien das Moor Skedemosse im Zentrum der schwedischen Ostseeinsel Öland ist. Hier wurde zwischen 1959 und 1962 auf einer etwa 700 m × 400 m großen Fläche, die ehemals zu einem See in einem Moor gehörte, jetzt aber Ackerland bildet, eine mächtige Opferstätte archäologisch erforscht. Dabei kamen Gegenstände aus Gold und Silber, Eisen und Bronze zum Vorschein, an Waffen mehrere tausend Speerspitzen, daneben viele Pfeilspitzen, 50 Schildbuckel (darunter auch römische aus Bronze) und die Reste von Schwertern, vor allem aber ca. 17 000 Knochenfragmente zum Vorschein. Von diesen gehören etwa 7000 Fragmente zu Pferden, 6600 zu Rindern, 3000 zu etwa 65 Schafen, daneben sind aber die Reste von mindestens 38 Menschen zu finden, die also hier wohl gemeinsam mit Tieren und Gegenständen geopfert wurden. Die vorgenommenen Datierungen der Knochen und Waffen weisen darauf hin, dass der See vom 1. Jh. v. Chr. an etwa 500 Jahre lang als Opferstätte Verwendung fand. Der Ausgrabungsbefund[45] auch der umgebenden Landschaft deutet darauf hin, dass hier während der ganzen Zeit der Benützung Opfer einer vorwiegend mit Viehzucht beschäftigten Gesellschaft durchgeführt wurden, wofür auch Funde von halbkreisförmigen Messern zur Lederbearbeitung in öländischen Frauengräbern des 1. Jh.s sprechen. Ab dem 3. Jh. kommen aber verstärkt Waffenfunde zu den reinen Knochenfunden, und sieben schwere goldene Hals- oder Armringe, die über einen halben Meter Umfang haben, gehören ins 3. oder 4. Jh.; nach dem 4. Jh. scheint die Opferung von Tieren zu enden, aber vereinzelte Schwertfunde reichen noch bis ins 5. Jh. Der Ausgräber von Skedemosse hat das Moor als Opferstätte interpretiert, das dem Herbstopfer – deswegen die vielen Tiere – einer Bevölkerung diente, die unweit des Sees auch ihre Siedlungen hatte, von wo ein 3 m breiter, steingepflasterter Weg zum See führte; von diesen Siedlungen hat gerade der unmittelbar an das Moor grenzende Ort Bo reiche Funde der römischen Kaiserzeit erbracht, und auch im etwas weiter entfernten Skedstad traf man auf einen Goldschatz und größere Vorräte von Roheisen. Diese Siedlungen hatten ihre Blüte während der relativ kühlen und niederschlagsreichen Jh.e vom 1. bis 5. Jh. n. Chr., was sich auch in der Opfertätigkeit spiegelt; kurz vor 500 (477?) wurden aber plötzlich viele Siedlungen in diesem Teil Ölands verlassen (wohl wegen kriegerischer Ereignisse, und nicht wegen einer Naturkatastrophe)[46], wenn auch nicht die wohlhabendsten in unmittelbarer Umgebung von Skedemosse, und auch die Opfertätigkeit bricht dann ab. Der See, der sich als zentraler Treffpunkt für Öland gut eignete, weil er als Viehtränke für die Herden dienen konnte, war also offenbar in der vorhergehenden Zeit des Wohlstands auf Öland ein bedeutendes Heiligtum, vielleicht sogar das zentrale Heiligtum Ölands, und „ein Opferplatz von komplexem Charakter. Viele Götter wurden hier verehrt und verschiedenartige Weihegaben ins Wasser geworfen. [...] Viel spricht dafür, dass im Skedemosse sowohl ein Fruchtbarkeitsgott als auch ein Kriegsgott verehrt worden sind."[47] Trotz der wohl zentralen Bedeutung von Skedemosse für Öland wurden südlich davon im Moor Högmossen bei fünf Quellen, die auch im Winter nicht zufrieren, auf Holzkonstruktionen niedergelegte Tierknochen, die von Kalksteinplatten bedeckt waren, gefunden. Außer dem Opfersee von Skedemosse gab es also auch noch Opfer und die Verehrung von Gottheiten an diesen Quellen, was ebenfalls auf die Komplexität des religiösen Lebens in den ersten Jahrhunderten unserer Zeitrechnung deutet: Es waren anscheinend nicht nur ein oder wenige Hauptgötter, sondern eine Vielzahl von Gottheiten, denen an verschiedenen Orten und in verschiedener Weise geopfert wurde. Auf eine wichtige Gottheit im Zusammenhang mit dem Opferplatz Skedemosse deutet jedoch die große Zahl von Menschenopfern. Wie das weibliche Skelett von Rappendam weisen zwar die meisten keine nachweisbaren Spuren gewaltsamer Tötung auf, aber zwei von ihnen, ein etwa 18-jähriger Mann und eine über 50-jährige Frau weisen tödliche Schädelverletzungen auf. Die große Zahl von menschlichen Überresten kann auch sonst keinesfalls durch Unfälle oder Zufälligkeiten erklärt werden, also handelte es sich hier um Menschenopfer in größerem Ausmaß. Zwar sind die 38 gefundenen Skelette für einen Zeitraum von 500 Jahren keine allzu hohe Anzahl, beweisen aber doch, dass man – wenigstens in Krisenzeiten? – zu Menschenopfern als der höchsten Form des Opfers gegriffen hat.

Die Belege für Menschenopfer bei den Germanen sind zu zahlreich, als dass irgendein Zweifel an ihrer Existenz bestehen könnte, und zwar sowohl in den literarischen Quellen der römischen Zeitgenossen der eisenzeitlichen Germanen als auch in der eingangs in diesem Kapitel erwähnten Tacitusstelle und auch in den archäologischen Funden. Neben Skedemosse gibt es jedoch einen weiteren Seeopferplatz, in dem sich die Überreste von Menschenopfern gefunden haben, nämlich den inzwischen zu einiger Berühmtheit in der deutschen Öffentlichkeit gelangten Opferplatz von Oberdorla in Thüringen. Er weist gewisse Ähnlichkeiten sowohl mit dem Opfersee von Skedemosse auf – auch hier hat man in einem See sowohl große als auch kleine Opfer deponiert, auch hier führte ein befestigter Weg (in diesem Fall ein Knüppelweg) zum Opferplatz und auch hier finden sich unweit des Opfersees (400 m) Niederlegungen an Quellen in einem Moor.[48] An zwei kleinen Seen in einem Torfmoor, von denen der größere ca. 250 m × 100 m maß, waren eine Reihe von Opferstellen entweder durch Reihen von Stöcken, Ruten oder sogar Flechtwerkszäunen umhegt. Die Seen waren als Opferplätze über einige Jh.e zwischen dem 6. Jh. v. Chr. bis in die Völkerwanderungszeit in Gebrauch, wobei manche der einzelnen Opferstellen einander zeitlich ablösten, andere auch nebeneinander bestanden. Anfangs war hier wohl ein kleines Heiligtum am Südufer entstanden, wo Pfähle und Stangen mit einem Schwert, die Knochen eines Rindes ohne Schädel, ein menschliches Schädelfragment und ein sehr primitiver, aus einer Holzgabel gearbeiteter weiblicher „Holzgötze" zum Vorschein kamen, der neben einem umgestürzten Holzpfahl gestanden haben dürfte. Der Holzgötze hat einen deutlich herausgearbeiteten Kopf, eine Verdickung an der Gabelung ist durch eine Kerbe zu Schamhügel mit Vulva ausgearbeitet. Daneben fanden sich in derselben Schicht noch ein ganzes Rinderskelett, angekohlte Holzscheite und ein weiteres menschliches Schädelfragment sowie viele 60 bis 80 cm lange, sorgfältig bearbeitete, aber durchwegs absichtlich zerbrochene Stäbe. Diese Überreste sind wohl der einzige Anhaltspunkt von Opfern an eine weibliche Gottheit vor 2000 Jahren; ob dabei die zerbrochenen Stäbe wirklich als Los- oder Orakelstäbe zu verstehen sind,[49] ist allerdings recht fraglich. Nach einer zunehmenden Vermoorung und Verkleinerung des Sees wurde im 3. Jh. das Heiligtum an das neue Seeufer verlegt; aus dieser Zeit finden sich eine menschengestaltige Holzfigur, stärkere Opferpfähle, Scherben, Tierknochen, ein Pferdeschädel und das Handwerkszeug eines Zimmermanns (zu den Pfahlgötzen vgl. Kap. IV mit Abb. 16). Nach späterer Überflutung und dann wieder Verkleinerung des Sees wurden Tongefäße mit Speisen im See versenkt, dazu auch die Knochen von zwei ganzen Rindern, die wohl bei einer Opferfeier als Mahl gedient hatten. Der See wurde zwar zusehends kleiner, das Heiligtum aber wuchs noch: Nach dem 3. Jh. findet sich ein weiterer Opferplatz, der durch eine weibliche Kultfigur und etliche Opferpfähle in einer Umzäunung aus Ruten gekennzeichnet war; zu Füßen des Idols stand ein Keramikgefäß mit den aufgespaltenen Knochen verschiedener Haustiere, aber auch die Skelettteile eines etwa 15-jährigen Mädchens, ein absichtlich zerschlagenes Boot und selbst die Axt, mit der es beschädigt wurde.[50] Die Opferanlage war wohl im dritten Jh. auf ihrem Höhepunkt, aber dann wurde noch wenigstens 200 Jahre lang verschiedenen hölzernen Idolen an dieser Stelle geopfert. Insgesamt finden sich in dem Opfersee neben den Knochen von 334 Tieren – vorwiegend Rinder und Hunde – die Knochen von über 40 Menschen.[51] Diese erlauben uns, auch für den Thüringer Raum der Eisenzeit Menschenopfer anzusetzen. Die relative Seltenheit derartiger Opfer – etwa 40 nachweisbare Menschenopfer in etwa 1000 Jahren – zeigt, dass das Menschenopfer aber auch hier keineswegs zum Normalfall der Opferpraxis gehörte, sondern vielmehr eine extreme Ausnahme darstellt.

Offenbar finden sich auch in der zweiten, allerdings schon im vorigen Jh. entdeckten und nur mangelhaft dokumentierten Opferstätte Thüringens Hinweise auf Menschenopfer: Beim Torfstechen im Moor von Possendorf bei Weimar fand man damals „einen größeren Muschelkalkblock, eine umgesunkene, ca. 90 cm lange, primitive hölzerne Kultfigur mit erhobenen Armen [von der aber nur noch Zeichnungen erhalten sind] […] und einen stark geflickten Bronzekessel […]. Rings um diesen Fundkomplex standen sieben Tongefäße. In nächster Nähe fanden sich eine umgestürzte starke Eiche, ein menschliches Skelett und ein emailliertes Schmuckstück mit Adler."⁵² Später fand man in der Umgebung auch noch eine Fibel. Was von den Gefäßen erhalten ist, lässt sich auf das 3. Jh. n. Chr. datieren, und dass es sich nicht einfach um ein Grab handelt, dürfte durch die Verbindung von Lage im Moor und Kultfigur feststehen. Das Skelett wurde nicht geborgen, daher ist auch nicht festzustellen, ob es Spuren von Gewaltanwendung aufwies, aber jedenfalls ist der Fund ein Beleg dafür, dass Oberdorla im thüringischen Raum keinen Einzelfall darstellt. Andere Hinweise auf Menschenopfer stammen aus einer Reihe von Plätzen aus dem südgermanischen Raum, wobei hier für die früheste Eisenzeit (und späte Bronzezeit) vor allem die Höhlen im Kyffhäuser sowie eine Höhle vom Dietersberg in Franken eine große Zahl menschlicher Opfer mit eindeutigen Spuren von gewaltsamer Tötung, Zerstückelung und auch Anthropophagie gibt. Dieser letzte Aspekt des (wohl kultisch motivierten) Verzehrs von Menschen lässt sich besonders aus der absichtlichen Spaltung von Extremitätenknochen nachweisen, aus denen so das Mark gesogen wurde.

Trotz der großen Zahl knapper Erwähnungen von Menschenopfern, die teilweise schon oben bei den Kriegsbeuteopfern zitiert wurden, wissen wir nur wenig über die Häufigkeit und Zahl von Menschenopfern bei den Germanen. Neben dem zitierten Bericht des Tacitus über das Opfer im Semnonenhain erwähnt Tacitus sonst nur die schon oben erwähnte Opferung von kriegsgefangenen Römern (*Germania* 12 und *Annales* I, 61). Auch die anderen genannten Passagen bei antiken Schriftstellern beziehen sich ausschließlich auf die Opferung von Kriegsgefangenen.

Aus dem späten 11. Jh. erst stammt der Bericht des Adam von Bremen über den großen Tempel von Uppsala, in dessen Nähe die wikingerzeitlichen heidnischen Schweden bei ihren alle neun Jahre stattfindenden Kultfeiern (darüber mehr unten) je neun männliche Menschen, Pferde und Hunde geopfert und dann in den Bäumen eines heiligen Hains aufgehängt hatten. Diese Zahl von Menschenopfern wird man wohl als Übertreibung ansehen müssen, die periodische Wiederkehr von Opferfeiern dagegen ist prinzipiell durch die Funde der Opfermoore und Opferseen der Eisenzeit schon gesichert. Aber auch für die Zeit zwischen den großen Opfermooren sowie den damit zeitgleichen Schilderungen antiker Autoren und der Wikingerzeit sind Menschenopfer wenigstens für Skandinavien aus anderen Quellen bekannt, nämlich den bildlichen Quellen der Wikingerzeit. Dazu gehören ein Textilfragment aus dem Osebergfund aus der Mitte des 9. Jh.s, auf dem anscheinend eine Reihe von Personen in einem Baum aufgehängt ist, was an die Schilderung bei Adam von Bremen erinnert. Ein weiteres Opfer durch Hängen findet sich auf dem ebenfalls wikingerzeitlichen Bildstein Lärbro St. Hammars I auf Gotland, der auf dem dritten Bildfeld von oben einen in einem Baum gehenkten Krieger – erkenntlich an seinem noch in der rechten Hand gehaltenen runden Schild – darstellt, daneben aber auch eine Opferszene an einem Altar, in der offenbar zwei Personen einen weiteren töten.

Damit sind wenigstens vereinzelte Menschenopfer von der römischen Eisenzeit bis zur Wikingerzeit literarisch und ikonographisch belegt, während archäologische Funde nach dem 5. Jh. nicht mehr nachzuweisen sind.

Was die Todesarten bei den Menschenopfern anlangt, so ist die Tatsache, dass von den menschlichen Skeletten in Skedemosse nur zwei Spuren eines gewaltsamen Todes aufweisen, kein Grund, sie deswegen nicht als Menschenopfer interpretieren zu können. Weder das Erwürgen noch ein Durchschneiden der Kehle noch Erhängen noch das Ertränken könnten an den Skeletten normalerweise archäologisch nachgewiesen werden, und gerade die letzten beiden Todesarten werden in den literarischen Quellen als geradezu typisch für das germanische Menschenopfer erwähnt. Neben den genannten Stellen über das Ertränken von Gefangenen in Flüssen kann wiederum die schon genannte Beschreibung des Opfers in Uppsala durch Adam von Bremen im 11. Jh. herangezogen werden, der neben dem Hängen auch vom Ertränken als Opferform spricht (Schol. 134); daneben erwähnt die wohl im 9. Jh. entstandene *Vita Vulframni* (Leben des hl. Wolfram 8) die (noch heidnische) Opferung von zwei Jünglingen, die auf einer Sandbank ausgesetzt wurden und durch die Flut ertränkt wurden.[53] Dafür gibt es auch weitere skandinavische, allerdings erst hochmittelalterliche Quellen.[54]

Auch sind die zeitlich vor diesen literarischen Quellen liegenden Menschenopfer von Rappendam, Skedemosse und Oberdorla dennoch nicht die einzigen Funde, welche Menschenopfer für das letzte Jahrtausend germanischer Religion in Europa belegen. In weiten Gebieten Nord- und Westeuropas, vor allem aber in Dänemark, Deutschland, den Niederlanden und auf den Britischen Inseln findet sich eine beträchtliche Zahl menschlicher Leichen, die man aus Mooren geborgen hat. Diese bezeichnet man üblicherweise auch als Moorleichen, auch wenn sich diese Bezeichnung nicht direkt auf aus Mooren geborgene Skelette oder Menschenknochen bezieht, sondern vor allem auf solche Toten, bei denen Haut und Haar, manchmal sogar Kleidung ganz oder teilweise bewahrt sind und die uns daher einen viel besseren Blick auf Aussehen, Tracht und oft genug auch Todesursache dieser Menschen geben. In der Vergangenheit hat man die Gründe für das Versenken von Toten in Mooren meist entweder als Todesstrafe oder als Menschenopfer oder einer Verbindung von beiden angesehen, wobei man für die Begründung durch Todesstrafe wiederum eine Tacitus-Stelle heranziehen konnte, nämlich aus Kap. 12 der *Germania*, wo von den Gerichtsversammlungen der Germanen die Rede ist:

„Die Strafen sind unterschiedlich nach dem Vergehen: Verräter und Überläufer hängt man an Bäumen auf, Feiglinge, Kriegsdienstverweigerer und solche, die sich durch Unzucht wider die Natur vergangen haben, versenkt man im Schlamm der Moore und bedeckt sie noch mit Flechtwerk. Die Verschiedenartigkeit der Hinrichtung verfolgt die Absicht, dass man Verbrechen in ihrer Bestrafung bloßstellen, Schandtaten aber verbergen müsse."[55]

Erst in den letzten Jahren hat man begonnen, die Relevanz dieser Tacitus-Stelle für die Moorleichenfunde in Frage zu stellen.[56]

Vor allem ist es wichtig zu erkennen, dass nicht alle Moorleichen aus demselben Grund ins Moor geraten sind; es gibt regelrechte Begräbnisse, etwa das eisenzeitliche „Familienbegräbnis" von Getelo/Niedersachsen (1857b–d), wo die Toten liebevoll mit Blumen und Beigaben beigesetzt wurden, aber auch Unfälle, bei denen Menschen vom schmalen Weg durchs Moor abkamen und ertranken, wie die bronzezeitliche Mutter, die ihr Kleinkind mit ausgestreckten Händen über ihren Kopf hielt, bis schließlich beide im Moor versanken (Isleham Fen, 1952c), daneben Fälle von Kampfestötung, wozu man auch den eisenzeitlichen (?) Krieger von Husum zählen könnte, dessen Pferd durch einen Pfeil tödlich verletzt wurde und der daraufhin samt Pferd im Moor versank, aber sicherlich auch Fälle heimlicher Mordanschläge, die nur schwer nachzuweisen sind. Nur etwa 100 der über 2000 gefundenen Moorleichen lassen erkennen, wie sie ums Leben gekommen sind, aber gerade diese helfen uns, den Gründen für die Moorversenkung näher zu kommen. Neben den genannten Begräbnissen, Unfällen, Kämpfen und Morden, wozu wohl noch die Kindesaussetzung, das Verscharren Fremder, Andersgläubiger, Verfluchter oder von Selbstmördern und das Verhindern von Wiedergängern gestellt werden müssen, waren es zweifellos sowohl Opfer von Todesstrafen als auch solche von Menschenopfern, welche ins Moor gelangt sind. Besonders jene, die eine Reihe von verschiedenen Todeswunden aufweisen, zählt man am ehesten einer dieser beiden Kategorien zu, wobei eine solche mehrfache Tötung allerdings keineswegs gegen die Todesstrafe spricht, da man noch im Mittelalter für verschiedene Delikte verschiedene Todesstrafen am selben Verurteilten konsekutiv ausführen konnte – wobei er meist glücklicherweise schon die erste Todesstrafe nicht überlebte, manchmal auch vorheriges Köpfen als Gnade gewährt wurde. Dennoch ist es nicht unwahrscheinlich, dass die Moorleichen mit mehreren möglichen Todesursachen Menschenopfer waren, welche als letzter Schritt ihrer Opferung in Mooren oder Seen ertränkt oder versenkt wurden. Es finden sich nämlich auch außerhalb dieser eigentümlichen archäologischen Funde Hinweise darauf, dass ein solcher „mehrfacher" Tod als Menschenopfer, vielleicht an eine Trias von Gottheiten oder wenigstens für drei Gottheiten verschiedener Funktion ausgeführt wurde, und zwar sowohl im germanischen als auch im keltischen und finnischen Bereich.[57]

Eine der weiblichen Moorleichen von Borremose (Borremose III, 1948a)[58], die mittels C^{14}-Datierung auf die älteste Eisenzeit (um 770 v. Chr.) datiert wurden, weist zwar nur eine Todesursache auf, nämlich einen zertrümmerten Gesichtsschädel, war dafür aber auch skalpiert worden – ein Brauch, der sich von der Steinzeit bis zur älteren Eisenzeit in Nordeuropa nachweisen lässt.[59] Dabei deutet der Fund von Strandby in Dänemark aus der jüngeren römischen Eisenzeit darauf hin, dass es sich hierbei sehr wohl um einen Teil eines Ritus handeln könnte, denn hier hat man zwischen einer Steinpackung den Schädel einer skalpierten Frau, den Schädel eines Mannes mit abgetrennter Schädelbasis und zwei Schädel von gehörnten Schafen sowie diverse Gegenstände aus Holz und Knochen gefunden, jedoch keine Reste der Körper.[60] Entweder handelte es sich auch hier um ein Menschenopfer wie bei einigen der Moorleichen oder aber um die vielfach belegte Sonderbestattung der Schädel hoch gestellter Persönlichkeiten.

Eine der bestbekannten Moorleichen, der 1950 gefundene Mann von Grauballe (1950b), den man früher auf das 4. Jh. nach Christus datierte, jetzt aber in die Mitte des 1. vorchristlichen Jh.s setzen kann,[61] weist wie die meisten anderen Moorleichen mit mehrfachen Verletzungen Kopfverletzungen auf, dazu aber wurde er mit Sicherheit stranguliert, daneben finden sich weitere Knochenbrüche. Unter den Moorleichen finden sich einige wenige, deren sorgfältig gepflegtes Äußeres darauf hinweist, dass sie zur Schicht der Herrschenden ihrer Zeit gehört haben und deren Todesart mit großer Wahrscheinlichkeit auf ein Menschenopfer schließen lässt. Dazu gehört der Tollund-Mann (1950c), der mit rasiertem Kopf und erdrosselt samt dem dazugehörigen Strick im Moor versenkt wurde, allerdings schon aus der Zeit um 210 v. Chr. stammt. Ähnliches gilt auch für den Grauballe-Mann und den Mann von Dätgen (1959a), beide mit tadellos manikürten Händen, wovon Letzterer (mit sorgfältigem suebischem Haarknoten) auch mehrere Stichwunden in der Brust aufwies, zusätzlich aber auch durch schwere Schläge am Rumpf verletzt war, vermutlich auch kastriert wurde und nach dem Tod dann noch geköpft und unter Trennung von Kopf und Körper mit Stöcken im Moor befestigt wurde.[62] Der Befund spricht keine einheitliche Sprache: Während beim Tollund-Mann durchaus an die Opferung eines Fürsten gedacht werden könnte, so scheint beim Mann von Dätgen eher die übliche Prozedur zur Verhinderung von Wiedergängern zur Anwendung gekommen sein. Oder sind diese Moorleichen doch als Pars-pro-toto-Opferungen feindlicher Heere zu sehen, in denen man ihren Führer stellvertretend für das ganze Heer hingerichtet hat? Auch wenn das Fehlen von Menschenopfern in den großen Kriegsbeuteopferfunden auffällig ist, so ist die letztgenannte Möglichkeit doch nicht allzu wahrscheinlich, vor allem, weil die Zeitstellung der datierbaren Moorleichen eher auf eine Periode deutlich vor den Waffenopfern zu deuten scheint. Außerdem wäre natürlich möglich, dass bei der Verbrennung der Waffen und Geräte, wie es etwa bei Thorsberg und Illerup Ådal der Fall war, auch die Leichen etwaiger getöteter/geopferter Gefangener mitverbrannt wurden, allerdings haben sich in den Waffenopferfunden bislang keine Überreste von Leichenbrand feststellen lassen.

Weitere Formen kollektiven Opfers

Andere Formen des Kollektivopfers waren wohl regional beschränkt: In Norwegen finden sich knapp 60 pilz- oder phallusförmige weiße Steine, zum kleineren Teil auch im Kontext von Gräbern, daneben aber auch von nachweisbaren Opferplätzen. Die (nach Auskunft der Gräber) eisen- bis völkerwanderungszeitlichen Steine sind bis zu 90 cm hoch und häufig aus weißem Marmor gefertigt. Opfergaben im engeren Sinne sind diese Steine wohl nicht, gegen Kultfiguren spricht die oft nur recht geringe Größe, eher dürfen wir an eine Markierung heiliger Stätten durch diese „heiligen Steine" denken. Wegen der (ohnehin sehr zweifelhaften) Phallusgestalt – etliche sind fast völlig zylindrisch, die meisten weisen eine kreuzförmige Einkerbung auf der Oberseite oder schalenförmige Vertiefungen auf der Oberfläche auf – an eine Beziehung zum Nerthus/Njörðr-Kult zu denken,[63] ist völlig abgelegen, der Bezug zu Hügeln und Grabhügeln ließe da noch eher an Alben- oder Disenkulte (also eine Form des Ahnenkults) denken.

Die wahrscheinlich beeindruckendsten Einzelfunde der germanischen Eisenzeit stammen beide aus Jütland und sind ebenfalls als Kollektivopfer zu betrachten; es sind der große Kessel von Gundestrup, der bei Gundestrup in Himmerland gefunden wurde und schon in seine Einzelplatten zerlegt vermutlich auf der Mooroberfläche niedergelegt worden war. Der Kultkessel keltischer Provenienz kam vermutlich mit dem Rückstrom des Kimbernzuges als Beutegegenstand nach Himmerland, der Stammheimat des germanischen Stammes der Kimbern.[64] Die Niederlegung eines derartigen Wertgegenstandes auf dem offenen

1. Das öffentliche Opfer

Moor kann fast nur als kollektive Votivgabe gedeutet werden, und ähnlich verhält es sich mit den beiden 1693 und 1734 in Gallehus bei Tønder in Südwestjütland gefundenen, aber 1802 gestohlenen und eingeschmolzenen Goldhörnern von Gallehus, von denen eines sogar eine Runeninschrift mit Herstellerverweis trug. Weniger wertvoll, aber nicht weniger interessant ist der aus dem Moor Illemose auf Ostfünen geborgene Bronzekessel von Rynkeby, der mit 70 cm Durchmesser zwar kleiner als der Gundestrup-Kessel, jedoch ebenfalls keltischer Herkunft ist und aus dem 1. Jh. v. Chr. stammen dürfte.[65]

Wertvolle Goldgegenstände finden sich aber auch sonst recht häufig in südskandinavischen Depotfunden, die vor allem der Völkerwanderungszeit angehören, und diese bestehen häufig genug aus Goldhalsringen oder sehr aufwendig gearbeiteten Goldhalskragen. Man hat zwar in der Vergangenheit diese Funde auch als rein profane Schatzfunde gedeutet, also als in Kriegszeiten verborgene Wertgegenstände, aber die Natur der Funde und die Umstände der Deponierung lassen heute vielfach eine Aussage darüber zu, ob es sich tatsächlich um ein Schatzdepot oder um einen Hort mit Opfercharakter handelt. Das wesentlichste Kriterium für die Unterscheidung zwischen profanen und sakralen Deponierungen ist die Reversibilität der Niederlegung: Wo erkennbar ist, dass die Gegenstände unmöglich wieder geborgen werden konnten, so wie es vielfach bei den Goldhortfunden in Mooren der Fall ist, wird man davon ausgehen können, dass es sich um einen Hort von sakraler Bedeutung handelt, in den Fällen zumindest theoretischer Wiederbringbarkeit kann es sich auch um Schatzverstecke handeln. Der Graubereich ambivalenter Funde ist allerdings recht breit. Aber selbst bei sakralen Niederlegungen muss wohl von zwei grundverschiedenen Vorstellungskomplexen ausgegangen werden, da eine Gruppe der Goldfunde, vor allem schwerer Ringe, als öffentliche Opfer und offizielle Gaben an die Götter gedeutet werden. Andere Funde, zu denen auch reiche Grabbeigaben gehören (s. Kap. VII), entstammen dagegen der archaischen Vorstellung, dass man seinen irdischen Besitz ins Jenseits mitnehmen könne,[66] und zu dieser Gruppe dürften im völkerwanderungszeitlichen Dänemark auch die Funde mit Goldbrakteaten (Schaumünzen) gehören.

Die öffentlichen Niederlegungen von Edelmetallen, die in vielen Fällen wohl auch die ökonomischen Möglichkeiten von Einzelpersonen überstiegen haben würden, enthalten zwar auch Brakteaten, aber vor allem Halsringe, Armringe und Fibeln und lassen sich als sakrale Demonstration einer neuen Elite betrachten, die sich im Laufe des 5. und 6. Jh.s etabliert und zu einer Veränderung der Opferbräuche führte, wie auch im folgenden Abschnitt zu konstatieren sein wird.[67] Dabei sind Depotfunde von Opferorten auch in der vorhergehenden Eisenzeit zu finden, aber ohne den nunmehr zur Schau gestellten und formalisierten Reichtum. Als solche älteren Opferhorte können sowohl der Räderfund von Rappendam auf Seeland (s. oben) als auch die vielen (irreversiblen) Depots von Eisenbarren der älteren Eisenzeit in Südskandinavien gezählt werden, die wohl dazu dienten, den Jenseitigen ihren Anteil am Mehrwert der Produktion einer Gesellschaft zukommen zu lassen. Schon in der Bronzezeit hatte man Bronze- und Kupferbarren in religiös motivierten Depots niedergelegt, später in der Wikingerzeit sind Silberhorte wohl ähnlich motiviert. Dass die Deponierung von (Edel-)Metallen eine rein reziproke Handlung war, wie Glob annahm, indem man – Ppars pro toto – der Mutter Erde einen Anteil des ihr entnommenen Moorerzes (und anderer Gaben) rückerstattete, ist allerdings wenig wahrscheinlich.[68]

Die Frage, welche nach der Präsentation all dieser Formen des eisenzeitlichen germanischen öffentlichen Opfers, die neben den Opfergegenständen und den Opferplätzen verschiedentlich wenigstens ein Licht auf die Opferer selbst werfen, noch immer offen im Raum steht, ist die nach dem Sinn, den Zeiten und schließlich besonders nach den Adressaten der Opfer. Über die Zeiten ist wohl nicht mehr zu sagen, als dass es periodisch wiederkehrende Opfer neben Einzelopfern gab, dass die Belege für über lange Zeit gleichartige Opfer in engem, d. h. jährlich wiederkehrendem Abstand dagegen selten sind, denn dann müssten wir in einigen Opfermooren eben nicht nur wenige Dutzend von Tier- oder Menschenskeletten, sondern hunderte davon nachweisen können, was aber allerhöchstens in Skedemosse auf der Insel Öland der Fall ist. Auf die möglichen Sinninhalte der Opferungen wurde ebenfalls schon wiederholt angespielt, aber ob wir es bei den Individualopfern (darüber mehr im Abschnitt III.1.b) oder auch den Menschenopfern mit Bitt- oder Dankopfern zu tun haben, ist kaum zu entscheiden. Dagegen lassen sich die zahlreichen kollektiven Tieropfer doch am ehesten als periodische Dankopfer einer viehzüchtenden Bevölkerung im Rahmen einer Opferfeier mit kollektivem Opfermahl verstehen. Die Form des Tieropfers, wovon besonders Pferde, Rinder und Schafe in der beschriebenen Weise durch Entfernen der Fleischteile zum gemeinsamen Verzehr und durch Aufhängen der Tierfelle mit verbleibenden Schädeln, Extremitäten und Schwänzen betroffen war, diente einerseits der gemeinschaftsstiftenden Funktion des Mahles, andererseits der öffentlichen Demonstration des Opfers, die noch der arabische Reisende Ibrahim Ibn Jaqub (at Tartushi) für das wikingerzeitliche Haithabu (bei ihm Salsawīq, „Schleswig") bestätigt (s. unten S. 85), wo es wichtig war, dass die Tatsache der Opferung für jedermann sichtbar war:

Sie feierten ein Fest, bei dem sie sich alle versammelten, um Gott zu verehren und zu essen und zu trinken. Wer ein Opfertier schlachtet, stellt Pfähle neben seiner Haustür auf und hängt sein Opfertier daran, ob es nun ein Ochse oder ein Eber oder ein Ziegenbock oder eine Sau ist. So wissen die Leute, dass er dies als Opfer zur Verehrung seines Gottes getan hat.[69]

Das Pferd nimmt in den Opferriten der Eisenzeit statistisch eine herausragende Rolle ein, und diese Bedeutung hatte es offenbar auch weiterhin im Kult germanischer Stämme. Noch im 10. Jh. wurde der (christliche) König Hakon der Gute angeblich gezwungen, ein Stückchen Pferdeleber zu verzehren, was den heidnischen westnorwegischen Bauern dann als Zeichen genügte, dass der König bereit war, sich ihrem Ritus zu beugen.[70] Für die christlichen Missionare war dagegen der Verzehr von Pferdefleisch immer ein Zeichen des praktizierten Heidentums, auch wenn es (wie in Skandinavien) durchaus auch ökonomische Hintergründe hatte (vgl. unten Kap. IX).

Zwar ist die Öffentlichkeit des Opfervorgangs in einer polyrituellen Gesellschaft wie der einer wikingerzeitlichen Stadt wichtiger als in der Gesellschaft der Eisenzeit, aber auch dafür spricht zweifellos die relative Nähe von Mooropferplätzen wie Oberdorla, Skedemosse oder Rislev zu Siedlungen. Große kollektive Waffenopfer sind aber genauso wie die – sicherlich ebenfalls kollektiven – Opferungen von besonderen Wertgegenständen, vielleicht auch solche besonderer Gebrauchsgegenstände (wie die Räder von Rappendam) Votivopfer, mit denen die Opferer ein Gelöbnis einlösten, sobald die Bedingungen durch besondere Hilfe der Gottheit eingetreten waren. Votivopfer, aber nunmehr individuelle, waren sicher auch die Niederlegungen einzelner, teurerer Gegenstände aus dem persönlichen Besitz, wie Ringe, Fibeln oder einzelne Waffen. Nicht direkt als Opfer zu bezeichnen sind dagegen hortartige Niederlegungen privater Wertgegenstände; diese sind, falls nicht überhaupt als Versteckhorte beabsichtigt, eher zu Snorri Sturlusons Mitteilung in der Heimskringla zu stellen, nach der es ein Teil von Odins Gesetz für Schweden war, dass jeder nicht nur die Gegenstände, die man ihm auf den Scheiterhaufen mitgab, nach Walhall mitnehmen könne, sondern auch Schätze, die er zu Lebzeiten zu diesem Zwecke „in der Erde vergraben hatte" (*Ynglinga saga* 8). Der Gedanke, dass man „seinen Reichtum mitnehmen könne", war jedenfalls im Gegensatz zur völlig anderen christlichen Auffassung fester Bestandteil heidnisch-germanischen Gedankenguts.

b) Die goldene Zeit Dänemarks: Goldopfer der Völkerwanderungszeit

Die Art der Opfertätigkeit in den großen Moorfunden hat gezeigt, dass dieser Opferbrauch vom 5. zum 7. Jh. einen massiven Wandel durchlebt hat, der besonders den Brauch der Waffenbeuteopfer betrifft, für den wir aber ab etwa 500 keine Belege mehr haben. Es wurde schon oben im Abschnitt über die eisenzeitlichen Opfer nach der Behandlung des Opfers von Illerup Ådal festgehalten, dass dieser Wandel auf einen politischen Wandel zurückgehen könnte, dass also eine Zeit häufiger kriegerischer Auseinandersetzungen abgelöst worden wäre durch die Machtkonsolidierung einzelner regionaler Fürsten, die zur Entwicklung von neuen, nicht mehr an kleine Stammesverbände gebundene Machtzentren führte. Diese Veränderung der politischen Landschaft mit einem Zuwachs an innerer und äußerer Sicherheit sei der Grund für die Abkehr von Waffenbeuteopfern und anderen martialischen Opfern inklusive der Menschenopfer gewesen. Von den neuen Herrschaftszentren hat man bislang nur eine relativ geringe Zahl archäologisch dingfest machen können, wovon in Dänemark der Bereich von Gudme und Lundeborg an der Ostküste von Fünen sowie die Insel Bornholm und Lejre auf Seeland besonders hervorstehen; in Norwegen kennen wir besonders Borg auf den Lofoten als zwar abgelegenes, aber offenbar regional bedeutendes Zentrum,[71] daneben Maere in Tröndelag; in Schweden kristallisierte sich in der Vendelzeit Birka als Handelszentrum heraus, Slöinge in Halland war wohl ein deutlich kleineres, lokales Zentrum, aber auch auf Gotland und Öland existierten bedeutende Reichtumszentren.

Gudme liegt unweit der Ostküste Fünens gegenüber der Nordspitze Langelands, an der Küste selbst, etwa 4 km von Gudme entfernt, liegt der natürliche Hafen Lundeborg. Die Funde in Gudme und Lundeborg unterscheiden sich von den Mooropferfunden darin, dass sie in erster Linie im Siedlungsgebiet auftreten, entweder als verstreute Einzelfunde oder als Schatzfunde. Dennoch sind gerade zwei der gewichtigsten Funde doch am Rande von Moorlöchern gemacht worden, was die Frage aufwirft, ob nicht auch hierbei das Moor als Fundort von Relevanz ist; der ältere dieser Funde, bestehend aus Münzen und Brakteaten, wog fast 4 kg Gold. Der zweite Fund[72] bestand aus drei goldenen, zusammengebogenen Halsringen im Gesamtgewicht von fast 1/2 kg, die vielleicht um einen Pfahl herum direkt an einem Moorloch deponiert worden waren. Daneben hat die Gegend eine ganze Reihe von Einzelfunden an Gold, aber auch Schätze und über 250 Einzelfunde von Bruchsilber, Silberbarren und Silbermünzen erbracht, wobei hier ein Zentrum für Produktion und Handel von Edelmetallgegenständen gelegen haben muss.

Daneben zeigen die Gebäude der großen Siedlung selbst, dass hier ein wichtiges Zentrum einer aus Ackerbauern bestehenden Bevölkerung bestand: Eine schon ab dem 4. Jh. bestehende Halle war 47 m lang und 8 m breit, eine etwas kleinere Halle daneben erbrachte Edelmetallfunde, sodass man an ein ausschließlich als Festhalle verwendetes größeres und ein etwas kleineres als Halle des Fürsten dienendes Gebäude gedacht hat.[73] Der Reichtum von Gudme und Lundeborg in der späten Eisenzeit und Völkerwanderungszeit ist umso bemerkenswerter, als Goldfunde in den vorhergehenden Perioden fast ausschließlich aus sog. Fürstengräbern stammen. Bis zum Beginn der Periode, aus der Funde von Gudme und Lundeborg stammen, kommt im östlichen Fünen noch das Waffenbeuteopfer von Illemose vor, das in die erste Hälfte des 3. Jh.s gehört, wobei aber das Moor schon mindestens 300 Jahre vorher als Opfermoor diente. Vimose und Kragehul in Westfünen waren ebenfalls lange als Opfermoore in Benützung. Auch in Gudme hat man Waffen gefunden, aber keine Anzeichen eines Waffenbeuteopfers. Daraus könnte man den Schluss ziehen, dass der Raum um Gudme schon in der späten römischen Kaiserzeit ökonomisch (und militärisch?) so stark war, dass hier keine Überfälle stattfanden.[74] Bis zum Ende der Völkerwanderungszeit könnte sich dieser Einflussbereich auch nach Westfünen ausgedehnt haben, während in der Vendelzeit dieses Kultzentrum offenbar durch Odense abgelöst wurde. Vielleicht war es aber auch die Tatsache, dass Gudme nicht nur ein ökonomisches, sondern auch ein religiöses Zentrum der frühen Völkerwanderungszeit war, die zu der hervorragenden Bedeutung geführt hat. Darauf deuten andererseits die Ortsnamen: Gudme (aus Guðheimr, „Götterheim", „Platz, an dem die Götter verehrt werden") und die in unmittelbarer Umgebung liegenden Galbjerg (aus Gald-berg, „Hügel des Opfergelds"), Gudbjerg („Götter-Hügel") und Albjerg („Hügel des Heiligtums"), die alle auf einen (oder mehrere zusammengehörige) Kultplätze verweisen. Andererseits ist es die Natur der Funde selbst, die einen religiösen Kontext nahe legt.

Viele der Edelmetallfunde sind, wie erwähnt, so genannte Brakteaten und Votivgoldbleche (diese Goldblechfigürchen werden nach dem Dänischen üblicherweise Guldgubber genannt), die zwar vom Gewicht her in den Goldfunden keine große Rolle spielen – Brakteaten wiegen meist unter 4 g, Guldgubber überhaupt nur 0,05 bis 0,19 g –, die aber durch die Qualität ihrer Ausführung und besonders die darauf zu findenden bildlichen Darstellungen, die trotz ihrer Winzigkeit voller Details stecken und einwandfrei religiöse Relevanz haben, zu den wichtigsten Funden aus dem ersten Jahrtausend gehören.

Brakteaten sind kreisrunde, einseitig geprägte Hängeschmuckstücke aus der Eisenzeit in Skandinavien besonders aus dem 5./6. Jh. Sie sind üblicherweise in Gold ausgeführt, ihre Größe beträgt in der Regel zw. 20 bis 35 mm. Die Vorbilder dieser als Amulette verwendeten Schaubilder sind in spätrömischen Kaisermedaillons des 3./4. Jh.s zu sehen, die bis nach

1. Das öffentliche Opfer

Skandinavien Verbreitung fanden. Der Inhalt der Darstellung ist von Typ zu Typ verschieden, kann aber grob mit der verkürzten Bildwiedergabe von Mythen, die in der Regel mit Odin/Wodan in Verbindung stehen, umrissen werden. Genauer soll auf die Brakteaten und ihre Bildformeln noch in Kapitel V über die Götter der Eisen- und Völkerwanderungszeit eingegangen werden. Überraschenderweise finden sich Brakteaten in Südskandinavien, also in ihrem Herstellungs- und Hauptverbreitungsgebiet, relativ selten in Gräbern – als persönliche Amulette wäre das wohl nahe liegend, trifft aber nur für einige Funde aus dem peripheren alemannischen Bereich zu –, sondern häufiger in Hortfunden, Einzelfunden und auch Votivfunden.

Brakteaten stammen in Nordeuropa aus der Zeit zwischen der Mitte des 5. und dem zweiten Drittel des 6. Jh.s, wobei der Großteil aus Dänemark stammt, dann besonders aus Schweden und Norwegen, aber nicht viel mehr als 30 aus England und 20 aus dem restlichen Europa, vor allem Deutschland, den Niederlanden, aber auch Tschechien und zwei zweifelhafte Funde aus Ungarn und Russland. Die gut 950 bekannten Brakteaten aus über 425 Fundstellen verteilen sich auf (derzeit) 599 Modeln (Gussformen), wobei D- und C-Brakteaten die größte Zahl an Abdrucken stellen.[75]

Man hat die Brakteaten schon seit dem 19. Jh. in vier, später sechs große Gruppen eingeteilt, wovon die A-Brakteaten (87 Exemplare) einen Männerkopf im Profil, die B-Brakteaten (88 Ex.) ein bis drei menschliche Figuren von Tieren begleitet, die C-Brakteaten (400 Ex.) einen Männerkopf über einem Vierbeiner, die D-Brakteaten (336 Ex.) einzelne Tiere oder Tierdekoration, die F-Brakteaten (14 Ex.) als Untergruppe von D ebenfalls ein Phantasietier und die M-Brakteaten (17 Ex.) als Imitationen römischer Kaisermedaillons eine Imperatorbüste aufweisen. Das Ungeheuer der D-Brakteaten hat spätere Gegenstücke im Untier der frühen gotländischen Bildsteine, der Drachenbroschen der Wikingerzeit und schließlich der wikingerzeitlichen Tierornamentik überhaupt, wobei zusehends ein Wandel vom mythischen Ungeheuer zur reinen Ornamentik zu verzeichnen ist; man sollte aber nicht vergessen, dass derartige Ungeheuer auch einen Zugang zur anderen Welt bieten[76]: Wie der Schamane mittels seiner Verschlingung durch ein Ungeheuer Heilkunde oder Wissen überhaupt erwirbt, so erlangt man den Zugang zu einem derartigen aus der anderen Welt stammenden Wissen allgemein über Tiere, im Besonderen aber die zunehmend stilisierten Fabeltiere. Nur so ist die Amulettfunktion auch der D-Brakteaten überzeugend zu erklären, welche fraglos zum Umhängen gedacht waren, wie aus den Ösen geschlossen werden kann.[77]

Die Amulettfunktion, die Herkunft aus der Imitation der römischen Kaisermedaillons sowie die Serienproduktion einiger Stücke geben uns auch für die Interpretation der A-, B- und C-Brakteaten den Schlüssel zur Hand: Die Imitation des römischen Kaiserbilds in seiner Funktion als Heilsbringer und Schutzgottheit weist auf den hohen sozialen Rang der dargestellten Personen hin, die Serienproduktion bestätigt die bedeutsame Rolle im religiösen Leben und die Amulettfunktion bestätigt die Göttlichkeit der dargestellten Personen. Dass etwa ein Drittel der erhaltenen Brakteaten auch noch Runeninschriften aufweisen, verdeutlicht die praktische Wirkmächtigkeit der auch durch ihr Material ausgezeichneten Amulette. In welche Richtung die Wirkung der Brakteaten erwartet wurde, geht einerseits aus den Runeninschriften: *linalaukaR*-Inschriften als Heilsmagie, *alu* und wohl auch *fuþark* als Schutzmagie hervor, anderseits aus der häufigsten Bildszene der C-Brakteaten, nämlich der Heilung eines Pferdes durch einen göttlichen Heiler. Dieser weit verbreitete ER mag (mit Hauck) wohl als Odin zu identifizieren sein. Dafür spricht wenigstens die Übereinstimmung der Bilddarstellung mit dem Zweiten Merseburger Zauberspruch[78]:

> „Phol und Wodan ritten in den Wald.
> Da wurde der Fuß von Balders Fohlen verrenkt;
> Da besang ihn Sinthgunt, der Sunna ihre Schwester,
> da besang ihn Frija, der Folla ihre Schwester,
> da besang ihn Wodan, der das wohl konnte:
> Sei es Beinrenkung, sei es Blutrenkung,
> sei es Gliedrenkung:
> Bein zu Bein,
> Blut zu Blut,
> Glied zu Gliedern,
> als ob sie geleimt wären!"

Dieser Heilungszauber, der die Rolle Wodan/Odins als Pferdeheiler offensichtlich macht, wurde zwar erst im 10. Jh. in eine Handschrift eingetragen, ist aber zweifellos älter.

Brakteaten konnten aber auch als Votivgaben Verwendung finden, da sie äußerst selten in Gräbern gefunden wurden, sondern vielleicht nur über eine Zeit lang getragen wurden und dann deponiert, geopfert oder „kultisch bestattet", und diese Verwendung stellt sie in die Nähe der Guldgubber, deren vorwiegende Funktion wohl als die eines professionell in großen Mengen hergestellten Opfergeldes angenommen wurde, da sie vor allem auf Bornholm, aber auch in Lundeborg im Kontext von Zahlungsgold auftreten,[79] obwohl die Fundumstände wenigstens der Doppelprägungen eher auf die von religiös motivierten Gedenkmedaillen hinweisen. Guldgubber sind hauchdünne Goldblechfiguren, die über Modeln geprägt wurden. Allein von 1985 bis 1988 wurden dabei in Sorte Muld auf der Insel Bornholm ca. 2500 Prägungen von ca. 370 Modeln gefunden, wozu noch einige 100 aus dem restlichen Dänemark kommen, wovon bislang über 100 allein aus der Gegend von Gudme und Lundeborg stammen. Dazu sind aber auch noch ca. 55 nicht geprägte, aber individuell aus dünnem Goldblech herausgeschnittene Figuren zu zählen. Viele von den Fundstücken sind (meist absichtlich) gefaltet, ja sogar zusammengehämmert, und wurden teilweise in Verbindung mit Bruchgold – als Opfergeld? – niedergelegt; in einem Fall hat man eine zusammengerollte Guldgubbe mit einer Perle darin im Moor niedergelegt.[80]

Die Darstellungen wurden 1992[81] erstmals thematisch kategorisiert, wobei vorerst festzuhalten ist, dass die 2500 Exemplare auf Bornholm von noch nicht einmal 400 verschiedenen Prägungen stammen, wobei für jede Prägung wohl nur eine Model zur Verfügung stand; sechs dieser Modeln oder Patrizen hat man inzwischen auch gefunden, davon zwei auf Bornholm, sie sind aus Bronze und 1,5 m × 0,8 cm groß. Eine von den Bornholmer Patrizen wurde zur Herstellung einer Prägung eines Mannes mit Stab aus der „Fürstengruppe" verwendet, von der noch 65 Exemplare erhalten sind.

Die Abbildungen der Guldgubber kann man in Einzel- und Doppelfiguren einteilen,

Abb. 13: Die drei Haupttypen der Guldgubber.

wobei bei den Einzelfiguren stehende, förmlich gekleidete Männerfiguren (daher auch „Fürstengruppe" genannt) im Profil mit einem Stab dominieren – davon kennt man mehr als 225 verschiedene Prägungen –; dazu kommen einige wenige Prägungen von Männerfiguren mit anderen Attributen sowie in Bornholm etwa 20 Prägungen von Frauenfiguren und etwa 10 Prägungen mit Doppelfiguren eines Mannes und einer Frau, die einander im Regelfall zu umarmen scheinen. Diese Gruppe ist durch einen 1989 gemachten Fund von Lundeborg bei Gudme (s. unten) um 64 weitere Prägungen, seither am selben Ort um weitere 40 erweitert worden. Eine zweite große Gruppe ist die von Männerfiguren (nur auf bislang zwei Stücken auch Frauengestalten) in Bewegung oder auf Zehenspitzen stehend, die man vorläufig als „Tänzergruppe" apostrophiert hat. Im Gegensatz zu der Gruppe der stehenden Personen tragen die Figuren dieser Gruppe keine reiche, formelle Kleidung, sondern scheinen im Regelfall nackt oder nur mit Gürteln oder Halsringen bekleidet zu sein. Die etwa 55 aus Goldblech ausgeschnittenen Figuren sind individueller gestaltet, scheinen aber bislang durchwegs der Tänzergruppe anzugehören. Abschließend seien noch die knapp 20 Tierfiguren erwähnt, ebenfalls entweder als Prägung oder als ausgeschnittene Gestalten, von denen sich mit Sicherheit wohl nur ein Schwein ausmachen lässt, vielleicht auch noch ein Hirsch oder Pferd und ein Bär.

Außerhalb Bornholms hat man derartige Goldpressbleche nur vereinzelt in Skandinavien gefunden (Abb. 14), wobei die über 90 Doppelfiguren von Lundeborg der größte andere Fund sind; der Hortfund von Lundeborg lässt sich durch Keramik und Fibeln recht gut auf die Zeit zwischen 600 und 650 n. Chr. datieren.[82] Da eines der Bleche von Lundeborg modelgleich mit drei der 19 im Jahre 1966 in der Kirche von Maere in Nord-Trøndelag in Norwegen gefundenen Doppelgubber ist, können damit jetzt auch diese Stücke auf dieselbe Zeit datiert werden, obwohl schon früher ein mit den Guldgubbern gefundener Glasbecher auf diese Zeit datiert worden war.[83] Die Verbreitung der Guldgubber ist sonst nicht sehr groß – außer den genannten gibt es keine 20 Plätze –, reicht aber bis auf die Lofoten in Nordnorwegen hinauf, wo man sowohl auf dem Hof in Borg fünf weitere Doppelfiguren entdeckt hat als auch zehn Stücke in Kongsvik, darunter eine ausgeschnittene Figur. Dazu kommen in Norwegen weitere 16 Gubber aus Klepp in Jæren (schon 1897 gefunden) und zwei Gubber aus Hov bei Lillehammer. In Schweden stammen 26 Stück aus dem Kultzentrum auf der Insel Helgö im Mälarsee und 15 aus der völkerwanderungszeitlichen Burg von Eketorp II auf der Insel Öland; der größte Fund mit 56 Stück stammt aus Slöinge in Halland und lässt sich dendrochronologisch auf die Bauzeit der zweiten Halle um 710 bis 720 festlegen.[84]

In der Forschung wurde bislang wenig diskutiert, was denn die praktische Rolle der Guldgubber im Kult des 7. Jh.s gewesen sein könne, sondern es wird meist stillschweigend vorausgesetzt, es handle sich um ein „Opfergeld" (vgl. das dem altnord. *gjald*, dt. Geld entsprechende altengl. *gield* in der Bedeutung „Ersatz, Opfer"), also um ein besonderes, nur in religiösem Kontext einwechselbares „Zahlungsmittel", das in einem organisierten Kult eine Rolle als Opfer spielte. Dies sagt leider noch wenig über die tatsächliche Opferpraxis aus. Auch die von Gudme und Lundeborg[85] lassen keine klaren Schlüsse zu, obwohl hier die Dominanz der Doppelgubber es nahe legt, sie in einen ähnlichen Kontext zu stellen wie den im schwedischen Slöinge und den nordnorwegischen Borg, nämlich der großen Halle. In Borg wurden die Doppelgubber nämlich an einer zentralen Säule der riesigen, 74 m langen Halle gefunden, obwohl nicht genau auszumachen ist, ob sie im oder am Pfostenloch niedergelegt wurden,[86] aber in Slöinge wurden in zwei der Hallen, beide etwa 40 m × 8,5 m groß, jeweils im Pfostenloch einer massiven Zentralsäule auf der Nordseite der Gebäude Doppelgubber niedergelegt, und zwar ingesamt immerhin 56 Stück. Hier wird klar, dass es sich bei dem mit den Guldgubber verknüpften Kult wenigstens teilweise auch um die mythische Selbstlegitimation einer (neuen?) herrschenden Klasse handelt.[87] Daraus ist zu folgern, dass es sich bei den Doppelgubbern jeweils um die religiöse Anbindung einer irdischen, aber wohl dynastisch wichtigen Hochzeit handelt. Dass es sich um eine Hochzeitsszene handelt, ist nie ernstlich bezweifelt worden, diese Deutung lässt sich nunmehr aber auch durch die Übereinstimmungen im Gestus des gegenseitigen Arm-Unterarm-Haltens mit dem hochmittelalterlichen Trauungsgestus, wie er noch im Sachsenspiegel abgebildet ist, bestätigen (vgl. weiter unten).[88]

Von der Interpretation der Doppelgubber sollte der Übergang zur Deutung der Einzeldarstellung leichter sein, trotzdem wiederstehen diese Darstellungen bislang weitgehend der Interpretation. Zwar wird man die Figuren der Tänzergruppe (schon auf Grund ihrer Nacktheit) als Adoranten oder Teilnehmer in kultischen Tänzen anzusehen haben und nicht als Götter, aber die reich gekleideten Männer und Frauen der Goldbleche sind kaum als einfache Kultteilnehmer aufzufassen, sondern ihre reiche Kleidung wie ihre Attribute (Diadem, Ring, Stab, Glasbecher bei den Männern, Horn und Fibel bei den Frauen) stützen auf den ersten Blick Haucks Hypothese, die aber nicht unbedingt nachvollziehbar ist: „Nur Götter und vergöttlichte Aristokraten waren in der Völkerwanderungs- und Merowingerzeit im vorchristlichen Europa bildwürdig."[89] Da dies die tanzenden Adoranten ebenso ausschließt wie etwa verehrte Ahnen, wird diese Aussage zu revidieren sein: Mythologische Szenen sind wohl auch dann abbildungswürdig, wenn sie nicht nur Götter und Halbgötter darstellen, sondern auch den Dedikanten oder sonstwie Betroffenen (etwa den durch ein Grab- oder anderes Memorialdokument zu Erinnernden), seine vor ihm ins Jenseits einge-

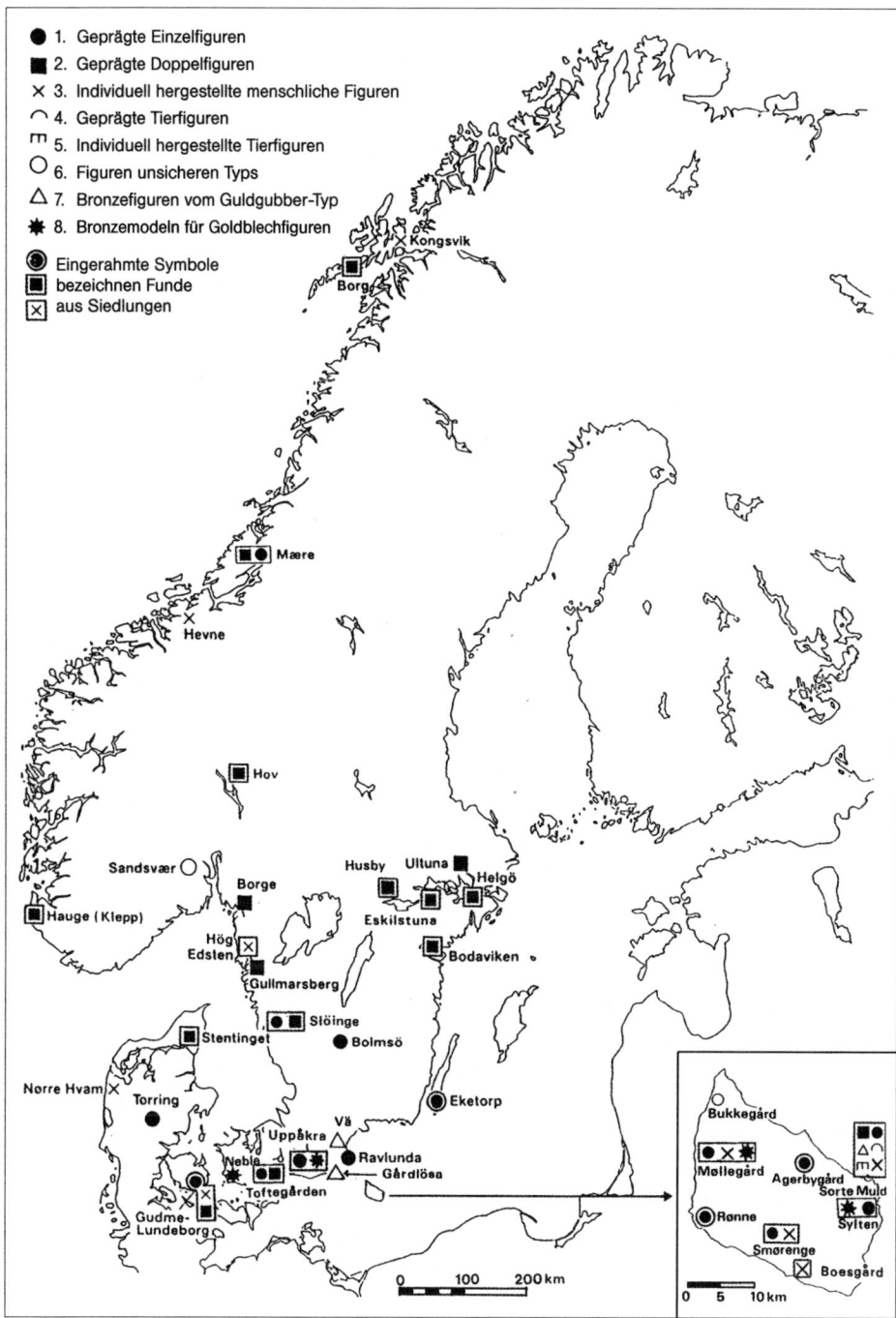

Abb. 14: Goldblechfiguren aus bedeutenden Siedlungszentren (nach Watt, Images of Women, Pl. 9).

gangenen Vorfahren und – vielleicht sogar noch wichtiger – seine Vorbilder, als die auch Heldenfiguren der sekularen Memorialüberlieferung fungieren können. Gerade letzteren Aspekt belegen uns die gotländischen Bildsteine aus dem 8. Jh., die nur unwesentlich jünger als die Guldgubber sind und welche Szenen der Heldensage (wie etwa der Wielandsage auf dem Bildstein von Ardre VIII, Gotland) als Repräsentation der Vorzeit bringen. Aber nicht nur Helden der Vorzeit, sondern auch der Kult der Gegenwart – und damit mindestens seine Repräsentanten, die Priester, wenn nicht sogar die Dedikanten, Opferer und Kultteilnehmer – ist auf den Bildsteinen des 8. Jh.s präsent, vgl. etwa die Opferszene auf dem Stein von Lärbro St. Hammars I, drittes Feld von oben. Damit müssen wir mit einem weitaus größeren Kreis von möglicherweise dargestellten Personen rechnen, als Hauck dies in Erwägung zieht.

Wir sollten also damit rechnen, dass auf völkerwanderungszeitlichen Bilddenkmälern, zu denen also wie die Bildsteine auch die Brakteaten und eben die Guldgubber zählen, wenigstens theoretisch folgende Personen oder Personengruppen dargestellt sein können: Götter, vergöttlichte Fürsten oder Helden der Vorzeit, andere, niederere mythologische Wesen (wie etwa Disen oder vielleicht auch Walküren), mythologische Tiere oder deren irdische Gegenstücke, Fürsten, Priester, Dedikanten und ihre Vorfahren und/oder Familien sowie schließlich alle an einem Opferakt Beteiligten. Die Knappheit der Darstellung auf Brakteaten und Guldgubber engt in der Praxis allerdings die Möglichkeiten gegenüber den großformatigen Bildsteinen stark ein, sodass hier sicherlich größere Ökonomie und damit Konzentration auf wesentliche Figuren eine Rolle spielte.

Die Männerdarstellungen

Die bislang auffälligste Übereinstimmung einer Guldgubberdarstellung mit anderen ikonographischen Repräsentationen ist die einer als „Rufer" zu apostrophierenden Männergestalt aus der Fürstengruppe, in welcher eine männliche Gestalt die eine Hand auf Brust oder Leistengegend, die andere flach am Kopf erhoben hat, sodass man auch an den Gestus des Schwörens oder Salutierens gedacht hat.[90] Aus ikonographischer Sicht liegen hier aber enge Parallelen zu Darstellungen des ER der Goldbrakteaten (C-Brakteaten) vor, die es nahe gelegt haben, diese Figur als Darstellung Odins zu interpretieren.[91] Allerdings ist gerade diese Figur auf den Goldblechfiguren den nackten Tänzerfiguren zuzuzählen, sodass sie nur schwer als Götterdarstellung zu interpretieren ist, sondern der Gestus wohl als Deklamationsgestus eines Adoranten zu deuten sein wird.

Noch schwieriger ist die Interpretation des in Bornholm am häufigsten auftretenden Typs (bislang ca. 225 Stücke), nämlich der Darstellung eines reich gekleideten, stabtragenden, teils mit verschiedenen anderen Attributen inklusive eines Diadems ausgestatteten Mannes. Die feierliche Haltung, das reiche und stark dekorierte Gewand sowie die neben dem Stab auftretenden Attribute wie Diadem, Sturzbecher (eine teure Importware aus Franken mit hohem Sozialprestige) und Ring machen die hohe soziale Stellung der abgebildeten Person deutlich, was aber noch nicht heißt, dass es sich um eine Götterdarstellung handeln muss (vgl. Abb. 13a). Die Bezeichnung dieses Typus als „Fürstengruppe" der Guldgubber hat jedenfalls eine gewisse Berechtigung. Wie noch im Kapitel über die Götterwelt zu zeigen sein wird (Kap. V), wurde Thor in der *interpretatio germanica* mit Jupiter gleichgesetzt, sodass Adams Gleichung zwar für die erste Hälfte des 1. Jahrtausends Gültigkeit hat, was die Gleichsetzung von Thor und Jupiter anlangt, nicht allerdings in Bezug auf ihre Attribute, denn beide Götter sind in erster Linie nicht durch ihre Zepter, sondern durch ihre blitzeschleudernden Donnerwaffen ausgezeichnet und wurden wohl besonders deshalb miteinander identifiziert. Außerdem ist Adam die einzige Stelle in der Literatur, wo Thor ausgerechnet mit einem Zepter ausgestattet ist, denn seine Waffe, sein typisches Attribut ist der Hammer. Nur in einer kleinen eddischen Erzählung (Snorri: *Skáldskaparmál* 18) bekommt Thor, weil ausnahmsweise waffenlos, von einer Riesin einen Stab, den nach ihr benannten Gríðarvölr, mit dem Thor einen Fluss durchqueren und zwei Riesentöchtern das Genick brechen kann. Wäre Thors Attribut in der Völkerwanderungszeit tatsächlich das Zepter gewesen, müssten wir eigentlich mehr Hinweise darauf in späterer Literatur und vor allem Ikonographie erwarten, aber schon ab dem 9. Jh. ist der Hammer das typische Zeichen Thors, das auch als Thorsamulett breiteste Verwendung fand. Insofern ist die Interpretation des Stabträgers der Guldgubber als Gott Thor nicht haltbar.[92]

Noch schlechter ist es mit Haucks Deutung der ausgeschnittenen Figuren mit Halsring und des männlichen Partners der Doppelfigurenbleche als Gott Freyr bestellt. Auch hier haben wir nur Adams Wort dafür, dass Freyr als Hochzeitsgott verehrt wurde: „Soll eine Hochzeit gefeiert werden, opfert man dem Fricco" (Adam von Bremen, IV, 26f.). Das vielfach für Freyrs Rolle als Ehegott herangezogene Eddalied Skírnismál beschreibt zwar die Lust eines jungen Gottes/Fürsten für eine Riesentochter, aber ihre Überwindung ist gewaltsam und durch Zauber bewerkstelligt und hat keinen Zusammenhang mit einer vertraglich abgesicherten Eheschließung. Noch wichtiger scheint mir, dass in keiner der bildlichen Darstellungen der Guldgubber das wesentlichste von Adam erwähnte Attribut Freyrs aufscheint, nämlich sein mächtiger Phallus, der von Statuetten der Wikingerzeit belegt ist. Der Phallus ist aber nicht nur Zeichen der Fruchtbarkeit, sondern auch der Macht, und keine dieser Funktionen ist in den Guldgubber explizit vertreten.

Ein zweiter Ansatz über die Attribute wäre über den ebenfalls relativ oft auftretenden Sturzbecher, der wie ein anderes, längliches Gefäß durch einen herausspringenden Tropfen als übervoll charakterisiert wird.[93]

Diese Aussage der Bilddarstellung könnte nun sowohl auf einen irdischen Fürsten als auch sein mythologisches Gegenstück, die schützende und schenkende Gottheit, bezogen sein. Da die Herkunft aller Guldgubber auf völkerwanderungszeitliche Reichtumszentren weist, die in Slöinge, Gudme und Borg auf den Lofoten durch enorme Festhallen, auf Bornholm, Birka und Gudme durch reiche andere Funde, in Moere durch ein heidnisches und später christliches Kultzentrum zu belegen sind, ist es nicht fern liegend, in den Darstellungen der Guldgubber die mythologisierten Selbstdarstellungen einer Klasse von Priester-Häuptlingen (oder ihren vergöttlichten Ahnen, als deren Repräsentanten sie auftreten) in zeitgenössischer Tracht sehen zu wollen. Hallenbauten wie die in Borg auf den Lofoten mit 74 m Länge dienten zweifellos auch kultischen Zwecken, nämlich dem gemeinsamen

Opferfest, und die Vorsteher eines derartigen Kultes scheuten sicherlich nicht vor der mythologisierenden Selbstdarstellung zurück. Nichts anderes sind ja auch die römischen Kasiermedaillons, welche die Vorbilder der nordischen Goldbrakteaten abgaben.

Die Darstellung von Paaren

Die mythologische Deutung ist aber keineswegs unabdingbar. Gerade die Doppelgubber mit ihrem Hochzeitspaar könnten sehr wohl die irdischen Supplikanten darstellen; dafür sprechen die wenig typisierte Darstellung (der ältere Herr der Prägung von Maere wurde schon erwähnt, auf die modischen Varianten des männlichen Haarschnitts auf den norwegischen Exemplaren kann hier nur hingewiesen werden), die Vielfalt der Zuneigungsdarstellung und nicht zuletzt der Rechtsgestus des Umfangens der männlichen Unterarme durch die Frau (vgl. Abb. 13a).[94] Dabei wird im mittelalterlichen Rechtsbrauch dieser Gestus für die weltliche Seite der Trauung – nämlich der Übergang der Braut in die *munt*, die Rechtsgewalt des Bräutigams – eingesetzt (für die kirchliche Trauung gilt dagegen der Ring als Symbol), sodass die im völkerwanderungszeitlichen Kult gültige Form der Trauung nach der Christianisierung zum weltlichen Rechtsbrauch absank. Wir können die Funktion der Doppelgubber also als Opfer oder Memorialakt innerhalb einer dynastischen Hochzeit interpretieren, wobei die Identität der dargestellten Personen gleichzeitig als das irdische Fürstenpaar als auch ihrer mythologischen Vorbilder, also eines der Götterpaare wie Thor und Sif oder etwa Odin und Frigg ansehen. Mit Sicherheit auszuschließen sind als Vorbilder einer dynastischen Hochzeit inzestuöse Verbindungen wie Freyr und Freya oder gewaltsam herbeigeführte und unstandesgemäße Liaisons wie die von Freyr und Gerðr.[95] Die bislang fast unbeachteten (bzw. als Stab fehlinterpretierten)[96] Attribute der Doppelgubber, nämlich Altar und Pflanzenstängel, treten zwar nur selten auf, passen aber beide gut zu dieser Interpretation, da schon auf viel älteren Bilddarstellungen (wie der brakteatenähnlichen Medaillon-Imitation von Vika/Inderøy[97] und des bronzezeitlichen Urnendeckels von Maltegården/Gentofte[98]) der Pflanzenstängel zwischen einem Paar offenbar als Fruchtbarkeitssymbol für die Ehe dienen sollte.

In erster Linie scheinen mir die Doppelgubber also Darstellungen der fürstlichen Supplikanten im Rahmen der Hochzeitsfeierlichkeiten zu sein, und da sie höher gestellten Schichten angehören, wie ihre Tracht und das Material der goldenen Votivblättchen bestätigen, widerspricht diese Deutung nicht einmal Haucks eingangs vorgestellter These von der für die Selbstdarstellung notwendigen Edelgeburt. Aber: Die Männer der Doppelgubber weisen nicht die Prunkmäntel der „Fürstengruppe" auf, Stäbe als Attribute sind nicht gesichert, und die Umrahmung weist in keinem Fall die bogenförmige Rundung als oberen Abschluss der Szene auf. Dass die Doppelgubber in keinem einzigen Fall die gläsernen Sturzbecher zeigen, ist umso interessanter, als in Slöinge in Schweden, in Borg auf den Lofoten[99] und im tröndischen Mære die Guldgubber mit den gläsernen Fragmenten von Bechern deponiert wurden – der Rang der Supplikanten ist hier durch den archäologischen Fund, aber nicht die Darstellungen der Goldfolien belegt –; offenbar sollte das doch recht einfach gekleidete

Hochzeitspaar in seiner Relation zu seinem mythologischen Vorbild, und nicht etwa in Konkurrenz dazu, dargestellt werden. Es wäre aber auch denkbar, dass ein in der Hochzeitszeremonie vollzogenes Trankopfer durch die Beisetzung des (zerschlagenen?) teuren Gefäßes abgeschlossen wurde.

Es darf aber nicht vergessen werden, dass die Doppelgubber in den Funden von Mære, Borg, Slöinge, Birka und wohl auch anderen Fällen in Hallen in kultischer Verwendung, dabei höchstwahrscheinlich sogar an den Hochsitzsäulen, gefunden wurden. Da Letztere in einer nicht näher zu spezifizierenden Relation zu den Ahnen gestanden haben dürften, müssen wohl auch die Hochzeitspaare auf den Guldgubber ihre Rolle in der Verbindung der Lebenden mit den Toten gespielt haben.

Tänzergruppe

Noch deutlicher ist die Selbstdarstellung der Supplikanten m. E. bei den ausgeschnittenen Figuren, die, wie eingangs erwähnt, durchwegs der „Tänzergruppe" angehören, also schon durch Bewegungsgestus, Zehenspitzenstand und Körperhaltung als Adoranten zu identifizieren sind. Darin den Gott Freyr sehen zu wollen, entbehrt jeder Grundlage, auch wird man kaum den Gott selbst als nackt und tanzend dargestellt haben. Eher wird man den Halsring in Form eines goldenen Blechstreifchens auch als Fessel, als Halsschlinge zu interpretieren haben, mit der der Anbetende, Bittende seine Unterwerfung bezeugt, so wie es möglicherweise bei den in situ belassenen Stricken bei erhängten oder strangulierten Moorleichen der Fall sein kann; die Fessel als Motiv der Demut ist schon bei Tacitus für die Germanen belegt. Auch die Nacktheit dieser Gestalten deutet auf rituelle, Demut ausdrückende Nacktheit, wie es auch bei den Moorleichen ja häufig der Fall ist. Diese Tatsache muss uns allerdings die goldenen Statuettchen als „Götterbilder" verdächtig machen, die ebenfalls nackt oder nur mit einem Halsring bekleidet sind. Es ist daher anzunehmen, dass auch alle anderen Ausformungen des Tänzertyps, die sich ja in erster Linie durch weitgehende Nacktheit, Fehlen von Attributen und die Dynamik der Darstellung von den Prägungen der „Fürstengruppe" unterscheiden, eher als Adoranten denn als Adressaten des Kults zu verstehen sind. Sie sind im Status eindeutig von den reich gekleideten Personen der „Fürstengruppe" unterschieden, und es wäre für alle bisher unerklärten Prägungen der Tänzergruppe die nahe liegendste Lösung, in ihnen Kultausübende (eben Tänzer, Priester, Adoranten, allenfalls die Dedikanten der Darstellungen) zu sehen. Dass die Guldgubber nicht oder wenigstens nicht nur Götter darstellen, zeigt auch eine weitere Variante, nämlich die eines tanzenden (oder – laut Watt – in Ekstase befindlichen) Mannes auf einer fragmentarischen Prägung aus Sorte Muld. Tanzende Figuren finden sich auch auf den bekannten Modeln für Helmbleche aus Torslunda (vgl. unten Abb. 21), welche eine Art von Waffentanz darstellen, zu dem auch die Haltung auf einer der ausgeschnittenen Goldblechfiguren von Sorte Muld passt. Diese fast durchwegs männlichen Tänzer – wir kennen bislang nur zwei so dynamisch dargestellte Frauenfiguren auf Guldgubben des 7. Jh.s – und tanzenden Waffenträger der Völkerwanderungszeit und Vendelzeit sind als Adoranten zu deuten, da der Tanz und sogar Akrobatik im Norden wenigstens seit der Bronzezeit zu den Manisfestationen des Kultes gehörte; auf den bronzezeitlichen Felszeichnungen finden wir bildlich im Salto festgehaltene Adorantendarstellungen, und spätere bronzezeitliche Figürchen bestätigen diese Praxis. Die dargestellten Tänzer – auch auf den Guldgubber – als Gottheiten interpretieren zu wollen, ist eine abgelegene Vorstellung, und W. Holmqvist hat in seinem diesbezüglichen Versuch *The dancing Gods*[100] keine einzige Parallele aus der Literatur beibringen können.

Die Frauendarstellungen

Bislang hat sich die Forschung am wenigsten mit den Frauendarstellungen beschäftigt (vgl. Abb. 13 b), die auch nur um 15 % des gesamten Materials ausmachen, aber im Gegensatz zu den sehr auf Bornholm konzentrierten Männerfiguren der Fürstengruppe weit verbreitet sind. Die Frauendarstellungen sind arm an Attributen, außer dem Horn auf einigen Stücken sind sie nur durch Details der äußerst reichen Kleidung, wie übergroße Rückenknopffibeln am Hals oder Kolliers ausgezeichnet. Im Gegensatz zu allen anderen Guldgubber gibt es aber für die Frauendarstellungen ein reiches Vergleichsmaterial in völkerwanderungszeitlichen, vendelzeitlichen und wikingerzeitlichen Frauendarstellungen, von denen viele aus Edelmetall hergestellt sind und durch ihre Ausformung als Anhänger oder Broschen die abgebildeten Frauen als mythologische Gestalten ausweisen. Diese Frauengestalten zeichnen sich alle durch reiche, allerdings unterschiedlich ausgestaltete Gewänder und langes, im so genannten irischen Haarknoten geschlungenes bzw. aufgestecktes Haar aus, wobei an Attributen sonst nur eine übergroße Fibel (des völkerwanderungszeitlichen Rückenknopf-Typs), Schmuck und ein in den Händen dargereichtes Horn nachzuweisen sind. Trotz dieser sehr schematischen Bildformel ist der Ort der Darstellungen weit gestreut: Wir finden derartig dargestellte Frauen auf den Guldgubber aus ganz Südskandinavien (wobei von den vielen Prägungen in Bornholm auffällig wenige nur Frauen darstellen), vendel- und wikingerzeitliche Broschen und Anhänger besonders aus Schweden, Darstellungen auf einigen schon wikingerzeitlichen Bildsteinen auf Gotland und schließlich sogar auf dem um 900 zu datierenden Kreuz von Gosforth in Cumbria/Nordengland, wo eine derartige Frauengestalt christlich umgedeutet ist und unter dem Kreuz dargestellt wird, sodass wir sie hier mit Maria identifizieren können. Die durchwegs viel jüngeren literarischen Zeugnisse für die horntragende Frau[101] lassen sowohl irdische Frauen als auch Göttinnen, Riesinnen und Walküren in dieser Rolle auftreten, und damit ist die Bandbreite wohl noch gar nicht erschöpft. Walküren und wohl auch Riesinnen als Objekte eines Kultes sind aber weder wahrscheinlich noch belegt, auch über den Kult der weiblichen Asen, der *asynjur*, wissen wir außer einer Reihe von Ortsnamen wenig. Dagegen hat es offenbar einen Kult der Disen gegeben, weiblicher Schutzgottheiten oder verehrter Ahnen, der in wikingerzeitlichen Belegen des *dísarblót* („Disenopfer") in Südschweden (Sigvatr Þórðarson: *Austrfararvísur*, entstanden ca. 1019) und des schon aus der *Ynglingatal* des Þjóðólfr ór Hvíni (nach 870) *dísarsalr* („Disensaal") belegt ist. Da die SIE der Guldgubberdarstellungen, der Broschen und Anhänger offenbar verehrt wurde, wie aus dem Amulettcharakter der Anhänger ebenso hervorgeht wie aus der Verwendung der Guldgubber, liegt es am nähesten, SIE als jeweils regional, lokal und auch sippenbedingt unterschiedliche Muttergottheit, ähnlich den Matronen (dazu s. Kap. V), zu interpretieren. Da derartige (Halb-)Göttinnen ihren Namen wohl vom Ort, von der Sippe, aus ihrer Funktion bezogen, ist es auch hier wenig sinnvoll, SIE mit einem Namen belegen zu wollen. Eine Deutung als unterschiedliche, immer neue Emanationen der Göttin Freyja ist jedenfalls zu simplifizierend.[102]

Die Verwendung der Guldgubber war eine relativ kurze Mode: Wir haben keine mit ihnen verbundene Daten vor 600 (Lundeborg) und keine nach dem 1. Viertel des 8. Jh.s (Slöinge). Ob der Niedergang dieser Art von Opfertätigkeit soziale Gründe hatte, ist noch nicht auszumachen, ein Wandel im Kultbrauch liegt aber offenbar vor. Wenigstens in Gudme dürfte schon im 6. Jh. ein Niedergang eingesetzt haben – in dieser Zeit wurden auch die meisten Schätze dieser Region vergraben –, und das Kultzentrum (samt weltlichem Zentrum) hatte sich wahrscheinlich um diese Zeit nach Odense verlagert.[103] In Bornholm hat zwar weiter ein Reichtumszentrum existiert, aber die Zeit der Goldopfer ist auch hier vorbei. In Westnorwegen scheint keine gravierende Änderung in den Kultorten eingetreten zu sein, denn Maere ist auch noch später als Zentrum belegt und die große Halle in Borg auf den Lofoten ist wenigstens bis zum Ende der Wikingerzeit benützt worden.

c) Die Opfertätigkeit der Wikingerzeit

Schon in der Völkerwanderungszeit waren die formalisierten Goldopfer der Reichtumszentren keineswegs die einzigen Opferformen. Wie uns die schon oben zitierte Runeninschrift von Stentoften (Blekinge/Schweden, ca. 475 bis 575) bestätigt, dauerte die Opferung von Pferden und Böcken als öffentliches Opfer an. Der Text kann geradezu als Memorialinschrift eines Opfers für *ár ok friðr*, also für Fruchtbarkeit und friedliches Gedeihen, gewertet werden, welches in der Verantwortlichkeit des regierenden Fürsten, später Königs, stand.

Auffällig ist aber dennoch die in ganz Skandinavien bis zur Wikingerzeit rückläufige Zahl archäologisch belegbarer Opferplätze. Diese Tatsache hat auch Archäologen immer wieder dazu verführt, für die Wikingerzeit auf die Beschreibungen christlicher Autoren, die aber erst aus dem 11. Jh. stammen, zurückzugreifen, welche hier erst abschließend zu diesem Kapitel beleuchtet werden sollen. Das Ende der großen Waffenbeuteopfer in der Völkerwanderungszeit kann zwar einerseits gesellschaftliche Gründe haben, etwa den Schluss der kriegerischen späteisenzeitlichen Epoche, wahrscheinlich ist dies aber für die uns bekannten Verhältnisse in Südskandinavien weder für die Völkerwanderungszeit noch die frühe Wikingerzeit. Einer der wenigen teilweise systematisch ausgegrabenen Opferplätze der Wikingerzeit, der von Gudingsåkrarna auf Gotland,[104] weist etwa 500 Lanzen- und Speerspitzen auf, dazu andere Waffen und Schilde, aber in viel kleinerer Zahl, so etwa nur 10 Schwerter. Eine Gruppe von acht Speeren dürfte kreisförmig in den (See-)Boden gesteckt worden sein, andere staken wenigstens einzeln im Boden. Jedenfalls weist kaum etwas auf die massive, gebündelte Deposition von Waffen wie in den eisenzeitlichen Waffenbeuteopfern hin.

Während des 8. bis 11. Jh.s sind aber in Gudingsåkranar auch Keramik, Werkzeuge, Pferdeausrüstung und private Gegenstände wie Fibeln oder Kämme geopfert worden, daneben Eisenbarren wie in anderen gotländischen Hortfunden. Insgesamt ist der Befund viel disparater als in den Waffenopfern der Eisenzeit, da nur ein Teil der Waffen bewusst unbrauchbar gemacht wurde und uns insgesamt über den Opfervorgang wenig sagt. Ähnliches gilt für ein weiteres, kleines gotländisches Opfermoor (Lillmyr/Henriksdal), in welchem neben Waffen und Schilden (die über 20 Schwerter sind durchwegs absichtlich verbogen) auch Pferdeknochen, Schafsknochen und schließlich zwei menschliche Schädel gefunden wurden, die zwischen dem 8. und dem 10. Jh. hier deponiert wurden.

Noch im Dänemark der Wikingerzeit wurden aber Waffen in Seen geopfert, wie die Funde von Tissø im Westen von Seeland zeigen, wo man in einem etwa 50 m × 200 m großen Areal entlang des Seeufers im 9. und 10. Jh. Schwerter, Äxte und Speere geopfert hatte, daneben auch private Gegenstände.[105] Tissø bedeutet „See des Týr", inwieweit dieser in der Wikingerzeit recht blasse Gott mit dem Opfer in Verbindung stand, lässt sich aber nicht sagen.

Auch wenn die Opferungen offenbar nicht auf Feuchträume beschränkt waren – Estuna im schwedischen Uppland zeigt, dass auch auf trockenen Steinlagen Waffen (darunter immerhin ca. 250 Pfeilspitzen), Geräte und Schmuckstücke deponiert werden konnten –, so belegen auch andere skandinavische Opferplätze der Wikingerzeit die Tatsache der Waffenopfer, wobei aber eine Tendenz zu einzelnen Opfern, aber von wertvolleren Gegenständen zu beobachten ist. „Etwa die Hälfte der wikingerzeitlichen wie auch mittelalterlichen Schwerter Dänemarks stammt aus fließendem Gewässer, aus Seen, Quellen und Mooren, wobei der Anteil von Prachtschwertern beachtlich ist."[106]

Wie in Tissø, so waren auch andernorts die Kultstätten nun in direkter Nachbarschaft von Siedlungen anzutreffen, vor allem solcher, die sich in ökonomischer und politischer Hinsicht auszeichneten. Dies ist ganz zweifellos auch auf der schwedischen Insel Helgö im Mälarsee der Fall gewesen, die sich in der Völkerwanderungszeit zu einem regionalen Handel-, Handwerks- und jedenfalls Reichtumszentrum entwickelt hatte, deren politische Repräsentanten, also Häuptlinge oder Kleinkönige, auch einem Kult vorstanden, der in ihren repräsentativen Hallenbauten vor sich ging. In Birka bestand hier eine Kultkontinuität von der Vendelzeit zur Wikingerzeit, die zuletzt in Amuletten wie den zahlreich gefundenen Thorshämmern und Amulettringen und der weiterhin vorherrschenden Dominanz von teurem Importglas greifbar wird.[107]

Wenn die wenigen archäologisch gesicherten Opferplätze der Wikingerzeit die Kontinuitäten, aber auch die Veränderungen von der Eisenzeit über die Völkerwanderungszeit und Vendelzeit zur Wikingerzeit verdeutlichen, so ist die Diskrepanz zwischen archäologischem Befund und literarischen Quellen der späten Wikingerzeit umso auffälliger: Keine der Quellen erwähnt die Opferung von Waffen, die Feuchtraumdeposition auch anderer Gegenstände bleibt unerwähnt, und das wiederholt zu findende Verbot der Verehrung von Quellen, Steinen und Bäumen scheint eher dem privaten Opfer zugewiesen zu werden als dem öffentlichen (s. unten S. 99–102).

Die wesentlichste Übereinstimmung zwischen den Aussagen der christlichen Autoren scheint auf den ersten Blick die Konzentration des Kultes auf bestimmte, auch politisch relevante Zentren zu sein. Dies sind nach Aussage von Rimbert (zwischen 865 und 876) Birka in Schweden, von Thietmar von Merseburg (vor 1018) Lejre auf Seeland, Adam von Bremen (um 1070) Uppsala in Schweden und dem noch viel späteren, aus dem 13. Jh. stammenden Gutaløg Visby auf Gotland.[108] Es ist allerdings zu berücksichtigen, dass die christlichen Autoren einerseits ihre eigene Kultorganisation auf den heidnischen Bereich übertragen, andererseits so massive vorgeschichtliche Denkmäler wie die bronzezeitlichen Fürstengräber und Steinsetzungen (wie in Uppsala und Lejre) selbst Anlass zur Spekulation nicht nur der klerikal-gelehrten Verfasser selbst, sondern auch ihrer Informanten geboten haben können. Insofern ist die Tatsache, dass Ausgrabungen bislange keine Belege für Kultplätze in Uppsala, Lejre oder Birka erbracht haben, zwar enttäuschend, zeigt aber gleichzeitig die Quellenproblematik nur allzu deutlich auf.

Die mit Abstand älteste Beschreibung heidnischer Opfer in Skandinavien durch einen christlichen Verfasser findet sich bei Rimbert in der *Vita S. Anskarii*, 26 (zw. 865 und 876), welche bei der zweiten Reise des Missionars Ansgar auch Opfer und Gelübde (*vota et sacrificia*) der Heiden in Birka erwähnt sowie die soeben erfolgte Errichtung eines Tempels (*templum*) für einen ehemaligen König Erik, den die Bevölkerung wohl auf Rat eines ihrer Priester unter die Götter aufgenommen habe.[109] Die Beschreibung bleibt seltsam blass: Außer dem Tempel für den König Erik, der wohl als rasch und nur für diesen errichtetes Gebäude gedacht wird, sind die *vota et sacrificia* der Bewohner Birkas nur die übliche Floskel dafür, was man von paganem Kult erwartet. Was den „Tempel" für einen verstorbenen König angeht, so kann man wohl darüber spekulieren, ob Ansgar oder Rimbert hier die Bezeichnung eines „Eriks-Hofs", der (Kult-)Halle eines ehemaligen Königs, missverstanden haben. Insgesamt verbessert der Bericht des Rimbert unsere Kenntnis des wikingerzeitlichen Kults in Schweden überhaupt nicht, während der zeitlich nächste Bericht eines christlichen Verfassers im Chronicon des Thietmar von Merseburg zeitlich schon ins 11. Jh. gehört. Allerdings hat Thietmar die Wikingereinfälle in Norddeutschland am Beginn des 11. Jh.s noch am eigenen Leibe erfahren, aber ob er deswegen auch wirklich über die von ihm erwähnten Opfer in Lejre informiert war, ist wohl fraglich. Thietmar schreibt (*Chronicon*, 1. Buch, 17):

„Es ist ein Ort in jenen Gegenden, die Hauptstadt dieses Reiches, [namens Leire, im Gebiet Seeland,] wo alle neun Jahre im Monat Januar, nach der Zeit, wo wir die Erscheinung des Herrn feiern, alle zusammenkamen und dort ihren Göttern 99 Menschen und ebenso viele Pferde nebst Hunden und Hähnen, die man statt Habichten opferte, töteten, weil sie es für sicher hielten, dass diese ihnen [bei den Unterirdischen] Dienste leisten und sie für die begangenen Sünden bei ihnen aussöhnen würden."

An dieser Beschreibung fällt ihre Nähe zu der mehr als ein halbes Jh. später verfassten Beschreibung des Opfers in Uppsala durch Adam von Bremen auf, wobei die bislang meist übersehene Tatsache nicht unwichtig ist, dass der Bezug auf Lejre erst in späteren Handschriften zu finden ist. Im Autograph bezieht sich „die Hauptstadt jenes Reiches" nur auf das *Northmannos et Danos* des vorigen Satzes, könnte sich also auf Kultstätten in ganz Skandinavien, einschließlich des schwedischen Uppsala, beziehen. Dazu mag passen, dass man in Lejre neben den größten dänischen Schiffssetzungen und einigen eisenzeitlichen Grabhügeln sonst nur Siedlungsfunde des 10. Jh.s entdeckt hat, obwohl der Ort laut Beowulf und *Skjöldunga Saga* der Hauptsitz der völkerwanderungszeitlichen dänischen Könige gewesen sein soll.[110]

Die dritte und berühmteste klerikale Beschreibung wikingerzeitlicher Opfertätigkeit findet sich bei Adam von Bremen, der im Anschluss an seine Beschreibung eines Tempels in Uppsala auch die dort vorgenommenen Opferfeiern behandelt.

„Allen ihren Göttern nun halten sie besondere Priester, welche die Opfer des Volkes darbringen. Wenn Pest und Hungersnot drohen, wird dem Götzen Thor geopfert, wenn Krieg dem Wodan, wenn eine Hochzeit zu feiern ist, dem Fricco. Alle neun Jahre pflegt ein allen schwedischen Landen gemeinsames Fest in Uppsala gefeiert zu werden. Von diesem Fest ist niemand von seinen Leistungen befreit. Die Könige und das Volk, alle schicken ihre Gaben nach Uppsala, und – was grausamer ist als jegliche Strafe – diejenigen, die bereits das Christentum angenommen haben, kaufen sich von jenen Zeremonien los. Das Opfer nun ist folgender Art. Von jeder Gattung männlicher Geschöpfe werden neun dargebracht, mit deren Blut es Brauch ist, die Götter zu sühnen. Die Körper aber werden in dem Hain aufgehängt, der zunächst am Tempel liegt. Dieser Hain ist nämlich den Heiden so heilig, dass jeder einzelne Baum durch den Tod oder die Verwesung der Geopferten geheiligt erachtet wird. Dort hängen auch Hunde und Rosse neben den Menschen, und von solchen vermischt durcheinander hängenden Körpern habe er, erzählte mir ein Christ, zweiundsiebzig gesehen. Übrigens sind die Lieder, die bei der Vollziehung eines solchen Opfers gesungen zu werden pflegen, vielerlei und unehrbar und darum besser zu verschweigen."

Die Beschreibung der Anlässe für Opfer an bestimmte Gottheiten hängt mit den unmittelbar vorher beschriebenen drei Götterbildern zusammen und ist hier offenbar aus dem Zusammenhang gerissen, da sie der Nennung des alle neun Jahre regelmäßig stattfindenden Opfers widerspricht.

Wenn auch die Beschreibung der Götterbilder wie die des Tempels stark durch phantastische Ausschmückungen geprägt sind, so enthält doch die Opferszene selbst einige Elemente, die sich anhand anderer Quellen verifizieren lassen. Dazu gehört in erster Linie die Opferung von Tieren, besonders Pferden, aber auch Hunden.

Die Zahl Neun hingegen, die Adam wie schon Thietmar (nach derselben Quelle?) in seiner Beschreibung des Opfers wiederholt erwähnt, ist schon aus dem völkerwanderungszeitlichen Runenstein von Stentoften, der oben erwähnt wurde, als für die im Opfer geschlachteten Tiere relevante Zahl genannt. Auch andere christliche Autoren (Saxo Grammaticus, Snorri Sturluson) kennen die Bedeutung der Zahl Neun, verbinden sie aber nicht mit dem Opfer. Neun dürfte auch nach einigen nur mehr schwer deutbaren Mythenresten in jüngeren Quellen (neun Mütter Heimdalls im *Eddubrot*, neun Tage als Verlobungszeit in *Skírnismál* und *Þrymskviða*, 900-köpfige Riesen in der *Hymiskviða*, neun Unterwelten in der *Vafþrúðnismal*) als heidnische heilige Zahl angesehen worden sein und wurde nicht zuletzt auf Grund dieser Relevanz von den christlichen Autoren in den heidnischen Opferbeschreibungen intensiv verwendet.

Ähnliches gilt vom Pferd als Opfertier, das – wie wir aus den eisenzeitlichen Opferfunden wissen – eines der wichtigsten, wenn nicht das wichtigste Opfertier im kollektiven Opfer überhaupt war. In den eisenzeitlichen Mooropfern sind es aber in der ganzen Germania vor allem Pferdeschädel sowie die Knochen der äußeren Extremitäten, die vom Pferd wohl mit der Haut dem Opfermoor übergeben wurden, wobei der Rest offenbar von der Mahlgemeinschaft im Opfermahl verzehrt wurde. Für die Wikingerzeit wissen wir mangels ausreichender archäologischer Funde nicht, ob das Pferd weiterhin eine so dominante Rolle im Opfer gespielt hat, aber jedenfalls hat während der Missionszeit die heidnische Konnotation des Pferdes auch dort, wo der Verzehr nicht unbedingt kultische Bedeutung hatte, dazu geführt, dass der Verzehr von den Missionaren durchwegs verboten wurde. Nur in Island war der Verzehr von Pferdefleisch nach der Christianisierung auf allgemeinen Wunsch im Gegensatz zur üblichen christlichen Praxis weiterhin ausdrücklich erlaubt, wie die in der *Kristni saga* überlieferten Ausnahmen vom christlichen Kultbrauch bei der Christianisierung Islands im Jahre 1000 erwähnen[111]:

„Alle Menschen auf Island sollten getauft werden und an einen Gott glauben. Aber in Bezug auf die Kindesaussetzung und den Verzehr von Pferdefleisch solle das alte Gesetz aufrecht bleiben."

Die merowingerzeitlichen Pferdebestattungen im südgermanischen Raum können zu den schon oben im Abschnitt über das öffentliche Opfer behandelten Opfern ebenso gehören wie zu Grabbeigaben oder Totenopfern (dazu mehr unten Kap. VII).

Der Hund war als Opfertier in der Eisenzeit ebenfalls weit verbreitet, spielte aber im Speiseopfer anscheinend keine Rolle, da Hundeskelette fast durchwegs vollständig ins Moor gelangt sind, sodass man hierbei nicht an das Opfermahl als Ort derartiger Hundeopferungen gedacht hat, sondern an das Votivopfer, wobei ich aber die Nähe zum (vom Kollektiv getragenen) Menschenopfer[112] weniger wahrscheinlich halte als ein individuelles Votivopfer, wofür auch die vereinzelt um Moorgefäße gelegten oder geschnürten Hunde sprechen.

Ein weiteres verifizierbares Element der Opferbeschreibung Adams ist das Hängen der Opfer in Bäumen. Zwar ist das (Er-?)Hängen von Pferden in Bäumen nicht ohne weiteres vorstellbar, aber ein wikingerzeitliches Textilfragment aus dem Osebergfund zeigt in Bäumen erhenkte Menschen in Szenen, die offenbar im mythologischen Kontext zu sehen sind. Auch der wikingerzeitliche Bildstein von Lärbro St. Hammars I zeigt anscheinend einen Krieger mit Schild, der an einem Baum erhenkt ist.[113] Die Szene auf dem Bildstein wird wegen der Bewaffnung des Gehenkten wohl als Abbreviatur einer mythischen oder heroischen Erzählung zu werten sein, wie wir sie etwa in der Opferung des Víkarr bei Saxo Grammaticus in den *Gesta Danorum* VI, 184 und in der *Gautreks saga* vorliegen haben. Diese späten Quellen schreiben diese Art des Opfers dem Gott Odin zu, obwohl für die Wikingerzeit diese Verbindung noch nicht zu beweisen ist, auch wenn wohl beide Werke auf den *Víkarsbálkr* zurückgehen, da dieses Gedicht vermutlich auch erst im 12. Jh. entstanden ist.[114] Immerhin wird Odin schon in Skaldenstrophen des 10. Jh.s (deren Echtheit aber durchwegs nicht ganz sicher ist) als Hangaguð („Hänge-Gott": Hávarðr Ísfirðingr 14), Hangatýr („Hänge-Týr": Víga-Glúmr, *Lausavísur* 10; Einarr Gilsson, *Selkolluvísur* 7) und Hangi („Hänger": Tindr Hallkelsson, ca. 987) bezeichnet, was sich aber auch auf sein Selbstopfer im Erwerb der Runen (vgl. *Hávamál* 138) beziehen kann. Insgesamt sind aber die Belege für Odin als Rezipienten eines (Menschen-)Opfers durch Erhängen weder sehr alt noch sehr zahlreich. Der einzig mit Sicherheit in die heidnische Zeit zu datierende Beleg ist das Textilfragment aus dem Grabfund von Oseberg.

Eine Opferung von Gegenständen (und Lebewesen?) in Bäumen neben der Versenkung in Gewässern erwähnt auch der schon im vorigen Kapitel genannte Prokopius (gest. ca. 558) in seinem *De bello Gothico* II, 15. Auch Orosius weiß in seiner *Historia adversus paganos* (5. Jh.) über die Kimbern und Teutonen nicht nur zu berichten, dass die Kriegsbeute versenkt wurde, sondern auch dass „die Menschen mit Stricken um den Hals an Bäumen aufgehängt" wurden (V, 16; vgl. ebenfalls oben Kap. III.1), während Jordanes (um 551) nur von den in Bäumen aufgehängten Rüstungen der Feinde spricht (*De origine actibusque Getarum* V, 41).

Für das von Adam von Bremen beschriebene Erhängen von Opfertieren im Baum dürfte es übrigens einen wenn auch recht allein stehenden archäologischen Beleg geben. Bei Grabungen unter der Kirche von Frösö (< *Freys-øy, „Insel des Freyr") im schwedischen Jämtland hat man die Reste eines Baumstumpfs mit darum herumliegenden Tierknochen gefunden, alle aus der Zeit zwischen 900 und 1050, die man als Reste eines Opferbaums (oder -hains?) deuten könnte; allerdings befinden sich unter den Tierknochen, die durchwegs von jungen Tieren stammen, neben Rindern und Schafen auch die von Schweinen und Wildtieren, davon sogar sechs Bären, die sonst nur recht selten unter den Opfertieren zu finden sind. Während das Schwein hierbei in Schweden nicht so sehr überrascht, ist es doch das Tier des Ynglingen-Ahnherrn Freyr und seit der Vendelzeit als Attribut der Ynglingen-Dynastie belegt, so sind Wildtiere als Opfertiere eher untypisch, aber vielleicht eine lokale Spezialität, wie ja auch die Bärenkrieger auf den vendelzeitlichen Modeln für Helmbleche aus Torslunda ein schwedisches Phänomen sind.[115] Falls der Fund von Frösö tatsächlich zum von Adam beschriebenen Tieropfer durch Hängen zu stellen ist, dann ist hier jedenfalls mit einer ganzen Reihe von regionalen Varianten zu rechnen, und nicht zuletzt ist auch deswegen Vorsicht bei der Interpretation geboten, weil der Baumstumpf von einer Birke stammt, die wohl für derartige Hängeopfer nur sehr beschränkt verwendbar ist. Darüber soll aber nicht vergessen werden, dass laut Frostaþingsgesetz Frösö der Ort des jämtländischen Things, des Jamtamot, war, zu dem auch ein Markt für Felle gehörte,[116] was dem Fund einen ganz anderen, säkularen Aspekt geben mag.

Das Aufhängen von Opfertieren ist aber für das 10. Jh. durch drei voneinander unabhängige arabische Reisende belegt, welche allerdings durchwegs von Pfählen statt von Bäumen sprechen. Um 922 bereiste der arabische Diplomat Ibn Fadlan das Gebiet der Rus' an der Wolga und berichtete dabei nicht nur über das Begräbnis eines Häuptlings (s. Kap. VII), sondern in recht abschätzigem Tonfall auch über die Opfer der Kaufleute an hölzernen Götzenstatuen, bei denen es vor allem um Votivopfer für Handelserfolge geht; dann beschreibt er auch ein Schlachtopfer:

„[Der Kaufmann] nimmt eine Anzahl von Schafen und Rindern und schlachtet sie. Einen Teil des Fleisches gibt er als Almosen, den Rest nimmt er und wirft ihn zwischen den großen Pfahl und die kleineren [also zwischen die Götterbilder]. Die Schädel der Rinder und Schafe hängt er an den in der Erde steckenden Pfosten auf. In der Nacht kommen Hunde und fressen alles auf. Der Mann, der das getan hat, aber sagt: 'Offenbar ist mein Herr mit mir zufrieden, denn er hat alle Opfergaben verzehrt.'".

Ganz Ähnliches berichtet fast gleichzeitig ein anderer Araber, Ibn Rustah, der die Gebiete im heutigen Russland bereiste und dabei ebenfalls auf die Opfer zu sprechen kommt,[117] sowie der spanische Jude Ibrahim ibn Jaqub (at Tartushi), der um 955/56 im Auftrage des Kalifen von Córdoba die bedeutende Handelsstadt Haithabu unweit des heutigen Schleswig aufsuchte (vgl. das Zitat oben S. 66). Ansonsten können wir wikingerzeitliche Opfertätigkeit nur aus späteren Quellen erschließen, etwa aus der *Kristni saga* (13. Jh.), die für das 999/1000 christianisierte Island festhält, dass heidnische Opfer in Zukunft nur mehr privat, aber nicht mehr öffentlich durchgeführt werden dürften, und damit die soziale Bedeutung der Unterscheidung zwischen individuellem Opfer und öffentlichem Opfer deutlich macht, oder im gotländischen Landesgesetz, welches allerdings erst im 14. Jh. aufgezeichnet wurde: „Keiner möge weder Wälder (*hult*) oder Hügel (*hauga*) oder heidnische Götter, noch heilige Stätten (*vi*) oder Einhegungen (*stafgarða*) anrufen."[118] Dies entspricht dem Opferverbot viel älterer Quellen, sagt aber über das öffentliche Opfer wenig aus.

Ein möglicher Zugang zu den wikingerzeitlichen Riten ergibt sich durch das teilweise noch in jüngeren Texten erhaltene, aber oft genug missverstandene sprachliche Inventar, welches die heidnische Opfertätigkeit auch sprachlich scharf von den christlichen Riten absetzt. Das übliche altnordische Wort für Opfer ist *blót*, dazu gehört *blóta* („opfern") (vgl. got. und altengl. *blōtan*), welches ursprünglich wohl Stärkung der Gottheit bedeutete. Dies ist aber nur ein allgemeiner Begriff, vom spezialisierten Vokabular gibt uns eine Ritualstrophe der *Hávamál* (144) Kenntnis:

> „weißt du zu ritzen (rísta)
> weißt du zu raten (ráða)
> weißt du zu färben (fá)
> weißt du zu fragen (freista)
> weißt du zu bitten (biðja)
> weißt du zu senden (senda)
> weißt du zu schlachten (sóa)?"

Falls diese Strophe, deren genaues Alter völlig unklar ist, vollständig ist, dann liegt uns hier eine recht umfängliche Aufzählung verschiedener Tätigkeiten innerhalb des Schlachtopfers vor, wovon *sóa* („schlachten") sich sicherlich auf die rituelle Tötung oder Zerteilung des Opfertieres bezieht, *senda* (sonst einfach „senden") wohl auf den eigentlichen Opfervorgang („Übersenden der Gabe an die jenseitigen Mächte") abzielt.[119] Die Verben *biðja* und *freista* bezogen sich offenbar auf Anliegen, nämlich die Wünsche und die Vorhersagen, die von den Jenseitigen erbeten wurden, die ersten drei dagegen auf irgendwelche Praktiken, die möglicherweise mit der Ritzung, Interpretation und Einfärbung mit Runen zu tun hatten, wobei wir allerdings dafür keinerlei archäologische Belege haben, denn wikingerzeitliche Runeninschriften geben uns keine so deutlichen Hinweise auf Opferhandlungen wie noch der oben erwähnte Stein von Stentoften im 7. Jh.

Snorri liefert uns Beschreibungen (*Ynglinga saga* 37; *Hákonar saga góða* 14) von Opferfeiern mit gemeinsamem Mahl in Norwegen, bei denen von bestimmten Bechern (*full*) die Rede ist, die förmlich für bestimmte Götter und Anliegen getrunken werden: Der erste sei für Odin, der zweite für Njörðr, der dritte für Freyr um *ár ok friðr* („gutes Jahr und Frieden") getrunken worden, dann der Häuptlingsbecher (*bragarfull*) und schließlich für das Gedenken der Toten (*minni*). Diese und eine von ihr sicherlich abhängige ähnliche Beschreibung in der *Eyrbyggja saga* 4 sind offenbar eine recht phantasievolle Übertragung christlicher liturgischer Elemente auf das heidnische Opfer (wozu noch *hlautboll* und *hlauttein* als allzu auffällige Indizien einer solchen gelehrten Rückverlängerung kommen),[120] aber die zahlreichen Funde von teuren Gläsern im Kontext der Goldbleche der Völkerwanderungszeit lassen doch vermuten, dass es tatsächlich förmliche Trinksprüche im kultischen Kontext gegeben hat. Auch die Aussage, dass der Vollzug dieser Trünke in die Verantwortung des Häuptlings fiel, wird durch die Entdeckung der großen wikingerzeitlichen und vorwikingerzeitlichen Hallenbauten gestützt. Die Dedikationen solcher Trünke an bestimmte Götter wären wenigstens für die Wikingerzeit schon denkbar, die Bedeutung der anderen beiden Becher ist dagegen mehr zweifelhaft: Das *bragarfull* ist wahrscheinlich ein missverstandener, aber möglicherweise alter Terminus für einen Trunk, den entweder der Häuptling (auf einen Skalden?) ausbrachte oder der für die Ahnen getrunken wurde, das Trinken eines *minni* ist dagegen eine Sitte, die erst im Hochmittelalter über Deutschland kommend Skandinavien erreichte und für das Heidentum zwar denkbar ist, aber nicht sehr wahrscheinlich gemacht werden kann.[121]

Ein weiterer, in den mittelalterlichen Quellen wiederholt angesprochener Aspekt des gemeinsamen Opfers sind bestimmte Opferzeiten. Snorri erwähnt in der *Ynglinga saga* 8 recht systematisch diese heidnischen Festzeiten: zu Winterbeginn für gute Ernte, zu Mittwinter (also das Yul-Opfer) für Fruchtbarkeit, am Sommerbeginn für den Sieg. Nachdem ein etwaiges, am schlechtesten belegtes Frühlingsopfer wohl eines um Fruchtbarkeit war, wird man auch den anderen Zuweisungen Snorris mit Skepsis begegnen müssen. Andererseits sind das weihnachtliche Yul-Fest und das Herbstopfer außerordentlich häufig belegt, sodass an diesen Festzeiten selbst kaum ein Zweifel sein kann. Allerdings dürfte, wie uns die Anlage der Megalithgräber verrät, schon seit der ältesten Zeit gerade zu Yul das Opfer für die Toten bzw. Ahnen abgehalten worden sein. Einen äußerst wichtigen Hinweis darauf liefert uns nämlich Beda Venerabilis (geb. 673) in seiner Schrift *De temporum ratione* 15, wo er erwähnt, dass die noch heidnischen Angeln ihr Opferfest am Jahresbeginn, also wohl auch um Weihnachten, in den *modranect, id est matrum noctem* („Mütternächten") begingen.[122] Das wohl vergleichbare *dísablót* (vgl. oben) in Skandinavien soll aber angeblich *at vetrnóttum* (also zu Winterbeginn Anfang Oktober) stattgefunden haben, und für die Opferzeit spricht auch der ags. Name des November, *blotmonad* („Opfermonat"). Dagegen hat das schwedische Disting („Thing zur Zeit des Disen-Opfers") in Uppsala noch lange Anfang Februar stattgefunden. Opferfeiern im Herbst dagegen, die man gerne, aber ohne ausreichende Quellenbelege als Dankopfer uminterpretiert hat, haben wohl in erster Linie ökonomische Gründe (so wie die auch zu diesem Zeitpunkt häufig abgehaltenen Hochzeiten), da die Schlachtung von überzähligem, nicht über den Winter ernährbarem Vieh die materielle Grundlage für Feste bot.

Für die regionale Organisation von Opferfeiern bietet uns nur die erst aus dem 13. Jh. stammende altschwedische *Guta saga* einen Hinweis: „Sie opferten ihre Söhne und Töchter und Vieh wie auch Speisen und Getränke. Dies machten sie nach ihrem Irrglauben. Das ganze Land hatte für sich das höchste Opfer (*blot*) mit Menschen. Ansonsten hatte jedes Landesdrittel sein Opfer. Und kleinere Thingplätze hatten kleinere Opfer mit Vieh, Speise und Getränk. Sie wurden Siedbrüder (*suþnautar*) genannt, denn sie sotten zusammen."

Zusammenfassend lässt sich über das wikingerzeitliche Opfer sagen, dass es sich in den Formen nicht wesentlich von den Formen des eisenzeitlichen öffentlichen Opfers mit Schlachtopfer und Opfermahl unterscheidet. Wenn christliche Autoren mit der Erwähnung von Uppsala und Lejre Recht haben sollten, dann zeichnet sich eine gewisse Verlagerung von regionalen Kultzentren zu überregionalen Zentren ab, ohne dass wir darüber noch viel wissen. Über Opferzeiten haben wir in der Wikingerzeit erstmals mehr Informationen als vorher, sodass wir mit Kultfeiern wenigstens zu Winterbeginn und zu Mittwinter relativ sicher rechnen können. Die Quellenlage für das private Opfer ist zwar äußerst dürftig, die Ausnahmeregelung bei der Christianisierung Islands, dass man weiterhin ungestraft privat opfern könne, macht aber eine Kontinuität des privaten oder häuslichen Opfers bis in die Spätphase der Wikingerzeit wahrscheinlich.

d) Heilige Haine, Festhallen, Altäre

Unsere älteste Quelle zum altgermanischen Kult, die *Germania* des Tacitus vom Ende des 1. Jh.s, spricht davon, dass die von ihm beschriebenen kontinentalen germanischen Stämme überhaupt keine Tempel gehabt hätten, sondern ihre Götterbilder in heiligen Hainen aufstellten, da sie es angeblich für unangebracht hielten, Gottheiten einzuschließen (*Germania* 9). Woher Tacitus von dieser Begründung gewusst haben soll, ist natürlich fraglich, aber der Mangel an festen Tempelbauten zu seiner Zeit entspricht mit größter Sicherheit den Tatsachen. Wenn er an anderer Stelle Tempel (*templum*) im Kult der Göttinnen Nerthus (*Germania* 40) und der Tamfana (*Annales* I, 51) erwähnt, so steht hier Tempel wohl ganz allgemein für Heiligtum. Noch im 8./9. Jh. wurden die germanischen Wörter für Heiligtum, etwa ags. *ealh, alh*, got. *alhs*, ahd./as. *alah*, sowie ags. *bearo*, ahd. *baro* und ags. *hearzh* (vgl. altnord. *hǫrgr*) sowohl als „heilige Stätte, heiliger Hain" als auch als „Tempel" glossiert. Wir wissen aus den Untersuchungen zu den Waffenbeuteopfern, dass einige dieser Opferplätze Umzäunungen auch innerhalb eines Sees aufwiesen (so in Thorsberg und Oberdorla), und diese eher leichten Abgrenzungen eines Kultplatzes waren wohl typisch für die späte Eisenzeit.

Allerdings schreibt um 730 der nordenglische Historiker Beda Venerabilis häufig von vorchristlichen Tempeln (*Historia ecclesiastica* I, 30; II, 15; III, 30), aber dabei darf nicht vergessen werden, dass er von den Zuständen in der römischen Provinz Britannien spricht, die wie die linksrheinischen Gebiete auf dem Kontinent zum römischen Imperium zählte, und auf dessen Territorium fanden sich in der Tat germanische Tempel, auch wenn deren Form in jeder Hinsicht römischen Tempelanlagen entsprach. Was wir über die Tempelanlangen im Kult der – durch die Namen der Göttinnen wie die der germanischen Dedikanten – als teilweise germanisch (daneben noch häufiger gallisch) ausgewiesenen Matronen wissen, lässt sich auch auf andere in römischer Form an der Peripherie des Imperiums verehrte germanische Gottheiten übertragen. Dazu zählen die vielen Weihesteine an die germanischen Entsprechungen des Mars, des Merkur und des Herkules ebenso wie an einzelne einheimische Göttinnen wie die Nehalennia oder Hludana (siehe Kap. IV).

Die erhaltenen Reste solcher Tempelanlagen zeigen uns kleine Säulentempel mit Porticus (Vorbau), die öfters (mit Nebengebäuden) durch quadratische oder rechteckige Umfassungsmauern zu kleinen Tempelbezirken zusammengefasst wurden. Weihesteine – genauer Weihealtäre –, deren Form bei den reicheren und größeren Exemplaren den Tempeln selbst ähnelte, konnten sowohl im Innenraum (*cella*) der kleinen Tempel als auch davor oder an den Umfassungsmauern aufgestellt werden. Die Darstellungen an den Schmalseiten der Altäre zeigen vereinzelt familiäre Opferszenen im römischen Stil, und sie zeigen wie die von den Dedikanten auf sich oder ihre Familie bezogenen Weiheinschriften, dass es sich dabei durchwegs um ein privates Opfer im familiären Kontext handelte, dem der Hausherr vorstand. Während aber im späten Rom derartige Opfer am Lararium, dem Altar oder Tempelchen für die Laren und Penaten im Hause selbst abgehalten wurden, zeigt die Ausgliederung der Tempelbezirke in den linksrheinischen Gebieten, dass hier Gottheiten an ganz bestimmten, wohl ihnen heiligen Orten verehrt wurden. Dies hat man vor allem für den bedeutenden, vom 2. bis 4. Jh. florierenden gallo-germanischen Tempelbezirk der Matronae Vocallinehae in Pesch/Nöthen in der Nähe von Bad Münstereifel rekonstruieren wollen, wo neben einer Reihe von Tempeln in drei deutlichen Bauabschnitten unterschiedlicher Anlage vor allem ein zentral gelegener Brunnen auffiel, der allerdings keine Hinweise auf ältere Opfertätigkeit erbrachte. Auch der für diesen Ort postulierte ältere Baumkult ist nicht belegbar.[123]

Immerhin zeigen uns diese provinzialrömischen Tempelanlagen der Germanen in Britannien (als Kultstätten der dort stationierten friesischen Legionen) und am Niederrhein, was christliche Autoren als heidnische Tempel ansprachen: wohl entweder allgemein Heiligtümer oder aber die Tempel der einheimischen Gottheiten in römischem Gewand. Wenn ein Brief Gregors des Großen aus dem Jahre 601 an den englischen Abt Mellitus die Erlaubnis dazu gibt, einheimische Tempel nicht zu zerstören, sondern in christliche Kultstätten umzuweihen, wenn sie solide genug gebaut sind,[124] dann müssen wir aber wohl eher an solche Gebäude im Kult der Matronen oder anderer einheimischer Gottheiten denken. In der letzten Phase des Matronenheiligtums in Pesch wurde eine dreischiffige steinerne „Basilika" von etwa 14 m Länge errichtet, die im 5. Jh. gewaltsam zerstört wurde, aber solche Zerstörungen müssen nicht die Regel gewesen sein, wie uns etliche Beispiele von Umweihungen aus dem Mittelmeerraum zeigen (vgl. Kap. IX). Für heidnische Tempel in römischem Stil sprechen auch andere Belege bei Beda (*Historia Ecclesiastica* II, 15), so wie der über den König der Ostangeln, Redwald, der sich in Kent zwar taufen ließ, aber nach Hause zurückgekehrt, in einem Tempel (*fanum*) sicherheitshalber doch zwei Altäre aufstellen ließ, einen für Christus, einen kleineren (*arula*) für die „Dämonen".

Das Wort *fanum* allein kann jedoch noch nicht als Hinweis auf einen Tempel angesehen werden; dies bezeugt ein weiterer, von Beda zitierter Brief Gregors des Großen aus dem Jahr 601 an den König Æthelbert von Kent, in welchem von der empfohlenen Zerstörung von Götzenbildern und *fanorum aedificia* (*Historia ecclesiastica* I, 32) die Rede ist, was bedeutet, dass *fanum* allein offenbar noch keine Gebäude umfasst[125]:

„Unterdrückt den Götzenkult, zerstört die Gebäude ihrer Heiligtümer, erhöht ihre Moral durch die Unschuld Eures Lebens, ermahnend, warnend, überredend und verbessernd, und ihnen das Beispiel Eurer guten Taten zeigend."

Auch für das Köln der Merowingerzeit wird ein großer Tempel erwähnt, in dem die Heiden sich zu Essen und (angeblich übermäßigem) Trinken treffen; dass hier ein steinernes Gebäude aus römischer Zeit gemeint ist, könnte man zwar annehmen, ist aber nicht zu beweisen, da es zwar offenbar leicht niederzubrennen war, was aber mit der Zahl dort aufbewahrter hölzerner Votivgaben zusammenhängen mag (Gregor von Tours: *Vita S. Galli* 2)[126]:

„Dort wird auch ein mit verschiedenen Dekorationen verzierter Tempel erwähnt, in welchem gerade barbarische Opfer abgehalten wurden, bei denen man sich bis zum Erbrechen mit Speise und Trank anfüllte, wo auch zur Verehrung des Gottes Bilder von Körperteilen, denen irgendein Schmerz anhaftete, in Holz formte.

Sicherlich aus Holz, allerdings kaum als massive Gebäude sind dagegen einige für die Völkerwanderungszeit und Merowingerzeit erwähnte Heiligtümer. Ein derartiges *fanum* aus Holz, umgeben von Bäumen, erwähnt bei den Langobarden Anfang des 7. Jh.s die *Vita Columbani* (lib. II, 25)[127], andere *fana* werden in der *Vita Radegundis* aus dem Gallien des 6. Jh.s (*Vita Radegundis* lib. II, 2)[128] und bei Fredegar im Bericht über den Friesenzug Karl Martells (18)[129] erwähnt. Da diese Anlagen von den Missionaren oder anderen Glaubenseiferern angezündet werden konnten, wird man sie wohl am besten als Umhegungen aus Pfählen oder Flechtwerk deuten können, wie wir sie aus den Ausgrabungen in den Mooren von Thorsberg oder Oberdorla in Thüringen sowie Wees (Kr. Flensburg) kennen.[130]

Von derartigen Einhegungen scheint auch in einem Bericht bei Beda über den Christianisierungsprozess in Northumbria die Rede zu sein (*Historia Ecclesiastica* II, 13), wo ein heidnischer Priester namens Coifi im Jahre 627 selbst die Altäre und Heiligtümer der Götzen samt den sie umgebenden Einhegungen, die angeblich östlich von York lagen, erwähnt. Die Verbrennung der Anlage deutet eher auf eine weniger massive oder hölzerne Anlage, und man hat bislang auch keine Spuren dieses Heiligtums finden können.[131] Ob auch die im erwähnten *Indiculus superstitionum* genannten Heiligtümer (I, 4: *de casulis id est fanis*) so zu deuten sind, ist trotz des spezifizierenden *casula* („Hütte") kaum zu sagen. Für eine recht offene Form derartiger Heiligtümer spricht auch das got. Wort für Tempel, *alhs*, welches etymologisch zu lit. *elkas* Götterhain, lett. *elks* Götze zu stellen ist. Einhegungen religiöser Natur wurden auch mit den Bezeichnungen altengl. *friðgeard*, altnord. *stafgarðr* (*Gutaløg* § 4) bezeichnet, wobei angelsächsische christliche Gesetze die Anlage eines derartigen *friðgeard* um Quellen, Bäume oder Felsen verboten.

Während *stafgarðr* und *friðgeard* offenbar nur beschreibende Termini sind, bezeichnete altnord. *hǫrgr*, ahd. *harug*, altengl. *hearg* wohl eine bestimmte Art des Heiligtums oder

Altars, ohne dass wir in der Lage sind, dies völlig zu rekonstruieren. In den Glossaren findet sich *harug/hearg* für lat. *ara, delubrum, fanum, lucus* und *nemus*, am häufigsten aber für *lucus* und *nemus*, scheint also eine Art von heiligen Hain zu bezeichnen. Es ist aber keineswegs unmöglich, dass *hǫrgr* (so Olsen) einfach ein heiliger Ort in der Natur, vielleicht mit Einhegung, bestenfalls eine Überdachung für Götterstatuen war, wobei die letzte Erklärung vor allem darauf beruht, dass in den Eddaliedern dreimal ein solcher *hörgr* erwähnt wird, wobei *Grímnismál* 16 und *Vǫluspá* 7 die Phrase *hǫrgr hátimbráðr* („hochgezimmerter *hörgr*") verwenden, während das altengl. *heargtræf* (im *Beowulf*) eher auf eine zeltartige Konstruktion hindeuet. Theophore Ortsnamen auf *hǫrgr* belegen das Vorkommen des Begriffs auch in Schweden, wo Thorshälla (aus *Þórshǫrgr*) und Onsjö, Odenshög (aus *Oðinshǫrgr*) vorkommen. Über das Aussehen eines *hǫrgr* wissen wir jedoch weiterhin nichts Sicheres, und dass es sich in erster Linie um einen Altar gehandelt habe, lässt sich überhaupt nicht belegen.

Auffällig ist jedoch, dass auch das blasse *fanum* der christlichen Quellen offenbar teilweise mit dem Kultmahl in Verbindung gebracht wird. Nach einem dem hl. Columban zugeschriebenen Poenitentiale (Bußbuch) ist es nämlich Christen verboten, *juxta fanas* („nahe bei Heiligtümern") zu essen oder zu trinken, wozu erklärt wird: *fanas dicimus templa idolorum* („Heiligtümer nennen wir die Götzentempel")[132], was wohl bedeutet, dass der Genuss von Speisen und Getränken in der Umgebung heidnischer Kultstätten zu nahe an dem mit diesen Stätten assoziierten heidnischen Kultmahl war, um Christen erlaubt zu sein. Auch der schon erwähnte Brief Gregors des Großen an Abt Mellitus für dessen Mission 601 in England erwähnt in direktem Zusammenhang mit den Heiligtümern, dass die Heiden es gewohnt sind, viele Ochsen zu schlachten.

Für die römische und nachrömische Eisenzeit gibt es jedenfalls von Seiten der Archäologie außer den Matronenheiligtümern keine Hinweise auf eigene Tempelgebäude in der Germania. Die Ausgrabungen der letzten Dezennien haben das bestätigt, was sich schon für Olaf Olsen 1966 auf Grund der damaligen Quellenlage abzeichnete: Im heidnischen Skandinavien gab es keine Tempel im engeren Sinne, also Gebäude, die ausschließlich der Kultausübung sowie der Aufbewahrung von Kultbildern und Kultgegenständen dienten, und das den nordischen Sprachen eigene Wort *hof* bezeichnete nicht eigentlich „Tempel", sondern vielmehr einen repräsentativen Hallenbau, der u.a. auch den Kultmahlzeiten der Kultgemeinde diente. Im Angelsächsischen gibt es überhaupt keine Belege für *hof* in der Bedeutung „Kultgebäude" vor dem 10./11. Jh. Solche Hallen hat man nun inzwischen in beträchtlicher Zahl in Nordeuropa entdeckt, wobei sie sich durch eine Reihe von Faktoren von einfachen Langhäusern der Bauernhöfe unterschieden, allen voran durch ihre Größe.[133]

Was die Größe anlangt, so unterscheiden sich die Hallenbauten untereinander sehr stark, aber die Hallen in Borg auf den Lofoten (74 m), in Gudme auf Fünen (47 m), in Lejre auf Seeland (47 m), auf Helgö (40 m) und in Alt-Uppsala (30 m, urspr. wohl 50 m) oder auch in Hofstaðir in Island (45 m, davon 36 m die eigentliche Halle) zeigen die z.T. enormen Ausmaße dieser Gebäude, während andernorts kleinere Hallen ähnliche Funktionen aufwiesen, so etwa in Slöinge in Halland (30 m), deren große Bedeutung aber durch zahlreiche Guldgubber und Glasreste ausgewiesen ist. Auch die Funktion ist an den einzelnen Orten sehr unterschiedlich: Hofstaðir weist die üblichen Siedlungsfunde eines Bauernhofes auf, aber in Borg hat die große Halle reiche Glasreste ebenso wie drei Guldgubber erbracht, und auch Helgö zeichnet sich durch die Fragmente importierter Glaswaren und Guldgubber aus, während die eigentliche Halle in Gudme mit den fast 50 cm dicken Tragepfosten fast fundleer war, was auf nur sehr sporadische Benützung schließen lässt. Obwohl die Verwendungsformen regional und zeitlich deutlich abweichen, hat eine vorgeschlagene Unterscheidung in zwei Typen von Hallen, den Herrenhof und die Volkshalle, bislang keine ausreichende Bestätigung gefunden.[134] Die Verwendung derartiger Hallen für demonstrative religiöse und wohl auch politische Zwecke ist vom 3. bis zum 10. Jh. nachzuweisen, wobei die größten Exemplare (wie Gudme und Borg) noch in die Eisenzeit fallen, während für die römische Eisenzeit Hallen dieser Art noch nicht nachzuweisen sind.

Ins 6./7. Jh. dürfte eine kleine englische Festhalle zu datieren sein, die man als Tempel im engeren Sinn hat interpretieren wollen,[135] was aber schwer zu beweisen sein dürfte, obwohl eine Reihe von Details von den nordeuropäischen Kulthallen abweicht. Zum einen ist diese Halle von Yeavering in Northumberland, die dem angelsächsischen Königreich von Bernicia zuzuordnen ist, deutlich kleiner als verwandte skandinavische Gebäude und misst nur 10,5 m × 5,1 m, lässt sich aber durch das völlig Fehlen von Siedlungsspuren als Kultraum identifizieren. Neben drei (ehemaligen Pfosten-?)Löchern mit Steinpackungen am einen Ende der nord-südlich ausgerichteten Halle hat man an einer Längsseite eine Grube von 2 m Länge entdeckt, die fast ausschließlich Rinderknochen und hier vor allem Schädel enthielten, welche nach Füllung der Grube an der Wand gestapelt worden waren. Die Rinderschädel sind offenbar als Reste der Kultmahlzeiten zu interpretieren, vor allem weil die restlichen Skelettteile bei einem außerhalb der die Halle umgebenden Einzäunung gelegenen Küchengebäude entdeckt wurden. Ein besonders interessantes Detail der Kulthalle von Yeavering sind die Spuren eines ehemals innerhalb der Umzäunung errichteten massiven quadratischen (Kult-?)Pfahls von 56 cm Seitenlänge und offenbar beträchtlicher Höhe (da er 1,2 m tief in die Erde eingesenkt war); zu Kultpfählen und Idolen vgl. noch Kap. IV.1.

Nur in seltenen Fällen fehlen in diesen großen Hallen die reinen Siedlungsfunde völlig, aber die meisten sind durch Funde mit hohem sozialem Prestige (Glas, darunter vergoldetes und Reticella-Glas, Edelmetalle, Waffen) als Zentren politischer Machtdemonstration ausgewiesen, aber durch die Funde von religiöser Bedeutung (Guldgubber, Gläser?) wird darüber hinaus ihre kultische Funktion betont. Hinweise auf Schnitzwerke in privaten Hallen mit religiösen Szenen heidnischen (so in der *Húsdrápa* des Ulfr Uggason, um 983) oder christlichen (wie in den Funden von Flatatunga) Ursprungs haben sich in Island gefunden[136] und verdeutlichen die Verzahnung von Kult und säkularer Machtdemonstration. Insofern ist auch durch die Doppelfunktion der Hallen als Herrenhäuser von Regionalfürsten in einer agrarischen Gesellschaft und gleichzeitig als deren Kultgebäude das alte Problem der Doppelbedeutung des nordischen Wortes *hof* für „Bauernhof" einerseits und „Tempel, Kultgebäude" andererseits gelöst.

Eine noch offene Frage ist dagegen die nach der religiösen Bedeutung der Hochsitzsäulen. Die Ausgrabungen in Borg ebenso wie die in Slöinge, Helgö und Maere haben gezeigt, dass bei den Funden von Goldblechfiguren und Gläsern, also Prestigeobjekten mit

Relevanz im Kult, eine deutliche Konzentration um bestimmte Pfostenlöcher tragender Säulen der Hallenkonstruktion auftritt.[137] Dies hat man mit der aus der altisländischen Literatur als Topos belegten Bedeutung der Hochsitzsäulen (altnord. ǫndvegissúlur, wörtl. „Gegenüber-Sitz-Säulen", „Hochsitzsäulen") zusammengebracht. Diese Säulen standen angeblich immer an der Nordseite des Hauses und umrahmten offenbar den Sitz des Hausherrn, was ihre Rolle in einer Ahnenverehrung bestätigen dürfte. Für diesen „Hochsitz" des Hausherrn, der sich sowohl im bäuerlichen wie fürstlichen Kontext findet, wurden im Altnordischen die zwei Begriffe hásæti und ǫndvegi verwendet, wovon Letzteres wohl die ursprüngliche Bezeichnung war – sie hat sich auch in den ǫndvegissúlur gehalten –, während hásæti eher eine mittelalterliche Entwicklung im Rahmen des nordischen Königtums reflektieren dürfte.[138] Die Bemerkung bei Snorri (Heimskringla, Óláfs saga kyrra 2), dass Olaf der Stille seinen Hochsitz von der Mitte der Nordseite der Halle an das Ende der Halle versetzen ließ, beweist, dass dies einen erwähnenswerten Bruch mit der Tradition, den Hochsitz an der nördlichen Langseite zu haben, darstellte; wann Olaf diese Entscheidung genau traf, sagt Snorri nicht, aber jedenfalls fand der Wechsel im letzten Drittel des 11. Jh.s, also lange nach der Christianisierung statt und hat wohl eher mit einem neuen Königsbild als mit der Abkehr von einer (heidnisch konnotierten) Ahnenverehrung zu tun.

Wenn die Eyrbyggja saga aus dem 13. Jh. von solchen von Siedlern nach Island mitgebrachten Hochsitzsäulen spricht, die ein Thorsbild eingeschnitzt hatten und aus einem norwegischen Tempel stammten, so sind Angaben darüber, dass man dekorierte Pfosten von einer Halle in Norwegen in eine andere in Island mitnahm, zwar theoretisch möglich, und die Landnámabók (älteste Fassung wohl um 1100) berichtet an einer Stelle, dass ein norwegischer Gode namens Thorhaddr der Alte[139] die Erde und die Säulen unter seiner Halle nach Island mitgenommen habe: *Hann fýstisk til Íslands ok tók áðr ofan hofit ok hafði með sér hosmoldina ok súlurnar*; „Er wollte nach Island gehen, brach aber vorher die Halle ab und nahm die Erde unter der Halle und die Säulen mit sich";[140] auch andernorts erwähnt die Landnámabók die Mitnahme der Hochsitzsäulen. Anderseits darf aber nicht vergessen werden, dass die Erinnerung an die religiöse Bedeutung der Säulen 400 Jahre nach der Besiedlung Islands in den Sagas längst zum literarischen Topos verblasst war und somit wenig faktische Relevanz hat.[141] Anderseits spricht die Präsenz von Guldgubber, und zwar durchwegs von Doppelfiguren, eine eindeutige Sprache und unterstreicht die religiöse Relevanz der Hochsitzsäulen. Dass es sich durchwegs um Doppelgubber handelt, ist mehrdeutig, denn es könnte sich – bei Deponierung im Rahmen von Hochzeitsfeiern – um die mythische Anknüpfung an ein göttliches Ehepaar (etwa Thor und Síf oder Odin und Frigg) handeln, anderseits könnte die Niederlegung an den mit dem Ahnenkult zu assoziierenden Hochsitzpfeilern auch auf ein Paar mythischer Ahnen deuten. Jedenfalls wird man sich diese Art dekorierter Hochsitzsäulen nur in einer auch für kultische Zwecke verwendeten Halle und nicht etwa auf jedem beliebigen Bauernhof vorzustellen haben.

Laut Landnámabók verwendete schon der allererste Siedler auf Island, Ingólfr Arnason, seine Hochsitzsäulen, um seinen zukünftigen Wohnsitz zu bestimmen:

„Als Ingolf Island erblickte, warf er für sein Glück seine Hochsitzsäulen über Bord. Er sprach, er wolle sich dort niederlassen, wo sie ans Land geschwemmt würden. Ingolf nahm das Land, das nun Ingolfshöfði heißt, in Besitz.¹⁴² [Drei Jahre später:] In diesem Sommer fanden Vifill und Karli seine Hochsitzsäulen bei Arnahval unter der Heide. Im Frühjahr zog Ingolf über die Heide und errichtete seinen Hof dort, wo seine Hochsitzsäulen ans Land gekommen waren. Er wohnte auf Reykjavik, und dort befinden sich diese Hochsitzsäulen noch immer in der Halle."¹⁴³

Wenn diese Feststellung auf die ursprüngliche Fassung der *Landnámabók* von Ari und Kolskeggr zurückgehen sollte, dann wären diese Säulen noch um 1100, also etwa 230 Jahre nach der Landung Ingolfs,¹⁴⁴ zu sehen gewesen, was durchaus möglich wäre, da man sie ja auch bei den regelmäßigen Neuerrichtungen der isländischen Bauernhöfe wieder verwendet haben wird. Die *Landnámabók* schreibt ein ähnliches Verhalten einer ganzen Reihe von Siedlern auf Island zu, so einem gewissen Thorolf Senfbart, der als großer Thorverehrer beschrieben wird.¹⁴⁵ Diese Geschichte wird allerdings in der Fassung der *Melabók* 25 nicht erwähnt und hat ein Gegenstück in der *Eyrbyggja saga* 4, wo sie als ätiologische Sage zur Erklärung des Toponyms Thorsness verwendet wird. Es wäre also denkbar, dass die noch zu besprechende Erzählung von Asbjörn in der *Melabók* 8, wo sie als Erklärung des Namens Thorsmörk verwendet wird (vgl. unten Kap. VI.4), als Vorlage für eine der vielen derartigen Ätiologien der *Eyrbyggja saga* verwendet wurde und von dort wieder ihren Weg in die Fassungen der *Landnámabók* gefunden hat.

Was die Bedeutung der Hochsitzsäulen in den vorwikingerzeitlichen festlandskandinavischen Hallen anlangt, so stimmen die literarischen Belege damit zu einem gewissen Grad überein. Naürlich wissen wir nichts über etwa eingeschnitzte Köpfe oder die tatsächliche Mitnahme solcher Säulen nach Island während der Wikingerzeit. Der Zeitfaktor spielt dabei jedenfalls keine Rolle, nicht nur weil die Lebensdauer von hölzernen Pfosten beträchtlich sein kann, sondern auch weil die isländische Historiographie die ab 870 angenommene Landnahme vermutlich ohnehin zu spät ansetzt.¹⁴⁶ Trotz der Übereinstimmungen zwischen archäologischen und literarischen Belegen ist aber immer zu beachten, dass die Mitnahme der Säulen nach Island in isländischen Texten des 13. Jh.s längst zu einem gängigen Topos geworden ist und somit nicht jede Erwähnung als historisch angesehen werden kann.

Für die Annahme von eigentlichen, nur Kultzwecken gewidmeten Tempeln oder wenigstens einem solchen Zentralheiligtum in Uppsala hatte man in der Vergangenheit vor allem eine einzige Stelle bei Adam von Bremen herangezogen, der in den 70er-Jahren des 11. Jh.s folgende Beschreibung gab (*Gesta Hammaburgensis Ecclesiae Pontificum* IV, 26):

„Dieses Volk besitzt einen besonders angesehenen Tempel, der Uppsala heißt und nicht weit vom Ort Sigtuna (und von Birka) liegt. In diesem ganz aus Gold gefertigten Tempel verehrt das Volk die Bilder dreier Götter."

Scholion 139: „Eine goldene Kette umzieht den Tempel; sie hängt vom Giebel des Gebäudes und leuchtet den Ankommenden weithin entgegen, denn das Heiligtum liegt im Tale und ist rings theaterförmig von Bergen umgeben."

Archäologische Untersuchungen, die unter der Kirche von Alt-Uppsala im Jahre 1926 durchgeführt wurden, haben in der vorletzten Schicht eine Gruppe von Pfostenlöchern zum Vorschein gebracht, die sich (theoretisch) zu zwei konzentrischen Rechtecken ergänzen ließen, die aber nicht annähernd so massiv waren wie die etwa in den Hallen von Gudme gefundenen Pfostenlöcher. Trotzdem hat man in der Folge eine ganze Reihe von Rekonstruktionsversuchen unternommen, deren komplexere von der Architektur der norwegischen Stabkirchen beeinflusst sind, obwohl ein Zusammenhang zwischen diesen und etwaigen heidnischen Tempeln bislang völlig hypothetisch ist. Das diesbezügliche Argument für die Existenz von heidnischen Tempeln lautet, dass die im 11. Jh. bereits weit entwickelte Struktur und der Stil der Stabkirchen mangels ausländischer Vorbilder in einer alten Tradition einheimischer (Sakral-)Bauten liegen muss. Dafür haben sich bislang allerdings von Seiten der Archäologie keine Belege beibringen lassen. Es sollte aber den allzu ambivalenten Ausgrabungsbefunden unter der Kirche von Alt-Uppsala nicht allzu große Bedeutung zugemessen werden, noch weniger allerdings der Beschreibung Adams.

Eine Analyse der Stelle bei Adam sowie des immer wieder herangezogenen *Scholion* 139 zeigt nämlich, dass Adam für das Äußere des Tempels vorerst keine Angaben macht, das Scholion selbst sich aber schon auf Grund der völlig unzutreffenden topographischen Schilderung als unhistorisch erweist. Es scheint, dass die Beschreibung des goldenen Tempels samt Kette wohl am ehesten von einem der hausförmigen vergoldeten kontinentalen Reliquiare beeinflusst ist, deren Traketten an den Giebelenden befestigt sind. Somit erweist sich die eigentliche Beschreibung als reine Fiktion, während die Festschreibung eines bedeutenden schwedischen Kultzentrums in Uppsala auch durch andere schriftliche Quellen belegt ist. Hier befand sich also ein wichtiges vorchristliches Heiligtum, aber statt Adams Tempel war sein Zentrum wohl eine königliche Halle, eher nördlich der heutigen Kirche als unter ihr.[147] Dafür können aber nun sowohl die monumentalen Grabhügel als auch die noch nicht völlig ausgegrabenen Hallenbauten nördlich der heutigen Kirche als Bestätigung herangezogen werden, sodass für Alt-Uppsala sehr wohl ein politisches und (vielleicht erst sekundär?) religiöses Zentrum der schwedischen Ynglingen-Dynastie festzuhalten ist.[148] Welcher Art das Gebäude oder die Anlage unter der heutigen Kirche war, lässt sich jedoch nicht mit Sicherheit mehr feststellen.

Letztendlich dürfte für Adams Beschreibung nicht viel mehr als die schon bei Rimbert zu findende Erwähnung des Heiligtums in Uppsala als Quelle gedient haben (*Gesta Hammaburgensis ecclesiae pontificum* II, 58):

„Durch eine ähnliche Liebe zur Religion soll der andere Olaph in Schweden sich ausgezeichnet haben. Dieser arbeitete, in der Absicht, die ihm unterworfenen Völker zum Christenthume zu bekehren, mit großem Eifer darauf hin, den Götzentempel, der mitten in Schweden zu Ubsola sich befindet, zu zerstören."

Auch Rimbert und Adam wussten also offenbar nicht mehr über Uppsala, als dass sich dort ein wichtiges Kultzentrum befand, das er als Christ für ein Kultgebäude hielt und deshalb als Tempel ansprach.

Das Zentrum des heidnischen Kultes in Norwegen ist laut mittelalterlicher isländischer und norwegischer Historiographie Maere in Romsdal. Der „Tempel" dort enthielt laut Snorri eine mit Gold und Silber verzierte Statue Thors und andere Götterbilder, jede auf einem *stalli* („Altar"). Das Opfer, an dem Olaf Tryggvason hier hätte teilnehmen sollen, war ein Mittsommeropfer *til árs ok friðar*, also „für gute Ernte und Frieden", aber statt sich wie seinerzeit König Hakon der Gute überrumpeln zu lassen (*Hákonar saga góða* 18), zerstört Olaf die Götterbilder, erschlägt den Anführer der heidnischen Bauern, Jarnskeggi („Eisenbart"), und zwingt durch die Übermacht seines Heeres die anwesenden Bewohner des Trøndelag zur Taufe (*Óláfs saga Tryggvasonar* 67 und 69).

Die archäologische Bestätigung eines vorchristlichen Kultplatzes unter der ältesten hölzernen Kirche des 11. Jh.s brachte der Fund von 19 Guldgubber in dem weitgehend durch spätere Gräber gestörten Untergrund der Kirche. Die spärlichen Reste eines wohl wikingerzeitlichen Gebäudes (aus Pfosten und Flechtwerkwänden) sind nicht stratigraphisch an die Guldgubber anzubinden, und die Vermutung der Ausgräber, hier bestünde dennoch ein Zusammenhang, ist schon deswegen unwahrscheinlich, weil die Guldgubber ihre relativ kurze Blüte im Laufe des 7. Jh.s hatten und wohl kaum viel später nach Maere gelangt sind. Damit ist es auch nicht ganz sicher, ob es sich bei den Pfostenlöchern, in deren unmittelbarer Umgebung sich die Guldgubber fanden, um Hochsitzsäulen einer (völkerwanderungszeitlichen) Halle gehandelt hat.[149] Es lässt sich für Maere jedoch, auch wenn nur sehr bruchstückhaft, eine gewisse Kultkontinuität am Ort der heutigen (aus dem 12. Jh. stammenden) Kirche ausmachen, die vom 7. Jh. bis zur Christianisierung gereicht haben dürfte. Ob Maere jedoch nur ein Kultplatz war, während der Häuptlingssitz sich im nahe gelegenen Egge befand, wie Lidén vorschlägt,[150] lässt sich jedenfalls beim derzeitigen Stand der Forschung nicht entscheiden und ist auf Grund der anderen Guldgubberfunde in Skandinavien, die zum Großteil Hallenbauten zuzuordnen sind, unwahrscheinlich. Vermutlich liegen also unter der Kirche die völkerwanderungs- und wikingerzeitlichen (Fest-)Hallen der Häuptlinge von Maere.

Für Island nennen uns die Sagas und die *Landnámabók* zwar ingesamt 13 Tempel (*hof*), aber diese Aussagen sind durchwegs unzuverlässig und beruhen üblicherweise auf (falschen) ätiologischen Herleitungen. Besonders die immer wieder herangezogene Beschreibung des Tempels des Þórólfr Mostrarskeggi („Senfbart") in der *Eyrbyggja saga* beweist nichts anderes, als dass der Sagaverfasser bei seiner phantasievollen Beschreibung eines angeblichen heidnischen Tempels seinen christlichen Denkmustern folgte und im Prinzip eine antiquarisch-paganisierende Schilderung einer kleinen mittelalterlichen Kirche vorlegt (vgl. den Originaltext in Kap. X).

Nichtsdestoweniger hat man vor allem gegen Ende des 19. Jh.s knapp 100 so genannte *hoftóftir* in Island als Tempelüberreste gedeutet. Nachfolgende kritische Untersuchungen haben aber ergeben, dass sie sich alle, soweit untersucht, als die Reste alter Höfe, Kapellen, Ställe und Pferche herausstellten.[151] Nur beim großen Langhaus von Hofstaðir in Myvatnsveit (Nordost-Island) hatte man nach wiederholten Ausgrabungen 1908 (durch Daniel Bruun und Finnur Jónsson) und 1965 (durch Olaf Olsen) eine Rolle als (Kult-)Halle feststellen wollen. Jüngste Ausgrabungen 1992/95 haben jedoch diesen „Tempel mit Opfergrube" jüngst als Bauernhof mit einem eingestürzten, teilweise aufgefüllten Erdhaus als Vorgängerbau erwiesen.[152] Ein anderer Hof gleichen Namens, Hofstaðir in Þorskafjörður, ist m.W. noch nicht im selben Ausmaß untersucht worden.

Eine Beschreibung der (idealen) Tempelausstattung eines *hǫfuðhof* mit einem (goldenen)

Tempelring von mindestens zwei Unzen Gewicht auf dem Altar in der *Landnámabók*[153] im Kapitel über das alte *Úlfljótslǫg* mag vielleicht auch vorchristliche Elemente enthalten, ist dann aber für die norwegischen Zustände wohl aussagekräftiger als die isländischen. Auch hierin wird man jedoch das Wort *hǫfuðhof* nicht mit „Haupttempel", sondern mit „bedeutende (Kult-)Halle" zu übersetzen haben. Weder die Beschreibungen der Sagas noch die *hoftóftir* haben jedoch bislang brauchbare Hinweise auf Kultgebäude ergeben.

Zusammenfassend kann die Frage nach der Existenz germanischer Tempel im engeren Sinn außerhalb der Germania romana insofern verneint werden, als Einzäunungen, Haine oder vielleicht sogar komplexere Versionen des *hǫrgr* kaum als feste Gebäude bezeichnet werden können, während die Festhallen als Zentren der Kultausübung in Form gemeinsamer Opfer und Kultmahlzeiten zweifellos auch andere Funktionen, besonders aber die der politisch-sozialen Machtdemonstration hatten. Wenn von Kultgebäuden des Heidentums die Rede ist, dann sind es jedenfalls die riesigen, repräsentativen Festhallen der Fürstensitze und zentralen Herrenhöfe und nicht etwa stabkirchenartige Tempel.

Für ein Element der Ausstattung verwendet Snorri den Begriff *stalli*, bei ihm offenbar eine Art Altar oder Plattform zur Aufstellung von Götterstatuen. Wenn diese Verwendung im Kontext eines *hof* auch wohl ahistorisch ist, so dürfte aber doch eine alte Bezeichnung aus kultischem Kontext vorliegen. In der Skaldendichtung kommt das Wort schon ab dem 9. Jh. mehrfach vor (bei Þjóðólfr, Þorvaldr víðfǫrli, Egill), und Egill Skallagrímsson nennt Odin sogar direkt *vinr stalla* „Freund der Altäre", was bedeutet, dass dieser Typ von Altären oder Kultanlagen im 10. Jh. noch bekannt war. Da die Grundbedeutung von altnordisch *stallr/stalli* aber „Gerüst, Rahmen" ist, hat man für diese Art des Heiligtums eine der Balkenkonstruktionen zu kultischen Zwecken erschließen wollen, wie wir sie in West- und Nordeuropa schon seit der Bronzezeit belegt haben (etwa in den Ausgrabungen des Moors von Bangeroostervelde/Holland). Diese Art der Konstruktionen bestand aus vier oder mehr senkrechten Pfählen, die oben durch Querbalken verbunden und auch in verschiedener Form dekoriert waren.[154]

Bei der Identifikation heidnischer Kultstätten begegnen uns aber aber nicht nur die als *hof* bezeichneten Hallen und der Hörgr, am ehesten und allgemeinsten wohl mit „Naturheiligtum" zu umschreiben. Ein sowohl in der altnordischen Literatur als auch in Ortsnamen vielfach auftretender Begriff ist *vé*, abzuleiten von german. *wīha* und somit am besten mit dem etymologisch entsprechenden Begriff „Weihestätte" zu umschreiben, also als heilige Orte im allgemeinen Sinn. Orte mit diesem Namenselement finden sich vor allem in Schweden, wobei aber ihre Natur recht unsicher ist und von den 80 dort zu findenden Namen 18 auf Ullr (?), 16 mit Skaði, aber nur 8 auf Freyr, 4 auf Odin und zwei auf Thor gebildet sind, was durch die häufigen Belege für ansonsten kaum im Kult nachzuweisende Götter diese Etyma verdächtig macht. In Dänemark gibt es nur fünf Ortsnamen auf *vé*, alle mit Odin verbunden, bezeichnen dafür aber offenbar wichtigere Heiligtümer[155], wie etwa Odense (aus Othenswi aus Óðins-vé) auf Fünen. Viborg (aus Vébjǫrg), Visby und Véstaðr sind Ortsnamen, die auf einen Kult an diesen Orten hindeuten, so wie auch die Götterwohnsitze der eddischen Mythologie (*Vafþrúðnismál* 51) als *vé* bezeichnet werden konnten, also als „Heiligtum". Das Alter des Begriffs ist durch etliche Nennungen in der Skaldendichtung bezeugt. Im übertragenen Sinn konnte auch ein anderer Ort, wie die Thingstätte, als *vé* („Heiligtum") bezeichnet werden, was in dem Rechtsterminus *vébönd* („Bänder zur Abgrenzung des Heiligtums") für die Begrenzung der Thingstätte im *Frostaþingslög* I reflektiert ist. Mitte des 20. Jh.s unternahm E. Dyggve den Versuch, die Heiligtümer mit der Bezeichnung *vé* auch archäologisch dingfest zu machen,[156] indem er diese Heiligtümer als spezielle, V-förmige Steinsetzungen erkannte, die man in Jelling (Jütland), Tibirke (Seeland) und Tingsted (Falster) gefunden haben wollte. Allerdings hielten weder diese Steinanlagen noch die Verbindung zum Begriff *vé* näherer Untersuchung stand.[157]

Andere Bezeichnungen für Kultstätten begegnen uns nur in ahd. *laoh*, altengl. *leag* sowie ahd. *baro*, altengl. *bearo*, ohne dass wir aber deren nähere Bedeutung mehr eruieren können, da sie sowohl als *templum* als auch als *lucus* glossiert werden; wenigstens *laoh/leag* dürften aber wohl am ehesten ein Naturheiligtum wie einen heiligen Hain bezeichnet haben.[158] Wie so Vieles im Zusammenhang mit heidnisch-germanischen Heiligtümern ist aber auch die Bedeutung dieser aus der ältesten Schicht unserer literarischen Überlieferung stammenden Begriffe nicht mehr festzumachen.

2. Das private Opfer

Große Kriegsbeuteopfer wie in Thorsberg, Nydam, Illerup Ådal oder Ejsbøl, lange Opferkontinuitäten einer Gemeinschaft wie in Thorsberg, Rislev oder Skedemosse und selbst massive Niederlegungen von Eisenbarren oder gar spezieller Gerätschaften wie in Rappendam oder Dejberg und gar die vereinzelten Menschenopfer zeigen noch lange nicht das ganze Spektrum eisenzeitlicher Opferformen, und auch neben den ohnehin spärlichen Belegen des wikingerzeitlichen Opfers müssen wir einen persönlichen oder wenigstens privaten Kult annehmen. Der Großteil der Opfer, auch der archäologisch nachweisbaren, ist viel weniger spektakulär als die kollektiven Opfer. Dabei mag offen bleiben, ob Niederlegungen eines oder mehrerer Brakteaten, wie sie im 5. und 6. Jh. vorkommen, das Opfer einer Einzelperson oder eine Sonderform des kollektiven Opfers, vielleicht sogar ein „Tempelschatz" sind; Letzteres setzt für diese Zeit einen hoch organisierten Kult voraus, wofür wir keine Belege haben.

In den Mooren Dänemarks und Schleswig-Holsteins hat man bislang aber auch über 400 Plätze mit so genannten Moorgefäßen identifizieren können, in welchen von der jüngeren Steinzeit über die Bronzezeit mindestens bis etwa in die römische Eisenzeit, also von ca. 4000 v.Chr. bis 200 n.Chr., Keramikgefäße niedergelegt worden sind, wobei der Hauptteil aller Funde in die vorrömische Eisenzeit und ältere Kaiserzeit zu datieren ist.[159] Die Möglichkeit, solche Niederlegungen als Opfer anzusprechen, ergibt sich eben aus der Art und Weise, wie diese geschehen waren: Wo sich einzelne Tongefäße im Moor finden, könnte es sich sehr wohl um verlorene oder sonstwie zufällig ins Moor gelangte säkulare Gefäße handeln. Nicht so leicht zu entscheiden ist die Lage dort, wo eine Reihe von Gefäßen sich in grubenförmigen Ausnehmungen im Torf finden, die man früher als Opferbrunnen gedeutet hat, besonders wenn mit den Tongefäßen sich auch Knochenreste von Rindern und

Schweinen gefunden haben. Hier ist durchaus möglich, dass es sich um profane Spuren im Rahmen der Torfgewinnung handelt, etwa um Abfälle aus dem häuslichen Kontext oder andererseits um profane Lagerungen, die aus irgendwelchen Gründen nicht mehr zurückgeholt wurden. Klarer ist die Situation dort, wo es feststeht, dass die Tongefäße so deponiert wurden, dass eine Entfernung möglichst schwierig oder sogar unmöglich war, indem man die Gegenstände in den Moorgruben zuerst mit Holz (oder auch nur Torf) und dann mit Steinfüllungen bedeckte. Ein gewaltsames Aufbrechen dieser Opfergruben hätte dadurch zur Zerstörung der Gegenstände geführt. Auch andere Formen der Niederlegungen sind aber mit großer Sicherheit als Opfer anzusprechen, nämlich dort, wo die Gefäße gemeinsam mit Steinen oder Steinpackungen um einen senkrechten Pfahl herum angeordnet sind oder in Verbindung mit bearbeiteten Stöcken oder Steinsetzungen angetroffen werden.

Seit dem Neolithikum hat man in dieser Weise irgendwelchen Gottheiten oder Mächten geopfert: Keramikgefäße mit heute vergangenen, aber wohl aus festen und flüssigen Nahrungsmitteln tierischer oder pflanzlicher Herkunft bestehenden Speiseopfern (vor allem Butter oder vegetabile Fette) wurden nicht nur an Grabhügeln, sondern auch am Ufer von Mooren und Seen an bestimmten, markierten Stellen abgestellt oder vergraben. In solchen Tongefäßen hat man neben den genannten Lebensmitteln auch Spuren von Haaren und Hanf vorgefunden, also wohl ebenfalls Gaben des häuslichen Bereichs. Neben Tongefäßen finden sich oft auch die Reste von tierischen Knochen, die häufig gespalten und damit als Reste einer (rituellen?) Mahlzeit interpretiert werden können. Für diese Art des Opfers haben wir im Gegensatz zu den Opferungen von Kriegsgefangenen und deren Reittieren, wie sie in den antiken Quellen für die Germanen beschrieben sind, keine literarischen Belege, sieht man davon ab, dass ein Hinweis auf die Opferung von Schweinen (wo aber auch Kälber, Pferde und Stiere genannt werden) bei Gregor von Tours in seinem *Liber Miraculorum* 31[160] möglicherweise solche privaten Opfer betrifft.

Wenn oben im Abschnitt über die öffentlichen Opfer von teilweise sensationell wertvollen Funden, wie dem Sonnenwagen von Trundholm oder den Kesseln von Gundestrup und Rynkeby die Rede war, so darf nicht vergessen werden, dass wertvolle Gegenstände auch im privaten Opfer eine Rolle spielten. Dies reicht von einzelnen Fibeln über goldene und silberne Arm- und Fingerringe bis zu individuellen Waffen, wie Schwertern oder Lanzen, die für eine Einzelperson einen beträchtlichen Sachwert darstellten. Es hat sich schon bei der Besprechung des Opfermoors von Thorsberg gezeigt, dass nach den einfacheren privaten (Speise-?)Opfern in Keramikgefäßen der ersten Jh.e vor und nach Christi Geburt ab etwa 200 auch einzelne, aber sehr teure Objekte neben und wohl unabhängig von den Waffenopferfunden ins Moor gelangt sind. Zum einen deutet dies auf eine private Opfertätigkeit, welche das eigentliche Kultkontinuum vom Beginn der Eisenzeit bis zum Ende des 4. Jh.s n. Chr. bestimmt, zum anderen erweisen die z. T. sehr wertvollen Waffen und Goldringe die auch private Opferbereitschaft der nun wohl adelig-kriegerisch zu definierenden Träger dieses Kults, welche auch für die Waffenbeuteopfer verantwortlich waren.

Die bekannten und oben im Abschnitt über die Waffenbeuteopfer angeführten großen Mooropfer dürfen nicht darüber hinwegtäuschen, dass bestimmte Opfermoore auch ohne diesen so offenbar kollektiven Kult eine längere Kontinuität als Kultplatz aufweisen konnten, auch wenn er nicht von öffentlichen Opferfeiern geprägt war. Wir haben schon bei Thorsberg gesehen, dass hier neben Waffenopfer-Deponierungen auch eine lange Kontinuität kleinerer, offenbar privater Opfergaben bestanden hat, und derartige Opfermoore kleineren Zuschnitts mit typisch persönlichen Gaben finden sich nicht zuletzt auch auf deutschem Boden, wie jüngere, noch nicht völlig erarbeitete Befunde von einem Moorsee in Soest-Ardey,[161] Possendorf/Thüringen und vom Bullenteich in Braunschweig,[162] wo sich neben Keramikresten auch Perlen, Ringe und Fibeln fanden.

Solche (persönlichen) Wertgegenstände konnten als individuelle Votivopfer in Seen oder Quellen versenkt oder auf Mooren niedergelegt werden. Dass Letzteres selbst bei so teuren Gegenständen wie goldenen Ringen oder Schwertern wirklich der Fall gewesen sein mag, scheint noch 1000 Jahre später eine literarische Reminiszenz widerzuspiegeln, nämlich dass „in allen Ländern skandinavischer Sprache ein Friede nach ihm [König Fróði] benannt wurde, den man Fróði-Frieden nannte. Kein Mann verletzte einen anderen, selbst wenn er ihn – frei oder gebunden – traf wegen des Vatermords oder Brudermords, und es gab auch keinen Dieb oder Räuber, sodass ein goldener Ring lang auf der Heide von Jelling lag."[163] Da die Zeit des Königs Fróði üblicherweise mit der *pax Romana* unter Kaiser Augustus gleichgesetzt wird, wäre diese Periode mit der Zeit um Christi Geburt oder dem zentralen Abschnitt der skandinavischen Eisenzeit anzusetzen. So sagenhaft Snorris später Bericht auch sein mag, so ist es doch eine Tatsache, dass gerade die bronzenen und goldenen Armringe, Halsringe, erst später auch Fingerringe zu den sicheren Opfergaben der römischen Kaiserzeit in Südskandinavien zählen. Es hängt wohl von der Größe und vom relativen Wert der Fundstücke zur Zeit ihrer Opferung ab, ob diese Ringe als individuelles oder kollektives Opfer anzusprechen sind, wobei so große Goldhalskragen wie die in Schweden gefundenen als „Attribute von Priestern und Königen"[164] sicherlich nur als kollektives Opfer zu deuten sind. Dagegen steigt am Ende der römischen Kaiserzeit die Zahl der Bügelfibeln als Opfergaben deutlich an, und diese sind ganz sicherlich als private Opfergaben anzusprechen, wie Geisslinger[165] überzeugend hat argumentieren können.

Wenn bisher in erster Linie von Mooropfern die Rede war, dann ist einer der Gründe dafür, dass einerseits die Erhaltungsumstände in Feuchträumen für viele Gegenstände günstiger sind als in anderen Böden, andererseits aber Moore und kleine offene Seen, die später vermoorten, offenbar spätestens seit der Bronzezeit (und höchstwahrscheinlich schon seit der Jungsteinzeit) bis fast zur Wikingerzeit zu den bevorzugten Opferplätzen der germanischen Bevölkerung Südskandinaviens und Nordmitteleuropas zählten. Viele Gegenstände, die mit Sicherheit Opfercharakter haben, stammen daneben aber auch aus Flüssen, obwohl durch die Änderung des Flusslaufs, Geschiebe und Vertragung der Gegenstände schon bei oder kurz nach der Niederlegung weder die genaue Fundlage noch die Umstände der Niederlegung jemals rekonstruiert werden können, sodass diese Funde weniger aussagekräftig sind als die aus archäologisch sorgfältig ergrabenen Mooren.

Es wurde auch schon mehrmals erwähnt, dass Opferfunde in Quellen gefunden wurden (sowohl in der Nähe von Skedemosse als auch von Ober-Dorla), und Quellopfer dürften ebenfalls zu den sehr lange gebräuchlichen Opferformen bei den Germanen gezählt haben, obwohl die archäologischen Funde weniger spektakulär sind als für Niederlegungen in

Quellen im keltischen Bereich, wo Funde wie am Heiligtum der Seinequellen für die Flussgöttin Sequana[166] die enorme Bedeutung der Quellenkulte zeigen. Quellopfer sind seit der Steinzeit belegt, und reichen nach Auskunft archäologischer Befunde in der Germania mindestens bis in die jüngere Eisenzeit. Aber noch der angelsächsische Missionar Willibrord berichtet in der ersten Hälfte des 8. Jh.s von einer Quelle auf der zwischen den Friesen und den Dänen gelegenen Insel Fositesland (= Helgoland?), die so heilig war, dass man nur schweigend daraus schöpfen durfte. (Der reichlich unsensible Heilige aber schlachtet dort Tiere und tauft Menschen, was zu seiner Verhaftung führt.[167]) Eine Zusammenstellung von 22 bislang bekannten Quellopferfunden in Skandinavien durch die schwedische Archäologin Berta Stjernquist hat gezeigt, dass etwa die Hälfte in die Eisenzeit zu datieren sind und dass in diesen Quellen in unterschiedlichem Maße Gefäße, Metallgegenstände, tierische Knochen und vereinzelt auch menschliche Gebeine zu finden waren. In zwei Fällen war darüber hinaus auch noch eine Kultfigur zu Tage gekommen, wobei diese höchstwahrscheinlich die an der Quelle verehrte Gottheit darstellen sollte. Ein Vergleich mit römischen und keltischen Quellopfern, die deutlich besser belegt sind als die germanischen, hat ergeben, dass an Ersteren drei Arten von Opfergaben zu finden waren, nämlich „1. Bilder des Quellengottes, 2. Gaben (Münzen, Gefäße), 3. Bilder des Hilfesuchenden oder Bilder von Körperteilen".[168] Davon sind in den germanischen Quellopfern nur die 2. und, mit langem Abstand, 1. Kategorie vertreten. An den besser untersuchten Quellen hat sich gezeigt, dass neben vereinzelten Waffen und Haushaltsgegenständen besonders Gefäße, zum Teil mit Resten tierischer Fette (also wohl Speiseopfer), dann aber besonders die Knochen von Pferden, Hunden, Rindern und Schafen, schon deutlich seltener Schweinen hervortreten. Wie die Mooropfer, so weisen anscheinend auch die germanischen Quellopfer eine direkte Beziehung zum Opfermahl auf, was für den keltischen Bereich nicht so nachgewiesen werden kann. Wie sehr dagegen die persönlichen Gaben auf germanischem Gebiet bei den Opferfunden überwiegen, zeigt der noch nicht völlig erarbeitete Fund von Bad Pyrmont, wo in einer Quelle neben drei Schöpfgefäßen und einem Ring auch über 300 Fibeln der römischen Kaiserzeit zum Vorschein kamen.[169]

Schon spätantike Autoren belegen zudem die Quellenverehrung bei den Germanen: Agathias (*Historiæ* 28,4) im 6. Jh. nennt sie für die Alemannen, Flussopfer erwähnt Prokopius von Caesarea (Gotenkrieg II, 25) im 6. Jh. für die Franken und Rudolf von Fulda (*Translatio Alexandri* 3) für die Sachsen im 9. Jh. Im sog. *Indiculus superstitionum* aus der Zeit kurz vor 800 werden Opferquellen (I, 11: *De fontibus sacrificiorum*) neben allgemeineren Heiligtümern, Hainen und heiligen Felsen für die noch heidnischen Kulte der kurz zuvor christianisierten Sachsen genannt.[170] Details der Opferhandlungen erfahren wir aus den christlichen Texten zwar nicht, sie zeigen aber, dass die Praxis noch Jh.e nach unseren vorwiegenden archäologischen Funden auch in der südlichen Germania lebendig genug war, um das Missfallen der Missionare zu erwecken. Der Versuch, den Quellenkult ins Christentum einzubinden, ist unternommen worden, führte aber wegen dieser wohl zu weit gehenden Akkomodation im Falle des Missionsbischofs Aldebert nach Anklage durch Bonifatius zu seiner Verurteilung im Jahre 745.[171]

Dass die Quellopfer – so wie im keltischen Bereich – an Göttinnen gerichtet waren, geht aus den archäologischen Funden ebenso wenig hervor wie aus den antiken oder christlichen Berichten, aber einige der Namen von Göttinnen und Matronen auf spätantiken Weihesteinen im Rheinland weisen auf derartige Göttinnen als Quellen- oder Flussgöttinnen hin; dazu zählen die Göttin Aueha und die (mit ihr wohl nicht nur etymologisch verwandten) Matrones Ahueccaniae aus Gleuel bei Köln, die Ahinehae aus der Aachener Gegend, etymologisch alle zu germanisch *ahwō-, ahd. *aha* („Wasser") gehörig, sowie die Aumenahenae, Nersihenae oder die Vacallinehae (zu den Flussnamen *Oumena, Niers und Waal).

Neben Moor- und Quellopfern sollen noch die Baum- und Steinopfer Erwähnung finden. Auch sie sind im *Indiculus superstitionum* unter den heidnischen Bräuchen genannt, und auch Missionare beklagen sich über die Verehrung von derartigen Naturheiligtümern. Willibald etwa erwähnt bei seiner Schilderung der Missionsreise des Bonifatius 723 in Hessen die offenen oder heimlichen Opfer an Bäumen oder Quellen sowie Opferschau, Wahrsagerei, Losdeutung und Zauberei. Allerdings ist beim *Indiculus* ebenso wie bei den diversen päpstlichen Briefen an Missionare, die sich mit heidnischen Bräuchen befassen, und sogar historischen Texten wie Gregors von Tours *Gesta Francorum* (II, 10) zu beachten, dass sowohl die päpstliche Kanzlei[172] als auch andere Kleriker bestimmte Formulare für die Beschreibung und Verurteilung heidnischer Bräuche verwendeten, die nicht auf die tatsächlich bei bestimmten germanischen Stämmen praktizierten Kulte, sondern letztendlich auf Bibelstellen zurückgehen, besonders Lv 19, 26 und Dt 18, 10f., die sich mit dem Götzendienst der Gentilvölker beschäftigen. Derartige floskelhafte und für den heidnischen Kult wenig aussagekräftige Verurteilungen heidnischer Gebräuche finden sich etwa in Briefen Gregors des Großen an den Abt Mellitus vom 18. Juli 601, in welchem Götzenbilder, Dämonenkult und Festlichkeiten mit Tieropfern angesprochen werden (zitiert bei Beda Venerabilis, *Historia ecclesiastica* I 30), von Gregor II. an Bonifatius von 722 über die Sachsen (*Bonifatii Epistolae* 21),[173] wobei die Verehrung von Truggottheiten und Schnitzbildern erwähnt wird, sowie von Gregor III. von 738 über die Thüringer und Hessen (*Bonifatii Epistolae* 43).[174] Trotz dieser biblisch beeinflussten Textstellen müssen Baumkulte eine Rolle vor allem im südgermanischen heidnischen Kult gespielt haben, sonst hätte für Bonifatius kaum die Notwendigkeit der Fällung des Donarsbaums bei Geismar bestanden, und sonst wären die Klagen über eine Baumverehrung nicht ganz so zahlreich. Zu einem gewissen Grade hat sich die Verehrung von Bäumen noch lange in die katholische Zeit gehalten, wie die vielen Statuen und Heilsbilder in Bäumen bestätigen und nicht zuletzt eine lange wirkende Verbindung von Marienkult und Bäumen zeigt.

Baumopfer dürften wohl in der Niederlegung von privaten Opfergaben bei besonders auffälligen Bäumen an auch ansonsten heiligen Plätzen bestanden haben, wovon schon oben bei den Opferbräuchen der Wikingerzeit die Rede war. Was für ein Zusammenhang zwischen den eisen- und völkerwanderungszeitlichen Baumkulten im Rahmen privater Opferhandlungen und dem Opferbaum als Teil eines öffentlichen Kultes in der Wikingerzeit besteht, lässt sich auf Grund der spärlichen Quellenlage kaum entscheiden. Man hat aber wohl mit Recht darauf hingewiesen, dass die zum Teil jahrhundertealten Eichen der südskandinavischen Kulturlandschaft (einzelne lebende dänische Bäume werden noch heute bis in die Eisenzeit zurück datiert) durch ihre besondere Größe oder Eigenheiten wie eine Art Pforte im Stamm eine Rolle im Volksglauben, besonders für Heilungen spielten.[175]

Noch schlechter ist es um unsere Belege für eine Verehrung von Felsen bestellt. Weder die Verehrung von Felsen – ob Klippen oder Findlingen – noch von megalithzeitlichen Großsteinen lässt sich für das erste Millennium archäologisch belegen; im Gegenteil, die großen auffälligen Steinsetzungen von Schiffssetzungen, Steinkreisen, Bautasteinen (Gedenksteine) und Dolmen (tischförmige Steingräber) sind, was die Eisenzeit noch mehr als vorhergehende Perioden anbelangt, überraschend fundleer, sodass mit einer verbreiteten Opferung an solchen Steinsetzungen der Megalithkultur nicht gerechnet werden kann, während die volkskundlichen Belege für eine Verehrung von in großen Findlingen lebenden Wesen der niederen Mythologie in Island erst sehr viel später einsetzen. Aus dem Namen *Landdísasteinar* („Felsen der Landdisen") in Westisland – Felsen, in deren Nähe man im 18. und 19. Jh. weder das Gras mähen noch Kinder spielen lassen sollte – hat man versucht, eine solchen Felsenkult für Island zu etablieren; hier sind es aber wohl nur die Felsen als Wohnort der Disen (sie gelten ja im Volksglauben auch als Wohnung von Zwergen und Alben), die angesprochen sind (vgl. dazu Kap. V).[176] Die Tatsache, dass große Findlinge in der dänischen Moränenlandschaft – wie anderswo in Europa – in der Neuzeit eine Rolle im Volksglauben spielten, vor allem was die Fruchtbarkeit von Frauen anlangt, kann zwar eine späte Reminiszenz solcher Felsenverehrung darstellen, sagt uns aber wenig über Alter und Form eines solchen Kultes.[177] Immerhin wurde es im angelsächsischen Gesetzeswerk Knuts des Großen ausdrücklich als heidnisch verboten, heidnische Götter, Sonne und Mond, Feuer und Wasser, heilige Quellen und Steine oder Bäume anzubeten und Zauberkunst zu betreiben.[178] Auch in der isländischen *Grágás* (*Staðarhólsbók* 18) wird der „Glaube an Steine" ebenso verboten wie im schwedischen *Upplandslagen* von 1296 die Opferung an Götzen, Haine oder Steine, sodass trotz der Formelhaftigkeit solcher Verbote offenbar noch ein Bedarf dafür bestand.

So wenig wir heute über die Verehrung von Bäumen und Felsen in heidnischer Zeit noch wissen – und auch unsere Kenntnis von verehrten Quellen beschränkt sich im Wesentlichen auf Zufallsfunde –, so muss man sich vor Augen halten, dass Kultstätten, auch wenn sie nicht dem öffentlich abgehaltenen Opfer dienten, in der Praxis deswegen keine geringere Bedeutung im religiösen Leben etwa der eisenzeitlichen Bevölkerung gehabt hatten als z. B. zentrale Hallen im offiziellen Kult einer politischen Elite. Daneben können offizielle Opferplätze sehr wohl auch aus ursprünglich dem privaten Kult dienenden Opferstätten hervorgegangen sein; dies zeichnet sich für das Opfermoor von Thorsberg ab.

Daneben hat aber der private Kult in der Germania Romana auch römische Formen angenommen, die sich in der durchwegs privaten Stiftung von Votivsteinen und Votivaltären an germanische Gottheiten manifestiert. Auch das Opfer selbst dürften die provinzialrömischen Germanen nach römischer Sitte abgehalten haben, dafür sprechen die Darstellungen familiärer Opferszenen mit Rauchopfer und Obst als Gaben auf Reliefs an den Schmalseiten von Götter- und Matronensteinen aus dem 2. bis 4. Jh. Auf diese Sonderformen germanisch-keltisch-römischer Religion soll aber im folgenden Kapitel näher eingegangen werden.

IV. Die Götterwelt des heidnischen Polytheismus

1. Idole, anthropomorphe Kultpfähle und Götterbilder

Wem aber galten nun die Opfer der Eisen-, Völkerwanderungs- und Wikingerzeit? Einzelne, wenn in dieser Deutung auch umstrittene Runeninschriften könnten einfach auf „die Asen" oder „den heiligen Ort" als Adressaten des Kultes hinweisen. Doch zeigen einige der Mooropfer durch die dabei gefundenen Pfahlidole (früher meist als „Holzgötzen" bezeichnet), dass die hier verehrten Mächte in menschenähnlicher (anthropomorpher) Form gedacht wurden. Bei den Waffenopferdeponierungen von Ejsbøl hat man je eine sehr rohe hölzerne Figur gefunden (Abb. 15), aber ob es sich um männliche oder weibliche Figuren handelt, ist nicht zu beantworten. Dagegen wurde bei der Figur von Broddenbjerg aus Jütland eine Dreifachastgabel oder ein Wurzelstock durch einen von der eigentlichen Astgabel wegstehenden Zweig als prominent phallische Männerdarstellung eindeutig identifiziert, bei der schlanken, aber fast unbearbeiteten 3 m langen Astgabel von Forlev Nymølle auf Jütland wurde das Geschlecht der Figur nur durch eine Kerbe in der Astgabel mit einer symbolischen Vulva markiert.

In wenigstens zwei Fällen haben wir jedoch auch Paare von deutlicher gearbeiteten Holzidolen erhalten; dazu gehören die mächtigen, 2,29 und 2,75 m hohen Figuren von Braak bei Eutin in Ostholstein, die sorgfältig gearbeitete Gesichtszüge und noch Zapflöcher für nicht erhaltene Arme aufweisen, wogegen der Phallus der männlichen Figur nach der Auffindung 1946 zerstört wurde und auch die Brüste, Haarknoten und Vulvakerbe der weiblichen Figur nachträglich verändert wurden. Dagegen ist das Figurenpaar vom Wittenmoor in Niedersachsen deutlich stilisierter gearbeitet, die Eichenbohlen sind nur durch die Körperumrisse charakterisiert. Während das wohl noch spätbronzezeitliche Figurenpaar von Braak zu einem durch starke Brandreste gekennzeichneten Opferplatz gehörte, beschützten die beiden niedersächsischen Bohlengötter einen früheisenzeitlichen Bohlenweg durch ein Moor.

Derartige Pfahlgötter sind, ethnologisch gesehen, aus den verschiedensten Kulturen mit einer anthropomorphen Götterwelt belegt und sind auch bei den Germanen kein Phänomen allein der Eisenzeit oder der vorhergehenden Epochen, sondern noch so späte Funde wie der der völkerwanderungszeitlichen Holzfigur von Eskilsrud bestätigen die lange Kontinuität der Darstellung von Göttern in Form von Holzstatuen. Diese nur 42 cm hohe Figur war offenbar mittels eines Zapfens auf einer Unterlage befestigt gewesen, was sowohl an Götterthrone als auch an Kultwägen denken lässt, ohne dass dies verifizierbar wäre. Jedenfalls stellt selbst eine der Etymologien für die germanische Götterbezeichnung Ase, *ans-, diese Wurzel zu germanisch *ans- („Balke, Pfosten"), sodass der Name direkt auf die Verehrung von hölzernen Idolen zurückzuführen sei.

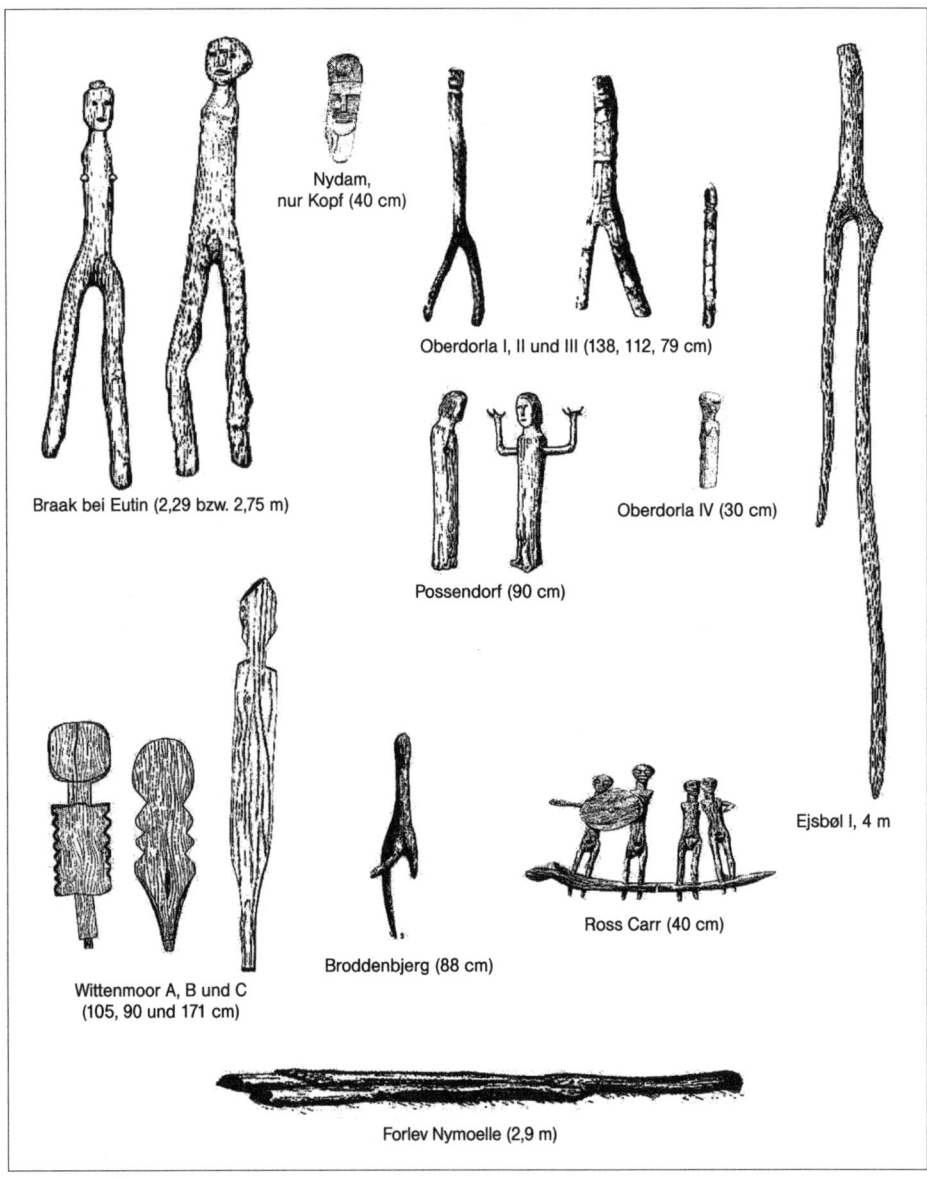

Abb. 15: Eisenzeitliche Idole aus Germanien (tw. nach Capelle: Anthropomorphe Holzidole, 1995).

1. Idole, Kultpfähle und Götterbilder

Auch weniger detailreich gearbeitete Pfahlgötzen waren aber offenbar noch in der Wikingerzeit Objekt eines Kultes, wie uns die reichlich abschätzigen Bemerkungen des Arabers Ibn Fadlan 922 über Opfer an Pfahlgötter im Gebiet der Rus' an der Wolga zeigen:

„Wenn ihre Schiffe im Hafen ankommen, geht jedermann an Land und nimmt Brot, Fleisch, Lauch, Milch und Bier mit. Dann geht er zu einem hohen Holzpfahl mit dem Gesicht wie das eines Mannes. Um ihn herum sind kleinere Figuren, und dahinter stecken hohe Holzpfähle im Boden. Er geht also zu der großen Figur, wirft sich auf den Boden und sagt: 'O Herr, ich komme von weit her mit so vielen Sklavenmädchen und so vielen Pelzen' (dann zählt er die eingekauften Waren auf), 'und nun komme ich mit diesem Opfer zu dir.' (Hier legt er die mitgebrachten Sachen vor den Holzpfahl.) 'Ich wünsche, dass du mir einen an Dinaren und Dirhams reichen Kaufmann sendest, der von mir nach Wunsch kauft und mit mir nicht feilscht.'"

Neben anthropomorphen Holzidolen erwähnt die Beschreibung aber auch reine Kultpfähle, also offenbar ohne menschliche Züge, und solche Pfähle haben sich ebenfalls in Oberdorla gefunden. Die Spuren eines äußerst massiven Pfahls hat man innerhalb der Umhegung des angelsächsischen Kultgebäudes von Yeavering in Northumberland entdeckt, der quadratisch mit einer Seitenlänge von 56 cm und von nicht unbeträchtlicher Höhe gewesen sein dürfte, da er immerhin 1,2 m tief in den Boden eingesenkt war.[1]

Alle anderen Beschreibungen wikingerzeitlicher Götterbilder stammen aus christlicher Zeit und sind stark durch christliche Vorstellungen über heidnischen Götzendienst, nicht zuletzt auch die genannten biblischen Verurteilungen solcher Götzenverehrung geprägt, in der altnordischen Literatur kommt dazu noch eine deutliche Vermischung christlichen und angeblich heidnischen Brauchtums. Dies gilt sowohl für die ganz durch christliche Vorstellungen geprägten Beschreibungen von Kultplätzen („Tempeln") mit Götterbildern in der *Eyrbyggja saga* 4, der *Fóstbræðra saga* 23, der *Færeyinga saga* 23, der *Kjalnesinga saga* 2, der *Njáls saga* 88 und der *Friðþjófs saga* 9, als auch von den selteneren Erwähnungen hölzerner Idole, wenn auch in geringerem Maße, da die archäologischen Belege Letztere zu einem gewissen Grad stützen. So findet die Strophe 62 der *Hávamál* mit ihrer Erwähnung von zwei Pfahlgötzen (altnord. *tremaðr*, „Holzmann"), denen der Sprecher sein Gewand gab, durch den im Kontext einer 105 cm großen (weiblichen?) Holzfigur gefundenen Wollmantel eine Parallele.[2] Auch eine Passage der *Ragnars saga loðbrokar* 20 berichtet von einem alten Holzidol auf der Insel Samsø:

„Ögmund der Däne […] lag mit fünf Schiffen vor Samsø […] die anderen Männer gingen in den Wald spazieren und fanden da einen alten Holzmann, der war 40 Fuß (?) hoch und moosbewachsen, aber sie konnten ihn doch gut sehen und fragten sich nun, wer wohl diesem großen Gott geopfert habe."

Recht allgemein gehalten sind ältere christliche Beschreibungen von Idolen wie bei Gregor von Tour[3] über die Franken, die sich Idole aus Holz, Stein und aus Tieren geschaffen und diesen geopfert hätten. Solche Beschreibungen sind wohl mehr von den Traditionen christlicher Apologetik geprägt als von eigener Anschauung und haben kaum viel Quellenwert, ebenso wenig wie die Erwähnung erzener und vergoldeter Götterstatuen der Alemannen, welche der hl. Gallus am Bodensee zerstört und in den See gestürzt habe (*Vita*

S. *Galli* 7)⁴, oder die Erwähnungen erzener Statuen der Asengötter im vorgeschichtlichen Schweden bei Snorri in seiner *Ynglinga saga*.

Selbst die berühmteste Beschreibung von Götzenbildern im angeblichen Tempel zu Uppsala, die bei Adam von Bremen (*Gesta Hammaburgensis ecclesiae pontificum* IV, 26) im letzten Viertel des 11. Jh.s zu finden ist, erweist sich schon bei erster Betrachtung als keineswegs zuverlässig:

„In diesem ganz aus Gold gefertigten Tempel verehrt das Volk die Bilder dreier Götter; als mächtigster hat in der Mitte des Raumes Thor seinen Thronsitz. Den Platz rechts und links von ihm nehmen Wodan und Frikko ein. Man gibt ihnen folgende Deutung: 'Thor', so heißt es, 'herrscht in der Luft, er gebietet Donner und Blitzen, Wind und Regen, Sonnenschein und Frucht. Der zweite, Wodan, die Wuth, führt Kriege und verleiht dem Menschen Kraft gegen seine Feinde. Frikko, der dritte, schenkt den Menschen Frieden und Lust.' Daher versehen sie sein Bild auch mit einem ungeheuren männlichen Gliede. Wodan dagegen stellen sie bewaffnet dar, wie wir den Mars. Thor endlich gleicht durch sein Zepter offensichtlich dem Jupiter. Außerdem verehren sie zu Göttern erhobene Menschen, die sie für große Taten mit der Unsterblichkeit beschenken."

Auf die hier angegebenen Funktionen der Götter wird noch einzugehen sein, die Beschreibung der Attribute der Götterstatuen dagegen weist nur wenige Elemente auf, die wir auch aus anderen Quellen belegen können. Dazu gehört der Phallus von Freyr, der wenigstens in einer kleinen Bronzeamulettfigur aus Rällinge im schwedischen Södermannland sein Gegenstück hat, weswegen die 6,9 cm hohe spitzhütige und spitzbärtige Figur mit steil aufgerichtetem Penis üblicherweise auch als Freyrstatue bezeichnet wird. Andere Quellen zu etwaigen Götterbildern des Freyr, wie eine über eine fahrbare, hohle Freyrstatue im *Ǫgmundar þáttr dytts ok Gunnars Helmings* (13. Jh.), haben wohl kaum großen Quellenwert.

Für das von Adam genannte Zepter Thors hat man erst jüngst einen Beleg von den Guldgubber beizubringen geglaubt,⁵ da das häufigste Attribut der Fürstenfigur auf diesen Goldbildchen ein als Langzepter interpretierter Stab ist; aber dies ist mehr als unsicher, da das für die Wikingerzeit bestens gesicherte Attribut Thors der Hammer ist.

Auch die angebliche Bewaffnung von Wodan hat bislang keine Gegenstücke gefunden, wenn wir nicht den Speer des Reiters auf einem achtbeinigen Pferd, wie er auf gotländischen Bildsteinen zu finden ist, als typische Bewaffnung Odins ansehen wollen; in diesem Falle würde sich Adams Beschreibung auf eine speertragende, wohl aber kaum vollbewaffnete Figur beziehen.

Was andere Beschreibungen von Götterstandbildern anlangt, so stammen sie durchwegs erst aus dem 13. oder 14. Jh. (*Eyrbyggja saga* 4; *Njáls saga* 88; *Kjalnesinga saga* 2; *Færeyinga saga* 23 sowie, besonders phantasievoll, *Friðþjófs saga*, 9) und haben wohl wenig oder keinen Quellenwert für die heidnische Zeit, besonders, wo sie Island betreffen. Snorris Erwähnung von Standbildern von Thor in der *Ólafs saga Tryggvasonar* 69 und der *Ólafs saga hins helga* 112 der *Heimskringla*, ist ebenfalls deutlich von christlichem Gedankengut geprägt. Dagegen haben Erwähnungen von Götterfiguren als Amulette in der *Vatnsdæla saga* 12 und der *Fóstbrœðra saga* 25 Gegenstücke in der genannten kleinen Freyrfigur aus Rällinge, die sicher als Amuletthänger gedient hat. Vollplastische Götterstatuen sind für die späte Eisenzeit und Völkerwanderungszeit nur mehr sporadisch belegt. In Dänemark etwa haben sich aus der Eisenzeit bis zum Beginn der Wikingerzeit insgesamt nur 15 römische und 11 einheimische Menschenstatuen aus Bronze gefunden.[6] Als Odinsfigur wird eine bronzene Göttergestalt aus Lindby auf Schonen bezeichnet, weil sie einäugig zu sein scheint, was allerdings nicht sonderlich offensichtlich ist. Ein kleines bärtiges Bronzefigürchen mit kegelförmiger Kopfbedeckung aus Eyjafjord wurde oft als Gott Thor interpretiert, was aber nur zulässig ist, wenn man das eigentümliche Objekt in seinen Händen als Thorshammer deutet.[7] Verschiedene Forscher haben es jedoch unterschiedlich als Bart[8], als Doppelflöte[9] oder als Schnurrbart[10] interpretieren wollen, da ein Thorshammer mit doppeltem Griff sonst nicht belegt ist. Alle vier Interpretationen sind jedoch unbefriedigend, und die Deutung als Thorsamulett scheint weniger wahrscheinlich als eine als Figur in einem Brettspiel, was auch durch zwei enge Parallelen in einer Bernsteinfigur aus Roholte (Dänemark) und einem Walrosszahnfigürchen aus Lund (Schweden) bestärkt wird; beide halten ebenfalls mit beiden Händen ihren Bart oder einen Gegenstand zwischen Kinn und Beinen umfasst.

Wie sich aus den divergenten besprochenen Funden ergibt, ist eine Zuordnung bestimmter Götter zu den Darstellungen nur in Ausnahmefällen möglich. Das phallische Götteramulett von Rälling ist wohl mit Sicherheit als Freyr zu bezeichnen, dessen Phallus als Attribut unabhängig voneinander durch Adam von Bremen, Snorri Sturluson und schließlich auch den späten *Ǫgmundar þáttr* bestätigt werden. Ob phallische eisenzeitliche Holzfiguren, wie die genannte von Broddenbjerg, schon diesem Gott zugeordnet werden können, ist auf Grund des langen zeitlichen Abstands nicht mit Sicherheit zu sagen. Ansonsten ist bislang nur Odin auf den C-Brakteaten mit einiger Sicherheit zu identifizieren; auch ein einäugiger hölzerner Männerkopf in der norwegischen Stabkirche von Hegge in Valdres aus dem 13. Jh. könnte Odin darstellen.[11]

Keine der postulierten Thorsdarstellungen (weder das isländische Figürchen noch die zeptertragende Figur der Guldgubber) halten näherer Untersuchung stand, mit Ausnahme der Szenen, die in noch heidnischem Kontext das Mythem von Thors Fischfang in ikonographischer Abbreviatur bringen. Diese zeigt den Gott, der mit einer anderen Figur in einem Boot sitzt, seinen Hammer als Attribut in einer Hand hält und eine vom Boot ausgehende Angelschnur mit einem Stierkopf als Köder, an den die Midgardschlange anbeißt (so auf dem Runenstein von Altuna in Schweden, vor oder um 1050) oder anbeißen soll (so auf dem Bildstein von Ardre VIII auf Gotland, 8. Jh., und einem Bildstein aus der Kirche von Hørdum, Dänemark, zwischen dem 8. und 11. Jh.). Schon im christlichen Kontext ist dieselbe Szene auf dem Stein von Gosforth, Northumbria, angesiedelt.

Zwar werden in der *Heimskringla* wiederholt Statuen des Gottes Thor erwähnt (vgl. dazu auch oben Kap. 3/4 zur Zerstörung solcher Statuen durch Olaf Tryggvasson), wobei diese von Snorri einmal als mit Gold und Silber geschmückt, auf einem Altar (*stalli*) in einem Tempel stehend beschrieben werden (*Óláfs saga Tryggvasonar* 69), was in allen Details auf christliche Heiligenbilder zurückzuführen ist, ein andermal (*Óláfs saga hins helga* 112) lässt er den Gott in Form einer Statue so beschreiben:

„und er hält einen Hammer in den Händen und ist groß gewachsen und innen hohl und unter ihm ist etwas wie ein Sockel gemacht, worauf er steht, wenn er draußen ist. Es mangelt ihm nicht an Gold und Silber am Körper. Jeden Tag werden ihm vier Laib Brot und Geschlachtetes dazugebracht."

Während wir Thor also durch eine bestimmte mythologische Einbettung auf Bildsteinen identifizieren können, ist dies für Odin wesentlich unsicherer. Man hat in der Vergangenheit den Reiter eines achtbeinigen Pferdes auf den gotländischen Bildsteinen (Tjängvide, Tangelgårde, Ardre) als Odin identifizieren wollen, dies beruht aber allein auf der Tatsache, dass Snorri (*Gylfaginning* 41, daraus auch *Hervarar saga* 72) Odins Pferd Sleipnir als achtbeinig beschreibt, was aber selbst wieder auf der Interpretation eines Bilddokuments beruhen könnte, welches nur den Eindruck von Geschwindigkeit geben wollte und daher ein Zirkelschluss sein kann. Da aber Hermoðr ebenso wie Odin auf Sleipnir in die Unterwelt reitet (Snorri, *Gylfaginning* 48) und überdies der Reiter der gotländischen Bildsteine auch auf normalen, vierbeinigen Pferden abgebildet ist (z.B. auf dem Stein von Halla Broa), steht diese Identifikation als Odin auf sehr schwachen Füßen.

Für weibliche Gottheiten haben wir außerhalb der Germania romana überhaupt keine namentlich zuweisbaren Bilddenkmäler in Form von Massivplastiken, dafür aber die zahlreichen schon oben behandelten Broschen, Anhänger und Goldpressbleche. Es sei hier nochmals festgehalten, dass trotz jüngster Versuche, die so häufig auftretende Frauengestalt mit Horn als Freyja (statt wie früher als Walküren) zu deuten, nicht überzeugen kann. Den einzigen Hinweis auf eines der in der Literatur erwähnten Attribute der Freyja, das Halsband Brísingamen (*Þrymskviða* 13, 19; *Gylfaginning* 34, *Skáldskaparmál* 20), welches als *Brísinga girði* immerhin schon bei Þjóðólfr ór Hvíni im 9. Jh. in seiner *Haustlöng* belegt ist, finden wir ausgerechnet auf Frauendarstellungen ohne Horn, besonders deutlich dem Anhänger von Häggebyhögda; ansonsten hat man das von Snorri (*Skáldskaparmál* 1) und in der *Þrymskviða* 5 erwähnte Federkleid der Freyja auf der winzigen Folienstatue von Trønninge und auf zwei verschiedenen Prägungen der Guldgubber nachweisen wollen, aber wenigstens auf der Kleinplastik lässt die Orientierung des Dekors keine Interpretation als Federkleid zu, und bei den Guldgubber ist diese Deutung noch unsicherer. Somit bleibt jeder Versuch, eine der namentlich bekannten Göttinnen auf völkerwanderungs- und wikingerzeitlichen Bilddenkmälern zu identifizieren, bislang fruchtlos.

2. Göttertriaden und Götter des germanischen Altertums

Die Frage nach der Identifikation auch von eisenzeitlichen Pfahlgöttern hängt zu einem gut Teil daran, ob man denn überhaupt den Germanen des 1. Jh.s – wie der um einen römischen Sittenspiegel bemühte Tacitus – schon ein ausdifferenziertes Pantheon zubilligen will oder ihnen – wie der an einer Distinktion zwischen Galliern und Germanen interessierte Caesar – noch keine personifizierten Gottheiten zugesteht. Im Prinzip belegt nichts eine Vorstellung von namentlich identifizierbaren Göttern vor der Übernahme der römischen Wochentagsnamen in der Germania, aber dennoch sind Tacitus' Hinweise wenigstens auf die Triaden ernst zu nehmen, da derartige Triaden in der germanischen Mythologie ein deutliches Kontinuum aufweisen.

Tacitus spricht, neben seiner Erwähnung von Merkur, Herkules und Mars sowie der Isis als Hauptgötter der Germanen (*Germania* 9) von einer Göttergenealogie, in der die Germa-

2. Göttertriaden und Götter

nen *celebrant* [...] *Tuistonem, deum terra editum*. Dieser erdgeborene Gott Tvisto (oder Tvisco) hat wiederum einen Sohn Mannus, dieser wieder drei Söhne, nach denen die drei am Ozean wohnenden Stämme der Ingävonen, Hermionen und Istävonen ihren Namen haben. Tuisto/Tuisco lässt sich auf eine Bedeutung „Zwitter" zurückführen. Mannus entspricht dem Mánus (*manu* 'Mann') der altindischen Schöpfungsmythen, seine Söhne als Stammväter germanischer Stämme entsprechen *Yng (= Freyr), *Ermin (aus Irmin? = *Tíwaz?) und einem nicht bestimmbaren *Ist. Diese Struktur der Genealogie von Göttern oder Vorvätern findet sich auch im Kosmogonie- (bzw. Ethnogonie-)Mythos in der Edda des Snorri Sturluson, wo der Sohn des Urriesen Ymir, Buri (Borr), der Vater der ersten Götter Odin, Vili und Vé ist, und scheint ein Erbe indoeuropäischer Vorstellungen zu sein, wie sie sich auch in der indischen und griechischen Mythologie finden lassen.

Triaden von Göttern scheinen ein festes Element germanischer Religion zu sein. So treten schon die germanischen Göttinnen der römischen Kaiserzeit, die Matronen, überwiegend in Dreiergruppen auf und bewahren diese Zahl bis nach der Christianisierung (in Form von Drei-Jungfrauen-Steinen oder Kirchenweihungen an Fides, Spes und Caritas, alle im linksrheinischen Verbreitungsgebiet des Matronenkults); auch die wikingerzeitlichen und späteren Quellen scheinen sich germanische Götter vor allem in Dreiergruppen vorstellen zu können: Adam schildert in seiner phantasievollen Beschreibung des Tempels in Uppsala die Standbilder von Thor, Odin und Freyr, Snorri lässt seine heidnischen Ladejarle im 10. Jh. ihre kultischen Trinksprüche auf Odin, Njörðr und Freyr ausbringen (*Hákonar saga góða* 14). Snorri schildert daneben auch die an der Anthropogonie beteiligten Götter als Trias, nämlich Odin, Vili und Vé, aber die *Vǫluspá* 18 nennt die daran beteiligten Götter Odin, Hœnir und Loðurr. Sicher scheint daran zu sein, dass sowohl über die göttliche Abstammung als auch über eine Schöpfung durch die Götter eine Trias am Ursprung der Menschheit beteiligt ist. Eine enigmatische Göttertrias begegnet uns in der vermutlich noch heidnischen Schwurformel: „So helfe mir Freyr und Njörðr und der allmächtige Asen" (*Landnámabók*, *Hauksbók*-Fassung 268; Brot af Þorðar saga hreðu 1). Man hat in dem „allmächtigen Asen" entweder Thor, Odin oder Ullr sehen wollen,[12] aber auch der alte Rechtsgott Týr ist in einer Schwurformel theoretisch nicht auszuschließen und es wäre nicht einmal ganz unwahrscheinlich, dass dies eine synkretistische Formel der heidnischen Spätzeit war, bei der im heidnischen Kontext der *deus omnipotens* christlicher Formeln (vgl. *Adesto mihi, o Trinitas, et trina Unitas, Pater, et Filius, et Spiritus sanctus, unus Deus omnipotens*: Alcuin *Confessio fidei* 1[13]) aus formalen Gründen auf einen, später nicht mehr genau zu identifizierenden, Gott des heidnischen Pantheons übertragen wurde.

Von der taciteischen Stammvatertrias lässt sich allerdings nur *Ing durch die Anknüpfung an den schwedischen Yngvi-Freyr wirklich absichern, während *Ermin/Irmin und *Ist nicht zufriedenstellend mit späteren Gottheiten verbunden werden können. Die Rekonstruktion eines Gottes *Irmin geht auf die falsche Etymologie der durch Karl den Großen bei den Sachsen 772 zerstörten Irminsûl (Hirminsul) bei Widukind von Corvey (*Res Gestae Saxonicae*, ca. 967) zurück. Widukind meinte, diese dem Mars geweihte Säule trage ihren Namen wegen des sächsischen Namens für Mars oder Hermes, eben Hirmin, der Name gehört tatsächlich aber zu altnord. *jǫrmun-* („riesig"), bedeutete also etwa „riesige Säule"; da auch sonst für germanische Heiligtümer Pfähle neben eigentlichen Pfahlgötzen belegt sind, mag die Irminsûl als besonders mächtiges Exemplar eines solchen Holzidols in einem Heiligtum gestanden haben (dafür sprechen die Bezeichnungen *fanum, lucum* oder *idolum* in den Fränkischen Annalen für das Jahr 772, während sie in Rudolfs von Fulda *Translatio Alexandri* ein aufgerichter Baumstamm ist). – Für die Existenz eines Gottes oder Stammvaters *Ist haben sich bislang ebenfalls keinerlei Belege beibringen lassen.

Dafür nennt aber Tacitus als germanische Hauptgötter eine weitere Trias von (männlichen) Gottheiten, nämlich Merkur, Herkules und Mars. Die Gleichsetzung dieser Trias mit der für das germanische Altertum postulierten Trias Odin, Thor und Týr ist jedoch keineswegs so abgesichert, wie vielfach angenommen wird. Vor allem die Gleichsetzung von Herkules mit Thor fällt trotz vieler verwandter Aspekte – die Stärke, die Untierbekämpfung, die Ähnlichkeit der Waffen, die Abenteuerzyklen – nicht leicht, da die *Interpretatio germanica* Thor in der Übersetzung der römischen Wochentagsnamen für Jupiter einsetzt. Týr ist zwar auf Grund der englischen und skandinavischen Übersetzungen von *dies Marti*, nämlich altengl. *Tíwesdæg* (engl. *Tuesday*), altnord. *týsdagr*, noch ahd. *zíostag*, mhd. *ziestac* mit Mars gleichzusetzen, aber der deutsche Dienstag muss von einer Variante des *Tíwaz, nämlich *Þingsaz („Thing-Gott", vgl. dazu den Mars Thingsus) abgeleitet sein, wenn er nicht seinen Namen direkt vom Thing nimmt.[14]

Von den drei bei Tacitus erwähnten Hauptgöttern nennt er Merkur an erster Stelle, und auch Caesar erwähnt (*De bello gallico* 6,17) Merkur als germanischen Hauptgott. Diese Interpretatio romana am Beginn des 1. Millenniums wird durch zahlreiche Funde von Weihesteinen aus der Germania romana gestützt, wo Germanen in römischen Diensten einem Gott Merkur Votivaltäre errichten ließen. Dass es sich tatsächlich um eine germanische Gottheit handelt (und nicht etwa um den römischen Merkur), geht teilweise aus den Beinamen hervor (Mercurius Cimbrianus[15]: zum Stamm der Kimbern, *Leud(isius)[16]: *Leudiacum = Lüttich), teilweise aber auch aus dem Kontext der gemeinsam mit ihm verehrten Gottheiten, wie etwa in Inschriften an die Matronae Ambiamarcae und Ambiorenis: („Zu Ehren des göttlichen Hauses und der Geister des Ortes, der Ambiamarcae, Ambiorenis, des siegreichen Mars, Merkur, Neptun, der Ceres und aller Götter und Göttinnen …").[17] Da die in diesen Inschriften angesprochenen Matronen eindeutig germanisch sind, betrafen auch die anderen Gottheiten wohl germanische Götter in ihren lateinischen Namensformen, somit auch Merkur. Erst die Übersetzungen der römischen Wochentagsnamen im 3. und 4. Jh. n. Chr. zeigen aber, wer nach der Interpretatio germana mit Merkur identifiziert wurde, nämlich Wodan/Odin. Der römische Wochentag *dies Mercurii* wurde mit ags. *Wōdnesdæg* (engl. *Wednesday*), mnl. *Wōdensdach* (nl. *Woensdag*), altnord. *óðinsdagr* (dän., norweg. *onsdag*), ahd. *wôdanestag* übersetzt. Auch frühmittelalterliche christliche Autoren setzen durchwegs Merkur mit Wodan gleich, so Jonas von Bobbio (*Vita Columbani* I, 27; ca. 642), Paulus Diaconus (*Historia Langobardorum* I.8; 2. Hälfte 7. Jh.) und die *Origo gentis Langobardorum*. Der *Indiculus superstitionum* nennt Jupiter und Merkur zweimal (I.8 und I.20) als die germanischen Hauptgötter, und die wikingerzeitlichen englischen Homilien des Aelfric sprechen davon, dass Merkur auf Dänisch (also in der Sprache der heidnischen Skandinavier) Odin heiße.

2. Göttertriaden und Götter 111

Man hat bei den Gründen für diese Identifikation von Wodan/Odin mit Merkur/Hermes auch an äußerliche Gemeinsamkeiten (Stab, Schlapphut, Mantel) der beiden Götter gedacht, aber sie müssen in der ältesten Zeit mehr gemeinsam gehabt haben als die Kleidung, und Wodan/Odin war kaum in erster Linie ein Gott des Handels.[18] Man muss daher wohl die beiden Göttern gemeinsame Funktion als Seelenführer heranziehen, aber noch überzeugender ist vielleicht die Tatsache, dass Hermes (der im ersten Jh. n.Chr. schon mit Merkur zusammenfiel) ein Gott der Rede und Deklamation war, so wie auch Odin (wenigstens in der Wikingerzeit) als Gott der Dichtung und Rede galt. Der Odin der Frühzeit tritt uns aber (auf den Brakteaten) vor allem als Gott der (magischen) Heilkunst entgegen und Hermes ist nicht nur Gott des Todes und der Fruchtbarkeit, sondern auch der Magie. Jedenfalls wird man eine Weiheinschrift wie die an Mercurius Rex („König Merkur": Nijmegen/Holland, CIL XIII 1326) sicher dem späteren Götterkönig des germanischen Pantheons zuweisen müssen, da dieser Titel dem römischen Merkur kaum zukam, sodass Wodan/Odin offenbar im 3. Jh. tatsächlich schon als Hauptgott in Erscheinung trat. Der Name Odins ist uns erstmals auf der Runenfibel von Nordendorf (bei Augsburg) aus alemannischem Gebiet (1. Hälfte 7. Jh.) in der Form Wodan belegt, und auch die beiden nächsten Nennungen sind aus südgermanischem Bereich, nämlich im sächsischen Taufgelöbnis (*abrenuntiatio*, 9. Jh.)[19] in der Form Uuoden und im 2. Merseburger Zauberspruch (s. unten) in der Form Uuodan. In der letzten dieser Nennungen tritt uns Wodan in einer Szene entgegen, die uns einen Anhaltspunkt für die Deutung der C-Brakteaten bietet, nämlich die Heilung eines Pferdes durch den heilenden Götterkönig; allerdings verschweigen uns die Brakteaten den lateinischen ebenso wie den germanischen Namen des Gottes, obwohl die zahlreichen Runeninschriften die Möglichkeit der Nennung geboten hätten, uns aber, sowie überhaupt deutbar, nur Zauberwörter überliefern. Es ist also fraglich, ob Mitte des 1. Jahrtausends in Skandinavien der göttliche Heiler schon im selben Grade mit dem Namen Odin/Wodan identifiziert wurde wie im südgermanischen oder etwa im westgermanischen Bereich, wo im sog. Neunkräutersegen Odin als Heiler oder zumindest Bewahrer gegen Giftschlangen auftritt: „Ein Wurm kam gekrochen, er schadete niemandem; da nahm Woden 9 wunderbare Stäbe, schlug dann die Schlange, dass sie in 9 Stücke zerfiel."[20] Im angelsächsischen Bereich weist die angelsächsische Namensform Woden auf eine Verehrung des Gottes schon im 6. bis 8. Jh., da der nachfolgende wikingerzeitliche und von den Skandinaviern getragene Kult die Namensform Oþen verwendete. In den Genealogien der angelsächsischen Königshäuser taucht Woden als Stammvater ebenfalls schon früh auf (Beda Venerabilis, *Historia ecclesiastica* I, 15), und 22 Ortsnamen auf Woden- und etliche auf den Odinsnamen Grim- finden sich nicht nur in den östlichen Stammgebieten der angelsächsischen Einwanderung, sondern auch im Westen, um den Sitz der frühen Könige von Mercia in Lichfield (bis 655). Somit können wir Woden für den Zeitraum schon ab der Mitte des 1. Jahrtausends auch vor der Wikingerzeit als Hauptgott der germanischen Bevölkerung Britanniens ansehen, dessen Kult wohl vor allem von den sich von ihm herleitenden Königshäusern getragen wurde.[21]

Den zweiten von Tacitus (*Germania* 9, *Annales* II 12) genannten Hauptgott der Germanen nennt er Hercules, der in der Interpretatio romana wohl für den germanischen Donnergott *Þunaraz (Donar/Thor) eingesetzt wurde, auch wenn wir nicht damit argumentieren dürfen, dass die Trias Merkur–Hercules–Mars der germanischen Trias Odin, Thor und Týr entsprochen haben muss und die Letztere für die ältere Zeit nirgendwo ausdrücklich erwähnt wird. Die Identifikation von Hercules und *Þunaraz macht vor allem deswegen Schwierigkeiten, weil die Interpretatio germanica den Gott Thor in der Übersetzung des Wochentagsnamen *dies Jovi* für Jupiter einsetzt, eine Interpretation, welche die Bedeutung des Donar/Thor schon in den frühen nachchristlichen Jahrhunderten hervorhebt. Während die Gründe für die Interpretatio germanica von Donar und Jupiter wohl in erster Linie in dieser Bedeutung und in der Funktion als Blitzschleuderer lag, sind die Berührungspunkte mit Herkules/Herakles vielfältiger. Beide sind die Überwinder von Ungeheuern und Riesen und als solche die Verteidiger der Götter- und Menschenwelt gegenüber den lebensbedrohenden Mächten von außen, beide zeichnen sich durch ihre Kraft aus und beide sind die Protagonisten von mythologischen Abenteuernovellen, und beide haben eine charakteristische Waffe, Herkules die Keule und Thor seinen Hammer,[22] welche beide als Amulettanhänger getragen werden konnten (zu Thors Hammer noch mehr im Kapitel über die wikingerzeitlichen Götter). Etliche Weihesteine, vor allem in der römischen Provinz Germania, sind einem Hercules gewidmet, dessen Beinamen ihn in einigen Fällen als den germanischen Hercules, d.h. Donar identifizieren. Am häufigsten ist der Hercules Magusanus (wohl „der mächtige Hercules"), dessen Namen auf mindestens 10 Votivaltären, vier Armringen und zwei im Jahre 261 n.Chr. geschlagenen römischen Münzen belegt ist. Obwohl durchaus in römischer Gestalt gedacht – drei der Weihesteine zeigen ihn mit Löwenfell, Keule und einmal sogar mit dreiköpfigem Zerberus –, machen die germanischen Namen der Stifter deutlich, dass es sich hierbei um den germanischen Gott handelte. Der älteste Stein wurde 219 in Rom von einem Angehörigen der germanischen Kavallerie gestiftet, weitere Weihesteine fanden sich am Hadrianswall in der Provinz Britannien sowie in der Provinz Dacia (Rumänien). Der Name dürfte, trotz verschiedener Interpretationsmöglichkeiten,[23] aus *Maguz/s-naz („der zur Macht Gehörige") (zu germ. *mag- [„können"]) gehören und spielt somit auf Donar/Thors hervorstechendste Eigenschaft an. Ein weiterer auf römischen Münzen (aus der Zeit 258–269 n.Chr.) genannter germanischer Hercules ist Hercules Deusonianus, der wohl zu einem niederrheinischen Ortsnamen zu stellen ist. Dagegen sind ein Hercules Barbatus, ein Hercules Maliator (zu lat. *maliatores*, „Steinmetze") und ein Hercules Saxanus/Saxsetanus (zu lat. *saxetum*, „Steinbruch") nach Auskunft der Dedikantennamen am ehesten als lokale Ausformungen des römischen Gottes zu interpretieren.

Der dritte Gott der taciteischen Trias ist Mars (*Germania* 9), der auf Grund der in den Wochentagsnamen zu findenden Interpretatio germanica mit dem in historischer Zeit schon fast völlig verblassten germanischen Gott *Tíwaz (altnord. Týr, ahd. Zîo) identifiziert wurde. Die angelsächsische Übersetzung von *dies Martis* durch *tíwesdæg* (engl. Tuesday), zeigt dies ebenso deutlich wie ahd. *ziestag*, altnord. *týsdagr*, wogegen dt. Dienstag entweder auf einer Nebenform zu *ziestag* (vgl. mnd. *dingesdach*, mnl. *dingsdach, dinxdach*) beruht oder zu einem Mars Thingsus zu stellen ist, der als Gott der Thingversammlung interpretiert wird. Dieser Gott *Þingsaz würde dann in all den Formen mit „n" überleben, falls sie nicht direkt vom Wort für Thing abgeleitet sind, sodass der Wochentagsname einfach „Tag des Things" bedeutete; da aber die anderen römischen Wochentagsnamen auf Götter gebildet wurden, ist dies relativ unwahrscheinlich.

Problematisch ist an der Gleichsetzung von Mars und *Tíwaz/Týr aber die Tatsache, dass in anderen frühen Quellen durchaus Odin als Kriegsgott angesprochen zu werden scheint und dass die Erwähnung von Jordanes (*Getica* V, 41), die Goten verehrten den Mars als Vorfahren und brächten ihm blutige Opfer dar, wohl viel eher auf Odin denn auf *Tíwaz/Týr passt, welcher im Gegensatz zu Odin in germanischen Königsgenealogien nicht vorkommt.

Allerdings hat man darauf verwiesen, dass die Stelle auf einer Übertragung des thrakischen Mars auf die Goten beruhen könnte und somit weniger aussagekräftig wäre.

Allerdings ist auch sonst nicht ganz klar, warum *Tíwaz/Týr mit Mars gleichgesetzt wurde. Nach Auskunft der Etymologie (verwandt mit lat. *deus*) ist *Tíwaz/Týr die germanische Entsprechung des alten indoeuropäischen Himmelsgottes wie griechisch Zeus, lateinisch Jupiter. Der Kriegsgott Mars war jedoch keineswegs ein Himmelsgott, und der einzige Hinweis auf eine kriegerische Funktion des Týr ist eine recht sekundäre Bemerkung bei Snorri im 13. Jh., die wohl außer Acht zu lassen ist. Deswegen hat man einen Beinamen des germanischen Mars, nämlich den schon erwähnten Mars Thingsus von einem Votivstein des 3.Jh.s aus Housesteads am Hadrianswall als Herleitungsmöglichkeit ins Spiel gebracht, ohne dass dieser postulierte „Mars des Things" das Problem völlig lösen könnte.[24] Auch wenn man im Mars Thingsus statt eines Thinggottes einen des Wetters oder der Zeit sehen wollte, bleibt das Problem bestehen, warum dieser den Namen des Mars trug und warum man ihn mit *Tíwaz identifizierte. Somit bleibt nur anzumerken, dass man für die erste Hälfte des ersten Millenniums wenigstens regional mit *Tíwaz als Kriegsgott rechnen muss und Odin vielleicht stärker als Gott der Heilung und Magie sowie als Ahnherr der Königsgeschlechter gesehen wurde denn als Kriegsgott. – Neben Mars Thingus ist als Beiname des germanischen Mars nur noch ein Mars Halamarðus von einem Votivstein aus Horn bei Roermond/Holland (1. Jh. n. Chr.) zu nennen, den man als „Männermörder" interpretiert hat, was aber etymologisch keineswegs gesichert ist, wenn es auch der Funktion eines Kriegsgottes entsprechen würde.

Auch außerhalb der Triaden des Tacitus haben wir Quellen für germanische Gottheiten des Altertums, neben den Wochentagsnamen und den Nennungen bei antiken Autoren vor allem auf Weihesteinen zu einem geringeren Maße auch in den ältesten Runeninschriften und frühesten volkssprachlichen Schriftzeugen.

Zu den problematischsten Hinweisen auf urgermanische Götter bei Tacitus (*Germania* 43) gehört seine Erwähnung eines Kultes eines göttlichen Brüderpaares, der Alcis:

„Bei den Naharnavalen wird ein alter heiliger Hain gezeigt, dem ein Priester in weiblichen Kleidern vorsteht, aber die Götter erinnern in der Interpretatio romana an Castor und Pollux. Von gleicher Macht, haben sie keine Bilder, und keine Anzeichen ausländischen Einflusses; sie werden dennoch wie Brüder, wie Jünglinge verehrt."

Offenbar handelt es sich bei den Alcis (germ. *Alhiz) um eine Doppelgottheit, um eines der germanischen Brüderpaare, welche wir neben den göttlichen Triaden finden und die zu

Abstammungsmythen gehören, wie etwa die angelsächsischen Ahnen Hengist und Horsa (Beda, *Historia ecclesiastica* I, 15; Geoffrey of Monmouth VI, 9 f.), die langobardischen Brüder Ibor und Aio (bei Paulus Diaconus bzw. Aggi and Ebbi bei Saxo Grammaticus VIII, 284 f.), die wandalischen Königsbrüderpaare Ambri und Assi (Paulus Diaconus) sowie Raos und Raptos (Dio Cassius 71, 12) oder die skandinavischen Haddingjar. Etymologisch dürften die Alcis zu got. *alhs* („Tempel"), lit. *elkas* („heiliger Hain") und zu altengl. *ealgian* („schützen") gehören und sich so auf Schutzgottheiten beziehen, was mit mythischen Brüdern als Ahnen nicht unvereinbar erscheint; rätselhafter dagegen ist die von Tacitus erwähnte weibliche Tracht der Priester, die man als langhaarige, d. h. aber wohl aus Königsgeschlecht stammende Kultrepräsentanten deuten hat wollen.[25] Insgesamt spielen aber dioskurische Gottheiten außerhalb der Ethnogoniemythen in der germanischen Religion nur eine recht nebensächliche Rolle.

Ebenfalls in den Bereich der Abstammungsmythen gehört der meist als Stammesgott der Sachsen gedeutete Saxnôt im sog. Sächsischen Taufgelöbnis (der *abrenuntiatio*) in einer Handschrift (Bibl. Apost. Vatic., Cod. pal. 577) aus dem 9. Jh., in welcher der Täufling den heidnischen Göttern abschwören musste: „Ich widersage allen Werken und Worten des Teufels, Thor, Wodan und Saxnôt und allen Dämonen, die ihre Begleiter sind." In den Formen Seaxnet, Saxnôt, Saxnat tritt er aber auch in den Stammtafeln der angelsächsischen Königshäuser in Essex auf, sodass wir ihn wohl wirklich als göttlichen Stammvater der Sachsen betrachten können, ob sein Name nun ursprünglich „Gefährte der Sachsen" oder „Schwert-Gefährte" bedeuten mag. Der Kontext der *abrenuntiatio*, die ihn im selben Atemzug mit Thor und Wodan nennt, macht jedenfalls die hohe Stellung des Gottes wenigstens bei den Sachsen deutlich.

Der einzige Wochentagsname, der seinen Namen einer Göttin verdankt, ist der Freitag (engl. *Friday*, dän./norweg. *fredag*), welcher auf die Übersetzung des lateinischen *dies Veneris* („Tag der Venus") durch „Tag der Frija" in den germanischen Sprachen zurückgeht. Diese Gleichsetzung der Frîja, identisch mit altnord. Frigg (und nicht zu verwechseln mit Freyja), dürfte ebenfalls schon im oder vor dem 4. Jh. vorgenommen worden sein und resultierte dann in ahd. *frîatac*, altengl. *frīgedeag*, altnord. *friádagr*. Warum man die römische Venus in der Interpretatio germanica mit Frigg gleichgesetzt hat, ist nicht ganz klar, da Frigg keine Liebesgöttin war und Bemerkungen über ihre angebliche Promiskuität erst sekundär aus dem Hochmittelalter stammen, aber es war wohl der Bekanntheitsgrad und die Rolle als Hauptgöttin, die hier als Tertium Comparationis gedient hat. Allerdings zeigt auch die Etymologie, nach der der Name verwandt ist mit altsächs. *frī*, altengl. *frēo* („Frau"), dass Frîja ursprünglich wohl als „Frau, weibliche Göttin" schlechthin betrachtet wurde und als solche selbstverständlich auch die Frau des Götterkönigs ist; bei den christlichen Schriftstellern nahmen die beiden dann Züge von Zeus und Hera an. Frîja/Frigg war schon vor der Wikingerzeit eine im germanischen Raum weithin verehrte Göttin, wie sowohl die Nennung als Frea bei Paulus Diaconus in seiner *Historia Langobardorum* zeigt, wo die Göttin im Gegensatz zu ihrem Gemahl Wodan die Langobarden in der Schlacht gegen die Vandalen unterstützt, als auch im Zweiten Merseburger Zauberspruch (aufgezeichnet im 10. Jh., aber sicher älter), wo sie als Frîja zusammen mit Wodan und anderen

Gottheiten eine Rolle in einem Heilungszauber spielt; siehe den 2. Merseburger Zauberspruch auf S. 70!

Hier wird als Schwester der Frîja eine Göttin Volla/Folla genannt, über die wir sonst nichts wissen, die aber in der Form Fulla sowohl in einigen Stellen der Skaldendichtung des 10. Jh.s (in Lausavísur von Eyvindr Finsson, Gísli Súrsson und Kormákr) als auch wiederholt bei Snorri auftaucht, der sie interessanterweise ebenfalls mit Frigg (einerseits als Göttin, andererseits als Friggs Dienerin) assoziiert, was darauf hinweisen könnte, das Frigg und Fulla auch im Norden als göttliches Schwesternpaar bekannt gewesen sein könnten, selbst wenn Snorri davon nichts mehr weiß. Daneben ist Volla aber auch in Beziehung mit dem im selben Zauberspruch genannten Gott Phol zu setzen, dessen weibliche Form wohl Volla repräsentiert, die sicherlich als Göttin der Fülle zu betrachten ist, auch wenn die Quellen so dürftig sind.

Noch weniger wissen wir über die zwei anderen im Zweiten Merseburger Spruch genannten Göttinnen, nämlich Sinthgunt und Sunna, außer dass Letztere wohl mit der Sonne in Beziehung zu bringen ist, obwohl auch die altnordische Göttin Sól nur sehr selten belegt ist und wir in beiden Fällen vielleicht gelehrte Personifikationen der Sonne vorliegen haben.

Wesentlich besser belegt ist eine Reihe von einzelnen Göttinnen (zu den Matronen-Triaden vgl. unten), vor allem aus den Votivsteinen der Provinz Germania im 3. und 4. Jh., als das römische Imperium einer großen Zahl von Germanen am Niederrhein einen Lebensunterhalt in der Armee oder der Verwaltung der Provinz bot. Mit den Lebensformen der Römer übernahmen diese Germanen auch deren äußere Formen der Religiosität, was sich in zahlreichen Votivsteinen oder Weihealtären mit lateinischen Inschriften an germanische Gottheiten widerspiegelt. Die bekannteste unter den einzelnen Göttinnen ist zweifellos Nehalennia, deren Heiligtum bei Domburg auf der niederländischen Insel Walcheren schon im 17. Jh. entdeckt wurde, welches ingesamt 28 bekannte Weihesteine enthielt. Erst 1971 bis 74 hat man ein noch größeres Heiligtum mit 122 Altären bei Colijnsplaat auf der Insel Noord-Beveland ausgegraben, und zwei Steine wurden in Köln-Deutz entdeckt (im 2. Weltkrieg zerstört). Diese also in Friesland und am Niederrhein im 3. Jh. weit verehrte Göttin[26] wurde in erster Linie von Kaufleuten und Händlern verehrt, in wenigstens zwei Fällen wissen wir, dass der Votivstein als Dank für erfolgreichen Handel gesetzt wurde. Dazu passen auch die Darstellungen der Nehalennia, die sie oft mit einem Hund, Früchten und Fruchtkörben, aber auch mit einem Ruder und auf einen Schiffsbug gestützt zeigen. Dies weist zwar einerseits auf ihre helfende Funktion und die Rolle im Kult der Händler und Seefahrer, andererseits darf aber auch nicht vergessen werden, dass alle diese ikonographischen Elemente dem römischen Isis-Kult entnommen sind, sodass wir also von einer germanischen Isis sprechen können (wenn auch dieser Name auf den Steinen bis auf einen zweifelhaften Fall vermieden wird). Der germanische Name der Göttin dürfte allerdings am überzeugendsten als zu lat. *nex, necare* („töten") gehörig zu etymologisieren sein, was mit dem Hund als Element des Totenkults gut in Einklang zu bringen wäre, wenn nicht die Interpretation zur Wurzel *$^{*}n\bar{e}u̯$* („Schiff") richtig ist. Denn auch Tacitus berichtet von den Sueben, die eine Göttin Isis verehren (*Germania* 9), in deren Kult ein Schiff eine Rolle spielte, allerdings deckt sich das Stammesgebiet der (süddeutschen) Sueben nicht mit dem der Verehrung der Nehalennia.[27]

Eine weitere recht gut belegte Göttin des 3. Jh.s ist Sunucsal (oder Sunuxsal), welche aus 10 niederrheinischen Inschriften bekannt ist, von denen eine mit 239 n. Chr. datiert ist. Der Name weist sie höchstwahrscheinlich als Stammesgöttin der linksrheinischen germanischen Sunuci aus, wozu das Verbreitungsgebiet der Inschriften von Remagen bis Zülpich gut passt. Eine größere geographische Streuung, die mit der Verlegung von Legionsteilen zusammenhängt (vgl. dazu unten über ähnliche Verhältnisse im Matronenkult), weisen die sieben Weihungen an die Göttin Vagdavercustis (auch Vagevercustis, Vagdaevercustis) auf: Fünf Nennungen stammen vom Niederrhein, wo wohl das Zentrum ihrer Verehrung lag, und je eine aus Plumtonwall am Hadrianswall in Nordengland sowie aus Ungarn, wovon zwei Steine in die erste Hälfte des 3. Jh.s, einer vielleicht auf 167 zu datieren ist. Mangels detaillierterer ikonographischer oder sonstiger Belege wissen wir aber sonst nichts über die Funktion dieser Göttinnen, ebenso wenig wie übere einige andere, bei Tacitus erwähnte weibliche Gottheiten.

Über die Göttin Tamfana etwa berichtet er (*Annales* I, 51), dass die römischen Truppen unter Germanicus im Jahre 4 n. Chr. auf dem Stammesgebiet der Marser zwischen Lippe und Ruhr ihr Heiligtum zerstörten, während eine Opferfeier für sie im Gang war, was höchstwahrscheinlich auf den 27. Oktober fiel und somit als Herbst- (und Fruchtbarkeits-) Opfer anzusehen ist.

Auch über eine Göttin Baduhenna berichtet Tacitus (*Annales* IV, 73), der in Friesland ein heiliger Hain geweiht gewesen sei, in dessen Umgebung im Jahre 28 n. Chr. 900 römische Soldaten niedergemetzelt worden seien. Auch wenn wir die näheren Umstände außer Acht lassen – da der Tod der Römer offenbar nicht als Opfer zu verstehen ist, was in dieser Größenordnung auch ganz ungewöhnlich wäre –, so weist die Etymologie des Namens ihn als eindeutig germanisch und noch dazu als zeitlich nahe stehenden Göttinnen- und Matronennamen verwandt aus. Badu- ist wohl zu *badwa- („Schlacht") zu stellen, die Endung -henae ist in Matronennamen sehr gebräuchlich, sodass wir also hier an eine Göttin (oder Göttinnen?) des Krieges zu denken haben, eine Funktion, die wir auch für einige andere Göttinnen der römischen Kaiserzeit kennen, nämlich Hariasa, die wir nur von einem einzigen Weihestein aus Köln aus dem Jahre 187 n. Chr. kennen und wohl ebenso zum Walkürennamen Herja („die Kriegerische") zu stellen ist wie Harimella, eine germanische Göttin von einer Inschrift aus Birrens am Hadrian's Wall/North England und vielleicht (wie der Walkürenname Herfjötur, „Heer-Fessel") mit der Heere hemmenden Funktion der Idisi im Ersten Merseburger Zauberspruch zu vergleichen wäre.[28] Eine weitere Kriegsgöttin findet sich auf einer römerzeitlichen Bronzeplakette aus Tongern in Belgien, in welcher ein Zenturio der III. Legion die Weihung seines Schilds und Speers an diese Göttin Vihansa festhält; der Name gehört wohl zu germ. *wīhan („kämpfen"), obwohl auch eine Herleitung aus germ. *wīhan („weihen") denkbar wäre.

Besser belegt als diese nur in Einzelnennungen erhaltenen Namen von Göttinnen ist die in fünf Weiheinschriften aus der Eifel, dem Niederrhein und Friesland genannte Göttin Hludana (auch Hluðena), mit zwei Datierungen auf 197 n. Chr. (Nijmegen) bzw 222 bis

235 (Münstereifel). Der Name ist ganz offenbar mit dem der altnordischen Göttin Hlóðyn (oder Hlǫðyn?) verwandt, welche in der *Vǫluspá* 56 als Mutter des Gottes Thor bezeichnet wird. Der Name dürfte letztendlich – wie wohl auch der urgerman. Göttin Nehalennia, die altnord. Unterweltsgöttin Hel sowie die aus der neuzeitlichen Volkskunde bekannten Frauengestalten Huld und Frau Holle – zu altengl, ahd. *helan* („verbergen") zu stellen sein, was auf eine chtonische Gottheit weisen würde.[29] Da Thor in einer Kenning, einer poetischen Umschreibung eines Begriffs, *Jarðar burr* („Sohn der Erde") genannt wird, hat man diese Deutung in der Forschung bevorzugt, obwohl eine der Inschriften auf eine Beziehung zur Fischerei deutet. Man sollte allerdings die Möglichkeit nicht außer Acht lassen, dass der Dichter der *Vǫluspá* den Namen der Göttin auf den friesischen oder niederrheinischen Weihesteinen kennen gelernt hat; wie uns nicht zuletzt die runischen Graffiti im Megalithgrab von Maeshowe zeigen, bestand auch schon in der Wikingerzeit ein beträchtliches altertumskundliches Interesse.

Den im Germanischen einzigartigen Fall von zwei Göttinnen mit gleichem Beinamen haben wir in den Alaisiagae vorliegen, die in drei Inschriften aus Housesteads am Hadrianswall in Nordengland belegt sind, von denen zwei außerdem noch an den Gott Mars Thingus gerichtet sind. In den beiden älteren Inschriften aus der zweiten Hälfte des 2. Jh.s werden auch die Eigennamen der beiden Göttinnen erwähnt, aber in unterschiedlicher Form: Einmal werden sie Baudihillia und Friagabis genannt, dann Beda und Fimmilena. Außer dem Anfangsbuchstaben haben diese Namen nichts gemeinsam, aber da die Steine von Angehörigen einer friesischen Legion gesetzt wurden, hat Heinzel[30] die beiden letzteren Namen mit friesischen Rechtstermini, Bodthing und Fimelthing („Ladung" und „Urteil") zusammengesetzt und aus der gemeinsamen Nennung mit Mars Thingsus geschlossen, die Alaisiagae seien friesische Göttinnen des Things – eine sehr hypothetische Erklärung, die noch dazu auch nicht das Verhältnis zu Baudihillia und Friagabis erklärt. Der Beiname Alaisiagae könnte sonst allenfalls als „sehr Verehrten" gedeutet werden, aber auch dies ist unsicher.

Abgesehen von einigen nur schlecht belegten oder nur schwer deutbaren Namen einzelner Göttinnen ist damit unsere Kenntnis des Inventars an weiblichen Gottheiten erschöpft, soweit sie nicht zum weiten Bereich des Mütterkultes zu zählen sind, wobei eine Abgrenzung zwischen den in Triaden auftretenden Muttergottheiten und den in Namenmaterial und Kultformen eng verwandten Einzelgöttinnen weder immer ganz leicht noch notwendigerweise sinnvoll erscheint.

3. Die Vielzahl der weiblichen Gottheiten (Matronen, Disen, Nornen, Walküren)

Mit Ausnahme von Odin und Thor sind keine germanischen Gottheiten so gut belegt wie die urgermanischen Muttergöttinnen, und auch über ihren Kult wissen wir wesentlich besser Bescheid als über den der nordgermanischen Götter. Ihre steinernen Denkmäler und Kultgebäude haben besser überlebt als hölzerne Gegenstücke in Nordeuropa, und durch die bildhauerischen Details der römischen oder durch Römer geschulten Steinmetzen und die lateinischen Inschriften sind uns mehr Details über Namen der Gottheiten, Name und Beruf der Dedikanten, Gründe für die Anrufung der Göttinnen und vereinzelt sogar ein genaues Datum bekannt. Daher sind die Weihealtäre an die Matronen eine einzigartige Quelle der germanischen Religionsgeschichte (vgl. Abb. 1).

Bei den Matronen entstand in den ersten drei Jahrhunderten unserer Zeitrechnung aus einer kulturellen und religiösen Verschmelzung germanischer, keltischer und römischer Elemente heraus ein ganz neuer Kult, der auch zeitlich auf die letzten Jh.e des römischen Imperiums, sozial auf die polyethnische provinzialrömische Bevölkerung der Provinz Germania inferior in römischen Diensten und räumlich auf die linksrheinischen Gebiete am unteren Rhein, besonders aber auf die Eifel konzentriert war.

Der erste bekannte Matronenstein (aus Andernach) wurde zwischen 70 und 89 gesetzt, und aus dem 1. Jh. stammt auch je ein Stein aus Pallanza/Italien (zwischen 37 und 41) und aus Gallien. Im Kernland der Matronenverehrung ist einer der ersten Matronensteine an die Aufanien (*deae Aufaniae;* der sog. Vettius-Stein) in Bonn mit 164 n. Chr. datiert und der Grundstein für den frühesten bekannten Matronentempel, den für die Aufaniae, wurde hier 161 n. Chr. gelegt. Die Gründe für diesen so plötzlich greifbaren Kult sind allerdings schwerer zu erfassen, und man hat sie u. a. im Partherfeldzug des Jahres 161 sehen wollen, als die gesamte Legion Prima Minerva vom Niederrhein in den Osten des Imperiums verlegt wurde, was für die teilweise einheimischen Legionäre eine massive Veränderung eines seit 200 Jahren gewachsenen sozialen Gefüges bedeutete. Auch sonst können die Unruhen im römischen Reich ab der 2. Hälfte des 2. Jh.s gut zu einer verstärkten Religiosität, besonders in Form der Verehrung persönlicher Schutzgöttinnen, geführt haben; so resultierten auch die letzten beiden Weltkriege im katholischen Zentraleuropa in einer verstärkten Dedikation von Kapellen an Maria und die Heiligen. Dass gerade die wenigstens temporäre Entwurzelung der Legionäre zu Denkmälern des Matronenkultes geführt hat, bezeugen die Weihesteine an friesische Gottheiten aus den Garnisonen am Hadrianswall in Nordengland, also von einem der Außenposten des Römischen Reiches, an welchem die Legionäre wohl mit gutem Grund die heimatlichen Göttinnen um Beistand anriefen.

Fast alle germanischen Matronendenkmäler, welche diese weiblichen Gottheiten auch bildlich darstellen, zeigen drei sitzende Frauen, von denen die beiden äußeren durch eine Haube im ortsüblichen Stil als verheiratete Frauen, die mittlere, kleinere und jüngere durch langes offenes Haar und oft auch Stirnschmuck als unverheiratetes Mädchen gekennzeichnet sind. Die Sitzhaltung ist förmlich und würdevoll, der Gesichtsausdruck neutral, Unterschiede sind im Wesentlichen nur in den von den drei Gottheiten gehaltenen Gegenständen auszumachen: Meist sind es entweder Körbchen oder Schalen mit Obst, selten ein Kästchen (mit Weihrauch, wie man vermutet hat?)[31], vereinzelt auch eine Blume, eine Ähre, ein Zweig oder – wie auf vermutlich keltischen Steinen – ein Kind, eine offene Windel oder auch beides.[32] Nur die opulentesten Denkmäler wie der genannte Vettius-Stein aus Bonn zeigen hinter einer Galerie, Balustrade oder Fenstern hinter den Göttinnen auch noch die Familie des Stifters; ganz selten finden sie sich unter den Matronen stehend mit einem Opfer an sie beschäftigt (vgl. Abb. 16). Ansonsten sind die menschlichen Protagonisten – ob förmlich als Stifter, als Überbringer von Opfergaben oder im Rahmen einer familiären Opferhandlung – auf die Schmalseiten der Steine verbannt, wo sich auch ein Reichtum von Informationen über Opfergaben und Symbolik des Kultes findet. Allerdings ist davon auszugehen, dass vieles davon der römischen ikonographischen Tradition und nicht nur dem Glaubensleben der einheimischen germanischen Bevölkerung entstammt. Die Altäre an den Schmalseiten zeigen auch die Opfergaben, ob diese nun wirklich oder nur symbolisch im Kult eine Rolle spielten: Äpfel und Birnen, Nüsse, Brot, Ähren und Schweine bzw. Schweinsschädel. Pinienzapfen weisen aber nur überdeutlich darauf hin, dass diese Art der Opfergaben von den Römern übernommen wurde und wohl nur in geringem Ausmaß einheimischen Traditionen entstammt. Neben den eigentlichen Opferszenen findet sich auf den Matronensteinen ein reiches Symbolinventar, das ebenfalls von den Römern übernommen wurde: Füllhörner, Vögel, Fruchtkörbe und selbst im Rheinland wohl kaum recht verbreitete Pinienzapfen (Abb 16).

Die Denkmäler des Matronenkults verwenden die Bezeichnungen *matronae*, *matrones* und *matres* synonym, und dieselben Matronen werden zeitweise auch regelrecht als *deae* („Göttinnen") angesprochen. *Matrona* hat im Lateinischen in erster Linie eine säkulare Bedeutung für „alte, angesehene, weise Frau", die Übertragung auf die Göttinnen tritt vor dem 1. Jh. nicht auf. Der Mütterkult ist übrigens keineswegs eine rein germanische Erscheinung, sondern tritt fast gleichzeitig bei Kelten des gesamten römischen Imperiums, besonders aber in Südfrankreich und in Oberitalien hervor, welche mit dem Niederrhein die Zentren des Matronenkultes bilden. Durch keltische und germanische Legionäre finden sich Weihesteine aber auch in Gallien, daneben in Britannien, in Rom, selbst in Spanien und Nordafrika. Dieses gleichzeitige Auftreten des Kultes bei Kelten und Germanen kann bislang nicht wirklich stichhaltig erklärt werden. Somit ist nur festzuhalten, dass bald nach Übernahme römischer Kultur und Schriftlichkeit sowohl bei Germanen als auch Kelten der Matronenkult schnell an Popularität gewinnt, der nicht nur, wie nach der Mehrzahl der Denkmäler zu vermuten, auf die unteren (germanischen) Chargen der provinzialrömischen Armee und Verwaltung beschränkt blieb. Gerade in den Kultzentren waren es auch hohe Beamte, die sich auf den repräsentativsten der Weihesteine (wie dem genannten des Q. Vettius Severus, Kölner Kammeramtsdirektor) mit ihrer ganzen Familie samt den Matronen darstellen ließen und somit nicht nur diesen, sondern auch sich selbst ein Denkmal setzten.

Bei etlichen der Matronennamen lässt sich nicht mit letzter Sicherheit entscheiden, ob sie ursprünglich keltisch oder germanisch waren (wie bei den Almaviahenae), daneben treten sogar Mischformen auf (Ambiamarcae/Abiamarcae) oder germanische Imitationen keltischer Namen (Alagabiae zu Ollogabiae). Der Großteil der in der linksrheinischen Provinz Germania inferior zu findenden Weihesteine richtet sich jedoch an germanische weibliche Gottheiten, was sich meist aus der Etymologie der Namen ergibt, zum Teil aber sogar aus der Morphologie, da Namen auf „ms" die urgermanische Endung des Dativ Plural selbst im lateinischen Kontext erhalten haben, so in Weihungen an die Vatvims (neben Vatviabus), Aflims (neben Afliabus) oder Saitchamims. Diese Namen sind also selbst bei ungeklärter Etymologie zweifelsfrei germanisch, aber zahlreiche andere erweisen sich schon auf den ersten Blick als eindeutig germanisch wie die Gabiae („die Gebenden"), die

Abb. 16: Opferszene von einem Weihestein für die Aufanischen Matronen aus Bonn (um 220 n. Chr.).

Friagabiae („die Freigebigen") oder die Arvagast(i)ae (vgl. den fränkischen Personennamen Arbogastes).

Am leichtesten zu klären sind solche Matronennamen, die Stammesgottheiten geweiht sind wie den Matribus Sucbis, den „suebischen Müttern", den Matribus Frisiavis paternis, den „väterlichen frisiavischen Müttern" oder überhaupt Matribus Germanis, den „germanischen Müttern". Den Dedikationen an solche germanische Stammesgöttinnen stehen solche an die Rumanehea/Romanehae, also wohl die „römischen Mütter" in Germanien, an die Matres Gallaicae in Spanien und die Mat(ris) Af(ricanis) Ita(licis) Ga(llicis) in England gegenüber; in all diesen Fällen liegt der Aufstellungsort außerhalb des Stammesgebiets, diese Mütter wurden also von in die Ferne versetzten Legionären gesetzt, die sichergehen wollten, dass ihre spezifischen Matronen damit angesprochen wurden. Für den bestens belegten Kult der Matronis Aufaniae, deren wichtigste Kultzentren ein Tempel in Bonn (unter dem heutigen Münster, mit etwa 40 Weihesteinen), eine Tempelanlage in Nettersheim in der Eifel und vielleicht ein weiterer in Xanten waren, fanden sich auch Weihesteine aus Lyon in Frankreich, aus Carmona in Spanien und aus Nijmegen, alle anderen im Dreieck zwischen Zülpich, Xanten und Mainz, also im Kernland um die zwei großen Tempel. Diese Dedikationen zeigen, dass das hilfreiche Eingreifen dieser Matronen nicht an den Ort ihrer vorwiegenden Verehrung gebunden war, sondern dass man sich auch in der Ferne auf sie verlassen konnte.

An den insgesamt in über 90 Inschriften belegten Aufanien lässt sich das Wesen des Matronenkults überhaupt gut exemplifizieren, da die Stifter der Weihedenkmäler einem engen sozialen und geographischen Kreis entstammten. Es sind am Bonner Tempel in erster Linie höhere (zivile wie militärische) Beamte und Angehörige des Ritterstandes, in einigen Fällen auch von Offiziersfrauen. Am Heiligtum in Nettersheim sind es vor allem Benefiziare, also zur besonderen, gehobenen Verwendung abgestellte Legionäre, die in der Eifel in verschiedensten Funktionen von einer Art Landgendarm bis zu Kontrolleuren der diversen Bauvorhaben tätig waren. Ob der Kult zuerst unter ihnen oder zuerst in Bonn seinen Anfang nahm, wissen wir allerdings nicht, nur dass der Kult auch zeitlich recht eng begrenzt ist; der jüngste bekannte Weihestein stammt aus dem Jahr 223, sodass seit der Grundsteinlegung für den Bonner Tempel 161 n. Chr. kaum mehr als zwei Generationen vergangen waren, als der Aufanienkult sein greifbares Ende fand.

Die Aufanien sind aber keineswegs die am meisten verehrten Matronen. Von den matronae Austriahanae hat man in Morken-Harff (Kreis Bergheim) über 150 Weihesteine gefunden, die hier offenbar ein sehr eng begrenztes Kultzentrum hatten, wodurch auch eine Verwandtschaft mit den Audrinehae (nur aus Hermühlheim bekannt) sehr unwahrscheinlich ist. Obwohl keiner der Steine datiert ist, dürften auch sie in die Zeit um 200 fallen. Der Name ist nicht völlig geklärt, könnte aber etwa „die östlichen Gottheiten" bedeuten. Aus Morken-Harff stammen auch fünf Weihesteine an die Vatviae, sodass man hier offenbar auch andere Matronen verehren konnte, wobei die Vatviae am ehesten als mit dem Wasser bzw. Flüssen in Verbindung stehenden Muttergottheiten zu interpretieren sind.

Am besten dokumentiert sind aber die Matronae Vacallinehae, für die man im bereits (Kap. I.1) besprochenen Tempelbezirk bei Pesch (nahe Bad Münstereifel-Nöthen, Kreis Euskirchen) und in unmittelbarer Umgebung 130 ganze und etwa 150 fragmentarische Weihesteine gefunden hat. Hier hat die germanisch-keltische Mischbevölkerung (bestehend aus den Resten der einheimischen Eburonen und den im Jahre 38 n. Chr. von der rechten Rheinseite hierher übersiedelten germanischen Ubiern) über einen relativ langen Zeitraum diese Vacallinehae (auch Vocallinehae u. Ä.) verehrt, nämlich von den Anfängen der Tempelanlage bald nach 100 bis zu der wohl im Rahmen von Kriegswirren um 400 erfolgten Zerstörung und Niederbrennung[33] der zu diesem Zeitpunkt recht umfangreichen Anlage, als hier u. a. sogar eine kleine heidnische Basilika existierte. Das erste Element des Namens der Vacallinehae ist nicht unbedingt germanisch und könnte auf einen keltischen Orts- oder Gewässernamen *Vacall- zurückgehen, entweder auf den heutigen Ort Wachendorf (bei Antweiler) am Wachenbach (früher Wachlenbach), eher aber auf den Flussnamen Waal, gallisch *Vacalus*, germanisch *Vahalis*. Wenn die Vacallinehae in drei Fällen den Beinamen Leudinae tragen, so deutet dies wohl am ehesten auf die Herkunft dieser Dedikanten von einem Ort *Leudium (oder *Leudiacum, Lüttich?) hin.

Aufschlussreich sind auch die matronae (oder matres) Suleviae, von denen man 40 Weihesteine aus weiten Bereichen des römischen Imperiums gefunden hat, vor allem aber in Rom und am Niederrhein. Im Norden werden die Suleviae entweder gar nicht näher oder als *deae* bezeichnet, in Rom dagegen herrschen Formen wie *meae*, *suae domesticae suae* oder gar *matribus paternis et maternis meisque Sulevis* vor, hier handelt es sich also noch mehr als sonst bei den Matronen um Göttinnen der privaten Sphäre. Interessant an den Suleviae ist aber nicht nur ihre weite geografische Verbreitung – dies ist aus den Versetzungen von Legionären leicht zu erklären –, sondern einerseits ihr frühes Auftreten: Eine Inschrift aus Xanten stammt schon aus der Zeit vor 89 n.Chr., alle anderen datierten aus dem Zeitraum zwischen 130 und 160 n.Chr., womit die Suleviae zu den ältesten belegten Matronen gehören. Andererseits findet sich Sulevia in einer Inschrift aus Trier im Singular (geweiht der D[e]ae Sulev[ae]), ist also eine einzelne Göttin, und etymologisch steht der sowohl als germanisch wie keltisch anzusehende Name der in Bath/England belegten Göttin Sulis (am ehesten „Göttin der warmen Quellen", vielleicht aber auch „Sonnengöttin") nahe. Die weite Verbreitung mag also auch zu einer größeren inhaltlichen Variation geführt haben.

Viele der über 100 mit einiger Sicherheit als germanisch zu bezeichnenden Matronennamen sind aber nur in einer oder recht wenigen Nennungen belegt. Das mag zum einen an der Fundsituation liegen, denn nur wenige Heiligtümer wie Bonn, Nettersheim, Pesch, Morken-Harff und vielleicht Xanten sind erhalten und ausgegraben, zum anderen aber sicher auch daran, dass diese Matronen nur in einem sehr beschränkten Raum verehrt wurden und somit oft nicht einmal Regional-, sondern nur Lokalgottheiten waren.

Etliche Matronennamen leiten sich von Wasserläufen ab, aber dies mag sich einerseits aus der ausgeprägten Verehrung von weiblichen Fluss- und Quellgöttinnen bei den keltischen Galliern erklären lassen – und der Matronenkult ist eben ein Ausdruck einer gallo-germanischen Mischreligion –, andererseits aber auch aus der schon oben im Kapitel 3 über Kultbräuche behandelten weit verbreiteten germanischen Quellenverehrung resultieren: Bei der (durch den Kontakt mit den Galliern geförderten?) Personifizierung der einer Quelle innewohnenden Mächte liegt es nahe, dass Gewässer und Gottheit auch im Namen übereinstimmen. Das in den Lokalgottheiten repräsentierte Konzept stand dem römischen des *genius loci*, des „Geistes des Ortes" nahe, und viele der Götter- und Matroneninschriften aus der Germania inferior sind diesen und einem *genius loci* geweiht, also offenbar dem römischen Äquivalent der Lokalgottheiten.

Mit Ausnahme der Stammesgottheiten weisen alle Matronennamen auf die private, häusliche, familiäre Sphäre hin. In diese sind auch die verschiedenen gebenden und schützenden Gottheiten einzuordnen, deren Funktion sich auch aus der Natur der von der Gottheit erfüllten Wünsche offenbart: Gesundheit, Kindersegen, beruflicher Erfolg. Alle anderen aus den Namen herauszulesenden Funktionen (vgl. Tab. 1) sind dagegen eher als Einzelfälle anzusehen. Ihre Namen zeichnen insgesamt doch das Bild der gebenden, schützenden Mütter über Haus und Familie. Auffällig ist, dass die in germanischen Einzelgottheiten (wie Baduhenna, Hariasa, Harimella, vielleicht Vihansa) zu findenden kriegerischen Namen bei den Matronen weitgehend zu fehlen scheinen.

Die manchen der Matronentriaden zugesprochene Bezeichnung *deae* („Göttinnen"), die mit den germanischen Einzelgöttinnen der Spätantike zusammenfällt, sollte jedoch nicht zu der Annahme verleiten, die Matronen seien Göttinnen im Sinne des griechischen oder römischen Pantheons, sondern man sollte vielleicht eher von Halbgottheiten sprechen; aus katholischer Sichtweise würde man bei den Lokal- und Regionalgottheiten überhaupt besser von Lokalheiligen reden, denn auf diesem Niveau sind die Matronen und Matres wohl anzusiedeln: ansprechbare, gut bekannte und verehrenswürdige Bewohnerinnen des Jen-

Tab. 1: Funktionen der Matronen nach Auskunft der Namen

Lokal- und Regionalgottheiten:

Albiahenae (zu Elvenich)
A(m)biamarcae (zu *Ambia, heute Embdt)
Iulineihiae (zu Iuliacum, heute Jülich)
Lanehiae (zu *Laciniacum, heute Lechenich)
Leudinae (zu *Leudium, heute Lüttich?)
Mah(a)linehae (zu Mahlinium, heute Mecheln)
Kannanefates (zum Regiment ala Cannanefatium)
Romanehae/Rumanehae (Heilige des Römerlagers)
Almaviahenae (zum Fluss Elm, ahd. elmaha, „Ulmenbach")
Ambiorenenses („die an beiden Ufern des Rheins Verehrten"?)
Aumenahenae (zum Fluss Oumena = Aumenau)
Fernovinae (zu einem *fern-awi, „Altbach"?)
Nersihenae (zum Fluss Niers)
Renahenae (zum Rhein)
Udravarinehae („Heilige des Otterwehrs")
Ulauhinehae (zu idg. *plau-/pleu- „fließen")Vacallinehae (zum Fluss Waal?)
Vacallinehae (zum Fluss Waal ?)

Fluss- und Wassergottheiten:

Almaviahenae (zum Fluss Elm, ahd. elmaha, „Ulmenbach")
Aumenahenae (zum Fluss Oumena = Aumenau)
Fernovinae (zu einem *fern-awi, „Altbach"?)
Nersihenae (zum Fluss Niers)
Renahenae (zum Rhein)
Udravarinehae („Heilige des Otterwehrs")
Ulauhinehae (zu idg. *plau-/pleu-, „fließen")
Vacallinehae (zum Fluss Waal ?)
Vatviae (zu germ. *watar, „Wasser"?)
Veteranehae (zu germ. *watar, „Wasser")

Stammesgottheiten:

Andrusteihiae (zu afrk. antrustio, „Gefolgsmann")
Cantrusteihiae (zu den Condrusti)
Matris Suebis (zu den Sueben)
Matris Germanis
Matris Frisiavis paternis (zu den Frisiavern)
Hamavehae (zu den Chamavern)
Euthungae (zu den Iuthungi)

Gottheiten mit gebender Funktion:

Aufaniae (zu got. ufjo, „freigebige Ahnmütter")
Gabiae („die Gebenden")
Alagabiae/Ollogabiae („die All-Gebenden")
Friagabiae („die großzügig Gebenden")

Gottheiten mit Schutzfunktion:

Audrinehae (zu *auja, „göttl. Schutz"?)
Et(h)rahenae (zu ahd. ettar, „Zaun?)
Fachine(i)hae (zu germ. *fahana, „froh")

Gottheiten mit persönlicher Schutzfunktion:

Arvagastiae (zum PN *Arwagasti-)
Asericinehae (zum PN *Ansu-rik-)
Seccanehae (zum PN Seccus?)

Gottheiten für andere häusliche Funktionen:

Lubicae (zu germ. *lubja, „Heilmittel")
Gavadiae (ehestiftend?)
Gavasiae (zu got. gawasjan, „bekleiden": Windeln ?)
Tummaestiae („Heilige der Baustelle" zu tumulus)
Gantunae (zu germ. *ganta, „Gans")
Hiheraiae (zu germ. *hihera, „Häher")

Schicksalsgöttinnen:

Audrinehae (zu altnord. audna, „Schicksal"?)
Ratheihiae (zu germ. *ratha, „Rad")
Textumeihae (zu air. dess, „rechts", die „Glückbringenden"?)

Gottheiten mit Beziehung zu Magie (?):

Alusneihae (zu alu; vgl. aluth, „Bier, Rauschtrank")
Saitchamiae (zu altnord. seiðr, „Zauber"?)

seits, an die man sich mit den täglichen Sorgen und Anliegen mit guter Aussicht auf Erfolg wenden konnte. Diese Zugänglichkeit spiegelt sich in den kleinen Terrakottafiguren dreier Göttinnen (ohne spezifische Namensnennung) wieder, welche man aus einer Kölner Werkstätte kennt und die wohl in großer Zahl für den häuslichen Altar bestimmt waren.

In diesem Rahmen kann nur kurz verwiesen werden auf das Fortleben der Matronen nach der Christianisierung, welches sich im Drei-Jungfrauen-Kult, also der Verehrung von drei Heiligen (unterschiedlicher Namen; vgl. dazu den Dreijungfernstein im Wormser Dom) und die Weihungen von Kirchen an Fides, Spes und Caritas als „Heilige" manifestiert; Letztere sind erstmals auf einem Kirchensiegel von 1028 aus Bettenhoven bei Jülich (also dem Herkunftsort der Matrones Etthrahenae, vgl. oben Abb. 16) belegt.[34]

Wenn diese Muttergottheiten aber im germanischen wie im keltischen Raum in der Spätantike so weithin verehrt wurden, stellt sich die Frage, wo denn sonst in der Germania solche weiblichen Gottheiten in ähnlicher Zahl greifbar sind, oder anders gefragt: Welche Entsprechung hat diese Pluralität von Göttinnen außerhalb des römischen Einflussbereiches? Diese Frage hat die Forschung zum Matronenkult schon seit langem beschäftigt, aber der einzige Forschungsfortschritt ist die Entdeckung der sog. *guldgubber*, welche eine beträchtliche Zahl von (mythologischen?) Frauendarstellungen der Völkerwanderungszeit geliefert hat. Da aber diese Guldgubber in der Mehrheit männliche Protagonisten darstellen, ist auch diese Quellengruppe als Beleg für einen Kult weiblicher Gottheiten nur im Kontext aller Darstellungen heranzuziehen.

Neben den eigentlich germanischen Bezeichnungen für diverse Gruppen verehrungswürdiger Frauen, die noch zu besprechenden Nornen, Walküren und Disen, sei aber vermerkt, dass kirchliche Autoren derartige mythologische Frauengestalten in erster Linie mit dem lateinischen Begriff *parcae* („Parzen") zu umschreiben versuchen, so etwa auch Burchhard von Worms in seinem Poenitentiale (*Liber Decretorum* 19, 5)[35]:

„Hast du es wie gewisse Frauen gemacht, die zu bestimmten Jahreszeiten Folgendes zu tun pflegen: dass du in deinem Haus einen Tisch bereitest, und zwei Teller, und ein Getränk mit drei Messern auf den Tisch stellst, damit jene drei Schwestern kämen, welche die alte Vergangenheit und alte Dummheit Parzen nennt, wo sie wieder aufgefrischt wird, und hast du mit göttlicher Verehrung ihre Macht und ihren Namen angenommen und dich dem Teufel übergeben, so, sage ich, dass die, die du Schwestern nennst, dir jetzt und in der Zukunft helfen werden?"

Bald darauf bringt Burchhard (10, 16) dann diese Parzen mit der Voraussagung der Zukunft eines Neugeborenen zusammen ebenso wie mit der Macht, ihn in einen Werwolf oder andere Gestalten zu verwandeln. Diese Parzen stehen von dieser Funktion her den Nornen nahe, dass die Nornen aber Gegenstand eines Kultes gewesen sei, hören wir sonst nie, von den Disen dagegen schon.

„Disen" (altnord. *dísir*, sg. *dís*) ist die allgemeinste Bezeichnung für „verehrungswürdigste" oder „mythologische Frau", auch wenn der Ausdruck vereinzelt auch allgemein für eine vornehme (menschliche) Frau verwendet werden kann (etwa *Atlakviða* 35 für Gudrun oder allgemeiner in der *Helgakviða Hundingsbana* I, 16; auch *Reginsmál* 35, *Guðrúnarkviða* I 19 und *Haraldskvæði* 13).[36] In der Regel sind die Disen aber Frauen, die eindeutig dem Jenseits angehören, auch wenn sie in einer Vielzahl von Formen auftreten können. Eine recht einmalige Erwähnung ist dabei die Verbindung von Runen und Disen als Hilfe bei der Geburt in einem Zauber, den in den *Sigrdrífomál* die Walküre Sigrdrífa dem Sigurd verrät.

In einer häufigeren Realisation treten die Disen als Fylgjen auf; Fylgjur sind in der altnordischen Literatur Folgegeister, die als Schutzgeister wirken und im Traum oder von seherisch begabten Menschen wahrgenommen werden können. Beim Tod eines Menschen können sie auf ein anderes Familienmitglied übergehen, weswegen man sie als eine Art von Seelenwesen gesehen hat (s. dazu auch Kap. VII.2). Zwar können Fylgjen auch in Tiergestalt auftreten, üblicherweise ist es aber eine Traumfrau, die als *fylgja* auftritt und dann als Dise bezeichnet werden kann. Das Verlassenwerden durch die *fylgja* ist synonym mit dem Tod, so *Grímnismál* 53, wo die Dise den Helden als Todesankündigung verlässt. Im frühen 13. Jh., im *Þiðranda þáttr ok Þórhalls*, und um 1400 in der *Njáls saga* werden Gruppen von neun Disen, die sehr an die Schilderungen von Nornen und Walküren erinnern, als Symbol der Konfrontation zwischen Christentum und Heidentum verwendet, ohne dass die Disen dabei aber ausschließlich heidnisch konnotiert wären. Fylgjen können auch als *hamingja* (pl. *hamingjur*, „Gestaltwechsler[in]") bezeichnet werden, da sie ihre Gestalt ändern können, und eine überdimensionierte persönliche Fylgje wird in der *Víga-Glúms saga* 9 in einer wohl deutlich älteren Skaldenstrophe als Dise bezeichnet.

Dieser Funktion der Disen als Fylgjen dürfte die junge, hochmittelalterliche Bezeichnung *spádísir* für warnende Traumfrauen in der *Ásmundar saga kappabana* entsprechen, welches wohl eine Neuschöpfung im Sinne von „vorhersagende Frauen" ist. Eine ähnliche Rolle als Totenführerinnen kommt den Disen (hier nur: „tote Frauen") vielleicht in der *Atlamál* zu, als sie den Protagonisten in der Todesstunde zu sich bitten (28), möglicherweise findet sich aber hier auch ein Glaube an die Kraftlosigkeit der Seelen in der Todesstunde, da sie als ärmlich gekleidet beschrieben werden. Ganz ähnlich sehen die Disen des Helden Gunnar in der viel jüngeren *Vǫlsunga saga* 35 aus, und in der noch jüngeren *Hálfs saga ok Hálfsrekka* 15 lesen wir sogar von toten Disen, was für diese (späte) Deutung als Seelenwesen spricht.

In der altnordischen Literatur finden sich aber zahlreiche Stellen, in denen zwischen Disen sowie Walküren und Nornen nicht unterschieden wird, und es scheint, als ob die Grenzen zwischen diesen jenseitigen Wesen am Ende der Wikingerzeit mit der Einführung des Christentums zu verschwimmen beginnen. So werden etwa in der *Krákumál* (einem Heldenlied des 12. Jh.s; Str. 29) die Walküren, welche die Helden in Walhall empfangen, als Disen bezeichnet.[37] In der erst aus dem 13. Jh. stammenden *Vǫlsunga saga* 11 wird den *spádísir* die Macht zugeschrieben, den Helden unverwundbar zu machen, eine Funktion, die man sowohl von Walküren als auch von Nornen erwarten könnte.

Nornen sind nach altskandinavischem Volksglauben Frauen, die in der Geburtsstunde kommen, um das Schicksal für das Leben des Kindes zu bestimmen, und als solche sind sie in der mittelalterlichen Sagaliteratur belegt. Man hat diese Nornen mit den drei weisen Frauen Urd, Verdande und Skuld (Vergangenheit, Gegenwart, Zukunft) in der *Vǫluspá* 20 identifiziert, da auch diese das Schicksal kennen und mitbestimmen. Der Held Fridlefus bei

Saxo (*Gesta Danorum* VI, 181) möchte das Schicksal seines Sohnes etwa von drei in einem Tempel thronenden weisen Frauen erfahren. Solche das Schicksal des Helden bestimmende Frauen werden in den *Reginsmál* des Sigurðzyklus der Liederedda 9 aber als Disen bezeichnet, und da die *Reginsmál* wohl noch in heidnischer Zeit entstanden sind, kann man die Disen als Überbegriff für alle möglichen Gruppen mythologischer Frauengestalten (und somit als Grundstein für die spätere unscharfe Terminologie) schon für die spätheidnische Zeit postulieren.

Einen weiteren Bedeutungsaspekt der Disen finden wir im isländischen Ortsnamen Landdísasteinar, einer angeblichen Wohn- und Opferstätte für die *landvættir*, sodass *landvættir* und *landdísir* synonym zu sein scheinen. Da die *landvættir* – deren Geschlecht aber nicht fixiert ist – mit dem Schicksal von Familien, noch mehr aber dem bestimmter Wohnsitze verbunden war und als die guten Mächte in der Natur, die vage als unterirdische Geschöpfe personifiziert wurden, definiert werden können, stehen sie in der Funktion den *genii loci* nahe. Auch die Verordnung der frühen isländischen Gesetze (*Landnámabók*, Fassung H 268), dass man die Drachenköpfe an den Schiffen abnehmen musste, um die *landvættir* nicht zu verschrecken (vgl. dazu unten Kap. 6), mag nicht unbedingt historisch sein, zeigt aber die Bedeutung des Glaubens an solche Landgeister, deren Wohlwollen für das menschliche Überleben unabdingbar war. – Neben dieser recht vagen und vor allem spezifisch isländischen Sicht der Disen findet sich in kontinentalskandinavischen Quellen eine Komponente des Disenglaubens, der mehr auf weibliche Ahnen und selbst auf einen Kult der Disen hinweist.

In Uppsala trug noch im Hochmittelalter das im Februar abgehaltene Thing den Namen Disting, der aus *dísaþing* abzuleiten ist, also etwa „Thing zum Zeitpunkt des Disen-Opfers" bedeutet haben dürfte. Dieses *dísablót* ist aus der mittelalterlichen isländischen Literatur für Reisen nach Schweden gut belegt und dürfte auf ein tatsächlich in Schweden in heidnischer Zeit abgehaltenes Opferfest zurückgehen.

In der auf die *Ynglingatal* 21 aus dem 9. Jh. zurückgehende *Ynglingasaga* 29 des Snorri Sturluson finden wir zum Tod Adils' die Anekdote, dass König Adils während des *dísablót* um den *dísarsalr*, also die Kultstätte einer Dise, ritt und dabei zu Tode stürzte; allerdings enthält die Strophe selbst keinen Hinweis auf die Disen. Diese Geschichte findet sich auch in der lateinischen *Historia Norvegiae*,[38] in der der *dísarsalr* „Ædes Dianæ" („Gebäude der Diana") genannt wird, deren Verfasser die weibliche Gottheit also kurzerhand mit Diana gleichsetzt – und zwar wohl weniger wegen ihrer Rolle als jungfräuliche Göttin der Jagd und des Mondes, sondern wohl viel eher als Beschützerin der Frauen. Ein solches Disenopfer wird auch in der *Egils saga* 44, höchstwahrscheinlich ebenfalls von Snorri verfasst, erwähnt, aber sonst in älteren Quellen nicht, sodass wir davon ausgehen können, dass Snorri und andere spätere Sagaverfasser an die Existenz eines solchen Disenopfers in der heidnischen Zeit glaubten, dies aber nicht zu belegen ist.

Das *dísablot* könnte sowohl einem Kollektiv von Disen als auch einer Einzeldise gegolten haben, und obwohl unsere weiteren Quellen alle spät und unzuverlässig sind, könnten wenigstens die norwegischen Ortsnamen aus Hedemark wie Disen (aus *Dísa-vin*) und Dystingbo („Siedlung am Disen-Thing")[39] auf einen Kult der Disen hinweisen, ebenso

Dísaøys, welches aus Krødsherad bekannt ist, und Disahøyrg, welcher auf einen Kult der Disen auf einem *hörgr* und nicht in einem Gebäude hinweist.

Das leider nur sehr fragmentarische Bild der Disen in Skandinavien lässt sich zusammenfassen, indem wir einen Glauben an verehrenswürdige, am menschlichen Schicksal beteiligte Frauen annehmen dürfen, der sich vereinzelt auch in einem etablierten, aber eher auf die Famile konzentrierten Kult niederschlug, welcher seine Festzeiten im Winter (im Oktober? Februar?) hatte. Diese Gottheiten standen einerseits in Verbindung mit dem Wohlergehen des Einzelmenschen oder der Familie, andererseits (wie in Island) mit dem Land oder bestimmten Örtlichkeiten.

Etymologisch verwandt mit den altnordischen *dísir* ist althochdeutsch *idis* („verehrungswürdige Frau"). Der einzige inhaltlich aussagekräftige Nachweis für dieses Wort außerhalb der Glossen findet sich im Ersten Merseburger Zauberspruch:

„Einst saßen da ehrbare Frauen, saßen hier und dort,
einige woben Bande, einige lösten Bande der Krieger,
einige zerklaubten die Fesseln.
Entspringe den Fesseln und entfliehe den Feinden."[40]

Diese *idisi* sind also in der Lage, Feinde zu hemmen und Krieger aus der Gefangenschaft zu befreien und können damit das Schicksal in ähnlicher Weise beeinflussen wie Nornen und Walküren im skandinavischen Volksglauben, die beide unter die Disen subsumiert worden sein dürften.

Auch in Britannien scheint es zur Weihnachtszeit einen Kult weiblicher Ahnen gegeben zu haben. So schreibt Beda *De temporum ratione* XV[41]:

„Sie beginnen aber das Jahr mit den achten Kalenden des Januars, an dem wir die Geburt des Herren feiern. Und diese selbe Nacht, die uns besonders heilig ist, wird von den Heiden Modranicht genannt, was Nacht der Mütter bedeutet, aus dem Grund, weil, wie wir vermuten, sie deren Zeremonie in einer nächtlichen Feier abhalten."

Diese Mütternacht der heidnischen Angelsachsen, deren Kult somit also in die Zeit zwischen 500 und 700 fällt, ist auf Grund der Wortwahl die engste Entsprechung zum Matronenkult, obwohl Beda nicht erwähnt, welcher Art diese Mütter waren.

Wenn wir also eine Entsprechung des Matronenkults in späterer Zeit suchen, dann bietet sich für die vorchristliche Zeit dafür ausschließlich der Kult der Disen an,[42] auch wenn wir wenig genug darüber wissen. Erschwert wird die Sachlage zusätzlich dadurch, dass offenbar im Mittelalter, vielleicht aber schon in der späteren Wikingerzeit, andere Gruppen mythologischer weiblicher Wesen mit den Disen vermischt wurden, sodass schließlich Disen zu einem Überbegriff für *fylgjur* und *spákonur*, Nornen und Walküren, und schließlich sogar für die eigentlichen Göttinnen wurden; ihre ursprüngliche, eigentliche Bedeutung als verehrungswürdige weibliche Ahnen, also eben Matronen, entfiel und sie wurden einfach „mythologischen Frauen".

Die Walküren, die in der mittelalterlichen Mythographie fast eine Untergruppe der Disen darzustellen scheinen, haben jedoch einen ganz anderen Ursprung. Wie der Name altnord. *valkyrja* (zu *valr*, „die am Schlachtfeld Gefallenen" und *kjósa*, „wählen"), altengl. *wælcyrge* beweist, waren die Walküren ursprünglich Totendämonen, von denen man sich vorstellte, dass sie die auf dem Schlachtfeld Gefallenen ins Jenseits führten, welches sich ab dem 10. Jh. zum wikingerzeitlichen Kriegerparadies Walhall entwickelte (vgl. dazu auch Kap. I). Man stellte sich die Walküren als Gefolge Odins vor, welches seine Wünsche ausführte (deshalb auch *Óðins meyjar* oder *óskmeyjar*, „Wunschmädchen", genannt), erst später wurde ihre Zahl entweder mit 12 (*Darraðarljóð*) oder 9 (*Helgakviða Hjǫrvardssonar* 28) angegeben, bis sie sich in der isländischen Literatur des Hochmittelalters entweder zu einer Art von weiblicher wilder Jagd, die auf Pferden über Schlachtfelder jagt, oder aber zu romantischen, wenn auch kriegerischen Bräuten von Helden, sog. *skjaldmeyjar*, „Schildmädchen", entwickeln konnten. Tatsächlich aber war die Zahl der Walküren unbegrenzt, schon *Grímnismál* 36 nennt 13 Namen, *Darraðarljóð* und die Listen poetischer Namen der Snorra-Edda (*Thulur*) noch etwa 20 weitere, die alle auf die kriegerische Natur dieser weiblichen Totenführerinnen hinweisen. Ob sich tatsächlich eine heilende Natur der Walküren nachweisen lässt,[43] ist unsicher, m. E. geht diese Funktion auf die Vermengung von Disen und Walküren in der mittelalterlichen Literatur zurück, denn die Disen hatten zweifelsohne schützende und heilende Kräfte.

4. Das wikingerzeitliche nordische Pantheon

Wie wir an den vereinzelten Runeninschriften der Waffenbeuteopfer der Eisenzeit gesehen haben, waren diese nicht einem bestimmten, namentlich genannten Gott geweiht, sondern den Asen, also wohl den „Gottheiten", die in diesen Inschriften und somit auch für uns anonym blieben. Die oben behandelten Übersetzungen der Wochentagsnamen und die lateinischen Inschriften zeigen uns aber, dass spätestens ab dem zweiten Jh. auch eine Vielzahl von namentlich bekannten und anthropomorphen Gottheiten verehrt wurde, von denen durch die Verwendung in der Übertragung der römischen Gottheiten in den Wochentagsnamen einige als besonders bedeutsam hervortreten: Wodan, Thor, *Ziu und die Göttin Frigg. Dies wird durch frühe Dokumente wie die Fibel von Nordendorf (I) nahe Augsburg aus der ersten Hälfte des 7. Jh.s bestätigt, auf der auf einer Seite die Inschrift: „logaþore wodan wigiþonar" eingeritzt ist, daneben die Personennamen Awa (fem.) und Leubwini (mask.). Hiervon ist allein der Göttername Wodan problemlos; ob *wigiþonar* (oder *wiguþonar*?) als Weihe-Thor oder eher als Kampf-Thor zu interpretieren ist (vgl. altnord. Vingþorr), ist dagegen weniger sicher und ob *logaþore* wirklich zu Loðurr/Loki zu stellen ist, ist mehr als ungewiss. Dennoch finden sich auch hier jedenfalls die Götter Wodan und Donar, ebenso wie im sog. Sächsischen Taufgelöbnis (*abrenuntiatio Saxonica*, 9. Jh.): *Thunaer ende UUôden ende Saxnôte*. Frigg taucht ebenfalls schon früh auf, erstmals um 790 in der *Historia Langobardorum* des Paulus Diaconus als Gemahlin des Woden. In der vom Euhemerismus geprägten Sicht angelsächsischer Stammtafeln ist Woden ebenfalls Ahnherr der Angelsachsen, ansonsten treten Thor und Frigg hervor (vgl. Aelfric, ca. 1000).[44] Der Kult von Woden im angelsächsisch-heidnischen Britannien ist auch durch theophore Ortsnamen gesichert, daneben dürften die auf Grim- gebildeten Ortsnamen (Grim's dyke u. Ä.) auf den Odinsnamen Grímr zurückgehen. Wie nirgendwo anders lässt sich hier im insularen Bereich durch die sprachlichen Formen eine Schichtung zwischen der Verehrung des Woden im 6. Jh. durch die Angelsachsen und dann aufs Neue des Odin durch die skandinavischen Siedler des 9. Jh.s ablesen.

Diese Gottheiten sind also schon vorwikingerzeitlich im süd- und westgermanischen Bereich als namentlich genannte Gottheiten belegt. Für Skandinavien setzen aber unsere literarischen Quellen erst mit der Wikingerzeit ein, also grob die Zeit vom ausgehenden 8. bis zur Mitte des 11. Jh.s, als Britannien und die festländischen germanischen Gebiete längst den Übergang zum Christentum vollzogen hatten; zwei literarische Quellengruppen erlauben uns einen Zugang zur einheimischen heidnischen Religion. Dies sind einerseits die Runeninschriften auf Grab- und Gedenksteinen, andererseits die Skaldendichtung, welche allerdings erst ab dem späten 12. Jh. zu Pergament gebracht wurde und oft genug Anlass zu Zweifeln an der „Echtheit" – will heißen, Entstehung in (vorchristlicher) Wikingerzeit – gibt. Dazu tritt eine weitere Gattung einheimischer Dichtung, die sog. Eddadichtung, die sich teilweise durch Inhalt, Metrum und die Anonymität der Verfasser von der Skaldendichtung unterscheidet und wegen dieser noch größere Probleme bei der Festsetzung der Entstehungszeit bereitet.

Die Skaldendichtung hat also als eine Quellengattung, deren Werke noch in der heidnischen Zeit entstanden sind, einen besonders hohen Stellenwert für unsere Kenntnis der heidnischen Religion, auch wenn uns nicht nur die erwähnte Problematik der „Echtheit" einzelner Strophen, sondern auch die Selektivität der Gattung, die sicher nicht alle Bereiche heidnischer Religiosität gleich abdeckte, sondern besonders die Mythologie hervorhob, ständig bewusst sein muss.[45] Die Erwähnungen der heidnischen Religion und Mythologie können im Wesentlichen entweder als erzählende Darstellung eines Mythus oder aber als Anspielung auf einen solchen Mythus, meist in Form einer Kenning, vorliegen. Interessant ist dabei, dass innerhalb dieser Kenningar (s. Kap. X, S. 263) – und vielfach beschränkt sich unsere Kenntnis von Mythen auf die kryptische Verschlüsselung der Mythen innerhalb des Kenningsystems – oft genug nicht Einzelgötter, sondern die Götter als Kollektiv angesprochen werden und für dieses Kollektiv eine ganze Reihe von Bezeichnungen existieren. Das Wort *goð*, als Neutrum nur selten im Singular für „heidnischer Gott" verwendet, ist im Plural häufig als Kollektiv für die heidnischen Götter verwendet (so auch auf dem spätwikingerzeitlichen Amulett von Kvinneby auf Öland), ebenso wie die *reginn* und die *bǫnd*. Dass Letztere ursprünglich etwa die „bindenden Götter" bezeichneten, kann man schwer bezweifeln, in den skaldischen Belegen aber stehen sie als das Land schützende Gottheiten in Kontakt mit dem heidnischen Jarl von Hlaðir, Hakon, der eine massive heidnische Opposition gegen die christlichen norwegischen Könige mobilisierte und sich dazu der skaldischen Propaganda bediente.[46] Diese Belege betonen die Verbindung der *bǫnd* mit dem Kult. Seltener ist das Kollektiv *hǫpt*, welches in den wenigen Fällen die Götter als mythologische Gruppe, nicht als Empfänger eines Kultes anspricht, ähnlich steht es mit dem Kollektiv *tívar*, dessen Singular *týr* nur in Ausnahmefällen vom Götternamen Týr unterschieden werden kann. An diesen verschiedenen Kollektiva für „Götter" ist am auffälligsten, dass sich das in der mittelalterlichen Mythographie häufigste Wort, *æsir*, „Asen", nicht häufiger findet als die anderen Bezeichnungen, und dass die zweite (angebliche) Götterfamilie der altnordischen Mythologie, die Wanen (altnord. *vanir*), in der Skaldendichtung überhaupt nicht vorkommt. Snorri dürfte also im 13. Jh. die Unterscheidung der Götter in Asen und Wanen aus Resten des Mythus vom Wanenkrieg (fälschlich) rekonstruiert haben, da eine Unterscheidung in zwei derartige Götterfamilien in den Quellen nicht aufrechtzuerhalten ist.[47]

a) Die Götter

Der in der Skaldendichtung am häufigsten erwähnte Gott ist zweifellos Thor. Mehr als alle anderen Götter zusammen spielt er in den erzählenden mythologischen Passagen der Skaldenlieder eine Rolle, wobei der vielfach erwähnte Mythus von Thor und der Midgardschlange an erster Stelle steht, gefolgt von Thors Kämpfen mit den Riesen Hrungnir (*Haustlǫng*), Þjazi (*Haustlǫng, Ragnarsdrápa*), Geirrøðr (bei Eilífr Goðrúnarson) oder anderen, nicht namentlich genannten Riesen (Thorbjörn dísarskald). Thor tritt hier als Verteidiger der Götter und Menschen gegenüber den feindlichen Mächten auf, und Thor war es auch, der dem Christentum entgegengestellt wurde, wie seine häufige Nennung in spätheidnischen Skaldengedichten im Triumph der Skaldin Steinunn Refsdóttir über das Scheitern des Schiffes des Missionars Þangbrandr[48] und nicht zuletzt die große Zahl wikingerzeitlicher Thorshämmer zeigt, deren Aufkommen als Symbol des Heidentums mit dem vordringenden Christentum in Verbindung gebracht wird.

Das Bild Thors in den Skaldengedichten ist primär das eines Verteidigers der Götter, sekundär tritt aber das in den eddischen Quellen kaum mehr zu findende Bild des Gewittergottes hervor: Wenn Thor mit Geirrøðr kämpft, wanken die Hügel (*Þórsdrápa*, Skj 143, 18), als er mit Hrungnir kämpft, bersten Felsen, fällt Hagel und der Himmel brennt (*Haustlǫng* 15), Thors Wagen wird als „Wagen des Sturmes" bezeichnet (*Þórsdrápa* 14), aber wie alt seine Verbindung mit den Ziegen ist, die angeblich seinen Wagen ziehen („Nutznießer der Ziegen": Ulfr Uggason: *Húsdrápa* 3 und „Herr der Ziegen" in der viel jüngeren *Hymiskviða* 20), ist nur schwer zu sagen. Obwohl Thor nirgends als Erzeuger eines Gewitters beschrieben wird (in der altisländischen Literatur mag dafür aber der Mangel an Gewittern in Island verantwortlich sein), so weisen doch deutsch *Donner*, englisch *thunder*, schwedisch und norwegisch *tordön* sowie schwedisch *åska* (< *åsekja*, 'Asen-Fahrt') auf seine Rolle auch als Gewittergott hin. Noch neuzeitliche skandinavische Bauern sagen *gamle Tor er laus*, „der alte Thor ist los", wenn sie Donner hören,[49] und offenbar war diese Rolle im Volksglauben auch des mittelalterlichen christlichen Skandinavien so verbreitet, dass Adam von Bremen Thor als Wettergott bezeichnete, der „Donner, Blitzen und Winden" gebiete.[50]

Thors Hammer, für den erst in den Quellen des 13. Jh.s der Name Mjǫllnir überliefert ist, ist wohl zu Thors Rolle als Gewittergott zu stellen und entspricht dem Donnerkeil, *keraunía líthos*, den Zeus schleudert,[51] denn diese im Volksglauben als Donnerkeile (eigentlich steinzeitliche Werkzeuge) bekannten Steine trugen in Skandinavien Namen wie *torrestein* („Thors Stein") oder *thornkilen* („Thors Keil").[52] Allerdings weisen die archäologischen Zeugnisse auf eine Kontinuität von provinzialrömischen Herkuleskeulen (3. und 4. Jh.), fränkischen Amulettanhängern ganz ähnlicher Form (4.–7. Jh.) und den skandinavischen

Thorshammeramuletten (10. und 11. Jh.) hin, sodass man wohl die fränkischen Amulette als Donarsamulette interpretieren kann,[53] auch wenn das Phänomen keineswegs auf den germanischen Bereich beschränkt ist.[54] Da diese Amulette von der römischen Zeit bis in die Wikingerzeit ausschließlich in Frauen- und Mädchengräbern gefunden wurden, scheint auch eine funktionale Parallele von Herkuleskeule und Donar/Thor-Amulett zu existieren, die sich nicht zuletzt in der erwähnten Identifikation von Donar/Thor mit Herkules niedergeschlagen hat und wohl ganz allgemein im Bereich der Fruchtbarkeit zu lokalisieren ist. Zwar sollen die Unterschiede nicht unterschlagen werden – die Herkuleskeulen sind rund und meist voll aus Silber oder hohl aus Goldblech hergestellt, während die germanischen Donarsamulette meist prismatisch und aus Knochen hergestellt sind. Die wikingerzeitlichen Thorshämmer sind üblicherweise aus Silber und in einer großen Variantenbreite zur bekannten Form der kurzstieligen Hämmer hergestellt. Auffällig ist aber die Dekoration: Die römerzeitlichen Herkuleskeulen trugen entweder stilisierte Astansätze der Keule oder als Ersatz dafür kleine (auch konzentrische) Ringe, welche dann weiterhin das übliche Dekorationselement sowohl der Donarskeulen wie der Thorshämmer bilden.

Die Amulette in der Form von Thorshämmern sind in Funden der Wikingerzeit ausgesprochen häufig, woraus sich schließen lässt, dass das Tragen solcher Hämmer in dieser Zeit einen starken Aufschwung erlebt hat. Offenbar hat das Vordringen der christlichen Religion mit ihrem dominanten Symbol, dem Kreuz, den Rekurs auf den Thorshammer als Totem der skandinavischen heidnischen Religion gefördert und hat gemeinschaftsstiftend gewirkt: Wo vorher das Heidentum nicht unbedingt eine gemeinsame Grundlage findet, ändert sich dies in Konfrontation mit dem Christentum und das Symbol des Hammers wird sichtbar zur gemeinschaftsbildenden Konstituente.

Auf insgesamt zehn schwedischen und dänischen Runensteinen der Wikingerzeit findet sich entweder nur eine Abbildung des Thorshammers, die Formel „þur uiki þasi runaR" („Thor, weihe diese Runen", so auf dem Stein von Glavendrup, Fünen), wobei der Hammer allein vielleicht die Formel ersetzen konnte. Diese Inschriften können wohl kaum als Beleg für Thor als „Weihe-Gott" gebraucht werden, sondern zeigen, dass auch auf Grab- und Gedenksteinen der Thorshammer als Antwort auf das Kreuzsymbol des vordringenden Christentums verwendet wurde.[55] Ob die im Kontext damit auf denselben und anderen Runensteinen zu findenden Masken ebenfalls als stilisierte Thorsbilder betrachtet werden können, muss zumindest offen bleiben, da es ja in der Literatur vorwiegend Odin ist, dem Masken und die Maskierung zugeschrieben wird.

Den einzigen Hinweis aus heidnischer Zeit auf eine Thorsverehrung in Tempeln finden wir in der *Vellekla* (15; vor 985) des Einarr skálaglamm, der davon spricht, dass Jarl Hakon die Tempel Thors und anderer Götter wiederherstellte – wohl nur ein sehr allgemeiner Verweis auf Hakon als Verfechter des Heidentums. Adams von Bremen berühmte, aber kaum zuverlässige Beschreibung des Tempels in Uppsala aus den 70er-Jahren des 11. Jh.s erwähnt dort eine Thorsstatue in prominenter Position, mit dem Zepter als Attribut, aber Adam war wohl mit der Interpretatio germanica von Jupiter durch Thor vertraut und daher bemüht, diesem die korrekten Attribute zuzuweisen (dies tut er auch, ganz ahistorisch, bei Odin/Mars).

Abb. 17: Runensteine mit a) Thorshammer (Stenkvista, Södermannland, Schweden) und b) „Thorsweihe" (Glavendrup, Fünen, Dänemark).

Thors Bedeutung neben dieser Schutzfunktion, die sich in seinen Amuletten wie in seiner Rolle als Protagonist der heidnischen Religion der Spätzeit niederschlägt, ist aber die als Held zahlreicher Mythenerzählungen, welche wenigstens zum Teil schon in der frühen Wikingerzeit weithin bekannt werden und somit ein relativ hohes Alter aufweisen können.

Der wichtigste und bestbelegte Mythus mit Thor als Protagonisten ist der von Thor und der Midgardschlange, besser bekannt als Thors Fischzug. Diese mythische Erzählung ist in der Skaldendichtung mehrfach belegt (in Bragis *Ragnarsdrápa*, der *Húsdrápa* des Ulfr Uggason sowie in Strophen von Eysteinn Valdason, Gamli gnævaðarskáld und Ölvir hnúfa). Dazu kommen die Bildzeugnisse auf dem gotländischen Bildstein Ardre VIII (8. Jh.), einer Steinplatte von Gosforth in Northumbria (10. Jh.), dem Stein von Hørdum in Thy/Jütland (8.–11. Jh.) und dem (noch heidnischen) Gedenkstein von Altuna in Uppland (11. Jh.). Weiters sind die Erwähnungen in der eddischen *Hymiskviða* und schließlich die ausführliche literarische Nacherzählung bei Snorri Sturluson im 13. Jh. (*Gylfaginning* 47) zu erwähnen, die aber aus insgesamt drei älteren Mythen zusammengesetzt ist (Thors Böcke, Thor und Hymir sowie Thors Fischfang). Das Grundgerüst des Mythus lässt sich so skizzieren, dass Thor mit dem Riesen Hymir zum Fischen geht, wobei der Schädel von einem von Hymirs Stieren als Köder dient, um die Midgardschlange zu ködern. Der Ausgang des Fischzugs ist offen: Zwar beißt die Midgardschlange an und Thor kann sie mit seiner Göt-

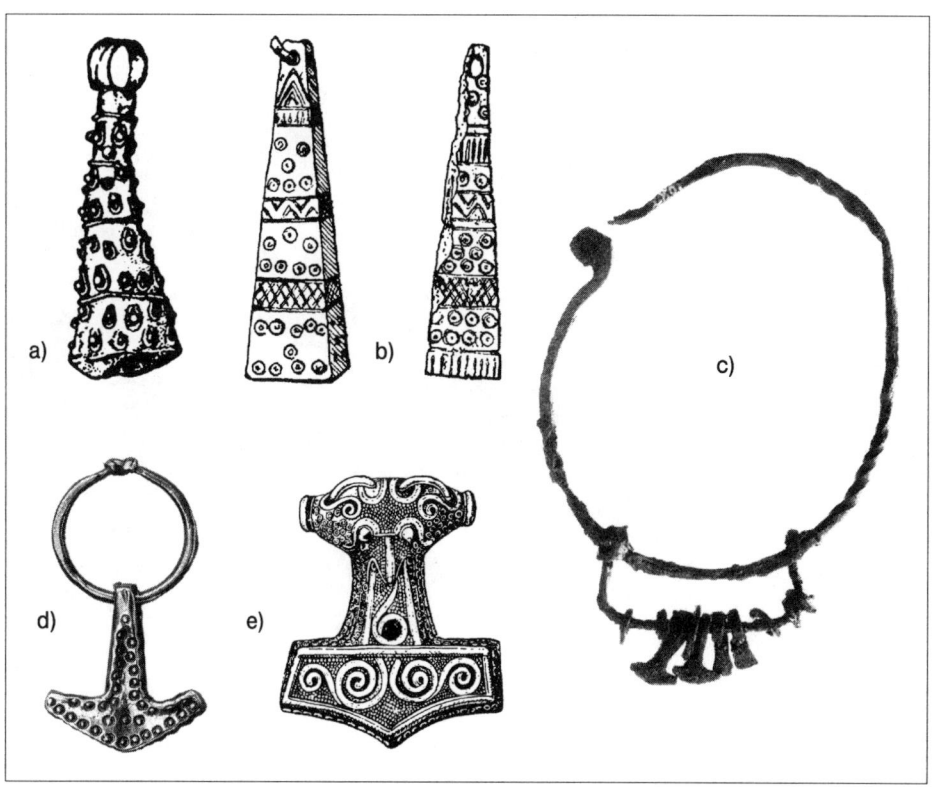

Abb. 18: a) Herkuleskeule, b) Donarskeule, c)–e) diverse Thorshämmer.

terkraft an Bord ziehen, wobei er mit dem Fuß durch den Boden des Bodes fährt, aber bevor er sie erschlagen kann, schneidet der Riese aus Angst vor dem Ungeheuer die Angelschnur durch – und die Midgardschlange verschwindet wieder im Weltmeer. Ob Thor sie mit dem ihr nachgeschleuderten Hammer wirklich tötet (so *Húsdrápa* und *Hymiskviða*), bleibt ungewiss und führt dazu, dass dieser Fischzug im mythologischen Sinn wiederholbar bleibt. Auf den Bildzeugnissen ist die Szene auf die wichtigsten Protagonisten und Elemente beschränkt: ein Boot mit ein oder zwei Personen (auf dem Stein von Altuna/Uppland/ Schweden aus dem 11. Jh. ist nur Thor mit einem erhobenen Hammer dargestellt), von denen die eine eine Angelschnur hält, an deren Ende ein sehr symbolisch gestalteter Rinderkopf hängt; ein Fuß hat die Kielplanken des Bootes durchdrungen (Hørdum und Altuna). Darunter oder darum ist eine in sich verflochtene Midgardschlange dargestellt. Diese Bildelemente reichen für eine Identifikation des Mythus aus, obwohl der eigentliche Vorgang der Köderung der Schlange nicht dargestellt wird; vielleicht fehlt das Ende wegen des offenen Ausgangs aber auch bewusst.

Dieser kosmologisch für das Verhältnis von Göttern zu den feindlichen Mächten des Weltmeeres relevante Mythus war so dominant – man hat ihn sogar als Mythos vom

a) b)

Abb. 19: Wikingerzeitliche ikonographische Repräsentationen des Mythos von Thors Fischfang: a) Altuna (Uppland, Schweden) und b) Ardre (Gotland, Schweden).

Gleichgewicht der Mächte interpretiert[56] –, dass er bei der Christianisierung synkretistisch umgedeutet wurde, und die drei oben erstgenannten Bildzeugnisse siedeln ihn durchwegs im christlichen mythologischen Kontext an: Thor wird hier zu Christus, der Köder zu Behemoth, mit dem der Leviathan als Symbol des Teufels geködert und überwunden wird (vgl. Job 41,1).[57] Die christliche Deutung bringt also den Fischzug zu einem glücklichen Abschluss, was dem heidnischen Gott Thor offenbar verwehrt blieb.

Die anderen älteren Thorsmythen – die Schwankgedichte wie die Þrymskviða, die Harbarðsljóð oder die Lokasenna sind auf Grund ihrer erst nachheidnischen Entstehungszeit bewusst ausgenommen – enthalten fast durchwegs Kämpfe mit Riesen. Zwar ist auch die Hymiskviða ein sehr junges Eddalied und vielleicht erst im 13. Jh. entstanden, aber sie enthält neben Thors Fischfang die Reste eines Mythus von Hymir als Besitzer von Braukesseln, die Thor für die Götter ausborgen soll. Auf diesen Mythus von der Kesselholung spielt sonst in der ganzen altnordischen Literatur nur eine einzige Zeile im sog. Ersten grammatischen Traktat an (12. Jh.), aber er fügt sich organisch in die Reihe anderer Abenteuer Thors bei den Riesen ein. Schon in der heidnischen Zeit waren auch die Kämpfe Thors mit den Riesen Geirrøðr und Hrungnir sowie der Mythus von Þjazi bekannt. Auf den ersten Kampf bezieht sich schon die Þórsdrápa des Eilífr Goðrunarson (Ende 10. Jh.), später dann auch noch Saxo Grammaticus und Snorri; auch dieser Mythus bekam mit der Zeit leicht schwankhafte Züge – etwa als Thor den Riesentöchtern Galp und Greip den Rücken bricht –, aber der Kampf Thors mit dem Riesen selbst, der mit einem glühenden Eisenstück ausgetragen wird, ist wohl schon alt, auch wenn Details von Snorris Schilderung – wenn etwa Thor mit seinen Eisenhandschuhen das glühende Eisenstück so kraftvoll zurückwirft, dass es nicht nur die eiserne Säule (!), hinter der sich der Riese versteckt, sondern auch den Riesen selbst und die Hauswand durchschlägt – jüngere Ausgestaltungen sein könnten. Auch der Kampf Thors mit Hrungnir (Þjóðólfr: *Haustlǫng* 14 ff., *Hymiskviða* 16, *Lokasenna* 61 und 63, *Hárbarðsljóð* 14 f.) weist auf einen alten Mythus zurück. Hier ist die Wurfwaffe des Riesen ein Wetzstein, der aber von Thors Hammer in der Luft zerschmettert wird, wobei aber ein Bruchstück des Wetzsteins in Thors Kopf stecken bleibt. Allerdings sind nicht alle Elemente des bei Snorri (*Gylfaginning* 17) recht ausführlich erzählten Mythus auch schon in den uns erhaltenen Quellen enthalten, und auch die aufgezählten Eddalieder haben kaum großen Quellenwert für die heidnische Zeit.

Thors Siege über die Riesen trugen ihm aber offenbar schon früh den Beinamen „Herr der Riesen" ein, welcher sich sowohl auf einem runischen Amulett aus Sigtuna findet: „**þur sarriþu þursa trutin**" („Thor verwunde dich, der Herr der Riesen") als auch auf einer runischen Formel aus einer Handschrift aus Canterbury[58]: „**þur uigi þik þorsa trutin**" („Thor weihe dich, der Herr der Riesen").

Nur ein einziger der von der Forschung als alt betrachteten Thorsmythen wird in keiner einzigen vorchristlichen Quelle erwähnt, nämlich der Mythus von Thors Böcken. Die *Hymiskviða* (20 und 31) nennt ihn „Herr der Ziegen" und erst Snorri (*Gylfaginning* 43) erzählt die Geschichte als Vorspann zu Thors Fischfang: Thor (in Begleitung von Loki) nimmt im Hause eines Bauern Nachtquartier und schlachtet als Nachtmahl seine Böcke, wozu er die Famile des Bauern einlädt. Als er am nächsten Morgen die Felle ausbreitet und die Knochen daraufwirft und sie mit seinem Hammer „weiht", stehen die Böcke wieder lebendig da, allerdings ist einer von ihnen lahm, dem der Bauernsohn Thjalfi entgegen dem Verbot Thors einen der Knochen gespalten hat, und Thjalfi muss als Buße fortan dem Gott dienen. Diese Buße mag junge Zutat sein, aber die Schlachtung und Wiedererweckung der Böcke erinnert zu sehr an schamanoide Praktiken von Schlachtung, Häutung und Gekochtwerden, um erst mittelalterliche Erfindung zu sein. Eher haben wir hier Spuren eines alten Opferrituals vorliegen: Der Schlachtung des Opfertieres und dem gemeinsamen Opfermahl folgt seine Weihung an die Gottheit und damit seine Wiedererweckung – noch die Schilderung Snorris scheint die Teilung und Deponierung eisenzeitlicher Opfertiere mit den in Häute gewickelten gekochten Knochen zu beschreiben.

Alle anderen Aspekte des Gottes Thor in der Literatur, wie sein etwas bäuerliches Verhalten, seine dazu passende Nahrung von Hafer und Heringen (*Hárbarðsljóð* 3), seine Darstellung als Fußgänger und das mühsame Durchwaten von Flüssen (*Grímnismál* 29, Snorri: *Gylfaginning* 48 und 50, *Skáldskaparmál* 4 und 17; heidnisch nur in der *Þórsdrápa* des Eilífr Goðrúnarson vom Ende des 10. Jh.s) und seine allein auf seiner Kraft beruhende Autorität (*Hárbarðsljóð, Lokasenna*) sind Ausgestaltungen der mittelalterlichen Dichtung und Mythographie. Sie mögen zwar ihre Wurzeln im wikingerzeitlichen Volksglauben haben. In ihrer drastischen Überzeichnung passen sie aber kaum zu dem am häufigsten genannten und wohl auch verehrten Gott der Wikingerzeit. Die Diskrepanz zwischen der Darstellung Thors in diesen späten Eddaliedern und in der älteren Skaldik lässt sich etwa daran exemplifizieren, dass im 10. Jh. bei Ulfr Uggason in der *Haustlǫng* 19 und bei Einarr Skálaglamm in der *Vellekla* 15 der Gott als Ein(d)riði bezeichnet wird, bei Letzterem auch als Hlóriði („der laute Reiter"), und Kormákr in seiner *Sigurðardrápa* (um 960) sagen kann: „Thor sitzt im Wagen." Letzterer sieht Thor also als Wagenlenker wie die Kenningar Öku-Thor und reiðar Týr (beide unbekannter Quelle; erst bei Snorri, *Gylfaginning* 20, 43, 45, 53 und *Skaldskaparmál* 1 zitiert), die anderen Kenningar betrachten ihn offenbar als Reiter. Bei diesen Belegen der heidnischen Zeit findet sich also keine Spur des Bildes von Thor als müdem, bäuerlichem Wanderer.

Die Wikingerzeit bringt neben der Mode der Thorshämmer auch eine Mode der Personennamen auf Thor-: Þórólfr, Þórleifr, Þórgrímr, Þórgeir, Þórbjörn, Þórketill, Þórlakr, Þórmóðr, Þorsteinn, Þórir, Þorgils u.a.m. waren beliebte Männernamen, und selbst Frauennamen wir Þóra oder Þórgunna wurden gebildet. Dass diese Sitte mit dem Ende der Wikingerzeit nicht abriss, hat wohl eher mit Familientraditionen (und auch dem daran geknüpften Aberglauben) zu tun als mit einer fortdauernden Verehrung. Die oft zitierte Erklärung einer solchen Familientradition in der notorisch unverlässlichen *Eyrbyggja saga* (Kap. 7), dass Þórólfr seinen Sohn Steinn dem Thor geweiht habe und dieser deswegen Þórsteinn genannt wurde, dieser wiederum seinen Sohn Grímr dem Thor weihte, der deshalb dann Þórgrímr hieß, riecht nicht nur nach gelehrter Volksetymologie, sondern im Brauch der „Weihe an den Gott" auch deutlich nach mittelalterlichen christlichen Dedikationspraktiken. Auffälliger ist dagegen, dass sich vor der Wikingerzeit keine Thorsnamen finden (was aber keine Absenz des Kultes beweist) und dort, wo die Christianisierung zu Beginn der Wikingerzeit schon abgeschlossen war wie in den fränkischen Gebieten, auch kaum derartige Personennamen finden (Ausnahmen mögen sächs. Thunerulf, vielleicht auch bair. Donarperht und fränk. Donarad sein)[59]. Die große Zahl der Personennamen führte in Skandinavien auch zu einer Flut von davon abgeleiteten Ortsnamen, sodass man wohl nur Thors-Namen, in denen auch das zweite Namenselement auf eine heilige Stätte deutet, als Kultortsnamen überhaupt in Betracht ziehen wird können, etwa auf -vé und -lundr, wobei solche Ortsnamen auf Torslund besonders in Dänemark häufig sind. Entsprechende Ortsnamen in Britannien (Thurstable) und Irland (Coill Tomair//Þórslundr) bestätigen die Dynamik dieser Bildungen in der Wikingerzeit,[60] sagen aber dennoch wenig über die Verbreitung eigentlicher Kultstätten aus.

Donar/Þórr war, wie die Interpretatio germanica in der Übersetzung der Wochentagsnamen zeigt, in der römischen Eisenzeit bedeutend genug, um mit Jupiter gleichgesetzt werden zu können. In der Völkerwanderungszeit sind die Belege für seine Verehrung mit Ausnahme der Donarsamulette spärlich, aber die Winkingerzeit, als er *der* heidnische Gott schlechthin als Opponent des Christengottes wurde, sah den Höhepunkt seiner Verehrung. Thor weist beträchtliche Gemeinsamkeiten mit Göttergestalten anderer nordeuropäischer Religionen auf: Er ist ein Donnergott wie der irische Kriegs- und Donnergott Taranis, der finnische Ilmarinen und Pitkäinnen, der karelische Ukko[61] oder der Biegga-olmmái bzw. Ilmaris der Sami.[62] Von den zahlreichen nahöstlichen Gegenstücken[63] ist vor allem die

Übereinstimmung des Mythus von Thor und Hrungnir mit dem hethitischen Mythus vom steinernen Monster Ullikummi und seiner Überwindung durch Teshup erwähnenswert, aber auch in den irischen Erzählungen von Cuchulain finden sich dazu auffällige Parallelen. Thor ist aber nicht nur der Donnergott mit Beziehungen zur Fruchtbarkeit (wie die Amulette zeigen) und Verteidiger der Götter gegen die Monster, sondern auch schon in heidnischer Zeit *der* Protagonist von Mythenerzählungen, deren Charakter als Volkssagen auch noch im christlichen Mittelalter kreative Neufassungen erlaubten, wozu die *Þrymskviða* ebenso gehörte wie die *Hymiskviða* oder Snorris Schwank- und Rätselerzählung von Thor bei Útgarðaloki (vgl. dazu das Kap. X. über mittelalterliche Mythographie).

Obwohl Thor der in der Wikingerzeit am besten belegte Gott ist, wird auch für diese Periode Odin als Hauptgott angesehen. Diese Sichtweise ist allerdings anfechtbar, denn sie beruht einerseits auf älteren Quellen (Odin mag wohl auf den Brakteaten des 5./6. Jh.s als Götterfürst angesehen werden, aber in der schon älteren Übersetzung der Wochentagsnamen wird Thor mit Jupiter gleichgesetzt), zum anderen auf sehr jungen Quellen (*Hárbarðslióð*). Die einzige Quellengattung, in der Odin einigermaßen prominent hervortritt, ist die Skaldendichtung, und dies kann nicht ignoriert werden, auch wenn das Personennamen- und Ortsmaterial ein ganz anderes Bild präsentiert.

Odin ist so häufig wie kein anderer Gott in den Kenningar und Mythenallusionen der Skaldendichtung aus heidnischer Zeit vertreten. Dies liegt zum einen an den vielen Odinsnamen, die den Gott in Form seiner Beinamen als Basis für andere Kenningar verwendbar machen, zum anderen an den zahlreichen Funktionen Odins. So definiert sich jeweils ein Teil der etwa 160 Odinskenningar aus heidnischer Zeit[64] über Odins Funktion als Kriegsgott, Totenführer, Gott der Zauberei sowie Gott der Dichtkunst und nicht zuletzt über seine Attribute. Dass der nirgends in der Skaldik oder Eddik referierte, sondern erst bei Snorri kompilierte Mythus von der Gewinnung des Dichtermets durch Odin schon in der Wikingerzeit geläufig war, belegt eine ganze Reihe Anspielungen auf diesen Mythus. Diese Tatsache mag uns den Schlüssel zur Erklärung von Odins Bedeutung in der Skaldendichtung zur Hand geben: Odin ist der „Er-finder" der Dichtkunst und somit auch Gott der Skaldendichtung, es wird also wenig überraschen, dass die Skalden ihn ganz besonders hervorheben.

Aber auch die anderen genannten Funktionen haben teilweise direkt mit der Häufigkeit seiner Erwähnungen zu tun, denn als Gott des Krieges und der Gefallenen ist er natürlich für eine Erwähnung in den an militärischen Großtaten besonders interessierten Fürstenpreisliedern der Skalden prädestiniert. Nicht damit zu erklären ist allerdings die Zahl von über 170 erhaltenen Odinsnamen,[65] die zwar nicht alle schon aus der erhaltenen Skaldik stammen, aber auch die Sammlungen solcher Namen in den *Grímnismál* 46–50 und in den Listen Snorris (*Gylfaginning* 19) gehen wohl zu einem guten Teil auf (verlorene) Skaldengedichte zurück. Diese Odinsnamen bestehen entweder aus einem Synonym (Gautr, Grímr/Grímnir, Hárbarðr) oder aus einer poetischen Umschreibung für den Gott, wovon aus der Skaldendichtung besonders eine Vorliebe für Bildungen auf -týr auffällt: fimbultýr („der gewaltige Gott"), hangatýr („Hänge-Gott"), farmatýr („Lasten-Gott"), valtýr („Gott der Gefallenen"), sigtýr („Sieg-Gott"), hertýr („Heer-Gott").

Diese Kenningar verdeutlichen wie eine ganze Reihe anderer auf *valr* „die Gefallenen"[66] Odins erste und wichtigste Funktion in der wikingerzeitlichen Mythologie, nämlich die als Kriegs- und Totengott. Diese Funktion ist auch schon in älteren Quellen belegt, so in Jordanes' *De origine actibusque getarum* (551) und der *Historia Langobardorum* des Paulus Diaconus (I, 8; nach 787 verfasst), in welchen der gotische Godan den Sieg verleihen kann, oder in Æthelweards *Chronicorum libri IV* (1), wo er davon spricht, dass die heidnischen Angelsachsen vor der Schlacht dem Uuoddan für Sieg und Tapferkeit opferten (10. Jh.).[67] Zu dieser Rolle gehört auch seine besondere Beziehung zu den Einheriern (altnord. *einherjar*), die im Kampf gefallenen tapferen Krieger, die er in Walhall um sich sammelt und die ihm zu den Ragnarök im Endkampf gegen die Mächte Utgards beistehen werden, und diese Beziehung ist schon in der *Eireksmál* und in Eyvinds *Hákonarmál* für die erste Hälfte des 10. Jh.s belegt. Odin als Herr von Walhall ist somit für die heidnische Zeit gesichert, seine Rolle als Herr der Walküren jedoch noch nicht; diese Seelenführerinnnen sind wohl erst später zu den „Odinsmädchen" (*Óðins meyjar*, erst in den þulur) geworden.

Erst in die christliche Zeit fällt seine Stilisierung zum Allvater (Alfaðir) und seine Rolle als Vater der anderen Götter, während er in der Wikingerzeit niemals direkt so genannt wird. Allerdings treten eine ganze Reihe von germanischen Stammes- und Völkernamen als Odinsnamen auf (Gautr, Viðurr, Skilfingr, Jörmunr) und dies dürfte ihn als Stammesgott oder mythischen Ahnherren dieser Stämme identifizieren, da er auch in den meisten Königsgenealogien in Skandinavien und bei den Angelsachsen als mythischer Ahnherr auftritt. Selbst Beda (*Historia ecclesiastica gentis Anglorum* I, 15) um 700 kennt Odin noch als Ahnherr „vieler" Königsfamilien und nennt „Vater Woden, aus dessen Geschlecht die Familie der Könige vieler Länder ihre Herkunft ableitet". Wenn also Odin an prominenter Stelle derartiger Genealogien aufscheint, so zeigt dies seine enge Verbindung mit den Geschicken angelsächsischer und skandinavischer Königshäuser und der sich mit ihnen verbunden fühlenden Geschlechter, aber auch die soziale Stellung seiner Verehrer. In direkter Verbindung mit Odin als mythischem Ahnherrn steht auch seine Stellung im germanischen Anthropogoniemythos. In der *Vǫluspá* 18 ist es Odin in einer Göttertrias zusammen mit Loðurr und Hönir, der die Menschen schafft, wobei ihnen Odin den Lebenshauch selbst, Hoenir die Seele, Loðurr die Lebenswärme verleiht; bei Snorri (*Gylfaginning* 9) sind diese Götter Odin, Víli und Vé, wobei wir seine Quelle für den ansonsten unbekannten Vé (eigentl. „Heiligtum") nicht kennen, während Víli in zwei alten Kenningar (Þjóðólfr: *Ynglingatal* 3; Egill: *Sonatorrek* 23) als Bruder Odins bezeichnet wird. Odins Stellung im Mythus von der Erschaffung des Menschen bleibt recht blass; dieser wurde auch kaum sehr bekannt – skaldische Allusionen darauf fehlen völlig –, sondern wurde eher als sehr allgemeines mythologisches Faktum (Odin als Vater aller Menschen) vom Dichter der *Vǫluspá* in literarischer Form wiedergegeben.

Eine weitere, bislang noch nicht angesprochene Rolle Odins ist die als Erwerber der Runen. Nur die *Hávamál* (138–141) erzählt diesen Mythus von Odins Selbstopfer, in welchem er sich selbst opfert und neun Tage an einem windigen Baum hängt, aber die Kenningar *farmatýr* („Lastengott") und *hangatýr* („Hängegott") belegen eine verbreitetere Kenntnis dieses Mythus. Vielfach unbeachtet blieb in der Forschung die diesbezügliche Parallele zu Merkur und Hermes.⁶⁸ – Gar keinen Eingang in die Skaldendichtung hat Odins Rolle als Gott der Zauberei und der schamanistischen Ekstase gefunden, auch wenn diese durch die Etymologie des Namens (vgl. dt. Wut, altnord. óðr, „wütend") und die berühmte Aussage Adams von Bremen *Wodan id es furor* („Wodan, d.h. Wut"; *Gesta Hammaburgensis ecclesiae pontificum* IV, 26) ausreichend belegt ist. Ebenfalls erst die Eddadichtung zeigt Odin als Gott der Magie (*Hávamál, Baldrs draumar*), dagegen ist Odins Rolle im Mythus vom Skaldenmet schon im 10. Jh. gut bezeugt, auch wenn sich die Belege auf Allusionen beschränken und wir für eine vollständigere Version auf die späten *Hávamál* (besonders 104–110) und Snorris literarisierte Fassung angewiesen sind.

Obwohl Snorri die Entstehung des Skaldenmets mit dem Friedensschluss nach dem sog. Wanenkrieg zusammenbringt (*Skáldskaparmál* 1), was sich nicht verifizieren lässt, dürfte es schon ein alter Zug des Mythos sein, dass Zwerge das nicht näher definierte Wesen Kvasir (einen Riesen?) ermordeten und aus seinem Blut Met brauten. Ebenfalls durch Kenningar belegt ist der Teil der Erzählung, nach dem die Zwerge den Met an einen Riesen abtreten müssen, der sie andernfalls auf einer Schäre ertrinken ließe (von der Ermordung der Eltern dieses Riesen Suttungr durch die Zwerge berichtet aber nur Snorri). Suttungr bewahrt nun den Met in einer Höhle auf, wo er ihn durch seine Tochter Gunnlöð bewachen lässt. Nach einer eingeschobenen Szene, die Odin als unheimlichen überirdischen Mäher unter dem Namen Bölverkr vorführt, bohrt Odin ein Loch in den Berg, dringt als Schlange ein, worauf er Gunnlöð verführt und für jede der drei bei ihr verbrachten Nächte eines der drei Gefäße mit dem Met leert (und sich daran betrinkt, ergänzt *Hávamál* 13 und 14). Nur bei Snorri findet sich dann Odins Flucht in Adlergestalt, wobei er, von Suttungr verfolgt, einige Tropfen fallenlässt, die unbeachtet zur Erde fallen und als „Teil der Dichterlinge" (*skáldfífla hlut: Skáldskaparmál* 1) bezeichnet werden, also schlechte Dichter hervorbringen. Selbst diese kleine Episode ist schon bei Egill im 10. Jh. belegt, der davon als „Saat des Adlerschnabels" spricht (*Berudrápa* 1), sodass sie wohl schon organischer Bestandteil des Mythus war. – Die *Hávamál* bewahren an verschiedenen Stellen (104–110; 13–14) anscheinend leicht abweichende Fassungen dieses gut bekannten Mythus, aber außer in den Anspielungen der skaldischen Kenningar haben wir auch für diesen Mythus die ultimative Reduktionsform wohl in der Ikonographie eines sogar noch vorwikingerzeitlichen gotländischen Bildsteines vorliegen. Eine Szene auf dem aus der Zeit um 700 stammenden Bildstein von Lärbro St. Hammars III zeigt eine Frau (Gunnlöð?), die einer menschlichen Gestalt in Adlerverkleidung (Odin) ein Trinkhorn anbietet, unter der eine angedeutete Schlange (Odin/Bölverkr) zu sehen ist, während von hinten ein Schwertträger (der Riese Suttungr?) herantritt. Zwar ist diese Deutung des Bildes nicht ganz unproblematisch (Riesen tragen eigentlich keine Schwerter, die Frau mit Trinkhorn ist üblicherweise keine Riesin), aber von dem uns in den *Hávamál* und bei Snorri bewahrten Mythus war offenbar eine Reihe von Varianten im Umlauf, sodass solche Unstimmigkeiten zu erwarten sind. Die Kenningar des 10. Jh.s, wie die erwähnte sowie *Viðurs þýfi* („Diebstahl Odins"; *Sonatorrek* 1) bei Egill oder *Kvasis dreyra* („Kvasirs Blut") und *bergs geymlǫ dverga* („im Berg verborgene Flut der Zwerge") bei Einarr skálaglamm (*Vellekla* 2) und schließlich die von Snorri ohne Quellenangabe zitierten Kenningar *dverga farkostr* („Fahrzeug der Zwerge") und *Óðins farmr* („Last des Odin"), alle in der Bedeutung „Skaldenmet" = „Dichtung", geben einen Eindruck von den wesentlichen Zügen des Mythus, der Rolle der Zwerge, dem Versteck im Berg und dem Raub durch Odin; dazu tritt der umstrittene, aber mehrfach belegte Odinsname Farmatýr („Lastengott"; Eyvindr Finnsson: *Haleygjatal* 11; *Grímnismál* 48; *Thulur*), der möglichweise auf die Last des Skaldenmets anspielt, und der Odinsname Arnhöfði („Adlerkopf"), zweifellos auf seine Adlerverkleidung anspielend. Sicher ist jedoch, dass die Dichter Odin als denjenigen ansahen, der ihnen die Gabe der Dichtkunst verleihen konnte. Egill spricht (*Sonatorrek* 1–2) ganz ausdrücklich davon, und noch für die Autoren des Hochmittelalters war dies eine der Hauptfunktionen des Gottes, wenn es z. B. in der *Gautreks saga* 7 Odin ist, der dem Helden Starkad die Gabe der Dichtkunst verleiht (während Thor diesen Wunsch mit dem Fluch kontert, dass er sich nie an das Gedichtete erinnern können möge; vgl. ganz ähnlich auch Saxo Grammaticus: *Gesta Danorum* VI, 152 f.). Wenn der Bildstein wirklich den Mythos vom Skaldenmet wiedergibt, stellt sich allerdings eine ganz andere Frage, nämlich die nach der Rolle der Frau mit dem Trinkhorn. Als zeitweilige Bewacherin wie in der *Hávamál* und bei Snorri wirkt die vornehme Frau deplatziert, aber ob sie vielleicht sogar die ursprüngliche Hüterin der Gabe der Dichtkunst ist oder ob das dargebotene Horn der Lohn für die Dichtung sein soll, lässt sich nach unseren Quellen nicht mehr feststellen, sodass dieses weibliche Element im Mythus von der Entstehung der Dichtkunst verschüttet bleibt.

Überhaupt ist Odins Verhältnis zu Frauen in der Mythologie äußerst zwiespältig. Einerseits ist seine Ehe mit Frigg die älteste belegte Ehe in der Mythologie, welche auch bei frühmittelalterlichen Schriftstellern deutliche Züge derjenigen von Zeus und Hera hat. Andererseits sind von keinem Gott so viele Liebesabenteuer belegt wie von Odin, und zwei mittelalterliche Gedichte, die *Hávamál* und die *Hárbarðsljóð*, nehmen sich diese Verhältnisse teilweise geradezu als Thema. Die *Hávamál* thematisiert dies in den zwei so genannten Odinsbeispielen, anderer Liebesabenteuer rühmt sich Odin im Wettstreit mit Thor in den *Hárbarðsljóð* 16–18, 20, 30–32, wo er diese Thors Riesenabenteuern entgegenhält. Natürlich kennen wir derartige Abenteuer auch von Zeus/Jupiter, aber im Gegensatz zu diesen sind Odins Erfahrungen mit Frauen nicht ausschließlich erobernder und zeugender Natur, sondern er tritt auch als der Geprellte und von Frauen Genasführte auf. Die Zeugungskraft eines Götterkönigs wie die des Zeus/Jupiter manifestiert Odin nur in seinem Verhältnis mit Rindr/Rinda, die ihm den Sohn Váli (so *Baldrs draumar* 11; bei Saxo: Bous) gebiert, der einst Balder rächen wird. In dem Wettstreit zwischen Odin und Thor in den *Hárbarðsljóð* geht es aber nicht um mythologische Themen, sondern um den im altnordischen stark ritualisierten Männervergleich (*mannjafnaðr*), in dem sich Odin und Thor selbst ihrer jeweiligen Großtaten rühmen, wobei die Sympathien des Dichters klar auf Seiten Odins liegen (vgl. 24: „Dem Odin gehören die Fürsten, die im Kampf fallen, dem Thor das Geschlecht der Knechte").

Wenn auch sehr umstritten ist, ob dieses Lied noch in die spätheidnische Zeit gehört oder aber nur heidnischen Aufputz verwendet, um mittelalterliche aristokratische Sentiments zu vermitteln, so ist doch Odin üblicherweise der Protagonist eines anderen Typs von literarischem Wettstreit, dem Wissenswettstreit, dem mehrere Eddalieder gewidmet sind (*Grímnismál, Vafþrúðnismal, Alvíssmál*). Obwohl diese Lieder vermutlich erst in christlicher Zeit entstanden sind (obwohl man bei den *Grímnismál* und den *Vafþrúðnismál* spätwikingerzeitliche Abfassung nicht ausschließen kann, vgl. Kap. X), tradieren sie doch einen alten Aspekt des Odinsbildes, nämlich den als Gott der Weisheit, aber auch der List und der seherischen Voraussicht. Dieser Aspekt ist nur schwer von seinem Erwerb der Runen und der Dichtkunst zu trennen, weder literarisch, wo Kenningar auf Odins Weisheit anspielen, noch in der Genese des Gottes selbst, denn dichterisches und seherisches Sprechen liegen nah beisammen, und Odins Zauberkünste ebenso wie seine Tierverwandlungen machen die Herkunft aus einem schamanistischen Kontext wahrscheinlich. Seine Rolle als Totenführer, seine Zauberkraft und Dichtkunst machen dies ebenso wahrscheinlich wie sein Selbstopfer und seine (in den wikingerzeitlichen Quellen allerdings nicht mehr hervortretende) Rolle als göttlicher Heiler.[69] Auf die schamanische Ekstase als Quelle sowohl der übernatürlichen Kenntnisse wie auch der Heilkraft und des Zugangs zum Totenreich weist schon sein Namen hin (s. o.), und Ekstasen und Tanz dürften auch zum Odinskult gehört haben. Neben vendelzeitlichen Pressblechen, welche tanzende Krieger in Tierverkleidung zeigen, sind hier besonders die Berserker zu nennen, welche zwar erst Snorri (*Ynglinga saga* 6) als Odinskrieger erwähnt, die sich aber durch Tierverkleidung, Unverwundbarkeit durch Trance, Reduktion auf kriegerische Funktion und die aristokratische Assoziation eindeutig als solche erweisen:

„Odins Männer gingen (in der Schlacht) ohne Panzer und waren toll wie Hunde und Wölfe, bissen in ihre Schilde und waren stärker als Bären oder Stiere. Sie erschlugen die Leute, aber sie selbst verwundete weder Feuer noch Eisen; das nennt man Berserkerwut."

Nur die kultische Nacktheit, die Snorri erwähnt, geht auf sein Missverständnis von *berserkr* („Bären-hemd") als *berr-serkr* („nackt-, ohne Hemd") zurück. Ansonsten finden wir ähnliche Beschreibungen der Berserker auch bei Saxo Grammaticus (*Gesta Danorum* V, 115; VI, 162; VII, 185 u. 186), einer zeitgenössischen Beschreibung verwandter warägischer Kampfesweise durch den byzantinischen Historiker Leo Diaconus um 970[70] und in zahlreichen Saga-Texten des Hochmittelalters (*Egils saga* 40, *Kristni saga* 9 sowie den Fornaldarsögur).

Hierher gehören auch die sog. Ulfheðnar („Wolfshäuter"), über deren ursprüngliche Rolle vor und außer der mittelalterlichen Literatur wir noch weniger wissen als über die Berserker, deren Namen in Form des Personennamens Wolfhetan (vgl. altnord. Ulfheðinn) schon für die fränkische Zeit belegt ist. Die anderen Elemente sind aber keineswegs Erfindungen Snorris, denn schon in der *Haraldskvæði* des Skalden Þórbjörn hornklofi vom Ende des 9. Jh.s finden sich in der Beschreibung der Schlacht am Hafrsfjord (ca. 872) Berserker und Úlfheðnar, die brüllend am Kampf teilnehmen.

Nicht umsonst erwähnt Snorri die Berserker im selben Atemzug wie die Dichtkunst und die Gabe Odins, seine Feinde (durch Zauberei) in der Schlacht blind und taub zu machen, denn Odin galt im Mittelalter wie im neuzeitlichen Volksglauben als Führer des Wilden Heeres oder der Wilden Jagd, der weithin verbreiteten Vorstellung von einem gespenstischen Reiterheer, das in den Zwölften (also den Nächten zwischen Weihnachten und Epiphanie) im Sturm die Gegend unsicher macht. Noch im Mittelhochdeutschen hieß die

Wilde Jagd (engl. *Wild Hunt*) *Wuotanes her*, auf Schwedisch heißt sie noch immer *Odens jakt*, auf Norwegisch *Oskoreidi*. Die Beziehung Odins zu dieser Wilden Jagd ebenso wie zu den Berserkern ließe sich mit Höfler aus einer kultischen Praxis herleiten, in welcher bewusst geheimnisvolle Jungmännerbünde einer kriegerischen Gesellschaft ihre Beziehung zu Odin leben. Nächtliches Treiben solcher Jungmännerbünde, wenn auch nicht in solch kriegerischer Form, sind jedenfalls zweifellos bis weit ins 19. Jh. hinein im oberdeutschen Raum belegt. Wenn auch ein derartiger kultischer Ursprung der Wilden Jagd sehr umstritten ist,[71] so sind doch auch die nächtlichen Angriffe des „Totenheeres" der Harier (der Harii, eines germanischen Stammes bei Tacitus: *Germania* 43) hierher zu stellen, da auch sie durch bewusste Wahl von Zeitpunkt, Verkleidung und plötzlichem Angriff Schrecken auslösen.

Die Tierverkleidung vendel- und wikingerzeitlicher skandinavischer Krieger ist am besten in den Pressblechen (bzw. deren Modeln) von Helmen greifbar, wie sie sich im schwedischen Torslunda/Öland gefunden haben, welche in einen größeren Zusammenhang zu stellen sind, welche auch die Kriegerszenen von Helmen aus dem vendelzeitlichen Gräbern in Vendel und Valsgärde in Uppland sowie im ebenfalls noch vorwikingerzeitlichen Schiffsgrab von Sutton Hoo/England zu stellen sind. Aus den schwedischen Funden sind dabei vier Motive bekannt (Abb. 20), von denen eines den Kampf eines Schwertkriegers mit zwei Bären und eines die Zähmung eines Bären (oder ähnlichen Ungeheuers?) durch einen halb nackten Axtkrieger zeigen und somit als heroische Tierkämpfe ausgewiesen sind. Religionsgeschichtlich relevanter sind die beiden anderen Motive, von denen eines eine Prozession (?) zweier mit Schwert und Lanze bewaffneter Krieger zeigt, die Helme mit mächtigen Eberplastiken am Kamm geschmückt sind und die dadurch ihre Zugehörigkeit zum schwedischen Königshaus der Ynglinge und ihrem mythischen Vorfahren Yngvi-Freyr signalisieren. Das vierte Motiv schließlich zeigt einen in einem Wolfsfell verkleideten Krieger mit Schwert und Speer, während ein zweiter (nackter?) mit Schwert und zwei Speeren bewaffneter Krieger tanzt. Sein auffälliger Helm mit nach innen gebogenen, knaufartig abgeschlossenen Fortsetzungen findet ein Gegenstück auf dem Helmblech von Sutton Hoo (Abb. 20) mit Kriegern in tänzerischer Haltung mit hohen, vogelkopf(?)geschmückten Kulthelmen und Schwert sowie zwei Speeren, wobei die Deutung eines Tänzers aus Torslunda als einäugig[72] m. E. als Überinterpretation eines äußerst geringfügigen Fertigungsfehlers abzulehnen ist. Verwandte Darstellungen von tanzenden oder wenigstens auffällig paradierenden Kriegern finden sich auch außerhalb der Helmbleche auf kleinen Bronzefigürchen wie dem aus Ekhammer/Uppland – die man als Berserker hat deuten wollen,[73] wogegen aber die aufwendige (und wohl einwandfrei kultische) Helmzier der Figuren selbst spricht – sowie auf südgermanischen Darstellungen.[74]

Odin ist überhaupt der einzige wikingerzeitliche Gott, der als Reiter vorgestellt wird, wenn auch keineswegs konsequent. Als Anführer der Wilden Jagd reitet er, in Eddaliedern reitet er in die Unterwelt (*Baldrs draumar*), und eines seiner Attribute ist das Götterpferd Sleipnir, welches allerdings erst in Quellen vom 13. Jh. an als achtbeinig beschrieben wird. Grund dafür mag die Darstellung von Pferden mit acht Beinen auf Bildsteinen wie denen von Tjängvide und Ardre im 8. Jh. sein, welche dadurch wohl den Eindruck von Geschwindigkeit erwecken wollten. Die anderen Erwähnungen von Sleipnir in der mittelalterlichen

Abb. 20: Motive von Helmpressblechen und deren Modeln aus Torslunda, Valsgärde, Vendel.

Literatur weisen alle deutlich folkloristischen Einschlag auf. Odin ist noch über zwei weitere Attribute definiert, nämlich den Ring Draupnir und den Speer Gungnir. Zwar wird Draupnir schon in wikingerzeitlichen Skaldenkenningar erwähnt, aber es wird nie gesagt, wem der Ring gehört, sodass man darüber spekulieren kann, ob Draupnir auf den Ring der Brakteatendarstellungen, auf einen Tempelring oder einen Arm- oder Halsring als Machtsymbol zurückgeht. Im Gegensatz dazu wird Odin schon früh mit dem Speer Gungnir assoziiert. Kenningar wie *geirs dróttinn* („Herr des Speers"; Egill: *Sonatorrek* 22) und *Gungnis váfaðr* („Schüttler Gugnirs"; bei Bragi 2,2) belegen Odin als Speergott und wohl auch den Namen des Speers schon im 9. und 10 Jh. Zwar könnte theoretisch erst Snorri Gungnir als Speer interpretiert haben, aber dann wisssen wir nicht, was Gungnir wirklich ist.

Andere Aspekte Odins sind für die heidnische Zeit noch nicht zu belegen und wuchsen wohl erst im Laufe der literarischen Entwicklung dazu, auch wenn manches davon Wurzeln im Volksglauben haben mag. Dazu gehört die Einäugigkeit, für die wir keine Aussagen aus heidnischer Zeit haben, auch wenn man die im vorigen Kapitel erwähnte kleine Bronzestatue aus Lindby/Schonen, die einäugig zu sein scheint, gerne als Odin deutet. Eindeutig einäugig ist der groteske Kopf aus der norwegischen Stabkirche von Hegge/Valdres (13. Jh.), der jedoch noch nicht näher datiert ist, aber für diese Zeit haben wir auch schon ausreichende literarische Quellen darüber, dass Odin sein Auge als Pfand für die aus Mímirs Quelle bezogene Weisheit gegeben habe (Mímir hat wohl erst Snorri, *Gylfaginning* 14, in den Mythus eingebracht, in der älteren Dichtung ist er einfach ein Riese: *Ynglingatal* 2, *Grímnismál* 50)[75]. Die Odinsnamen Blindi und Tvíblindi dürften wohl ebenfalls auf diese Eigenschaft Odins hinweisen, aber nur der erste ist vor dem 13. Jh. zu finden, nämlich im eddischen Heldenlied *Helgakviða Hundingsbana* II, das aber auch kaum vor dem 12. Jh. entstanden ist. Andere Odinsnamen spielen auf Odins Aussehen an: Grímnir/Grímr zeigt ihn maskiert, Hárbarðr und Síðskeggr als langbärtig, Síðhöttr und Hjalmberi als durch eine Kopfbedeckung unkenntlich, Gangraðr, Gangleri, Gestr und Vegtamr als Wanderer. Die meisten dieser Namen sind schon aus der *Grímnismál* überliefert, und ihr Alter hängt somit an dem des Liedes: wenn die Grímnismál wirklich noch spätheidnisch sind, zeigen diese Namen uns den Gott in seiner *literarisierten* Gestalt, wie er uns dann auch aus den Fornaldarsögur des Hochmittelalters entgegentritt: als einsamer, geheimnisvoller Wanderer, der auch seine Günstlinge oft nur in Verkleidung besucht und seine wahre Identität erst am Ende der jeweiligen Epiphanie zu erkennen gibt. Diesen Zug des unerkannten göttlichen Besuchs hat Odin allein mit Heimdall (aber nur in der eddischen *Rígsþula*) und dem christlichen Gott als Protagonisten neuzeitlicher Volkserzählungen gemeinsam, ohne dass diese Parallelen bislang in der Forschung ausreichend thematisiert worden wären.

Im Gegensatz zu den ikonographischen Darstellungen von Thors Fischzug hat man bis jetzt keine wikingerzeitlichen Bilddarstellungen für Odinsmythen nachweisen können; ob die obere Darstellung des Altunasteines tatsächlich Odin von seinem Göttersitz Hliðskjalf ausblickend zeigt,[76] ist jedenfalls mehr als fraglich, und die reitende Figur auf den gotländischen Bildsteinen wird mittlerweile eher als der in die jenseitige Welt reisende Tote denn als Odin gedeutet.

Kein anderer Gott vereint so viele verschiedene Funktionen in sich und tritt uns in so widersprüchlicher Gestalt entgegen wie Odin. Wir müssen wohl davon ausgehen, dass in den 1000 Jahren der Odinsverehrung regional sehr unterschiedliche Aspekte dieser Gottheit zu Bedeutung gelangten und somit auch mythologisch thematisiert wurden. Wenn es richtig ist, dass die neue politische und religiöse Elite des völkerwanderungszeitlichen Südskandinavien sich besonders Odin zugewandt hat, dann wären seine zusätzlichen Funktionen als Gott der Runen, der Dichtung und des kriegerischen königlichen Gefolges mit dem Aufstieg dieser Elite verbunden. Seine Rollen als Totengott, Seelenführer und Heiler sind sicherlich schon älter und reichen bis in die schamanische Vergangenheit der Skandinavier zurück. Insofern ist die zwar erst im Mittelalter belegte, aber unabhängig bei Snorri und Saxo belegte Geschichte von Odins Einwanderung aus Asien interessant, die uns allerdings nur mehr durch die euhemeristischen Tendenzen einer christlich-gelehrten Ursprungstheorie fränkischer Herkunft hindurch schwach sichtbar bleibt: Nach dieser Theorie ist Odin nicht nur erster Herrscher des vorzeitlichen skandinavischen Schweden und damit Ahnherr aller skandinavischen Königsgenealogien, sondern gleichzeitig der aus Asien stammende Religionsstifter einer auf ihm selbst beruhenden Religion.[77]

Wenn man sich Thor als über den Himmel donnernden Wagenlenker, Odin als herumreisenden oder -reitenden Schamanen vorgestellt hat, dann war Freyr zweifellos der königliche Gott, der Wohlstand, Glück, Sicherheit und nicht zuletzt Nachkommenschaft garantierte. Es gibt keinen Grund zur Annahme der älteren Forschung, dass Freyr einer anderen, qualitativ oder funktionell unterschiedlichen Götterfamilie (der Wanen) angehörte, außer an einer einzigen Stelle bei Snorri (*Ynglinga saga* 4). Ansonsten wird Freyr mit den anderen Göttern gemeinsam verehrt: Adam von Bremen (*Gesta Hammaburgensis ecclesiae pontificum* IV, 26) will von den drei Götterstatuen in Gestalt von Odin, Thor und Fricco (= Freyr) im Tempel von Uppsala wissen, Snorri (*Hákonar saga góða* 14) spricht von der Verehrung Odins, Freyrs und Njörðs im noch heidnischen Trondheim, aber schon der Skalde Hallfreðr vandræðaskáld nennt bei seiner Christianisierung Odin (unter dem Pseudonym Grímnir), Thor, Freyr, Freyja und Njörðr in einem Atemzug (*lausavísa* 9). Freyr ist also ganz zweifellos der drittwichtigste Gott des wikingerzeitlichen nordischen Pantheons und keineswegs auf die Funktion eines Fruchtbarkeitsgottes beschränkt. Schon die *Húsdrápa* des Ulfr Uggason am Ende des 10. Jh.s beschreibt Freyr als Anführer eines Heeres, und auch die *Skírnismál* 3 und die *Lokasenna* 37 beziehen sich auf seinen kriegerischen Aspekt.

Die von Adam von Bremen an der oben genannten Stelle gelieferte Beschreibung (*cum ingenti priapo*) des Gottes steht zwar allein, aber gewisse Beziehungen zur Fruchtbarkeit sind wenigstens in den mittelalterlichen Quellen mehrfach bestätigt, obwohl Hinweise aus heidnischer Zeit dafür völlig fehlen, da er in den skaldischen Kenningar als Heerführer, Anführer der Götter (Ulfr Uggason, *Húsdrápa* 7) und vor allem Ahnherr der Dynastie der Ynglinge gepriesen wird (Þjóðólfr: *Ynglingatal* 11 und 21). Zwei Kenningar nennen ihn den „Töter des Beli" (*bani Belja: Vǫluspá* 53, *Belja dólgr*: Eyvindr: *Haleygjatal* 5), ohne dass wir wissen, wer denn dieser (Riese?) Beli ist; der entsprechende Mythus war schon Snorri nicht mehr bekannt. In späteren Quellen dagegen wird er als Beglücker von Frauen und Mädchen (*Lokasenna* 37), als Spender von *ár ok friðr* (Snorri, *Gylfaginning* 23) und als Schirmherr über Grabhügel, die nicht einschneien, und fruchtbare Äcker beschrieben (in *Bárðar saga* 6, *Gísla saga* 18, *Víga-Glúms saga* 7 heißt der entsprechende Acker Vitazgjafi, „der sicher Gebende"). Die einzige andere Stelle, die Freyrs phallischen Charakter indirekt anspricht, ist der *Gunnars þáttr helmings* der *Flateyjarbók* (14. Jh.), in dem der Held der Geschichte sich in einer herumziehenden Freyrsstatue versteckt und schließlich die Priesterin schwängert. Falls wir Adams Aussage Glauben schenken, dann ist Freyr wohl der einzige Gott, dessen Aussehen wir in einem kleinen Götteramulett aus Rällinge in Schweden (Abb. 21) vorliegen haben, welches einen spitzbärtigen, mit konischem Helm versehenen Mann mit erigiertem Phallus darstellt. Sollte dieses Amulett Freyr darstellen, dann bestätigt der Fund auch die Erzählung der *Vatnsdœla saga* 10, dass ein Verehrer dieses Gottes ein Abbild in seinem Beutel mit sich getragen habe.

Der einzig bewahrte Mythus mit dem Gott Freyr als Protagonisten findet sich in dem nur schwer zu datierenden Eddalied *Skírnismál* (auch *Skirnis fǫr*, früher: spätheidnische Zeit, eher aber: 12. bis 13. Jh.?). Es handelt von der Werbung des Dieners Skírnir (im Namen des Gottes Freyr) um die Riesentochter Gerðr, in die sich Freyr verliebt hat. Dieser zieht nun aus, um seinen Herrn von dieser Liebeskrankheit zu heilen, wobei ihm Freyr Schwert und Pferd mitgeben muss. Die spröde Gerðr lehnt alle Bitten und Geschenke Skírnirs ab und gibt erst unter Androhung von Zauberrunen ihre Zustimmung, Freyr nach neun Tagen im

IV. Die Götterwelt des heidnischen Polytheismus

Abb. 21: Statuette des Gottes Freyr aus Rällinge, Schweden.

Hain Barri zu erwarten. – Anspielungen auf dieses Lied sind in Snorris Edda (*Gylfaginning* 36) sowie in *Lokasenna* (42) und *Hynduljóð* (30) enthalten, aber nicht zuletzt die Liebeskrankheit[78] und die Runennamen deuten auf sehr späte Entstehung. Schon seit der ältesten Forschung (Olsen, Niedner) hat man dieses mythologische Gedicht als Ausdruck eines auch im Norden vorhandenen Mythos vom *hieros gamos*, also der Heiligen Hochzeit zwischen Himmelsgott und Mutter Erde, gesehen, aber erst in jüngster Zeit mehrt sich die Kritik an dieser Deutung, sodass man eine ganze Reihe von Deutungen vorgeschlagen hat, wobei vor allem das immanente Element der Gewalt (Lönnroth), der Geschlechterkonflikt (Motz), der *hieros gamos* als Element der norwegischen Reichseinigung (Steinsland) und schließlich auch die Riesin als Repräsentantin der ethnischen Minderheit der Sami (Mundal) hervorgehoben wurden.[79] Meines Erachtens sind diese Deutungen auf dem richtigen Weg, ohne dass man aber deswegen die *Skírnismál* überhaupt als *hieros gamos* interpretieren muss, der auch sonst im Norden nur sehr schwache Spuren hinterlassen hätte, sondern es geht hier um einen Mythos von der Unterwerfung einer Minorität durch den königlichen Reichseiniger (norweg. *rikssamlingsmyten*) aus dem Ynglingengeschlecht, weswegen Freyr als Protagonist gewählt ist.[80]

Freyr tritt überhaupt in keiner anderen Funktion so deutlich hervor wie als mythischer Ahnherr des schwedischen Ynglingengeschlechts, von dem sich seit Harald Schönhaar (9. Jh.) auch die norwegische Königsdynastie herleitete. Schon in der Ynglingengenealogie in Aris *Íslendingabók* steht er an prominenter dritter Stelle der mythischen Vorfahren dieser Herrscherdynastie, und Saxo (*Gesta Danorum* VI, 154) nennt die Könige von Uppsala geradezu „Söhne Frøs". Kultortsnamen auf Frø- sind nirgendwo so häufig wie in Ostschweden, der schon durch die Erwähnung in der Húsdrápa als alt erwiesene Eber als Symbol oder Reittier Freyrs zierte die Helme vendelzeitlicher schwedischer Paradehelme, und das schwedische Reichskleinod Svíagríss („Schwedenferkel"), ein Ring, trägt ebenfalls das Symbol Freyrs, welches Fruchtbarkeit und Reichtum, im Norden aber auch Kampfeslust symbolisiert; im legendären Kampf zwischen dem Schwedenkönig Aðils und dem dänischen König Hrólfr kraki soll er jedenfalls eine zentrale Rolle in der Erniedrigung der Schweden durch die Dänen gespielt haben (*Skjǫldunga saga*; Snorri: *Skáldskaparmál* 41). Yngvi-Freyr ist sein Beiname nicht erst bei Snorri (*Ynglinga saga* 10 f.), sondern schon in der *Haustlǫng* 10 des norwegischen Skalden Þjóðólfr ór Hvíni im 9. Jh., aber ob der Name Yngvi wirklich mit dem *Ing der Ingaevones bei Tacitus zusammenzustellen ist, bleibt weiter umstritten. In der *Lokasenna* 43 und der *Óláfs saga* entspricht dem das gleichbedeutende Ingunar-Freyr. Ein weiterer Name für Freyr ist Fróði, allerdings nur bei Snorri, sonst wird Fróði (bei Saxo Grammaticus: Frotho) mit dem dänischen Königsgeschlecht der Skjöldungen zusammengestellt. Der „Fróði-Frieden", eine Art goldenes Zeitalter in der Vorgeschichte Skandinaviens, wurde aber von Snorri wohl am ehesten zu seinem Bild von Freyr als idealtypischen Herrscher und Verleiher von *ár ok friðr* empfunden, auch wenn dies in seinen Quellen keine Grundlage hatte. Auf den Kult des Freyr weisen neben den schwedischen und norwegischen Kultortsnamen vor allem das bei Saxo Grammaticus (*Gesta Danorum* I, 29) erwähnte Frøblot, das Haddingus an Freyr in Uppsala als Sühneopfer dargebracht habe und in welchem er *furvis hostiis* („dunkelhäutige Opfer"?) als Menschenopfer dargebracht habe;

dieses Opfer habe er jährlich wiederholt. Die Stelle ist völlig ungedeutet und vielleicht ebenso unhistorisch wie die Personen mit dem Beinamen Freysgoði in der isländischen Sagaliteratur. Die vielfach genannten Personen und Vorgänge um den Freysgoði Hrafnkel und sein Pferd Freyfaxi sind jedenfalls ganz freie Erfindungen ohne jeglichen Quellenwert.[81] Jedenfalls ist es richtig festzuhalten, dass die isländischen Texte des christlichen Mittelalters die Erinnerung bewahren, dass es neben Thor besonders Freyr war, der von den Vorfahren in der Spätphase des Heidentum auf Island besonders verehrt wurden,[82] während weder die Ortsnamen noch die anderen Quellen eine besonders intensive Beziehung der Isländer zu Odin nachweisen. Ein in der *Hauksbók*-Version 268 der *Landnámabók* bewahrtes Bruchstück des Ulfljóts-Gesetzes schreibt vor, dass Personen, die einen Eid auf einen Tempelring schwören, dazu Freyr, Njörðr und *áss hinn almáttki* anrufen sollen, dessen Identität aber umstritten ist, da dafür sowohl Thor als auch Odin als auch Ullr in Frage kommen.[83]

Die Familienverhältnisse Freyrs kennen wir vornehmlich aus Snorri, aber bei Egill Skallagrímsson werden schon zweimal Freyr und Njörðr in unmittelbarem Zusammenhang genannt, wobei es nicht sicher ist, ob Njörðr hier (wie in *Grímnismál* 43; später auch *Skírnismál* 41 und *Þrymskviða* 22) wirklich der Vater von Freyr (und Freyja) ist.

Njörðr bleibt in unseren Quellen ein merkwürdig blasser Gott. Wenn wir die neuerdings unwahrscheinlich gemachte Gleichung mit Nerthus[84] nicht wieder aufleben lassen wollen und Snorris hochmittelalterliche Mythographie (*Gylfaginning* 22; *Skaldskaparmál* 1; *Hákonar saga* 14) vorerst beiseite lassen, so bleiben eine große Zahl von Nennungen in der Skaldik (davon viele allerdings auch aus nachheidnischer Zeit), die aber alle nicht sehr aussagekräftig sind: Etwa zwei Dutzend komponierte Heiti (poetische Synonyme) auf Njörðr belegen, dass es sich um ein männliches mythologisches Wesen handelt. Von den gut drei Dutzend anderen Erwähnungen in der Skaldik erwähnen zwar 10 seinen Reichtum, aber 20 assoziieren ihn mit Grundwörtern auf Kampf oder Bewaffnung (so auch eine Kenning der *Gudrunarhvǫt*) und nur zwei mit dem Schiff. Aus den Skaldengedichten ist ansonsten noch zu lernen, dass er ein Verwandter der Asen ist (zwei Belege), dass Freyja seine Tochter ist (bei Einarr skalaglamm, so aber auch die *Þrymskviða*, die hier vielleicht den Skalden zitiert), und nur in der *Sólarljóð* 79 des 12. Jh.s, dass er neun Töchter habe. Neben den beiden Assoziationen mit der Schifffahrt ist Njörðrs Wohnort, Nóatún, von besonderem Interesse, der zwar erst in den *Grímnismál* 16 und in der *Þrymskviða* 22 erwähnt wird, aber als Name eindeutig alt ist: Nóatún gehört zu idg. *náus- („Schiff", altnord. *nór*, lat. *navis*) und zu altnord. *tún* („Hof, Stadt"), bedeutet also etwa „Schiffsstadt". Eine ganze Reihe von Ortsnamen aus Norwegen und Island (Njarðvík) bestätigen, dass der Gott nicht erst eine junge Konstruktion ist. Ob allerdings norweg. Njardarlög wirklich als „Kultbezirk des Gottes Njörðr" zu deuten ist, ist eine andere Frage.

Von Njörðr sind zwei Mythenreste überliefert, wovon einer nur mehr in einer Allusion der *Lokasenna* 34 bewahrt ist, nach der die Töchter des (Riesen) Hymir Njörðrs Mund als Nachttopf verwendeten; weder die *Hymiskviða* noch Snorri erwähnen aber einen derartigen Mythenschwank. Auch der nur mehr bei Snorri (*Gylfaginning* 22) erhaltene Mythus von der unglücklichen, wenn auch archetypischen Ehe zwischen Njörðr und Skaði hat teilweise Schwankcharakter; diese Ehe, so Snorri, zwischen dem Gott der Schifffahrt und der Schi laufenden Riesin sei nur zustande gekommen, weil diese sich unter den Göttern einen als Gemahl auswählen durfte, aber nur die Füße sehen konnte. Snorri kann dazu zwei Strophen im eddischen Versmaß *ljóðaháttr* zitieren, die wohl auf ein höheres Alter des Mythus hinweisen, und Skaði wird schon bei Bragi in der *Ragnarsdrápa* 20 und bei Eyvindr (*Háleygjatal* 4), also schon im 9. und 10. Jh., als *ǫndurdís* („Schigöttin") bezeichnet, auch wenn sie hier in keinem direkten Verhältnis zu Njǫrðr steht. Eine von Snorri andernorts (*Skaldskaparmál* 6) zitierte Strophe des Skalden Þórðr Sjáreksson aus dem 11. Jh., die er auf Njǫrðr und Skaði bezieht, passt aber genauso gut auf das Thema der *Skírnismál*, die Beziehung zwischen Freyr und Gerðr, oder eigentlich auf jede andere Beziehung zwischen Göttern und Frauen, hat also sehr wenig Aussagekraft.

Diese vier Götter waren zweifellos die männlichen Hauptgötter der Skandinavier der Wikingerzeit, während andere in dieser Periode schon so weit an Bedeutung verloren hatten, dass sich ihre Funktion wie ihre Mythen nur mehr recht unscharf erkennen lassen; dazu gehört vor allem der schon erwähnte Týr (ahd. *Ziu, < *Tíwaz), der in der Eisenzeit noch zu den Hauptgöttern gehörte und wohl ein Kriegsgott war, wie die Übersetzung des römischen *dies Martis* durch altnord. *Týsdagr*, ags. *Tíwesdaeg* zeigt. Obwohl der Name (urverwandt mit Zeus, lat. *deus*, air. *Día*) zur ältesten Schicht der Götternamen gehört, war er in der Wikingerzeit offenbar als Einzelgott fast unbekannt, denn sein Name taucht nur als Singular *týr* von *tívar* („Götter") in den skaldischen Kenningar auf. Erst in den Eddaliedern (*Lokasenna* 38 und 40; *Hymiskviða* 4 und 33; *Sigrdrífomál* 6) wird er wieder als persönlicher Gott genannt, und woher Snorri seine Kenntnisse bezieht, wenn er Týr eine zentrale Rolle im Mythus von der Fesselung des Fenriswolfes einräumt, wissen wir bis auf die in der *Lokasenna* erwähnte Einarmigkeit des Gottes nicht. Die *Hymiskviða* wiederum nennt Týr einen Sohn Hymirs, aber warum, ist unbekannt. Das Ortsnamenmaterial auf Týr/*týr* ist zwar ebenfalls zweideutig, aber es ist doch gelungen, die dänischen Ortsnamen auf T(h)isted als zum Gott Týr gehörig nachzuweisen,[85] sodass wir mit einem eisen- oder völkerwanderungszeitlichen Kult des Gottes in Dänemark, deutlich weniger ausgeprägt auch in Schweden und Norwegen, rechnen müssen; ob ein alemannischer *Ziu wirklich aus Ortsnamen und aus dem Wochentagsnamen ahd. *ziestag* zu erschließen ist, muss vorläufig offen bleiben.[86]

Noch schlechter ist es um unsere Kenntnis des Gottes Ullr bestellt. Zwar hat man das recht umfangreiche Ortsnamenmaterial, welches besonders in Schweden (hier oft in Verbindung mit theophoren Ortsnamen auf Njǫrðr) und in Norwegen (häufig im Kontext mit Namen auf Freyr), nicht aber in Dänemark vorkommt, als Beleg für die ehemals weit verbreitete Verehrung des Gottes herangezogen, es muss aber darauf verwiesen werden, dass nicht alle Ortsnamen auf Ull- auch Kultortsnamen sind.[87] Ullr fehlt in der Skaldendichtung, wird aber bei Snorri *Gylfaginning* 30 und *Skáldskaparmál* 14 mit Heiti und Kenningar belegt, in denen er als Bogenschütze, Schlittschuhläufer und Schifahrer angesprochen wird. In *Grímnismál* 5 wird er als Besitzer des Göttersitzes Ýdalir genannt, und in der *Atlakviða* 30 ist er der Gott, der bei einem Eid auf einen Tempelring angerufen wird. Auch Snorri weiß keinen Mythus von Ullr zu berichten; dass er Sohn von Sif und Stiefsohn Thors ist, hat er wohl erfunden, aber dass im 12. Jh. doch noch Geschichten über einen Gott Ullr im Umlauf waren, bezeugt Saxo Grammaticus (*Gesta Danorum* III, 72), der ihn Ollerus nennt. Dieser Ollerus habe während Odins Verbannung die Herrschaft in Schweden übernommen und sei so zauberkundig gewesen, dass er auf einem Knochen über das Meer fahren konnte – dies vielleicht ein Hinweis auf Ullr als Schlittschuhläufer –, aber mehr ist auch bei Saxo nicht zu erfahren.

Auch der Gott Heimdall wird von den Quellen aus heidnischer Zeit nur ganz selten erwähnt. Von den Skaldendichtungen erwähnt nur die *Húsdrápa* 10 den ansonsten unbekannten Mythus, dass Loki und Heimdall gekämpft haben (in Seehundgestalt und um das Brísingamen, wie Snorri – aber nach welchen Quellen? – ergänzt); die *Lokasenna* kennt ihn jedenfalls schon als Todfeind Lokis 48. Die *Vǫluspá* 1 nennt ihn den Vater aller Menschen, und hiervon dürfte sich der Verfasser der *Rígsþula* sein Stichwort geholt haben, als er im 13. Jh. seine altertümelnde Ständelehre dichtete.

Wesentlich umfangreicher sind unsere Quellen zu einem anderen Gott, dessen Kult allerdings viel weniger ausgeprägt war oder jedenfalls weniger gut belegt ist. Ortsnamen, die mit dem Namen des Gottes Balder gebildet sind, kommen zwar in Dänemark und Norwegen vor, aber nur sehr vereinzelt. Dagegen ist der Gott in den mythologischen Quellen Skandinaviens sehr gut belegt, auch schon in den wikingerzeitlichen, während Balder in den südgermanischen Quellen ausschließlich im Zweiten Merseburger Zauberspruch gemeinsam mit den Götter Phol und Wodan genannt wird, was zu einer Kontroverse darüber geführt hat, ob man Balder hier überhaupt als Göttername wird ansehen können.[88] Dafür spricht die Tatsache, dass der altenglische Bældæg der westsächsischen Königsgenealogien (den nicht nur Æthelweard in seiner Chronik, sondern noch Snorri – als Beldeg – mit Balder gleichsetzt) trotz des Begriffs *bealdor* („Fürst, Herr") als eigenständiger mythischer Namen überliefert ist. Somit können wir wenigstens Spuren Balders im west- und südgermanischen Bereich festmachen. In der Skalden- und Eddadichtung ist die Erwähnung Balders durchwegs auf seinen Tod und sein Begräbnis, in der *Vǫluspá* dazu noch auf seine Parusie in der Neuen Welt nach den Ragnarök (vgl. dazu unten Kap. VI zur nordischen Eschatologie) beschränkt. Der Mythus von Balders Tod ist also wohl der einzige, in dem er eine Rolle spielte, dieser war aber offenbar gut bekannt, und Snorris sehr ausgeschmückte Darstellung konnte sich immerhin auf mehrere Eddalieder (*Baldrs draumar*, *Vǫluspá*, *Lokasenna*) sowie die *Húsdrápa* des Ulfr Uggason berufen, daneben vermutet man als Quelle noch ein verlorenes (eddisches) Gedicht über Hermoðrs Helritt.[89] Das Eddalied *Baldrs draumar* „Balders Träume", dessen Alter nur schwer zu bestimmen ist, schildert in 14 Strophen die Geschichte von Balders Tod als Prophetie einer Seherin, die Odin in Hel zum Leben und Sprechen erweckt.

Balders schwere Träume bewegen nicht nur Odin zum Helritt, sondern auch Frigg dazu, allen Lebewesen einen Eid abzunehmen, ihn nicht zu verletzen. Nur die Mistel wird vergessen, und von dieser nimmt der neidische Loki einen Zweig, den er dem blinden Gott Höðr in die Hand gibt, um ihn im Spiel nach Balder zu werfen. Im Flug verwandelt sich dieser in einen Pfeil und tötet Balder. Hermoðr reitet daraufhin auf Sleipnir zu Hel, um Balders Freigabe zu erbitten, aber diese stellt dafür die Bedingung, dass alle Geschöpfe um ihn weinen müssten, aber Loki in Verkleidung einer Hexe weigert sich, sodass Balder in Hel bleiben muss. Die Erzählung von Balders Bestattung bei Snorri beruht wie gesagt auf der *Húsdrápa* (entstanden um 986), diese aber wiederum ist ein Bildgedicht auf die wohl nicht sehr viel älteren Schnitzereien in der Halle des Ólafr Pá (Olaf Pfau) in seiner Halle in Njarðarholt auf Island. Der Mythus von Balders Bestattung war aber dort neben Thors Fischfang und einem Kampf zwischen Loki und Heimdall nur ein Thema, aber wir wissen nicht, in wie vielen Szenen dieser Mythus dargestellt war, auch wenn er sowohl bei Snorri und in der (einst deutlich mehr als 12 erhaltenen Strophen umfassenden) *Húsdrápa* den größten Raum dieser verschiedenen Themen eingenommen hat. Wesentliche Elemente sind jedenfalls das Schiff mit dem Scheiterhaufen und der Begräbniszug der von Freyr angeführten Götter. Erst mit Hilfe der auf einem Wolf daherreitenden Riesin Hyrokkin gelingt es den Göttern, das Schiff zu Wasser zu lassen, und als nun Balders Leiche auf das Schiff gebracht wird, stirbt aus Kummer auch seine Frau Nanna und wird mit ihm bestattet, ebenso wie sein Pferd und der Ring Draupnir. Eine indirekte Anspielung am Ende des eddischen Wissensgedichts *Vafþrúðnismál* bestätigt, dass der Mythus allgemein genug bekannt war, um in einer (unlösbaren) Rätselfrage herzuhalten: Was hat Odin seinem toten Sohn (Balder) auf dem Scheiterhaufen ins Ohr geflüstert? Diese Frage könnte naturgemäß nur Odin beantworten, mag aber ebenfalls schon zum Kern des Baldermythus gehört haben, auch wenn sie Snorri nicht erwähnt. – Eine nicht unbeträchtlich abweichende Version des Baldermythus liegt auch bei Saxo Grammaticus vor (*Gesta Danorum* III, 63 f.), wo Nanna (bei Snorri die Frau Balders, bei Saxo die des Høtherus) der Anlass für den Streit zwischen dem dänischen König Balderus und seinem schwedischen Gegenspieler Høtherus ist. Die Mordwaffe ist hier ein magisches Schwert, auch ist Høtherus hier keineswegs unschuldig, und Odin zeugt mit Rinda den Rächer Bous, der zwar Høtherus tötet, aber dabei selbst umkommt. Balder als dänischer König oder Ahnherr dänischer Könige wie bei Saxo scheint auch eine Strophe der *Bjarkamál* und der dänische Ortsname Bredebliche bei Lejre zu bestätigen, der dem Göttersitz Balders, nämlich Breiðablik, entspricht.

Einen Versuch, die Kenntnis vom Baldermythus schon vor der Wikingerzeit ansetzen zu können, stellt die Interpretation der so genannten Drei-Götter-Amulette unter den völkerwanderungszeitlichen B-Brakteaten als ikonographische Abbreviatur des Baldermythus dar. Nach dieser Deutung seien auf den Brakteaten Balder, Odin und vielleicht Loki, eher aber Hel zu sehen, wobei der Übergabe des Rings Draupnir eine zentrale Stellung zukomme,[90] die aber durch die wikingerzeitlichen Quellen nicht gesichert ist. So bleiben die uns erhaltenen Fassungen des Baldermythus in erster Linie literarisierte Fassungen, die für die spätheidnische Zeit fast ausschließlich auf der *Húsdrápa* und ihrer Bildvorlage beruhen, die uns aber auch die zeitlich und räumlich bedingten Abweichungen zwischen einzelnen Mythenfassungen vor Augen führen. Man wird auch nicht ausschließen können, dass der Balder/Bældæg der dänischen (und englischen) mythischen Vorgeschichte erst unter Einfluss des Christentums zu dem unschuldigen, reinen Gott der isländischen Tradition wurde. Jedenfalls macht die alte Deutung des Baldermythus als Tod und Wiederauferweckung eines Vegetationsgottes[91] wenig Sinn, vor allem, weil ja Balder eben nicht wiederaufersteht, oder – wie einzig in der Fassung der *Vǫluspá*-Eschatologie – erst nach den Ragnarök. Auch die Interpretation als Initiationsritus[92] ist aus denselben Gründen kaum haltbar.

Diese Götter spielen alle eine Rolle in der Mythologie der wikingerzeitlichen Skandinavier, dazu eine ganze Reihe weniger bedeutender Asengötter, wovon Hǫðr, Hǫnir, Vili und Vé schon erwähnt wurden. Sprechende Namen wie Móði („der Zornige") und Magni („der Starke"), die beiden Söhne Thors (*Hymiskviða* 34, *Vafþrúðnismál* 51, und bei Snorri) können wir als personifizierte Emanationen eines Gottes ansehen, selbst wenn Magni schon in der *Þórsdrápa* des Eilífr Góðrúnarson im 10. Jh. belegt ist;[93] ähnlich steht es wohl mit Forseti („der Vorsitzende"), auch wenn wir nicht wissen, auf welchen Gott sich diese Emanation (oder Beiname?) bezogen haben soll. Weder die von Snorri erfundene Rolle als Thinggott noch die Verbindung mit der friesischen Insel Fositesland (nur bei Adam von Bremen, *Gesta Hammaburgensis ecclesiae pontificum* IV, 3), die ihn als eine importierte friesische Gottheit ausweisen würde, sind jedenfalls zu beweisen.

Auch wenn er bei Snorri unter den Asen genannt wird, war Ægir ursprünglich sicher kaum ein Gott, sondern eine Personifikation des Meeres, der in der Literatur riesische Züge angenommen hat. In vielen Kenningar ist kaum zu unterscheiden, ob es sich um *ægir* („Meer") oder Ægir („Meerriese") handelt. Dass Rán seine Frau ist und die Wellen seine Töchter sind, ist jedenfalls auf dem Umweg über dichterische Bilder in die hochmittelalterliche Mythographie eingeflossen, wo er dann auch Züge Poseidons annimmt und mit den Göttern schon insofern auf gleichem Fuße verkehrt, als sie bei ihm Trinkgelage ausrichten – dieser Zug als Wirt der Götter dürfte aber interessanterweise schon alt sein, wie eine Erwähnung bei Egill Skallagrímsson (*Sonatorrek* 8) im 10. Jh. zeigt.[94]

Dazu kommen noch vergöttlichte Helden oder Dichter wie Hermoðr (der Hæremód der angelsächsischen Königsgenealogien und Heremod des *Beowulf* 902 ff.?) oder Bragi (eigentlich ein norwegischer? Skalde des 9. Jh.s), aber davon abgesehen ist im Pantheon des spätheidnischen Skandinavien nur noch eine Gestalt nennenswert, nämlich die des Loki. In der Mythographie Snorris wie auch der *Lokasenna* zwar als Ase bezeichnet, hat Loki vielmehr die Figur eines Begleiters einzelner Götter von sehr zweifelhafter Loyalität. Seine äußerst negative, aber vielleicht nicht ursprüngliche Rolle im Baldermythus wurde schon gezeigt, aber bereits Skaldengedichte des 10. Jh.s kennen ihn in verschiedenen Mythen, wo er durchwegs negativ konnotiert ist. Die *Haustlǫng* des Þjóðólfr ór Hvíni nennt ihn zwar „Odins Freund, Hoegnirs Freund, Thors Freund", aber es ist sein Jähzorn, der daran schuld ist, das Idun dem Riesen Þjazi ausgeliefert ist. In der *Þórsdrápa* des Eilífr Góðrúnarson verschuldet Loki Thors Fahrt nach Geirröðargarð, wo die beiden Asen der Lächerlichkeit preisgegeben werden, und die *Húsdrápa* des Ulfr Uggason vom Ende des 10. Jh.s berichtet sogar von einem Kampf zwischen Loki und dem Gott Heimdall, wobei es (laut Snorri *Skaldskaparmál* 8) angeblich um das Halsband Brísingamen ging. In Eddaliedern wie der *Þrymskviða* und *Lokasenna* ist Loki ebenfalls schuld an Krisen der Götter, darauf soll später bei der Behandlung der hochmittelalterlichen Mythographie noch eingegangen werden (s. Kap. X.1).

Der Mythus von der Bestrafung Lokis, in welchem seine Frau Sigyn eine Schale unter das auf den an den Felsen Geketteten tropfende Gift hält, sodass er diesem nur beim Entleeren der Schale ausgesetzt ist, was aber immer noch zum Erdbeben führt, ist zwar erst bei Snorri (*Gylfaginning* 49) und im Prosaschluss der *Lokasenna* (kaum vor 1270) überliefert, aber Anspielungen finden sich sowohl in der *Lokasenna* 49 und 50 als auch in der *Vǫluspá* 35, und Lokis Frau Sigyn ist als solche schon im 9. Jh. in der *Haustlǫng* 7 des Þjóðólfr ór Hvíni belegt. Die Ähnlichkeiten zwischen Snorris Erzählung und der Prometheussage sind unübersehbar, aber Sagen vom gefesselten Riesen gibt es auch im Kaukasus, sodass Snorris Quelle wohl offen bleiben muss. Ob Loki und Sigyn dagegen tatsächlich schon auf dem Kreuz von Gosforth (Northumbria, 9. Jh.) zu sehen sind, ist kaum sicher zu sagen, allerdings sind die Elemente: gefesselte Gestalt, (Gift?-)Schlange, Frau mit Gefäß auf der Westseite des Kreuzes deutlich abgebildet.[95]

Die Figur Lokis hat man am wahrscheinlichsten als „trickster" archaischer Religionen gedeutet, da er als Gott eigentlich funktionslos ist: Es gibt keinen Loki-Kult, keine Ortsnamen auf seinen Namen, und er war sicherlich auch nie Gegenstand religiöser Verehrung. Er übte offenbar in Mythenerzählungen die Doppelrolle eines Betrügers (besser: des betrügerischen Dieners), aber auch als Kulturheros aus, dem die Götter für diverse nützliche und wertvolle Gegenstände zu Dank verpflichtet sind, es darf aber nicht vergessen werden, dass ihn die *Haustlǫng* wiederholt in Kenningar als Freund der anderen Götter bezeichnet und somit indirekt selbst als Gott anspricht. Allerdings steht er beim Endkampf zwischen den Mächten der Außenwelt und den Göttern auf der „falschen" Seite: Laut *Vǫluspá* 51 steuert er dann das Schiff Naglfar, in dem die Muspellssöhne aus der Unterwelt kommen. Aus dieser Quelle dürfte Snorri wohl den Kern seiner Nachricht bezogen haben, dass Loki Vater der Hel, des Fenriswolfes und der Midgardschlange, also der Hauptfeinde der Götter, ist, was sonst nirgendwo belegt ist. Andererseits könnte er eine ähnliche Mythenabbreviatur wie die Aussage der (allerdings noch jüngeren) *Vǫluspá in scamma* (*Hyndluljóð* 40): „Loki zeugte mit Svaðilfari den Sleipnir", um die Geschichte vom Riesenbaumeister (*Gylfaginning* 41) konstruieren, in welcher Loki ebenfalls eine sehr zwiespältige Rolle spielt, nämlich einerseits als Organisator des Baus von Asgard, andererseits in der schändlichen Verwandlung als Stute, die das Riesenpferd von der Vollendung seines Auftrags abhalten muss. Auch wenn seine Fassung dieser Sage (teilweise?) auf ein internationales Wandermärchen zurückgehen mag, so ist die Erwähnung dieses Teils der Geschichte in der *Vǫluspá* doch schon ein Beleg ihrer Existenz in der späten Wikingerzeit.

b) Die Göttinnen

Die Zahl der Göttinnen ist zwar – was die Namen allein anbelangt, die bei Snorri und in den Listen der poetischen Namen in den *Thulur* überliefert sind – kaum geringer als die der Götter, aber nur zwei davon haben im wikingerzeitlichen Pantheon eine hohe Stellung, nämlich Frigg und Freyja, und von zwei weiteren, nämlich Iðunn und Gefjon, sind mythische Erzählungen überliefert. Selbst Sif, die Gemahlin Thors, scheint in unseren Quellen allenfalls literarische Funktion gehabt zu haben, auch falls die nur bei Snorri ohne Quellenangabe zitierte Kenning *haddr Sifjar* („Haar der Sif" = Gold) in der heidnischen Literatur zu finden gewesen sein mag. Wie Snorri einen Mythus über ihr goldenes Haar zu erfinden, ist jedenfalls nicht notwendig, denn das Haar jeder Göttin konnte wohl als Kenning für Gold herhalten. Sehr früh belegt ist jedenfalls Sigyn, die Frau Lokis, die nicht nur in der *Vǫluspá* 35, sondern schon in der *Haustlǫng* 7 des Þjóðólfr ór Hvíni im 9. Jh. genannt wird.

Über Balders (oder Höðrs?) Frau Nanna wurde oben schon gesprochen; die unterschiedlichen Traditionen machen auch sie als eine bereits in der Wikingerzeit bekannt mythologische Gestalt wahrscheinlich, auch wenn sie wie die anderen Göttergemahlinnen mit Ausnahme der Frigg sicher nie Objekt der religiösen Verehrung war, sondern zum Namensfundus mythologischer Erzählungen gehörte. Dies gilt auch für andere mythologische weibliche Gestalten, etwa die Mütter von Göttern (Laufey? oder Nál [„Nadel"] ist die Mutter von Loki, Rinda oder Rindr die von Váli, Jörð [„Erde"] mit ihren poetischen Synonymen Fjörgyn, Hlóðyn, Fold und Grund die von Thor, die angebliche Riesin Bestla die von Odin, Vili und Vé).

Trotzdem müssen wir uns hüten, alle nur spät genannten und scheinbar völlig funktionslosen Göttinnen als reine Erfindung hochmittelalterlicher Mythographie abzutun, auch wenn diese Namen kaum jemals in der spätheidnischen Dichtung genannt werden. Diese war ja von männlichen Skalden und der literarischen Form des Fürstenpreises dominiert, sodass wir kaum erwarten können, hier etwas über die private Sphäre des Volksglaubens und etwaigen dort anzusiedelnden persönlichen Schutzgöttinnen zu hören. Die große Zahl derartiger aufgelisteter Göttinnen macht es wahrscheinlich, dass von einigen zwar die Namen, aber sonst nichts in die Mythographie eingeflossen ist. Allerdings ist es wohl notwendig, in Snorris Listen zuerst völlig literarische Gestalten auszuscheiden, da er auch Gestalten wie Gerðr – die aus der *Skírnismal* bekannte Riesentochter, die der Gott Freyr begehrt – in Annahme ihrer Ehe mit Göttern zu Göttinnen erhebt; dies gilt auch für die schon erwähnte Riesentochter Skaði, die mit Njörðr eine gegensätzliche und unglückliche Ehe eingegangen war. Weitgehend ohne hilfreiche Erwähnungen in den altnordischen Quellen außerhalb der von Snorri oft etymologisch begründeten kleinen Mytheme sind Eir, Fulla, Gná, Hlín, Lofn, Snotra, Syn, Vár und Vǫr.

Von diesen sind Gná (ungedeutet), Lofn („die Milde") und Snotra („die Kluge") ansonsten ganz unbelegt, sodass wir nicht einmal Snorris Quellen für ihre Namen kennen, während wir bei Vár („die Geliebte") wenigstens wissen, dass er sie aus der *Þrymskviða* 30 übernommen hat, wo sie die Ehe weiht, was der Verfasser dieses Eddaliedes wohl ebenso wie Snorri aus der Verwandtschaft von *vǫr* („Geliebte") und *várar* („Verträge") abgeleitet hat.

Die Göttinnen Hlín („Schützerin"), Syn („Verweigerung") und Vǫr („die Vorsichtige") sind hingegen alle schon aus Kenningar für „Frau" aus heidnischer Zeit bekannt und dürften somit schon damals mythologische Gestalten gewesen sein, deren Rolle wir mangels anderer Quellen nur aus ihren Namen ableiten können. Dies gilt auch für Fulla (zu *fylli*, „Fülle"), die noch dazu mit der aus dem Zweiten Merseburger Zauberspruch bekannten südgermanischen Göttin Volla identisch sein dürfte. Sie ist somit außer Frigg und Freyja die einzige in der altnordischen Literatur genannte Göttin, die wir auch außerhalb Skandinaviens nachweisen können; das von Snorri erwähnte Mythem, Balder habe Fulla aus Hel einen Goldring geschickt, ist wohl seine Erfindung auf Grund der Kenningar für Gold, in denen Fulla zu finden ist.

Nur der Namen Eir („Hilfe, Gnade") ist auch unter den Walkürennamen in den Thulur zu finden, allerdings weist der Name auf eine ähnliche Rolle wie die von Lofn, Snotra und

Var, nämlich einer schon älterern Schutzgöttin, deren Rolle aber in der Dichtung nicht klar wurde, sodass Snorri und andere mythographische Sammler auf Vermutung angewiesen waren. Es ist auch bei anderen Walkürennamen dieser hochmittelalterlichen listenartigen Sammlungen, die sich auch in der gelehrten mythologischen Dichtung wie den *Grímnismál* oder den *Darraðarljóð* finden, unklar, ob sie wirklich immer schon Walküren bezeichnet haben oder ob sie auf Grund der Etymologie des Namens, wenn er kriegerische Assoziationen weckte, unter die Walkürennamen gestellt wurden. Natürlich wissen wir auch nicht, wie viele dieser Namen erst Ad-hoc-Schöpfungen der Dichtung sind – vermutlich die Mehrheit. Allerdings ist bei ungedeuteten Walkürennamen wie Mist und Sveið oder solchen wie Hrist („die Bebende"), Nipt („Schwester") und Þǫgn („Schweigen") keinesfalls sicher, ob sie nicht auch zu den alten Schutzgöttinnen zu stellen sind, und je schwieriger der Name zu deuten ist, desto wahrscheinlicher ist dies wohl.

Eine ganz zweifellos schon recht alte Göttin liegt in Rán vor;[96] sie wird nirgendwo in der Eddadichtung als mythologische Gestalt erwähnt, aber dafür in der Skaldendichtung (Egill: *Sonatorrek* 7; Rǫgnvaldr kali Kolsson 16; Hallar-Steinn: *Rekstefja* 22), wo der Ausdruck „in Ráns Hände fallen" durchwegs synonym für „ertrinken" ist, sodass Snorris Interpretation als Frau Aegirs nahe lag. Rán („Raub") war also schon in der Wikingerzeit die Beherrscherin des Reichs der Ertrunkenen, und die Kenning „Ráns Töchter" für Wellen weist darauf hin, dass sie schon früh für die gefährliche Seite des Meeres stand, während der Meerriese Aegir in der Mythographie alle Züge eines wohlwollenden Poseidon annahm.

Ebenfalls höheres Alter wird man dem Mythos von Gefjon zubilligen dürfen. Gefjon wird von Snorri sowohl am Beginn seiner Heimskringla (*Ynglinga saga* 1) als auch seiner Edda (*Gylfaginning* 1) im Rahmen eines Mythos erwähnt, den er selbst schon auf die *Ragnarsdrápa* des Bragi Boddason aus dem 9. Jh. zurückführen kann, von der er eine Strophe zitiert: Während Odins Einwanderung in Skandinavien sendet er von Fünen aus Gefjon nach Schweden auf Landsuche. Der schwedische König Gylfi gibt ihr als Gegengeschenk für ihre Unterhaltung so viel Land, wie sie in 24 Stunden pflügen kann, und sie verwandelt daraufhin ihre vier riesigen Söhne in Ochsen und pflügt ganz Seeland um (Snorri setzt die sicher sekundäre Bemerkung hinzu, Seeland habe früher an der Stelle gelegen, wo jetzt der Mälarsee sei). Heizmann hat jüngst die von Gefjon gebotene Unterhaltung als sexuelle Dienstleistung interpretiert,[97] und dieser sexuelle Aspekt findet sich auch in den ganz wenigen weiteren Erwähnungen von Gefjon außerhalb Snorris, etwa im *Vǫlsa þáttr*. Damit wäre Gefjon, gemeinsam mit dem verwandten Beinamen Gefn für die Göttin Freyja, zum altnord. Verb *gefa* („geben") zu stellen, was auf eine Gaben schenkende Göttin oder auch Fruchtbarkeitsgottheit weisen mag, ebenso wie die etymologisch wohl verwandten Matronennamen Gabiae („die Gebenden") und Alagabiae („die reichlich Gebenden") sowie die Namen von Einzelgöttinnen Friagabis („Liebes [oder großzügig] spendend") und Garmangabis („Großes spendend"), auch wenn man jüngst diesen Zusammenhang wieder bestritten hat.[98] Trotz der Seltenheit von Erwähnungen der Gefjon in der altnordischen mythographischen Literatur wird sie häufig in der übersetzten, besonders hagiographischen Literatur für antike Göttinnen eingesetzt, und zwar recht häufig für Diana, in nur je einem Fall auch für Vesta und Venus.[99]

Die beiden Hauptgöttinnen des wikingerzeitlichen Pantheons waren aber Frigg und Freyja, wovon Frigg eindeutig die ältere ist, da ihre althochdeutsche Namensform Frîja schon im Zweiten Merseburger Zauberspruch (10. Jh.), die langobardische Form Frea schon bei Paulus Diakonus in seiner *Historia Langobardorum* (um 790) und in der schon im 7. Jh. verfassten *Origo gentis Langobardorum* belegt, während die urgermanische Form des Namens der Übersetzung von lat. *dies Veneris* in ahd. *frîatag*, altengl. *frīgedeag*, altnord. *fríadagr* zugrunde lag. Frigg ist in diesen Quellen und somit schon für die älteste Zeit als Gemahlin Wodan/Odins belegt, und ihr Name ist auch etymologisch am einleuchtendsten als „Frau" zu deuten (vgl. altsächs. *frī*, altengl. *frēo*, „Frau"). Ihre mythologische Rolle ist ebenfalls die der Gemahlin des höchsten Gottes, wobei aber schon unsere ältesten Quellen eindeutig vom Bild Zeus/Hera und Jupiter/Juno beeinflusst sind. Mehr als die klassische Vorlage agiert Frigg aber auch unabhängig und gegen den Willen ihres Gemahls, was sich schon in der Ursprungsgeschichte der Langobarden manifestiert, als die von ihr unterstützten Langobarden durch eine List gegen die von Wodan favorisierten Wandalen siegen (ein blasses Echo dieser Geschichte findet sich, ohne namentliche Nennung von Frigg, wohl auch bei Saxo, *Gesta Danorum* I, 29). Negativer konnotiert, aber ebenso unabhängig ist ihre Rolle bei Saxo Grammaticus, wo sie, eifersüchtig auf Odins Ruhm, seine Statue durch einen Sklaven zerstören lässt, dem sie sich als Lohn hingibt (*Gesta Danorum* I, 25 f.). Diese und andere Mythen bei Snorri (*Ynglinga saga* 3; *Skáldskaparmál* 18 f.) gehören aber bereits zum Bereich der gelehrten mittelalterlichen Urgeschichte.

Frigg ist in der heidnischen Skaldendichtung zwar nicht allzu häufig, aber immerhin in verlässlichen Quellen als Frau des Odin und Angehörige der Asengötter belegt, so schon bei Egill in der *Sonatorrek* 2, dem *Haraldskvæði* 12, in einer *Lausavisa* (7) des Hallfreðr vandræðaskáld, bei Kormákr (*Lausavísa* 69) und dann auch der *Vǫluspá* 53. Was literarisierte Mythen über Frigg in den altnordischen Quellen angeht, ist hier nicht viel zu finden, offenbar wurde sie in der Literatur durch Freyja abgelöst: Darauf deutet auch, dass das Falkenkleid in verschiedenen Quellen einer oder der anderen zugesprochen wird, nach Snorri vorwiegend aber Frigg. Ihrer Stellung als Frau des Göttervaters und somit Mutter Balders und des ansonsten fast unbekannten Gottes Fjörgyn entspricht auch, dass sie im Baldermythos eine wesentliche Rolle soielt und sie es ist, die nach dem Tode Balders dessen Rückkehr zu bewerkstelligen versucht.

Die heute und wohl auch schon im christlichen Mittelalter bekannteste der nordischen Göttinnen ist aber Freyja, auch wenn sie nach Ausweis der heidnischen Quellen weniger bedeutend war als Frigg, die „Gemahlin des Götterherrschers". Die altnordischen literarischen Quellen machen sie aber viel häufiger zur Protagonistin von Mythengeschichten als Frigg, auch wenn dafür die heidnischen Quellen sehr dünn gewesen sein müssen, denn wie Frigg wird sie nur äußerst selten namentlich in der vorchristlichen Skaldendichtung erwähnt. Im Gegensatz zu Frigg aber werden Freyja eine Reihe von poetischen Namen und Kenningar zugeschrieben, die erst Snorri (*Gylfaginning* 34) anführt, aber vielleicht auf sie passen könnten, soweit wir die zugrunde liegenden Mythen überhaupt rekonstruieren können: Mardǫll, Hǫrn, Gefn, Sýr und Vanadís. Sie alle sind in erster Linie in Kenningar für „Frau" zu finden, stehen also dann einfach für „Göttin", und die Zuordnung zu Freyja verdanken wir nur Snorri. Noch später ist die Anbindung der Namen Þrungva und Skálf in den Namenslisten der Thulur, vielleicht auch Menglǫð. Diese Namen sagen nur etwas über das Image der heidnischen Göttin Freyja unter christlichen Autoren des Hochmittelalters aus, nicht aber über deren Rolle im Heidentum. Freyja wird auch von den meisten Übersetzern lateinischer Literatur des 13. Jh.s in Island für die lateinische Göttin Venus eingesetzt, nur der – wissenschaftlich besser gebildete? – Übersetzer der in der *Hauksbók* zu findenden Predigt *De falsis diis* („Über die falschen Götter") des Ælfric stellt, wie die Übersetzung des Wochentagsnamens Jh.e vorher, Frigg mit Venus gleich.[100]

Eine der wenigen wohl noch für das Heidentum gesicherten Tatsachen über Freyja ist ihre Ehe mit einem ansonsten wenig bekannten Gott Óðr (*Vǫluspá* 25; dann erst bei Einarr Skúlason im 12. Jh., *Øxarflokkr* 2, und diversen jungen Eddagedichten), der etymologisch Óðinn nahe steht, ohne dass aber das Alter oder die Natur dieser Relation klar wird; der Mythos von Odins Verbannung dürfte jedenfalls irgendwann auf Óðr transponiert worden sein, da er – und die darauf folgende Untreue Freyjas – von Snorri mit Óðr zusammengebracht wird. Auch andere heute wohl bekannte Mythen um Freyja sind kaum für das Heidentum zu verifizieren: Weder für die Geschichte ihrer forschen Ablehnung von Thors Ansinnen, als Braut zu den Riesen zu ziehen, in der *Þrymskviða*, noch ihre passivere, aber funktionell ähnliche Rolle in Snorris Geschichte vom Riesenbaumeister bei der Erbauung Asgards kennen wir irgendeinen Hinweis, dass sie in heidnischer Zeit schon kurrent gewesen wären. Allein für Freyjas angebliche Promiskuität (*Lokasenna* 30) ist die Spottstrophe des christlichen Isländers Hjalti Skeggjason am Allthing des Jahres 999, in der er die Göttin Freyja mit einer (läufigen) Hündin vergleicht, ein stichhaltiger Beleg: Immerhin wurde Hjalti deswegen für Gotteslästerung geächtet (*Íslendingabók* 7). Alle anderen Informationen über Freyja sind erst in jüngeren Quellen zu finden, allerdings sind mit Snorri noch eine ganze Reihe von Quellen darüber einig, dass sie die Tochter des Njörðr und Schwester des Gottes Freyr ist, worauf ja nicht zuletzt die Verwandtschaft der Namen weist. Auch über zwei ihrer Besitztümer herrscht in den jungen Quellen Einigkeit. Sie habe ein Falken- oder Federgewand (*valshamr* bzw. *fjaðrhamr*) besessen, und das berühmte Halsband Brísingamen sei ebenfalls ihr Besitz;[101] der Name Brísingamen ist noch immer ungeklärt, aber dass es der Göttin Freyja gehörte, mag erst auf hochmittelalterliche Interpretation frühmittelalterlicher Bilddenkmäler zurückzuführen sein. Der Umkehrschluss, dass nämlich die alten Darstellungen einer reich geschmückten Frau deswegen Freyja zeigen müssten, weil Snorri (und die *Þrymskviða*) im 13. Jh. dies erwähnen, ist jedenfalls eklatant falsch (vgl. dazu auch meine Deutung der Frauengestalt auf völkerwanderungszeitlichen Darstellungen im vorigen Abschnitt). Ein recht junges Element ist ein ausschließlich bei Snorri zu findendes Attribut der Freyja, nämlich ihr Katzenwagen. Zwar hat man auch versucht, die Katzen der Freyja mit dem Löwenwagen im Kult der antiken Cybele und möglichen germanischen Umsetzungen ihrer Darstellung (wie auf der Zierscheibe eines Zaumzeugs aus Eschwege-Niederhone/Hessen aus dem 7. Jh.) zusammenzustellen, aber zwischen dem romantisierten Katzenwagen der Freyja bei Snorri und dieser „Herrin der Löwen" besteht ein nicht unbeträchtlicher Unterschied.

Andere Aspekte des hochmittelalterlichen Freyja-Bildes sind durch andere Gottheiten

158 IV. Die Götterwelt des heidnischen Polytheismus

Abb. 22: Darstellung Freyjas in einer isländischen Papierhandschrift des 17. Jahrhunderts
(Hs AM 738, 4to, 37v).

beeinflusst, so etwa die ganz allein stehende Erwähnung der Freyja als einen Eber (Hildisvíni, „Kampfschwein") im extrem jungen Eddalied *Hyndluljóð* (13. oder 14. Jh.), die ganz offenbar auf die schon alte Verbindung des Gottes Freyr mit dem Attribut des Ebers zurückzuführen ist. Überhaupt präsentiert dieses Lied ein ganz eigenständiges, ahistorisches und für das Liedthema (Herrschaftsnachfolge durch genealogisches Wissen) instrumentalisiertes Bild der Freyja, welches keinerlei Gegenstücke aufweist, sondern eher schon eine dämonisierte Auffassung heidnischer mythologischer Wesen repräsentiert, in dem die Göttin ebenso wie die Riesin Hyndla wie Hexen erscheinen.

Insgesamt zeigt sich, dass die literarischen Ausgestaltungen der Göttin Freyja die kaum sehr bedeutende heidnische Göttin völlig überwuchert haben. Zwar ist es auch möglich, dass Freyja neben Frigg tatsächlich als Göttin für „Liebesdinge" (wie Snorri *Gylfaginning* 23 meint) in einer Nebenrolle des germanischen Pantheons fungiert hat. Nicht ganz unwahrscheinlich scheint mir aber auch die Annahme, dass sich Freyja erst frühestens in der Wikingerzeit als eigenständige Gottheit aus einem Aspekt (Liebe, Liebesmagie, Promiskuität) der ursprünglich vieles in einer Person vereinenden Gemahlin des Götterherrschers Frigg losgelöst und dann vorwiegend literarisch weiterentwickelt hat. Dies würde auch das völlige Fehlen der Freyja in südgermanischen Quellen besser erklären. Freyja und Frigg aber deswegen nur als Emanationen einer einzigen Großen Göttin des germanischen Heidentums zu betrachten,[102] halte ich für ganz unwahrscheinlich, denn zu zahlreich und zu vielfältig sind die vielen kleineren Göttinnen dieser Religion(en), um Raum für eine Große Göttin zu geben.

Einen weiteren Bedeuungswandel macht Freyja dann an der Wende zur Neuzeit durch, wo sie Frigg in der Aufarbeitung der heidnischen Vergangenheit schon völlig verdrängt hat und somit zur biederen isländischen Familienmutter mutiert, wie eine Handschriftenillustration des 17. Jh.s zeigt (Abb. 22).

5. Die persönliche Bindung an Götter

Man hat lange Spekulationen darüber angestellt, ob es – über den öffentlichen und privaten Kult hinaus und den Glauben an die Macht der Götter – so etwas wie eine persönliche Bindung des Menschen an einen ganz bestimmten Gott in der germanischen Religion gegeben habe. Hinweise darauf, die man dafür herangezogen hat, finden sich in der mittelalterlichen Literatur, aber m. E. nirgendwo so ausgeprägt wie im Mütterkult am provinzialrömischen Niederrhein der römischen Kaiserzeit.

Zahlreiche Forscher haben auch dagegen eine extreme Gegenposition bezogen, wie das Zitat von Walter Baetke von 1942 bezeugt, das allerdings auch in seiner historischen Einbettung gesehen werden muss: „Nicht um den Einzelnen, seine Seele oder sein Schicksal handelt [es sich], sondern um die Gemeinschaft." Andere Forscher haben die in erster Linie soziale Komponente des germanischen Heidentums herausgestrichen, in welchem man die Christianisierung als *siðaskipti* („Wechsel der Gebräuche") ansah und erst in zweiter Linie als Wechsel der Gottheit(en); wichtigstes Ziel war dabei, wie die Bekehrung Islands zeigt, die Aufrechterhaltung der Einheit von „einem Gesetz und einem Brauch" (*Kristni saga* 12).

Die weiblichen germanischen Gottheiten der römischen Kaiserzeit und ihre Stellung innerhalb der germanischen Religionsgeschichte wurden schon in Kap. IV.3 behandelt, aber es wurde wenig darüber gesagt, in welcher Weise und wofür die Verehrer dieser Göttinnen diese anbeteten. Die z. T. monumentalen und daher sehr teuren Votivaltäre zeigen jedenfalls eine tief gehende Bindung an die Göttinnen, welche durch die meist auf Stämme, Orte oder Gewässer bezogenen Namen der Gottheiten gestützt wird. Die Frage ist allerdings, ob diese Bindung weiter ging als eine im Prinzip entsprechende religiöse Haltung der Römer, wenn sie ihren Laren – Hausgöttern – opferten. Ein interessanter Aspekt des Mütterkultes ist jedenfalls, dass er eine Vermengung von privatem und öffentlichem Kult darstellte: Der Zweck der Votivgabe war durchwegs die Gegengabe für die Erfüllung eines privaten Anliegens, aber der Ort der Aufstellung und wohl auch die Feiern zu Ehren der Muttergottheiten am Aufstellungsort der Weihesteine waren eine öffentliche Angelegenheit, bei der alle Mitfeiernden den Zweck jeder neuen Weihung und die persönliche Situation des Stifters – die auch in den Inschriften deutlich genug verkündet wird – kennen lernten. Die persönliche Beziehung des Stifters zu seiner Gottheit wurde also zur allgemeinen Angelegenheit, was aus heutiger Sicht eher überraschen mag, wenn wir die Anliegen der Stifter näher betrachten. In den meisten Fällen geht es einfach um *pro salute mea* („Für mein Heil") oder noch häufiger um eine Widmung *pro se et suis* („Für sich und die Seinen"). Ganz in diese Richtung weisen Bitten nicht nur um Gesundheit und heile Heimkehr, sondern sogar um berufliche Beförderung, und nicht zuletzt die Bezeichnung der Matronen als *Matribus meis Germanis Suebis* („Meine germanischen suebischen Mütter": Köln) oder *Matribus paternis et maternis meisque Sulevis* („Den väterlich und mütterlichen und meinen sulevischen Müttern": Rom).

Es sind aber nicht nur die Matronen, die auf diese Art verehrt wurden, auch andere (einzelne) Göttinnen sowie der germanische Mars und der germanische Merkur wurden in dieser Weise verehrt (vgl. Kap. IV), wobei die Beinamen dieser Götter sehr wohl auf eine lokale, regionale oder stammes- und sogar berufsspezifische Emanation des jeweiligen Gottes hinweisen. Hier haben wir es also wohl doch mit der persönlichen Beziehung des Stifters – der sich ja fast immer nennt – und einer sehr genau definierten Gottheit zu tun.

Wenn oben die Disen mit den Matronen in Beziehung gebracht wurden, dann ist zu konzidieren, dass persönliche Weihungen oder Opfer für persönliche Anliegen nicht direkt belegbar sind. Entweder hat sich die Verehrung der weiblichen Gottheiten also von der römischen Kaiserzeit bis zur Wikingerzeit grundlegend gewandelt oder – wahrscheinlicher – haben unsere Quellen nur wenig Interesse an der persönlichen Verehrung von weiblichen Schutzgottheiten. Allein der Beiname des Skalden Þórbjǫrn dísarskáld verweist auf die Existenz von Preisliedern auf die Disen, oder auf eine besondere Beziehung dieses Skalden zu ihnen. Mehr lässt sich auf Grund der Quellenlage nicht mit Sicherheit über eine Kontinuität des Glaubens an eine Vielzahl solcher matronenartiger Gottheiten aussagen.

Dass die Anliegen der Bittsteller sich allerdings zwischen römischer Kaiserzeit und Wikingerzeit bzw. Mittelalter nicht wesentlich gewandelt haben, bestätigt eine Stelle bei Saxo Grammaticus (*Gesta Danorum* VII, 246 f.), wo Haldan und Gurith in Uppsala ein Opfer darbringen, um ihre Nachkommenschaft zu garantieren, worauf ihnen Odin einen Sohn namens Harald schenkt. Auch in der *Vǫlsunga saga* 1 beten Rerir und seine Frau zu Odin und Frigg um Nachkommen. Alle diese literarischen Helden werden große Krieger, finden aber einen gewaltsamen Tod in der Schlacht, sodass die Anrufung Odins in diesen Fällen einen sehr zweifelhaften Erfolg hat: Zwar erhalten die Eltern die erbetenen Söhne, Odin nimmt diese aber wieder an sich. Dieses Motiv findet sich in abgewandelter Form in verschiedenen Zaubermärchen, wo eine mythologische Gestalt (das Rumpelstilzchen, eine Nixe) die Kinder als Gegenleistung für erfüllte Wünsche wieder einfordert.

Besonders die Opferung Vikars, die sich auch bei Saxo Grammaticus (*Gesta Danorum* VI, 184) findet, ausführlich aber in der *Gautreks saga* 7 erzählt wird, hat man als persönliche Weihe an den Gott Odin deuten wollen. Diese persönliche Weihe an eine Gottheit, die Otto Höfler meinte entdeckt zu haben, die Individualweihe einzelner wikingerzeitlicher Krieger oder auch Helden der Heldensage an einen ganz bestimmten Gott, nämlich Odin,[103] wäre aber in erster Linie ein aristokratisches Phänomen gewesen und demnach nicht allgemein übertragbar.

Eine archäologisch nachweisbare Form der persönlichen Beziehung zu Göttern sind Amulette in Göttergestalt, die wir aber mit einiger Sicherheit nur für Freyr belegt haben. Beispiele der Taschengötter sind zwar literarisch erst aus der Sagazeit bekannt (*Vatnsdoela saga* 10), wir kennen aber welche realiter schon aus der Wikingerzeit, am besten das weitgehend unbestrittene Beispiel einer kleinen Statue des Gottes Freyr aus Rällinge (vgl. S. 146). Andere Götterstatuetten von vergleichbarer Größe sind jedoch zum Teil als Amulett ungeeignet (vgl. die aus Goldblech gearbeitete Figur aus Slipshavn) oder nicht mit Sicherheit einem bestimmten Gott zuzuordnen. Von einer kleinen silbernen Freyr-Statuette wie die *Vatnsdoela saga* spricht in unklarem Zusammenhang auch die *Landnámabók*[104]: *Þat var Freyr ok gǫrr af silfri* („Das war [ein Bild von] Freyr und aus Silber gemacht"). Andere Amulette sind die Thorshämmer (und ihre Vorgänger, die Donnerkeile, vgl. oben) sowie die Götterthrone,[105] die vielleicht Odin zuzuordnen sind, was aber keineswegs zwingend ist. Während die Thorshämmer zumindest der heidnischen Spätzeit nicht als Ausdruck einer intensiveren Beziehung zu Thor, sondern in erster Linie als Symbol der Zugehörigkeit zur heidnischen (d. h. also zu diesem Zeitpunkt: nicht-christlichen) Glaubensgemeinschaft zu bewerten sind, so mögen die Götterthrone auf die Pluralität der heidnischen Götter hinweisen, wie ja auch die Skaldengedichte häufiger die Gemeinschaft der Götter als einzelne von ihnen ansprechen. Solche fast durchwegs silbernen Götterthronamulette hat man in der Klotzstuhl-Variante (10 Exemplare, aus Dänemark, Bornholm, Gotland, Öland und Zentralschweden) und in der Kastenstuhl-Variante (5 Exemplare, ebenfalls Dänemark und Schweden), die sich zwar in Aussehen und Herstellung unterscheiden, aber durchwegs Ösen aufweisen, die sie als Hängeamulett ausweisen; ein Fund eines solchen silbernen Thronamuletts unbekannter (schwedischer?) Herkunft wies neben dem Thron noch ein Pferd, ein Schwert und eine Lanze auf, alle nur knapp über 2 cm lang, aber an demselben Drahtring aufgereiht. Die Datierung (aus Stilelementen) fällt zwischen Vendel- und Wikingerzeit, während sich ein Fund aus Haithabu auf die Jahre 899 bis 911 hat datieren lassen.[106] Die Kombination der Symbole im genannten schwedischen Fund könnte auf eine Beziehung zu

Odin deuten (während ich die von Hauck favorisierte Beziehung zwischen anderen Götterthronen und Thor für ganz verfehlt halte), aber es sollte auch berücksichtigt werden, dass die vier Objekte vielleicht vier verschiedenen Gottheiten zuzuordnen sind, falls wir überhaupt eine derartige Beziehung zu persönlichen Göttern annehmen müssen und nicht einfach die magische Wirkung der Objekte allein der wirksame Faktor des Amuletts war.

Für die Wikingerzeit gibt es nur wenige Belege einer persönlichen Beziehung zu einem Gott. Das bekannteste Beispiel ist in der *Sonatorrek* des Egill Skallagrímsson zu finden, die den Verlust von zwei gefallenen Söhnen beklagt, und in der Egill den Gott anklagt, der ihm zwar die Gabe der Dichtkunst gegeben, aber die beiden Söhne genommen hatte. In der Tat mag die Klage des Skalden Egill im Gedicht über den Verlust seiner beiden gefallenen Söhne (*Sonatorrek* 22) stark wie die Anklage an „seinen" Gott klingen:

> „Gut hatte ich es
> mit dem Herrn des Speers.
> Ich war mir sicher
> ihm zu trauen,
> bis der Siegentscheider,
> der Wagenfreund,
> die Freundschaft
> mit mir zerriss" –

zuvor hatte der Skalde seinen isländischen Thorsglauben offenbar zugunsten Odins aufgegeben (*Egils saga* 56).

Die vielfach[107] herangezogene Stelle der *Hrafnkels saga* vom Abteil, den Hrafnkel an seinen Pferden dem Gott Freyr weiht, kann kaum für die Weihe eines Gegenstandes oder Tieres (wie des Pferdes Freyfaxi) verwendet werden, weil die *Hrafnkels saga* ganz bewusst unhistorisch argumentiert (was jedem mittelalterlichen Rezipienten auf Grund des vom Sagaautor neu geschaffenen und nicht traditionskonformen Rechtssystems der Saga auffallen musste). Diese Art der Weihe von persönlichen Besitztümern (an Heilige) ist eher für die mittelalterliche christliche Volksfrömmigkeit bezeichnend.

Ähnliches gilt auch für die in diesem Zusammenhang immer wieder verwendete *Víga-Glúms saga* 26.[108] Der Held dieser Saga habe sich von dem Freyr-Glauben seiner Familie ab- und wohl dem Odin-Glauben seiner mütterlichen Familie zugewandt,[109] als sein Widersacher durch ein Opfer an Freyr die Oberhand gewinnt. Allerdings ist diese Saga erst Mitte des 13. Jh.s verfasst worden, die Abkehr von den in Island verehrten Göttern scheint dem Sagaverfasser als Mittel dazu zu dienen, die am Lebensende des Protagonisten vollzogene Bekehrung zum Christentum vorzubereiten. Da eine Odinsverehrung in Island auch sonst durch nichts gestützt wird, muss man auch diese Saga, die ansonsten teilweise durchaus auf lokalen Traditionen aufbaut, als in dieser Beziehung ahistorisch bewerten.

Eines der in der Sagaliteratur geläufigen Konzepte findet auch in dieser Saga Verwendung, nämlich der sog. *fulltrui*-Glaube, wo Thorkell (*Víga-Glúms saga* 9) Freyr geradezu in Form eines Gebetes (nach christlichem Vorbild) als *fulltrúi* („[der Gott,] dem man voll vertrauen kann") anspricht. Man sollte den Begriff nicht überbewerten, da er erst in der Sagaliteratur vorkommt und er auch in der christlich-hagiographischen Literatur verwendet wird, sodass hier vielleicht ein christliches Konzept auf die heidnische Zeit zurückprojiziert worden ist; allerdings sind die wenigen Belege ausschließlich auf Thor und Freyr gemünzt. Auf Odin konnte man diesen Begriff jedenfalls kaum anwenden, denn die persönliche Bindung an Odin konnte einem zwar zu hohem Ansehen verhelfen, aber ebenso danach ins Unglück stürzend. Diese Beziehung war also nie eine auf voller Vertrauensbasis.

Als Belege für solche persönlichen Beziehungen zu Freyr lassen sich nur Stellen aus der Sagaliteratur anführen, die einen derartigen Glauben im Rückspiegel christlicher Vorstellungen betrachten und höchstens etwas über Reminiszenzen persönlicher Bindungen an Gottheiten aussagen können, die aus der heidnischen Religion auf das Christentum übertragen wurden. Jedenfalls lassen sich die Stellen, nach denen auf der Südseite der Grabhügel von verstorbenen Freyr-Verehrern kein Schnee liegen blieb, weil der Gott keinen Schnee zwischen sich und seinem persönlichen Freund duldete, nicht von vornherein als christlich abtun (z. B. *Víga-Glúms saga* 7; *Gísla saga* 18). Zwar wird Ähnliches auch von Olaf dem Heiligen berichtet (*Heimskringla, Óláfs saga helga* 179), aber hier wird die frostfreie Stelle ausdrücklich den die heidnischen Dämonen „verbrennenden" Gebeten Olafs zugeschrieben, nicht etwa seinen persönlichen Beziehungen zu Christus oder den Heiligen. Auffällig ist jedoch, dass Freyr ebenso wie Odin (im Gegensatz zu Thor) in der *Landnámabók* so gut wie keine Rolle in der Religion der isländischen Siedler zu spielen scheint.

Für Thor sind die Belege für die Zeit der Besiedlung Islands deutlich häufiger. Von einem Siedler namens Ásbjǫrn Reyrketilsson wird berichtet, dass Asbjǫrn sein besiedeltes Gebiet dem Thor geweiht habe und er es deswegen Thorsmörk genannt habe (vgl. dazu noch Kap. VI),[110] aber dies mag nur eine Geschichte zur Erklärung des Namens Thorsmörk sein. Allerdings ist die Weihung von Grundstücken und Realien an einen bestimmten Heiligen auch aus dem Norwegen des Hochmittelalters belegt, wobei die Weihung an den Heiligen nicht klar von der Übergabe an eine Kirche oder einen bestimmten, diesem Heiligen geweihten Altar in einer Kirche getrennt wird. Sinn dieser Art von Weihung war jedoch die Übertragung der Einkünfte daraus an die Kirche oder den Altar, und wenn dieser Brauch auch kaum ursprünglich christlich ist, so ist doch eine direkte Entsprechung für heidnische Götter recht unwahrscheinlich. Ähnlich als Ätiologie instrumentalisiert ist die Erzählung von Thorolf Senfbart in der *Landnámabók*, der angeblich ein großer Opferer und Verehrer des Thor war und der seine Hochsitzpfeiler (darüber Kap. III.4) mit einem eingeschnitzten Thorsbild ins Meer geworfen hatte, um so seinen zukünftigen Wohnort zu bestimmen, wovon dann der Ortsname Þórsness abgeleitet wird.[111] Dieser kurze Bericht wird in der *Eyrbyggja saga* dann phantasievoll ausgesponnen, Quellenwert hat die Darstellung der Saga aber überhaupt keinen. Auch eine Geschichte über Þórólfs Sohn Hallsteinn, der dem Gott Thor geopfert habe, um überhaupt an Holz für neue Hochsitzsäulen zu kommen, hat ätiologischen Inhalt, denn der Riesenbaum, der auf sein Opfer hin angetrieben wird, gibt der Landzunge den Namen Grenitrésnes („Grünbaumkap").[112]

Eine andere Anekdote aus der Frühzeit der Besiedlung Islands in der *Landnámabók* handelt von dem (unten in Kap. IX noch zu behandelnden) christlichen Siedler Ørlygr, der einen glücklichen Landfall in Westisland macht, während sein Schwurbruder Kollr, der Thor anrief, Schiffbruch erleidet.[113] Weniger instrumentalisiert ist die Erwähnung des

Thorsglaubens des Siedlers Kráku-Hreiðarr, der seine Hochsitzsäulen zwar mitgebracht habe, aber sie nicht über Bord werfen wollte und stattdessen Thor um einen guten Landfall anrief, was schließlich auch geschieht; interessant ist dabei die Tatsache, dass der Gott hier auf eine sehr komplexe Art agiert, denn dem zur Gewalttätigkeit bereiten Hreiðarr wird erst nach Vermittlung mehrerer früher Siedler Land zugewiesen und er wird von einem von ihnen damit beschwichtigt, dass Thor ihn offenbar zu diesem Landstück geführt habe.[114] Das Thema von Thor, der isländische Siedler zu ihrem Land führt, wird in einem Fall schon in der *Landnámabók* bewusst ironisiert, nämlich im Bericht über den christlichen Norweger Helgi inn magri, der bei der Annäherung an Island aber Thor um Hilfe anruft und dieser ihn – hier muss man sich aber irgendeine Wahrsagepraktik (eine *frétt*) vorstellen (vgl. dazu Kap. VIII) – zum Unmut der restlichen Besatzung nach Norden weist. Sein Sohn Hrolfr fragt daraufhin, „ob Helgi auch ins Eismeer segeln würde, wenn Thor ihn dorthin weisen würde?". Hier wird die Skepsis des christlichen Verfassers dem (implizit) christlichen Sohn Helgis in den Mund gelegt, wobei aber die Kritik wohl vor allem der anstößigen Glaubensmischung Helgis gilt. Jedenfalls gibt die *Landnámabók* keinen Aufschluss darüber, dass für Helgi diese Auskunft des Gottes zum Nachteil ausgefallen sei, im Gegenteil, Helgi erweist sich schließlich als Christ, weiht Christus seinen Hof und gibt dem Land den Namen Kristsnes – so zumindest die ätiologische Deutung des Namens in der *Landnámabók*.[115]

Insgesamt sind die Stellen, die auf eine persönliche Bindung zu bestimmten Göttern deuten, in der heidnischen Spätzeit sehr dünn gesät. Die angelsächsischen und fränkischen Quellen schweigen ihrer Natur nach über einen Bereich, der die persönliche Frömmigkeit und nicht den Kult betrifft. Aber auch die wikingerzeitlichen und selbst mittelalterlichen nordischen Quellen sagen uns außer einigen Skaldengedichten nur wenig, was über den Amulettgebrauch des Thorshammers und kleiner Freyr-Statuetten hinausgeht. Davon ist wenigstens der Thorshammer wohl nicht als Zeichen einer persönlichen Beziehung zu Thor, sondern vielmehr als Zeichen der Zugehörigkeit zum religiösen System des vorchristlichen Polytheismus anzusehen. Somit ist zwar nicht auszuschließen, dass es auch in der letzten Phase des Heidentums intensive persönliche, auf einen ganz bestimmten Gott bezogene Frömmigkeit gegeben hat, so wie es uns die Weihesteine des germanischen Altertums für ältere Zeiten belegen, aber die Natur der Quellen bedingt, dass wir wenig davon hören.

V. Die niedere Mythologie

Der Bereich der niederen Mythologie der heidnisch-germanischen Religion ist zwar einerseits derjenige, der die Christianisierung am ehesten unbeschadet überstanden hat, andererseits sind die Quellen dafür äußerst unsystematisch und lückenhaft, sodass viele Fragen offen bleiben. Für beides ist derselbe Grund zu nennen: die Tatsache, dass die Quellen diese Art des Volksglaubens nur zufällig oder nebenbei erwähnen, da sie üblicherweise weder Gegenstand eines öffentlichen Kults noch des Fundus an mythischen Erzählungen bildeten.

Die wesentlichsten Gruppen übernatürlicher Wesen außerhalb der eigentlichen Götterwelt sind die Riesen, die Trolle (als Gruppe der Riesen), die Alben, die Zwerge und die Landvættir, obwohl sie uns alle in den erhaltenen Quellen fast nur mehr als Topoi der Volksliteratur entgegentreten. Die (schon im vorigen Kapitel behandelten) Disen, die Walküren und die Nornen spielen dagegen im persönlichen Heilsglauben eine wichtige Rolle. Ausgeklammert bleiben hier die mitunter als übernatürliche Wesen bezeichneten Fylgjen und Draugar, da beide im Wesentlichen Manifestationen lebender oder toter Menschen sind und somit entweder in den Bereich eines archaischen Seelen- oder Geisterglaubens oder in das Nachleben nach dem Tode gehören. Dementsprechend sollen hier beide erst im Kapitel über Tod und Nachleben behandelt werden (vgl. Kap. VII).

Die wichtigste Gruppe altgermanischer übernatürlicher Wesen sind zweifelsohne die Riesen, die in einer recht großen Bandbreite der Realisationen von mythischen Urwesen der Urzeit bis zu Schwankfiguren der Volkserzählungen auftreten; es wäre völlig verfehlt, alle diese verschiedenen Konzepte wegen unserer modernen, auf ein einziges Bild von Riesen ausgerichteten Auffassung harmonisieren zu wollen.[1] Riesen konnten den Menschen positiv oder negativ gegenüberstehen, sind aber in jedem Fall Bewohner der übernatürlichen Welt, und zwar der nicht-menschlichen und nicht-göttlichen Sphäre, die im Altnordischen als Útgarðr („Außenwelt") bezeichnet wurde. Die differenzierte Rolle der Riesen in ihrem Verhältnis zu den Menschen spiegelt sich im altnordischen Wortschatz. Der Riese wird wertfrei und wohl auch ursprünglich als *jötunn* (vgl. altengl. *eoten*) bezeichnet, was auf Riesen in allen mythischen Rollen angewendet werden kann. Altnord. *þurs* (altengl. *þyrs*, ahd. *thuris, thurs*, mhd. *turse, türse*) dagegen bezeichnet den sehr negativ konnotierten Riesen, und das Alter dieses Bedeutungsaspekts wird durch den Namen der Schadensrune þ, nämlich eben *þurs*, bestätigt. Diese Runen spielten eine Rolle im runischen Schadenszauber, die Wirkung wird in der eddischen *Skírnismál* (36) mit *ergi*, *oeði* und *ópola* (also schändliche Sexualpraktik, Raserei und unstillbares Verlangen) wiedergegeben, das *Rúnakvæði* 5 sagt: *þurs vældr kvenna kvillu* („Die Rune þurs schafft den Frauen Qualen"). Auch wenn beide Gedichte in ihrer erhaltenen Form wohl erst in christlicher Zeit entstanden sind, so zeigen die zahlreichen Runentraktate, dass sich die Kenntnisse über Runen sehr wohl im Volksglauben erhalten haben, auch wenn dabei die magische Wirkung der Runen nur einen vergleichsweise geringen Platz einnimmt.² Die Rune þ mit dem Namen þurs und damit die Auffassung des riesischen þurs mag auf Vorstellungen von krankheitsstiftenden Geistern im Schadenszauber zurückgehen, so wie auch die dämonischen Züge der Thursen in der Dichtung. Diese Bezeichnung von Riesen wird stets dort verwendet, wo diese Thor ausgeliefert sind, und als „Besieger der Riesen" ist wohl auch die Thorskenning þursa drottin („Herr der Riesen") in der Þrymskviða 5 zu verstehen.

Eine weitere Bezeichnung für Riesen, eher als eine eigene Gattung mythologischer Wesen, wie sie oft angesehen werden, sind die Trolle (altnord. troll, pl. trǫll). Auch Trolle haben eine durchwegs negative Konnotation, sind also immer feindliche Riesen, und aus dieser Art von Riesen entsteht dann in erster Linie das unholdartige Bild der durchwegs abstoßend hässlichen Riesen in der mittelalterlichen Literatur, die auch mit Schadens-, besonders Krankheitszauber assoziiert werden. Jemanden zu den Trollen zu schicken oder zu wünschen, dass ihn die Trolle holten, heißt ihm den Tod wünschen, und die literarischen Begegnungen mit Trollen, die vor allem in den Bergen und im äußersten Norden und Osten Skandinaviens angesiedelt werden, sind lebensgefährlich, auch wenn sie in der mittelalterlichen Literatur dann meist schon als (erfolgreiche) Prüfungen des Helden gestaltet sind.

Riesen waren aber ursprünglich nicht nur Bewohner der Außenwelt, sondern auch die ältesten Geschöpfe der nordischen Kosmogonie. Diese Ureinwohner sind nicht nur älter, manchmal auch größer – aber das ist in erster Linie ein später Zug der Darstellungen –, sondern auch weiser als die Götter, sodass diese ihr Wissen um die Urzeit von den Riesen erfragen müssen, weswegen in der eddischen Dichtung auch Wissensgedichte als Dialoge zwischen Göttern und Riesen gestaltet sind (*Vafþrúðnismál, Grímnismál, Vǫluspá; Hyndluljóð*) Wenn die Götter in einem solchen Wettstreit auch siegreich hervorgehen, dann nicht wegen ihres überlegenen Wissens, sondern wegen ihrer überlegenen Intelligenz. Das älteste Wesen der germanischen Kosmogonie überhaupt ist Ymir, von dem eine der Versionen von Str. 3 der *Vǫluspá* sagt: *Ár vas alda, þá er Ymir byggði* („Urzeit wars, da Ymir hauste", im Gegensatz zur Version: *Ár vas alda, þá er ekki vas,* „Urzeit wars, da nichts war"). Ymir ist also gleichbedeutend mit der Materie *vor* der Schöpfung, und entsprechend wird die Welt dann auch aus ihm erst geschaffen. Auch die Götter stammen von Riesen ab, so wie die drei ersten Götter Odin, Vili und Vé von der Riesin Bestla (so schon in der *Vellekla* 4 des Einar skálaglamm um 975–985, dann *Hávamál* 140 und Snorri, *Gylfaginning* 5 und 6), deren Name etymologisch ungeklärt ist (zu Bast, und somit wie das erste Menschenpaar Ask und Embla zu einem Baum?). Offenbar bestand auch ursprünglich keine scharfe Trennung zwischen Riesen und den Göttern, da etliche Mythenerzählungen Riesen schildern, die Göttinnen zur Frau begehren (so Þjazi die Idun, Þrymr die Freyja, Hrungnir die Sif und die Freyja). Andererseits zeigen auch Götter ihr Interesse daran, Riesentöchter zu heiraten oder zu verführen (oder dies zumindest zu versuchen), so etwa Njǫrðr die Skaði, Odin die Gunnlǫð, Odin (vergeblich) die Tochter Billings, Freyr (vergeblich?) die Gerðr. Trotz dieser Affinitäten nehmen eine ganze Reihe von namentlich überlieferten Riesen in den mythologischen Erzählungen die typische Rolle der Bedroher der göttlichen (und menschlichen) Ordnung wahr (so Hrungnir, Hymir, Skrýmir, Þrymr, Þjazia und Þrívaldi), eine Dichotomie, die nicht leicht aufzulösen ist. Darüber hinaus werden die Riesen in den folkloristischen Episoden der Sagaliteratur als eponyme Könige abgelegener Gegenden dargestellt: König Dofri von Dofrafjall, König Dumbr vom Dumbshaf oder wenigstens doch als reich und mächtig, wie der Vater der Gerðr in den *Skírnismál*, sodass man hier ein Bild der Riesen als „Herrscher der Berge" enthält,[3] das aber durchaus mythische Züge zu enthalten scheint, wie die mythologische Urgeschichte Norwegens in *Hversu Nóregr byggðisk* in der *Flateyjarbók* zeigt, wo die Ahnenreihe der historischen norwegischen Könige bis auf einen mythischen Riesenkönig Fornjótr zurückgeht.[4]

Weibliche Trolle und Riesinnen dagegen erscheinen nur selten als Bedrohung (auch wenn Snorri Skaði durchaus rachewillig zeichnet), sondern sind häufiger Partner für Götter, wie in den oben genannten Fällen, in der mittelalterlichen Literatur aber offenbar noch häufiger für irdische Helden, denen sie als Ziehmütter, Ratgeberinnen, Helferinnen oder Geliebte zur Seite stehen.[5] Diese zwar späte und vorwiegend literarische, aber auffallend häufig und durchaus prominent auftretende Rolle hat man jüngst zum Anlass genommen, den Hintergrund für die Erziehung von Helden und Königen durch sog. halbriesische Ziehmütter zu untersuchen.[6] So wird nicht nur der erste König über ganz Norwegen, Harald Schönhaar, vom Riesen Dofri im Dofrafjall erzogen,[7] sondern auch sein Sohn Rögnvaldr retilbein wurde laut der lateinischen *Historia norvegiae*[8] von einer Trollfrau (hier lat. *fetonissa*) erzogen, während die *Heimskringla* nur von seinen Zauberkünsten spricht. Diese und zahlreiche andere Stellen über positive Beziehungen zwischen Menschen und Trollen oder Halbtrollen kann man nunmehr sinnvoll als Verweise auf die Beziehungen der (germanischen) norwegischen Bevölkerung zur ethnischen Minorität der Sami deuten. Zwar werden die Sami wie die Finnen in der altnordischen Literatur vorwiegend als zauberkundig angesprochen, aber trotzdem waren die friedlichen Beziehungen zwischen den Sami und der norwegischen Majoritätsbevölkerung eine Grundvoraussetzung für das erfolgreiche Überleben des norwegischen Reiches. Der Rückgriff auf Riesen und Trolle in Kosmogonien und Genealogien kann somit auch ein Verweis auf die ältere ethnische Gruppe der Sami sein. Ihre schamanistische Religion in Verbindung mit den über einen langen Zeitraum entwickelten Überlebensstrategien im subarktischen und arktischen Raum dürften dabei zum Bild der Sami als Zauberer geführt haben, soweit dieser Aspekt nicht in ein archaisches Bild der Riesen absorbiert wurde.

Von diesem Bild der mythologischen, urzeitkundigen und wissensreichen, wenn auch zauberkundigen (Halb-)Riesen und (Halb-)Trolle sind jedenfalls die Riesen der Volkserzählungen zu trennen, deren Darstellungsformen später Eingang in die Volksmärchen und -sagen gefunden haben. Die großen, lauten, gewalttätigen, aber doch dummen oder wenigstens langsamen Riesen, die wir aus den Märchen kennen, sind aber dennoch keine ganz junge Entwicklung, wie wir dem Namenmaterial der Eddadichtung und der Thulur entnehmen können, das zweifellos im Kern auf ältere Dichtungen zurückgeht. Die Riesen heißen dort Alsvartr („der ganz Schwarze") Ama, Amr, Amgerðr („der Dunkle"), Bakrauf („Hintern"), Dumbr („der Dumme"), Hruga or Hryga („Haufen"), Hrossþjófr („Pferdedieb"), Hengjankjapta („Hänge-Kinn"), Grisla („Ferkel"), Rangbeinn („Krummbein"), Skerkir („Lärmer"), Skrikja („die Schreierin"), Surtr („der Schwarze"), Svárangr („der

Schwerfällige"), Þrymr („Lärm"), was uns ein Gesamtbild der Riesen in der Literatur auch der späten Wikingerzeit zeichnet. Somit müssen wir schon für die heidnische Zeit mit einer Unterscheidung in mythologische, weise Riesen und den dümmlichen Riesen der Volksdichtung rechnen, ohne dass uns die terminologische Unterscheidung in *troll, jötunn, þurs* und das jüngere *rísi*[9] eine ganz verlässliche Hilfe bietet.

Eine bedeutende Gruppe mythologischer Wesen sind die Alben (altnord. *álfr*, pl. *álfar*, ahd. *alb*, altengl. *ælf*), ohne dass wir aber ihren Charakter in heidnischer Zeit genau festmachen können. Die Nennungen in der altenglischen Literatur betonen wiederholt ihren dämonischen Charakter (vgl. *ylfa gescot* = „Hexenschuss") und ihre Verbindung zur Natur, so etwa in den Komposita *bergælfen, dunaelf(en), muntælfen* („Bergelfe"), *landælf, feldælf* („Feldelfe"), *wæterælfen, sæælfen* („Wasserelfe"), *wuduælfen* („Waldelfen"), daneben aber auch das überraschende Adjektiv *ælfsciene* („schön wie eine Elfe"). Aus diesen Nennungen im Altenglischen hat sich, offenbar recht unabhängig vom Nordischen, das englische Bild der Elfen entwickelt, welches in der Neuzeit ab dem 18. Jh. ins Deutsche übernommen wurde: ein Bild von lichten, schönen Naturgeistern. – Dagegen haben wir in der altnordischen Literatur ein ganz anderes Bild der Alben vorliegen. Für die heidnische Zeit gibt es überhaupt nur eine einzige Nennung in der Skaldendichtung bei Bragi: *Ragnarsdrápa* 4, die *Vǫluspá* kennt Alfr als Name eines Zwerges und bringt sie (Str. 48) wie etliche jüngere Eddalieder mit den Asen zusammen (vgl. auch *Hávamál* 143, 159, 160; *Grímnismál* 4, *Skírnismál* 7, 17, 18; *Lokasenna* 2, 13, 30; *Þrymskviða* 7, *Sigrdrífomál* 18). In all diesen Fällen scheinen die Alben eine Gruppe (oder Familie?) der Götter neben den Asen zu sein, allenfalls könnten die stabreimenden Phrasen *ása ok álfa* (Asen und Alben) oder *Hvat er með ásom, hvat er með álfom?* („Was gibt's bei den Asen, was bei den Alben?") sich auf die Gesamtheit mythologischer Wesen beziehen. Dagegen sprechen aber Distinktionen wie die in der *Hávamál* 143 oder der *Alvíssmál* 10 ff., welche die Alben in einer Hierarchie von Asen, Alben, Zwergen, Riesen und Menschen (in den *Alvíssmál* noch zusätzlich die Wanen) eingliedern, eher für eine eigenständige, wenn auch den Göttern nahe stehende Gruppe mythologischer Wesen. Da aber hier auch die in der älteren Dichtung überhaupt noch nicht vorkommenden Wanen (älteste datierbare Erwähnung: Einarr Skúlason: *Øxarflokkr* 5, Mitte des 12. Jh.) genannt werden, dürfte es sich dabei erst um sekundäre Konstruktionen handeln, sodass wir von den Alben als göttliche oder wenigstens halbgöttliche Wesen ausgehen müssen. Dafür spricht auch, dass ihnen offenbar ein Kult gewidmet war, das so genannte *álfablót*, das als Begriff aber erst in der Sagaliteratur überliefert ist. Dagegen sprechen die bekannten *álfablót*-Strophen des Skalden Sigvatr Þórðarson über eine Reise nach Schweden im Herbst des Jahres 1018, als ihm – als Christen – auf mehreren Höfen das Nachtquartier verweigert wurde, weil dort gerade das Albenopfer abgehalten wurde; offenbar kannte Sigvatr diesen Brauch aus Norwegen nicht. Allerdings finden sich norwegische Belege für eine Albenverehrung, so etwa im Beinamen des sagenhaften norwegischen Winkelkönigs Óláfr Guðrøðarson, welcher nach seinem Tod Geirstaðaálfr „der Albe von Geirstad" genannt wurde, weil er in seinem Grabhügel von der Bevölkerung auf Grund der zu seinen Lebzeiten glücklichen Herrschaft und großen Fruchtbarkeit verehrt wurde (nur Snorri: *Ynglinga saga*, 48 f., beruhend auf *Ynglingatal* 31). Die Ahnenreihe des norwegischen Königs Harald

Schönhaar weist ebenfalls eine überraschende Reihe von Namen mit *álfr* auf: Álfr, Álfgeir, Gandálfr, Álfhild, und das *Sǫgubrot af fornkonungum* 10 berichtet, in dieser Ahnenreihe (der Alfar) seien die schönsten Menschen gewesen. Es scheint also, dass wir wenigstens in dieser norwegisch-schwedischen Tradition die Reste einer Verehrung von mythischen Vorfahren, zu denen aber (wie im Fall von Óláfr Geirstaðaálfr) neue hinzugefügt werden konnten, vorliegen haben. Ob diese Tradition und der Kult auf Südostnorwegen und Südwestschweden (noch Snorri nennt *Ynglinga saga* 48 das Gebiet zwischen Raumelfr und Gautelfr – wegen der genannten Genealogie? – Álfheimr) beschränkt war, lässt sich allerdings nicht mehr feststellen.

Jedenfalls sollte man wenigstens nicht ganz die Möglichkeit ausschließen, dass es sich bei den Alben um eine alte Gruppe von Gottheiten handelt, vielleicht von Naturgottheiten, die in Gewässern, Wäldern und Hügeln verehrt wurden, worauf die skandinavische Verehrung in Hügeln und die genannten altenglischen Ausdrücke, die sie mit topographischen Aspekten verbinden, hindeuten könnten. – Eine christlich dominierte Interpretation der Alben findet sich bei Snorri (*Gylfaginning* 16 und 33, *Skaldskaparmál* 37), wenn er in Lichtalben, Dunkelalben und Schwarzalben unterscheidet und diese offenbar mit Engeln und Dämonen, die Schwarzalben zusätzlich noch mit den Zwergen identifiziert. Diese Art von Interpretatio christiana findet sich aber auch wiederholt in mittelalterlichen Beschwörungsformeln, besonders skandinavischen Amuletten, die Alben/Elfen durchwegs mit *daemones* gleichzusetzen scheinen: so etwa *coniuro vos demones sive albes* („Ich verschwöre euch Dämonen oder Alben") auf dem Schleswiger Bleiamulett, *adiuro uos eluos uel eluas aut demones* („Ich beschwöre euch männliche und weibliche Alben oder Dämonen") auf einem Bleiamulett aus Romdrup/Jütland, oder in einem spätmittelalterlichen Eintrag in der aus Deutschland stammenden Pergamenthandschrift C 222 aus Uppsala, wo die Alben/Elfen ausdrücklich als schadenstiftend bezeichnet werden: *Adiuro uos elphos elphorum. Coniuro uos elphos vt non noceatis huic famulo* („Ich beschwöre euch Alben der Alben. Ich beschwöre euch Alben, damit ihr nicht diesem Diener schadet"), und noch dazu die Bleiamulette als Schutz empfiehlt: *Contra elphos hoc in plumbo scribe* („Gegen Alben schreibe das auf Blei"). Alle derartigen Belege stammen aber erst aus dem Hoch- oder Spätmittelalter.[10]

Zwerge (altnord. *dvergr*, ahd. *zwerc, gitwerc*, altengl. *dweorg*) sind in den ältesten skandinavischen Quellen eine bestens belegte Gruppe mythologischer Wesen, die sich durch Weisheit, vielleicht auch magische Kenntnisse, aber besonders durch technische Fertigkeiten auszeichnen. Sie gehören in der Kosmogonie ebenfalls zu einer sehr alten Schicht der Lebewesen und sind wohl chthonische Wesen, wie ihre Wohnorte in Felsen und Bergen belegen, was nicht nur die literarischen Quellen des Hoch- und Spätmittelalters, sondern auch die altnordische Bezeichnung *dvergmáli* („Zwergenspruch") für „Echo" bestätigt. Das hohe Alter der Zwergenvorstellung wird durch einige (wenige) frühe Nennungen in der Skaldik (*Ynglingatal* 2: 9. Jh.; Einarr skálaglamm: *Velleka* 2: 975–985) bestätigt, während die Zwergennamen in den Eddaliedern (besonders *Grímnismál, Vǫluspá*) und den Thulur meist sprechend und somit jüngeren Datums sind: Alvíss, Fjölsviðr und Ráðsviðr spielen auf die Weisheit an, aber Brokkr, Sindri und Uri („Schmied"), Fili („Feile"), Hepti („Griff"), Veggr („Keil") spielen auf die Zwerge als kunstfertige Schmiede an, Atvarðr („Abwehrer"), Dolgr

("Feind"), Þráinn („der Bedrohliche"), Þrasir („der Wütende") sieht sie als kriegerische Gruppe mythologischer Wesen, Barri und Toki („Narr"), Dáinn („gestorben"), Dulinn („der Verborgene"), Þrar („der Sture"), Bǫmburr („der Dicke") beziehen sich auf einzelne Charakter- oder andere Eigenschaften,[11] etliche andere, die aber vorwiegend im Zwergenverzeichnis der *Vǫluspá* 10–16 vorkommen, verbinden sie mit den Alben (Álfr, Álfrigg, Vindálfr) und somit vielleicht mit dem in diesen vorliegenden Ahnenkult. In der Eddadichtung kommen Zwerge häufig vor, in der Skaldendichtung der vorchristlichen Zeit aber vor allem in Kenningar für Skaldenmet. Sie wurden also vorwiegend mit dem Ursprung der Dichtung assoziiert, wovon uns die mittelalterlichen Quellen zwar noch ausführlich berichten (s. oben bei der Behandlung Odins); eine besonders wichtige Rolle der Zwerge ist daraus aber nicht abzulesen. Auch die später von Snorri so betonte Rolle der Zwerge als Schöpfer der verschiedensten Kleinode und Attribute der Götter, von Freyjas Halsband Brisingamen über Thors Hammer bis zum Schiff Skíðblaðnir, eine Rolle, die sich auch in den jüngeren Eddaliedern (der Eber Hildsvíni in der *Hyndluljóð* 7, Skíðblaðnir in den *Grímnismál* 36) und der Sagaliteratur findet (Brisingamen im *Sǫrla þáttr*), ist für die heidnische Zeit völlig unbelegt, mit Ausnahme eben des Skaldenmets, der somit möglicherweise den Ausgangspunkt der Tradition von den Zwergen als Schöpfer mythologischer Kleinode gebildet hat. Im Volksglauben werden die Zwerge spätestens ab dem Mittelalter als unterirdische Bewohner von Bergen angesehen, Snorris Bemerkung, die Zwerge seien als Maden im Fleisch des Urriesen Ymir entstanden, bringt diesen Glauben auf die Ebene der Kosmogonie. Dass die *Vǫluspá* 9 die Erschaffung der Zwerge auf das Blut des Riesen Brimir und die Knochen des Riesen Bláinn zurückführte, mag ihn auf die Entstehung aus dem Körper des Riesen gebracht haben. In den neuzeitlichen Traditionen der Volkserzählungen verdichtet sich das Bild der Zwerge als Bergbewohner und Handwerker zu dem von den Zwergen als in Abgeschiedenheit werkenden Bergleuten, denen dadurch auch verborgenes Wissen zur Verfügung stünde – dies wohl ein Rückgriff auf die weisen Zwerge der eddischen Dichtung und ihre Kenntnis von Runen und (heilender) Magie (vgl. *Hávamál* 143, 160). – Man hat zu Recht darauf hingewiesen, dass in unseren Quellen Zwerge nur in männlicher Form oder besser sogar in asexueller Form auftreten und nur einer aus etwa 200 Zwergennamen weiblich ist (Herríðr),[12] aber offenbar bestand nie die Notwendigkeit weiblicher Zwerge, auch wenn sie dann im Volksglauben als Volk gedacht werden.[13] Ob auch Zwerge, wie vielleicht die Alben, wegen ihrer unterirdischen Wohnorte ursprünglich als die Geister verstorbener Vorfahren angesehen wurden, ist schon wegen des Fehlens jeglicher Spuren eines Kultes ganz ungewiss.

Die Vermischung von Zwergen und Alben hat seit dem Spätmittelalter im skandinavischen Volksglauben zur Entstehung des *huldrefolk* geführt, einer Rasse heinzelmännchenartiger unterirdischer Wesen, die heute besonders in Norwegen noch dazu mit einer diminutiven Version der Trolle zusammengebracht werden, eine Vorstellung, die von einzelnen Kinderbuchautoren des 20. Jh.s gefördert wurde. Mit heidnischen Troll- und Zwergenvorstellungen haben diese modernen Wesen so gut wie nichts zu tun.

Anders liegen die Dinge in Island; hier dürften die Alben oder ihnen ähnliche Wesen (wohl gemeinsam mit den Disen) Eingang in die Vorstellung der Landvættir gefunden haben, welche schon in der *Landnámabók* im 12. Jh. und dann der Sagaliteratur des 13./14. Jh.s belegt sind. Das in der *Hauksbók*-Version der *Landnámabók* 268 überlieferte Gesetz des Úlfljótr schreibt vor, dass man vor der Landung in Island etwaige Drachenköpfe von den Schiffssteven abnehmen müsse, um die Landvættir nicht zu erschrecken; die *Landnámabók* erwähnt diese aber noch öfters[14]. Auch wenn diese Landvættir teilweise mit den Landdísir vermengt worden sein können, so zeigt diese Verwechslung umso mehr, dass es sich bei ihnen um Schutzgeister des Landes gehandelt hat (vgl. dazu Kap. VI.4), als welche sie auch heute noch im isländischen Volksglauben eine beträchtliche Rolle spielen, wenn etwa beim Straßenbau Felsen, in denen Landvættir vermutet werden, umgangen werden müssen.

Ebenfalls nicht völlig von den Disen-Vorstellungen zu trennen ist der in Skandinavien bestens bezeugte Glaube an Walküren und Nornen. Vor allem Letztere weisen Parallelen mit den Disen in ihrer Rolle als weise, das persönliche Schicksal des Einzelnen bestimmende Frauen auf, die noch dazu durchwegs in der Dreizahl auftreten und somit den Matronen nahe stehen. Auch die römischen Parzen hat man zum Vergleich herangezogen, allerdings findet sich bei den Nornen das Motiv des Spinnens des Schicksals nur in der *Helgakviða Hundingsbana* I und *Reginsmál* 13, wo die Nornen den Lebensfaden spinnen. Nornen werden schon in der Skaldendichtung wiederholt genannt, öfters aber in der heroischen Eddadichtung (*Atlakviða* 16, *Reginsmál* 2, *Hamðismál* 29f., *Fafnismál* 11f. und 44), was nicht überraschend ist, da es hier natürlich häufig um das (fatale) Geschick eines Helden geht. Insofern hat Snorris Bemerkung, *norna domr* („der Beschluss der Nornen") sei mit „Unglück" synonym, durchaus seine Berechtigung. Eine Runeninschrift des 12./13. Jh.s aus der Stabkirche in Borgund/Norwegen spricht jedoch die durchaus balancierte Rolle der Nornen an:

Bæþegerþono(r)ner uæl ok illa mikla møþe gskapaþu þærmer
Bæði gerðu nornir, vel ok illa; mikla mœði skopuðu þær mér.[15]
(„Die Nornen bestimmen das Gute und das Böse, mir haben sie großes Leid gebracht.")

Snorri liefert *Gylfaginning* 14 eine recht ausführliche Beschreibung der Nornen, die aber weit über seine Quellen hinausführt. Die Tatsache, dass die Nornen zu jedem neugeborenen Kind kommen, um sein Leben zu bestimmen, wird allerdings von anderen (ebenfalls späten) Quellen (*Norna-Gest þáttr*; Saxo: *Gesta Danorum* VI, 181; VI, 212) bestätigt. Snorri gibt auch zu, dass er zwei verschiedene Nornen-Konzepte zu verbinden sucht: einerseits diese Vielzahl an weisen Schicksalsfrauen, und andererseits die Vorstellung der *Vǫluspá* 20 von drei namentlich genannten Nornen, die der Dichter im Zentrum des Kosmos am Baum Yggdrasill ansiedelt und die er Urd, Verdandi und Skuld (Vergangenheit, Gegenwart und Zukunft) nennt. Da urð aber auch „Schicksal" bedeutet, hat der Verfasser der *Vǫluspá* hier offenbar die anderen beiden Namen auf etymologischer Grundlage dazukonstruiert. Wenn Snorri weiters erwähnt, dass Nornen göttlicher, albischer oder auch zwergischer Herkunft sein können, dann bezieht er sich damit wohl mehr auf die soziale Ausgewogenheit als auf das Schicksal. Göttliche Herkunft schreibt dagegen die *Barlaams saga ok Josaphats* im 13. Jh. zu (dass die Nornen die neun Töchter Thors sind, hat der Autor wohl selbst erfunden) und stellt sie somit wiederum zu den Disen.

Man hat vermutet, dass der Name Skuld, der in der *Vǫluspá* sowohl für eine Norne (20) als auch eine Walküre verwendet wird (Str. 30), für den negativen Aspekt der Nornen steht,[16] allerdings kann auch *urðr* neben „Schicksal" auch „Tod" bedeuten, und Walküren sind offenbar nicht nur die mythologischen Frauen, die diejenigen Toten am Schlachtfeld, die zu Odin nach Walhall geführt werden sollen, auswählen, sondern auch bestimmen, wer in der Schlacht fällt. Der Name allerdings, der zu *valr* („die Gefallenen") und *kjósa* („wählen") gehört (altnord. *valkyrja*, altengl. *wælcyrge*) stammt von der erstgenannten Funktion. Die Walküren waren also ursprünglich (weiblich gedachte) Totendämonen und Seelenführerinnen, denen die auf dem Schlachtfeld liegenden Toten gehörten; warum diese Geister weiblich gedacht wurden, ist wohl ebenso wenig zu konkretisieren wie später bei den christlichen Schutzengeln. Die Walkürenvorstellungen änderten sich aber im Laufe der Wikingerzeit. Die eddischen Gedichte der Heldensage, vor allem die über Brynhild und die Helgilieder, präsentieren ein Walkürenbild, das stark vermenschlicht und romantisiert ist. Wenn die Walküre Sigrún in der *Helgakviða hundingsbana* I den menschlichen Helden auf dem Schlachtfeld umarmt und ihm ihre Liebe erklärt, dann hat diese Vorstellung mehr mit den *skjaldmær* (Schildmädchen) und *meykonungar* (martialischen Mädchenkönigen) der hoch- und spätmittelalterlichen Romanliteratur zu tun als mit den Totendämonen des germanischen Altertums, wobei auch die im Mittelalter weit verbreitete Sage von den Amazonen durchaus eine Rolle gespielt haben kann. Das Walkürenbild änderte sich offenbar parallel mit dem von Walhall (vgl. Kap. VII über die Jenseitsvorstellungen), welches sich von einer (durch Grabesvorstellungen geprägten) Unterwelt zu einem Kriegerparadies in Asgard wandelte, und so entwickelten sich auch die Walküren von Seelenführerinnen zu kriegerischen weiblichen Wesen, die das Gefolge Odins in seiner Funktion als Totengott bildeten. In einer schon spätwikingerzeitlich heroisch verklärten Darstellung wie den *Hákonarmál* (vielleicht darauf beruhend dann auch in den *Eiríksmál*) werden die nach dem Tod auf dem Schlachtfeld in diesen Kriegerhimmel eingehenden Fürsten von den Walküren (mit einem Trunk) begrüßt. Diese Vorstellung baut dann Snorri zu einem von bewaffneten *skjaldmær* betreuten regelrechten Kriegerparadies aus, von dem in der Wikingerzeit aber erst Ansätze vorhanden waren. Deswegen alle Darstellungen von Frauen mit Trinkhörnern (wie in der Ikonographie der gotländischen Grabsteine) als Walküren zu apostrophieren, ist aber völlig verfehlt. – Die Beliebtheit der Walkürengestalt in der mittelalterlichen Literatur wie in der Neuzeit erklärt sich nicht zuletzt aus dem erst durch die Vermengung mit den Vorstellungen von *skjaldmær* und *meykonunga* ermöglichten Bild von den die traditionellen Geschlechtsgrenzen überschreitenden Mädchen, die – aus verschiedenen Gründen – sowohl männlichem wie weiblichem Publikum attraktive Identifikationsmuster anboten.[17]

VI. Vorchristliche germanische Kosmogonie, Kosmologie und Eschatologie

1. Kosmogonie

Am Anfang war das Nichts:

Ár var alda, þát er ecci var. („Urzeit war es, da nichts war.")

sagt der Dichter in einer Version von Strophe 3 der *Vǫluspá* um das Jahr 1000, und auch wenn diese Vorstellung schon durchaus vom christlichen Weltbild beeinflusst sein mag, so bestätigt eine ganze Reihe anderer frühmittelalterlicher Zeugnisse diese Vorstellung, dass am Anfang der Zeit ein leeres Chaos existierte. Die Strophe setzt fort:

vara sandr né sær   né svalar unnir („weder Sand noch See noch frische Wellen")
iörð fannz æva   né upphiminn („weder Erde gab es noch Himmel darüber")
gap var ginnunga,   enn gras hvergi („eine gähnende Leere, aber kein Gewächs")

Die stabreimende Formel der dritten Zeile findet sich auch schon im althochdeutschen *Wessobrunner Gebet* im 9. Jh. (*ero ni uuas noh ûfhimil* = „es gab weder Himmel noch Erde"), in Varianten (ohne den Verweis auf die Leere) u. a. aber auch im altsächsischen *Heliand* und im altenglischen *Andreas* (beide 9. Jh.), auf dem schwedischen Runenstein von Skarpåker (11. Jh.: *Iǫrð skal rifna ok upphiminn*) und auf dem mittelalterlichen dänischen Runenstab von Ribe[1] sowie in einigen jüngeren Eddaliedern. Alle diese Beispiele, auch die christlichen, sind im Kontext von Schöpfung oder Weltuntergang zu finden, sodass trotz der Nähe der einleitenden Formel zur biblischen Aussage *terra ... erat ... vacua* (Genesis 1,2) diese Auffassung von der Leere des Himmels und der Erde durchaus auf eine heidnische Formel zurückgehen dürfte.

Die andere Variante (*Codex Regius, Hauksbók*) jedoch der ersten Zeile dieser Strophe liest *Ár var alda, þat er Ymir byggði* („Urzeit war, da Ymir hauste"), und diesen Riesen Ymir als Urwesen postuliert nicht nur der Verfasser dieses Eddalieds, sondern auch die *Vafþrúðnismál* 21 und die *Grímnismál* 40 kennen – wenn sie auch deutlich jünger sind als die *Vǫluspá* – in eng verwandten Strophen einen Mythus von der Weltschöpfung aus dem Körper des Ymir. Dass alle Riesen von Ymir abstammen, erzählt allerdings erst die sehr junge *Hyndluljóð* 33, aber dies kann ein Hinweis darauf sein, dass die heidnische Kosmogonie eben alles Geschaffene von Ymir herleitete.

Eine ganz abweichende Form der Weltschöpfung findet sich in der *Vǫluspá* 4,1 (*Aðr Burs synir biǫðom um ypo*), in welcher die Erde aus dem Wasser gehoben wird und so entsteht; auch diese Trennung von Erde und Wasser weist natürlich Anklänge an biblische Motive auf, steht aber in den germanischen Quellen ganz allein da und hatte wohl kaum größere Verbreitung.[2] Unsere Kenntnis der heidnischen Kosmogonie beruht für die Zeit vor Snorri – der gerade hier offenbar sehr intensiv auf christliches und antikes Gedankengut zurückgriff, in erster Linie auf den mythologischen Eddaliedern, während die Skaldendichtung hier recht unergiebig ist. Problematisch daran ist, dass auch die ältesten Eddalieder hier von christlichem Synkretismus beeinflusst scheinen, eine Tendenz, die wohl auf den Mangel einer systematischen Kosmogonie innerhalb der heidnisch-germanischen Religion zurückzuführen ist. Es ist somit besser, von der Vorstellung eines derartigen kompletten Gedankengebäudes Abschied zu nehmen und nicht wie Snorri zu versuchen, die einzelnen erhaltenen Mytheme um jeden Preis miteinander zu verbinden. Die einzelnen im Folgenden vorgestellten Mythen sollten daher wie unzusammenhängende Bausteine betrachtet werden, die zweifellos eine Rolle im heidnisch-germanischen Weltbild gespielt haben, aber deren genaue Relation zueinander wir nicht kennen, falls in vorchristlicher Zeit überhaupt das Bedürfnis bestanden hat, solche Verbindungen zu etablieren.

Selbst die gut belegte Weltschöpfung aus dem Riesen Ymir – aus dessen Körper die Erde, aus dessen Knochen die Berge, aus seinem Schädel der Himmel und aus seinem Schweiß das Meer gebildet wurden (*Vafþrúðnismál* 21 und *Grímnismál* 40) – wirkt schon stark von christlichem Gedankengut beeinflusst. Diese beiden Eddalieder sind wohl nicht vor dem 12. Jh. entstanden, und ihre Verfasser mussten eines der beliebtesten theologischen Handbücher des Mittelalters, den am Anfang dieses Jh.s verfassten *Elucidarius* gekannt haben, der – aus christlicher Sicht – den Mikrokosmos des Menschen mit dem Makrokosmos der ganzen Schöpfung ganz ähnlich beschreibt. Somit ist es schwer zu sagen, ob die christlichen isländischen Dichter der Eddalieder diesen Vergleich aus dem weithin verbreiteten Predigerhandbüchlein hatten, oder ob der vermutlich süddeutsche Autor Honorius von Autun selbst diese Vergleiche aus dem Volksglauben bezogen hat.

Ymir taucht als Urmaterie der Welt aber schon in skaldischen Kenningar auf (Arnórr Jarlaskáld nennt den Himmel *Ymis hauss* [„Ymirs Schädel"], Ormr Barreyjarskáld nennt das Meer *Ymis blóð* [„Ymirs Blut"]), sodass dieser Mythos zumindest ansatzweise schon im Heidentum verbreitet gewesen sein muss, auch wenn Snorris weitschweifende Ausschmückung mit vielen jungen Namen nur ansatzweise die heidnische Überlieferung wiedergibt: Aus den eisigen Flüssen, die Ginnungagap füllen, entsteht durch die Hitze Muspells der Urriese Ymir, der von der Urkuh Auðumla gesäugt heranwächst. Durch Autogamie zeugt Ymir Kinder, von denen die Riesen und schließlich auch die Götter abstammen. Die ersten Götter aber töten Ymir und schaffen aus ihm die Welt, wobei alle Riesen, bis auf ein Paar, in seinem Blut ertrinken (*Gylfaginning* 4–7).

Ymir dürfte nach Auskunft seines Namens ein Zwitterwesen gewesen sein (vgl. sanskritisch Yama, avestisch Yima, die ebenfalls mythische Vorfahren waren und zur selben indogermanischen Wurzel zu stellen sind wie lat. *geminus* [„Zwilling"]). Es ist also vielleicht eine genuine Überlieferung, wenn Snorri beschreibt, dass sich Ymir, im Schlafe schwitzend, sich allein fortpflanzte: Unter einer Achsel wuchs ein Mann, unter der anderen eine Frau, und ein Fuß zeugte mit dem anderen einen Sohn. Dies waren die Vorfahren der Riesen. Von diesen Riesen stammte laut Snorri (*Gylfaginning* 5 f.) Bestla, die Mutter der Götter Odin, Vili und Vé, aber Bestla ist als Mutter des Odin schon bei Einarr skálaglamm (*Vellekla* 4) belegt, sodass diese zweifellos riesische Mutter eines Gottes schon früh belegt ist. Auch die Geschlechterfolge „(zwitterhafter) Ymir – Buri – Burr – Drei Götter" weist eine gewisse strukturelle Parallele mit dem Ethnogoniemythus der Germanen bei Tacitus (*Germania* 2) auf, wo die Genealogie „(zwitterhafter) Tuisto – Mannus – drei eponyme Stammväter der germanischen Stammesverbände" am Beginn der Menschheitsgeschichte steht. Dieser in späteren Quellen nicht mehr auftretende Mannus entspricht dem Stammvater Mánus (zu *manu*, „Mann") der altindischen Entstehungsmythen, was auf einen gemeinsamen indoeuropäischen Ursprung der Ethnogoniemythen deuten könnte.

Von den ersten Göttern werden (aus zwei Baumstämmen? *Gylfaginning* 18) auch die beiden ersten Menschen geschaffen. Laut Snorri heißen sie Askr und Embla und die erschaffenden Götter sind Odin, Vili und Vé. In der *Vǫluspá* allerdings (17 und 18) sind es Odin, Hoenir und Loðurr, welche den aus zwei angeschwemmten Baumstämmen/leblosen Körpern[3] geschaffenen Menschen Atem, Seele und Lebenswärme verleihen. – Die Eddalieder bringen übrigens an anderer Stelle noch drei weitere Anthropogoniemythen[4]: *Vafþrúðnismál* 45 nennt Líf und Lífþrasir zwei Menschen, welche Ragnarök („im Holze Hoddmimirs") überlebten und somit die Anthropogonie duplizierten. In der *Rígsþula* ist es ein Gott, Ríg, der auf Erden wandert und die Ahnväter der drei Stände der Knechte, der Bauern und der Fürsten zeugt. *Hyndluljóð* 33 schließlich gibt uns die Vorfahren der Seherinnen, der Zauberer und der Schwarzkünstler. Alle diese Eddalieder gehören aber zur jüngsten Schicht und sind am ehesten als gelehrte Konstruktionen, keinesfalls aber als heidnische Überlieferungen anzusehen.

Nicht nur Riesen, Götter und Menschen, sondern auch die Zwerge können auf den Urriesen Ymir zurückgeführt werden, und selbst wenn Snorri sie abwertend als die Maden im Fleisch Ymirs beschreibt, so zeigt *Vǫluspá* (9), wo die Zwerge aus dem Blut und den Gebeinen von zwei Riesen erschaffen werden, eine Pygmogonie (Zwergentstehung), die der Anthropogonie der Genesis gar nicht so ferne steht. Beide Erklärungen gehören aber wohl eher in den Bereich mythographischen Vollständigkeitsdenkens als heidnischen Glaubens.

2. Kosmologie

Das heidnische Bild von der Welt in ihrer mythischen Einbettung war in seinen Grundzügen recht einfach strukturiert und bestand im Wesentlichen aus Midgard (altnord. *miðgarðr*, altengl. *middangeard*, got. *midjungards*, ahd. *mittilgart*), dem Wohnort der Menschen, der eine zentrale Stellung im Kosmos einnahm, aber auch – pars pro toto – für die ganze physische Erde stehen konnte, denn got. *midjungards* glossiert lat. *orbis terrae*, das as. *middangeard* sogar *chosmos*. Wie Asgard und Utgard war Midgard wohl ursprünglich gar kein Name, sondern die Bezeichnung der bewohnten, bekannten Welt (und damit vergleichbar der griech. *oikumene*) und spielte als mythologische Größe erst in der systematischen mythischen Kosmologie eine Rolle. Der älteste Beleg im Altnordischen ist wohl die *Vǫluspá* (Str. 4 und 56), ansonsten erst bei Skalden des 11. Jh.s, und wird vor Snorri nur relativ selten verwendet. Dass die Bezeichnung aber dennoch alt ist, belegen die Parallelen in den anderen germanischen Dialekten. Auch Asgard ist ein recht seltener Begriff, wenn auch schon beim Skalden Þórbjǫrn dísarskáld im 10. Jh. belegt, aber nur zweimal in der mythologischen Eddadichtung. Asgard (altnord. *ásgarðr*) ist der Wohnsitz der Asen, den man sich ursprünglich als Teil Midgards vorstellte. Erst Snorri, der die Bezeichnung überaus häufig verwendet, sieht Asgard (wohl unter dem Einfluss des himmlischen Jerusalem und des *paradisus terrestris*) als einen erhöht liegenden, himmlischen Wohnort der Götter, ja geradezu als eine Burg der Asen, aber dieses Bild ist ganz ahistorisch: Die heidnische Kosmologie betrachtete Asgard zwar als mythischen, dabei aber durchaus irdischen Wohnort der Götter.

Die (feindliche) Welt außerhalb von Midgard und Asgard war Utgard (altnord. *Útgarðr* ["Außenwelt"]), die ursprünglich alles jenseits der eigenen Erfahrungswelt umfasste, aber mit den zunehmenden Reisen und Erfahrungen der Skandinavier zusehends in den Norden und Osten verdrängt wurde, wodurch dann Utgard zum bergigen, arktischen Lebensraum der Riesen und Trolle wird, wie wir ihn aus der mittelalterlichen skandinavischen Literatur kennen. Als Konzept wohl alt, ist der Ausdruck aber vor dem 13. Jh. überhaupt nicht belegt und war wohl wie Midgard und Asgard keine geläufige kosmographische Bezeichnung, auch wenn die neuzeitliche Forschung darin Zentralbegriffe des heidnisch-germanischen Weltbilds sehen will.

Überhaupt sind viele Details der Kosmologie, die über das hier Erwähnte hinausgehen, erst (Re-)Konstruktionen Snorri Sturlusons im 13. Jh. oder gar erst der Neuzeit und somit keine Primärquellen für vorchristliche Ansichten. Ein Beispiel dafür mag der "Weltenbaum" Yggdrasill abgeben, den wir ausschließlich aus den beiden Eddaliedern *Vǫluspá* und *Grímnismál* kennen und dessen Name (vielleicht "Odins Pferd"? – aber dann müsste es Yggsdrasill lauten) zu heftigen wissenschaftlichen Kontroversen geführt hat.[5] Yggdrasill wird laut *Vǫluspá* 19 und 47 sowie *Grímnismál* 32, 35 und 44 als Esche bezeichnet, über die wir aus diesen Dichtungen lernen, dass sie das mythische Äquivalent irdischer Bäume ist, die über dem Schicksalsbrunnen steht (*Vǫluspá* 19) und deren Zittern das Ende der Welt zu den Ragnarök anzeigt. Man hat diese Esche reichlich grundlos mit dem von Adam von Bremen (*Gesta Hammaburgensis ecclesiae pontificum* IV, scholion 138) erwähnten immergrünen Baum an der Kultstätte in Uppsala zusammengebracht, in dessen Ästen angeblich die Menschen- und Tieropfer aufgehängt wurden. Abgesehen davon, dass Eschen nicht immergrün sind (was zu einer Deutung als Eibe geführt hat), besteht keine Notwendigkeit, diese beiden Bäume überhaupt miteinander in Verbindung zu bringen. Derartige Versuche erinnern an die Harmonisierungstendenzen der mittelalterlichen Kreuzesholzlegende, nach der ein auf Adams Grab gepflanztes Reis des paradiesischen Baums der Erkenntnis das Holz für das Kreuz Christi abgab – also der Versuch, alle mythologischen Bäume in einen zusammenfallen zu lassen. Auch der Versuch, Yggdrasill für eine so genannte vertikale Achse eines heidnischen Weltbilds heranzuziehen, ist nach unseren Quellen völlig unhaltbar: Wenn behauptet wird,[6] dass die Götter ihre Wohnung in der Krone dieses Baums gehabt hätten, während die Mitte des Stammes der Wohnort der Menschen sei und sich die Wurzeln ins Reich der Toten erstreckten, dann hat dieses Eichhörnchen-Weltbild überhaupt keine Grundlage in unseren Quellen der heidnischen Mythologie. Eine derartige Rekonstruktion beweist nur, dass Autoren Snorris literarische Darstellung völlig unkritisch als Quelle verwenden und diese dann noch missverstehen und überinterpretieren. Überhaupt scheint eine vertikale Achse im heid-

2. Kosmologie

nisch-germanischen Weltbild weitgehend zu fehlen,[7] denn unser einziger Hinweis darauf sind die Pfahlgötzen des Kults der Eisen- bis Wikingerzeit (s. Kap. IV), und diese könnten zwar, wie ihre Gegenstücke in schamanistischen Religionen, als Belege für eine solche vertikale Blickrichtung angesehen werden, aber Beispiele aus der kultischen Praxis (Bänder, Rauch, Schmuck der Stangen), wie wir sie für den Schamanismus kennen, fehlen für den germanischen Bereich völlig. Auch Deutungen vom Totenreich Hel als „unten" gelegen sind kaum beizubringen (nicht einmal bei Snorri, der es im Norden ansiedelt).

Ebenso kritisch wie diese Überinterpretationen soziokultureller Deutungsansätze sind ähnlich fundierte Simplifikationen zu beurteilen. Wie die ältesten Forscher des 19. Jh.s, die naturmythologische Deutungen bevorzugten, sieht man auch neuerdings mythologische Prinzipien in topographisch-kulturellen Gegebenheiten manifestiert: Midgard stünde somit für den *garðr*, den durch einen Zaun begrenzten Bauernhof, Utgard für die jenseits des eigenen Zaunes gelegene Außenwelt oder für die jenseits des Bereichs menschlicher Behausungen gelegene Welt der Gesetzlosigkeit, Asgard wäre demnach das Hausheiligtum, vielleicht ein Schrein, ein Hain oder eine Quelle. Yggdrasill wird dann in dieser Mikrokosmos-Makrokosmos-Gleichung mit dem „Schutzbaum" des Hofes und die Quelle der Weisheit, *Mímis brunnr*, mit dem Hofbrunnen identifiziert, sodass der ganze Kosmos nichts anderes sei als der mythologische Überbau des eigenen Lebensraumes.[8]

Die Fragwürdigkeit solcher sozialanthropologischer Gleichungen zeigt sich nicht nur an der offenbaren Sinnlosigkeit der letztgenannten Gleichsetzung, sondern auch an der Unvereinbarkeit dieses Ansatzes mit der Lebenswirklichkeit frühmittelalterlicher Skandinavier. Gerade die Wikingerzeit, aber auch die Perioden vorher,[9] zeigen uns das skandinavische Weltbild von der Praxis der Reisen her als offen, nicht geschlossen und begrenzt, sodass für ein Konzept wie das eines irdischen Utgard fast kein Platz blieb. Wenn ein Konzept wie Utgard in der spätheidnischen Zeit eine Rolle gespielt hätte, dann könnte es der Vorstellung nach ebenso gut in Kleinasien wie im Nordosten Skandinaviens gelegen haben. Dieses Gebiet fern im Osten wird nämlich von den Gedenkinschriften wikingerzeitlicher schwedischer Runensteine als *út* („draußen") angesprochen: *út i Krikjum* („draußen im Griechenreich [= byzant. Reich]"), war aber keine zu vermeidende Welt der Ungeheuer, sondern das Land der unbegrenzten Möglichkeiten, wie z. B. die Norwegerkönige Olaf Tryggvason und Harald harðráði allen Daheimgebliebenen (*heimskr*, wörtlich „daheimgeblieben", bedeutet altnord. „dumm, simpel") deutlich vor Augen führten.

Zum Weltbild gehört auch das Totenreich Hel, welches aber detaillierter noch später in Kap. VII besprochen werden soll; hier sei nur angemerkt, dass der Ursprung dieses Schattenreiches (das in den späteren Quellen nicht zuletzt von antiken Hades-Vorstellungen beeinflusst scheint) in erster Linie in den Familien- und Sippengräbern der Megalithkultur gelegen haben dürfte. Die Großsteingräber der Megalithkultur hatten in der Wikingerzeit offenbar eine besondere Anziehungskraft für Abenteurer (wie uns nicht zuletzt die runischen Graffiti im Megalithgrab von Maeshowe auf den Orkney-Inseln beweisen). Diese aber liegen nicht unter der Erde, sondern in Hügeln, und alle altskandinavischen Totenreichvorstellungen deuten auf ein jenseitiges Weiterleben der Toten in solchen Hügeln oder Bergen, nicht unterirdischen Gewölben wie die christliche Hölle.

Abb. 23: Sonnenuhr mit Midgardschlange an der angelsächsischen Kirche von Escom (bei Bishop Auckland; um 700).

Umgeben ist die bewohnte Welt vom Meer. Diese triviale Erkenntnis ist für jeden Skandinavier eine Selbstverständlichkeit und spiegelt sich dort noch in der altskandinavischen Kosmographie, wo christliche Gelehrsamkeit und Forschungsreisen den Atlantik längst zu einem überschaubaren Binnenmeer der Skandinavier hatten werden lassen: Die im 12. Jh. niedergeschriebenen Segelanweisungen sprechen von sieben Tagen von Norwegen nach Island und von vier weiteren nach Grönland, drei weiteren nach dem neu entdeckten Land im Westen (wohl Labrador). Da man sich Grönland durch eine Landbrücke mit Nordnorwegen verbunden vorstellte, welche dabei eine Bucht namens Hafsbotn („Meeresbucht"), auch Norðbotn („Nordbucht") oder Trollabotn („Trollbucht") bildete, wurde der Nordatlantik somit zu einem sehr überschaubaren Binnenmeer der Skandinavier, dessen Zufluss aus dem Weltmeer man sich irgendwo südwestlich von Grönland vorstellte.[10] Damit änderte sich gegen Ende der Wikingerzeit die Bedeutung von Ginnungagap, und diese „magische Lücke" wurde nun für die (imaginäre) Nordwestpassage gebraucht, welche irgendwo zwischen Grönland und Vinland den Atlantik mit dem Ozean verband. Aber auch vor der Entdeckung und Besiedlung Grönlands ab 982 flößte der Nordatlantik – unter zugegebenermaßen besseren klimatischen Bedingungen als heute – kaum großen Respekt ein, wie nicht nur die jährlichen Wikingerzüge selbst, sondern auch die Siedlungsströme von Festlandskandinavien auf die atlantischen Inseln belegen.

Nicht im Atlantik, sondern dahinter, im unerforschten Weltmeer hinter Grönland und Svalbarði, lag die Midgardschlange (also die Schlange, welche die ganze Ökumene umgab) und stellte eine konkrete Gefahr dar. Diese Gefährlichkeit der Midgardschlange, deren Name übrigens weder in der Skaldendichtung noch in den Eddaliedern jemals vorkommt, sondern die dort als Ormr, Naðr („Drache, Schlange") oder auch als Jörmungandr („Riesenungeheuer") bezeichnet wird, ist aber nicht auf der Ebene der alltäglichen Gefahren für die Seefahrt gelegen, sondern in einer universelleren Bedrohung: Wenn sich die Midgardschlange bewegt, dann führt dies zu Erdbeben, bestätigt uns noch der Volksglaube im spätmittelalterlichen Süddeutschland.[11] Selbst wenn der Name der Midgardschlange in den älteren Quellen nicht belegt ist, so wissen wir von ihrem Bekanntheitsgrad sowohl durch die Beschreibungen des Mythus von Thors Fischfang (s. Kap. IV) als auch aus den noch älteren ikonographischen Wiedergaben dieses Mythus. Hier ist sie teils als Schlange, Drache oder auch Fisch abgebildet, ein Zug, der sich noch im erwähnten Volksglauben des 14. Jh.s findet, wo es der „Fisch" Celebrant ist, der Erdbeben hervorruft. Die (Welt-)Schlange als

Motiv nicht erst wikingerzeitlicher Ikonographie findet sich auch außerhalb der genannten Darstellungen von Thors Fischfang, etwa als dekoratives Element auf einer wohl noch angelsächsischen Sonnenuhr an der Kirche von Escom (bei Bishop Auckland, aus der Zeit um 700) in Nordengland (vgl. Abb. 23).

Die Midgardschlange hat aber auch einen eschatologischen Aspekt. In der *Vǫluspá* 56 wird bei der Schilderung der Endzeitereignisse erwähnt, dass Thor durch das Gift der Schlange umkommt, und da der Mythos von Thors Fischfang zu den verbreitetsten Mythenerzählungen überhaupt gehörte, ist eine Interpretation dieser Schlange als Midgardsormr legitim. Dieser eschatologische Aspekt der Midgardschlange zeigt einmal mehr, dass wir es auch hier mit nicht unbedingt harmonisierbaren Mythen zu tun haben. So ist Thor im Mythus von Thors Fischfang zwar der Überwinder der Midgardschlange, in den Ragnarök aber überwindet sie ihn. Diese Unvereinbarkeit der beiden Mythen hat schon den mittelalterlichen Mythographen Kopfzerbrechen bereitet und zum erwähnten offenen Ausgang des Mythus bei Snorri geführt (vgl. Kap. IV.4).

3. Eschatologie

Die eschatologischen Konzepte des germanischen Heidentums sind komplex und ebenfalls nicht durchwegs harmonisierbar. Das älteste Konzept war offenbar das von Muspell, welches etwa „Weltende durch Feuer" bedeutet haben dürfte und erstmals als *muspille* im danach benannten althochdeutschen Gedicht (um 830 verfasst?) und als *mutspelli* im altsächsischen *Heliand* (9. Jh.) auftaucht. Im Altnordischen ist das Wort anders verwendet und scheint in der *Vǫluspá* 51 (*Muspellz lýðir*, „Muspells Leute") und *Lokasenna* 42 (*Muspells synir*, „Muspells Söhne") eher einen Riesen zu bezeichnen, Snorri macht dann daraus einerseits ebenfalls einen Riesen (*Gylfaginning* 42), andererseits einen mythologischen Ort, identisch mit Muspellsheimr (*Gylfaginning* 3 f.), aber das feurige Muspellsheimr weist darauf hin, dass Snorri in *Muspellr ein Synonym für den Feuerriesen Surtr sah; die „Leute" oder „Söhne" dieses Riesen interpretierte er als dessen Gefolgschaft, die am Weltende (unter Lokis Führung?) gegen die Götter ins Feld zieht. Dieses Verständnis ging aber auf den Verlust der ursprünglichen Bedeutung bei der Übernahme nach Skandinavien zurück, sodass wir die althochdeutsche/altsächsische Bedeutung als ursprünglich ansehen können. Allerdings ist die Bedeutung ungeklärt, aber -*spell* dürfte wohl „Schaden, Verderben" heißen. Jedenfalls deutet auch diese Schwierigkeit darauf hin, dass Muspell als sehr altes Konzept anzusehen ist.[12]

Wegen des Bedeutungsverlusts bei der Übernahme ins Altnordische (wohl während der Wikingerzeit) entwickelte sich im Norden ein eigenes, in den anderen germanischen Sprachen nicht nachweisbares Konzept vom Weltende, nämlich die Ragnarök. Dieses Pluralwort *ragna rǫk* steht für „Endschicksal der Götter" und wurde durch Verwechslung erst bei Snorri (nach *Lokasenna* 39) mit dem Begriff *ragna rǫkr* („Götterdämmerung") gleichgesetzt, sodass seither die Unterscheidung zwischen beiden unscharf ist. Wir sind in der glücklichen Lage, in einem der ältesten Eddalieder, der *Vǫluspá* (44–66), eine außerordentlich detaillierte, wenn auch zweifellos poetisch gefärbte Schilderung der Endzeitvorstellungen vorliegen zu haben, sodass es keineswegs notwendig ist, Snorris kommentierte Prosaparaphrase dieses Texts (*Gylfaginning* 50), die natürlich durch seine christlichen Endzeitvorstellungen mitgeprägt ist, zum Verständnis heranzuziehen. Der Text der *Vǫluspá* weist in seiner Darstellung aber selbst schon markant christliche Züge auf, wovon der wesentlichste das Element der Schuld im Untergang der Götter ist: Die Götter haben durch Verbrechen, Kriege und die Gier nach Gold Schuld auf sich geladen, die in ihrem Untergang resultiert. Ob dieser Gedankengang aber tatsächlich schon dem germanischen Heidentum eigen ist oder erst durch eine Übernahme christlicher Wertvorstellungen des *Vǫluspá*-Dichters in die Ragnarökdarstellung eingeflossen war, ist in der Forschung höchst umstritten.[13] Bei der Betrachtung der kosmologischen Vorstellungen der *Vǫluspá* und besonders ihrer Endzeitschilderung darf nicht vergessen werden, dass zum Zeitpunkt ihrer Abfassung am Übergang vom Heidentum zum Christentum beide Religionen schon mindestens zwei Jh.e lang koexistierten, besonders in solchen Kontaktgebieten wie England und Irland, sodass eine gegenseitige Beeinflussung mehr als wahrscheinlich ist. Wenn im Folgenden von christlichen und heidnischen Elementen in diesem Eddalied die Rede ist, kann sich dies einerseits auf bewusste Übernahmen christlicher Bilder durch den Verfasser selbst, andererseits auf längst aus dem Christentum in heidnische Endzeitvorstellungen übernommene Elemente beziehen.[14]

Die Ragnarökschilderung der *Vǫluspá* beginnt mit den Vorzeichen, die an die Sieben Siegel der Johannesapokalypse (8 ff.) erinnern. Der Wolf Garmr (= Fenriswolf?) reißt sich von seinen Fesseln los und heult (diese Strophe bildet als Str. 44, 49 und 59 eine Art Refrain für den Ragnarök-Abschnitt des Liedes); Brüder töten einander, Unfrieden zerreißt die Welt (Str. 45); Heimdall bläst das Gjallarhorn, Odin berät sich mit Mimirs Haupt (Str. 47), Garmr heult nochmals (Str. 49), die Midgardschlange wird rasend, das Schiff Naglfar wird flott (Str. 50) und kommt aus Osten mit den Muspell-Söhnen unter Führung Lokis (Str. 51), Surtr kommt mit seinem Heer (Str. 52), Odin kämpft mit dem (Fenris-)Wolf, Freyr fällt durch Surtr (Str. 53), Víðarr rächt Odin, Thor fällt durch die Midgardschlange (Str. 55 f.), die Sonne verfinstert sich, die Sterne fallen vom Himmel (Str. 57), Garmr heult schon wieder (Str. 58). Dieser Weltuntergang wird aber dann (Str. 59–66) insofern relativiert, als eine neue Welt aufsteigt, die Asen sich wieder auf Iðavǫllr treffen und die toten Götter wie Balder und Hǫðr in eine strahlende Halle einziehen; erst in der letzten Strophe wirft der Totendrache Niðhǫggr dunkle Schatten auf diese Szene der Erneuerung der Götterwelt.

Ein Versuch, die christlichen Elemente der Ragnarökschilderung in der *Vǫluspá* herauszufiltern, hat die Schuld der Götter, das Blasen des Gjallarhorns, das Verschwinden der Sonne, das Weltfeuer und die Beschreibung der Neuen Welt als derartige Elemente identifiziert,[15] aber die Beschreibung verdankt wohl auch sonst viel der Schilderung des Himmlischen Jerusalem (in der Offenbarung des Johannes). Auffällig ist, dass sowohl die Muspell Söhne als auch die Midgardschlange oder der Fenriswolf nur eine untergeordnete Bedeutung in dieser eschatologischen Schilderung haben, während das Weltende selbst von einem gewissen Automatismus (auf Grund der Schuld der Götter?) getrieben erscheint und die

Feinde der Götter nur Werkzeuge, aber nicht Ursachen des Untergangs der Götter sind. In dieser Endzeitschilderung kommen die Menschen übrigens nur im Rahmen der allgemein ausbrechenden Feindseligkeit (Str. 45) vor (im Gegensatz zu Snorris Paraphrase, wo die Einherjer an Odins Seite ins Feld ziehen), sind aber durch den allgemeinen Weltuntergang implizit wohl auch gemeint. Ob sie an der Wiederauferstehung der Neuen Welt teilhaben, muss dagegen offen bleiben, da hierbei nur die Götter der jüngeren Generation, nämlich Balder, Hǫðr und Hnir, genannt werden.

Andere Termini für den Untergang der Welt in den Eddas außer Ragnarök/Ragnarökr sind *aldar rǫk* („Weltende", *Vafþrúðnismál* Str. 39), *tíva rǫk* („Götterschicksal", *Vafþrúðnismál* 38, 42), *þá er regin deyja* („wenn die Götter sterben", *Vafþrúðnismál* 47), *unz um rjúfask regin* („wenn die Götter vernichtet werden", *Vafþrúðnismál* 52; *Lokasenna* 41; *Sigrdrífomál* 19), *þá er Muspellz-synir herja* („wenn die Muspell-Söhne in den Krieg ziehen", *Gylfaginning* 18, 36), *aldar rof* („Weltuntergang", *Helgakviða Hundingsbana* II 41) und *regin þrjóta* („Götterende", *Hyndluljóð* 42). Alle diese Begriffe weisen auf den Untergang der Götter (und deren relative Passivität dabei) und der Welt, nicht der Menschen hin, aber alle genannten Texte sind in christlicher Zeit entstanden, sodass man sich fragen muss, ob die christlichen Verfasser hierbei nicht ganz bewusst die Vergänglichkeit der heidnischen Götter hervorheben wollten.

Einzelne Elemente dieser Ragnarök-Schilderung findet sich auch andernorts in der eddischen und skaldischen Dichtung, besonders in der deutlich jüngeren *Vafþrúðnismál*, welche in Kenntnis der *Vǫluspá* deren Schilderung für ihren Wissenswettstreit als Fragen und Antworten bearbeitet. Eine gewisse Kenntnis des Ragnarök-Konzepts findet sich aber schon in der *Hákonarmál* aus dem 10. Jh., wo bereits der Untergang der Götter und auch der Fenriswolf erwähnt werden. Garmr und Fenrir (in der *Vǫluspá* wohl synonym verwendet) werden überhaupt recht häufig in der heidnischen Skaldendichtung als Synonyme für zerstörerische Kräfte in Kenningar verwendet, waren also offenbar ältere Elemente, welche dann in der Eschatologie der *Vǫluspá* verbunden wurden. Ähnlich steht es mit Surtr, der in älteren Quellen ein verbreiteter Riesenname ist, aber seit seiner Deutung als Feuerriese in der *Vǫluspá* zum Inventar der Endzeitvorstellungen gehört (so dann auch *Vafþrúðnismál* 50f., *Fáfnismál* 14). Das Schiff Naglfar dagegen und das Gjallarhorn sind vor der *Vǫluspá* nicht zu finden, oder wenigstens nicht als Eigennamen, und die Höhle Gnipahellir, vor der Garmr heult, ist reine Erfindung. Wenigstens bei Naglfar (wohl aus *ná-far*, „Totenschiff") weist der Name auf ein deutlich älteres Konzept hin, auch wenn ältere Schildkenningar mit der Schwertbezeichnung *naglfari*, nämlich *naglfara segl* („Segel des Schwerts") und *naglfara borð* („Bord des Schwerts"; in Bragis *Ragnarsdrápa* 5 im 9. Jh. bzw. beim undatierbaren Gamli Gnævarðarskáld 2) durch ihre nautische Bilderwahl den *Vǫluspá*-Dichter auf die Namenswahl gebracht haben mögen.

Diese Querverbindungen zu anderen älteren Quellen der heidnischen Mythologie machen deutlich, dass der Dichter der *Vǫluspá* eine ganze Reihe von alten heidnischen Vorstellungen verarbeitet hat, auch wenn er sie mit recht unheidnischen christlichen und klassischen Elementen zu einem großartigen Dokument spätheidnischer Mythographie verbunden hat, das zu Recht das berühmteste Eddalied ist und uns zugleich den besten Einblick in heidnische Kosmogonie, Kosmologie und Eschatologie bietet, auch wenn wir uns des christlichen Synkretismus in diesem Gedicht bewusst sein müssen. Man hat nicht zuletzt wegen des ausführlichen Weltuntergangsszenarios die Abfassungszeit der *Vǫluspá* in die Zeit um 1000 gesetzt, als der Millennismus weit verbreitete Endzeitstimmung provozierte.

Die unterschiedliche zeitliche und räumliche Verbreitung von Muspilli und Ragnarök macht einmal mehr deutlich, dass wir mit unterschiedlichen Vorstellungen innerhalb der heidnischen Religion rechnen müssen; dass in der Eschatologie beide Vorstellungen ein Weltende durch Feuer enthalten, ist immerhin ein gemeinsamer Zug dieser germanischen Eschatologien.

4. Die Rolle des unpersönlichen Schicksals

Direkt mit den eschatologischen Konzepten der nordischen Mythologie hängt die viel diskutierte Frage zusammen, welche Rolle ein unpersönliches Schicksal in der germanischen Geisteswelt gespielt hat, da gerade die späten Ragnarökvorstellungen selbst die Götter diesem Schicksal zu unterwerfen scheinen. Man hat gerade den heidnischen Skandinaviern eine Schicksalsgläubigkeit oder einen Fatalismus zugeschrieben, und es ist wohl nicht ohne Grund, dass Thietmar von Merseburg gerade bei einer Auseinandersetzung zwischen den christlichen Engländern und heidnischen Dänen meint: „Uns verbietet die Hl. Schrift, an das Schicksal oder einen Zufall zu glauben (*Chronicon*, VII, 41), im Gegensatz zu den Wikingern.

Für einen Glauben an ein Schicksal, vor allem ein das Weltende bestimmendes, kann man in erster Linie die *Vǫluspá* als Quelle heranziehen, da *ragna rǫk* ja eben „Schicksal der Götter" bedeutet und die *Vǫluspá* die ausführlichste Schilderung dieses Endschicksals, durchaus im Sinne von „tödlichem Schicksal, Tod" enthält. Ganz ähnlich wird auch in den *Vafþrúðnismál* der Begriff *aldar rǫk* („Endschicksal der Welt") verwendet; auch hier wird das Weltende selbst angesprochen. Andere altnordische Begriffe für Schicksal sind *urðr* („das Gewordene"; zu *verða*, „werden"), *skǫp* („die so be-schaffene Zukunft"; zu *skapa*, „schaffen") und, spezifischer, *ørlǫg* („Schicksal durch Krieg"; vgl. ahd. *urliugi*, holl. *orlog*, „Krieg"; ahd. *urlag*, „Schicksal") sowie *mjǫtuðr* („das Zugemessene"; altsächs. *metuð*, altengl. *meotod*, zu *metan*, „messen"). Alle diese Begriffe sind negativ konnotiert, es geht also nicht um ein offenes Schicksal, das Gutes oder Schlechtes bringen kann, sondern „Schicksal" hat hier immer auch die Bedeutung von „Tod, Verderben". Die drei Nornen, Urðr („das Gewordene"), Verdandi („das Werdende") und Skuld („das Zukünftige"), die der *Vǫluspá*-Dichter als Symbole des Schicksals mit diesen sprechenden Namen erfindet und ihnen die Gestaltung der Zukunft zuschreibt, fasst er jedoch als ausgewogene Gestalten auf. Dies wird auch durch eine hochmittelalterliche Runeninschrift in der Stabkirche von Borgund in Norwegen bestätigt, die meint: „Die Nornen bestimmen das Gute und das Schlechte, mir haben sie großes Leid gebracht." Dem widerspricht allerdings, dass *norna domr* „Urteil der Nornen" in der Heldendichtung üblicherweise mit „Tod, Unglück" gleichgesetzt wird (s. S. 171 f.).

Die Frage ist jedoch, wie weit dieses Konzept des Schicksals, für das wir uns vorwiegend auf die *Vǫluspá* stützen müssen, schon von christlichen Ideen des Verfassers geprägt ist. Für das der *urðr* (und ahd. *wurt*) entsprechende altenglische *wyrd* hat man jedenfalls nachweisen können, das dieses früher für einen germanischen Schicksalsglauben herangezogene Konzept[16] sich zu einem wesentlichen Teil aus augustinischem, zum Teil auch noch antikheidnischem Gedankengut herleiten lässt und der Idee der *fortuna fatalis* näher steht als einheimischen germanischen Vorstellungen.[17]

Ebenfalls augustinisches Gedankengut hat sich nach jüngsten Untersuchungen[18] in der Prädestinationslehre Gottschalks des Sachsen (806/08–ca. 869) gefunden, die man lange Zeit als Reflex eines germanischen Schicksalsglaubens hat sehen wollen und welche den bis in die Reformation wirksamen Prädestinationsstreit in der Gnadenlehre ausgelöst hatte.

Die Nornen (dazu vgl. Kap. V) stehen aber in unseren anderen Belegen außer den *Vǫluspá* und Snorri nicht so sehr für dieses unpersönliche Schicksal, das wohl erst aus christlicher Sicht in die Quellen eingeflossen ist, sondern eher für das persönliche, prädeterminierte Schicksal des Einzelnen, für das die Nornen verantwortlich sind. Dies mag auch in heidnischer Zeit die relevante Größe gewesen sein, denn alle die zahlreichen, den neuchristianisierten Germanen vorgeworfenen Wahrsagepraktiken (s. Kap. VIII) haben ja nichts anderes zum Ziel, als das eigene, persönliche zukünftige Schicksal herauszufinden. Dieses persönliche Schicksal mag – verglichen mit dem großen, unbekannten Schicksal der Menschheit und der Welt überhaupt, wie es sich im Vogelflug-Gleichnis bei Beda manifestiert (vgl. Kap. IX) – das einzige Handfeste in einer religiösen Welt gebildet haben, die noch nicht durch christliche Jenseitshoffnungen geprägt war, ja, in der nicht einmal die Maximen des persönlichen Handelns von Relevanz für die diesseitige oder jenseitige Zukunft des Einzelnen waren.

Laut *Vǫluspá* 19 und *Hávamál* 111 liegt am Fuß des Weltenbaumes eine Quelle, die als *Urðar brunnr* bezeichnet wird, was entweder „Brunnen der Norne Urðr" oder „Schicksalsbrunnen" bedeuten kann. Diese Quelle wird schon bei Skalden des 10. (Kormákr: *Sigurðardrápa* 4) und 11. Jh.s (Eilífr Goðrúnarson) erwähnt, wobei die christliche Assoziation des *Urðar brunnr* mit Christus und Rom bei Letzterem wohl als Zeichen des Synkretismus gewertet werden muss, der wohl vor allem wegen des Gleichklangs mit Jurdan „Jordan" nahe lag. Dann aber dürfte Eilífr darunter (wie viel später Snorri) eher einen Lebensbrunnen verstanden haben, der vielleicht mit den Nornen in Zusammenhang stand; eine Bedeutung als Schicksalsbrunnen ist jedenfalls nicht zu belegen.

Die Nornen werden aber auch noch in einem anderen Bild mit dem Schicksal in Verbindung gebracht, indem sie angeblich das Schicksal der Menschen spinnen (*Helgakviða Hundingsbana* I und *Reginsmál* 13), aber ob deswegen die Vorstellung von den römischen Parzen beeinflusst ist, muss offen bleiben.

Den noch zu behandelnden Glauben an Weissagungen muss man zweifellos auch im Zusammenhang mit dem Glauben an ein Schicksal sehen: Wo ein unpersönliches Schicksal die eigene Zukunft bestimmt, sind bestimmte Praktiken notwendig, um diese Zukunft vorherzusehen. Daher finden sich auch eine ganze Reihe von magischen Handlungen, die diesem Zweck dienen (vgl. Kap. VIII). Diese reichen von der schwarzen Magie, wie der Totenbeschwörung, bis zu den Handlungen, wo man die Zukunft durch Zufallsentscheidungen dem Schicksal selbst in die Hand gibt, wie das Werfen von Losen (altnord. *fella blótspánn*). Durch diese Übertragung von Entscheidungen an das Schicksal ist sie dem eigenen Entscheidungsbereich entzogen und transzendiert; aber Vorsicht ist bei einer Überbewertung des Schicksalsglaubens dennoch geboten, denn die Übertragung kann auch als Entscheidung von Göttern (oder anderen personifizierten jenseitigen Mächten, wie eben der Nornen) interpretiert werden, die dann auch ins Christentum hinein als Gottesurteil überlebt hat. Es besteht aller Grund anzunehmen, dass solche später christianisierten Bräuche wie Feuerproben zur Bestätigung der Unschuld von des Ehebruchs bezichtigten Frauen oder Feuerproben und Zweikämpfe zur Rechtfertigung von Thronansprüchen noch lange praktiziert wurden; zu Letzterem behauptet Snorri in der *Heimskringla* (*Magnussona saga*, 26), dass im Norwegen des 12. Jh.s neun glühende Pflugscharen verwendet wurden, über die der zu Prüfende barfuß schreiten musste, aber auch das Tragen von glühenden Eisenstücken ist für die christliche Zeit belegt.

Ein zweifellos alter, zur Bestimmung rechtmäßiger Ansprüche aber später auch vom Christentum subsumierter Brauch ist der Zweikampf (altnord. *holmgangr*), der schon von Tacitus (*Germania* 10) für die Germanen erwähnt wird:

„Es gibt aber noch eine andere Beobachtung von Vorzeichen, womit sie den Ausgang von wichtigen Kriegen erforschen. Von dem Volk, mit dem Krieg herrscht, wird irgendein Kriegsgefangener genommen, der mit einem Auserwählten des eigenen Volkes kämpft, jeder mit den Waffen seiner Heimat. Der Sieg des einen oder anderen wird als Vorentscheidung akzeptiert."

Über weniger zukunftsorientierte als vielmehr stellvertretende Zweikämpfe hören wir an vielen Stellen der mittelalterlichen altnordischen Prosaliteratur und in den zahlreichen Berserkerepisoden. In Fällen der gewaltsamen Durchsetzung unberechtigter Forderungen wird der Zweikampf aber zum literarischen Topos. In der Wikingerzeit jedoch dürfte der Zweikampf in vielen Fällen etwa die Stelle des späteren Gottesurteils eingenommen haben. Der arabische Reisende Ibn Rustah berichtet von den russischen Warägern des 10. Jh.s, dass bei unentscheidbaren Rechtshändeln der Fürst die Austragung der Angelegenheit mit Schwertern befehlen könne.[19]

Ob die in der *Kormáks saga* 10 beschriebene Absteckung des Kampfplatzes auf alten Brauch zurückgeht, ist unsicher; jedenfalls erwecken die eigentümlichen Zauberpraktiken, die dabei beschrieben werden, eher den Eindruck, der Verfasser mache sich über abergläubische Bräuche lustig. Schon Tacitus (*Germania* 10) berichtet aber über das Werfen von Losen:

„Vorzeichen und Orakel befolgen sie wie kein anderer, und der Vorgang des Losens ist einfach. Sie zerteilen einen von einem fruchttragenden Baum abgeschnittenen Zweig in kleine Stücke und streuen diese, mit bestimmten Zeichen versehen, unregelmäßig und vom Zufall bestimmt, auf ein weißes Tuch."

Dass die auch zum Ziehen verwendeten Hölzchen ebenfalls mit Zeichen versehen wurden, ist durch Snorri: *Heimskringla* (*Haralds saga Sigurðarsonar* 4) noch für das skandinavische Mittelalter belegt; die Frage, ob dafür Buchstaben, Runen oder irgendwelche Zeichen verwendet wurden, ist wie in der genannten Tacitusstelle wohl nebensächlich.

Wo das Orakel über die reine Zufallsentscheidung wie beim Werfen oder Ziehen von Holzstäbchen hinausgeht, wo also auch nur der Verdacht aktiver Einwirkung als magische Handlung besteht (vgl. dazu Kap. VIII), wurden derartige Zukunftsdeutungen von den kirchlichen Gesetzen nach der Christianisierung unter strenge Strafen gestellt, aber auch die reinen Zufallsorakel wurden zumindest missbilligt, da – wie in dem eingangs erwähnten Zitat aus Thietmars *Chronicon* – es Christen nicht erlaubt sei, an das Schicksal und Zufälle zu glauben. Zumindest aus der Sicht der christlichen Verfasser des Mittelalters waren demnach die Heiden eher geneigt, sich vom Schicksal und von Losorakeln leiten zu lassen, als dies dem christlichen Glauben angemessen ist. Wie weit aber dabei dieser Schicksalsglaube der Germanen reichte und ob er höher anzusetzen ist als der Glaube an persönliche Gottheiten, ist eine andere Frage.

5. Jenseits der Mythologie: die Heiligkeit des Landes

Ein in der Forschung zur germanischen Religionsgeschichte bislang weitgehend vernachlässigter Aspekt ist die Beziehung der vorchristlichen Germanen zum von ihnen bewohnten Land, welches offenbar eine eigenständige religiöse Wertigkeit besaß, wie wir sie auch aus anderen archaischen Religionen kennen. Diese religiöse Bedeutung ist in den Quellen auf Grund ihrer Natur nicht allzu offensichtlich und spielt in den mittelalterlichen mythologischen Erzählungen (vielleicht mangels christlicher Entsprechungen?) so gut wie keine Rolle, weist aber eine beachtliche – und durchgehend belegbare – Kontinuität auf.

Es wurde schon bei den eisenzeitlichen Mooropferfunden konstatiert, dass bestimmte heilige Plätze für Opferfunde über einen Zeitraum von mehreren hundert Jahren verwendet wurden, auch wenn in diesen Jahrhunderten der Platz vielleicht nur zwei- oder dreimal für große Waffenopferdepositionen verwendet wurde. Die Heiligkeit dieser Orte war also über zahlreiche Generationen hin bekannt, auch ohne dass hier dauernde Kulttätigkeit festzustellen ist. Die seltenen Runeninschriften der großen Waffenopfermoorfunde weisen, schon mangels spezifischer Götternamen als Adressaten der Opfer, auf eine Pluralität von Göttern, vielleicht aber auch auf die Heiligkeit des bestimmten Ortes hin (z.B. in der Inschrift auf dem Hobel von Vimose das Runenwort **hleuno**)[20].

Während wir für die erste Hälfte des 1. Jahrtausends also von Seiten der Archäologie bestimmte heilige Orte, aber keine allgemeine Heiligkeit des Landes nachweisen können, stellt Ende des 1. Jh.s Tacitus in seiner *Germania* 2 vom mythischen Ahnherrn Tuisto schon fest: *Tuistonem, deum terra editum* („Tuisto, dem aus der Erde hervorgegangenen Gott"). Demnach wäre also der Stammvater aller Götter und Menschen direkt aus der Erde geboren – und Tacitus war sicher nicht von den alttestamentlichen Vorstellungen des aus der Erde geschaffenen Adam beeinflusst. Auch dem Semonenhain in der *Germania* 39 schreibt er die Eigenschaft zu, *tamquam inde initia gentis* („dort sei der Ursprungsort des Volkes"). Auch hier wird also die Ethnogonie mit einem Ort in Verbindung gebracht.

Aussagekräftiger sind aber die späteren Quellen, vor allem was die Hüter oder Geister des Landes anlangt, denn wir haben zahlreiche Belege über die Landvættir sowie einige über Landálfar und einen indirekten über Landdísir.

Unter den Landvættir ("Landwesen") haben wir uns Geister vorzustellen, die das Land bewohnten, die aber in Island schon *vor* der Besiedlung durch die Skandinavier anwesend waren und welche also – mangels nennenswerter früherer Besiedlung der Insel – nicht mit den Geistern verstorbener Ahnen erklärt werden können. Diese Wesen, die weitgehend geschlechtslos gezeichnet werden,[21] waren schützende Geister, die sowohl das Land gegen Eindringlinge als auch – implizit – die neuen Bewohner mit ihrem Land beschützten. Die bekannte, im vorigen Kapitel zitierte Aussage der *Landnámabók* (*Hauksbók*-Version 268) im Gesetz des Norwegers Ulfljótr, welches dieser um 927 aus Norwegen mitgebracht hatte und das auf den *Gulaþingslög* beruhte, besagte, dass man vor der Annäherung an die Küsten die Drachenköpfe von den Schiffssteven abnehmen müsse, um die Landvættir nicht zu erschrecken.[22] Interessant daran ist nicht nur die Beziehung zwischen den (Tier-?)Köpfen auf den Schiffssteven, welche offenbar eine ganz bestimmte Funktion auf Kriegsschiffen spielten und somit die kriegerische Intention eines Schiffes markierten, und den offenbar leicht zu erschreckenden Landvættir, sondern auch die prominente Position am Anfang dieses Gesetzesfragments. Die Beziehung der Menschen zu den Landvættir kommt also hier noch vor einer Reihe von Vorschriften zur ritualen Eideslegung, in der die Götter erwähnt werden. Außerdem wird hier nicht ausdrücklich von Island gesprochen, sodass im Kontext auch die norwegischen Zustände gemeint sein mussten, was gleichzeitig einen seltenen Beleg für die Vorstellung solcher Landvættir außerhalb Islands darstellt. Weiters ist es die als Quelle viel weniger verlässliche *Egils saga* 57, die davon spricht, dass Egils *niðstǫng* (vgl. Kap. VIII über die magischen Praktiken) gegen König Erik Blutaxt dazu dient, die Landvættir aus Norwegen zu vertreiben, also offenbar die schützenden Geister von Eriks Reich abzuziehen. Dass aber solche Landvættir noch in christlicher Zeit im Volksglauben eine Rolle spielten, beweist eine Stelle des Christenrechts im Gulaþings-Gesetz (3),[23] in dem die Verehrung von Landvættir auf Hügeln, in Wäldern und Wasserfällen verurteilt und unter schwere Strafe gestellt wird. Auf isländische Zustände spielt wohl eine Stelle in einer isländischen Missionspredigt der *Hauksbók* (167) an, die auf Ælfrics Predigt *De auguriis* (10. Jh.) beruht, wo Frauen angeprangert werden, die ihr Essen zu Steinhaufen und Höhlen hinaustragen und den Landvættir weihen. Noch eine Verordnung des isländischen Bischofs Árni Þorláksson von 1281 erwähnt die (strafrechtlich zu verfolgende) Erweckung von Trollen oder eben der Landvættir in Wasserfällen oder Wäldern,[24] hier ausdrücklich zu Zwecken der Weissagung.

Unterirdische Wohnorte werden den Landvættir auch von Snorri zugeschrieben, der in der *Óláfs saga Tryggvasonar* 33 seiner *Heimskringla* die eigentümliche Geschichte eines Zauberers erzählt, welcher im Auftrag des Dänenkönigs Harald Blauzahn in Island spionieren soll und, in einen Wal verwandelt, in Nordwestisland landet. *Hann sá, at fjǫll ǫll ok hólar váru fullir af landvéttum, sumt stórt, en sumt smátt* ("Er sah, dass alle Felsen und Höhlen voller Landvættir waren, einige groß, einige klein"). – Zwar steht diese Feststellung in einer ganzen Reihe anderer sehr symbolistischer Wundererscheinungen (*portenta*), deren Aussage vor allem ist, dass in Snorris Meinung Dänenkönige nichts in Island zu suchen hätten, aber die Vorstellung von Felsen und Höhlen als Wohnung der Landvættir war wohl zu Snorris Zeit noch fester Bestandteil isländischen Volksglaubens; die Interpretation der anderen *portenta*, eines Drachen, eines Riesenvogels, eines riesigen Bullen und einer Gruppe von

Riesen als Erscheinungen dieser Landvættir[25] halte ich für falsch, und falls Snorri sie sich wirklich als derartige Monster vorgestellt haben mag, wäre sein Konzept mehr von klassischen und christlichen Vorstellungen als von einheimischen beeinflusst.

Die *Landnámabók* erwähnt Landvættir aber auch noch in einem detaillierteren Zusammenhang in zwei Anekdoten über zwei Siedler in den Ostfjorden Islands. Die erste handelt von Björn, einem der Söhne des armen Siedlers Molda-Gnúpr, dem in der Nacht ein *bergbúi* (üblicherweise „Bergriese", hier aber wohl einfach „Bergbewohner") erscheint, der mit ihm eine Partnerschaft eingeht, durch die Björn schnell reich wird. „Hellseherische Leute sahen, dass alle Landvættir den Ziegen-Björn zum Allthing, (seine Brüder) Thorsteinn und Thordr aber zum Jagen und Fischen begleiteten."[26]

Auch die andere Stelle wird über einen Siedler in den Ostfjorden erzählt, nämlich über Ǫlvir Eysteinsson, der sich östlich des Grímsá niederließ. „Dort hatte kein Mann es gewagt, Land in Besitz zu nehmen wegen der Landvættir, seit Hjǫrleif dort erschlagen worden war."[27]

Während in diesem Fall die Landvættir offenbar eine bestimmte Heiligkeit des Landes (welche durch den Mord entweiht worden war?) bewahrten, sind sie im ersten Fall die Garanten von Wohlstand und Glück und konnten sich einer bestimmten Person annehmen. Wenigstens mag dies die Interpretation anderer Siedler über den schnellen Reichtum des Ziegen-Björn gewesen sein. Aber die Stelle hat noch eine andere Bedeutung, da die *Landnámabók* abschließend feststellt, dass von Molda-Gnúpr eine Reihe bedeutender Isländer abstamme, sowohl Bischöfe als auch Gesetzessprecher; außerdem war Björn ein Vorfahre der Sturlungen, der politisch (und literarisch) bedeutendsten Familie Islands im Hochmittelalter. Wenn die *Landnámabók* also damit sagen will, dass ein Pakt mit den Beschützern des Landes einer Familie so sehr nützen könnte, dass auch Bischöfe aus ihr hervorgingen, dann ist das wohl ein recht synkretistisches Konzept.

Die Landvættir machten aber in der Folge noch einen Wandel zu recht negativ konnotierten Wesen durch, dann meistens als *heiðnar vættir* bezeichnet, die entweder die Landvættir (so *Kristin-réttr Þorlaks ok Ketils* in einer der oben zitierten Stelle aus den *Gulaþingslög* verwandten Formulierung) oder aber alle heidnischen Wesen überhaupt, also auch die Götter, einschließen konnten und damit synonym mit dem in einem recht weiten Sinn verwendeten *daemones* (lat.) wurde.

Mit dem Land haben diese Dämonen dann wohl nichts mehr zu tun, und mit fortschreitendem Mittelalter wurde die Vorstellung von der Funktion der Landvættir auch immer blasser und sie wurden zusehends mit anderen Wesen, wie den Disen (s. Kap. V) vermengt, wofür der Ausdruck *landdísar* spricht, der sich allerdings nur in dem Ortsnamen Landdísasteinar erhalten hat. Mit dem Land sind aber auch noch andere Wesen der niederen Mythologie verknüpft, und zwar die Alben, wobei die Erwähnung von Landálfar in einer Strophe des Egill Skállagrímsson immerhin schon in die heidnische Zeit fällt. Allerdings verwendet Egill auch *landáss* („Ase des Landes") in einer Kenning für den König, spricht also auch den König als Gott des Landes und damit wohl als dessen Beschützer an.

Die Belege für den König als Beschützer des Landes sind zwar zahlreich, gehen aber wohl auf ein anderes, schon als mittelalterlich-christlich zu bezeichnendes Konzept zurück. Nur

Snorris Bericht über den Tod von Halfdan dem Schwarzen, den die Norweger wegen seiner glücklichen Herrschaft nach seinem Tode in vier Teile zerteilten und diese an verschiedenen Stellen Norwegens begruben, um so weiterhin gute Ernten zu erhalten (*Heimskringla, Halfdanar saga svarta* 9), weist auf eine direkte, physische und vielleicht vorchristliche Beziehung des Königs zum Land hin.

Dagegen finden sich in der *Landnámabók* noch einige Stellen, die auf eine Heiligkeit des Landes zurückverweisen könnten. Dazu gehört der Ausdruck *at helga sér lands* („sich das Land weihen"), in der Bedeutung „es sich aneignen", welches auf eine Übertragung der Heiligkeit des Landes auf seinen Besiedler/Eigentümer hindeuten könnte. Wenn von einem gewissen Ásbjörn Reyrketilsson berichtet wird: „Asbjörn weihte sein besiedeltes Gebiet dem Thor und nannte es Thorsmörk",[28] dann mag dies allerdings eine ätiologische Geschichte zur Erklärung des Namens Thorsmörk sein, und auch christliches Gedankengut (wie die Weihung bestimmter Besitzungen als Kirchen- oder Klostergüter an bestimmte Heilige) ist nicht auszuschließen.

Wie bei einer ähnlichen Erzählung über Thorhaddr den Alten[29] stellt sich allerdings die Frage, ob die Siedler nicht tatsächlich von einer Heiligkeit (oder wenigstens göttlichen Dedikation) ihres Landes überzeugt waren, wenn sich diese von Norwegen nach Island übertragen ließ:

„Thorhaddr der Alte war Priester in Trondheim in Mære. Er wollte nach Island gehen, brach aber vorher die Halle ab und nahm die Erde unter der Halle und die Säulen mit sich. Als er in den Stödvarfjord kam, belegte er den ganzen Fjord mit der Heiligkeit von Mære und ließ dort nichts töten außer den Haustieren."

Hier bedeutet die Überführung der Erde unter seiner alten Festhalle wohl nur eine Pars-pro-toto-Handlung, aber seit wir aus den archäologischen Funden der Völkerwanderungszeit die kultische Bedeutung von zentralen Säulen in den Festhallen (ob nun immer identisch mit den Hochsitzsäulen oder nicht) und den daran im Boden deponierten Wertgegenständen (wie den Glaskelchen oder Guldgubber) kennen, macht diese Stelle auch Sinn, da nur mit der an das Land und die Vorfahren geknüpften Verbindung der Halle auch ein kommunales Opfer in Form von Opfermählern kultisch relevant zu sein scheint. Vor dem Hintergrund dieser Stelle müssen daher auch die zahlreichen Belege für die Mitnahme der Hochsitzsäulen (*ǫndvegissúlar*) gelesen werden (vgl. Kap. III.4), die offenbar einen festen Bestandteil für die Übersiedlung von Männern mit eigenen Festhallen gebildet hat; dass die soziale Stellung der isländischen Siedler durch die Erwähnung solcher Hochsitzsäulen zusätzlich beleuchtet wird, sei hier nur am Rande angemerkt. Die Mitnahme geweihter Erde ist auch für christliche Siedler belegt; gerade die keltische Kirche betonte nämlich bewusst die Beziehung zur Natur, und die frühen christlichen Siedler kamen alle über Irland, Schottland oder die Hebriden nach Island[30]:

„Örlyg hieß der Sohn von Hrapp Björnsson bunu; er wurde auf den Hebriden beim heiligen Bischof Patrick aufgezogen. Er wollte nach Island ziehen und bat den Bischof, ihm dabei zu helfen. Der Bischof besorgte ihm Holz für eine Kirche und ließ ihn ein Plenarium, eine Eisenglocke, eine Goldmünze und geweihte Erde mitnehmen, die er unter die Eckpfosten legen sollte […] als Weihe […], und er solle [die Kirche] dem hl. Columban weihen."

Insgesamt lässt sich aus den genannten Belegen aber doch ein, wenn auch aus den Quellen nicht mehr allzu klar ablesbares Bild eines religiösen Bezugs der heidnischen Skandinavier zu ihrem Land erkennen. Wie die Vorstellung von der Heiligkeit des Landes aber ausgesehen hatte und ob man das Land lokal, regional oder universal auffasste, lässt sich auf Grund der Quellenlage nicht mehr erkennen.

VII. Tod und Jenseits: Die Fragen nach den letzten Dingen

1. Begräbnis und Grabbrauch

Der Grabbrauch und damit die Jenseitsvorstellungen der vorgermanischen skandinavischen Bevölkerung wurde schon im Kapitel I über die Megalithkultur des Neolithikums und über die Bronzezeit behandelt, wobei vor allem der Übergang vom Familien- und Sippengrab des Neolithikums zum Einzelgrab der Bronzezeit hervorzuheben ist, wogegen der Gebrauch von Hügelgräbern (für Fürstengräber) als Kontinuum angemerkt werden konnte.

Die Großsteingräber des Neolithikums waren von der Körperbestattung der Leichen geprägt, aber mit Beginn der jüngeren Bronzezeit (etwa ab 1300 v. Chr.) kam die Verbrennung der Toten in Skandinavien auf und blieb dort lange der dominierende Grabbrauch.[1] Die Leichenverbrennung dürfte über Deutschland in den Norden vorgedrungen sein und verdrängte dort – wie in ganz Europa und dem vorderasiatischen Bereich – das Körpergrab weitgehend, wobei aber weiterhin Grabhügel für die Angehörigen der sozialen Oberschicht errichtet wurden. Die Überreste des Leichenbrands wurden vorerst noch in Steinsärgen begraben, welche man aber sukzessive durch kleinere Steinkisten ersetzte, in welchen die Urnen mit der Asche bestattet wurden, und zu Ende der Bronzezeit legte man die Urnen direkt in flache Gräber. Der Übergang von der Körperbestattung zum Brandgrab mit Bestattung der Urnen muss nach heutigem Forschungsstand weder einen ethnischen Umbruch bedeutet haben – also etwa durch Einwanderung neuer ethnischer Gruppen und Verdrängung oder Unterwerfung älterer Ethnien –, noch unbedingt auch einen grundlegenden Wechsel der Jenseitsvorstellungen voraussetzen. Weiterhin werden nämlich den Toten Grabbeigaben für das Leben im Jenseits mitgegeben, weiterhin spiegeln diese Grabbeigaben den sozialen Status der Begrabenen wider, den man sich also im Totenreich perpetuiert vorstellte, und weiterhin deuten schon die äußeren Dimensionen der Grablege auf diesen sozialen Status hin.

Bei der Brandbestattung der älteren Eisenzeit wurde der Leichnam entweder mit oder ohne den Beigaben auf einem Scheiterhaufen verbrannt, dann die Knochen (und etwaige Reste der Beigaben) aus der Asche gelesen und in einer Grube oder in einer Urne beigesetzt. Die in dieser Zeit selten reichen Beigaben – meist nur ein wenig Schmuck oder persönliche Gegenstände – wurden zum Teil unverbrannt bei der Asche niedergelegt, sind aber andernfalls oft unvollständig, da der Ort der Verbrennung nicht mit dem der Grablege identisch war. Nur ausnahmsweise (wie in Bornholm) finden sich Grabhügel, die direkt über dem Ort der Verbrennung aufgeworfen wurden.[2] Obwohl also zu Beginn der Eisenzeit die Brandbestattung die dominierende Begräbnisform in Skandinavien geworden war, gab es regionale Ausnahmen, etwa Gotland, wo sich parallel Körper- und Brandbestattungen finden, wozu hier schon in der Eisenzeit Schiffssetzungen aus Steinen treten.

1. Begräbnis und Grabbrauch

Erst am Übergang von der älteren zur römischen Eisenzeit, etwa ab dem 1. Jh. v. Chr., dringt von Süden, vom mediterranen Bereich her kommend, wieder die Körperbestattung nach römischen (und auch keltischem?) Vorbild vor, ein Brauch, der dann durch das sich rapide ausbreitende Christentum in Südeuropa zwar verstärkt, nicht aber ausgelöst wurde. Der Übergang zur Körperbestattung ging unterschiedlich schnell und mit unterschiedlicher Vollständigkeit vonstatten. Tacitus kennt am Ende des 1. Jh.s für die Germanen ausschließlich die Brandbestattung (*Germania* 27), aber die Goten vollzogen mit ihrer Christianisierung den Wechsel sehr schnell und waren im 3. Jh. schon völlig zur Grablege übergegangen. In der Norddeutschen Tiefebene und in Jütland hielt sich während der ganzen Eisenzeit die Brandbestattung neben der Körperbestattung in flachen Gräbern, während bei den Franken besonders im Norden schon im 4. und 5. Jh., also noch vor der Christianisierung, eine steigende Tendenz zum Körpergrab bestand,[3] welche in der Merowingerzeit bereits ausschließlich angewandt wurde. Jedenfalls wird heute die soziale Trennung der Grabsitten (nach der etwa Körpergräber eher den reichen Fürstengräbern zuzuordnen wären) zugunsten einer religiösen Unterscheidung verworfen.[4] Bei den germanischen Stämmen der Sachsen und Friesen, die der Christianisierung wie der Eingliederung ins Frankenreich ablehnend gegenüberstehen, hält sich dagegen die Brandbestattung als Normalfall bis zum 8. Jh., als die Kirche noch nach der Mission gegen die Verbrennung (und Einhügelung in den *tumuli paganorum*, die ebenfalls als heidnisch betrachtet wurde) Stellung beziehen musste,[5] obwohl in diesen Gebieten größere Hügelgräber archäologisch gar nicht nachzuweisen sind. In Südskandinavien bringt der vordringende Brauch der Körperbestattung in der römischen Eisenzeit ab der Zeitenwende auch wieder etwas reicher ausgestattete Gräber mit sich, wobei in Dänemark und Norddeutschland häufig auch Kostbarkeiten römischer Herkunft von Münzen über Tafelgeschirr aus Edelmetall bis zu Glaswaren, Waffen und Figuren in die Gräber gelangten. Diese Wertgegenstände sind üblicherweise als Importwaren oder Beutestücke anzusehen, nur bei Waffen oder Ausrüstungsgegenständen wird man von den Besitztümern von Angehörigen germanischer Hilfstruppen sprechen können. Um die Mitte des ersten Jahrtausends gehen die Grabbeigaben in Dänemark wieder stark zurück und sind erst wieder in der Wikingerzeit von nennenswerter Oppulenz, während in Schweden schon 200 Jahre früher reiche Grabformen auftreten, beschränkt aber vor allem auf die Hügelgräber und einige Bootgräber Upplands; die Hügelgräber werden vor allem in Schweden im Laufe der Völkerwanderungszeit immer größer und erreichen in der Vendelzeit einen Höhepunkt.

Die birituellen Belegungen (Brand- und Körperbestattung) von eisenzeitlichen dänischen und norddeutschen Friedhöfen[6] schon während der vorrömischen Eisenzeit weisen nicht nur darauf hin, dass der Übergang in manchen Gebieten sehr allmählich vor sich ging, sondern auch, dass innerhalb der germanischen Religion mehr als nur ein Grabbrauch zulässig war. Im Extremfall heißt das, dass wir für diese Zeit eigentlich von mehreren germanischen Religionen parallel zueinander sprechen müssten, falls wir davon ausgehen könnten, dass unterschiedliche Grabbräuche auch unterschiedliche religiöse Vorstellungen reflektierten. Ob dies jedoch notwendigerweise so ist, bleibt fraglich.

Für Norwegen hat man festgestellt, dass die Grabformen von der römischen Eisenzeit bis zur Wikingerzeit einen fast unbegrenzten Formenreichtum aufweisen. Brandbestattung oder Körperbestattung, Beisetzung in Urnen, Kisten, Booten, hausartigen Strukturen, in Hügeln oder Flachgräbern finden sich fast durchwegs nebeneinander, die Auszeichnung durch reichere Beigaben oder Grabhügel hat fast immer soziale Gründe, während sich regionale oder zeitliche Varianten kaum ausmachen lassen.[7]

Der Brauch der Bestattung in Grabhügeln war seit dem Ende der Bronzezeit und dann besonders unter christlichem und römischem Einfluss rückläufig und wurde durch Flachgräber mit nur leicht erhobener Oberfläche und einer Umrandung aus kleinen Steinen weitgehend verdrängt, sodass etwa in Dänemark nur mehr die höchste soziale Schicht in Grabhügeln beigesetzt wurde, aber in ganz Skandianvien nahm diese Bestattungsform in der Vendel- und Wikingerzeit wieder zu. In Britannien gingen Hügelgräber nach der Christianisierung der Angelsachsen im 6. und 7. Jh. zurück, waren aber unter den wikingerzeitlichen heidnischen skandinavischen Siedlern wieder stark vertreten. Im Gegensatz zur keltischen Hallstattzeit war es im germanischen Raum durchaus unüblich, ältere (also neolithische und bronzezeitliche) Grabhügel für Sekundärbestattungen später wieder zu verwenden, allerdings wurden, besonders in Norddeutschland nach der Zeitenwende, ältere Grabhügel zu Bezugspunkten neuer Friedhöfe gewählt.[8] Für Snorri Sturluson (*Heimskringla*, Prolog) im Island des 13. Jh.s ließ sich aus den Grabhügeln sogar eine Epocheneinteilung herleiten. Er setzt (wohl für die Eisenzeit) ein *brunaǫld* („Brandzeitalter") an (welches er mit der Besiedlung Schwedens durch die mythischen Vorfahren der Ynglingendynastie unter Odin gleichsetzt), auf welche dann das *haugǫld* („Hügelzeitalter") der Vendel- und Wikingerzeit folgt, das erst durch das Christentum (für Norweger und Isländer also um die Jahrtausendwende) durch flache Körperbestattungen abgelöst wurde – für diese Periode nennt er aber keinen Namen mehr. Auch er geht von einer Süd-Nord-Entwicklung aus, da die Dänen das Hügelzeitalter (und damit implizit die Abkehr von der Leichenverbrennung) viel früher als die Norweger und Schweden erreicht hätten. Seine Sicht mag auch damit zusammenhängen, dass in Island (anfangs vielleicht eher aus einem ökonomischen Grund, nämlich dem Mangel an Holz) die Leichenverbrennungen nicht nachweisbar sind, sondern flache Erdbestattungen die Regel sind.

Grabbeigaben fehlen in germanischen Gräbern nie ganz, auch wenn die Gräber nur selten so reich ausgestattet wie in der Bronzezeit waren oder dann wieder in der schwedischen Vendelzeit sowie der Wikingerzeit. Dazwischen finden sich reiche Grabfelder auch auf Seeland im 3. Jh., wobei die dafür verwendete Bezeichnung Fürstengräber wohl nicht ganz zutreffend ist, da die sozialen Unterschiede nicht sonderlich hervorstechend sind.[9] Beigaben in der einen oder anderen Form (Schlüssel, Kerzen) finden sich noch lange nach der Christianisierung Skandinaviens, obwohl hierfür längst keine Notwendigkeit im Jenseitsglauben mehr besteht, wobei Kerzen und Lampen sogar spezifisch christliche Grabbeigaben zu sein scheinen.[10] Möglicherweise haben aber die gewohnten Strategien der Geschlechterdistinktion und der sozialen Markierung hier lange über den Glauben an ein (physisches) Nachleben der Toten in der jenseitigen Welt nachgewirkt. Regional (Gotland, Finnland, Karelien) finden sich auch andere Beigaben bis ins 12. und sogar 13. Jh.

Überhaupt zeigen die Grabbeigaben der heidnischen Zeit, dass man sich auch das Jenseits nach sozialen Ständen gegliedert vorstellte, sodass reiche Beigaben wie Waffenausrüstung, Pferde, Hunde und Sklaven sowie Wagen und Schiff wohl weniger zum „Überleben" im Jenseits notwendig waren, sondern zur Demonstration des Ranges in der diesseitigen wie jenseitigen Gesellschaft; von der entsprechenden Demonstration der Erben gegenüber der diesseitigen Gesellschaft sei dabei noch abgesehen. Dazu tritt die Vorstellung vom Rechtsanspruch des Toten auf seine Beigaben; dieser Totenteil ist aber wenigstens nach mittelalterlichem Rechtsdenken – grob vereinfachend – auf Waffenausstattung des Mannes und Aussteuer der Frau beschränkt,[11] während reich ausgestattete Gräber oft weit über dies hinausgehen. Die Anordnung reicher Grabausstattungen weist auch darauf hin, dass man dem Toten einen vollständigen, wenn auch symbolischen Haushalt einrichtete, selbst wenn dies auf der physischen Ebene auf dem Deck eines Grabschiffs geschah.[12] Offenbar gehörte zu dem Konzept des Grabes als Haus des Toten nicht nur die entsprechende Einrichtung, denn diese konnte in allen außer den allerreichsten Gräbern nur pars pro toto vorgenommen werden, sondern noch mehr die richtige Struktur der Hauseinrichtung, die dem diesseitigen Leben in der Grundstruktur entsprach.

Man hat versucht, aus den stark unterschiedlichen Grabbeigaben der skandinavischen Wikingerzeit auch konkrete soziale Zuordnungen zu treffen, aber die regionalen Unterschiede und der Übergang vom Heidentum zum Christentum komplizieren die Quellenlage beträchtlich. Außerdem bleiben birituelle Bestattungen auch vor der Christianisierung die Regel: Das große wikingerzeitliche Gräberfeld von Birka in Schweden weist 465 Brandgräber und 176 Körperbestattungen, die meisten in Hügeln, auf.[13]

Ein wesentlicher Unterschied zwischen reinen Sachbeigaben und der Mitgabe von Menschen und Tieren muss im Bestattungszeremoniell gelegen haben, denn die Tötung von Tieren oder selbst Menschen am Grab bzw. während des Begräbnisses selbst ist ein recht blutiger Vorgang, besonders wenn man die (im südgermanischen Bereich vom 5. zum 7. Jh.) vorkommenden Beigaben enthaupteter Pferde in Betracht zieht,[14] die unter den in der fränkischen Reihengräberkultur häufig vorkommenden Pferdebeigaben auftreten. Man hat zwar auch vermutet, dass es sich bei den zahlreichen Pferdebeisetzungen um Opferpferde handeln könnte, aber die Zaumzeuge und die Beziehung zu Gräbern macht die Deutung als Beigaben wahrscheinlich, auch wenn man wohl schwerlich scharf zwischen einem Opfer am Grab mit Deposition des Opfertieres oder einer Beigabe unterscheiden können wird.[15] Dies ist vor allem dann schwierig, wenn (wie im Falle von Childerichs Grab in Tournai, dem Fürstengrab von Beckum/Westfalen oder dem sächsischen Gräberfeld von Rullstorf bei Lüneburg) die zum Teil zahlreichen Pferde – bei Childerich 21 – nicht im Grab, sondern in Gruben um das Grab herum beigesetzt wurden.[16] Jedenfalls handelt es sich hier am Ende des fränkischen Heidentums (Childerich starb 482, die nördlicheren Gräber stammen aus dem 7. bzw. 8. Jh.) um eine beeindruckende Demonstration gelebten Heidentums, wobei es wohl kaum um die für die Reise ins Jenseits notwendigen Reittiere und auch nicht nur um eine reine Vorsorge für das Vermögen des Verstorbenen im Jenseits geht, auch nicht um das Resultat von allfälligen (kultischen oder sonstigen) Pferdekämpfen (weil überwiegend Wallache bestattet wurden)[17], sondern um den archaischen Brauch der systematischen Verschwendung materieller Güter als Teil des Opfers,[18] in diesem Falle aber eindeutig an den Begräbnisbrauch geknüpft.

In Skandinavien ist eine häufige Form des Männergrabs im früheren 10. Jh., also in einer zentralen Periode der Wikingerzeit, das Reitergrab, in welchem dem Toten Pferde und Zaumzeug, Steigbügel und Sporen, Waffen wie Schwert und Speer sowie persönliche Sachen wie Spielbretter und Jagdhunde, aber in der Regel keine Helme oder Kettenhemden (weil man diese in Walhalla nicht brauchte, oder weil sie auch im Diesseits wenig gebräuchlich waren?) mitgegeben wurden.[19] Gleichzeitig wurden in Dänemark sozial hoch stehende Frauen in einer ganzen Reihe von Fällen von Haithabu bis Schonen in aus Wagenkästen bestehenden Särgen beigesetzt, offenbar, um dadurch ihre bequemere Reiseart im Jenseits zu dokumentieren.[20] Schon in der Merowingerzeit gibt es aber solche Frauengräber im Frankenreich, und die Belege vom Niederrhein (besonders Krefeld-Gellep) machen es wahrscheinlich, dass die Skandinavier den Brauch von hier übernommen haben, wobei der Brauch möglicherweise von den Hallstattgräbern und noch Latène-zeitlichen süddeutschen Fürstengräbern der Kelten[21] durch die Germanen entlehnt worden war.

Die typisch skandinavische Grabform der Vendel- und Wikingerzeit, also der letzten vier Jh.e des Heidentums, ist jedoch zweifellos das Schiffsgrab, welches in Form von Schiffssetzungen schon im eisenzeitlichen Gotland nachweisbar ist, aber nun in ganz Südskandinavien – und vereinzelt in den Bereichen wikingischer Expansion wie England oder der Normandie – einen Höhepunkt erlebte.

Die Grabformen der Wikingerzeit (und in Schweden schon der Vendelzeit) weisen deutlich darauf hin, dass der Tod als Seereise ins Jenseits, ja vielleicht sogar als Aufbruch zu neuen Ufern erachtet wurde. Ausgehend von den Steinumrandungen der eisenzeitlichen Flachgräber begann man, Steine in schiffsförmiger Anordnung als Grabmonumente zu errichten, wobei die Größe von 2 bis 50 m reichen konnte, die den eigentlichen, meist sehr flachen oder gar nichtexistenten Grabhügel umgaben. Solche sog. Schiffssetzungen wurden aber gelegentlich auch als Kenotaphe konstruiert, als leere Gräber also, bei denen es sich vermutlich um Denkmale für in der Ferne Verstorbene gehandelt haben dürfte.

Die steinernen Schiffe wikingerzeitlicher Grabfelder – das bekannteste ist wohl das von Lindholm Høje in Nordjütland mit ca. 150 solcher Brandgräber in schiffsförmigen Steinumrandungen, aber auch Bornholm kennt ca. 50 Schiffssetzungen, allerdings viel älteren Datums – waren aber nicht so häufig wie die Bestattung in tatsächlichen Booten und Schiffen.

Die Bestattung in Schiffen und – viel häufiger – Booten war also die typisch skandinavische Bestattungssitte der Vendel- und Wikingerzeit, und dementsprechend finden sich derartige Gräber sowohl in ganz Skandinavien, den Ostseeküsten und Großbritannien sowie vereinzelt auch in Island, im heutigen Norddeutschland und sogar in der Bretagne; in den meisten Fällen sind die Bootsgräber nur mehr als Abdrucke des Bootskörpers im umgebenden Untergrund und durch die eisernen Plankennieten erhalten. Die Länge der Boote konnte von kleinen Beibooten mit nur 2,5 bis 3 m Länge bis zu den bekannten Langschiffen, wie sie in Oseberg, Gokstad, Tuna, Sutton Hoo oder Ladby mit bis zu 23 m Länge gefunden wurden, reichen.[22] Die Bootgräber können im vendelzeitlichen Schweden auch Frauengräber sein, in der Winkingerzeit ist aber das Bootsgrab die übliche Form der Männerbestattung, selbst wenn noch wikingerzeitliche Schiffsgräber in Vestfold als Frauen-

Abb. 24: Wikingerzeitliches Gräberfeld von Lindholm Høje in Jütland mit Schiffssetzungen.

gräber zu identifizieren sind. Die Ausrichtung der Gräber kann nord-südlich (bzw. im Einklang mit der „gekippten" altskandinavischen Orientierung auch NNO-SSW oder gar NO-SW) sein, in einigen Fällen scheint aber auch eine Ausrichtung nach dem nächsten Gewässer zuzunehmen (vgl. dazu den großen Bootbestattungsplatz von Slusegård auf Bornholm)[23]. Die Beigaben bei Schiffs- und Bootsbestattungen sind, regional und sozial bedingt, höchst unterschiedlich und reichen von einer Minimalausstattung von einer Axt oder Lanze und Pfeilen bis zu dem außerordentlich umfänglichen und aufwendigen Haushaltsinventar eines Fürstenhofes, wie dies in Oseberg der Fall ist. An Grabopfern sind besonders Pferde (Ladby-Schiff) als auch andere Haustiere und sogar Sklaven oder Diener (Oseberg) zu beobachten. Für die reicheren Ausstattungen hat man unlängst angemerkt, dass die Anordnung der Grabgüter innerhalb des Schiffes sinngemäß dem eines fürstlichen Haushalts entsprach.[24] Grabkammern auf den Schiffen sind bei den großen Schiffsbestattungen in Südnorwegen die Regel, treten aber sonst nur in Sutton Hoo und, ganz untypisch, *unter dem Schiff* in Haithabu auf. Die Toten konnten sowohl verbrannt als auch unverbrannt beigesetzt werden, und diesbezüglich entspricht der archäologische Befund auch weitgehend der literarischen Überlieferung, auch wenn uns literarische Belege für die Verbrennung von Toten und deren Beisetzung in Urnen in unverbrannten Schiffen fehlen. Als Regelfälle dürfen aber sowohl die Bestattung von Leichnamen in unverbrannten Schiffen in Grabhügeln als auch die Verbrennung von Toten mit ihrem Schiff (in Urnengräbern) angesehen werden. Für die dritte in den schriftlichen Fällen wiederholt erwähnte Form der Schiffsbestattung, dem mit dem Toten aufs Meer hinaussegelnden brennenden Schiff, gibt es verständlicherweise keine archäologische Bestätigung.[25]

Tausende bislang ausgegrabene Schiffs- und Bootsgräber belegen, welch enorme Bedeutung das Schiff im Leben und sogar noch im Sterben eines wikingerzeitlichen Seefahrers besaß. Dies trifft im Übrigen keineswegs nur auf Männer zu. Das reichhaltig ausgestattete Oseberggrab, einer der ältesten und wichtigsten archäologischen Funde zur Wikingerzeit, enthielt die unverbrannten Leichen der Königin Åsa und einer anderen Frau, welche hier 834 beigesetzt wurden. Den beiden wurde reichhaltige Küchenausstattung mit Kesseln und Töpfen, reiche Nahrungsmittel, Betten und Bettwäsche, Wandteppiche und ein Webstuhl, Wagen und Schlitten, 13 Pferde, sechs Hunde und zwei Rinder mitgegeben, während Schmuck und andere Kostbarkeiten schon früh Grabräubern zum Opfer fielen.

Wenn dagegen das größte bekannte Schiffsgrab Englands, das Grab von Sutton Hoo, zwar Reste von Schätzen, aber keinen Leichnam aufweist, hat dies andere Gründe als Grabraub. Da schon der erhaltene Teil der Grabausstattung auf einen Synkretismus des hier ursprünglich (um 624–625) bestatteten Königs Readwald hinweist (mehr dazu in Kap. IX), mag der Leichnam in letzter Minute doch noch in geweihter Erde beigesetzt oder – wie die Leichen der Eltern Harald Blauzahns in Jelling – später aus dem Schiffshügel entfernt worden sein, worauf es allerdings keine archäologischen Hinweise gibt. Andere Deutungen dieses mit 28 m Länge nicht nur größten, sondern auch mit Abstand am reichsten ausgestatteten Grabschiffs außerhalb Norwegens wären, dass der König vielleicht nicht beigesetzt wurde, sondern verbrannt (es finden sich nämlich Brandreste in einem Silbergefäß in der Mitte der Grabkammer) oder dass das Ganze nur ein Kenotaph – also ein leeres Grab – für den andernorts gefallenen (ertrunkenen?) König sei.[26]

Wenn Königin Åsa in ihrem Grabhügel gemeinsam mit einer Sklavin bestattet wurde, so war dies offensichtlich kein unüblicher Brauch, wie uns der Bericht des arabischen Reisenden Ibn Fadlan über die Rus' an der Wolga aus dem Jahre 922 bestätigt.

Eines Tages wurde Ibn Fadlan Zeuge der Beisetzung eines Warägerhäuptlings. Dem bis zu seiner Verbrennung in einem Zelt aufgebahrten, in seinen besten Gewändern auf einem prunkvollen Bett liegenden Leichnam wird neben den üblichen Grabbeigaben wie Waffen, Speisen und Haustieren (Pferde, Kühe und Hühner) auch ein Sklavenmädchen mit auf die Fahrt ins Jenseits gegeben. Die Beschreibung des Arabers enthält auch eine Vision des Sklavenmädchens, das vor seiner Erwürgung über einen symbolischen Türrahmen blickt und dort nicht nur seine Verwandten, sondern auch den Verstorbenen in einem Paradies sitzen sieht. Der Leichnam des Häuptlings und seiner Sklavin werden auf ein an Land gezogenes Schiff gebettet und verbrannt. Anschließend wird die Asche in einem Hügel beigesetzt. Diese zweite Art der wikingerzeitlichen Schiffsbestattung lässt sich archäologisch meist nur mit Hilfe der eisernen Schiffsnieten nachweisen, da sie als Einzige den Flammen widerstanden.

Das bei Ibn Fadlan erwähnte Zelt auf dem Grabschiff spiegelt sich im Osebergfund in einer (unverbrannten) äußerst massiven hölzernen zeltförmigen Grabkammer, die auch in anderen großen Schiffsgräbern in ähnlicher Form gefunden wurde. In diesen hölzernen Grabkammern manifestiert sich die schon seit der Mitte des ersten Jahrtausends auch im südgermanischen Bereich[27] zu findende Vorstellung vom Grab als Haus des Toten, welches im Norden mit dem vom Schiff als Transportmittel ins Jenseits zusammenfiel.

Die dritte genannte Art der Bootsbestattung besteht darin, den Toten an Bord seines brennenden Schiffes aufs Meer hinaussegeln zu lassen. Für diesen Brauch gibt es wie gesagt keine archäologischen Belege, doch hat uns Snorri Sturluson mit seinem zugegebenermaßen mythischen Bericht über Balders Bestattung ein anschauliches Beispiel dafür hinterlassen, wie sich ein Gelehrter des 13. Jh.s solch ein wikingerzeitliches Begräbnis vorstellte,[28] und damit auch die neuzeitlichen Vorstellungen von heidnischen Schiffsbestattungen nachhaltig (und einseitig) beeinflusst: Als Balders Frau Nanna beim Anblick des toten Gemahls an gebrochenem Herzen stirbt, wird sie neben ihren Mann auf den Scheiterhaufen gebettet. Dann wird das Schiff von einer Riesin ins Meer gestoßen und segelt brennend auf das Meer hinaus. Eine ähnliche Beschreibung findet sich auch in der *Skjǫldunga saga* über das Begräbnisfest, das König Hringr für Harald hilditǫnn ausrichten lässt (*Sǫgubrot af Fornkonungum* 9):

„Da ließ König Hringr den Leichnam seines Verwandten, König Haralds, nehmen und das Blut abwaschen und ihn entsprechend den alten Sitten vorbereiten und den Leichnam in den Wagen legen, den König Harald in der Schlacht gehabt hatte. Danach ließ er einen großen Hügel aufwerfen und ließ den Wagen mit dem Pferd, das König Harald in der Schlacht gehabt hatte, hineinfahren […] und dann wurde dieses Pferd getötet. Dann nahm König Hringr den Sattel, auf dem er selbst geritten war, und gab ihn seinem Verwandten, König Harald, und bat ihn, zu tun, was er wolle: entweder nach Valhall zu reiten oder zu fahren. Dann ließ er ein großes Fest ausrichten, um die Abreise König Haralds zu feiern […]"

Der Rest der Beschreibung ist dann noch stärker durch die Betrachtung im christlichen Rückspiegel geprägt, aber die Interpretation des Wagens im Begräbnisbrauch mag darauf hindeuten, dass der Sagaverfasser wikingerzeitliche Bildzeugnisse wie die gotländischen Bildsteine, wo ein Wagen eine Rolle auf dem Weg nach Walhall spielen dürfte, ebenfalls in diesem Sinne interpretiert hat; aus der christlichen Vorstellungswelt stammt diese Wagenfahrt ins Jenseits jedenfalls nicht.

Auch bei Saxo Grammaticus finden sich verschiedenenorts Hinweise darauf, dass auch ihm das Verbrennen von Häuptlingen mit anschließender Beisetzung in einem Grabhügel geläufig war (*Gesta Danorum* III, 74; VIII 264), aber die von ihm nur erwähnten ausführlichen Riten bei der Beisetzung kannte er wohl auch nicht mehr.

Über die Begräbnisfeier selbst haben wir außer von den beiden arabischen Reisenden Ibn Rustah und Ibn Fadlan keine zeitgenössischen Berichte, und sowohl Snorris romantisch-mythologische Beschreibung von Balders Bestattung als auch die oft zu unkritisch als Quelle herangezogenen Erwähnungen wikingerzeitlicher Begräbnisse in der Sagaliteratur (am ausführlichsten zwei Beschreibungen der *Gisla saga* 14) sind historisierende Rekonstruktionen des Hochmittelalters. Auch die archäologischen Quellen geben uns nur in Einzelfällen Aufschluss über den tatsächlichen Vorgang der Begräbnisfeier. So zeigt etwa die Lage der beiden Leichen im Oseberggrab, dass der Königin eine (der Kleidung nach sehr geschätzte) Dienerin ins Grab mitgegeben wurde, und obwohl wir bis heute nicht wissen, ob die alte oder die junge Frau die Königin war, können wir auf Grund der Lage der Körper sagen, dass beide als Leichen auf ihre Prunkbetten gelegt wurden und nicht etwa eine von ihnen lebendig eingehügelt wurde. In anderen Fällen jedoch haben wir Belege dafür, dass Sklaven oder Diener gebunden oder sogar geköpft als Beigaben in ein (Häuptlings-)Grab gelangt sind, wo sie manchmal auch zu Füßen des Toten niedergelegt wurden. Den Vorgang der Tötung für die Geköpften muss man sich wie bei den Pferdebeigaben am Grab selbst vorstellen, ob gefesselte Sklaven lebendig beigesetzt wurden, muss hingegen offen bleiben. Offenbar konnte der so getötete Sklave sogar sein eigenes Grab (mit ärmlichen Grabbeigaben) über dem des verstorbenen Herrn erhalten.[29] Auch ein weiterer arabischer Reisender, Ibn Rustah, findet die Mitbestattung einer Frau bei den Warägern des frühen 10. Jh.s erwähnenswert: „Wenn ein Häuptling bei ihnen stirbt, wird er in einem Grab beigesetzt, das wie ein großes Haus aussieht. Zusammen mit ihm legen sie seine Gewänder hinein und die Goldarmbänder, die er besaß, und außerdem viel Fleisch, Getränke und Geld. Sie legen auch seine Lieblingsfrau mit ins Grab, während sie noch lebt. Aber dann wird der Eingang zum Grab verschlossen und sie stirbt dort."[30]

Nicht immer war die Begleitung aber offenbar erwünscht; in der als historische Quelle ja einigermaßen verlässlichen *Landnámabók*[31] findet sich die Geschichte von der Einhügelung des isländischen Siedlers Ásmundr Atlason, der mit einem Sklaven beigesetzt wurde:

„Asmund wurde in Asmundarleidi eingehügelt und in ein Schiff gelegt und sein Sklave mit ihm. Diese Strophe hörte ein Mann im Hügel sprechen, als er ihm nahe kam:

> 'Allein wohne ich
> In meinem Schiff
> Im steinigen Hügel.
> Kein Gedränge der Krieger
> In der Schlacht,
> Aber schlechtes Gefolge.
> Als guter Steuermann bekannt,
> Wird mein Leben durch Ruhm verlängert.'

Daraufhin wurde im Hügel nachgesehen und der Sklave aus dem Schiff genommen."

Die Bedeutung des Schiffs in Grabbrauch und Jenseitsvorstellungen wird dadurch unterstrichen, dass zwei der drei uns namentlich bekannten mythologischen Schiffe mit Tod und Jenseits assoziiert wurden, und zwar die Schiffe Naglfar und Hringhorni, während das Schiff Skíðblaðnir einfach als das Götterschiff schlechthin galt. Von den drei Namen ist Hringhorni zwar sprechend („der mit dem gekringelten/mit einem Kreis versehene Steven") und auch erst bei Snorri überliefert, sodass der Name selbst kaum alt ist, aber da er sich auf das Schiff bei Balders Bestattung bezieht, ist wenigstens die Rolle des Schiffs im Mythus von Balders Tod und Bestattung schon alt. Über Naglfar (aus *nā-far*), welches schon in der *Vǫluspá* erwähnt wird, wurde schon bei der Behandlung der Eschatologie gesprochen, aber offenbar wurde es zum Totenschiff am Weltende erst durch Snorri umgedeutet und war ursprünglich wohl der Name für das mythologische Äquivalent des Totenschiffs. Ob Snorri im Mythus von Balders Bestattung versehentlich Hringhorni für Naglfar gesetzt hat, lässt sich jedoch nicht eruieren. Nur das dritte der mythologischen Schiffe, Skíðblaðnir, hat nichts mit den Toten zu tun. Zwar ist es erst in der *Grímnismál* erwähnt, aber der Name (etwa „Scheit-Blättchen", „Planken") ist zweifellos alt und kann auf die Anfänge der technischen Innovation des Plankenschiffs (das für Dänemark schon für die ältere Eisenzeit belegt ist) zurückweisen. Dass es Freyr gehört, erzählt uns erst Snorri und wohl deshalb, weil er Freyr und seinen Vater Njörðr mit der Seefahrt verbindet; in der *Grímnismál* ist es einfach das Götterschiff schlechthin.

Bis auf die genannte Schilderung der Bestattungen von Balder und König Ring spielt die Schiffsbestattung eine auffallend geringe Rolle in der Mythographie, und die ebenfalls so häufige Männerbestattung mit Pferd und vollem Reitzeug wird bestenfalls nebenbei erwähnt. Für die Sagaliteratur gilt Ähnliches, zwar kommen mitunter Schiffsbestattungen vor, aber üblicherweise wird nur vom Aufwerfen eines Hügels berichtet. Die *Landnámabók* berichtet zwar ganz vereinzelt über Schiffsgräber auf Island (*Sturlubók*-Version 72 = *Hauksbók*-Version 60), von denen dort aber auch nur rund ein halbes Dutzend nachgewiesen werden konnten. Die Frauengräber in Wagenkästen bleiben in der Literatur überhaupt ungenannt, sodass wir insgesamt aus den literarischen Quellen kaum ein repräsentatives Bild spätheidnischer Bestattungsbräuche erhalten – was zur Warnung für den Quellenwert anderer religionshistorisch relevanter Aussagen dienen kann.

Ein Aspekt jedoch wird vor allem in der Sagaliteratur häufig thematisiert, über den uns auch die archäologischen Zeugnisse beredte Auskunft geben, nämlich der Grabraub. Die reichen Gräber der Wikingerzeit wurden fast durchwegs bald nach ihrer Errichtung durch Grabräuber geplündert, und diese mangelnde Achtung vor den Gräbern beschränkte sich keineswegs auf die wikingerzeitlichen Gräber, sondern betraf alle Grabhügel vom Neolithikum bis zum frühen Mittelalter, die Aussicht auf Schätze, Waffen oder andere materielle Grabgüter boten. In heidnischer Zeit war die Beraubung eines Grabes offenbar kein religiöses Delikt, nur die Scheu vor dem Toten – und seiner gut dokumentierten Fähigkeit, sein Grab selbst zu verteidigen – konnte Grabräuber abhalten. Es besteht auch keinerlei Grund zur Annahme, dass die Plünderung heidnischer Gräber erst in christlicher Zeit begonnen hat – etwa aus mangelndem Respekt für die noch heidnischen Vorfahren[32] oder um die toten Heiden endgültig zu vernichten und damit ihr Wiedergehen zu verhindern –, andererseits markierte die Einführung des Christentums auch keinen Bruch mit der Sitte des Grabraubs.[33] Eine Untersuchung der entsprechenden gesetzlichen Bestimmungen zeigt, dass die Sanktionierung des Grabraums in den Gesetzen erst aus christlicher Zeit zu stammen scheint, was auch zeigt, dass ein dringender Bedarf für das Verbot des aus christlicher Sicht unakzeptablen Grabfrevels bestand.[34] Allerdings wurden nach der Christianisierung Gräber auch mit dem erklärten Ziel geöffnet, die Gebeine der toten Vorfahren in einen geweihten Friedhof zu überführen; dass die Grabgüter dabei nicht ignoriert wurden, ist anzunehmen.

Der prominenteste Fall einer derartigen Überführung der Gebeine eines verstorbenen Heiden fand im Rahmen der Christianisierung Dänemarks ca. 965 statt (s. dazu Kap. IX), als König Harald Blauzahn nach seiner Bekehrung den Leichnam seines Vaters Gormr exhumieren und in der neu erbauten Kirche beisetzen ließ, obwohl er selbst doch wohl das Begräbnis seiner Eltern nach heidnischem Ritual und die Anlage der beiden monumentalen Grabhügel erst kurz vorher veranlasst hatte. Dendrochronologische Untersuchungen haben ergeben, dass der große nördliche Grabhügel 958/59 geschlossen wurde, in dem Gormr der Alte beigesetzt war.[35] Nur etwa sechs Jahre nach der Anlage der großartigsten heidnischen Grabanlage Dänemarks dokumentierte Harald aber an derselben Stelle die Christianisierung des Landes – offenbar war also Jelling Mitte des 10. Jh.s nicht nur das politische, sondern auch das religiöse Zentrum Dänemarks.

Während der große der beiden Runensteine von Jelling die Christianisierung dokumentiert, ist der kleinere ein Grabstein für Haralds Eltern, Gormr und Thyra. Überhaupt ist für den Großteil der knapp 3300 erhaltenen Runensteine eine Verwendung als Grabstein oder Gedenkstein nachzuweisen, wobei aber viele besonders der schwedischen, weniger der dänischen Denkmäler schon christliche Grabsteine sind, die oft genug auch das Kreuzzeichen tragen. Obwohl wir Runensteine als Grabsteine schon aus dem 6. Jh. kennen, ist diese Sitte eine vorwiegend wikingerzeitliche, vor allem in Schweden, wo sich über 90% der Runensteine finden. Es war wohl erst die Konfrontation mit dem Christentum, welche auch für die Heiden eine spezifische Markierung ihrer Gräber als heidnisch veranlasste, aber dennoch sind diese Fälle eher selten: Vier heidnische Grab- oder Gedenksteine tragen das Symbol des Thorshammers mit der Runeninschrift „Thor weihe diese Runen", sechs Steine tragen nur das Hammersymbol ohne Text;[36] ob dagegen die in Schweden und Dänemark etwas häufiger auftretenden Masken auf Runensteinen auch eine spezifisch heidnische Bedeutung haben – etwa als Gesicht Thors oder als Symbol für die Maskierungen Odins –, ist nicht festzustellen.

Nicht oder nur schwer von den Runensteinen als Grabsteine zu trennen ist ihre Funktion als Gedenksteine, denn in vielen Fällen sind das Grab oder der Grabhügel leer und wir können nur dann feststellen, dass es sich nicht um Grabraub oder bewusste Überführung in christliche Gräber gehandelt hat, wenn die Inschriften dies ausdrücklich erwähnen. Dies ist vor allem auf den ca. 30 schwedischen Yngvarssteinen der Fall, die zum Gedenken an Yngvar und seine Gefährten errichtet wurden, welche auf einer Expedition nach „Serkland" um 1041 den Tod gefunden haben, was auch in der spätmittelalterlichen isländischen *Yngvars saga víðfǫrla* erzählt wird. Für im Ausland, „in London", gefallene Männer wurde auch der Stein von Valleberga in Schweden gesetzt, wobei zu berücksichtigen ist, dass die Steine, welche von Frauen zum Andenken ihrer verstorbenen oder im Ausland gefallener Männer errichtet wurden, wie viele andere Runensteine nicht zuletzt Rechtsdokumente sind, welche die Erbfolge klarstellen und festhalten sollen.[37]

Ähnliche Funktion wie Grab- und Gedenksteine, wenn auch weniger explizit, haben die schon erwähnten Schiffssetzungen sowie die Bautasteine, die noch heute das Bild wikingerzeitlicher Grabfelder prägen. Bautasteine können sowohl als Grabsteine wie auch als Gedenksteine auftreten und sind inschriftlos, meist auch hohe und schmale Steine, die an die Menhire der Megalithkultur erinnern, aber deutlich weniger voluminös sind und im Gegensatz zu jenen auch klar auf den Grabbrauch orientiert sind. Schon die eisenzeitlichen dänischen Hügelgräber, deren Merkmal die abgeflachte Kuppe der runden Hügel ist, trugen häufig solche Bautasteine, welche hölzerne Pfosten, die aus dem Grab über die Hügel hinausragten, ersetzten. An diesen Pfosten und Steinen wurden während der Eisenzeit auch Tieropfer abgehalten, wie vereinzelte Knochenfunde belegen.[38]

Über die eigentlichen Begräbnisbräuche wissen wir naturgemäß wenig, wenn man von den beiden zitierten arabischen Augenzeugenberichten absieht. Punktuelle Einblicke geben uns jedoch die kirchlichen Verbote und Ermahnungen der Spätzeit. In der altnordischen Literatur wird die Sorge der Lebenden um den Toten zwischen Tod und Bestattung als *nábjargir* („Leichenhilfe") bezeichnet. Die Elemente dieser Vorsorge mögen zwar nicht durchwegs historisch sein, finden sich aber auch in einem durch die Vermischung von heidnischen und christlichen Vorstellungen geprägten Volksglauben der meisten germanischen Völker wieder und dürften teils schon älteren Brauch dokumentieren. Man drückte dem Toten die Augen zu oder verband sie mit einem Tuch, auch die Nasenlöcher und der Mund wurden geschlossen. Danach erfolgte die Leichenwäsche. Dem Begräbnis selbst folgte ein offenbar noch das auch nach der Christianisierung praktizierte, aber lange als heidnisch empfundene Totenmahl. Im *Indiculus superstitionum* werden aber neben den Totenmählern, die vonseiten der kanonischen Legislatur als Totenopfer interpretiert wurden,[39] vor allem die (während der Leichenwäsche gesungenen?) Totenlieder angeprangert, von welchen der *Indiculus* als *de sacrilegio super defunctos id es dadsisas* („Über das Sakrileg an Verstorbenen, d.h. *dadsisas*") spricht; das ansonsten unbekannte Wort *dadsisas* geht wohl auf **dauþa-* („die Toten") und **sisu* („Gesang") zurück. Solche Totengesänge werden schon von Regino von Prüm im 10. Jh. verurteilt und Burchhardt von Worms (um 1000) nennt sie *carmina diabolica*.[40] Es ist aber nie ganz sicher, ob die kirchlichen Autoren die Gesänge während der Begräbnisfeiern nicht mit Liedern zur Totenbeschwörung (dazu s. unten im Kap. VIII über Magie) verwechseln, denn diese Art der Informationsbeschaffung durch Beschwören von Toten, besonders Gehenkter, wird als Teil der schwarzen Magie unter besonders empfindliche Strafen gestellt.

Das Totenmahl zu Ehren des Toten wurde altnordisch als *erfisgerð* bezeichnet und bestand vor allem aus einem (zeremoniellen) Trinken: *drekka erfi*. Die Bezeichnung weist aber auch auf die Erbschaftsfolgen konstituierende Funktion der Totenmähler, aber in den mittelalterlichen literarischen Quellen tritt diese rechtliche Komponente hinter eine soziale zurück: Die Totenmähler scheinen durchaus auch über den formellen Charakter hinaus zu unkontrolliertem Betrinken geführt zu haben, was mit Beispielen für eine überzogene *heitstrenging* („formelles Versprechen, Gelübde") wie in der *Jómsvíkinga saga* 27, die schließlich zum Tod der meisten Anwesenden und zum Ende der Jomswikinger führte, belegt werden kann.

2. Jenseitsvorstellungen der heidnischen Spätzeit

a) Seelenglauben

Alle genannten Begräbnisformen und Grabbräuche gingen offenbar davon aus, dass der Tote im Jenseits oder im Grab eine Art von Existenz weiterführt, die nicht nur ein Sozialsystem kennt mit all seinen Unterschieden und in der Geld und Schmuck eine Rolle spielten, sondern in der auch körperliche Funktionen und Fähigkeiten zu einem gewissen Grad erhalten bleiben, sodass eine Ausstattung mit Nahrungsmitteln ebenso notwendig oder erwünscht war wie Waffen und Werkzeuge.

Für die heidnische Zeit haben wir nur unzureichende Zeugnisse für die konkreten Jenseitserwartungen der Menschen, offenbar waren die Vorstellungen dazu auch wenig konkret. Gerade dies machte das Christentum der heidnischen Religion überlegen, dass es sehr dezidierte und konkrete Angaben zum Verbleib der Seele nach dem Tod machen konnte, und die frühe christliche Skaldendichtung (im 11. Jh.) beschäftigt sich intensiv mit diesem Thema – viel mehr als mit dem Zustand der Seele im Diesseits etwa –, offenbar, weil diese neue Erkenntnis über den idealen Aufenthaltsort (noch) ein Faszinosum darstellte.[41]

Die Vorstellungen über den Verbleib des Toten können wir also vor allem dem Volksglauben entnehmen, wie er in der späteren isländischen Literatur ab dem Hochmittelalter greifbar ist, aber mit den nötigen Abstrichen und unter Berücksichtigung der durch das Christentum verursachten Veränderungen, wie Verdrängung, Dämonisierung und Literarisierung. Gerade bei den altnordischen Seelenvorstellungen haben wir es mit allen drei Sorten der Veränderungen zu tun.

Die offenbar verbreitetste oder am besten in der kollektiven Erinnerung bewahrte Seelenvorstellung war die der Fylgje. Fylgjen (altnord. *fylgja*, pl. *fylgjur*) waren vom Körper des lebenden wie toten Menschen losgelöste Seelenwesen, die in Frauengestalt, selten auch in Tiergestalt, erscheinen können; diese beiden Typen der Fylgjen haben eine etwas unterschiedliche Funktion. Meist sind sie – so in der Verdrängung unserer literarischen Quellen – nur im Traum oder aurasichtigen Menschen sichtbar, nur in Sonderfällen machen sie sich auch normalen, nicht seherisch veranlagten Menschen außerhalb von Träumen sichtbar. Die Fylgjen können zu Lebzeiten des Menschen unabhängig von diesem agieren, ihn auch warnen, beim Tod lösen sie sich von ihm und können etwa auf Verwandte übergehen, aber auch mit dem Menschen selbst sterben.

Die Fylgjen in Frauengestalt sind Schutzgeister einer Person, aber ein herausragender Aspekt ihrer Beschreibungen ist die Familienzugehörigkeit, der sich nicht nur in der erwähnten Übertragbarkeit der Fylgjen, sondern auch in den Bezeichnungen *ættarfylgja* oder *kynfylgja* („Familien-Fylgja") manifestiert.[42] Diese Familienzugehörigkeit sowie die Erscheinungsform als Frau lässt sie in die Nähe der Disen, der vergöttlichten (weiblichen) Ahnen der Familie oder des Ortes rücken (darüber in Kap. IV). Mundal nennt diesen Fylgjentyp geradezu „mater familias", den der Hamingjen (s. u.) sehr nahe steht.[43] Die Fylgjen sind somit etwa zwischen den römischen Schutzgeistern, den Genien, und eigentlichen Seelenwesen anzusiedeln, haben aber daneben offenbar in der Literarisierung Züge der christlichen Schutzengel angenommen; in Sagas werden sie oft mit guten oder bösen Nornen zusammengebracht, Letzteres ist zweifellos eine Art der Dämonisierung. Wenn in einigen Texten wie der *Laxdœla saga* 67 oder der *Víga-Glúms saga* 9 die Fylgje als riesenhafte (Frauen-)Gestalt erscheint, die über einem Fjord schwebt, dann wird damit vielleicht nicht nur Familien-, sondern auch Ortszugehörigkeit dokumentiert; in beiden Fällen spielt sicher der Glaube an die Schutzfunktion von Ahnen eine Rolle. Die in der zweitgenannten Saga dazugehörige (und wohl deutlich ältere) Strophe nennt diese Gestalt eine Dise, die ja – wie die Matronen – deutlichen Bezug zu einem Ort oder einem Gewässer haben konnten.

Die Fylgjen in Tiergestalt sind eher als die in Frauengestalt als Seelenwesen im engeren Sinn aufzufassen, da sie als zweites Ich einer Person agieren und deren Charakter repräsentieren. Dies ist auch in der Wahl des Tieres reflektiert, welches sowohl deren Geisteshaltung (Stier, Fuchs) oder die soziale Stellung (Löwe) markieren konnte. Allerdings sollte gerade die Wahl von Löwen als Fylgjen-Tier vorsichtig machen, denn eine recht alte Vorstellung war dies im Norden sicher nicht, sodass die Frage zu stellen ist, wieweit hier Typisierungen der Äsop'schen Fabeln (Fuchs, Löwe!) in die Sagaliteratur miteingeflossen sind. – Diese Art von Fylgjen sind, wenn überhaupt, nur anderen Personen sichtbar. Wenn eine solche *mannfylgja* ihrem „Träger" oder „Eigentümer" erscheint, dann ist dies (als *dauðafylgja*) das Vorzeichen seines nahen Todes. Fylgjen der Feinde (*óvinarfylgjur*) dagegen sind gefährlich wie der Feind selbst.

Eine schon ursprüngliche Verbindung besteht jedoch wohl zwischen den Fylgjen und den Hamingjen (altnord. *hamingja*, etwa „personifiziertes Glück des Menschen", das aber auch in andere Gestalt schlüpfen kann). Für beide Konzepte sind wir auf die mittelalterliche isländische Prosaliteratur (mit all ihren Schwächen als Quellen angewiesen), denn beide Begriffe werden in der Dichtung so gut wie nie verwendet (nur *hamingja* kommt in der *Vafþrúðnismál* 49 vor, die auch damit nur ihr junges Alter beweist). Somit sind wir für beide dieser Seelenkonzepte auf Quellen aus längst christlicher Zeit angewiesen, die mit äußerster Vorsicht zu verwenden sind und nur als literarisierte Form abergläubischen Volksglaubens zu betrachten sind, weswegen hier auch auf die einzelnen Belegstellen bewusst verzichtet werden soll, da jede für sich nur recht wenig Aussagekraft hat. Immerhin kommen Fylgjen und Hamingjen in der Sagaliteratur ziemlich häufig vor. – Hamingja hat aber daneben noch eine ganz andere Bedeutung in der veränderten Gestalt von Menschen, die sich auf Gestalt-, besonders Tier-Verwandlungen verstanden, und stammt somit vermutlich aus **ham-gengja*, also jemanden, der seinen *hamr* („Gestalt, Hülle; Körper") „gehen" lassen kann. So eine *ham-hleypa* („Hüllen-Läuferin") wird zwar in der hochmittelalterlichen Literatur häufig mit Zauberei in Verbindung gebracht, aber wie weit hier schon christliche Dämonisierung im Spiel ist, kann nur schwer abgeschätzt werden. Auffällig ist aber, dass auch die *hamhleypa* wie die *hamingja* und die *fylgja* weiblich gedacht wurden, sodass in der *hamingja* als „personifiziertes Glück" und als „gestaltwechselnde Hexe" vielleicht nur zwei unterschiedliche Realisationen im Volksglauben schon christlicher Zeit und dann der Literatur vorliegen.

Trotz des Übergangs von Fylgjen und Hamingjur auf andere Personen kann allerdings von einer echten Seele im christlichen Sinn nicht gesprochen werden, geschweige denn von ihrem Weiterleben im Jenseits. Dazu sind noch zwei andere Konzepte des irdischen Fortlebens im altnordischen Glaubensleben anzumerken, nämlich einerseits im Namen und der Familie – weswegen die Namenswahl häufig auch der jeweils vorletzten Generation folgt – und andererseits im Ruhm. Trotz der folgenden, nicht erst in der NS-Zeit überstrapazierten Strophen 76–77 der *Hávamál* ist jedoch das Konzept des Weiterlebens im – erzählbaren und erinnerungswürdigen – Ruhm keineswegs auf den germanischen Raum beschränkt, sondern ist ein allgemeines Phänomen der frühmittelalterlichen, noch überwiegend auf mündliche Überlieferung angewiesenen Gesellschaft Westeuropas.

Deyr fé, deyia frœndr,	Es stirbt das Vieh, es sterben die Verwandten,
deyr siálfr it sama;	man selbst stirbt auch;
enn orðztírr deyr aldregi,	aber guter Wortruhm stirbt nie,
hveim er sér góðan getr.	den sich einer erwirbt.
Deyr fé, deyia frœndr,	Es stirbt das Vieh, es sterben die Verwandten,
deyr siálfr it sama;	man selbst stirbt auch;
ec veit einn at aldri deyr:	aber ich kenn eines, das niemals stirbt:
dómr um dauðan hvern.	die Nachrede eines jeden Toten.

Der Ruhm, der das Nachleben garantiert, muss aber entweder in festen Denkmälern (im Norden sind das die Runensteine) oder durch Erzählungen (Heldenlieder und Sagas) festgemacht sein, um wirksam zu sein. Insofern ist die Sagaschreibung selbst mit ihrer Perpetuierung von Personal- oder Familiengeschichte (der Wahrheitsanspruch spielt hierbei kaum eine Rolle) ein Garant für das Weiterleben von Personen.[44] Egal, wie alt die *Hávamál* in ihrer überlieferten Form auch sein mag, die genannten Strophen waren jedenfalls in der Wikingerzeit so bekannt, dass die *Hákonarmál* 21 schon ein unvollständiges Zitat der Anfangszeile präsentieren konnte, welches offenbar für eine ganze Strophe stehen konnte.[45]

Im jenseitigen Weiterleben spielte jedoch die Seele, egal in welcher Form, keine große Rolle, auch der persönliche Ruhm nicht, sondern der Tote lebte, wenn überhaupt, in sehr physischer Weise fort. Darauf deuten nicht nur die Grabbeigaben, sondern auch die reichen Vorstellungen von den lebenden Toten in der altnordischen Literatur wie im Volksglauben seit dem Mittelalter.

Dass Tote in Bergen und Hügeln weiterleben, wissen wir nicht nur aus der altnordischen Literatur, sondern auch von den Sami, wo die Heiligen Berge (*Sájva-ájmio* oder *Passe-vare*) als der erstrebenswerte Ort des jenseitigen Aufenthalts galten.[46] Im Altnordischen finden sich schon in der *Landnámabók* (*Sturlubók*-Version 69 und 97) und dann in den Sagas (*Njáls saga* 14; *Eyrbyggja saga* 11) etliche Beispiele vom Weiterleben im (Grab-)Hügel. Die Bedeutung der Grabhügel als Begräbnisstätten der (königlichen) Vorfahren war im germanischen Bereich fast ebenso ausgeprägt wie bei den Skythen und nicht nur die Heldensage[47] bestätigt diese Form dynastischer Ahnenverehrung, sondern auch die tatsächlichen Grabanlagen im wikingerzeitlichen Skandinavien, besonders in Jelling und Uppsala, sind sichtbare Zeugen der Vorstellung vom Weiterleben der Ahnen im Hügel. Auch in den anderen germanischen Gebieten (und nicht nur dort) überlebte das Konzept wenigstens in der Saga vom König im Berg. Sowohl Kaiser Friedrich Barbarossa als auch Karl der Große leben der Sage nach im Untersberg, bis sie wieder auferstehen werden, Friedrich II. schläft im Kyffhäuser, Herzog Widukind in einem Hügel an der Weser und König Artus im Cadbury Hill in Südwestengland.

Während das Warten dieser Könige eine Art Dornröschenschlaf darstellt, sind spätmittelalterliche altnordische Texte in ihrer Beschreibung des physischen Lebens von Toten in Grabhügeln wesentlich drastischer. Diese Toten essen, trinken und kämpfen (das sind übrigens ihre Hauptfunktionen auch in den späteren Walhallbeschreibungen), verteidigen ihre Grabgüter gegen Räuber (*Grettis saga* 18; *Gull-Þóris saga* 3) oder attackieren selbst ehemalige Freunde. Ein extremes Beispiel ist Aran in der *Egils saga einhenda* 9, der von seinen

2. Jenseitsvorstellungen der heidnischen Spätzeit

Grabbeigaben zuerst seine Falken und Hunde auffrisst, dann sein Pferd und schließlich seinen Blutsbruder Egil attackiert, dem es erst gelingt, den Toten zu besiegen, nachdem ihm dieser schon beide Ohren abgerissen hat. Derartige Szenen in der Sagaliteratur sind natürlich auch auf Effekthascherei aus, beweisen aber, wie physisch aktiv man sich im Volksglauben die Toten der heidnischen Zeit vorstellte. Diese teilweise durch das Weiterwachsen der Haare und Nägel bei Toten gespeisten Vorstellungen finden sich auch im deutschen Volksglauben der Moderne noch als das Konzept der Nachesser oder Nachzehrer. Hier isst der Tote ebenfalls, was er im Grab findet, z. T. sein eigenes Fleisch, und noch im 17. Jh. berichtete man vom Schmatzen der Toten in den Gräbern, was auf den Versuch der Toten hinwies, andere Menschen ins Grab nachzuziehen.[48] Die letzte Konsequenz dieses Glaubens ist der Vampirismus, in dem der Tote das Grab verlässt, um an das Blut (= Leben) der Lebenden zu gelangen; dieser letzte Schritt ist in der mittelalterlichen isländischen Literatur in der drastischsten Ausformung des lebenden Toten realisiert, in der Form des *draugr*. Der Unterschied zwischen Nachzehrer und *draugr* ist vor allem, dass Letzterer sein Grab verlässt und als Wiedergänger „umgeht" und Schaden stiftet, wenn auch nicht – wie der Vampir – Blut saugt. Das Wort ist zwar nicht mit Sicherheit für die heidnische Zeit zu belegen, aber das Konzept ist nach Auskunft der Etymologie (zu idg. **dreugh-*, „schädlich") schon alt, sodass wir nicht nur in literarischen Schilderungen des 13. Jh.s (s. unten), sondern schon in apotropäischen (magisch-abwehrenden) Handlungen zum Schutz der Lebenden vor den umgehenden Toten in der Eisenzeit und Völkerwanderungszeit verwandte Vorstellungen finden. Etliche Moorleichen aus der Eisenzeit wurden nach dem Versenken mit Steinen und Knüppeln beschwert, einige sogar mit hölzernen Haken an mehreren Stellen sicher verankert, wovon das extremste Beispiel die 1835 in Haraldskjær (Jütland) entdeckte weibliche Moorleiche ist, welche in der öffentlichen Meinung auch rasch als Hexe gedeutet wurde.[49] Andere derartige Maßnahmen wurden mit Hilfe des Runenzaubers unternommen, da man fluchartige Runeninschriften auf der Innenseite eines Grabes kaum anders sinnvoll deuten kann; hierzu wird üblicherweise die Steinplatte von Eggja (Westnorwegen, um 700) gezählt, die auf der Unterseite der Grabplatte der (bei der Entdeckung leeren) Grabkiste eine schwer lesbare und schwer deutbare Runeninschrift aufweist, die vielleicht den hier Begrabenen am Wieder-gehen hindern sollte, aber sicherlich magischer Natur war (die erste Zeile weist etwa darauf hin, dass die Ritzung nicht bei Sonnenlicht und nicht mit Eisen vorgenommen werden sollte oder wurde).[50]

Die Furcht vor den Toten war offenbar nicht erst in der spätheidnischen Zeit, sondern schon in der Eisenzeit ein dominanter Aspekt des Totenglaubens, und im Gegensatz zu den am/im Grabhügel abgehaltenen Kultfeiern der Gemeinschaft der Lebenden und Toten scheint spätestens seit dem Beginn der Eisenzeit ein wesentliches Element des Totenkults die Besänftigung der Toten zu sein. Der Ahnenkult und die damit wohl eng verwandten Opfer an Alben (und Disen?) an (Grab-)Hügeln können wenigstens teilweise mit der Beschwichtigung der Geister der Verstorbenen erklärt werden, obwohl sie in erster Linie natürlich dazu dienten, sich des kontinuierlichen Schutzes der Vorfahren zu versichern. Ähnliche Vorstellungen waren in der Wikingerzeit auch unter Finnen und Sami verbreitet.

Wiedergänger waren aber auch in der an Totenfurcht reichen Wikingerzeit nur Ausnahmefälle und nicht selten die jenseitige Realisation einer auch schon im Diesseits schwierigen Person (oder, in Relation zur Mehrheitsreligion, ungläubigen Person). Diese fallen somit aus der Ahnenverehrung heraus, haben keinen Anteil am Respekt der Lebenden für die Toten und mussten zumindest isoliert, im Notfall völlig physisch vernichtet werden. Das konnte einerseits wohl durch apotropäische (Unheil abwehrende) Maßnahmen geschehen wie das Versenken, Verankern und Beschweren der Leichen im Moor, durch Magie wie im genannten Runenzauber, durch Pfählen (literarisch in der *Eiríks saga rauða* im 13. Jh., historisch allerdings erst 1336 in Böhmen und somit für den slawischen Raum belegt) und als letzte Maßnahme durch das Verbrennen des Leichnams und Verstreuen der Asche geschehen. Dem geht ein Ritual voraus, nach welchem der Wiedergänger zuerst geköpft, sein Kopf zum Becken gelegt und er schließlich verbrannt wird. Diese letzte Maßnahme ist schon in der Sagaliteratur des 13. Jh.s häufig erwähnt (*Grettis saga* 35; *Eyrbyggja saga* 63; nur Verbrennung: *Eiríks saga rauða* 6; *Laxdoela saga* 24) und diente – wie später im Volksglauben das Abstechen des Kopfes vom Leib einer Leiche – als deren „vollständigere" Tötung. Ein geköpfter Leichnam, dessen Kopf zwischen seinen Beinen bestattet (nicht verbrannt wurde) ist für Dänemark noch um 1030/1040, also in längst christlicher Zeit, in den beim Tissø/Westseeland gefundenen Gräbern archäologisch greifbar. Dass diese Toten (wie etliche der Moorleichen, s. oben Kap. II) körperliche Behinderungen aufwiesen, bestätigt nur, dass man von Behinderten, Hingerichteten und auf unnatürliche Weise Verstorbenen (Selbstmörder, Seuchenopfer) eher annahm, sie könnten zu Wiedergängern werden. Man hat jüngst allerdings mit Recht darauf verwiesen, dass gerade solche Toten oft nur sehr mangelhafte und seichte Gräber bekamen und daher auch aus rein physischen Gründen eher zum „Wiedergehen" neigen als andere, sorgsam bestattete Tote.[51]

Das zwar aufwendige und rohstoffintensive Verbrennen (vollständiges Verbrennen einer menschlichen Leiche benötigt über 20 Kubikmeter Holz)[52] war aber neben der vollständigen Vernichtung des schädlichen Toten einerseits sicherlich auch ein Rückgriff auf die heidnische Sitte der Brandbestattung, andererseits auf die Läuterung ihrer Seele durch ein Feuer (wie in den christlichen Purgatoriumsvorstellungen ab dem 12. Jh. weit verbreitet).[53] Die Furcht vor den Toten war es wohl auch, die in Island den Übergang zur Bestattung der Toten in der geweihten Erde der Friedhöfe statt den Familiengrabplätzen in der Nähe der Höfe stark beschleunigte; in Grönland musste man mangels Friedhöfen die Toten vorerst pfählen, bis ein kirchliches Begräbnis vorgenommen werden konnte (*Eiríks saga rauða* 6). Einzelne sicher noch heidnische Begräbnisbräuche, etwa das Verschließen von Nase, Mund und Augen des Toten (*nábjargir*) oder das Vermeiden des Heraustragens von Toten über die Schwelle des Hauses, sind ebenfalls als Vorbeugungsmaßnahmen gegen die Wiederkehr des Toten zu interpretieren.

Die lebenden Toten, nicht nur als besonders schädliche *draugar*, die nächtens die Lebenden bedrohen, führten mit den Vorstellungen der um die lebenden besorgten Ahnen zu einem Gespensterglauben, wie wir ihn bis in die heutige Zeit kennen. Trotz der Hinweise auf eine Ahnenverehrung weisen alle diese Konzepte in erster Linie auf eine Furcht der Lebenden vor den Toten hin, die zwar nicht erst germanisch ist, aber jedenfalls erst durch die

Einzelgrabkultur der Bronzezeit dokumentiert ist. Die immer wieder neu belegten, begangenen und zu Feiern verwendeten Sippengräber der Megalithkultur kennen eine solche Furcht vor den Toten jedenfalls noch nicht. Seit der Christianisierung sollte diese Furcht vor den Toten eigentlich aufgehoben sein, und die (Mess-)Feiern an den Gräbern der Verstorbenen in den Katakomben der frühchristlichen Jh.e belegen eindrücklich die vom Christentum postulierte „Gemeinschaft der Lebenden und der Toten". Im germanischen Raum jedoch (wie auch im slawischen und teilweise im keltischen) hat das Christentum den germanischen Volksglauben nicht überwinden können. Gespenstergeschichten und die ganze „gotische" Schauerliteratur belegen für die Moderne bis heute eine Geisteshaltung, die den altnordischen Geschichten von den im Grabhügel lebenden Toten näher steht als dem christlichen Ideal, das sich allenfalls in der monastischen Kultur, aber nicht im Volksglauben durchgesetzt hat. Eine Sonderform des Geisterglaubens hat sich in Island erhalten, wo der heutige isländische Volksglauben an *alfar* durchwegs mit den Geistern Verstorbener erklärt wird, aber im Gegensatz zum sonstigen Gespensterglauben der germanischen Welt weitgehend ohne sinistren Beigeschmack bleibt.

b) Totenreiche

Die älteste Vorstellung von einem Aufenthaltsort der Toten war zweifellos die vom Weiterleben im Grab bzw. Grabhügel, und diese schon oben besprochene Vorstellung hat sich auch neben allen andern vor allem in den Legenden von den im Berge wartenden toten Königen erhalten. In der mittelalterlichen isländischen Literatur werden Szenen geschildert, in denen die Toten gemeinsam beim Feiern in ihren Grabhügeln vorgeführt werden (*Gisla saga* 11, *Eyrbyggja saga* 11, *Njáls saga* 14). Ob auch das häufige Motiv von den im Berge Feste feiernden Riesen hierher gehört,[54] ist eher anzuzweifeln, dagegen gehen die diversen in Bergen und Hügeln wohnenden Wesen der niederen Mythologie (Disen, Alben, Zwerge?) wohl alle auf verschiedene Formen (und religionsgeschichtliche Ebenen) der Ahnenverehrung zurück. Hierzu gehören auch vereinzelt belegte Opfer an die Toten. Zwar ist der *Þorvalds þáttr víðfǫrla* ein junger Text, er zeigt aber, in welcher Weise man sich die Relation zwischen verehrten Toten und Lebenden noch im Hochmittelalter vorstellen konnte (*Þorvalds þáttr víðfǫrla* 2):

„Ich habe einen *spámann*, der mir große Dienste erweist. Er sagt mir viel ungeschehene Dinge voraus, er behütet mein Vieh und berät mich, was ich fortführen und wovor ich mich hüten soll, und darum habe ich großes Vertrauen auf ihn und habe ihn lange verehrt."[55]

Diese Art von Schutzfunktion der toten Ahnen mag sich zur Disenvorstellung einerseits (vgl. Kap. III.2), zu diversen Gruppen niederer mythologischer Wesen, aber besonders der Alben andererseits (vgl. oben Kap. V) entwickelt haben. Ob dagegen der *hǫrgr* auf Grabhügel als Kultstätte zurückgeht, muss offen bleiben[56], aber ein Bezug zwischen Grabhügeln und Fruchtbarkeitskulten ist nachzuweisen (vgl. oben Kap. VI.4), besonders dort, wo im Leben glückhafte Könige noch nach dem Tode verehrt wurden, weil nach altskandinavischer Vorstellung der König für die Fruchtbarkeit des Landes verantwortlich ist und diese Aufgabe mit seinem Tod nicht beendet ist.

Das in der altnordischen Literatur wohl am weitesten verbreitete Konzept des Totenreiches war das von Hel, in welches alle an Land, an Krankheit oder Altersschwäche Verstorbenen eingehen (dagegen kommen die Gefallenen zu Odin nach Walhall, die Ertrunkenen ins Reich der Ran, s. unten). Die gleichnamige Göttin Hel ist wohl erst als sekundäre Personifikation des Totenreiches zu verstehen, obwohl schon die ältesten mythologischen Eddalieder wie die *Vǫluspá* (43, vielleicht auch 51) diese Personifikation zu verwenden scheinen. Hel ist zwar mit ags. *hell* und dt. Hölle etymologisch verwandt, aber dennoch von der Vorstellung her abweichend, da Hel kein Strafort im christlichen Sinn für die Seelen der Sünder ist, sondern vielmehr ein ganz neutraler Aufenthaltsort für die Menschen und auch Götter; selbst der unschuldig getötete Gott Balder kommt nach Hel. So heißt *fara til Heljar* „nach Hel fahren" und haben zahlreiche verwandte Ausdrücke einfach die Bedeutung von „sterben", nicht etwa „in die Hölle kommen". Diese Phrasen sind in der ganzen Eddadichtung äußerst verbreitet, in der Skaldendichtung nicht so sehr, dennoch können wir davon ausgehen, dass diese und ähnlich Phrasen schon in der Wikingerzeit geläufig waren. Nur am Rande sei erwähnt, dass ein anderer Ausdruck, „jemanden mögen die Trolle holen", ebenfalls eine Verfluchung oder einen Todeswunsch darstellte, ebenso wie „etwas den Trollen geben" bedeutete „es wegwerfen, vernichten". Die Reise zu den Trollen ist also ebenfalls eine auf Nimmerwiederkehr, obwohl diese gar keine Beziehung zu einem der Totenreiche haben. – Das Totenreich Hel war auf Grund des geläufigen Ausdrucks offenbar auch nicht sonderlich heidnisch belastet, denn sonst hätte König Olaf Haraldsson (der spätere hl. Olaf) als dezidert christlicher Streiter seine Streitaxt kaum Hel genannt, die dann noch sein ebenso christlicher Sohn Magnus verwendete (*Heimskringla*, *Óláfs saga helga* 265).

Dass Hel keine Hölle, sondern einfach ein Schattenreich ist, belegt aber schon eine viel ältere Stelle bei Widukind aus dem 10. Jh., als er nach dem Sieg der Sachsen über die Franken im Jahre 915 rhetorisch fragt: „Wo gibt es eine so große Hölle" (*tantus ille infernus*), „die so viele Erschlagene aufnehmen könnte?" (Widukind: *Res Gestae Saxonicae* I, 23), da wir nicht annehmen dürfen, gerade die Franken kämen samt und sonders in die Hölle.

In den Eddaliedern wird Hel literarisch ausgeschmückt, wobei hier Elemente der christlichen Jenseitsvisionen eingeflossen sein können. Allerdings mögen auch durchaus eigene Ausgestaltungen eingeflossen sein, bei den waffenführenden Jenseitsflüssen Slíðr (*Vǫluspá* 36) und Geirvimull (*Grímnismál* 27) etwa wäre beides denkbar. Auch Saxo erwähnt einen (ungenannten) waffenführenden Jenseitsfluss mit Jenseitsbrücke nach Hel (*Gesta Danorum* I, 31), die ganze Schilderung ist jedoch ebenfalls deutlich von der christlichen Jenseitsliteratur ebenso wie von Elementen der Walhallvorstellungen geprägt. Die bei Saxo (wie in den christlichen Visionen) zu findende Jenseitsmauer findet sich in späten Eddaliedern als Zaun Nágrindr (*Skírnismál* 35, *Lokasenna* 63) oder Valgrindr (*Grímnismál* 22), nur bei Snorri heißt sie Helgrindr (*Gylfaginning* 48). Für die Jenseitsbrücke findet sich vor Saxo und Snorri kein Beleg, und nur Snorri nennt sie Gjallarbrú, wie die anderen genannten Namen sprechend und somit wohl erst von Snorri erfunden. Obwohl die christlichen Jenseitsvisionen die Helvorstellungen schon sehr bald nach, wenn nicht sogar vor der Christianisierung beeinflusst haben dürften, wird man die intensivsten Einflüsse doch wohl erst ab dem 12. Jh. suchen dürfen, als die Visionsliteratur ihren Höhepunkt erlebte und nicht nur in ganz Europa, sondern auch in Skandinavien diese Visionen in die Volkssprachen übertragen wurden und zahlreiche neue entstanden. Alle unsere Quellen zur Vorstellung von Hel sind also von christlichen Jenseitsschilderungen mitgeprägt, dazu kommen dann ab dem 12. Jh. wohl auch noch die klassischen Quellen, da Hel der antiken Vorstellung vom Hades als Schattenreich schon konzeptuell nahe stand, weswegen wir dann vielleicht auch Elemente wie einen dem griechischen Cerberus entsprechenden Höllenhund in den *Baldrs draumar* 3 u. 4 vorfinden.

Snorri dagegen, bei dem sich die ausführlichste Schilderung des Jenseitsreiches Hel findet (*Gylfaginning* 33), geht weit über diese inhaltlichen Beeinflussungen hinaus und kreiert mit Hilfe zahlreicher neu geschaffener Namen ein Totenreich, das einer christlichen Hölle viel näher steht als dem germanischen Schattenreich und damit fast nichts mehr mit den heidnischen Vorstellungen zu tun hat. Als Beispiel mag dienen, dass Snorri den aus der *Vǫluspá* Str. 66 bekannten Drachen Niðhǫggr zu einem nagenden Höllenwurm christlicher Höllenvorstellungen umdeutet. Jedenfalls kann man sicher sein, dass Konzepte und Phrasen wie das von Hvergelmir: *ar kvelr Niðhǫggr nái framgengna* („Dort quält Niðhǫggr die Körper der Verstorbenen", *Gylfaginning* 51) eindeutig christlicher Herkunft sind, möglicherweise zitiert Snorri hier sogar schon einen christlichen Skalden. Auch sonst lehnt Snorri sich in der Wortwahl an die Bibel an: Wenn er Hel so beschreibt: „Hunger heißt ihr Teller, Hungersnot ihr Messer, [...], Krankenlager ihr Bett", dann weist dies auf den alttestamentarischen Stil, vgl. Isaias 11,5: „Gerechtigkeit ist sein Gürtel, Treue sein Rock."

Der etymologische Hintergrund Hels ist trotz aller Unterschiede zu den überlieferten Vorstellungen von den Toten im Berge ebenso im Grabhügel zu suchen: got. *halja*, ags. *hell*, ahd. *hella* („Hölle") sind wie air. *cuile* („Keller") zum Verbum ahd. *helan* („verhehlen, verbergen") zu stellen.

Ganz anderer Natur ist die nordische Walhallavorstellung, die in den südgermanischen Raum erst in der Neuzeit übertragen wurde. Altnord. *Valhǫll* bedeutet „Halle der Gefallenen" (höchstwahrscheinlich zu altnord. *hǫll*, „Halle", nicht *hallr*, „Felsen") und war ursprünglich der Jenseitsort, an den die auf dem Schlachtfeld gefallenen Toten (von den Walküren) geführt wurden, entspricht in historischem Sinn also eher dem Massengrab nach der Schlacht als dem Familiengrab im Hügel. In den literarischen Quellen ist Walhalla in erster Linie der Wohnort Odins in Asgard, wo er gefallene Krieger um sich sammelt.

Walhalla wurde zwar ebenfalls zusehends ausgeschmückt, die wesentlichen Elemente gehen hierbei aber schon auf die heidnische Zeit zurück, wie uns eine Reihe von Skaldengedichten des 9. und 10. Jh.s bestätigen. Die älteste kurze Anspielung findet sich in der *Haraldskvæði* (auch *Hrafnsmál*) des Þórbjörn Hornklofi vom Ende des 9. Jh.s mit der Erwähnung einer schildgedeckten Halle, aber schon zwei Gedichte des 10. Jh.s präsentieren ein wesentlich komplexeres Bild und auch den Namen Valhǫll. Das ältere von beiden ist das anonym überlieferte Gedicht *Eiríksmál* aus der Zeit nach 954, eine fragmentarische Totenklage auf König Eirik Blutaxt, welche die Aufnahme Eiriks in Walhall beschreiben.[57]

Die *Hákonarmál* sind ein vom Skalden Eyvindr skáldaspillir auf den norwegischen König Hákon góði Aðalsteinsfostri nach dessen Tod (um 960) verfasstes Gedicht, das sich deutlich an die ja nur wenig älteren *Eiríksmál* anlehnt und in erster Linie Hákons Aufnahme in Walhall beschreibt, aber auch eine Art Endzeitstimmung heraufbeschwört, in der er nostalgisch die heidnische Zeit mit der schlechten christlichen Zeit unter den christlichen Eirikssöhnen vergleicht. Man hat Vermutungen darüber angestellt, warum die beiden Gedichte ein sehr unterschiedliches Walhallbild präsentieren,[58] wobei das Bild der *Hákonarmál* nicht einmal in sich selbst stimmig ist und konservativer zu sein scheint: Hier wählen noch die Walküren die Toten am Schlachtfeld, Hakon steht in blutiger Rüstung vor dem Eingang Walhalls, die Helden Hermóðr und Bragi gehen ihm entgegen, und er spricht ausdrücklich davon, Angst vor Odin zu haben (Str. 15). Die *Eiríksmál* dagegen, die durchwegs in Walhall spielen, kennen die Walküren als Mundschenke, der Einzug Eiríks ist prunkvoll und optimistisch, er wird von zwei nur aus der Heldensage (und nicht der Mythologie) bekannten Helden begrüßt. Eine Entwicklung des Walhallbildes ist bei dem geringen zeitlichen Abstand kaum anzunehmen, also wird man unterschiedliche lokale Traditionen (*Eiríksmál*: dänisch, *Hákonarmál*: norwegisch) oder auch unterschiedliche Einstellungen zu Odin annehmen müssen. Ein Anzeichen dafür mag sein, dass die *Eiríksmál* Odin wiederholt ansprechen, die *Hákonarmál* Odin aber nur negativ konnotieren und dafür sonst nur das Kollektiv der Götter erwähnen.

Grundelemente der Vorstellung von Walhall als Kriegerparadies finden sich also schon in diesen Skaldengedichten der heidnischen Zeit, ein komplettes Bild dieses wikingerzeitlichen Paradieses aber bieten erst die eddischen *Grímnismál* in späteren Jahrhunderten, aus denen dann auch Snorri seine Beschreibung (*Gylfaginning* 37–40) schöpft. *Grímnismál* (8–10 u. 18–26) beschreibt, dass Valhöll in Asgard liegt, dass die Halle mit Speeren und Schilden gedeckt ist und Brünnen auf den Sitzbänken herumliegen; ein Wolf hängt vor der Tür, über der ein Adler schwebt (Str. 8–10). In Strophe 18 bis 26 wird die Beschreibung von Odins Götterwohnung fortgesetzt, erst hier ist vom Eber Sæhrímnir die Rede, den der Koch Audhrímnir im Kessel Eldhrímnir für die Einherjer, die Gefallenen Krieger, zubereitet. Sie trinken Met, der aus dem Euter der Ziege Heiðrun fließt. In den *Vafþrúðnismál* 41 wird ergänzt, dass sie den ganzen Tag kämpfen, aber am Abend wieder aufstehen und zusammen trinken. Blasser ist die Schilderung bei Saxo (*Gesta Danorum* VIII, 264), der aber immerhin von einem Ritt des toten Königs Harald in die Unterwelt und einem Gott dieser Unterwelt weiß (den er Pluto nennt, wohl aber Odin meint), der den in der Schlacht Gefallenen dort einen friedlichen Aufenthaltsort gewähren kann, und zwar Feinden wie Freunden gleichermaßen. – Interessant ist die Idee des *Grímnismál*-Verfassers (22 f.), dass Walhalla 540 Tore habe, und zu den Ragnarök aus jedem davon 800 Krieger ausziehen würden, um die Götter in ihrem Kampf gegen die Mächte Utgards zu unterstützen. Dieses Bild von Walhalla in den *Grímnismál* hatte Magnus Olsen dazu gebracht, darin eine Reminiszenz an die Erfahrungen eines skandinavischen Romreisenden zu sehen, der an das Kolosseum gedacht habe[59] – allerdings war im 11. und 12. Jh. diese Tradition in Rom wohl auf dem absoluten Tiefpunkt angelangt und daher besser aus der antiken Literatur als aus der eigenen Anschauung zu beziehen.

Abb. 25: Weibliche Personifizierung der Wellen, eine Frühform der Vorstellung von Ran? Von einem Riemenbeschlag aus Solberga, Askeby, Östergötland, Schweden, um 700.

Wenn auch die mittelalterlichen Beschreibungen durch christliche Paradiesesvorstellungen mitgeprägt waren,[60] so war Walhalla als Konzept des (ruhmvollen) Nachlebens in der spätheidnischen Zeit doch so verbreitet, dass wir auch davon ausgehen können, dass die oberste, die Zukunft betreffende Szene der gotländischen Bildsteine Bilddarstellungen von Walhalla repräsentierten. Ikonographische Elemente dieser Darstellung wären dann die Ankunft des Toten im Totenreich (zu Pferde), der Eingang einer Halle, Frauen mit Trinkhörnern (?) und Schlachtenszenen (?),[61] daneben finden sich aber auf derartigen Szenen auch andere Frauen- Männer- und sogar Tiergestalten (vgl. den Runenstein von Alskog/Tjängvide auf Gotland), die wir nicht deuten können und die eine Interpretation als Walhalla unsicher machen.

Ein letztes, und auch deutlich weniger ausgestaltetes Totenreich ist das der Ran, in welches alle Ertrunkenen kommen. Die altnord. *Rán* oder *Rǫn* (wohl zu *rán*, „Raub") ist in der mythologischen Eddadichtung gar nicht, in der vorchristlichen Skaldendichtung nur selten zu belegen (nur bei Egill, *Sonatorrek* 7 und in einer unsicheren *Lausavísa* des Hallfreðr vandræðaskáld). Diese Belege geben wenig Auskunft, aber wenigstens die Stelle bei Egill scheint zu bestätigen, dass „in Rans Hände fallen" schon in der heidnischen Zeit ein

Synonym für „ertrinken" war, was in der Sagaliteratur dann verbreiteter wird (vgl. *Friðþjófs saga* 6). In der Heldendichtung, aus der Snorri seine Belege schöpft (vgl. *Gylfaginning* 31 und *Reginsmál* Pr) wird sie zur Frau des Meeresriesen Ægir und somit zur Mutter von Ægirs Töchtern, den Wellen. Es dürfte sich also bei Ran nur um eine recht späte, im Heidentum auch kaum recht verbreitete Personifizierung der sinistren Seite des Meeres handeln, während Ægir den benevolenten Aspekt verkörperte. Dass Snorri Ran bei den Göttinnen anführt (vgl. Kap. IV), geht nur auf sein Bemühen zurück, wie bei Ægir oder Hel alle derartigen mythologischen Gestalten, die nicht ausdrücklich zu anderen Geschlechtern der niederen Mythologie zuzuordnen waren, als Götter zu bezeichnen. Noch ahistorischer ist der Versuch der in religionsgeschichtlichen Fragen ohnehin notorisch unverlässlichen *Eyrbyggja saga* 54, das Erscheinen einer Gruppe soeben Ertrunkener vor den Augen der Lebenden (bzw. ihre Teilnahme an ihrem eigenen Totenmahl) als Zeichen für die Zustimmung der Meeresgöttin zur Aufnahme dieser Ertrunkenen zu stilisieren. Immerhin wird man ähnliche Vorstellungen im isländischen Hochmittelalter gehabt haben, da auch in anderen Sagas Ertrunkene mitweilen mit triefenden Kleidern und Seetang im Haar vor den Lebenden erscheinen, um damit ihren Zustand zu manifestieren. Mit Ran wird dies sonst aber nicht in Verbindung gebracht, und somit dürfte die Vorstellung einer Göttin des Reiches der Ertrunkenen mit diesem Namen recht jung sein, auch wenn man sich die Ertrunkenen in einem nassen unterseeischen Reich wohnend vorgestellt haben mag.

Insgesamt ist festzuhalten, dass es in der heidnischen Spätzeit keine einheitlichen, geschweige denn kanonisierten Vorstellungen vom Nachleben nach dem Tode gab. Die diversen genannten Totenreiche sind Produkt einer Kultur, die sowohl verschiedene, ursprünglich unabhängige Konzepte mehr oder weniger zu integrieren versuchte, sowie eines Synkretismus, in dem nicht nur christliche, sondern vielleicht auch noch keltische, slawische und andere Elemente miteinflossen.[62] Umso leichter fiel es dem Christentum, gerade auf diesem existentiellen Bereich menschlicher Fragen den heidnischen Religionen des Nordens eine in ihrer Klarheit befriedigende und in der Aussage hoffnungsvolle Antwort zu geben.

VIII. Magie und Zauber

Magie ist der Versuch des Menschen, sich das Übernatürliche dienstbar zu machen, und zwar mit Hilfe von Praktiken, denen ein gewisses mechanistisches Denkschema zugrunde liegt.[1] Die frühesten christlichen Gesetze in den germanischen Bereichen unterschieden sehr sorgfältig zwischen zwei Arten von Magie, nämlich der sog. weißen und der schwarzen Magie, wobei die Kirchenstrafen für Letztere ungleich höher waren als für die erste Gruppe.

Ebenfalls aus christlicher Sicht, hier aber schon aus historisch-gelehrter Perspektive des Hochmittelalters, stellt Snorri Sturluson in der *Ynglinga saga* 7 einen Überblick über die potentiellen Anwendungen der Magie zusammen, indem er die magischen Fertigkeiten Odins aufzählt: Odin konnte seine Gestalt verändern, sich in Tiere verwandeln und so weit entfernte Länder erreichen; er konnte mit Worten allein Feuer schlagen und das Meer beruhigen und den Wind in jede Richtung schralen lassen; er konnte durch Mímirs Haupt oder Totenerweckung Informationen aus anderen Welten, und durch seine Raben Nachrichten aus der Ferne erhalten. Alle diese Zauberkünste erreichte er durch Zaubersprüche (*galdrar*). Daneben beherrschte er aber auch noch die Zauberkunst

„[…] die *seiðr* heißt, und damit konnte er das Schicksal der Menschen und zukünftige Dinge erfahren, auch Menschen den Tod oder Unglück oder Krankheit bringen, und Menschen ihren Verstand oder ihre Kraft rauben und sie anderen geben."

Der Begriff *seiðr* steht hier offenbar für „Schwarzkunst", dazu wird dann im Anschluss noch erwähnt, dass Odin auch die verborgenen Schätze unter der Erde kannte und die „Lieder" (*ljóð*) beherrschte, welche ihm die Erde, Berge und Hügel auftaten, um an sie zu gelangen. Dabei bleibt offen, ob diese letztere Kunst auch zur schwarzen Magie zu zählen ist oder einen eigenen Bereich der Magie repräsentieren soll.

1. Weiße Magie

Zur weißen Magie gehörten vor allem die Weissagung der Zukunft, die Astrologie, Fruchtbarkeits- und Wetterzauber sowie Formen des Heils- und Gesundheitszaubers, wie es sich u. a. im Amulettgebrauch manifestiert. Solche Formen des Zaubers, die nicht immer mit Gewissheit von der Volksmedizin zu unterscheiden sind (und im Falle des Amulettgebrauchs *sine incantatione* [„ohne Zaubergesang"] selbst von den kirchlichen Bußbüchern zugelassen wurden)[2], waren in den ältesten germanischen Rechten nicht verboten, da dort nur der durch Zauberei entstandene Schaden, nicht aber die Tatsache der Zauberei selbst geahndet wurde.[3] Die frühen skandinavischen Rechte, deren Aufzeichnungszeit in die aktivste Phase des Christianisierungsprozesses um 1100 fällt, bedrohen aber bereits jede Art von Zauberei mit Strafen, allerdings in abgestufter Form.

Die verbreitetste, aber wohl auch harmloseste Form des Zaubers war nach Auskunft unserer Quellen die Weissagung (lat. *divinatio, augurium*; altnord. *spá*). Sie wird in Rechtstexten des kontinentalen Frühmittelalter ebenso verurteilt wie im fränkischen *Indiculus superstitionum* und in den kirchlichen Bußbüchern, wobei diese Texte vielfach voneinander abhängen und daher nur beschränkten Quellenwert für tatsächliche Praktiken bei den Germanen hatten, da sie mehr auf spätantiken Weissagebräuchen beruhten als auf Beobachtungen bei den germanischen Stämmen. Beachtenswert sind in derartigen Aufzählungen aber jene Aussagen, die über die parallelen Traditionen hinausgehen, wie die Bemerkung im *Indiculus superstitionum* I, 13: *De auguriis vel avium vel equarum vel bovum stercora vel stenutationes* („Über die Voraussagen aus den Vögeln, Pferden, Rinderkot und dem Niesen"), wobei die Vorhersage aus Rinderkot sonst unbelegt ist, die aus dem Niesen zwar auch andernorts erwähnt, aber nirgends im germanischen Kontext erklärt wird.[4] Allerdings hat das Niesen von der Antike bis in den neueren deutschen Volksglauben einen Aspekt der Vorbedeutung.[5] Während die Vorhersage aus dem Verhalten (oder den Stimmen?) von Vögeln und Pferden auch andernorts bekannt ist, aber wegen der antiken Vorbilder als fragwürdig gelten muss,[6] sind diese beiden für die Germanen ausgefallenen Belege immerhin beachtenswert, ebenso die in Kapitel I, 17 erwähnten Beobachtungen des Herdfeuers als Vorzeichen: *De observatione paganorum in foco vel in inchoatione rei alicuius*. Einen weiteren interessanten Beleg über Divination am häuslichen Herd finden wir bei Burchhard von Worms (um das Jahr 1000):

„Hast du es wie viele getan, die einen Raum ausfegen, wo sie ein Feuer in ihrem Haus anzünden, und Gerstenkörner auf eine heiße Stelle legen: Wenn die Körner springen, ist es gefährlich, wenn die Körner liegen bleiben, ist es gut. Wenn du das getan hast, sollst du 10 Tage bei Brot und Wasser büßen."[7]

Burchhard erweist sich zwar in seinem *Liber decretorum*, einem ausführlichen Poenitentiale, als geradezu besessener Sammler von Übertretungen kirchlicher und göttlicher Gebote (in dieser Reihenfolge), die oft genug recht phantasievoller Natur sind, aber über derartige Bräuche kann er gut vom Landklerus unterrichtet worden sein.

Im England des 10. Jh.s unterscheidet Ælfric in seiner Homilie *De Auguriis* auffällig genau zwischen zwei Arten der Weissagung, die von Christen wie Heiden praktiziert wurden, nämlich einerseits Divination *mid ðæs deofles cræfte* („mit der Kraft des Teufels"), andererseits Weissagung *on worold-ðingum butan wicce-cræfte* („in Weltdingen ohne Hexenkraft"). Mit Ersterer ist offenbar die magische Weissagung im heidnischen Sinn und unter Anwendung zauberischer Praktiken (*wiglung*, „Zauberei") gemeint, im zweiten Fall abergläubische Bräuche zur „Hinweisung" (*wissung*), wofür er ein erhellendes Beispiel gibt: *þæt him deme seota gif hi hwæt dælan willað* („wenn er sich Weiden zuweist, wenn sie etwas teilen wollen"), was etwa dem heutigen Ziehen von Strohhalmen oder dem Aufwerfen von Münzen entspricht.

In altnordischen Quellen weicht die Wahrsagepraktik offenbar von den im *Indiculus* für den fränkischen oder sächsischen Raum genannten Formen der Divination ab. Im Norden wurde vor allem die *útiseta* („Draußensitzen") für die einfache Voraussage ebenso praktiziert als auch für Formen des Totenzaubers, der zwar ebenfalls der Weissagung diente, aber eine schwerere Form der schwarzen Magie darstellte. Das nächtliche Draußensitzen diente jedenfalls dem Zweck, mit jenseitigen Mächten, darunter bestimmten Toten, in Kontakt zu treten, was nur abseits menschlicher Behausungen geschehen konnte. Wenn *Gulaþingslög* 32 von einer *útiseta at vekja troll upp*, dem „Draußensitzen, um Trolle aufzuerwecken" spricht, dann mag darin schon eine christliche Dämonisierung versteckt sein. Eine in etwa der *útiseta* entsprechende Form der Divination ist allerdings auch schon um 1000 Burchhard von Worms bekannt, wenn er fragt: *vel in bivio sedisti supra taurinam cutem, ut et ibi futura tibi intelligeres?* („oder hast du am Kreuzweg auf einer Stierhaut gesessen, um so dort deine Zukunft zu erfahren?").[8] Während das Sitzen am Kreuzweg der nordischen *útiseta* entspricht, ist dort in den Gesetzen (die genannte Stelle der *Gulaþingslög* stellt die *útiseta* unter Strafe) von einer Stierhaut jedenfalls nicht die Rede, aber noch eine Wundererzählung in der (ab dem 12. Jh. jedoch nach lateinischen Quellen entstandene) isländischen *Maríu saga* erwähnt die Verwendung einer blutigen Ochsenhaut in einem Wahrsagezauber mit Teufelsbeschwörung: *lætr ú ar breiða niðr uxahúð blóðga, ok sezt ar yfir ofan sialfr* („Da lass eine blutige Ochsenhaut ausbreiten und setze dich selbst darauf").[9]

Allgemeiner wird im Norden Weissagung mit *spá* wiedergegeben, *spámaðr* und *spákona* bezeichen sowohl Personen mit seherischen Fähigkeiten als auch Zauberer und Hexen, vor allem in den hochmittelalterlichen Quellen, die aber schon die christliche negative Einstellung zur Prophezeiung spiegeln. Eine Seherin namens Þuriðr spákona (s. unten) gehört ebenfalls schon zu den rein literarischen Schöpfungen.

In gleicher Weise wie das Opfer an heidnische Wesen, der Glaube und das Opfer an Felsen, wurde auch Zauber (*galdr og fjǫlkyngi*) mit einer niedrigeren Strafe belegt, während Hexerei die Acht nach sich zog und der Vorwurf der zauberischen Krankheitserregung das Zwölferurteil (*tólftarkviðr*) notwendig machte.[10]

2. Schwarze Magie

Unter die schwarze Magie werden in den Rechtstexten des *Gulaþinglögs* (§ 28f) gleichermaßen Weissagung (*spá*), Zaubersprüche (*galdra*) und heidnisches Opfer (*blót*) zusammengefasst, obwohl Letzteres natürlich nur aus christlicher Sicht zu „magischen" Handlungen zu stellen ist und Erstere üblicherweise zur weißen Magie gestellt wird. Unerwähnt bleibt in dieser Aufzählung der *seiðr*, also die magische Praktik des wikingerzeitlichen Nordens schlechthin.

Im Altnordischen ist die typische Form der Magie der *seiðr*, der sich wie in der eingangs erwähnten Aufzählung von Snorris *Ynglinga saga* in den verschiedensten Formen der Schadensmagie manifestieren kann. Während die Dichtung nur ganz allgemein von *seiðr* spricht (*seið Yggr til Rindar* [„Odin bezauberte die Rinda"], in einer *Lausavísa* des Kormákr, Mitte des 10. Jh.s, zitiert bei Snorri, *Skáldskaparmál* 10), geben die Sagas zwar viel detailliertere, aber leider auch wenig verlässliche Auskünfte zur Praxis heidnischer Magie. Immerhin wird man ihnen zugute halten dürfen, dass magische Praktiken die Christianisierung recht unbeschadet überstanden haben, ob aber die christlich-klerikalen Autoren die besten Gewährsleute dafür abgeben, darf dennoch bezweifelt werden. Wie bei der *spá* werden auch die den *seiðr* praktizierenden Personen als *seiðmaðr* oder *seiðkona* bezeichnet, was eindeutig negative Konnotationen in Richtung Zauberer und Hexe aufweist. Wenn Snorri berichtet, dass es Freyja gewesen sei, die den *seiðr* in die Welt gebracht habe, und die Ausübung des *seiðr* für Männer schändlich sei (auch wenn Odin als Gott des Zaubers gilt; *Ynglinga saga* 7), dann hat sich hier eine Komponente des *seiðr* bewahrt, die offenbar auf die transsexuellen Praktiken der schamanistischen Jenseitskontakte zurückgeht. Wenn (in archaischen Gesellschaften) Schamanen Frauenkleider anlegen, um sich darin auf Jenseitsreise zu begeben, dann galt dies in der frühmittelalterlichen skandinavischen Gesellschaft jedenfalls als anrüchig, auch wenn bei Sami und Finnen derartige Praktiken durchaus noch geläufig gewesen sein mögen.

Überhaupt gilt Zauberei nicht nur als Domäne Odins und Freyjas, wobei Snorri die Asen überhaupt in seiner euhemeristischen Darstellung als Zauberer bezeichnet (*eru Æsir kallaðir galdrasmiðir* [„Die Asen nennt man Zauberkünstler"]: *Ynglinga saga* 7), sondern vor allem der Finnen und der von ihnen nur selten unterschiedenen Sami.[11] In der Sagaliteratur ist „Finne" geradezu ein Synonym für „Zauberer", in den Fornaldarsögur ist der Kampf mit Finnenkönigen der Kampf des Helden gegen magische Widerstände überhaupt. Die *fjǫlkunnigir Finnar* („zauberkundige Finnen"; Sigvatr Þórðarson: *Erfidrápa* 16, um 1040) sind aber schon ein Topos der ausgehenden Wikingerzeit. Grund für diese Zuordnung des *gandr* und *seiðr* zu Finnen und Sami ist deren zu dieser Zeit noch sehr lebendige schamanistische Praxis der Heilung und Prophezeiung, welche von skandinavischen Heiden und Christen gleichermaßen skeptisch betrachtet wurde; immerhin gibt die lateinische *Historia Norvegiae* aus der Zeit um 1220 einen guten Eindruck eines schamanischen Wiederbelebungszaubers[12]:

„Während einmal die Christen des Handels wegen bei den Finnen zu Tisch saßen, sackte eine von ihnen plötzlich tot zusammen; während nun die Christen sehr trauerten, reagierten die Finnen selbst nicht traurig, sondern meinten, dies sei durch Zauber von Neidern bewirkt worden und sie würden sie schnell zurückholen. Dann setzte sich einer der Zauberer auf eine ausgebreitete Decke und begann mit unheiligen Zaubergesängen und erhob ein Gefäß wie ein Sieb mit den Händen empor, auf dem ein Wal, ein Rentier mit Zügeln und Schi sowie ein kleines Boot mit Rudern und Besatzung dargestellt waren. All diese Fahrzeuge wollte der teuflische Zauberer durch den tiefen Schnee, steile Berghänge und tiefe Seen benützen. Nachdem er lange, auf diese Art Zaubergesänge singend, tanzte, fiel er, schwarz wie ein Neger, zu Boden, und mit schäumendem Mund wie wahnsinnig, übergab er sich und gab unter lautem Stöhnen seinen Geist auf. Darauf wurde ein anderer der Zauberkünste Kundiger befragt, was mit beiden geschehen sei. Dieser erfüllte den Auftrag auf dieselbe Weise, aber mit anderem Ausgang, denn die Wirtin stand wieder gesund auf und teilte mit, dass der verstorbene Zauberer folgendermaßen zugrunde gegangen sei: Als der Zauberer im Traum offenbar in Gestalt eines Wales schnell durch einen See schoß, hatte sich nämlich ein feindlicher Zauberer in zugespitzte Pfähle verwandelt, und entgegen diesem schlechten Vorzeichen der in den tiefen Seeboden eingelassenen Pfähle durchbohrte er seinen Leib, sodass er im Haus des Magiers als tot erschien."

Ein weiterer wiederholt angesprochener Aspekt ist der des magischen Blicks (vor allem des durchdringenden Blicks, erst sekundär des bösen Blicks), der Zauberern zugeschrieben wird, in den mittelalterlichen Quellen aber zu einem stereotypisierten Mittel ihrer Überwindung (durch Verhüllen des Kopfes) wird (vgl. *Heimskringla: Haralds saga hárfagra* 32; *Vatnsdoela saga* 26 und 29; *Laxdoela saga* 38; *Gull-Þóris saga* 17). Das Motiv des Stumpfmachens von Waffen durch den (magischen) Blick findet sich sowohl bei Saxo (*Gesta Danorum*, VI, 187 und VII, 223: im letzteren Fall durch einen Berserker) sowie in der *Gunnlaugs saga* 7, und diese Art von Magie gehört wohl schon zu einem sehr alten und weit verbreiteten Vorstellungskomplex, auch wenn unsere Quellen dafür im germanischen Raum recht jung sind.

Der *seiðr* wird von Snorri (*Ynglinga saga* 4 und 7) zwar sowohl Freyja als auch Odin zugeschrieben, aber die eingangs zitierte Warnung vor der Schändlichkeit dieser Form des Zaubers relativiert diese Aussage wiederum und stellt sie in sein euhemeristisches Geschichtsbild: Diese heidnischen, als Götter verehrten Personen praktizierten diese Form der Magie, aber sie wurde schon damals (jetzt ohnehin) als schändlich betrachtet. Man hat lange gerätselt, worin die mit dem *seiðr* verbundene schändliche *ergi* denn bestanden hat, und ist zu dem Schluss gekommen, dass *ergi* eine Form der passiven Homosexualität implizierte, und zwar nicht unbedingt der praktizierten, sondern wohl in Form des Verlusts der Männlichkeit in sexueller wie auch in sozialer Hinsicht.[13] Der Grund für diese „unmännliche" Konnotation des *seiðr* mag darin gelegen haben, dass der *seiðr* in seiner praktischen Ausübung den Formen des arktischen Schamanismus nahe stand[14] und die Schamanen durch ihre rituelle Besessenheit durch Geister in eine weibliche Rolle gedrängt wurden, in der das „Eindringen" der Geister in ihre Körper als „weiblich" und jedenfalls „unmännlich" angesehen wurde.[15] Dazu mag treten, dass die Berufstracht von Schamanen – nicht nur im arktischen eurasischen Bereich – wenig mit der gängigen Männertracht zu tun hatte und schon deswegen als „weibisch" betrachtet wurde. Diese Argumente mögen vielleicht nicht gänzlich zur Erklärung von Snorris so dezidiert negativer und vor allem so geschlechtsspezifischer Beurteilung des *seiðr* ausreichen, aber es darf dabei nicht vergessen werden, dass sein christlicher Blickwinkel des 13. Jh.s Zauber allgemein schon mehr mit *seiðkonur* („Hexen") verband als mit den – im Mittelalter nur mehr als historische Größe betrachteten – Zauberern. In den *Islendinga sögur*, die ihren Blickwinkel auf spezifisch isländische Zustände und die eigenen Vorfahren richten, kommt jedoch *seiðkona* gar nicht und *seiðmaðr* nur sehr selten (*Laxdoela saga*; *Barðar saga*) vor, während in den diesbezüglich viel weniger besorgten Fornaldarsögur solche „Hexen" und „Zauberer" deutlich häufiger erwähnt werden.

3. Zaubersprüche

Zaubersprüche sind die verbale Ausformung der magischen Handlung, die gesprochen oder gesungen werden konnten; wichtig ist eine bestimmte Struktur und die Bedeutung der korrekten Wiedergabe, ein Aspekt, der vielleicht zur frühen Verschriftlichung und somit Erhaltung zahlreicher Zaubersprüche führte.

Der idealtypische Aufbau von Zaubersprüchen besteht aus einer epischen mythologischen Vorbildhandlung, der Anrufung eines göttlichen Wesens, dem eigentlichen Zauberspruch unter Verwendung von wirksamen Worten oder Formeln und einer (in unseren Quellen meist schon christianisierten) Aktivierungsformel am Schluss.

Die größte Gruppe der bewahrten althochdeutschen Zaubersprüche sind Heilungszauber, als Segen oft schon in christliches Gewand gepackt, wobei die christianisierte Aktivierungsformel – etwa durch drei Vaterunser – ihre Bewahrung in klösterlichen Handschriften ermöglichte. Für die entsprechenden Ausformungen des Schadenszaubers, die Flüche, sind die Beispiele deutlich seltener, offenbar, weil für die Aufzeichnung in christlichen Handschriften bei so gefährlichen Texten nur schwer zu argumentieren war. – Noch ganz heidnisch-mythologisch eingebettet ist der Zweite Merseburger Zauberspruch (s. Kap. IV.3), der die Heilung eines lahmen Pferdes durch Wodan beschreibt und damit zur großen Gruppe von Zaubersprüchen mit veterinärmedizinischer Ausrichtung gehört. Dazu sind auch die beiden sog. *Spurihalz*-Sprüche gegen Pferderheuma zu stellen, von welchem der Trierer *Spurihalz*-Segen (10. Jh.) dem Zweiten Merseburger Zauberspruch strukturell ganz nahe steht, aber schon christliche Einkleidung aufweist[16]:

„Christus und der hl. Stephan kamen zu der Stadt Saloniun, da wurde das Pferd des hl. Stephan befallen. So wie Christus die Befallenheit des Pferdes des hl. Stephan heilte, so heile ich mit Christi Hilfe dieses Pferd. Pater Noster.

Christus, mögest du die Heilung dieses Pferdes von der Befallenheit oder dem Spurihalz durch deine Gnade gewähren, so wie du das Pferd des hl. Stephan in der Stadt Saloniun geheilt hast. Amen."

Neben Pferdeheilungen beschäftigen sich derartige Heilungs-„Segen" noch mit der Gesundheit von Bienenschwärmen, mit Verletzungen, Bronchialinfekten, Fallsucht oder Augenkrankheiten sowie gegen Wurmbefall, etwa in dem Tegernseer Wurmsegen aus dem 9. Jh.:

> Gang uz, Nesso, mit niun nessinchilinon
> uz fonna marge in deo adra, vonna den adrun in daz fleisk,
> fonna demu fleiske in daz fel, fonna demo velle in diz tulli.
> Ter pater noster.
>
> („Fahre aus, Wurm, mit den neun Würmchen,
> aus dem Mark in die Ader, aus der Ader in das Fleisch,
> aus dem Fleisch in die Haut, aus der Haut in diese Pfeilspitze.
> Drei Pater noster.")[17]

Der letztgenannte Spruch verrät uns ganz ausnahmsweise auch etwas über die magische Praxis, die in diesem Fall die Berührung des Befallenen mit einer Pfeilspitze anspricht, um damit die Würmer aus dem Körper zu ziehen. Die magisch erwünschte Übertragung von Krankheiten auf Gegenstände ist nicht auf den germanischen Raum beschränkt – zahlreiche Belege kommen auch aus Finnland[18] –, war aber schon früh weit verbreitet, wobei es nicht nur eiserne Gegenstände waren, sondern häufig auch hölzerne sowie Bäume oder Felsen. In den *Canones Edgari* werden: *Trēow-wurðunga and stān wurðunga and þone dēofles cræft, þær man þā cild þurh þā eorðan tíhð* („Baumverehrung und Steinverehrung und die Teufelskunst, bei der man Kinder durch die Erde zieht") verurteilt.[19] Letzteres spielt auf in ganz Europa verbreitete Volksbräuche an, bei denen man enge natürliche Steintunnel oder Felsen mit Löchern entweder zur Heilung kranker Kinder oder in (sympathischer) Fruchtbarkeitsmagie verwendete. Die aus der neuzeitlichen Volkskunde bezeugten Übertragungen auf Fleischstücke werden im Frühmittelalter dagegen m.W. nicht erwähnt.

Neben diesen Zaubersprüchen bzw. -segen im Dienst des Heilungszaubers finden sich noch Segen als Schutzzauber für Reisende, als Abwehrzauber, selten als Schadenszauber (und hier nur mehr als Verfluchung von Bücherdieben, also schon im rein monastischen Kontext) und schließlich, wie im 1. Merseburger Zauberspruch (s. Kap. IV), als Lösungszauber für Gefangene, wobei man hier vor allem wohl an Kriegsgefangene zu denken hat.

Wesentlich häufiger sind die zahlreichen altenglischen Zaubersprüche, die aber neben den Durchführungsverordnungen auf Altenglisch die Sprüche selbst meist auf Latein wiedergeben.[20] Der Grund für die Bewahrung einer so großen Zahl von Zaubersprüchen liegt darin, dass zwei mittelalterliche Sammlungen von Heilungssegen im volksmedizinischen Kontext klösterlicher Gebrauchsliteratur erhalten sind. Echt heidnisches Gedankengut bewahren dabei nur die wenigsten, so etwa der sog. Neun-Kräuter-Segen (in einer Handschrift des 11. Jh.s), in dem als mythologische Vorbildhandlung Wodan eine Schlange durch neun Kräuter vernichtet[21]:

„Eine Schlange kam gekrochen, verwundete jemand;
da nahm Wodan 9 berühmte Zweige,
schlug damit die Schlange, sodass sie in 9 Teile zerflog."

Diesen Zauberspruch gegen Schlangenbiss hat man auch so interpretieren wollen, dass Wodan hier neun Runenstäbe mit den Namen der im Zauberspruch genannten Kräuter verwendete,[22] aber die (mythische) Verwendung der neun heilenden Kräuter selbst scheint viel wahrscheinlicher. Die Zahl Neun ist wie auch sonst in religiösem Kontext in anderen der Zaubersprüche zu finden, so etwa in dem altenglischen Segen gegen Hühneraugen[23] (*Wið Cyrnel*), der als Reduktionsformel aufgebaut ist:

„Neun waren Noththes Schwestern,
dann wurden die neun zu acht,
die acht zu sieben,
die sieben zu sechs,
die sechs zu fünf,
die fünf zu vier,
die vier zu drei,
die drei zu zwei,
die zwei zu einem
und das eine zu keinem.
Dies wird dich von Körnern und Scrofula und Wurm
und Beschwernissen jeder Art befreien. Sing neunmal Benedicte."

Im Gegensatz zum Altenglischen und Althochdeutschen, wo die vorhandenen Sprüche und Segen in sehr unterschiedlicher metrischer Form oder gar in Prosa erhalten sind, hat der altnordische *galdr* (pl. *galdrar*) – die gängige Bezeichnung für Zauberspruch im mittelalterlichen Westskandinavien – ein eigenes Metrum für solche Sprüche, das *galdralag*. Andere Bezeichnungen für Zaubersprüche oder -lieder sind *seiðlæti* (*Laxdoela saga* 37) und *varðlokkur*, Letzteres ist vielleicht aber der Name eines bestimmten Zauberliedes. Allerdings sind uns in der gesamten altnordischen Literatur keine echten Zaubersprüche bewahrt, allerdings zahlreiche Ankündigungen derartiger Zaubersprüche. Die neun angekündigten Zaubersprüche des Eddaliedes *Grógaldr* („Zauberspruch der Gró", 13./14. Jh.) und die 18 der *Hávamál* werden zwar in ihrer Funktion beschrieben, nicht aber mitgeteilt. Die Zaubersprüche der *Hávamál* dienten u. a. der Hilfe in Notsituationen, der Heilung (wie auch der 2. Merseburger Zauberspruch und verschiedene althochdeutsche und altenglische Segen), dem Behindern von Feinden und dem Abstumpfen ihrer Waffen, der Befreiung aus Fesseln (wie der 1. Merseburger Zauberspruch), der Abwehr von Pfeilen, Vergiftungen und Hexenzauber, der Unterdrückung von Feuersbrünsten, Stürmen und Streitigkeiten, der Feiung in der Schlacht, der Prophezeiung mit Hilfe runischen Totenzaubers und schließlich dem Liebeszauber.

Die ausführlichste Beschreibung des Absingens eines Zauberspruchs wird in der *Eiríks saga rauða* 4 überliefert; bei dem dort genannten *varðlokkur* (oder *varðlokur* = „Seelenlocker"?) zur Versammlung von Geistern handelt es sich jedoch nicht um einen Zauberspruch im engeren Sinn, sondern einen Zaubergesang. Eingehende Untersuchungen haben zudem gezeigt, dass der Text und alle seine Spezialbezeichnungen nur sehr geringen Quellenwert haben.[24]

4. Runenzauber

Zaubersprüche wurden erst seit dem Hochmittelalter in Skandinavien in enger Verbindung mit Runen gesehen, in den genannten Zaubersprüchen ist weder im Angelsächsischen[25] noch im Althochdeutschen die Verwendung von Runen in Zaubersprüchen belegt, zumindest ist die manchmal angenommene Verwendung von Runenzweigen im altenglischen Neunkräutersegen (s. oben) recht unwahrscheinlich. Da uns auch für das wikingerzeitliche Skandinavien zeitgenössische Belege fehlen, ist anzunehmen, dass der Runenzauberspruch (namens *Buslubœn* „Anrufung der Busla"[26]) in der recht jungen *Bósa saga ok Herrauðs* (Kap. 6) vermutlich schon gelehrte Rückinterpretation darstellt, aber immerhin noch darauf rekurrieren kann. Bei Egils berühmtem Runenzauber hat man zwar den in die „Spottstange" eingeritzten Zauberspruch (*nið*) mit den zwei Fluchstrophen Egils gegen König Erik Blutaxt (*Egils saga* 28 und 29) gleichsetzen wollen, aber die Sage ist höchstwahrscheinlich von Snorri Sturluson verfasst und damit ist auch diese Stelle eher gelehrte Konstruktion als ein Beleg für praktische Magie:

„Er nahm eine Haselstange in die Hand und ging auf eine Felsennase, die zum Land hinwies. Dann nahm er einen Pferdekopf und setzte ihn auf die Stange. Darauf tat er seinen Spruch und sagte: 'Hier stelle ich eine Schmähstange auf und richte diese Schmähung gegen König Eirik und Königin Gunnhild' – er drehte den Pferdekopf gegen das Land – 'ich richte diese Schmähung gegen die Landgeister, die in diesem Land wohnen, dass sie alle wirre Wege gehen sollen, weder Haus noch Heimstatt finden, bis sie König Eirik und Gunnhild aus dem Lande vertrieben haben.' Dann stieß er die Stange in eine Felsspalte und ließ sie dort stehen. Er richtete auch das Pferdehaupt gegen das Land, und er ritzte Runen auf der Stange ein, und die halten den ganzen Spruch fest" (*Egils saga Skallagrímssonar* 57).[27]

Die Übersetzung verniedlicht hier wohl ein wenig, denn statt „Schmähung" wäre „Verwünschung" für diese Form des *nið* wohl eher angebracht, und der Spruch war wohl eine formal festgelegte Fluchformel. Dass die hier erwähnte *níðstǫng* mit einem anderswo genannten *tréníð* (*Gisla saga* 2; Grágás) konzeptuell verwandt ist, liegt zwar nahe, die Beschreibung der *Gisla saga* deutet aber auf eine symbolische Darstellung der homosexuellen Vereinigung der beiden Geschmähten. *Nið* ist nämlich nicht (nur) Magie, sondern auch eine ritualisierte Form der Verunglimpfung eines Gegners, wobei der auf die Landgeister gerichtet *nið* im obigen Zitat aus der *Egils saga* sogar eher untypisch ist. Die Unterscheidung in *tunguníð* („verbaler *nið*") und *tréníð* („Holz-*nið*") im Gulaþings-Gesetz mag sich darauf beziehen, aber der Ausdruck *reisa níðstǫng* („eine *nið*-Stange aufstellen") und die lateinische Entsprechung „obscenitatis apparatus" lassen vermuten, dass der physische Akt der Errichtung einer in Holz geschnitzten Darstellung fester Bestandteil des Rituals war. Da *nið* in fester Kombination mit *ergi* („Schande, Feigheit, Unmännlichkeit, passives homosexuelles Verhalten", zum Adjektiv *argr/ragr*) auftritt,[28] kann davon ausgegangen werden, dass der magische Aspekt von *nið* nicht das Wesentliche ist, auch wenn das Gulaþings-Gesetz (132) es mit *spellvirki* („Schadenszauber") fast synonym verwendet. Immerhin stellt dieses Gesetz (138) beide Arten des *nið* unter schwerste Strafe[29]:

„Kein Mann soll einem anderen *tunguníð* oder *tréníð* antun. Aber wenn es sich als wahr herausstellt, dass er es getan hat, werde er mit der Acht belegt."

In der Sagaliteratur des 13. Jh.s wird auch sonst verschiedentlich Runenzauber erwähnt (*Grettis saga* 79), ein Zauberbuch mit derartigen Runenzaubersprüchen ist allerdings erst aus dem 17. Jh. erhalten, es weist aber doch deutliche Unterschiede zu vergleichbaren (und ebenfalls spätmittelalterlichen) kontinentaleuropäischen Zauberbüchern auf.[30]

Diese (spät-)mittelalterliche Interpretation des Runenzaubers hat aber nur im Ausnahmefall etwas mit der tatsächlichen Verwendung von Runen in der Magie in den vorwikingerzeitlichen germanischen Gesellschaften zu tun, denn bei den Inschriften im älteren Fuþark (also der Runenschrift von 24 Zeichen, die bis zur Mitte des 8. Jh.s Verwendung fand) geht es meist nicht um Zaubersprüche, sondern um die Verwendung der Begriffswerte der Runen. Dieser Symbolgehalt der Runen ergibt sich einerseits aus dem Namen, der sicherlich auch mnemonische Bedeutung hatte, andererseits werden die Runen in einer Reihe mittelalterlicher Gedichte inhaltlich erklärt (*Abecedarium Normannicum* des 9. Jh.s, Angelsächsisches Runengedicht der Salzburg-Wiener Alcuin-Hs. im 10. Jh., norwegisches und isländisches Runengedicht im 13. und 15. Jh., *Rúnatal* in der eddischen *Sigrdrífomál* 6–19, *Rúnatals þáttr Oðins* in der *Hávamál* 138–141). Die multiplizierende Wirkung von bestimmten Begriffsrunen wurde besonders im magischen Kontext – etwa auf Waffen – einfach durch Aneinanderreihung mehrerer gleicher Runen bewirkt. So konnte die Wiederholung einer t-Rune (Týr-Rune = „Sieg-Rune") für die doppelte Invokation des Kriegsgottes stehen (*Sigrdrífomál* 6), die dreimalige f-Rune (Fe-Rune) für den wiederholten Wunsch nach Glück und Besitz (auf dem Runenstein von Gummarp in Blekinge). Auch der Aspekt der Schadensmagie ist hier herzustellen (wie die Androhung einer dreifachen þ-Rune = Thurs-Rune in *Skírnismál* 6), selbst wenn die literarischen Belege dafür erst aus dem Hochmittelalter stammen.

Wenn also Magie für den nordgermanischen Bereich oftmals ausschließlich mit Runenzauber gleichgesetzt wird, so hat diese Identifikation nur sehr beschränkte Gültigkeit. Zum einen sind auch im älteren Fuþark echte magische Inschriften relativ selten, da die sekulare Verwendung der Runen eindeutig dominiert und in etlichen Fällen die Inschriften religiös, nicht magisch zu deuten sind;[31] hierher sind die Götternamen auf der Nordendorfer Runenspange (vgl. Kap. IV) oder die Dedikationsinschriften der eisenzeitlichen Mooropfer (vgl. Kap. III.1) zu stellen.

Runenzauber ist jedoch dennoch belegt, und zwar einerseits dort, wo bestimmte Runen- oder Wortkombinationen dies unabhängig von den beschriebenen Gegenständen nahe legen, andererseits dort, wo das beschriebene Objekt selbst magische Bedeutung der Runeninschrift nahe legt (etwa auf Amuletten oder der Innenseite von Gräbern).

Zur ersten Gruppe zählen die Inschriften,[32] welche eindeutig als Zauberwörter interpretierte Runen tragen, darunter alle Inschriften, die die ersten sechs Zeichen der Runenschrift **fuþark** tragen, welche man zu Recht als stellvertretend für die ganze Runenreihe und die geballte magische Kraft ihrer 24 Einzelzeichen angesehen hat. Solche Inschriften des Fuþark finden sich auf einer ganzen Reihe von Brakteaten und Fibeln aus dem 5. und 6. Jh. und hatten hier wohl apotropäischen Charakter. Bemerkenswert ist die komplette Fuþark-Reihe auf einer Steinplatte im gotländischen Steinkistengrab aus Kylver (4./5. Jh.), welche höchstwahrscheinlich nach innen gewandt war und mit dem Palindrom **sueus** („Pferd"?) eine Relevanz im Grabbrauch, wahrscheinlich aber wohl zur Abwehr des Toten gehabt haben muss.

Das häufigste auftretende runische Zauberwort ist aber **alu**, welches sich auf Amuletten, Ringen und vor allem Brakteaten findet und aus dem gesamten Zeitraum des älteren Fuþark zwischen dem 2. und 8. Jh. belegt ist. Hatte man früher eher eine Verbindung mit gotisch *alhs* („Tempel") und somit eine Bedeutung wie „Tabu; Amulett" sehen wollen, so wird heute allgemein die etymologische Verwandtschaft mit altnordisch *ǫl* („Bier"), griechisch *alúein* („außer sich sein") hervorgehoben, die auf eine Bedeutung „Trance; Ekstase; Zauber" hinweist und damit wohl in erster Linie die magische Aktivität eines Gegenstands beschwört. Als reine Umstellung von **alu**, die magisch-verschlüsselnd sein mag, hat man Formen wie **lua** (auf dem Pfeilschaft aus dem Moorfund von Nydam, 3.–5. Jh.) und vielleicht auch **lau** (B-Brakteat von Faxe) angesehen.

Die mehrfach belegten Zauberwörter *laþu* und *auja* sowie das nur von dem Brakteat von Lellinge bekannte *salu* und das unsicher belegte *ehwu* treten durchwegs auf Brakteaten auf, gehören also alle in einen mit dem Amulettgebrauch in Verbindung stehenden magischen Kontext, nämlich den von Schutz, Heil, auch der Hervorrufung des Beistands der jenseitigen Mächte. Der Kontext der Brakteaten – Serienherstellung, Trennung von Entwurf und Ausführung, teilweise mangelnde runische Kompetenz der Hersteller – machen es wahrscheinlich, dass in diesen Inschriften nicht ein persönlicher Runenzauber, sondern eine allgemeine, schützende Amulettfunktion vorliegt, die unabhängig sowohl von den Handlungen des Trägers als auch von seiner Runenkenntnis funktionierte.

Eine komplexere magische Inschrift liegt in der Inschrift von Fløksand (aus der zweiten Hälfte des 4. Jh.s) vor, wo **linalaukaRf** offenbar für „Leinen (und) Lauch. Glück" steht; eine etwas jüngere Inschrift aus Gjersvik mit 10 l-Runen mag als Abbreviatur für **linalaukaR**

4. Runenzauber

Tab. 2: Häufigere runische Zauberwörter

älteres Fuþark:

ᚠᚢᚦᚨᚱᚲ	fuþark:	Runenreihe, pars pro toto (Brakteaten, Steine, Artefakte, Hölzer)
ᚨᛚᚢ	alu:	„Zauber" 13 Brakteaten, 2 Amulette, 3 Steine, 5 andere Inschriften
ᛚᚨᚢᚲᚨᛉ	laukar:	„Lauch" 4 Brakteaten, Messer von Fløksand
ᛚᚨᚦᚢ	laþu (laþodu):	„Ladung" 6 Brakteaten
ᛚᚨᚦᚢ	auja:	„Heil" 2 Brakteaten

jüngeres Fuþark:

ᚦᛁᛋᛏᛁᛚᛚ ᛘᛁᛋᛏᛁᛚᛚ ᚴᛁᛋᛏᛁᛚᛚ	þistill mistill kistill:	„Distel, Mistel, Kistchen" Steine von Gørlev und von Ledberg, 2 Hölzer

gestanden haben, aber da l neben „Lauch" meist für *laguz, altnord. lǫgr, „Wasser" steht, ist dies nicht zwingend. Deutbar wird die Formel „Leinen und Lauch" durch den fast 1000 Jahre jüngeren isländischen Vǫlsa þáttr, in welchem ein Pferdephallus angeblich durch Leinen und Lauch frisch gehalten wird. Wenn auch weitgehend unhistorisch und kaum von religionshistorischer Relevanz,[33] so zeigt die Verwendung von Leinen und Lauch in diesem Text doch eine im Volksglauben offenbar lange bewahrte (und für Lauch auch sonst weithin belegbare) Funktion von magischer Heilung oder Lebensbewahrung.[34]

Im jüngeren Fuþark (mit 16 Zeichen) sind seit der Wikingerzeit magische Texte noch seltener, denn ab dieser Zeit dient die Runenschrift in erster Linie als Gebrauchsschrift, aber es finden sich dennoch vereinzelt Fälle magischen Gebrauchs. Die am häufigsten (bislang wenigstens fünfmal, und zwar von Schweden über Norwegen bis Island) zu findende Formel ist die im jüngeren Fuþark bewahrte Zauberformel **þistill mistill kistill**, welche sich auch umgestellt, verkürzt und jedenfalls verschlüsselt findet und offenbar eine Schutzformel (für Verstecke?) darstellte. Als Beispiel dafür mag der dänische Stein von Gørlev (9. Jh.) auf Seeland im jüngeren Fuþark dienen, welche eine Grabinschrift ist[35]:

A: þiauui : risi : stin þansi : aft uþinkar : fuþarkhniastbmlR : niut ual kums :
B: þmkiiissstttiiilll : iak sata ru(na)<r> ri(t) kuni armutR kru(b) xxxxxx

(A: Thjodvi errichtete diesen Stein nach Odinkar. Futhark (16 Zeichen). Genieße das Grab!
B: þistil mistil kistil. Ich setze die Runen richtig. Gunni, Armund,?)

Der ausdrückliche Hinweis darauf, der Tote möge sein Grab auch benutzen, gibt uns auch hier den Schlüssel zum Verständnis der „Distel, Mistel, Kistchen"-Formel, nämlich des magischen Verschlusses dieses Grabs, in diesem Fall aber wohl weniger wegen der Grabräuber, sondern um den Toten am Verlassen des Grabes zu hindern.

Diese vorwikingerzeitlich nicht belegte Verschlussformel blieb offenbar auch noch im christlichen Kontext in Verwendung, wie das Vorkommen im oben erwähnten *Buslubœn* in der *Bósa saga* zu belegen scheint.

Die Runenmeister des älteren Fuþark betrachteten die Runen einschließlich ihrer magischen Qualitäten zweifellos als Gottesgabe, wie der schwedische Runenstein von Noleby (ca. 600) ebenso wie derjenige von Sparlösa bestätigen, der von *rúnaR raginu-kundu* („gottgesandten Runen") spricht. Gott des Runenwissens und der Runenmagie ist Odin, von dem das Eddalied *Hávamál* berichtet, dass er die Runenkenntnis durch ein Selbstopfer erlangte, in welchem er neun Nächte ohne Nahrung an einem windigen Baum hing – ein deutlicher Anklang an schamanische Initiationsriten –; wie alt die Vorstellung vom Selbstopfer wirklich ist, wissen wir zwar nicht, aber da er in der wikingerzeitlichen Skaldendichtung wiederholt als Gott der Dichtung angesprochen wird, wird man auch die genannten Runeninschriften des 6./7. Jh.s wohl schon auf Odin beziehen dürfen.

5. Seherinnen und Weissagungen

Unsere ältesten Belege für magische Weissagungspraktiken finden sich bereits bei Tacitus, dessen Aussage (*Germania*, Kap. 10) über das Losen bei den Germanen mit Hilfe von Stäben mit eingeritzten *notae* aber eher römischen Usus wiedergibt als reale Zustände schildert. Darüber hinaus könnten die *notae* im 1. Jh. zwar vielleicht schon Runen sein, eher aber vorrunische Sinnzeichen, die aber z. T. später Eingang in die aus italischen Alphabeten entwickelte Runenreihe gefunden haben.

Dagegen sind die bei Tacitus erwähnten germanischen Seherinnen auch aus anderen antiken Quellen bestens belegt. Offenbar gab es unter den rechtsrheinischen Germanen der ersten beiden nachchristlichen Jh.e eine Klasse von Priesterinnen, deren Vorhersagen für alle wichtigen Unternehmungen als unabdingbar angesehen wurden und welche von den Römern daher als schwer einschätzbare politische Größe betrachtet wurden. Auf diese Seherinnen bezieht sich Tacitus (*Germania* 8) wenn er (zu allgemein) schreibt: Die Germanen „glauben sogar, dass den Frauen etwas Heiliges und Seherisches innewohne". In anderem Zusammenhang erwähnt er zwei dieser Sehererinnen, nämlich Veleda und Albruna (oder, nach Auskunft der Handschriften: Aurinia, Albrinia). Letztere ist nur durch ihre Assoziation mit Veleda als Seherin zu identifizieren (*Germania* 8):

„Wir haben es unter dem seligen Vespasian erlebt, dass Veleda bei vielen lange göttlichen Platz einnahm; aber auch schon lange vorher wurden Albruna und einige andere verehrt, aber nicht durch Kriecherei oder als ob sie sie etwa erst zu Göttinnen machten."

Über Veleda selbst wissen wir dagegen wesentlich mehr, da sie im Bataver-Aufstand 69 n. Chr. eine wesentliche Rolle spielte und daher von Tacitus in den Historien mehrfach

5. Seherinnen und Weissagungen

erwähnt wird. Als sich nämlich die Bataver unter Julius Civilis gegen die Römer erhoben, als der Großteil der Rheinarmee wegen innenpolitischer Wirren nach Italien verlegt wurde, da geriet der römische Legionskommandeur von Castra Vetera (bei Xanten) in germanische Gefangenschaft und wurde als Geschenk an Veleda gesandt. „Dies war eine Jungfrau aus dem Stamm der Brukterer, die weithin Macht besaß, nach dem alten Brauch der Germanen, viele Frauen für Seherinnen, bei gesteigertem Ansehen sogar für Göttinnen zu erklären. Das Ansehen der Veleda stieg damals beträchtlich, denn sie hatte den Germanen Erfolg und die Vernichtung der Legionen vorhergesagt" (Tacitus, *Historiae* IV, 61). Als die Aufständischen dann auch die Stadt Köln bedrohten, riefen die (ja ebenfalls germanischen) Kölner Bürger den Civilis und die Veleda als Schiedsrichter an: „Gesandte wurden mit verschiedenen Geschenken zu Civilis und Veleda geschickt und erledigten alles im Sinne der Kölner. Vor Veleda selbst zu erscheinen und mit ihr zu reden wurde ihnen jedoch nicht gestattet, ihr Anblick wurde verwehrt, um größere Ehrfurcht einzuflößen. Sie wohnte in einem hohen Turm, und ein von ihr dazu ausgewählter Verwandter überbrachte die Fragen und Antworten wie der Mittelsmann einer Gottheit" (Tacitus, *Historiae*, IV, 65). Kurz danach kaperten die Aufständischen in einem nächtlichen Handstreich das Flaggschiff der römischen Rheinflotte, immerhin eine Trireme, und schleppten es die Lippe hinauf, um es der Veleda zum Geschenk zu machen. Der entkommene Kommandeur schickte daraufhin geheime Botschaften an Veleda, damit sie dem Krieg eine andere Wendung gebe, wofür er ihr, Civilis und den Batavern Straffreiheit zusagte. Ihre Antwort kennen wir nicht, aber Veleda gelangte doch in Gefangenschaft, denn 77 n. Chr. wird sie in einem Gedicht des römischen Dichters Papinius Statius (*Silvae* I, 4, 89) als Gefangene erwähnt, und ihre Deportation nach Süditalien in die Stadt Ardea wird durch ein griechisches Spottgedicht belegt, das ihren Namen mit dem Zusatz „die lange, aufgeblasene Jungfrau, die die Rheinwassertrinker verehren" erwähnt, sodass sie wohl ihr Leben als Tempeldienerin in Latium beschlossen haben dürfte.

Nicht alle Seherinnen sind so gut belegt oder hatten ein so dramatisches Schicksal, aber auch eine gewisse „Waluburg, Seherin aus dem Stamm der Semnonen" wird im 2. Jh. auf einer römischen Soldliste von der ägyptischen Insel Elephantine erwähnt; möglicherweise war auch sie deportiert worden oder in Sklaverei geraten. Auch Ganna stammt wie Veleda und Waluburg aus dem Stamm der Semnonen und dürfte ebenfalls beträchtlichen politischen Einfluss gehabt haben, da sie am Ende des 1. Jh.s im Gefolge des Semnonenkönigs Masyas nach Rom kam, wo ihr selbst der römische Kaiser Domitian Respekt erwies (Cassius Dio, *Rōmaikē historia* 67, 5).[36]

Waluburg und Veleda sind schon durch ihre Namen als „Stabträgerinnen", Ganna als zauberkundig ausgewiesen.[37] Wenn die Römer diese Frauen als Sibyllen bezeichneten, dann war damit ganz offenbar ein bestimmter Berufsstand angesprochen, der uns noch in mittelalterlichen Quellen für das wikingerzeitliche Skandinavien greifbar ist, auch wenn wir hier mit einer gewissen (negativen) Interpretatio christiana der Autoren zu rechnen haben. In skandinavischen Quellen wird für Seherin die Bezeichnung *vǫlva*, ebenfalls „Stabträgerin", verwendet, und die Bezeichnung bleibt auch im Mittelalter synonym für lateinisch Sibylla.

Dies geht sogar so weit, dass isländische Handschriften an den Systemplatz sibyllinischer Prophetien in ihren lateinischen Vorlagen die *Vǫluspá* („Weissagung der Seherin") einsetzen konnten.[38]

Solche poetischen Weissagungen werden ähnlich wie in der lateinischen Literatur Seherinnen in den Mund gelegt, wobei die lateinische Tradition wohl am ehesten in den von Millennismus und Prophetien geprägten Jahren vor der Jahrtausendwende den Skandinaviern bekannt wurde. Während die große Kosmologie der *Vǫluspá* aber noch in der Umbruchzeit des Spätheidentums entstanden sein dürfte, sind andere derartige Gedichte, wie die *Baldrs draumar* oder die *Vǫluspá in skamma*, erst im Hoch- oder Spätmittelalter entstanden. Die Sagas dieser Zeit nennen Seherinnen recht häufig, im Gegensatz zu den Seherinnen der eddischen Weissagungen haben aber die historisierend gezeichneten Seherinnen der Sagas schon Elemente des Hexenglaubens an sich. Zwar sind diese Frauen durchaus in der Lage, die Zukunft vorherzusagen, wie die grönländische Seherin Thorbjörg lítilvölva („die kleine Seherin") der *Eíreks saga rauða* 4 oder die nur durch ihren Namen bekannte Þuriðr spákona in der *Landnámabók* (*Sturlubók*-Fassung 49, *Hauksbók*-Version 37), aber andere verstanden sich offenbar auch auf konkretere Formen der Magie, wobei der Vorwurf der schwarzen Magie allerdings bei diesen durch ihre Beinamen als Seherinnen gekennzeichneten Frauen nie erhoben wird. Die Norwegerin Þuriðr sundafyllir, die in der *Landnámabók* unter den ursprünglichen Siedlern Islands genannt wurde, verdankte ihren Beinamen angeblich dem Umstand, dass sie während einer Hungersnot die „Sunde in Halogaland mit Fischen vollgezaubert habe" (*Sturlubók*-Fassung 145, *Hauksbók*-Version 116). Wenig historischen Wert haben dagegen die Erwähnungen einer Þordís spákona in der *Vatnsdœla saga* 44 und der Heimlaug völva in der *Gull-þóris saga* 18 und 19.

Auffällig sind dagegen die Übereinstimmungen zwischen der Seance, welche die grönländische Seherin Thorbjörg lítilvölva laut *Eíreks saga rauða* 4 organisiert, und einer Stelle bei Burchhard von Worms über Vorhersagen am Jahresbeginn[39]:

„Befolgst du an den Kalenden des Januar den heidnischen Brauch, wie es viele kurz vor oder nach dem Neuen Jahr tun, dass du entweder an deinem Tisch mittels Steinen oder Speisen, die zu dieser Zeit in deinem Haus vorbereitest, oder dass du mit Sängern oder Chören über Plätze und Gassen ziehst oder in deinem gedeckten Haus sitzt, mit deinem Schwert (durch einen Kreis) umzeichnet, damit du da siehst und erfährst, was dir im folgenden Jahr die Zukunft bringt?"

Aber auch wenn die Figur der Seherin in Eddadichtung und Sagaliteratur längst zur rein literarischen Gestalt geworden war und die Völvur in der Skaldendichtung keine große Rolle spielen, so zeigt die Häufigkeit der Nennungen dennoch die Bedeutung auch noch in der heidnischen Spätzeit in Skandinavien. Für den südgermanischen Bereich dagegen fehlen die Belege für die heidnische Spätzeit oder sind schon in den entstehenden Hexenglauben des Frühmittelalters integriert. Jedenfalls kommen Sibyllae in den Bußbüchern nicht vor, und wo in den Verboten heidnischer Praktiken Frauen genannt werden, scheinen die Stellen eher dem Schadenzauber anzugehören, auch wenn die Bußbücher dennoch bei dem Verbot von Weissagungen eher an Frauen gedacht zu haben scheinen („Wenn wer Weissagungen oder Prophezeiungen betreibt, oder wenn wer glaubt, dass irgendwelche Menschen die Verursacher von Unwettern seien; oder wenn eine Frau Weissagungen oder teuflische Anrufungen vornimmt, büße er für 7 Jahre").[40]

Zwar mag in diesen Auffassungen der Ursprung des spätmittelalterlichen und frühneuzeitlichen Hexenglaubens zu sehen sein, für die heidnische und frühchristliche Zeit lässt sich eine distinkte Funktion von Frauen im Schadenzauber jedoch nicht nachweisen, eher sind es noch im Hochmittelalter Hexer, die hiervon betroffen sind.

IX. *Siðaskipti*: Der Glaubenswechsel und seine Phasen

Die Christianisierung der germanischen Stämme erstreckte sich über den Zeitraum vom 3. bis zum 12. Jh., es dauerte also 900 Jahre, bis der neue Glaube vom Südosten Europas auch den äußersten Norden so weit erfasste, dass man von der Christianisierung aller Germanen sprechen kann. Die Zeitspanne der Konvertierung einzelner germanischer Stämme oder Reiche war hingegen zum Teil erstaunlich kurz. Als Paradebeispiel hierfür wird meist Island genannt, wo 981 erstmals der deutsche Missionsbischof Friedrich auftauchte und 19 Jahre später das ganze Land durch Beschluss des Allthings formell geschlossen zum Christentum übertrat.

Diese „offizielle" Bekehrungsgeschichte täuscht jedoch, denn die Isländer hatten zu Ende des 9. Jh.s bereits über 100 Jahre intensive Kontakte zur christlichen Welt, viele der Familien waren aus Norwegen über dem Umweg der bereits lange vorher christianisierten keltischen Welt in Schottland, Irland oder den Hebriden gekommen, etliche waren selbst Iren oder hatten anderswo, z. B. in England, den christlichen Glauben angenommen.

So wie in Island müssen wir daher auch für andere Gebiete der Germania davon ausgehen, dass die heidnischen Germanen schon lange Zeit neben und mit Christen lebten oder wenigstens ökonomische und kulturelle, zweifellos auch militärische Kontakte pflegten. Gerade im letzten Bereich tendiert man aus heutiger Sicht dazu, Glaubensunterschiede höher zu bewerten als sie im Frühmittelalter tatsächlich waren. Als etwa im Jahre 974 der äußerst christliche Kaiser Otto II. gegen den christlichen Dänenkönig Harald Blauzahn am Danewerk in Schleswig kämpfte, störte es ihn offenbar kaum, dass er dabei von einem ehrgeizigen Wikingerführer unterstützt wurde, der Heide war.[1] Dieser Olaf Tryggvason ließ sich dann allerdings um 980 in England taufen und betrieb zwischen 985 und 1000 als norwegischer König selbst planmäßig die teils gewaltsame Christianisierung Norwegens.

Die lange andauernde Koexistenz zwischen Christen und Heiden, und zwar nicht nur germanischen, sondern auch slawischen, keltischen oder solchen aus dem arktischen Bereich, hat diese heidnischen Religionen zweifellos beeinflusst. Diese als Synkretismus (Glaubensmischung) bezeichnete Erscheinung umfasst religiöse Gebräuche und Anschauungen ebenso wie den Bereich der Mythologie, wo einzelne Mythen oder Aspekte von anderen Religionen übernommen werden können, wenn sie in Form von mythologischen Erzählungen Verbreitung finden. Aber auch die germanische Religion hat das Christentum beeinflusst, oder besser gesagt: Die Germanen haben die sich in den letzten 1000 Jahren in Westeuropa entwickelnde Spielform des Christentums – und damit die wohl weltweit dominanteste – mitgeprägt. Von diesem als „Germanisierung des Christentums" bekannten Phänomen sei im letzten Abschnitt dieses Kapitels die Rede, vorerst sei jedoch der Verlauf des Übergangs von Heidentum zu Christentum auf dem europäischen Festland, in Britannien und in Skandinavien kurz skizziert.

1. Die Christianisierung der germanischen Stämme auf dem europäischen Festland[2]

Es entspricht dem Vordringen des Christentums von Südosteuropa nach Nordwesteuropa, dass der am frühesten zum Christentum übergetretene germanische Stamm die Goten waren. Schon nach der Niederlage und dem Tod des Kaisers Decius im Jahre 251 hatten die Goten christliche Gefangene verschleppt, die offenbar ihren Besiegern die erste Nachricht vom Christentum brachten. In den Worten des christlichen Verfassers Commodian im 3. Jh. waren es diese (wohl vorwiegend weiblichen) Gefangenen, die „ihre Herren zu Brüdern machten".[3] Ähnliche Folgen hatte ein gotischer Kriegszug 264 nach Kleinasien, von welchem christliche Gefangene aus Kappadozien mit in die gotischen Wohnsitze am Schwarzen Meer gebracht wurden. Unter diesen befanden sich die Großeltern mütterlicherseits des ersten gotischen Bischofs Wulfila, noch heute wegen der Wulfila-Bibel bekannt, welche den ersten Übertragungsversuch der Evangelien in eine germanische Sprache darstellte. Auch bei den Krimgoten findet sich schon um 300 das Kreuz auf Münzen und auf dem Konzil von Nicaea ist 325 ein gewisser Kadmos, Bischof von Bosporus vertreten und ein Bischof Theophilas Gothiae. In Dakien im heutigen Rumänien, wo die Ostgoten seit 270 siedelten, finden sich christliche Grabfunde schon aus der 1. Hälfte des 4. Jh.s.

Bei den Westgoten[4] wurde also im Jahre 341 Wulfila zum Bischof geweiht,[5] allerdings schon 347 oder 348 im Rahmen einer Christenverfolgung vertrieben, worauf sich die christlichen Goten (ab nun Gothi minores, Kleingoten) bei Nikopolis auf oströmischem Reichsgebiet niederlassen durften. Doch 369 gab es unter den Westgoten eine weitere Christenverfolgung, und entweder 376, als die Westgoten ins Oströmische Reich übersiedelten, oder in den Jahrzehnten danach erfolgte ihre Bekehrung zum Arianismus. Bei ihrem Zug nach Italien 395 waren jedenfalls die meisten Westgoten Arianer, obwohl sich auch noch Katholiken und Heiden unter ihnen finden.

Auch die Ostgoten, die um 380 in Pannonien angesiedelt wurden, wurden wohl hier im Laufe des 5. Jh.s, jedenfalls aber vor ihrem Italienzug 488, zum Arianismus bekehrt, am wahrscheinlichsten nach dem Tod des Hunnenkönigs Attila 453. Theoderich der Große wurde offenbar schon als Kind (arianisch) getauft.

Ins 5. Jh. fällt offenbar auch die Bekehrung der Wandalen und Burgunden, die beide in Spanien 421 bzw. 451 als Arianer erwähnt wurden. Die Gepiden waren 440 noch Heiden, während sie Procopius während ihrer Kämpfe mit den Langobarden ca. 548 schon als Arianer bezeichnet. Auch die Rugier bekehrten sich vorerst zum Arianismus, aber ob schon vor 450 an der Theiß oder erst nach 455 im Gebiet westlich der March und nördlich der Donau, ist ungewiss, dagegen waren die Heruler, wohl nach Untergang ihres illyrischen Reiches, mit Sicherheit schon 534/535 Arianer. Die langobardische Geschichtsschreibung verlegt die Christianisierung des Stammes zum Arianismus in die Zeit nach 487. Wie bei den Herulern dürften Teile des Stammes jedoch katholisch missioniert worden sein.

Zwar wissen wir zu wenig über die Details der frühen Christianisierung dieser germanischen Stämme vor und während der Völkerwanderungszeit, aber wenigstens bei den Goten dürfte die Christianisierung „von unten" erfolgt sein und stellt somit einen Sonderfall der

Bekehrungsgeschichte dar. Für die anderen Stämme wird man – schon wegen des starken Einflusses des Arianismus – auch mit gotischen Missionaren zu rechnen haben, aber welchen Rang innerhalb der Bekehrung hier die Missionare, das Vorbild des römischen Imperiums und die Überlegungen einzelner Fürsten gehabt haben, lässt sich nur schwer bestimmen. Auf jeden Fall ging die Christianisierung in allen genannten Fällen erstaunlich schnell vor sich, selbst bei den Goten, wo die Christianisierung „von oben" weitgehend ausgeschlossen werden kann. Die Bedeutung von Missionaren war für diese frühen Bekehrungen offenbar größer als später etwa in Skandinavien, denn die Vorbildfunktion des Imperiums alleine oder politischer Druck reichen als Erklärungsmodelle für die Christianisierung der genannten Stämme kaum aus. Es war also wohl die Verbindung von missionarischem Eifer und dem Effekt der Übersiedlung ins Römische Reich, welche die rasche Bekehrung begünstigte.

Für die Franken stellte sich die Bekehrungsgeschichte anders dar, da zumindest in einigen Regionen sich römisches Christentum erhalten hat, vor allem zwischen Somme und Loire, zwischen Maas und Mosel und entlang des Rheins bis Xanten, sodann in Straßburg, Augsburg, Regensburg, Passau und Salzburg. Dieses Überleben römischen Christentums war aber nicht der Anlass oder Grund für die Christianisierung der Franken, sondern eher die Person Chlodwigs, der sich offenbar wegen seiner katholischen Frau, beeinflusst auch durch den in Gallien schon verbreiteten Kult des hl. Martin, (zwischen 498 und 508?) zur Taufe entschloss, wobei politische Überlegungen anscheinend höchstens eine sekundäre Rolle gespielt haben. Damit war zwar der Grundstein für die Bekehrung der Franken gelegt, der eigentliche Übergang dauerte aber noch über 200 Jahre, in welchem zuerst – von den städtischen, noch römisch-christlichen Zentren ausgehend – die Oberschicht, in zweiter Linie durch die irofränkische Mission des Kolumban (ab 591) weitere Bevölkerungskreise sukzessive angesprochen wurden. Ab 721 wird diese Mission im Osten noch durch die angelsächsische Mission des Bonifatius auf das hessisch-thüringische Gebiet ausgeweitet. Aus dieser Zeit (723?) stammt auch die bekannte Episode vom Fällen des Donars-Baums (*robor* kann zwar Eiche, aber auch jeden anderen Stamm bezeichnen) in Geismar/Hessen durch Bonifatius in der *Vita Bonifatii* des Willibald (6):

„Damals aber empfingen viele Hessen, die den katholischen Glauben angenommen und durch die siebenfältige Gnade des Geistes gestärkt waren, die Handauflegung; andere aber, deren Geist noch nicht erstarkt, verweigerten des reinen Glaubens unverletzbare Wahrheiten zu empfangen; einige auch opferten heimlich Bäumen und Quellen, andere taten dies ganz offen; einige wiederum betrieben teils offen, teils im Geheimen Seherei und Wahrsagerei, Losdeuten und Zauberwahn; andere dagegen befassten sich mit Amuletten und Zeichendeuterei und pflegten die verschiedensten Opfergebräuche, andere dagegen, die schon gesunderen Sinnes waren und allem heidnischen Götzendienst entsagt hatten, taten nichts von alledem. Mit deren Rat und Hilfe unternahm er es, eine ungeheure Eiche, die mit ihrem alten heidnischen Namen die Jupitereiche genannt wurde, in einem Ort, der Gäsmere hieß, im Beisein der ihn umgebenden Knechte Gottes zu fällen. Als er nun in der Zuversicht seines standhaften Geistes den Baum zu fällen begonnen hatte, verwünschte ihn die große Menge der anwesenden Heiden als einen Feind ihrer Götter lebhaft in ihrem Innern. Als er jedoch nur ein wenig den Baum angehauen hatte, wurde sofort die gewaltige Masse der Eiche von höherem göttlichem Wehen geschüttelt und stürzte mit gebrochener Krone zur Erde, und wie durch höheren Winkes Kraft barst sie sofort in vier Teile, und vier ungeheuer große Strünke von gleicher Länge stellten sich, ohne dass die umstehenden Brüder etwas dazu durch Mitarbeit getan, dem Auge dar. Als dies die vorher fluchenden Heiden gesehen, wurden sie umgewandelt, ließen von ihrem früheren Lästern ab, priesen Gott und glaubten an ihn. Darauf aber erbaute der hochheilige Bischof, nachdem er sich mit den Brüdern beraten, aus dem Holzwerk dieses Baumes ein Bethaus und weihte es zu Ehren des heiligen Apostels Petrus."

Derartige Erzählungen sind zwar einerseits fester Bestandteil der Missionarshagiographie, andererseits zeigen sie, wie man sich in der Zeit der Mission – denn Willibald schrieb seine Biographie noch im 8. Jh. – den Idealfall göttlichen Eingreifens vorstellte, nämlich als Machtdemonstration im durchaus physischen Sinn. Immer wieder stand die Frage nach der Macht eines Gottes im Mittelpunkt, so im bekannten Dialog zwischen dem noch heidnischen Chlodwig (also noch vor 496) und seiner christlichen Gattin Chlotilde (Gregor von Tour, *Historia Francorum* II, 29) oder auch im Brief Daniels von Winchester an Bonifatius (ca. 725), in dem er diesem als Missionshilfe das Argument anbietet, dass die Christen auf Grund der Macht ihrer Götter in fruchtbaren Gegenden leben, während die Heiden auf Grund der Ohnmacht der ihren in unwirtlicher Kälte lebten.[6] Auch in der skandinavischen Mission ging es oft genug um die Frage, ob die alten Götter oder der neue Gott stärker, d.h. also handlungsmächtiger wären. Isländische Christen versprachen auch noch in der literarischen Rückschau ihrer Nachfahren dann die Taufe, wenn der christliche Gott ihnen Sieg oder Erfolg verlieh (*Njáls saga* 156; *Havarðar saga Ísfirðings* 11), und verhielten sich damit genauso wie frühmittelalterliche kontinentale Fürsten.

Direkt angesprochen wird dieser Machtkampf zwischen Thor und Christus durch den Hersen Guðbrandr während des Feldzugs Olafs des Heiligen, dem Snorri folgende Rede in den Mund legt (*Óláfs saga helga* 112):

„dass ein Mann nach Lom gekommen war, 'der Olaf heißt und uns einen anderen Glauben aufzwingen will als den, welchen wir bisher hatten. Er will unsere Götter zerbrechen und spricht, er besäße einen viel größeren und mächtigeren Gott. Es ist verwunderlich, dass die Erde unter ihm nicht aufbricht, wenn er es wagt, solche Dinge zu sagen, oder dass unsere Götter ihn noch länger gewähren lassen. Ich vermute, dass wenn wir Thor aus unserem Kulthaus heraustragen, der hier in dieser Siedlung steht und uns lange gedient hat, und er Olaf und seine Leute erblickt, dann wird sein Gott vergehen und er selbst und seine Leute werden sich in nichts auflösen.'"

Ins beinahe Lächerliche zieht dann kurz darauf Snorri die Diskussion Gudbrands mit dem hl. Olaf, als er diesen auffordert, sein Gott (also Christus) solle doch am nächsten Morgen bedeckten Himmel, aber ohne Regen produzieren, denn dann sei Thor – im Gegensatz zum unsichtbaren Christus – zu erkennen, der nur wegen des Regens gerade nicht zu sehen sei. Die Verantwortung des Gottes für das Wetter war (aus christlicher Rückschau) dem Heiden selbstverständlich, für den christlichen Glauben eher absurd.

Auch in der unten noch zu behandelnden Bekehrungsgeschichte Northumbriens beugt sich der heidnische Priester Coifi dem neuen Gott Christus, weil er sich als bessser und stärker („meliora esse et fortiora") erwiesen hat. – Dieser Vergleich der „Stärke" zwischen alten

Göttern und Christus hat im Rahmen der germanischen Bekehrungsgeschichte des Westens (die Goten waren hier offenbar eine Ausnahme) bei den Bekehrten zu der dem Christentum ursprünglich völlig fremden Auffassung geführt, es ginge im Christentum um Macht und Stärke. Dieses Missverständnis hat dazu geführt, dass im christlichen Glauben der germanischen Stämme zentrale christliche Konzepte wie Nächstenliebe, Demut und Gewaltfreiheit fast keinen Stellenwert hatten und erst später, auf dem Weg monastischer Bewegungen, sekundär zum Tragen kamen, ohne sich jemals durchsetzen zu können.

Ebenfalls ins 7. und 8. Jh. fällt die Bekehrung der Alemannen und der Bajuwaren, die Mitte des 8. Jh.s schon als abgeschlossen gelten kann; wie sehr – neben dem irofränkischen – auch arianisch-gotischer Einfluss bei der Bekehrung der Bajuwaren zu konstatieren ist, bleibt umstritten.

Wesentlich zäher als die der genannten Stämme gestaltete sich die Christianisierung der beiden großen germanischen Stämme an der Peripherie, der Friesen und der Sachsen, bei denen gute politische Beziehungen zu den Franken eine geringere Rolle spielten und wo die „Ablehnung des Christentum zum Ausdruck politischer Selbstbehauptung gegenüber fränkischem Herrschaftsanspruch"[7] wurde.

Man hat allerdings in der jüngeren Vergangenheit mitunter von einer „religionsgeographischen Zweiteilung Europas" gesprochen,[8] mit dem christlichen Frankenreich, Britannien und dem Mittelmeerraum auf der einen Seite, den noch heidnischen Skandinaviern, Friesen und Sachsen sowie den diversen slawischen Stämmen im Nordosten auf der anderen Seite. Ich halte diese strikte Grenzziehung für unhaltbar, denn zum einen bezieht sie sich nur auf einen relativ kurzen Zeitraum in der zweiten Hälfte des 8. Jh.s, denn die Grenze zwischen dem heidnischen und christlichen Teil Europas veränderte sich im Frühmittelalter rasch und ständig. Zum anderen müsste man wohl eher von einer „religionspolitischen" Zweiteilung sprechen, denn wie bei den Sachsen und teilweise auch Friesen nun im 8. Jh. die Religion als Symbol für die politische Unabhängigkeit verwendet wurde, so haben noch 200 Jahre später in Norwegen die Jarle von Hlaðir ihr Heidentum (und somit den Konservativismus ihrer bäuerlichen Anhängerschaft) gegen die christlichen norwegischen Kronprätendenten Olaf Tryggvason und Olaf Haraldsson benutzt. Von Jarl Hakon hat man wohl mit Recht behauptet, dass er die Dichtung seiner Skalden mit ihren heidnisch-mythologischen Inhalten bewusst zu „politischer Propaganda" genutzt hat.[9] Außerdem vernachlässigt die Theorie von der Zweiteilung die vielfältigen, schon jeweils lange vor der eigentlichen Bekehrung existierenden Kulturkontakte, die zu einem vielfältigen Synkretismus führten, sodass also die religiöse Zweiteilung Europas überhaupt eine sehr fragwürdige Sache ist und man für breite Randgebiete von einer Mischkultur reden kann.[10] Die drei Jahrzehnte dauernde Unterwerfung der Sachsen durch Karl den Großen verwendete die Christianisierung als das wichtigste Symbol der Eingliederung ins Reich, und die Taufe Widukinds des Sachsen im Jahre 785 ist einzig und allein als politische Geste zu werten und sicher nicht als persönliche Bekehrung dieses alten Feindes Karls.

Bei den Friesen war schon ein Missionsversuch im frühen 7. Jh. gescheitert, ihm folgten Missionen durch Wilfith (678/679), Wikbert (vor 690), Willbrod (ab 690) und Bonifatius 716. Ab 734 gelingt es, die Mission weiter auszudehnen und 753/754 ist in Friesland von

1. Die Christianisierung der germanischen Stämme 233

Massentaufen die Rede,[11] aber noch 754 wird Bonifatius erschlagen (und zwar von Räubern, aber die genauen Hintergründe müssen wohl offen bleiben) und Liudger muss noch 784 bei Unruhen aus Friesland fliehen. Erst ab 804 ist Friesland als stabil katholisch zu bezeichnen, einem Zeitpunkt, als die Überfälle (heidnischer dänischer) Skandinavier den Blick verstärkt auf die (letztlich unzulängliche) Schutzfunktion des Fränkischen Reiches lenkten. Aus der Frühzeit der Friesenbekehrung ist in der *Vita Vulframni* eine Anekdote überliefert, welche die Schwierigkeiten bei der Bekehrung auch eines pragmatischen Herrschers wie des Friesenherzogs Radbod (gest. 719) deutlich macht: Als er schon mit einem Fuß im Taufwasser steht (da *fonte* in dieser Situation wohl noch kein liturgisches Taufbecken bezeichnen kann: entweder in einer echten Quelle oder einem Zuber), erfährt er von Bischof Wulfram, dass seine heidnischen Vorfahren im Gegensatz zu ihm in der Hölle seien, worauf er die Taufe abbricht, da er nicht auf die Gesellschaft seiner edlen friesischen Vorfahren verzichten könne und „mit einer kleinen Gruppe von Armen" ins Himmelreich kommen. Diese Vita stammt schon aus dem frühen 9. Jh. und geht somit sicherlich auf die tatsächlichen Erfahrungen von Missionaren zurück, die diese Einstellung zwar als menschliche Hybris verurteilten, uns aber damit zeigen, wie wichtig die Ahnen und ihre Verehrung den heidnischen Germanen waren.[12]

Bei den Sachsen begannen frühe Missionsversuche ebenfalls schon Ende des 7. Jh.s, wobei aber die zwei Ewalde (oder Hewalde, zwei angelsächsische Mönche der irischen Mission)[13] um 690 und Lebuin (Liafwine) zwischen 770 und 780 das Martyrium erlitten und Bonifatius sich nach 738 unverrichteter Dinge zurückziehen musste. Nach dem Sieg Karls des Großen in den Sachsenkriegen gehört die Bekehrung zu den Unterwerfungsbedingungen der Sachsen unter die Franken 776/777. Die Sachsenaufstände der Jahre 778, 782 bis 785 und 792 bis 804 können zwar die organisatorische Seite der Christianisierung noch verzögern, aber spätestens seit der Unterwerfung und Taufe des sächsischen Fürsten und Anführers der Aufstände, Widukind, im Jahre 785 ist der Untergang des Heidentums auch bei den Sachsen besiegelt. Der schlechte Ruf von Karls Sachsenmission verdankt sich vor allem dem sog. Blutgericht von Verden, als an einem Tag angeblich 4500 Sachsen enthauptet wurden; selbst wenn diese Zahl übertrieben sein mag, ändert das am Prinzip dieser drastischen Schwertmission nichts. Die späte Unterwerfung und Christianisierung der Sachsen unter großem Einsatz der Kirche hat uns aber immerhin einige Quellen für dieses späte Heidentum auf dem europäischen Festland beschert, darunter die *Abrenuntiatio Saxonica* (sog. Sächsisches Taufgelöbnis; vgl. Kap. IV) und die *Capitulatio de partibus Saxonum* (nach 782, um 785?), in welchen Hinweise auf heidnisches Brauchtum vor der Christianisierung und sein Fortleben nach der Bekehrung greifbar werden. In Ersteren werden uns die sächsischen Gottheiten des 8. Jh.s aus christlicher Sicht genannt, denen der Täufling wie auch dem Satan abzuschwören hat: *end ec forsacho allum dioboles uuercum and uuordum, Thunaer ende UUôden ende Saxnôte ende allum thēm unholdum thē hira genôtas sint* ... („Ich widersage allen Werken und Worten des Teufels, Thor, Wodan und Saxnôt und allen Dämonen, die ihre Begleiter sind"). Die *Capitulatio de partibus Saxonum* dagegen droht die Todesstrafe für alle jene Heiden an, die den Taufempfang verweigern, heidnische Kulte praktizieren, kirchenfeindliches Verhalten an den Tag legen und – als Zeichen ihres Heidentums – demonstrativ die Fastenzeit ignorieren, ihre Toten weiterhin nach heidnischem Brauch verbrennen oder – und das ist wohl der Hintergrund aller Vorschriften – dem König (Karl) sonst in irgendeiner Weise untreu werden. Im Jahre 797, also schon in der Endphase der Sachsenbekehrung, gab Karl noch das *Capitulare Saxonicum* heraus, in dem die Strafen schon wesentlich milder ausfallen, offenbar deshalb, weil nun die Notwendigkeit der politischen Unterwerfung nicht mehr bestand und es nun vorwiegend um religiöse Details ging.

Diese äußeren Zeichen des Glaubenswechsels, die in der *Capitulatio* als konstitutiv für die Akzeptanz der neuen Religion erscheinen, zeigen, dass es bei der Bekehrung zuerst nicht um den Wandel einer inneren Überzeugung ging: „Bei der Durchführung der Bekehrung steht nicht eine conversio im Sinne inneren Umbruchs, sondern die institutionell-kultische Erfassung und Eingliederung im Vordergrund."[14]

Es war wohl die schwierige und langwierige Sachsenmission, die Alcuin vor Augen hatte, als er (um 800) die Missionsmethoden und Missionsziele in seiner Schrift *Ordo de catechizandis rudibus* kurz so zusammenfasste:

„Zunächst ist der Mensch über die Unsterblichkeit der Seele zu unterweisen, über das zukünftige Leben, über die Vergeltung der guten und bösen Werke und die Ewigkeit beider Wege. Sodann, für welche Sünden und Vergehen er mit dem Teufel ewige Strafen erleiden und für welche guten und rechtschaffenen Taten er mit Christus ewigen Ruhm genießen werde. Ferner ist der Glaube an die Hl. Dreieinigkeit auf das Sorgfältigste zu lehren und das Kommen des Gottessohnes, unseres Herren Jesus Christi, in diese Welt um des Heiles des Menschengeschlechtes willen zu erklären; und vom Geheimnis seines Leidens, der Wahrhaftigkeit seiner Auferstehung, dem Glanz seiner Himmelfahrt, von seinem zukünftigen Kommen zum Gericht über alle Völker; und von der Auferstehung unserer Leiber und der Ewigkeit der Strafen für die Bösen und Belohnungen für die Guten."[15]

Ihm war aber bewusst, dass eine ausführliche Unterweisung eine Ideal- und Maximalforderung darstellte, sodass in der praktischen Missionsarbeit eine kurze Unterweisung in den genannten Punkten, das Taufgelöbnis und die Abschwörung des Teufels (bzw. der ehemaligen Götter wie in der genannten *Abrenuntiatio Saxonica*) eher den Normalfall darstellte. Von Alkuin stammt auch der bekannte Satz: „Zur Taufe kann ein Mensch getrieben werden, aber nicht zum Glauben." Er unterschied also ebenfalls zwischen Taufe und innerer Bekehrung, ein Faktor, der bis heute bei der Betrachtung der Bekehrungsgeschichte nicht ausreichend berücksichtigt wird.

Karl nahm übrigens die Äußerung des Leiters seiner Hofschule ernst und ließ der Taufe und förmlichen Bekehrung nun große Anstrengungen zur Christianisierung Sachsens folgen, indem er systematisch Diözesen errichten ließ (Münster war 805 die erste) und Klöster gründete.

Die Bekehrungsgeschichte des europäischen Festlandes zeigt zwei deutliche Tendenzen in diesem kurz angerissenen Zeitraum von 500 Jahren: zum einen den Übergang von der Bekehrung „von unten" im Südosteuropa der frühen nachchristlichen Jh.e zur Bekehrung „von oben", zum anderen eine fortschreitende Tendenz von der Wortmission früher Christen und Missionare zur wenigstens punktuellen Tatmission der späteren Glaubensboten bis hin zur Schwertmission im Rahmen der Sachsenkriege und teilweise auch in der norwegischen Bekehrungsgeschichte.

2. Die Bekehrung Britanniens

Die Bekehrung der Britischen Inseln stellt einen Sonderfall in der europäischen Geschichte des Christentums dar, weil dort das Christentum insgesamt dreimal Einzug hielt und zweimal fast vollständig wieder verdrängt wurde.

Die erste Phase der Christianisierung fällt in die Zeit der römischen Provinz Britannien, wo römisches Christentum noch vor der Übernahme des Christentums als offizielle Religion des Römischen Reichs im Jahre 324 Fuß gefasst hatte und sich noch in der Spätzeit des Imperiums im 5. Jh. bis nach Schottland ausdehnte. In der zweiten Hälfte dieses Jh.s jedoch bereiteten die heidnischen Angelsachsen dieser frühen Kirche durch ihre Überfälle und schließlich durch ihre Besiedlung des Großteils Englands ein weitgehendes Ende.

Erst über ein Jh. nach der Einwanderung der Angelsachsen nach England wird ein Vorstoß zu ihrer Christianisierung unternommen, und über diese Phase der Bekehrung Englands sind wir durch den Kleriker und Geschichtsschreiber Beda Venerabilis, Mönch im nordenglischen Jarrow, bestens unterrichtet. Beda schreibt in seiner um 731 fertig gestellten Geschichte der jungen englischen Kirche (*Historia ecclesiastica gentis Anglorum*) nicht nur die Kirchengeschichte, sondern auch politische Geschichte, wobei immer wieder auch Informationen über die heidnischen Gebräuche der Angelsachsen miteinfließen, wenn auch eher unbeabsichtigt.

Um 596 entsandte Papst Gregor der Große monastische Glaubensboten nach Britannien und legte damit den Grundstein zur sog. römischen Mission der Angelsachsen. Augustinus landete in Kent und konnte mit Unterstützung eines schon in Canterbury anwesenden fränkischen Missionars König Æthelbert von Kent zur Taufe führen, dessen Beispiel zu Massenübertritten führte. Auf diese Erfolgsmeldungen schickte Gregor schon 601 eine zweite Gruppe von Mönchen, darunter Paulinus, zur Unterstützung von Augustinus, und die Mission wurde mit Unterstützung des Königspaares schon bald auf Essex ausgedehnt, welches aber schon nach zwei Jahrzehnten einer heidnischen Renaissance zum Opfer fiel. Noch 600 dürfte Augustinus, der „Bischof der Engländer", in Canterbury ein Kloster gegründet haben, und im Laufe des 7. Jh.s folgten im Gefolge der Missionare Klostergründungen in ganz England. Bei seinem Tod im Jahre 604 bestanden bereits drei Diözesen, nämlich Canterbury, Rochester und London.

Ein äußerst wichtiges Dokument für unsere Kenntnis des Missionsvorgangs und seiner Prinzipien haben wir in Gregors Missionsinstruktion an Abt Mellitus aus dem Jahre 601 vorliegen, welche bei Beda (wohl komplett) zitiert ist. Darin wird der Akkomodation als Missionsprinzip das Wort geredet, ein Prinzip, welches in der angelsächsischen Mission offenbar für die spektakulären Erfolge der Missionare mitverantwortlich war, auch wenn es Bonifatius dann seinerseits bei seiner angelsächsischen Mission auf dem Kontinent eher hintanstellte (Beda, *Historia ecclesiastica* I, 30):

„Wenn Ihr mit dem allmächtigen Gott bei unserem höchst verehrungswürdigen Bruder, Bischof Augustinus, eintrefft, sagt ihm, was wir nach reiflicher Überlegung über die Sache der Angelsachsen beschlossen haben: nämlich, dass die Heiligtümer der Götzen bei jenem Volk möglichst nicht zu zerstören sind, sondern die darin befindlichen Götzenstatuen zerstört werden sollen, die Heiligtümer selbst aber mit geweihtem Wasser besprengt, Altäre errichtet und Reliquien niedergelegt werden sollen: denn wenn diese Tempel fest gebaut sind, ist es notwendig, sie vom Kult der Dämonen der Verehrung des wahren Gottes zuzuführen; sodass sich die Menschen, wenn sie sehen, dass ihre Heiligtümer nicht zerstört werden, den Irrtum ihrer Herzen ablegen und, den wahren Gott erkennend und verehrend, an den ihnen vertrauten Orten zusammenkommen. Da sie gewohnt sind, viele Ochsen im Kult ihrer Dämonen zu schlachten, so lasst dafür irgendeine andere würdige Sache eintreten: so etwa der Kirchweihtag oder der Geburtstag der heiligen Märtyrer, deren Reliquien da niedergelegt wurden, und sie mögen sich Hütten aus Zweigen um die aus solcherart umgewandelten Heiligtümern entstandenen Kirchen errichten und in frommer Gemeinschaft die Feier begehen. Dier Tiere sollen nicht länger dem Teufel geopfert, sondern zur Ehre Gottes zur Nahrung geschlachtet werden und dabei den Schenker aller Gaben für ihren Überfluss danken lassen: sodass sie, wenn sie die äußeren Freuden erfahren, umso leichter die inneren Freuden annehmen können. Denn es ist zweifellos unmöglich, verstockten Geistern alle Irrtümer gleichzeitig auszutreiben [...]

Diese Akkommodation war vielfach ein erfolgreiches Mittel, vor allem dort, wo sich die angesprochene Kontinuität der Kultstätten erzielen ließ. Dass heidnische Kultstätten, ob nach oder statt ihrer Zerstörung, durch kirchliche Gebäude ersetzt wurden, ob nun das Aufanen-Heiligtum unter der Apsis des Bonner Münsters oder ein heidnisches Kultgebäude in Maere in Mittelnorwegen, mag tatsächlich weniger mit dem Prinzip der *ecclesia triumphans* zu tun haben (wie oft behauptet wird) als mit dem Argument Gregors des Großen, dass die Menschen gerne an ihren Kultstätten festhalten. Hier stand die Germanenmission mit ihren Versuchen der Akkomodation in alter christlicher Tradition: Wir wissen aus der *Vita Benedictini* des Gregor, dass Benedikt einen Apollo-Tempel auf dem Monte Cassino in eine Martinskirche umgewandelt hatte (Gregor: *Dialogi* II, 8, 10), schon 407 übernahmen die Christen in Karthago den Tempel der Dea Caelestis als Kirche und Augustinus ließ darin seine Kathedra an die Stelle des Standbilds der Göttin stellen.[16] In Cyrrhus in Syrien konnte die Verehrung der Hl. Kosmas und Damianus im 5. Jh. direkt die Kultstätte eines (funktional ähnlichen) Kults des Asclepius übernehmen, in Konstantinopel weihte Kaiser Konstantin selbst einen Poseidontempel an den hl. Menas um,[17] und im istrischen Poreè (Parenzo) wurde die Cella des Poseidontempels sogar samt ihren Innenmosaiken als Apsis einer frühchristlichen Basilika übernommen. In Trier wurden noch im 6. Jh. die Rebenmasken der Säulenkapitäle aus dem Bachustempel durch Bischof Nicetius für die neue Kathedrale verwendet.[18] Im Südgallien des 6. Jh.s errichtete man nach der Christianisierung die Dorfpfarrkirchen nicht unbedingt in den Siedlungen, sondern an den Orten alter Kultstätten. Ein Extrembeispiel stellt das Kloster Kildare in Irland dar, wo man den vorchristlichen Kult der keltischen Göttin Brigantia, unter annähernder Beibehaltung des Namens, und Bewahrung des Attributs des heiligen Feuers sowie des Festtags am 1. Februar auf die hl. Brigid übertrug.[19]

Zwar hat man in der Bewahrung von Tempeln eine Aktion von nur sekundärer Bedeutung sehen wollen: „Ob der Kultbau nun erhalten blieb oder nicht, entscheidend war für alle Beteiligten zuerst der konfrontative und damit herausfordernde Akt der Zerschlagung der Götterbilder."[20] Ich meine aber doch, dass die Übernahme der Kultbauten, der Festzeiten und bestimmter Elemente ins Christentum von größerer Wichtigkeit für die Annahme des neuen Glaubens war als dies meist angenommen wird, vor allem weil die Namen der Gottheiten in der viel pluralistischeren heidnischen Religion – besonders in Gebieten von kultureller und ethnischer Mischung – ohnehin leicht austauschbar waren. Die Instruktion Gregors zeigt m. E. eine tiefe Einsicht in die Möglichkeiten und Grenzen der Mission, die von weitgehendem Pragmatismus und Delegationswillen innerhalb eines theologischen Rahmens zeugt. – Eine andere, wenn auch etwas problematischere Form dieser Akkomodation vom europäischen Festland kennen wir aus der Geschichte eines Missionsbischofs Aldebert (Aeldeberht, gest. nach 747), der von Bonifatius auf einer Synode in Rom folgender Vergehen angeklagt wurde:

„Er hat Kreuze und Kapellchen auf Feldern und bei Quellen errichtet oder wo auch immer er gesehen wurde und pflegte dort öffentliche Predigten zu veranstalten, während große Massen Volkes, unter Verachtung der andern Bischöfe und Abwendung von den alten Kirchen, in solchen Plätzen versammelt feierte."

Man hat wohl mit Recht vermutet, dass mit den Feldern und Quellen heidnische Kultstätten gemeint waren,[21] aber für die Anklage des Bonifatius dürfte wohl diese extreme Form der Akkomodation ebenso wie der Massenzulauf verantwortlich gewesen sein, den Bonifatius mit seiner rigideren Missionsmethode wohl nie verzeichnen konnte.

Das zweite Königreich, in dem die römische Mission nachhaltige Erfolge verzeichnen konnte, war Northumbria im Nordosten. Paulinus begleitete nämlich 625 Æthelburh, eine Tochter des Æthelbert dorthin, die mit dem heidnischen Edwin von York verheiratet wurde, aber nur unter der Bedingung, dass sie und ihr Gefolge ihren christlichen Glauben ungestört ausüben könnten.[22] Paulinus und Æthelburh konnten das dortige Königshaus offenbar bald von der Macht des Christentums gegenüber dem Heidentum überzeugen, vor allem da es bessere Antworten auf die Fragen nach dem jenseitigen Leben anbot. Die Zerstörung des heidnischen Haupttheiligtums östlich von York (das man bis heute allerdings hat nicht genau lokalisieren können) durch seinen ehemaligen Oberpriester Coifi wird von Beda eindrucksvoll geschildert. Dieser Priester hadert, als er von der Entscheidung des Königs und der Stammesversammlung im Jahr 627 zum Übertritt erfährt, in einer ihm von Beda in den Mund gelegten Rede mit den alten Göttern, denen er Machtlosigkeit vorwirft. Da aber der neue Glaube sich als stärker erweise, wende er sich selbst dem Christentum zu, und zwar gleich in radikaler Weise, indem er die Zerstörung des alten Heiligtums vorschlägt. Er bricht seine Tabus als heidnischer Priester, nach welchen ihm sowohl das Reiten wie das Tragen von Waffen nicht gestattet waren, reitet in das Heiligtum und setzt es durch einen brennenden Speer in Flammen. Der Speer hatte ganz zweifellos kultische Bedeutung und der Speerwurf ins Heiligtum kann als aggressivste Form der Abwendung vom heidnischen Glauben überhaupt verstanden werden.[23]

Nach der Bekehrung Northumbrias wurden Eastanglia und Wessex beide noch vor Mitte des Jh.s vollständig christlich, Mercia war bei seiner vollständigen Abspaltung von Northumbria 658 ebenfalls schon bekehrt. König Raedwald von Eastanglia war zwar schon 616 in Kent getauft worden, aber nach seiner Rückkehr stieß er auf erbitterten Widerstand im eigenen Haus, was ihn zu einer von Beda (II, 15) scharf verurteilten Lösung des Zwiespalts bewog: *in eodem fano et altare haberet ad sacrificium Christi et aurulam ad uictimas daemoniorum*, er hatte also „im gleichen Heiligtum sowohl einen Altar für das Opfer Christi als auch ein Altärchen für die Opfer an die Dämonen". Was Beda nicht erwähnt, ist, dass vor Raedwald schon Aethelberht selbst einen ähnlichen Weg gegangen sein dürfte, da Gregor der Große in einem Brief an ihn nach der Bekehrung fordert, den heidnischen Kult zu unterbinden.[24] Raedwald hebt sich für uns von anderen englischen Königen im Glaubenskonflikt ab, weil wir die physischen Paraphernalien dieser Glaubensmischung bei ihm durch das größte angelsächsische Schiffsgrab in Sutton Hoo belegt zu haben scheinen. Sutton Hoo I ist höchstwahrscheinlich Readwalds Grab (gest. 624/625)[25] oder wenigstens eines Herrschers seiner Wuffinga-Dynastie in einem engen zeitlichen Rahmen. In ihm finden sich zwar ein christliches Königsschwert und zwei silberne Löffel mit der Aufschrift Saulos und Paulos (als Taufgeschenk mit Hinweis auf die Bekehrung?), aber auch Helmzierbleche heidnisch-skandinavischen Typs mit Waffentänzern (vgl. Kap. IV). Diese Art von Grabbeigaben mag typisch für einen Herrscher sein, der im frühen 7. Jh. die Spannungen des Glaubenswechsels an seiner eigenen Person erlebt hat, und das mysteriöse Fehlen des Körpers selbst im Grab (das auch keine Anzeichen späterer Exhumierung aufweist) unterstreicht noch die Komplexität eines Herrschertodes in dieser Übergangssituation.

Überschattet wurde die Mission des 7. Jh.s durch die Auseinandersetzungen zwischen den römischen Missionaren und der von Irland über Schottland wirkenden keltischen Kirche, welche zuletzt vor allem von König Sigeberht von Eastanglia ab etwa 630 und Oswald von Northumbria ab 634 gefördert worden war. Der Streit entzündete sich vor allem an der Frage des unterschiedlichen Ostertermins und anderen liturgischen Fragen. Erst die Synode von Whitby im Jahre 664 entschied zugunsten der römischen Gebräuche, und die Entsendung des griechischen Mönchs Theodor als Erzbischof von Canterbury (669–690), eines offenbar brillanten Organisators, festigte die Stellung der römischen Kirche in Britannien endgültig. Canterbury blieb auch weiterhin kirchliches Zentrum. Sussex wurde zwar erst Ende des 7. Jh.s christianisiert, aber um 690 gilt England als völlig bekehrt, und das 8. Jh. dient in Britannien bereits vorwiegend der Konsolidierung, wozu auch zahlreiche Klostergründungen gehörten, die allerdings meist in den Wikingerzügen des 9. Jh.s zerstört wurden.

Die dritte Phase der Christianisierung in Britannien verlief weniger dramatisch, betraf auch nicht das ganze Land und war vor allem eine Bekehrung „von unten". Während die kirchlichen Strukturen ebenso wie die Klöster in der Osthälfte Englands während des 9. Jh.s den Wikingereinfällen zum Opfer fielen, war sowohl das Christentum der Bevölkerung als auch der englischen Könige so weit gefestigt, dass auch die Wikingerüberfälle keine dauernde Vernichtung der Kirche mehr bewirkten. Alle englischen Quellen verurteilen die skandinavischen Räuber allerdings nicht nur wegen ihrer Gier und angeblichen Grausamkeit, sondern auch weil sie Heiden waren, und dieses „Heidnische" an den Wikingern wird in den englischen Quellen auffällig betont, sodass sie mindestens genauso oft als *pagani* („Heiden") wie als *piratae* („Piraten") bezeichnet werden. Wenn diese *barbari* dann noch dazu als *plebs spurcissima* oder *plebs immunda* („unreines Volk") bezeichnet werden, bezieht sich diese Unreinheit nicht auf ihr Äußeres (im Gegenteil, Angelsachsen beschweren sich, dass die häufiger badenden Wikinger ihnen die Frauen abspenstig machten), sondern auf die (ansteckend empfundene) Unreinheit ihrer Religion. Auch der vereinzelte Nachweis von heidnisch konnotierten Exportbrakteaten im angelsächsischen und frühwikingerzeitlichen Britannien und im Frankenreich bedeutet noch lange keine effektive „pagane Expansion",[26] was eine völlig falsche Auffassung von Zweck und Ziel der wikingischen Expansion voraussetzen würde. Es geht den Skandinaviern in Westeuropa nicht um pagane (Re-)Mission, sondern um Ruhm, Reichtum und Land, Letzteres sogar um den Preis der eigenen Bekehrung zum Christentum (wofür die Taufe Rollos in Rouen 911 das beste Beispiel ist)[27].

Nach dem Ende der Frühphase der Wikingerzüge – also der unregelmäßigen jährlichen Überfälle kleinerer Flotteneinheiten – kam es zur Bildung des zwischen 865 und 886 innerhalb Englands heerenden *micil here*, dessen Krieger aber nicht mehr jährlich in die skandinavische Heimat zurückkehrten, sondern in Heerlagern mitten in England überwinterten. Nach der Auflösung dieses so genannten großen Heeres kam es zur Ansiedlung vieler Skandinavier in den ehemals rein angelsächsischen Gebieten im Osten und Nordosten Englands, und ab dieser Zeit übernahmen viele der Wikinger zweifellos schon wegen der Einheirat in einheimische Familien auch deren Mehrheitsreligion, das Christentum. Nicht ganz ohne Grund wird in dem Gebiet Englands, in Northumbrien, das am intensivsten von Skandinaviern besiedelt wurde, aber auch eine der schon gefestigsten Kirchen in England aufwies, auch die Glaubensmischung zwischen Christentum und germanischem Heidentum am deutlichsten greifbar. Dieser Synkretismus ist für uns am deutlichsten in der bildenden Kunst greifbar, wo Grabsteine, Grabkreuze, Kapitele und Triptychen von einer Austauschbarkeit oder Mehrdeutigkeit von Motiven eine beredtes Zeugnis geben. So wie die Darstellungen von Thors Fischfang (vgl. Kap. IV) auch für Christus mit dem geköderten Leviathan, des Fenriswolfs (vgl. oben Kap. VI) für den Teufel oder der Schlange sowohl für die Midgardschlange (Kap. VI) als auch für den Teufel eingesetzt werden konnten, so ist es auch bei weniger mythologisch geladenen Szenen oft genug fraglich, ob wikingischer Stil und christlicher Bildinhalt als Gegensätze angesehen wurden.

Ab 892/893 begann eine zweite große Armee in Süd- und Westengland zu operieren, wurde aber von König Alfred bald matt gesetzt und löste sich schon 896 auf. Als der christliche König Alfred der Große 899 starb und ab 902 sein Sohn Edward das Danelag erfolgreich zurückzuerobern begann, waren die Glaubensunterschiede nur selten Thema der Auseinandersetzungen, sodass man annehmen kann, dass viele Skandinavier schon vor ihrer endgültigen Unterwerfung durch Edward 920 ohne großes Aufsehen zum Christentum übergetreten waren. Auch im letzten Jh. der wikingischen Überfälle spielte die Frage der religiösen Unterschiede kaum eine Rolle, denn wenigstens ab den 60er-Jahren des 10. Jh.s waren die dänischen Angreifer ebenfalls schon christlich, und beim letzten großen Versuch der skandinavischen Eroberung Englands durch den norwegischen König Harald Hardraði im Jahre 1066, die durch König Harold in der Schlacht von Stamford Bridge (in Northumbrien) abgeschmettert wurden, riefen sowohl der wikingerstämmige englische König als auch sein Herausforderer, der ehemalige Wikingerführer Harald, vor der Schlacht den christlichen König um Beistand an.

Für die Normannen unter Wilhelm dem Eroberer war die Christianisierung Englands damit keine prinzipielle Frage mehr, sondern bereits eine der Vertiefung und organisatorischen Verbesserung der englischen Kirche.

3. Die Bekehrung Skandinaviens

Während der erste Versuch einer Mission in Dänemark durch Willibrord um 700 wirkungslos verlief, zeigte sich die Wirkung der nun nach der Sachsenbekehrung an die jütische Halbinsel herangeschobenen Reichsgrenze schon bald. Nachdem der Missionar Ebo 823 in Dänemark tätig war, tauchte einer der acht dänischen Thronprätendenten, der (Teil-)König Harald Klak im Jahre 826 bei Kaiser Ludwig dem Frommen auf, um vom mächtigen Nachbarn Unterstützung für seine Sache zu gewinnen. Ludwig sagte seine Unterstützung um den Preis der Taufe zu und so wurde Harald mit seinem Gefolge als erster dänischer Herrscher am 24. Juni 826 in der Abtei St. Alban bei Mainz mit seinem Gefolge getauft. Ludwig schickte den Missionar Ansgar mit Harald nach Dänemark zurück, aber keine militärische Unterstützung, sodass Harald und Ansgar schon 827 wieder Dänemark verließen. Da aber Harald neben seinem Taufkleid auch einen kompletten Königsornat mit Krone, Purpurmantel und Schwert als Zeichen seines Thronanspruches erhielt,[28] hatten diese Geschenke einen unerwarteten Nebeneffekt, da sich zahlreiche auch dänische Legationen nur aus Interesse an den Taufgeschenken am Hofe Ludwigs taufen ließ, wie eine Anekdote in den *Gesta Karoli* zeigt:

Bei einer solchen Taufe einer dänischen Gesandtschaft waren die üblichen teuren Taufkleider ausgegangen, sodass man auf ein einfacheres Modell zurückgriff. Als einer der Täuflinge dies bemerkte, wandte er sich zornig an Ludwig: „Schon zwanzigmal hat man mich hier gebadet und mir die besten weißen Kleider angetan, aber so ein Sack steht keinem Krieger, sondern einem Schweinehirten zu. Und wenn ich mich nicht meiner Nacktheit schämte, nachdem man mir meine Kleider weggenommen, aber nicht die von dir gegebenen angelegt hat, würde ich dir dein Gewand samt deinem Christus lassen!"[29] Die Ehre, Kaiser Ludwig als Taufpaten zu gewinnen, mag also Begehrlichkeiten oder wenigstens den fälschlichen Eindruck einer wiederholbaren Ehrerweisung erweckt haben.

Ansgar verließ nach seinem Scheitern in Dänemark 830 das Reich erneut, um nach Schweden zu gehen; ab nun waren er, Ebo und Gauzbert von Hamburg-Bremen aus für Skandinavien zuständig. Ansgar unternahm 850 einen weiteren Missionsversuch in Dänemark (der immerhin zur Gründung einer Kirche in Haithabu führte), 852 einen neuen in Schweden (wo Gauzbert 845 durch einen Volksaufstand aus Birka vertrieben worden war, 854 kehrte er wieder nach Bremen zurück, nachdem er mit Erlaubnis des Königs Olaf und der Thingversammlungen von Uppsala und Birka hier eine Kirche errichten durfte. Sein Begleiter Erimber blieb noch bis 856 in Birka; kurz nachher zogen Ansfried und Rimbert nach Birka, aber ihr Abgang brachte auch das vorläufige Ende der Mission in Schweden und Dänemark. Nur im äußersten Süden der jütischen Halbinsel hielt sich das Christentum in den Handelsstädten Haithabu und Ribe, in Letzterer befand sich eine Kirche, in Haithabu ebenfalls eine Kirche (mit einer Glocke – ein Privileg, das Ansgar Horich dem Jüngeren abgerungen hatte), offenbar sogar mit Priestern. Als aber Ansgar 865 und sein Schüler Rimbert 888 sterben, scheint damit auch das Ende der Skandinavienmission erreicht zu sein.

Die Gründe für das Scheitern dieser ersten Dänenmission liegen nicht zuletzt, wie auch Rimbert in seiner *Vita Anskari* betont, in den politischen Wirren dieses Jh.s von Wikingerzügen und Thronwirren. Diese Wirren wurden von den Heiden als Zorn der Götter über die zunehmende Verehrung des Christengottes ausgelegt, sodass der Dänenkönig Horik II. um die Mitte des 9. Jh.s von seinen Fürsten dazu gedrängt wurde, das Christentum zu verbieten: [...] *dicentes, deos suos sibi iratos esse, et quod ideo tanta eos mala invenerint, quia alterius et ignoti die apud se culturam receperint.* „[die dänischen Fürsten] sagten, ihre Götter seien zornig, und ihr großes Unglück beruhe nur auf der Verehrung dieses anderen und unbekannten Gottes bei ihnen" (*Vita Anskari* 31).

Es dauert bis in die 30er-Jahre des 10. Jh.s, bis sich wieder ein Missionar nach Dänemark wagt. Überhaupt scheint es, dass die skandinavischen Außenkontakte im ersten Drittel des 10. Jh.s zurückgingen, was damit zusammenhängen mag, dass in England Edward erfolgreich die Rückeroberung des Danelags betrieb und die Kontakte Dänemarks, die sehr stark nach Westen orientiert waren, damit zwangsweise eingeschränkt wurden. Jedenfalls missionierte ein Glaubensbote namens Unni zuerst in Dänemark, ab 936 dann auch wieder im schwedischen Birka. Ein Hamburger Missionar namens Poppo missionierte nach der Mitte des 10. Jh.s, und 966 ließ sich der dänische König Harald Blauzahn taufen, angeblich weil Poppo erfolgreich eine Feuerprobe bestanden habe:

„Im Jahre des Herrn 966 wurden die Dänen durch jemanden namens Poppo zum Glauben bekehrt, welcher ein feuriges, glühendes Stück Eisen, das wie ein Handschuh geformt war, vor dem Volke einhertrug, ohne davon verletzt zu werden. Als dies König Harold sah, legte er das Heidenthum ab und bekehrte sich mit seinem ganzen Volke zur Verehrung des wahren Gottes, Poppo aber ward zum Bischof befördert."[30]

Eine ganz ähnliche Geschichte wird von Adam (II, 31) allerdings von Poppo und einem dänischen Herrscher Heric (= Horik?) erzählt, sodass man diesem Detail der dänischen Bekehrungsgeschichte nicht zu viel Gewicht beimessen sollte. Sicher ist dagegen, dass Harald wirklich 965 oder 966 bekehrt wurde und aus diesem Anlass das Kultzentrum in Jelling in Jütland christlich umgestalten ließ: Hier lagen unter anderem die beiden monumentalen Grabhügel seiner Eltern Gormr und Thyra, die schon bei mittelalterlichen Historikern Kommentare hervorriefen (Sven Aggesen: *Historia compendiosa* 7: *masoleis illustribus* [„großartige Mausoleen"]). Davor war das Grab seines Vaters erst 958 oder 959 mit heidnischem Ritus geschlossen worden, nun aber ließ Harald eine Kirche bauen, einen riesigen Runenstein errichten, der die Christianisierung in Bild und Inschrift feierte, und schließlich die Gebeine seines Vaters exhumieren und in die Kirche überführen, sodass diese Exhumierung und christliche Beisetzung Jelling auch weiterhin den Rang als religiöses Zentrum, aber nunmehr christlicher Ausrichtung perpetuierte (vgl. dazu auch oben Kap. VII).[31]

Der mächtige, reich dekorierte und ursprünglich farbenprächtige Stein, den Harald in Jelling setzen ließ, trägt folgende Inschrift:

Abb. 26: Der große Runenstein von Jelling, Jütland, Dänemark.

A: haraltr : kunukR : ba : kaurua / kubl : þausi : aft : kurm faþur sin / auk aft : þaurui : muþur : sina : sa / haraltr (:) ias : saR . uan . tanmaurk
B: ala . auk . nuriak
C: . auk . tani . (karþi) . kristna

(A: König Harald gebot diese Denkmäler zu setzen nach Gormr, seinem Vater, und nach Thyra, seiner Mutter; der Harald, der sich ganz Dänemark gewann
B: und auch ganz Norwegen
C: und auch die Dänen zu Christen machte.)

Haralds ebenfalls christlicher Sohn Svein Gabelbart eroberte nach der erfolgreichen Konsolidierung Dänemarks und der Errichtung mehrerer befestigter Heerlager auch England und wurde dort im Jahre 1013 König. Damit verstärkte sich auch der englische Einfluss auf das dänische Christentum, der schon mit ein Grund für die rasche Bekehrung unter Harald gewesen sein mag, auch wenn die Hamburgische Kirchengeschichte des Adam für die angelsächsische Konkurrenz kein Wort übrig hat. Viele Dänen ließen sich weiterhin in England taufen, wo die kirchliche Struktur besser ausgebaut war. Unter Knut dem Großen (1014–1035), Beherrscher Dänemarks, Norwegens und Englands, kamen weitere englische

Bischöfe nach Dänemark. Zu Knuts Zeiten wurden in Dänemark angeblich hunderte von Kirchen gebaut – auch wenn viele noch im 10. Jh. entstanden –, sodass mit seinem Tod die Bekehrung als abgeschlossen gelten konnte.

Die Christianisierung Norwegens geht auf die seit dem Beginn der Wikingerzeit bestehenden engen Verbindungen mit England zurück. Harald Schönhaar, der Reichseiniger Norwegens, der in der zweiten Hälfte des 9. Jh.s die Kleinkönigtümer Norwegens in langen Kämpfen zu einem Reich verschmolzen hatte, war noch Heide, allerdings auch anderen Religionen aufgeschlossen, wie seine verschiedenen Verbindungen zu den Sami zu zeigen scheinen.[32] Aber schon der Sohn Haralds, König Hakon der Gute, war bereits in England getauft worden, bevor er um 940 nach Norwegen zurückkehrte, um die Herrschaft anzutreten und das Christentum einzuführen. Er wurde jedoch zwischen 960 und 965 von Harald Graumantel, dem Sohn Erik Blutaxts, mit Hilfe einer dänischen Flotte geschlagen. Allerdings waren auch Eriks Söhne, die ja vorerst in York, ab etwa 950 in Dänemark aufwuchsen, schon in England Christen geworden, und sie zerstörten nun während ihrer Herrschaft in Norwegen von 961 bis 970 auch heidnische Tempel, waren aber sonst kaum von Begeisterung über den christlichen Glauben getrieben. Ihre wenigen Handlungen gegen das Heidentum geschahen eher aus dem Versuch heraus, den traditionalistischen Flügel der norwegischen Politik unter den Jarlen von Hlaðir zu schwächen. Nach dem Tode Harald Graumantels am Limfjord um 970 war Jarl Hakon von Hlaðir de facto Herrscher über Westnorwegen, während der dänische König Harald Blauzahn den Ostteil des Landes dominierte.

Im Gegensatz zu Harald Graumantel war Jarl Hakon jedoch ein erklärter Förderer des Heidentums und verlieh ihm vor allem in Westnorwegen neue Impulse. Hakon ließ die Opfer neu aufleben und verpflichtete die beeindruckende Zahl von neun Skalden an seinem Hof, die seine Person als Apotheose heidnischer Herrschergestalten in mythologischen Vergleichen feierten. Jarl Hakon hatte noch dazu das Glück, dass zu seiner Zeit *ár ok friðr*, also Fruchtbarkeit und Frieden, für zwei Jahrzehnte ein reiches, friedliches Norwegen vorspiegelten, das sich mit den schlechten und unruhigen Jahren unter den wohl wenig effizienten, aber christlichen Eirikssöhnen positiv abhob. Hakons politisch motivierte Begeisterung für das Heidentum, das ihm die Unterstützung der konservativen westnorwegischen Bauern sicherte, machte ihn aber bald danach zum Inbegriff des „bösen Heiden" in der christlichen Hagiographie, da man schon früh seiner Person die Verantwortung für das erste Martyrium in Skandinavien zuschrieb.

Der ehemalige Wikingerführer und Kronprätendent Olaf Tryggvason, der nach einer Jugend in Garðar (Russland) während eines seiner zahlreichen Raubzüge in England getauft worden war, nachdem er schon 971 an der Seite des deutschen Kaisers Otto II. (wohl als Legionär) gegen den dänischen König Harald Blauzahn gekämpft hatte, war der überraschende Präponent des Christentums im 10. Jh. Als er 995 in Norwegen landete, setzte er voll auf das Christentum als Mittel zur Durchsetzung seiner (immerhin legitimen) Ansprüche auf den Thron – obwohl er ebenso wenig ein Nachfahre von Harald Schönhaar war wie später der hl. Olaf. Olaf hatte aus den Erfahrungen seiner frühen Heerzüge offenbar genug gelernt und landete in Norwegen nicht nur mit ausreichender Heeresmacht, sondern auch mit einigen Priestern und einem Bischof Sigurd. Er besiegte Jarl Hakon und ließ sogleich zahlreiche heidnische Heiligtümer niederreißen und begann, steinerne Kreuze als Zeichen der Christianisierung zu errichten. Auf der Schleppstelle von Dragseidet in Westnorwegen errichtete er 997 ein solches Kreuz zur Erinnerung an eine Versammlung, die er hier mit den Bauern von vier westnorwegischen Provinzen abhielt und sie dabei unter Androhung des Todes zum Übertritt zum Christentum zwang.

Er unterwarf auch den Ostteil Norwegens unter seine Herrschaft, aber nach Auskunft der mittelalterlichen Historiographie wandte er gerade in Westnorwegen und in Halogaland (999), wo der Widerstand gegen das Christentum am stärksten war, auch das Schwert als Instrument der Christianisierung an. Die norwegische und isländische Geschichtsschreibung im Mittelalter preist ihn dennoch als effizienten Herrscher, dessen Werk durch seinen frühen Schlachtentod nicht vollendet werden konnte, und stilisiert ihn zum Wegbereiter der endgültigen Chistianisierung unter dem hl. Olaf, wohl nach Vorbild der Rolle Johannes' des Täufers. In Adam von Bremens Hamburgischer Kirchengeschichte kommt Olaf ungleich schlechter weg und wird als unverlässlicher Halbheide geschildert (II, 38: „Manche erzählen, er sei Christ gewesen, manche, er habe das Christenthum wieder verlassen; alle aber versichern, er habe sich auf Zeichendeutung verstanden, sich auf das Loos verlassen und seine ganze Hoffnung auf Vogelzeichen gesetzt"). Diese bekannte Art innerkirchlicher Verleumdung durch Adam lag aber vor allem daran, dass Olaf seine kirchlichen Wurzeln in England hatte, einen englischen Missionsbischof bei sich hatte und nicht daran dachte, sich ohne guten Grund dem Episkopat von Hamburg-Bremen zu unterwerfen (obwohl zu vermuten ist, dass ihm derartige Fragen innerkirchlicher Machtpolitik wenig Kopfzerbrechen bereiteten). – Man hat allerdings jüngst gemeint, dass die isländische und norwegische mittelalterliche Historiographie Olaf Tryggvason einen zu hohen Anteil an der Christianisierung zuschreibt, da zweifellos schon viele Norweger in der Zeit Hakons des Guten konvertierten und ein in Glastonbury in England erwähnter Sigefridus Norwegensis episcopus schon zwischen 959 und 975 norwegischer Bischof gewesen sein muss.[33]

Als aber im Jahre 1000 Olaf Tryggvason bei einer Schlacht gegen Sven, wohl im Öresund, ertrank, wurde Norwegen wieder zwischen Schweden, Dänemark und den Söhnen Jarl Hakons von Hlaðir, Eirik und Svein, aufgeteilt. Zwar waren die beiden Jarle ebenfalls Christen, aber nur nominell. Auf diese Weise wurde Tröndelag wieder heidnisch, und auch sonst erlitt das Christentum in den folgenden 15 Jahren zahlreiche Rückschläge, war aber nicht mehr völlig zu verdrängen.

Wenigstens zwei dauerhafte Erfolge Olaf Tryggvasons lassen sich nämlich nennen, zum einen die Christianisierung Islands (darüber ausführlicher unten) und die Etablierung der ersten Heiligen Skandinaviens. Es war nämlich während Olafs kurzer Regierungszeit, laut Legende im Jahre 996, dass zwei Kaufleute auf der mittelnorwegischen Insel Selja im Vorbeisegeln ein wunderbares Licht erblickten, an Land gingen und fanden, dass dieser Heiligenschein von Knochen und Schädeln in einer Höhle ausging, die sie dem König brachten. Dessen Bischof Sigurd machte sich auf und sammelte auf Selja nicht nur zahlreiche Knochen und Schädel, sondern auch den unversehrten Körper der irischen Jungfrau Sunniva, die dort mit Gottes Hilfe dem heidnischen Jarl Hakon durch einen Felssturz entkommen

Abb. 27: Blick von Norwegens ältester christlicher Kirche,
St. Michael auf Selja.

war und so das Martyrium erlitten hatte. Schon kurz darauf wurden die Gebeine in der zur Michaelskirche geweihten Höhle beigesetzt, aber schon bald wird vor der Höhle eine enorme Plattform aufgeführt und eine eigene Sunnivakirche als Wallfahrtskirche errichtet. Um die Mitte des 11. Jh.s werden englische Benediktiner ins Land geholt, um durch eine Klostergründung den wachsenden Pilgerstrom unter Kontrolle zu bringen, und schon 1068 wird auf dieser verkehrspolitisch sehr zentral gelegenen Insel die erste norwegische Diözese errichtet. Die Archäologie hat bislang nicht feststellen können, ob es sich bei den Reliquien tatsächlich um die Gebeine von Iren handelt, aber die Höhlenkirche in Selja dürfte tatsächlich schon die erste, noch im 10. Jh. geweihte Kirche Norwegens sein, die offenbar ungeachtet des norwegischen Rückfalls zum Heidentum von 1000 bis 1015 als Zentrum des jungen Christentums diente. Es ist somit Olaf Tryggvasons Verdienst, der hier erstaunliche Vorausschau bewies, dass die hl. Sunniva bis zur Reformation *patrona Norwegium* blieb, auch wenn der hl. Olaf ihr an Bedeutung noch im 11. Jh. den Rang ablief.

Erst mit der Invasion Norwegens durch Olaf Haraldsson, den späteren Heiligen, setzte ab 1015 dort wieder die Missionsarbeit ein, als er mit einem Heer in der Nähe der erwähnten Insel Selja in Westnorwegen landete. Auch er hatte eine Karriere als Wikinger hinter sich, aber schon um 1013 in Rouen die Taufe empfangen und benutzte und betrieb die Christianisierung ebenfalls im Rahmen der Reichseinigung. Wie der erste Olaf griff auch er teilweise zur Schwertmission, da er seiner christlichen Königsideologie die schuldige Anerkennung verschaffen wollte, und nicht ohne Grund ist seine Axt Hel sein Attribut als Heiliger geblieben. Unter diesem zweiten Olaf ging die Christianisierung jedoch erstmals über rein formale Aspekte hinaus und in seinen fast 15 Regierungsjahren hatte er auch die Chance, die Gesellschaft zu einer christlichen umzugestalten. Er propagierte christliche Gesetze, respektierte aber die alten Thingversammlungen, etablierte nunmehr auch Kontakte mit dem Bistum Hamburg/Bremen, aber ohne deswegen die Kontakte zur englischen Kirche abzubrechen. Er baute das unter Olaf Tryggvason gegründete Nidaros (heute: Trondheim) wieder auf, ließ zahlreiche Kirchen errichten und organisierte die Kirche mit Hilfe einer eigenen Gesetzgebung.

Als er 1030 in der Schlacht von Stiklastaðir gegen seine eigenen, abtrünnigen Landsleute fiel, war Norwegen längst ein christliches Land geworden, das mit *Sanctus Olafus rex et martyr* zudem noch einen Heiligen bekommen hatte, der bereits ein Jahr nach seinem Tod in einem Skaldengedicht als solcher gerühmt wird und – für einen zuletzt recht unbeliebten König – eine rasante Karriere zur nationalen Integritätsfigur in politischer und religiöser Hinsicht durchmachte. Seine Stellung als *rex perpetuus Norvegiae* ist bis in heutige protestantische oder areligiöse und demokratische Zeiten unbestritten, und erst das späte 20. Jh. hat das Wiederaufleben der Pilgerfahrt nach Trondheim erlebt.

Die über ihn entstehende Hagiographie und Sagaschreibung entwirft bald ein Bild von ihm, das dem ehemaligen Wikingerführer schon für die Zeit als norwegischer König (und nicht erst nach seinem Tod) wundertätige Gaben zuweist. Im *Egils þáttr Síðu-Hallssonar* heilt allein seine Handauflegung den todkranken Protagonisten der Geschichte, und in der eigentümlichen Jenseitsreise im *Þorsteins þáttr bæjarmagns* reicht die Anrufung des Namens des Königs durch den Helden aus, um ihn vor dem Angriff der Dämonen zu bewahren. Andere dieser anekdotenhaften Geschichten (darunter auch der *Vǫlsa þáttr*) dagegen zeigen ihn als unermüdlichen Förderer der Christianisierung.

In Island geht der Erfolg des eingangs angeschnittenen raschen Bekehrungsvorgangs eindeutig auf den Druck zurück, den Olaf Tryggvason von Norwegen aus auf den jungen Freistaat ausübte. Allerdings hat man beim Studium der isländischen Bekehrungsgeschichte m. E. zu wenig die frühen Kontakte der Isländer mit dem Christentum beachtet. Hierzu werden meist nur die *papar* angeführt, irische oder vielleicht auch schottische Mönche, die schon vor der Besiedlung Islands durch die Skandinavier im 8. Jh. Island als Ort für Einsiedeleien verwendet hatten, wohin sie in *curraghs*, Booten aus Kuhhäuten, segelten. Als die ersten Siedler eintrafen – nach der in Island immer noch weithin unwidersprochenen Historiographie des mittelalterlichen Historikers Ari fróði erst um 870, nach archäologischen Neufunden auf den Vestmanneyjar und in Reykjavík aber schon um 700[34] –, fanden sie in Südostisland Spuren des keltischen Mönchstums: Hütten, Glocken und Bücher, sodass sich noch heute auf diese Mönche weisende Ortsnamen finden (Papeyjar, „Inseln der *papar*").[35]

„Damals waren hier christliche Männer, welche von den Skandinaviern *papar* genannt wurden, aber sie fuhren dann weg, weil sie nicht mit Heiden gemeinsam hier bleiben wollten, und ließen irische Bücher und Glocken und Krummstäbe zurück; daran kann man erkennen, dass es sich um Iren gehandelt hat."

3. Die Bekehrung Skandinaviens

Es mag hier dahingestellt bleiben, ob die irischen Mönche wirklich so friedlich abzogen, denn es wirkt nicht sehr wahrscheinlich, dass sie ihre Bücher zurückgelassen hätten, falls sie Island lebendig verließen. Die Verlassenschaft reichte aber offenbar zu ihrer Identifikation als Iren auch noch durch spätere Generationen aus. Diese frühen Kontakte Irlands mit Island brachen aber schnell ab, da mit der Ankunft der Siedler die Insel für die Zwecke der irischen Mönche wirklich ausgedient hatte. Wirksamer für die Verbreitung der Kenntnis vom Christentum dürften aber schon in der ersten Siedlergeneration christliche Siedler gewesen sein, denn es scheint nach einer Fassung der *Landnámabók*,[36] dass sie es waren, die im Westen Islands auf Kjalarnes ein eigenes Thing etablierten, das möglicherweise christlich war:

„Thorstein Ingolfsson ließ als Erster eine Thingversammlung auf Kjalarnes etablieren, bevor das Althing gegründet wurde, nach dem Rat von Helgi bjóla und Örlygr von Esjuberg und anderen weiseren Männern."

Nun wissen wir zwar nichts über die Religion von Thorsteinn, dem Sohn des ersten Siedlers Ingolfr, aber von seinen beiden Ratgebern war Örlygr ausdrücklich schon Christ und sein Verwandter Helgi bjóla Ketilsson war der Bruder der Christin Auðr (vgl. unten). Von ihrer Familie wird noch vier Generationen später berichtet, dass sie an den hl. Columban glaubten, obwohl sie nicht getauft waren (*þeir trúðu á Kolumkilla, þó at þeir væri óskirðir*)[37]. Sollte es aber schon im 8. und 9. Jh. in Island eine nicht unwesentliche Zahl von christlichen Familien gegeben haben – gleichgültig, ob diese selbst aus Irland oder Schottland stammten oder dort oder in England den Glauben übernommen hatten –, dann müssen auch die heidnischen Isländer über das Christentum mehr gewusst haben als bisher angenommen. Ebenfalls in der *Landnámabók* lesen wir über den erwähnten Ørlygr, einen Siedler aus den Hebriden, dass er von einem dortigen Bischof Patrick nicht nur ein Plenar und eine Eisenglocke, sondern auch Holz und geweihte Erde für einen Kirchenbau mitbekam (zitiert Kap. VI); er ließ angeblich auch tatsächlich eine Kirche in Esjuberg auf Kjalarnes in Westisland errichten.[38] Weitere bekannte christliche Siedler waren Helgi inn magri (über ihn noch mehr unten), der fallweise aber auch Thor um Beistand anrief[39], in Nordisland und Auðr djúpauðga Ketilsdóttir im Westen, welche ebenfalls auf dem Weg über Caithness in Schottland, die Orkneys und Färöer nach Island kommt. Dass sie Christin ist, wird zwar nur in einer kleinen ätiologischen Geschichte über den Ortsnamen Krosshólar bei Hvammi erzählt – weil sie dort ihre Gebete verrichtete und ein Kreuz habe errichten lassen[40] –, aber ihr Aufenthalt in Schottland macht es ohnehin wahrscheinlich, dass sie getauft war.

Für das Problem des Synkretismus fällt dabei wohl nur leicht ins Gewicht, dass diese Christen mangels einer christlichen Infrastruktur mit Priestern, Bischöfen und Kirchen wohl nicht auf Dauer in der Lage waren, ihren Glauben auch zu praktizieren und somit über das folgende Jahrhundert wohl wieder in einen halb oder ganz heidnischen Stand zurückfielen; jedenfalls berichten die Quellen nichts über einen christlichen Kult vor den allerletzten Jahren des 10. Jh.s. Die Prinzipien des Christentums hingegen und wohl auch vereinzelte Bibelerzählungen können durchaus schon 100, wenn nicht 200 bis 300 Jahre früher zu Allgemeinwissen geworden sein.

Der eigentliche Beginn der isländischen Mission wird aber traditionellerweise erst mit 981 angesetzt, als der christliche Isländer Thorvaldr Kodransson mit einem Bischof Friedrich (isl. Friðrekr) aus Niedersachsen nach Island zurückkehrte und unter seinen Freunden und Verwandten zu missionieren begann (*Kristni saga* 1 und 4).⁴¹ Trotz anfänglicher Erfolge wurden beide wegen zwei Totschlägen – mit denen sie sich gegen ein gegen sie gerichtetes *nið*-Gedicht (vgl. Kap. VIII) wehrten – aus Island verbannt und verließen 985 wieder Island. In den Jahren 896/897 schickte Olaf Tryggvason dann den Isländer Stefnir Thorgilsson, um in seiner Heimat zu missionieren, aber auch er musste 997 wieder abziehen, worauf Olaf dann 997 den deutschen (oder flämischen?) Missionsbischof Thankbrand nach Island sandte, der zwar etliche Häuptlinge taufte, aber offenbar recht gewalttätig war (oder das Martyrium suchte?) und mehrere Totschläge beging, sodass auch er geächtet wurde und 999 Island verlassen musste. Am Allthing 999 wird die Glaubensfrage diskutiert, aber eine Mehrheit der Häuptlinge (schreibt Ari) war gegen die Annahme des Christentums und der christliche Isländer Hjalti Skeggjason wird sogar wegen einer Spottstrophe auf die alten Götter geächtet:

„Vilkat goð geyja
grey þykkiumk Freyja."

(„Ich will die Götter nicht beleidigen,
[aber] ich halte Freyja für eine Hündin.")

Die Acht über ihn wird angeblich wegen Blasphemie verhängt, obwohl ein solches Delikt in heidnischen Gesetzen nur schwer vorstellbar ist.

Olaf in Norwegen wurde nun aber ungeduldig mit dem schleppenden Fortgang seiner Mission in Island, überlegte die Hinrichtung aller Isländer in Norwegen und ließ alle in Norwegen anwesenden Isländer als Geiseln festsetzen. Man hat mit Recht darauf hingewiesen, dass dieses letzte Detail nur in sekundären, von der Olafsbiographie beeinflussten Quellen zu finden ist, da man in Island im 12. Jh. daranging, Olaf Tryggvason als eigenen isländischen Heiligen aufzubauen und daher seine Rolle in der Bekehrung Islands hervorzuheben.⁴² Die Heiligsprechung kam zwar nie zustande, aber die reichhaltige Biographik und Hagiographik entstand dennoch während dieses Versuchs.

Wie auch immer, im nächsten Sommer entsandte Olaf zwei christliche Isländer, Gizurr Teitsson („der Weiße") und Hjalti Skeggjason sowie einen Priester namens Þormóðr nach Island, denen er das Versprechen abgenommen hatte, die Isländer nun endgültig zum Christentum zu bekehren. Sie reisten direkt zum Allthing und legten Olafs Anliegen dar, worauf heidnische Häuptlinge die Rechtsgemeinschaft mit den offenbar schon etwa gleich starken Christen förmlich aufkündigten. Nach dieser Entscheidung hätten nun zwei verschiedene Gesetzessprecher ein christliches und ein heidnisches Gesetz verkünden müssen, aber der christliche Präponent, Hallr Þorsteinsson, verweigert dies und überredet mit Hilfe von Zahlungen den heidnischen Gesetzessprecher, Þorgeirr Ljosvetningagoði, dies für beide gemeinsam zu tun. In der berühmtesten Szene der skandinavischen Bekehrungsgeschichte zog sich nun Þorgeirr in seine Hütte zurück und legt sich, von seinem Mantel bedeckt, hin.

Nachdem er 24 Stunden so dagelegen war, ließ er alle Anwesenden zum Gesetzesberg zusammenrufen und verkündete, dass alle nur ein gemeinsames Gesetz haben sollten, denn eine Teilung des Gesetzes bedeute auch eine Aufkündigung des Friedens. Als alle mit seinen friedfertigen Prämissen einverstanden waren, überließen sie ihm die Verkündigung des neuen Gesetzes. Er verkündete nun ein neues, auf der Taufe aller beruhendes Gesetz, in dem er aber drei Ausnahmen für die Heiden festsetzte. So sollte die Kindesaussetzung weiterhin legal bleiben, ebenso das Verzehren von Pferdefleisch sowie das Opfern an die alten Götter, solange es nicht öffentlich geschah.[43] Diese drei Ausnahmen, zu denen dann am Ende des Things angeblich (nach der *Kristni saga* 12) noch eine vierte trat – nämlich dass sich die Männer auf dem Heimweg in warmen Quellen taufen lassen konnten –, und auch die Art der Entscheidungsfindung des Þorgeirr haben zu zahlreichen Spekulationen Anlass gegeben, wobei man sein Liegen unter dem Mantel mit Formen schamanistischer Trance verglichen hat, in diesem Fall als Wahrsagepraktik, die ihn den Ausgang der Sache erkennen ließ.[44] Es sei aber darauf hingewiesen, dass schon für Ari, der seine *Íslendingabók* zwischen 1122 und 1233 abfasste, die christliche Form der monastischen Initiation durch das Liegen vor dem Altar in der Nacht vor der Ordination einen Gemeinplatz darstellte, den er gut auf die gesamte Bekehrung Islands übertragen haben mag.

Die drei von Þorgeirr festgesetzten Ausnahmen dagegen mögen durchaus pragmatischer Natur gewesen sein, einerseits natürlich auch zur Besänftigung der heidnischen Partei, zum anderen aus sachlichen Überlegungen. Zwar wird die Sitte der Kindesaussetzung wohl nie sonderlich intensiv praktiziert worden sein (in den literarischen Quellen hören wir immer nur dann davon, wenn das Kind durch einen besonderen Glücksfall gerettet wurde), aber ich habe andernorts darauf hingewiesen, dass in einer solchen prekären Subsistenzkultur wie in Island die Möglichkeiten für das Überleben nur beschränkt arbeitsfähiger Personen wohl nur gering waren, sodass man vermutlich bei der Geburt behinderter Kinder zu diesem Mittel gegriffen haben dürfte, um Familie und Gesellschaft nicht zusätzlich unter ökonomischen Druck zu setzen. Ebenfalls ökonomische Gründe dürften für den weiterhin erlaubten Verzehr von Pferdefleisch ausschlaggebend gewesen sein. Im ganzen germanischen Raum wurde diese Sitte immer um die Bekehrungsphase herum von Missionaren verurteilt, da es an die heidnischen Opfermahlzeiten erinnerte, aber sachlich und legistisch bestand im Christentum keine Notwendigkeit für diese Ablehnung. Da in Island auf Grund der beachtlichen Pferdepopulation diese einen wesentlichen Teil der Nahrungsmittelgrundlage darstellte, hätte ein (auch temporäres) Verbot zweifellos eine weitere, unnotwendige Einschränkung dieser Grundlage bedeutet.

Mit der Taufe der noch heidnischen Häuptlinge und sukzessive auch ihrer Familien – darüber schweigen die Quellen allerdings – war zwar die formelle Bekehrung Islands, aber noch keineswegs die Christianisierung abgeschlossen. Der Tod Olaf Tryggvasons noch im selben Jahr, der Rückfall Norwegens ins Heidentum für weitere 15 Jahre, der völlige Mangel an einheimischen Priestern und die nur geringe Zahl ausländischer Priester und Mönche in Island mussten für die nächsten Jahrzehnte eine recht unsichere Übergangszeit bedeutet haben, in welcher der offizielle Kult der alten Götter zwar verboten, der Kult des Christentums aber noch unmöglich war. Die zwischen 1122 und 1233 von Ari fróði („dem Gelehrten") verfasste *Íslendingabók* zählt alle Missionsbischöfe und Bischöfe auf, die vor 1056 in Island gewirkt hatten:

„Das sind laut Teitr die Namen der ausländischen Bischöfe, die hier in Island waren: Friedrich kam in der heidnischen Zeit, aber die folgenden später: Bernhard der Gelehrte 5 Jahre, Kolr ein paar Jahre, Rudolf 19 Jahre, Johann der Ire ein paar Jahre, Bernhard 19 Jahre, Heinrich 2 Jahre. Es kamen auch noch 5 andere hierher, die sich Bischöfe nannten: Örnolfr und Godeschalk und drei 'ermländische', Petrus und Abraham und Stephan."

Der gewalttätige Thankbrand der heidnischen Zeit wird hier nicht erwähnt. Worauf sich „ermländische" (selbst ernannte) Bischöfe bezog, ist ungewiss; man hat sowohl armenische als auch ermländische (aus dem Baltikum), als auch arianische Missionare darin sehen wollen, aber die Aufstellung der in den ersten 56 Jahren des 11. Jh.s in Island wirkenden Bischöfe zeigt die Diskontinuitäten dieser Phase der Christianisierung. Der Gewährsmann Teitr, den Ari hier zitiert, war übrigens wohl die bestmögliche Quelle für diese Informationen, denn er war ein Sohn des ersten isländischen Bischofs, Isleifr. Erst mit der Weihe dieses Isleifr (eines Sohns des oben erwähnten Gizurs des Weißen) in Lund im Jahre 1056, der in Herford in Westfalen erzogen und ausgebildet worden war, begann die isländische Kirche tatsächlich zu einer nationalen christlichen Kirche zusammenzuwachsen. Da – mangels königlicher Privilegien oder sonstiger kirchlicher Einkünfte – schließlich Isleifr sein väterliches Erbgut der Kirche stiftete, wird mit der Bischofskirche in Skálholt endlich ein religiöses Zentrum greifbar, das Island bislang völlig gefehlt hatte. Die Christianisierung wurde aber erst im 12. Jh. abgeschlossen, nachdem unter Isleifs Sohn und Nachfolger Gizurr 1097 der kirchliche Zehnte eingeführt wurde, 1112 und 1155 die ersten Benediktinerklöster gegründet wurden und 1106 die zweite Diözese für den nördlichen Landesteil in Hólar geschaffen wurde.

Neben Island war das Werk des Olaf Tryggvason auch auf den Orkneys und den Färöern greifbar, die er in seiner kurzen Regierungszeit mehr oder weniger zwangsweise bekehrt hatte; Grönland dagegen wurde friedlich durch Leif den Glücklichen mit einigen Geistlichen von Norwegen aus im Jahr 1000 christianisiert, und wie die Orkneys und die Färöer bekam auch Grönland 1124 seinen eigenen Bischofssitz in Garðar, den nordwestlichsten in der ganzen Christenheit im Mittelalter.

In Schweden zog sich die Bekehrung zum Christentum am längsten von allen skandinavischen Ländern hin. Von Ansgars und Rimberts Missionsversuchen zwischen 830 und 888 war schon oben kurz die Rede, sie blieben aber ohne länger dauernde Folgen. Man hat einen Bischofsstab aus Birka, der aus der Zeit um 800 stammen dürfte, als Beleg für ein sehr frühes Christentum in dieser Handelsstadt sehen wollen, aber er war wohl nur ein Beutestück und die recht vereinzelten christlichen Gräber des 9. Jh.s können sowohl von christlichen Händlern als auch von punktuellen Bekehrungen Ansgars herrühren. Jedenfalls blieben Ansgars und Rimberts Missionsversuche weitgehend erfolglos, sodass wir für die 100 Jahre nach Ansgars Tod nichts über etwaige Fortschritte des Christentums in Schweden wissen. Der erste christliche König Schwedens, Erik der Siegreiche (*hin sigrsælli*, ca. 957– 995), verhielt sich zwar zu Christen und Heiden tolerant, tat aber wenig für die Verbreitung des Christentums. Erst sein Sohn Olaf Schlosskönig (gest. 1021/1022) wurde von Bischof Sigfrid getauft und förderte aktiv die christliche Lehre. Somit war in den 20er-Jahren des 11. Jh.s wenigstens Västergötland christianisiert und in Skara bestand bald ein Bischofssitz, also früher als in Norwegen und Island. Weitere, wenn auch langsame Fortschritte machte das Christentum unter seinem Sohn Anund-Jakob (regierte 1022–1050). Er betrieb die weitere Bekehrung des Landes, angeblich unterstützt von Olaf dem Heiligen bei seinem Besuch auf Gotland (so zumindest die junge *Guta saga*). Sein Halbbruder und Nachfolger Edmund (gest. 1060) setzte einen polnischen Bischof ein, aber schon Stenkil (gest. 1066) orientierte sich wieder am Erzbistum Hamburg-Bremen. In seine Zeit fällt die Bekehrung Värmlands und die Gründung des Bistums Sigtuna. Zwischen 1066 und 1081 gab es jedoch unter Blot-Sven eine Rückkehr zum Heidentum und sogar Christenverfolgungen, während deren der Missionsbischof Eskil das Martyrium erlitt; andere Missionare stammten wie Eskil meist ebenfalls aus England (so Sigfrid und David). Mit Inge kehrte etwa 1083/1084 wieder ein christlicher König an die Macht zurück, und am Ende des Jh.s finden sich christliche Runensteine als Grabsteine bereits in Mittelschweden – in Schweden ein wichtiger Indikator für das tatsächliche Vordringen des Christentums, da nicht an die Herrscher gebunden.[45] Schweden kann ab diesem Zeitpunkt als christianisiert bezeichnet werden, obgleich heidnische Opfer und Tempel noch unter Erik ársæll um 1120 und Kreuzzüge gegen heidnische Smaländer noch für das Jahr 1123 belegt sind.

4. Die Phasen der Bekehrungsgeschichte

In unterschiedlicher Weise beleuchten die Bekehrunggeschichten von Island und Schweden ein Problem, auf das man in der Vergangenheit oft genug hingewiesen hat, nämlich den Unterschied zwischen (offiziellem) Bekehrungszeitpunkt und tatsächlicher Christianisierung. Dabei geht es nicht einmal so sehr um die persönliche, innere Wende des Einzelnen von einem Glaubenskomplex zum anderen, obwohl auch dieser letztlich nur in Einzelfällen zu konstruierende Vorgang komplex genug ist. Das oben bei der Bekehrung der Angelsachsen angeführte Beispiel des Oberpriesters Coifi mag ein Extremfall sein, aber auch die gar nicht so leise mitschwingende Nostalgie in einem Gedicht des isländischen Skalden Hallfreðr vandræðaskáld (*Lausavísa* 7) zeigt die Konflikte, die die Bekehrung heraufbeschwor: Hallfreðr spricht von seiner Wertschätzung heidnischer Dichtung und meint, er könne Odin, der diese Dichtkunst verliehen habe, nicht deswegen hassen, nur weil er jetzt Christus diene:

„Alle Menschen haben ihre Gedichte daraufhin gerichtet, Odins Gunst zu erwerben, und ich erinnere mich an die ausgezeichnete Dichtung unserer Vorfahren. Aber ungern nur – nachdem Odins Macht den Dichtern wohl gefiel – hasse ich Friggs Gemahl, obwohl ich Christus diene."

Mehr noch als um diese jeweils persönliche und flüchtige Komponente des Glaubenswechsels geht es mir aber auch um Voraussetzungen und Strukturen, welche erst die Christianisierung bedingen: Ohne Gotteshäuser, mehr noch ohne Priester, ohne Bischöfe, ohne

Sakramentenspendung, ohne Unterweisung in Glaubensfragen kann auch nicht von Christentum die Rede sein, selbst wenn die persönliche Bekehrung noch so begeistert gewesen sein mag, und meist war sie das im Frühmittelalter ja nicht.

Wir können also innerhalb der Bekehrungsgeschichte aller besprochenen Gebiete fünf Phasen des Übergangs vom Heidentum zum Christentum unterscheiden, welche natürlich unterschiedlich schnell und in unterschiedlicher Weise durchlaufen wurden.

Die erste Phase wäre das unbeeinflusste Heidentum, wenn es dies im ersten Millennium jemals gegeben hätte, aber jedenfalls der Zeitraum, in welchem heidnische Kulte und heidnisches Glaubensgut sich noch nicht bewusst an anderen Glaubenslehren messen konnten oder wollten. Im angelsächsischen Britannien ist wohl auf Grund der christlichen Vorgeschichte so eine Periode gar nicht realistisch anzusetzen, und Island wurde zu spät besiedelt, als dass sich hier eine rein heidnische Gesellschaft hätte bilden können. Aber im vorwikingerzeitlichen Norwegen oder Schweden, auch im Dänemark vor dem 8. Jh. wird man eine solche weitestgehend heidnische Religionsstufe wohl ansetzen dürfen.

Die zweite Phase (und erste eines langandauernden Bekehrungsvorgangs), nämlich die des ersten Kontakts mit dem Christentum, war für die Skandinavier vor allem davon geprägt, dass die wikingerzeitlichen Plünderer entdeckten, welch lukratives und nicht zuletzt ungeschütztes Opfer ihrer Angriffe die Klöster und Kirchen darstellten. Die Abteien, bis dahin von der Gallia bis Irland ungeschützt in oft extremer geographischer Lage wie Inseln und Halbinseln angelegt, waren eine geradezu ideale Beute für die Wikinger. Hier fanden sie nicht nur Nahrungsmittel und Wein, sondern auch Gegenstände, deren materieller Wert auf den ersten Blick zu erkennen war: Kreuze, Kelche, Patenen aus Edelmetallen, Reliquiare, Monstranzen und liturgische Bücher mit Edelsteinen, kostbar bestickte Messgewänder und Prozessionsfahnen neben Bargeld aus Opferstöcken und Kirchenschätzen. Dabei wussten die Wikinger – zum Glück für die betroffenen Mönche – den wahren Wert des Inhalts vor allem der Reliquiare wohl kaum zu schätzen, und die Annalen berichten oft genug davon, dass man einzig die Gebeine der Heiligen habe in Sicherheit bringen können. Für andere Skandinavier, für die Angelsachsen, Friesen und Sachsen waren wohl die Missionare meist der erste Kontakt mit dem Christentum, und viel hing von dem ersten Eindruck dieser im Frühmittelalter meist benediktinischen Mönche ab. Wir wissen etwa, dass die gezielte römische Mission des Papstes Gregor des Großen bei den Herrschern in Kent offenbar sehr positiv aufgenommen wurde, die Mission des Bonifatius auf dem Festland dagegen oft genug von Widerständen geprägt war, was aber auch an seiner reichlich unflexiblen und auch innerkirchlich häufig genug Widerstände provozierenden Haltung lag. Auch eine so offenbar charismatische Gestalt wie Ansgar erreichte aber im Ende nur wenig, und wir können davon ausgehen, dass Missionare mit entsprechenden Empfehlungen, von höchster Stelle ausgesandt, bessere Chancen bei der permanenten Mission hatten als solche, welche die Mission von unten versuchten. Für Franken und Angelsachsen war aber wie gesagt diese Phase der Primärkontakte weniger von Missionaren, sondern von den Überresten des römischen Christentums geprägt, das im Konnex mit der städtischen Kultur auch ein hohes Sozialprestige aufwies.

Erst die dritte Phase würde ich als Phase des Synkretismus im engeren Sinne bezeichnen.

4. Die Phasen der Bekehrungsgeschichte

Aufgrund der zusehends enger werdenden Kulturkontakte im Nordseeraum zwischen Südskandinavien, England, Irland und dem Frankenreich und dem unterschiedlichen Stand der Mission – Iren, Angelsachsen, Franken waren längst Christen, Franken und Friesen soeben erst, in Skandinavien traten aber die ersten Missionare auf – kam es überall in Nordeuropa zu einer Glaubensmischung, die in der Winkingerzeit recht weit ging. Sie betraf den Volksglauben ebenso wie eine pragmatische Haltung gegenüber den Göttern – von den zwei Altären des east-(ost-)anglischen Königs Raedwald wurde schon gesprochen, von pragmatischen Isländern, die von Fall zu Fall einen heidnischen oder den christlichen Gott anriefen, erzählt uns zumindest die mittelalterliche Literatur. Von einem der frühen Besiedler Islands, Helgi inn magri, der in Irland aufgewachsen war und eine Frau von den Hebriden geheiratet hatte, erzählt die *Landnámabók*: *Helgi var blandinn mjǫk í trú; hann trúði á Krist, en hét á Þór til sjófara ak hardræða* („Helgi war sehr gemischt in seinem Glauben. Er glaubte an Christus, aber für Seereisen und in Schwierigkeiten rief er Thor an")[46]. Beachtenswert ist hier die unterschiedliche Wortwahl für Helgis Beziehungen zu Christus und Thor; an Christus glaubt er, sozusagen als Grundhaltung, in Extremsituationen ruft er Thor an oder – auch das kann *heita á* hier bedeuten – macht ihm Versprechungen.

Gerade in England kamen die Skandinavier des späten 9. und 10. Jh.s, ob durch Überwinterung oder Landnahme, ob durch weibliche Sklaven oder Einheirat in eine angelsächsische oder irische Familie, in Kontakt mit dem christlichen Glaubensgut und somit in Kontakt mit den Erzählungen aus dem Alten und Neuen Testament, den Apokryphen und den Legenden der Heiligen. Diese Erzählungen wurden dann vielfach als Versatzstücke der eigenen, mündlichen Literatur verwendet, wo sie auch das wenig systematische Gebäude der einheimischen heidnischen Mythologie beeinflussten.

In der bildenden Kunst und in der Literatur ist der Synkretismus des 10. Jh.s daher mehr in Nordengland als in Skandinavien greifbar. Deutliche Spuren christlichen Einflusses finden sich beispielsweise wiederholt in den ältesten Eddaliedern, nicht zuletzt aber in der oben besprochenen *Vǫluspá* 6, deren vergleichsweise systematische Darstellung der heidnischen Kosmologie wohl auf christliches Gedankengut zurückgehen dürfte. Seltener fand auf dem umgekehrten Wege heidnisches Gedankengut Eingang in den christlichen Glauben. Zu den wenigen Ausnahmen gehört hierbei zweifellos die bildende Kunst, so etwa in den Darstellungen von Thors Fischfang auf christlichen Kreuzen und Grabplatten (Grabkreuz von Gosforth, England, 10. Jh.), wo man die heidnische Gottheit kurzerhand zur Christusfigur mit dem geköderten Leviathan erklärt hat. In dieser Phase des intensiveren Kontakts vor allem in den Gebieten mit starker Durchmischung von skandinavischer und einheimischer Bevölkerung, wie im englischen Danelag und im irischen Königreich von Dublin, begann auch das Verständnis für die jeweils andere Religion zu wachsen. Dabei dürfte es nicht nur die Lehre des Christentums (vgl. dazu weiter unten S. 257 ff.), die faszinierende christliche Liturgie und nicht zuletzt die gute kirchliche Organisation gewesen sein, die auf die Skandinavier Eindruck machte. Auch ihr relativ geringer religiöser Dogmatismus und das nur schwach ausgeprägte Lehrgebäude des Asenglaubens haben es der christlichen Lehre nicht gerade schwer gemacht. Daneben übte sicherlich auch das höhere kulturelle Niveau der christlichen Länder und das damit verbundene höhere Sozialprestige eine gewisse Attraktion aus, allerdings nur dort, wo die Politik dem nicht gegenüberstand (wie bei den Friesen und Sachsen, vgl. oben).

Mit dem Augenblick der Taufe, der für die verschiedenen germanischen Stämme zu sehr unterschiedlichen Zeiten erfolgte, ist die Phase der formellen Bekehrung (und somit die vierte Phase des Übergangs von Heidentum zum Christentum) anzusetzen. Mit Bekehrung sei hier nicht so sehr ein innerer Vorgang, als vielmehr der Formalakt der öffentlichen und feierlichen Abwendung von der alten Religion und die Annahme der neuen Religion gemeint. Als derartiger Formalakt ist die christliche Taufzeremonie auch angelegt, neben den sichtbaren Zeichen wie der *submersio* mit der eigentlichen Taufformel und der Ölung sind die Abschwörungsformel und das Taufgelöbnis selbst die wesentlichen Elemente. Ob mit der Lossagung von den heidnischen Göttern und der Kurzfassung des Credo irgendeine innere Wandlung vollzogen wurde, ist jedenfalls in den seltensten Fällen nachzuvollziehen und in vielen Fällen schon auf Grund mangelnder eingehender Unterweisung zu bezweifeln; die Massentaufen bei Friesen und Sachsen 753/754 bzw. 777 waren zwar sicherlich eindrucksvoll, aber vom Gesichtspunkt der Unterweisung her eher unwürdig.[47] Der Taufzeitpunkt, gleichgültig ob aus eigenem Antrieb oder im Gefolge der Taufe eines Herrschers, ist somit zwar der einzige wirklich datierbare Zeitpunkt innerhalb einer Bekehrungsgeschichte und wurde deswegen im historischen Überblick oben auch immer wieder als Wendepunkt angesetzt, er sagt aber nichts über den eigentlichen Christianisierungsprozess aus.

Diese fünfte Phase des Bekehrungsprozesses aber stellt den wichtigsten Abschnitt dar und konnte von sehr unterschiedlicher Dauer sein. Im angelsächsischen England und bei den Sachsen wurde die Taufe systematisch von Unterweisung begleitet, sodass wir lesen, dass der Missionar Wilfrid in Selsey in Sussex mehrere Monate lang (*Vita Wilfridi* 41) und Paulinus in Yeavering in Northumbria 36 Tage lang (Beda: *Historia ecclesiastica* II, 14) gepredigt hätten.[48] Nach der Taufe wurde sofort mit allen zur Verfügung stehenden Mitteln und der Unterstützung der Herrscher an der Errichtung einer kirchlichen Infrastruktur gearbeitet, sodass selbst bei einem temporären Mangel an Priestern eine gewisse Kontinuität erzielt wurde, in welcher mittels homiletischer Unterweisung, Sakramentenspendung, aber auch systematischer Unterdrückung heidnischer Praktiken der Übergang zu einer christlichen Gesellschaft möglichst rasch erreicht werden sollte. Anders stellte sich die Situation in Island nach der formellen Bekehrung durch das Allthing im Sommer 1000 oder in Norwegen in den Jahren zwischen dem Fall Olaf Tryggvasons im Jahre 1000 (oder 999) und der Landung Olaf Haraldssons im Jahre 1015 dar. Offiziell waren zwar in beiden Ländern die meisten Menschen getauft (obwohl in beiden Fällen statistische Daten ganz fehlen), aber außer einzelnen ausländischen Priestern gab es hier in den ersten Jahrzehnten des 11. Jh.s keine nennenswerte kirchliche Präsenz, sodass von einem geregelten christlichen Leben wohl keine Rede sein konnte. Weder konnten Neugeborene getauft noch andere christliche Sakramente gespendet werden, es gab weder Gotteshäuser noch christliche Friedhöfe und bis zur Ausbildung einheimischer Priester wohl auch nur eine sehr punktuelle Glaubensunterweisung durch herumreisende Missionare.

Für Island wissen wir, dass in dieser Phase sechs ausländische Bischöfe sehr unterschiedlicher Aufenthaltsdauer und Provenienz tätig waren: Nach dem Deutschen Friðrekr kam ein Ire namens Jón, zwei Engländer namens Bjarnvarðr und Rúðólfr, von denen Letzterer immerhin 19 Jahre in Island blieb, ein Deutscher namens Heinrich, der nur zwei Jahre durchhielt, und schließlich der Deutsche Bjarnvarðr, der nach einem Aufenthalt in Norwegen zwanzig Jahre in Island tätig und dabei offenbar äußerst umtriebig war (*Hungrvaka* 3; vgl. *Íslendingabók* 8). Diese Periode, die erst mit der erwähnten Wahl des ersten isländischen Bischofs Ísleifr 1056 endete, führte neben Lücken der kirchlichen Versorgung auch zu einer Konkurrenzsituation der katholischen Kirche mit anderen christlichen Kirchen, da das kirchenpolitische Vakuum dieses halben Jahrhunderts auch *ermskir* („armenische", „arianische" oder „ermländische"?) Missionare anzog (ein gewisser Petrus, Abraham, und Stephanus), die in Island herumzogen und teilweise widersprüchliche Signale setzten (*Íslendingabók* 8).

In Norwegen verließ sich Olaf der Heilige in der ersten Phase dann ebenfalls auf ausländische, vorerst englische Geistliche, darunter auch Benediktiner, die bereits kurz nach Mitte des 11. Jh.s die erste Abtei in Selja gründeten. Wir wissen relativ wenig über die Ausbildung einheimischer Priester, aber gegen Ende des 11. Jh.s war die Phase der eigentlichen Christianisierung mit der Organisation von Bistümern, dem Aufbau von Pfarren, der systematischen und kontinuierlichen Unterweisung in christlicher Doktrin, der Ausbildung einheimischer Priester sowie der Gründung von Klöstern wohl abgeschlossen.

Das Ende dieser fünften Phase bedeutet aber auch den Übergang zur europäisch-christlichen Kultur mit der Übernahme lateinischer Schriftlichkeit, abendländischer Gelehrsamkeit auf klassisch-antiker Grundlage und der Übernahme eines Wertesystems, das nicht nur christlich, sondern auch feudal und monarchisch geprägt war.

Erst die sechste und letzte Phase der Bekehrungsgeschichte möchte ich in diesem Sinne als eigentlich christliche Phase bezeichnen und ziehe bewusst die mit dem Christentum übernommenen Werte mit ein. Diese positive Einbindung auch der germanischen Randbereiche wie Britannien (ab der normannischen Eroberung) und Skandinavien (durch eine kontinuierliche Reihe christlich legitimierter Herrscher) führte allerdings auch zu einer zusehenden Exponierung marginaler Erscheinungen wie des isländischen Freistaates: Ein christliches Land mit Diözesen und Klöstern, aber ohne König befand sich in einem in Europa als widernatürlich angesehenen Zustand, sodass es eine nur späte, aber logische Konsequenz war, als das europäische Wertesystem in allen Aspekten auch Island einholte, als es 1265 seine Unabhängigkeit verlor und endlich Teil des norwegischen Reiches wurde.

5. *Síðaskipti*: Sitten und Gebräuche

In Island und Norwegen wurde die Bekehrung mit der Bezeichnung *síðaskipti* belegt, welche „Wechsel der Sitten" bedeutet und somit auf ein zentrales Element der nordischen Bekehrungsgeschichte hinweist. In erster Linie ging es also offenbar um die Veränderungen im öffentlichen Leben, die sich zwar auf der religiösen Ebene abspielten, die aber vor allem die Verhaltenscodes beeinflussten und erst in zweiter Linie die innere Einstellung dazu. Als ein Beispiel dafür haben wir bereits die Vorsorge beim isländischen Bekehrungsvorgang gesehen, dass zwar privat weiterhin geopfert werden durfte, dass dieses Opfer aber bei Bekanntwerden mit Ächtung geahndet werden sollte. Deutlicher kann die Diskrepanz zwischen persönlicher Einstellung und öffentlichem Verhalten kaum mehr sein.

Auch wenn Sagaautoren des 13. und 14. Jh.s anmerken, dass es in der ersten Hälfte des 11. Jh.s trotz der Christianisierung noch „Funken des Heidentums" gegeben habe (z. B. *Grettis saga* 78), so ist das eine grobe Überschätzung des Einflusses des Christentums in den ersten Jahrzehnten des neuen Jahrtausends, die nur aus der christlichen Sicht in die Vergangenheit und ihrem Wissen um die offizielle Christianisierung des Jahres 1000 heraus verständlich wird. Richtigerweise kann man für diese Zeit aber besser nur von Funken des Christentums in einer im Wesentlichen heidnischen, nur nominell christianisierten Gesellschaft sprechen.

Der Wechsel der Gebräuche betraf für den Einzelnen in erster Linie einen Übergang von heidnischen Gesetzen zu christlichen Gesetzen, und es ist kein Zufall, dass die Diskussion über die Bekehrung am isländischen Allthing des Jahres 1000 als Diskussion über Gesetze geführt wurde. Dieser Übergang, der im Laufe des 11. Jh.s in Skandinavien langsam vollzogen wurde, endete mit Gesetzeswerken, die einerseits natürlich christliche Wertvorstellungen inkorporierten, christliche Gebräuche gesetzlich verankerten, aber auch die Sanktionierung der Gesetze weitgehend in die Gewalt des Königs verlagerten. Dies ist nur *ein* Hinweis darauf – die politische Geschichte des Frühmittelalters zeigt die Tendenz klar genug, dass der Wechsel zum Christentum gleichzeitig einen Wechsel von der Stammeseinheit oder Kleinkönigtümern (egal ob bei Friesen oder in Norwegen) zu größeren feudalen Strukturen unter Reichseinigern bedeutete: Im Frankenreich war erst mit der Christianisierung der Friesen und Sachsen das Lebenswerk Karls des Großen beendet, Dänemark nahm erstmals unter Harald Blauzahn die heutigen Umrisse an, in Norwegen war die Macht der westnorwegischen Jarle ebenso wie dänischer Einmischungsversuche mit dem christlichen Reich Olafs des Heiligen endgültig gebrochen. Englands Weg war komplexer, aber die letzte Phase der nachwikingischen Christianisierung fällt hier ebenfalls mit der Eroberung durch den Normannen Wilhelm den Bastard 1066 zusammen. Es lässt sich also mit Recht behaupten, dass die politischen Umwälzungen, die um die Jahrtausendwende die frühmittelalterlichen germanischen Stammesgebiete zu mittelalterlichen Reichen werden ließen, Hand in Hand mit dem Übergang vom Heidentum zum Christentum gingen, ohne dass hier ein Kausalkonnex in ausschließlich einer Richtung bestünde.

Der Wechsel in den Rechtsgebräuchen und der politischen Landschaft ging Hand in Hand mit einem Übergang von einer weitgehend schriftlosen – oder, trotz der Runenschrift, doch vorwiegend durch mündliche Überlieferungen geprägten „oralen" – Kultur zu einer Schriftkultur. Diese Schriftkultur wurde vor allem durch die monastischen Bewegungen, bis ins 11. Jh. vor allem die Benediktiner, getragen und vermittelt, wurde aber ihrerseits wieder von den Herrschern neuen Typs für ihre Administration benutzt und somit unabdingbar. In kultureller Hinsicht bedeutete der Übergang zur Schrift auch einen Bruch mit überlieferten Formen, welche durch diese Kultur obsolet geworden waren, im Bereich des Rechts ermöglicht die Kodifizierung der Gesetze nicht nur ihre größere Unverfälschlichkeit, sondern gleichzeitig auch die Chance zur Einarbeitung der christlichen Elemente. Wenn es richtig ist, dass in Island als erste nachweisbare Texte im Winter 1117/1118 die Gesetze aufgezeichnet wurden, dann waren dies bereits Gesetze vor christlichem Hintergrund, auch wenn die Kirchengesetze separat davon niedergeschrieben wurden. Dass daneben fast gleichzeitig ab etwa 1100 durch Ari Þorgilsson (1068–1148) und Kolskeggr Asbjarnsson mit dem historischen Monumentalwerk über die Besiedlung Islands, der *Landnámabók*, begonnen wurde, wird nicht von ungefähr mit der Einführung des (kirchlichen) Zehnten in Island zusammengebracht, dessen Einhebung eine systematische Erfassung der Bewohner Islands und ihrer Landrechte nötig machte.

6. Inhaltliche Elemente der Bekehrung vom Heidentum zum Christentum

Es wurde schon oben angesprochen, dass es vor allem die, dem Christentum eigentlich völlig fern liegende Vorstellung vom „stärkeren Gott" war, welche in vielen Fällen die Bekehrung förderte und die auch von denjenigen Herrschern, welche die Christianisierung aktiv betrieben, nachhaltig unterstützt wurde. Diese größere Macht des Christengottes konnte sich in den unterschiedlichsten Formen manifestieren, ob es nun durch Wunder (wie in der Poppo-Legende), durch physische Machtdemonstration (wie in der Fällung des Donar-Baums durch Bonifatius oder der Zerstörung heidnischer Kultbilder durch Gallus bei Bregenz, durch Willibrord auf der Insel Walcheren[49] und durch Olaf Tryggvason im norwegischen Gudbrandstal) oder selbst durch die politisch-pragmatische Überzeugungsarbeit von Missionaren geschah (wie im Falle Northumbriens, wo der Priester Coifi den Thingbeschluss der Stammesältesten bereits als Zeichen der Macht des neuen Gottes interpretierte). Man hat schon lange festgestellt, dass die Christusdarstellungen der ersten christlichen Zeit (also der fünften Phase der Bekehrungsgeschichte) fast durchwegs zwar Christus am Kreuz, aber gleichzeitig als Herrscher und nicht als leidenden Gott präsentierten. Der (über Teufel und Hölle, aber auch alle heidnischen Mächte) triumphierende Christus war der Christus, dem sich die Neugetauften anvertrauten, und als solcher wird er sowohl auf dem Runenstein von Jelling (vgl. oben Abb. 26) als auch auf dem goldenen Kirchenkreuz von Åby (Jütland), dem ältesten skandinavischen Kreuz aus dem 11. Jh. dargestellt: Christus wird hier mit Krone und schwerem Pektorale, langbärtig und langhaarig in würdevoller Haltung gezeigt.

Neben der greifbaren und fühlbaren Macht des christlichen Gottes waren es aber offenbar noch eine ganze Reihe von Elementen, die das Christentum für viele Heiden zu einer attraktiven Alternative zum Glauben an die angestammten Götter erscheinen ließ. Hierzu zählten vor allem die Antworten, die das Christentum auf die Fragen nach den letzten Dingen zu geben imstande war, besonders was das Leben nach dem Tode anbelangte. Wie oben gezeigt (Kap. VII), besaß das Heidentum eine Reihe divergierender, auch nicht unbedingt komplementärer Vorstellungen zum Leben nach dem Tod in Valhall, Hel oder dem Reich der Ran, wobei die Kriterien für die Aufnahme in diese Totenreiche auch vage blieben. Das Christentum dagegen bot hier klare Antworten an, und dieser Unterschied ist auch in der bekannten Anekdote bei Beda greifbar, in welcher Edwin von Northumberland mit seinen Ratgebern die Vor- und Nachteile des Christentums berät und einem dieser Häuptlinge von Beda folgende Ansprache in den Mund gelegt wird:

„Wenn ich, o König, dieses Leben der Menschen hier auf Erden vergleiche mit der langen Zeit, über die wir nichts wissen, dann scheint es mir so: Du sitzest zur Winterszeit beim Mahl mit deinem Gefolge und deinen Dienern. Mitten in der warmen Halle brennt das Feuer, draußen aber toben die winterlichen Schnee- und Regenstürme durchs Land. Da fliegt ein Sperling herein und huscht schnell durch die Halle; kaum ist er zur einen Tür drinnen, ist er zur anderen schon wieder hinaus. In der Zeit, wo er in der Halle ist, treffen ihn die Winterstürme nicht, dann aber entschwindet er, aus dem Winter kommend und in den Winter zurückkehrend, deinen Augen. So ist auch einigermaßen deutlich, was dieses Leben ist: Was ihm folgt und was ihm vorausgegangen ist, davon wissen wir nichts. Wenn also diese neue Lehre darüber etwas Sicheres berichtet, dann verdient sie, wie mir scheint, dass wir ihr folgen" (Beda, *Historia ecclesiastica gentis Anglorum* II, c. 13)

Trotz der dramatischen Simplifizierung des Arguments und des deutlichen christlichen Zugs der Erzählung wird man davon ausgehen können, dass Beda die Grundprobleme seiner Landsleute gut genug kannte, um diese Erzählung nicht grundlos präsentiert zu haben. Sie zeigt auch, dass es nicht allein um das persönliche Nachleben ging, sondern prinzipiell um die Frage nach den letzten Dingen. Denn auch was das Weltende anbelangte, hatte das Christentum konkretere Antworten als die sehr vagen Vorstellungen zum Zeitpunkt des Muspilli/Ragnarök, denn die Christen des ersten Jahrtausends waren durchwegs davon überzeugt, dass die Parusie Christi und das darauf folgende Weltende mit Gericht unmittelbar bevorstanden. Erst als sich derartige Hoffnungen auch zum Jahre 1000 nicht erfüllten, änderten sich allmählich die Weltgerichtsvorstellungen. Auf die Frage nach dem Weltende konnten also die Missionare mit voller Überzeugung sagen: „Es verbleibt nur eine kurze Zeit bis dahin", und umso dringlicher war das Anliegen der baldigen Taufe. Auch was die Schöpfung anbelangt, in der die heidnischen Götter nur eine Nebenrolle spielten und eher Objekt als Subjekt der Schöpfung sind (vgl. Kap. VI), gab das Christentum klare Antworten, auch wenn Chlodwich in der Diskussion mit seiner Frau Clotilde das Gegenteil glauben machen will:

„Auf Befehl unserer Götter wurde alles geschaffen, aber euer Gott zeigt sich unfähig, und was noch mehr ist, er ist nicht einmal mit Sicherheit vom Geschlecht der Götter" (Gregor von Tours: *Historia Francorum* II, 29).

Bald wird er aber durch das ihm von Christus verliehene Schlachtenglück eines anderen belehrt.

Die Stärke des Christentums gegenüber dem Heidentum in den Fragen nach dem Anfang der Welt und der Herkunft der Götter hatte auch schon Bischof Daniel von Winchester in seinem erwähnten Brief an Bonifatius aus dem Jahre 723/724 erwähnt.[50]

Was das Nachleben im Jenseits anbelangt, so dürfte es nicht ohne Einfluss geblieben sein, dass das Christentum mehr als andere Religionen die Gemeinschaft der Lebenden und der Toten, die Verantwortung der Lebenden für das Seelenheil der Toten und umgekehrt die Rolle der Toten als Fürsprecher für die Lebenden betont. In der oben erwähnten abgebrochenen Taufe Radbods in Friesland dürfte es diesem Fürsten allerdings nicht ausreichend bewusst gewesen sein, dass diese Gemeinschaft nur die christlichen Toten einschloss – deswegen dann auch sein Rückzieher in letzter Minute. Ansonsten aber versprach diese christliche Gemeinschaft dem germanischen Memorialdenken aber geradezu ideale Voraussetzungen für das (ewige) Weiterleben nach dem Tode in der Erinnerung der christlichen Gemeinschaft.

Eine der unbestreitbaren Stärken der christlichen Religion war, dass sie als Buchreligion in allen systematischen, dogmatischen oder auch ritualistischen Fragen dem in dieser Beziehung sehr offenen, aber auch recht vagen Heidentum überlegen war. Nicht nur die genannten inhaltlichen Fragen, sondern auch rein formale Aspekte wie Opferzeiten, -dauer und -riten waren im Christentum schon im Frühmittelalter weitgehend festgelegt; allfällige Diskrepanzen wurden (wie die unterschiedlichen Ostertermine der römisch-angelsächsischen und keltischen Kirche auf der Synode von Whitby im Jahre 664) möglichst rasch beseitigt. Dem hatten die regional sehr unterschiedlichen und auch Veränderungen stärker unterworfenen heidnischen Gebräuche nichts entgegenzusetzen. Der Übergang von der sog. „oralen", also weitgehend schriftlosen und durch mündliche Überlieferungen geprägten Kultur der frühmittelalterlichen Stämme zur schriftlichen Kultur mittelalterlicher Reiche dürfte ein nicht zu unterschätzendes Faszinosum vor allem in den Randgebieten gewesen sein.

In diesem Zusammenhang sei auch noch kurz auf die Tatsache eingegangen, dass in Skandinavien nach den altisländischen schriftlichen Quellen bereits eine Art von Taufe bei den Heiden existiert haben soll, die gemeinhin als germanische Wasserweihe bezeichnet wird. Für die Existenz eines solchen Vorgangs spricht, dass die mittelalterlichen Autoren in der Terminologie säuberlich zwischen dem *ausa (barn) vatni* („[ein Kind] mit Wasser besprengen") für den angeblichen heidnischen Ritus und *skira* („reinigen; taufen") für den christlichen unterscheiden. Die Wasserweihe steht in den Quellen aber immer in unmittelbarem Kontext mit erster Nahrungsaufnahme, Akzeptanz durch den Vater und Namensgebung, und Letzteres rückt den Vorgang verdächtig nahe an den christlichen Brauch heran. Keine der skandinavischen Quellen kommt von außerhalb Islands oder ist nachweislich älter als das 12. Jh., und ansonsten erwähnt nur eine etwas rätselhafte Bemerkung in einem Brief des Bonifatius vom Jahre 732 eine Taufpraxis der Heiden. Ich habe schon lange daran gezweifelt,[51] dass der Brauch etwa in der heidnischen Spätzeit in der Phase des Synkretismus aus christlich-heidnischen Mischgebieten nach Skandinavien zurücktransferiert worden wäre, weil nämlich der Taufritus durch *aspersio* (Besprengen) in der Missionszeit kaum gebräuchlich war. Wenn auch die völlige *submersio* („Untertauchung") nicht immer durchgeführt wurde, sondern vielerorts durch die *infusio* („Übergießung") ersetzt wurde, so standen aber auch bei Letzterer die Täuflinge wohl wenigstens knietief im Wasser: Dafür sprechen die norditalienischen Baptisterien der Langobardenmission ebenso wie die genannten schriftlichen und auch die bildlichen Belege aus der Dänenmission und die Schilderungen der isländischen Bekehrung mit Taufen in warmen Quellen; für eine Besprengung wäre das nicht notwendig gewesen. Wir können also zwar die Existenz einer heidnischen Wasserweihe nicht völlig ausschließen, die Quellenlage spricht aber eher dagegen und gelehrte Rückverlängerung des christlichen Brauchs scheint mir die wahrscheinlichste Erklärung für die Erwähnungen einer germanischen Wasserweihe.

7. Einflüsse der Germanenmission auf das Christentum

Man hat vor allem im 20. Jh. häufig diskutiert, wie sehr die Übernahme des Christentums durch die Germanen das Christentum selbst beeinflusst hat, wobei die Diskussion weniger von den – ohnehin keineswegs unwidersprüchlichen – Fakten, sondern von der ideologischen Ausrichtung der Kontrahenten geprägt war. Es kann in diesem Kontext keine Darstellung dieser Diskussion unternommen werden,[52] ich möchte nur kurz die wesentlichsten ins Treffen geführten Argumente rekapitulieren. Ein wesentlicher Punkt war zweifellos die schon oben bei der Frage nach dem „stärkeren Gott" angeschnittene Frage nach dem Wandel des Christusbildes im germanischen Raum, das zweifellos eine Hinwendung zum Konzept des Christkönigs erfahren hat und schließlich – wohl durch Zusammenfluss verwandter byzantinischer und germanischer Vorstellungen – zum geradezu übermächtigen Bild des Christus Pankreator in der normannisch-sizilianischen Kunst führte. Die Frage ist allerdings weniger, ob die Germanenmission das Christusbild tatsächlich nachhaltig beeinflusst hat, was ich für erwiesen halte, da erst mit der Gotik wieder das Bild des leidenden Christus stärker hervortrat, sondern ob es tatsächlich eine aktive Leistung der bekehrten Germanen war, dieses Bild zu besetzen, oder ob die Neubekehrten nur ein Bild von den Missionaren übernahmen, das diese beim Versuch der Akkulturation besonders betonten. Mag die zweite Möglichkeit auch die wahrscheinlichere sein, so ist der Effekt besonders im Frühmittelalter in ganz Europa greifbar. Vom altsächsischen Bibelepos Heliand bis zur Kreuzzugsethik des späten 11. Jh.s wird Christus in erster Linie als Feudalherr betrachtet, vertreten durch nicht nur die kirchlichen, sondern vorerst noch mehr die weltlichen Machthaber. Dieses feudal-hierarchische Christusbild hat seinen Einfluss selbst bis in die germanischen Realisationen des coenobitischen (gemeinschaftlichen) Mönchstums benediktinischer Herkunft, indem das Kloster als Gefolgschaft des Abtes, dieser wiederum in der Gefolgschaft des Papstes als Christi Stellvertreter auf Erden betrachtet wird. Selbst der Benediktinerregel mit ihrer Betonung des Gehorsams ist diese streng hierarchische Auffassung fremd. Als bleibendes Element dieser germanischen Veränderung bleibt noch im 3. Jahrtausend der christliche Gebetsgestus der gefalteten Hände. Dieser Gestus war im Früh- und Hochmittelalter der Gestus der Kommendation (*commendatio*) bei der Ablegung des Lehenseides – der Lehensherr nahm die gefalteten Hände des Lehensnehmers zwischen seine eigenen – und hat auf dem Weg über die Germanenmission weltweit den urchristlichen Gebetsgestus der erhobenen Hände verdrängt (aber erst ab dem 13. Jh. finden sich ikonographisch die gefalteten Hände sowohl noch im juridischen wie schon im religiösen Kontext, und erst im 14. Jh. wird diese Gebetshaltung auch verbreitet dargestellt; vgl. Abb. 28).

Auch in der Heiligenverehrung hat man Spuren der persönlichen germanischen Beziehung zu bestimmten (niederen) Gottheiten wie Matronen oder Disen sehen wollen. Demgegenüber ist zwar anzuführen, dass Patronatsheilige in Südeuropa schon im 4. Jh. belegt sind,

Abb. 28: Kommendation aus dem Sachsenspiegel.

allerdings die „Zuständigkeiten" der Heiligen, wie wir sie heute aus allen katholischen Bereichen kennen, durch die germanische (und keltische) Verehrung von kleineren Gottheiten gefördert worden sein mögen. Dazu kommt noch die Überlagerung von heidnischen Festen durch einzelne christliche Heilige (etwa das Martinsfest am 11. November mit Umzügen, Feuer und das Gabenheischen für ein Herbstopfer, das Johannisfest mit Feuer und Segen für ein Mittsommer[sonnen]fest). Auch hier ist jedoch anzumerken, dass schon die mehrfach erwähnte Missionsinstruktion des Papstes Gregor des Großen von 601 diese Überlagerung als gezieltes Mittel der Akkulturation empfiehlt. Hierher mag man auch die Identifikation von Figuren der christlichen Mythologie mit alten Göttern dort stellen, wo es sich nicht um Dämonisierung handelt, etwa wenn der hl. Petrus Züge des Donnergottes annimmt. Überhaupt war die vielfach beschworene kirchliche Dämonisierung der alten Götter nicht sonderlich erfolgreich: Wo in Volkssagen und -märchen der Teufel den Platz eines Gottes einnimmt, ist es meist Loki. Es ist also nicht die Dämonisierung, sondern vielmehr die funktionale Verwandtschaft der beiden Figuren, die hier greift; wie sehr allerdings das folkloristische Teufelsbild durch die Figur Lokis beeinflusst wurde, harrt m.W. noch der Untersuchung.

Im Bereich von Seelenglauben und vor allem Totenkult hat das Christentum zwar nicht direkt Vorstellungen des germanischen Heidentums übernommen, konnte sich aber vor allem im Volksglauben nie gegen diese germanischen Konzepte durchsetzen. Vom Gespensterglauben und Wiedergängern als das Christentum überlebende Konstanten wurde schon oben (Kap. VII) gesprochen, aber auch der christliche Totenkult und Grabbrauch sind über weite Strecken von germanischen Vorstellungen geprägt, vor allem dort, wo der christliche Volksglaube auf apotropäische (Schaden abwendende) Maßnahmen nicht verzichten zu können glaubte.

Ebenfalls auf der Ebene des Volksglaubens sind aus der germanischen Geisteswelt Zaubersprüche in Form von „Segen" ins Christentum eingeflossen. Dagegen sind Amulettgebrauch im christlichen Kontext und Divination mit Hilfe der Bibel (statt anderer Gegenstände) zwar heidnischen, aber nicht ausschließlich germanischen Ursprungs, sodass derartige christliche Volksbräuche nicht nur auf germanische, sondern auch auf slawische, keltische, baltische und selbst iberische Wurzeln zurückzuführen sind.

Andere Elemente des Christentums, in denen sich die Einflüsse germanischer (religiöser) Vorstellungen finden lassen, sind etwa die liturgische Umrahmung des Gottesurteils und die Sanktionierung des Eides; beides wurde durch neutestamentarische Aussagen verurteilt, blieb aber dennoch fester Bestandteil mittelalterlichen Christentums, ebenso wie das ganze Bußwesen mit Tarifbußen, welches ganz deutlich am germanischen Sühnerecht mit den Katalogen von Geldbußen orientiert ist.

Dagegen hat sich das vielfach zitierte Eigenkirchenwesen (besonders in Island) als besonders germanischer Zug frühmittelalterlichen Christentums inzwischen als vor allem fränkisch nach spätrömischen Vorstufen erwiesen und hatte auch in der Gallia viel größere Verbreitung als im germanischen Raum.

Zusammenfassend wird man also sagen können, dass es zwar vielfältige, durch germanische Vorstellungen hervorgerufene Veränderungen im frühmittelalterlichen Christentum gegeben hat, die das Christentum nachhaltig beeinflusst haben. Von einer Germanisierung des Christentums möchte ich dennoch nicht sprechen, da diese Formulierung impliziert, dass das Germanentum mehr als etwa das Keltentum oder die Vorstellungswelt des römischen Imperiums zur Herausbildung des Christentums beigetragen hat, und dies lässt sich kaum beweisen. Wenn man ein Werk wie den Heliand als Beispiel für die Germanisierung des Christentums heranzieht,[53] dann werden Mittel und Wirkung verwechselt: Die Einkleidung christlicher Inhalte in autochthone Formen ist ein wirksames Mittel jeder Mission und nicht schon gleichzeitig Rückwirkung auf das Christentum.

X. Nachspiel:
Das germanische Heidentum in der christlichen Zeit: antiquarisch-historische und dichterische Beschäftigung im Mittelalter

Als bei den meisten germanischen Stämmen nicht nur die Phase der Bekehrung, sondern auch die der Christianisierung abgeschlossen war, sodass diese Bereiche in die christlich-mittelalterlichen Reiche integriert oder zu solchen geworden waren, war das Heidentum damit als religiöses System ausgelöscht. Die erwähnten einzelnen Relikte in Volksglauben, Magie und Volkserzählungen bestätigen eher den Grad der Auslöschung dieser Religion, als ihn zu relativieren.

Eine Ausnahme bildete dabei Island, wo zwar das Heidentum nicht als Religion überlebte, aber als literarisches Gedankengebäude, das postum eine Mythologie des Heidentums hervorbrachte, welche an Komplexität und Quellenreichtum, aber auch der systematischen Organisation die eigentlichen, aber uneinheitlichen Mythologien der vorchristlichen Zeit bei weitem übertraf. Ein religionsgeschichtliches Handbuch ist nicht der Ort, auf die Gründe für diese literarische Sonderentwicklung einzugehen, die äußerst vielschichtig ist. Die politische Sonderstellung Islands als Freistaat, die selbstbewusste Tradition innerhalb der gebundenen Dichtung – schon vor der Christianisierung waren über ein Jahrhundert lang fast alle Skalden der wikingerzeitlichen Welt isländischer Herkunft – und die von weltlichen und geistlichen Zentren unabhängige Position der isländischen Historiker, die sich um die Schule auf dem Bauernhof von Oddi gruppierte, waren aber jedenfalls Einzelfaktoren in dieser Entwicklung.

Die praktische Seite dieser Entwicklung führte dazu, dass nach der Christianisierung zwar einerseits der Gebrauch heidnischer Mythen in der Dichtung, besonders in der Bildsprache der sog. Kenningar,[1] zurückging, aber andererseits die ältere, mündlich bewahrte Dichtung dadurch in Gefahr geriet, unverständlich zu werden, weil die den Kenningar zugrunde liegenden Bilder nur mit Hilfe der entsprechenden Mythenerzählungen verständlich waren. Es wurde dieses dahinterstehende mythologische System mit seinen einzelnen Erzählungen, aber auch in seiner (vermeintlichen) systematischen Gesamtheit verwendet, um nach Vorbild älterer mythologischer, heroischer und gnomischer Strophen und Lieder nunmehr neue Dichtungen zu produzieren, deren erstes Anliegen die Bewahrung der heidnischen Mythologie aus literarischen Gründen war. Nur so sind lange Reihen von mythologischem Wissensmaterial zu erklären, wie etwa das *dvergatal* („Zwergenverzeichnis") der *Vǫluspá* 11–16, provoziert wohl durch die Erwähnung von Zwergen in Strophe 10, und nicht anders ist der hohe Anteil an reinen Wissensgedichten an der mythologischen Edda-dichtung verständlich zu machen: Während die heroische Dichtung in erster Linie Geschichten erzählt, geht es in den meisten mythologischen Liedern nur um Informationen aus der heidnischen Mythologie. Auch einige von denjenigen Liedern, die in erster Linie erzählend wirken, sind in Wirklichkeit der systematischen Darstellung eines bestimmten Mythos gewidmet (so etwa die *Hymiskviða*, die *Baldrs draumar* oder der *Grottasǫngr*).

Man hat in der Forschung immer wieder bezweifelt, dass man in christlicher Zeit so intensiv Dichtung mit heidnischem Inhalt produzieren konnte. Auch hier ist aber einerseits die isländische Sonderentwicklung zu sehen – führende Kleriker gehörten auch zu den gelehrtesten Männern, was autochthones Wissen anlangte –, andererseits die Tatsache, dass es sich bei der mythologischen Eddadichtung ja nicht um Glaubensgut, sondern um das literarische Spiel mit einem alten, überwundenen mythologischen System handelte. Nicht erst seit der humanistischen Renaissance des 15. Jh.s hatte man im Christentum die literarische Aufarbeitung antiker Mythologie nicht nur nicht unterbunden, sondern aktiv gesucht, und wenn Papst Julius III. in Rom in der Mitte des 16. Jh.s selbst in antikisierenden Theaterstücken mythologischen Inhalts in seiner Villa Giulia auftrat, dann sah er darin wohl keinen Widerspruch zu seiner christlichen Religion, ebenso wenig wie protestantische Autoren des 18. Jh.s, die ebenfalls auf antike mythologische Stoffe zurückgriffen (wie Wieland auf die Göttersymposien u. a. m., Schiller auf *Die Götter Griechenlands*, Goethe auf *Prometheus* sowie Uz und andere Anakreontiker mit Parodien auf die griechische Mythologie), ohne dabei einen religiösen Konflikt zu verspüren.

Es ist allerdings wahrscheinlich, dass die intensive Reflexion über die heidnische Zeit und ihre Dichtung und Mythologie nicht in der langen Phase der schwierigen Christianisierung Islands in den ersten beiden Dritteln des 11. Jh.s anzusiedeln ist, sondern erst in der Zeit nach der durchgängigen Etablierung einer von einheimischen Priestern und Bischöfen getragenen Kirche ab dem Beginn des 12. Jh.s, da zu diesem Zeitpunkt auch sonst nachweisbar literarische und wissenschaftliche Aktivität auf den verschiedensten Gebieten einsetzt, aber völlig auszuschließen ist natürlich die Abfassung von Eddadichtung auch im 11. Jh. nicht.

Das 12. Jh. brachte aber das intellektuelle Klima mit sich, welches auch der Beschäftigung mit der alten Mythologie zugute kam: Alle Informationen über die Zeit vor dem Christentum, ob genealogisch, historisch oder auch religionshistorisch, wurden gesammelt, vor allem Strophen aus alten Skalden- und Eddagedichten, dazu auch Anekdoten, Rätsel und genealogische Tafeln. Gegen Ende des 12. Jh.s führten die Anfänge der Sagaschreibung dann auch dazu, dass nicht nur Prosatexte, sondern auch die ursprünglich zur Bestätigung der Authentizität in die Prosatexte eingestreuten Strophen selbst neu geschaffen wurden. In der extremsten Form einiger Isländersagas aus dem 13. Jh. stammen die kompletten prosimetrischen Kompositionen erst aus der Hand eines hochmittelalterlichen Autors. Aber nicht nur bei solchen literarischen Neuschöpfungen mit nur äußerst geringem historischem Kern – wie etwa der *Hrafnkels saga* –, sondern auch bei Sagas, die sich durchaus den Anschein historischer Zuverlässigkeit geben – wie der *Eyrbyggja saga* –, besteht eine ausgeprägte Tendenz zum gelehrten Konstrukt historischer, auch religionshistorischer Tatbestände. Diesen Hang zur Systematisierung treffen wir dann besonders bei Snorri Sturluson, der ab 1220 in zweien seiner Werke, der Prosa-*Edda* und der *Ynglinga saga*, eine umfassende Darstellung heidnischer Mythologie und Geschichte bieten wollte. Ab dem 13. Jh. finden sich dann noch ganz vereinzelt Nachdichtungen mythologischer Stoffe im eddischen Stil (wie die *Svipdagsmál* oder der *Grógaldr*), aber trotz balladenartiger Umdichtungen in den isländischen Rímur (so etwa die *Þrymlur*, nach der *Þrymskviða*) nahm das Interesse an heidnischer Mythologie zum Spätmittelalter hin in Island deutlich ab.

Tab. 3: Mythologische Eddalieder

a) des Codex Regius (ca. 1275)

Wissensdichtung:		Ereignislieder:
	Vǫluspá	
Hávamál		
Vafþrúðnismál		
Grímnismál		
		Skírnismál
Hárbarðsljóð		
	Hymiskviða	
Lokasenna		
		Þrymskviða
Alvíssmál		(Vǫlundarkviða)

b) außerhalb des Codex Regius

	Baldrs draumar	
Hyndluljóð (mit Vǫluspá hin skamma)		
Rígsþula		
	Grottasǫngr	
Svipdagsmál (Grógaldr und Fjǫlsvinnsmál)		

Die Eddadichtungen des 12. und frühen 13. Jh.s aber standen den heidnischen Quellen noch viel näher und bemühten sich, vorchristliche literarische Formen nachzuvollziehen, und zwar mit solchem Erfolg, dass es heute noch immer unmöglich ist, die anonym überlieferten Eddalieder auch nur einigermaßen zu datieren, sodass bei etlichen von ihnen die Datierungen zwischen dem 10. und 13. Jh. schwanken. Die Datierung wird dadurch erschwert, dass etliche Lieder entweder ältere Teile enthalten (die bei der *Hávamál* mit Sicherheit ins frühere 10. Jh. zurückreichen), Übereinstimmungen mit anderen Eddaliedern aufweisen (*Baldrs draumar* hat eine Strophe mit der *Vǫluspá* und mit der *Þrymskviða* gemeinsam) oder der Stoff schon sehr viel früher belegt ist als die mögliche Abfassungszeit des Gedichts (so etwa beim *Grottasöngr*, aber auch der *Hymiskviða*). Egal nun aber, wann nach der Christianisierung diese Texte entstanden sind, als Quellen zur Religion und Mythologie der heidnischen Zeit haben sie nur sehr begrenzten Wert, und zwar nur dann, wenn uns Mytheme der Eddadichtung in ähnlicher Form auch aus anderen, vorchristlichen Quellen überliefert sind. Zu sehr sind die Eddalieder durch die wohl gemeinten Systematisierungstendenzen, historisierenden Anschauungen über die Religion der heidnischen Zeit und ganz besonders durch die Gesetze der gebundenen Dichtung und einem Willen zur dichterischen Ausgestaltung verändert, um uns wirklich einen unverfälschten Eindruck von der vorchristlichen Geisteswelt geben zu können.

Die wichtigsten Eddalieder sind in einer sorgfältig hergestellten und arrangierten isländischen Handschrift bewahrt, dem berühmten *Codex Regius* der Liederedda, der aber erst um 1270 angefertigt wurde, wodurch sich für diese Lieder ein sehr später Terminus ante quem ergibt. Dadurch ist es auch sehr fraglich, ob wirklich für alle der hier wiedergegeben Lieder die Bezeichnung „Ältere Edda" mit Recht besteht, da Snorri Sturlusons Handbuch, die sog. „Jüngere Edda", schon um 1220 herum entstanden war, welche allerdings einige der Eddalieder selbst voraussetzt, wofür auch für diese eine (wenigstens etwas) frühere Entstehung fraglos ist. Dennoch zählt das jeweilige Alter der einzelnen mythologischen Eddalieder zu den umstrittensten Themen der altnordischen Literaturgeschichte.

Am unbestrittensten ist das Alter der *Vǫluspá* (vgl. Kap. VI), welche man allgemein an das Ende der heidnischen Zeit gestellt hat, auch wenn ganz unsicher ist, ob und wann ein Einschub wie das erwähnte *dvergatal* hinzugekommen ist, ob die Endstrophen schon zur ursprünglichen Gestalt des Liedes gehören, wie hoch die ursprüngliche Zahl der Strophen ist (der *Codex Regius* überliefert 62, die *Hauksbók* vier weitere) und welche der Fassungen von Strophe 3 die ursprünglichere ist. Wie bei anderen Wissensdichtungen legt die *Vǫluspá* den Inhalt in Form eines visionären Berichts an Odin einer riesischen Seherin in den Mund, aber das Lied ist dennoch keine typische Wissensdichtung, sondern es stellt vor allem mythische Einzelszenen von stark visueller Kraft dar.[2]

Das zweite Lied des *Codex Regius* sind die *Hávamál* („Die Sprüche des Hohen"), eine Folge nur lose verbundener Gedichte, die vor allem der eddischen Wissensdichtung zuzurechnen sind und durch die Person Odins in Verbindung stehen. Die ersten 79/80 der insgesamt 164 Strophen sind gnomische Strophen, welche Regeln und Lehren für den täglichen Gebrauch vermitteln, und auch die Strophen 81 bis 95 geben Lehren, vor allem in Liebesdingen, welche dann in den sog. Odinsbeispielen anhand von Odins Abenteuern mythisch exemplifiziert werden. Die Strophen 112 bis 137 (*Loddfáfnismál*) bringen eine Reihe von Lehren für einen jungen Mann namens Loddfáfnir. Daran schließt sich (Str. 138–141) der mythologisch relevanteste Abschnitt, der *Rúnatals þáttr Óðins* („Odins Runengedicht"). Danach folgen noch die sog. Zauberlieder (auch *Ljóðatal*, 146–164), welche 18 verschiedene Zaubersprüche ankündigen, diese aber nicht mitteilen (vgl. dazu Kap. VIII). Seit Klaus von See hat nachweisen können,[3] dass die Struktur und der Inhalt des Liedes trotz der ungleichgewichtigen Teile von einem Redaktor geprägt sind und auch die vermeintlich ältesten Teile des „alten Sittengedichts" in Wirklichkeit Einflüsse der lateinischen *Disticha Catonis* aufweisen, hat man das Lied in der uns erhaltenen Form als Produkt des 12. oder frühen 13. Jh.s betrachtet, das zwar älteres Material verwendet (eine Strophe des „alten Sittengedichts" wird schon Mitte des 10. Jh.s in der *Hákonarmál* 21 zitiert), aber dem christlichen Hochmittelater näher steht als der heidnischen germanischen Religion oder deren Lebenslehren.

Im Codex Regius folgen nun zwei ausgesprochene eddische Wissensgedichte, die *Vafþrúðnismál* und die *Grímnismál*, beide in Dialogform und beide von sehr schwer zu bestimmendem Alter. Ersteres, „Vafþrúðnirs Sprüche", besteht aus 55 Dialogstrophen, für die in den ersten fünf Strophen eine Einleitung geboten wird, die die typische pseudomythologische Prosa-Rahmenhandlung der anderen eddischen Wissensdichtungen (*Alvíssmál*,

Grímnismál, Svipdagsmál, Hyndluljóð) ersetzt. Hier fragt Odin seine Frau Frigg um Rat, ob er sich auf einen Wissenswettstreit mit dem weisen Riesen Vafþrúðnir einlassen soll, schlägt dann aber ihre Warnung in den Wind. Der Wissenswettstreit selbst enthält zuerst Fragen des Riesen an Odin über mythologische Orte und Personen, dann Odins Fragen an den Riesen vor allem nach der Entstehung der Welt und nach den Ragnarök; die letzte Frage (Str. 54) ist für den Riesen unlösbar („Was sagte Odin seinem toten Sohn [Balder] auf dem Scheiterhaufen ins Ohr"?), und Odin gibt sich damit dem Riesen zu erkennen, der sich nun geschlagen geben muss. Auch die *Grímnismál* („Grímnirs Sprüche") besteht aus 53 Dialogstrophen, von denen die ersten und die letzten drei einen mythologischen Rahmen bilden, in den der Hauptteil eingebettet ist, der aus merkversartigen Strophen und Thulur-Reihen besteht, die sich mit der heidnischen Kosmogonie und Kosmologie beschäftigen. In der Rahmenhandlung geht es um zwei Brüder, von denen je einer von Odin und von seiner Frau Frigg aufgezogen werden; Odins Ziehsohn Geirröðr aber beseitigt seinen Bruder Agnarr, um den Königstitel seines Vaters allein zu erben. Auf Friggs Veranlassung beschließt Odin dann, Geirröðr zu prüfen, und wird unter dem Decknamen Grímnir von Geirröðr sehr unfreundlich empfangen, der ihn acht Tage zwischen zwei Feuern schmachten lässt, bis Grímnir all die Wissensstrophen spricht – daher der Name des Lieds. Schließlich gibt sich Odin zu erkennen und Geirröðr stürzt sich in sein Schwert. Es liegt hier also kein eigentlicher Wissenswettstreit vor, sondern Geirröðr zwang Grímnir zum Deklamieren der Wissensstrophen; diese Art der Herausforderung kennen wir auch aus der *Vǫluspá*, aber wenn dort die Seherin von Odin zur Deklamation gezwungen wird, wirkt dies überzeugender als die hier präsentierte Tortur Odins in Verkleidung, der sich allerdings entsprechend rächt.

Für beide Lieder wollte man eine Entstehungszeit im 10.Jh. sehen, und der etwas archaische Stil der beiden Lieder mag dafür sprechen. Inhaltlich spricht aber einiges dagegen, denn in der *Grímnismál* werden Aufzählungen der Götter und ihrer Wohnungen gebracht, die in skaldischen Quellen sonst teilweise noch nirgendwo erwähnt sind und selbst erst der Eddadichtung und/oder poetischer Konstruktion entstammen, und die ausführlichen Namenslisten von Pferden und Flüssen, die nur teilweise mythologischen Inhalts sind, dienten wohl eher dem dichterischen Synonyminventar der nachheidnischen Zeit als der religiösen Dichtung. Deswegen im Prosarahmen und den sechs damit zusammenhängenden Strophen das eigentliche Lied zu sehen und die Wissensdichtung als spätere Zutat abzutun, ist wohl wenig überzeugend, auch wenn das Motiv von den Ziehsöhnen Odins und Friggs Parallelen schon in der Langobardengeschichte hat (*Origo gentis Langobardorum*; Paulus Diaconus: *Historia Langobardorum* I, 7.8). Ähnliches, wenn auch weniger ausgeprägt, gilt für die *Vafþrúðnismál*, welche ebenfalls mythologisches Namensinventar aufweist (z.B. den Odinssohn Móði oder die Verbindung von Njörðr mit Noatun und Freyr/Freyja), das wir sonst nur aus der jüngsten Schicht von Eddadichtung und Mythographie kennen. Die *Vafþrúðnismál* weisen darüber hinaus ein ausgesprochenes Interesse an der Eschatologie auf, vor allem den Ereignissen *nach* den Ragnarök, wobei aber Elemente verwendet werden, die aus keinen anderen Quellen bekannt sind, so die zwei überlebenden Menschen Líf und Lífþrasir („Leben" und „Lebenskraft"); die sprechenden Namen weisen hier ebenfalls auf junge Erfindung, daneben aber finden sich etliche Anspielungen auf Mythen der *Vǫluspá*,[4] die der Verfasser gekannt haben mag. Man hat das größte Interesse für derartige Wissensdichtungen in den durch das Christentum provozierten angeblichen Systematisierungstendenzen der heidnischen Spätzeit am Ende des 10.Jh.s und dann wieder in der gelehrten isländischen Renaissance im 12./13.Jh. postuliert, und in eine dieser beiden Perioden wird die Entstehungszeit der beiden Wissensgedichte wohl fallen, auch wenn mir die spätere Entstehungszeit aus den genannten Gründen wahrscheinlicher erscheint.[5]

Das in Forschung ebenso wie populären Darstellungen bekannteste Eddalied nach der Vǫluspá sind die Skírnismál („Lied von Skírnir", im Codex Regius: Fǫr Scírnis [„Skírnirs Fahrt"]). Das Lied handelt von der stellvertretenden Werbung des Skírnir, des Dieners des Gottes Freyr, um die Riesentochter Gerðr, in welche sich Freyr verliebt hat. Skírnir bekommt Freyrs Schwert und Pferd mit, aber alle Angebote werden von Gerðr abgelehnt, sodass Skírnir erst Geschenke anbietet, dann zu Drohungen der Gewaltanwendung greift und Gerðr erst unter Androhung schwarzer Magie zur Einwilligung eines Treffens mit Freyr zwingen kann. Über den Ausgang hören wir nur, dass Freyr sehnsüchtig die Länge der gesetzten Frist von 9 Nächten beklagt. Dass die beiden ein Paar wurden, ja sogar als Ehepaar galten, erfahren wir nur aus Snorri (Gylfaginning 36). Das Lied ist zweifellos recht jung,[6] das bestätigen nicht nur die genannten Runennamen bei der Zauberdrohung, der Wortschatz, die romantische Grundhaltung des Lieds und nicht zuletzt die Kenntnis des Konzepts der Liebeskrankheit (amor hereos) nach klassischen Quellen.[7] Aber die in der Forschung viel diskutierten Fragen sind, wie alt der Stoff ist und ob sich das Lied als hieros gamos („Heilige Hochzeit") zwischen einem Gott und der chthonischen Riesentochter interpretieren lässt[8] (zur letzten Frage Kap. IV.3 über Freyr). Da der Name Skírnirs nur hier und bei Snorri vorkommt, wird man wohl zumindest diese Ausformung des Stoffs als sehr jung ansehen dürfen – allerdings nicht jünger als Lokasenna, Grógaldr und Fjǫlsvinnsmál, die alle Anleihen aus der Skírnismál genommen haben (wovon aber die letzten beiden wohl erst nach dem 13.Jh. entstanden sind). Einzelne Elemente des Stoffs: die Dichotomie zwischen zwei Gesellschaftssystemen und die Art der Unterwerfung von Frauen aus anderen Gesellschaften, kennen wir aber auch aus der norwegischen Geschichtsschreibung[9] und können als Kern schon im 9. oder 10.Jh. verbalisiert worden sein. Andernfalls müssten wir annehmen, dass erst ein (isländischer?) Verfasser des 12./13.Jh.s auf die Idee gekommen wäre, ein Thema aus der norwegischen Reichseinigung des 9.Jh.s zu thematisieren, was aber auf Grund der letztendlichen Unterwerfung Islands durch Norwegen nicht undenkbar ist.

Ein weiteres Lied, das sich zwar als Ereignislied geriert, tatsächlich aber ein verstecktes Wissensgedicht ist, sind die Hárbarðsljóð („Lied von Hárbarðr"), in dessen schwankhaftem Rahmen Odin, als Fährmann Hárbarðr verkleidet, dem müde vom Riesenland heimkehrenden Thor die Überfuhr verweigert. Im nun folgenden Wortstreit prahlt Thor mit seinen Riesenkämpfen und Odin mit seinen Liebesabenteuern mit Riesentöchtern, sodass (ähnlich den Odinsbeispielen der Hávamál) eine ganze Reihe von Mythenerzählungen über die beiden Hauptgötter angerissen werden. Die angesprochenen Mytheme sind uns aber zum Großteil unbekannt. Zwar wissen wir von Thors Kampf mit Hrungnir (Str. 15) und Þjazi (Str. 19) und seinen anderen Riesenkämpfen (Str. 23 und 29), auch, dass er sich einmal in einem Handschuh verbarg (bei Skrymir, hier aber Fjallar), und der Vorwurf der Untreue

Sifs (Str. 48) kommt auch in der *Lokasenna* 54 vor, aber die anderen Abenteuer, besonders die sexuellen Eroberungen Odins (Str. 16, 18, 20, 30, 32), sind entweder so allgemein gehalten, dass eine Zuordnung nicht möglich ist, oder wir kennen die entsprechenden Mythen nicht. Die Form des Liedes (das sich auch durch sehr unregelmäßige Versformen auszeichnet) steht in der Tradition des nordischen Männervergleichs (*mannjafnaðr*) und der ritualisierten Verspottung (*senna*), und es ist gut möglich, dass der Verfasser des *Hárbarsljóð* hier eine gelungene Parodie dieser Gattungen produzierte und als Vehikel für das mythologische Material benutzte, wobei er wohl aber selbst dazuerfand und nicht nur Überkommenes tradierte.[10] Übereinstimmungen im Wortschatz und Stil mit der *Lokasenna* einerseits, Prosatexten ab dem 12. Jh. andererseits lassen heute an eine Entstehung des Liedes ab dem Ende des 12. Jh.s denken.[11]

Eines der interessantesten Lieder der Liederedda vom mythologischen Blickwinkel ist die *Hymiskviða* („Lied von Hymir"), die sich u.a. mit dem schon in der Wikingerzeit bestens belegten Mythos von Thors Fischfang beschäftigt. Das Lied beschreibt, wie sich Thor und Týr auf den Weg zum Riesen Hymir machen, um einen großen Braukessel zu besorgen. Nach Szenen beim Bauern Egill, wo Thor seine Böcke einstellt, und beim Riesen Hymir folgt dann der Abschnitt mit dem Mythos von Thors Fischfang (Str. 17–24), wo Thor die Midgardschlange angelt, der Riese aber die Leine kappt (vgl. oben Kap. IV.3 bei der Behandlung von Thors Fischfang). Dann folgen aber noch weitere Kraftproben zwischen Thor und Hymir (u. a. die sog. Becherprobe), die alle Elemente in der Erwerbung des Kessels darstellen, bis Thor einen der Riesenkessel wegschleppt und alle ihn verfolgenden Riesen erschlägt (Str. 36). Das Lied in 39 erzählenden Strophen ist wohl im 12. Jh. entstanden, denn einen Terminus ante quem bildet die Anspielung auf das Wegtragen des Kessels im sog. *Ersten grammatischen Traktat* (2. Hälfte 12. Jh.): „Aber man hörte den Henkel, als Thor den Kessel trug."[12] Die kosmologische Bedeutung von Thors Fischfang, die wir aus der *Vǫluspá* kennen, die hier aber in eine Reihe von Thors Abenteuern gestellt wird, macht es m. E. unwahrscheinlich, dass der Verfasser der *Hymiskviða* schon die ganze Abenteuerkette als Stoffvorlage hatte, sondern er dürfte den Fischfang (mit wenig Gefühl für die Unterscheidung von wichtigen und unwichtigen heidnischen Mythen) erst selbst mit den anderen Mythen und Märchenelementen zusammen zu einer Serie von Thorsabenteuern vereinigt haben, die in erster Linie diese Mytheme vermitteln sollen.

Noch viel mehr als die *Hymiskviða* ist aber das im *Codex Regius* darauf folgende Gedicht, die *Lokasenna* („Lokis Spottrede"), als gelehrtes Konstrukt zu betrachten. Zwar hat die *Senna* im Norden durchaus eine einheimische Tradition, aber die Übertragung auf die heidnischen Götter ist auf die antiken Göttersymposien bei Menippos, Seneca und Lukian zurückzuführen, wie Schröder zeigen konnte.[13] Somit ist eine Entstehung vor dem 12. Jh. ganz unwahrscheinlich, wozu auch die inhaltlichen Übereinstimmungen zwischen *Lokasenna*, *Skírnismál* und Snorris *Edda* passen. – Die einleitende Prosa erzählt von einem Gastmahl der Götter beim Riesen Ägir. Als sie Ägirs tüchtige Diener loben, erschlägt Loki einen von den Dienern und wird dafür vertrieben. Hier setzt nun das Lied erst ein: Loki versucht wieder Zutritt zu erhalten und wird schließlich wegen des Hinweises auf seine Blutsbrüderschaft mit Odin eingelassen; er begrüßt nun alle außer Bragi, und als Iðunn ihn dafür zur

Rede stellt, bekommt sie Lokis Spott zu spüren. Jeder der Götter, der einem anderen zu Hilfe kommt, wird selbst ein Opfer von Lokis Beschimpfungen: nach Bragi und Iðunn auch Gefjon, Odin, Frigg, Freyja, Njörðr, Týr, Byggvir, Heimdall, Skaði, Sif und Beyla. Erst als Thor, von einer seiner Ostlandfahrten zurückgekehrt, ihm mit dem Hammer Mjöllnir droht, kann er ihn vertreiben, nicht ohne selbst noch verspottet zu werden. Die in diesen 65 Dialogstrophen erhobenen Vorwürfe Lokis gegen die einzelnen Götter – meist Untreue bei den Göttinnen, Inzest, Feigheit oder Zauberei bei den Göttern – sind uns nur zum ganz geringen Teil auch aus anderen Quellen bekannt, und da so große Lücken in der Überlieferung wohl kaum anzunehmen sind, wird man Lokis Anschuldigungen als Verleumdungen aufzufassen haben, die auch das Publikum als solche auffasste. Das Lied schließt mit einem Prosaabsatz, in dem Lokis Bestrafung geschildert wird, hier offenbar für seine Verleumdungen, in der Mythologie tatsächlich aber für seine Rolle im Baldermythos. Diese Ungereimtheiten des Prosarahmens, die Aufnahme von allenfalls halbmythologischen Gestalten wie Bragi, Gefjon, Byggvir und Beyla unter die Götter, stellen das Lied zeitlich am ehesten in die Nähe von Snorris *Edda*, der das Lied auch gekannt (wenn nicht sogar verfasst, wozu er gut im Stande gewesen wäre) haben dürfte.[14]

Das schwankhafteste aller Eddalieder und das am wenigsten didaktische ist die *Þrymskviða* („Lied von Thrymr"; auch *Hammarsheimt*, „Heimholung des Hammers"). Die 32 Strophen des Liedes schildern teilweise in beschreibenden Strophen, teilweise in Dialogform, wie Thor eines Morgens seinen Hammer vermisst. Loki zieht im Federgewand der Freyja aus und findet heraus, dass der Riese Thrymr ihn gestohlen hat. Der will ihn nur zurückgeben, wenn er Freyja zur Frau bekommt (11), was diese entschieden ablehnt. Auf Anraten Lokis ziehen dann Thor als Braut und Loki als Dienerin verkleidet zu Thrymr (21), wo die vermeintliche Braut den Riesen durch ihren Appetit und Durst beunruhigt, sodass Loki immer wieder beschwichtigend eingreifen muss. Als Thrymr schließlich den Hammer als Hochzeitsgeschenk der Braut überreicht, erschlägt Thor damit Thrymr und seine ganze Familie (31/32). Das Lied hat keinen alten Stoff als Grundlage, jedenfalls gibt es weder Anspielungen bei den Skalden und den Eddaliedern noch bei Snorri,[15] sodass wohl mit sehr später Entstehung (zu Lebzeiten Snorris oder noch später?) gerechnet werden muss. Auffällig ist bei dem schwankhaften Inhalt die strenge Komposition, welche das Lied in je zwei Szenen zu vier und zu elf Strophen einteilt. Dass Snorri es selbst verfasst habe, ist zwar denkbar, aber wegen der mangelnden Übereinstimmungen nicht sonderlich wahrscheinlich.[16] Religionsgeschichtliche Parallelen hat man für eine Weihung von Brautpaaren durch Thor oder seinen Hammer postuliert, vor allem, weil eine derartige Szene in den bronzezeitlichen Felszeichnungen zu finden ist (wo allerdings gar kein Hammer, sondern eine Axt zu sehen ist), aber alle herangezogenen Belege sind äußerst dürftig, sodass dieser Brauch einer „Thorsweihe" nicht zu bestätigen ist.[17]

Das im *Codex Regius* folgende Eddalied, die *Vǫlundarkviða*, ist kein mythologisches Gedicht im engeren Sinn, denn es handelt vom Sagenhelden Völunðr („Wieland der Schmied"), und diese doch kaum beabsichtigte Vermischung von Mythologie und Heldendichtung zeigt, dass es auch dem Redaktor des *Codex Regius* nicht in erster Linie um religiöse Themen ging, sondern nur um die Einteilung seiner Lieder nach groben inhaltlichen

Kriterien. – Das letzte Götterlied der Edda aber, die *Alvíssmál* („Das Lied vom Allwissenden"), ist wieder ein reines Wissensgedicht, eingebettet in einen dialogförmigen Wissenswettstreit zwischen dem weisen Zwerg Alvíss und, ganz ungewöhnlich für Wissenswettstreite, dem Gott Thor. In diesen Rahmen des Wettstreits, den der überkluge Zwerg schließlich verliert, weil ihn die ersten Sonnenstrahlen treffen (und er wohl zu Stein erstarrt), ist ein reichhaltiger Fundus an poetisch-mythologischer Terminologie eingebaut: Thor stellt in 13 Strophen Fragen nach den Bezeichnungen für Erde, Himmel, Mond, Sonne, Wolken, Wind, Flaute, Feuer, Meer, Wald, Nacht, Getreide und Bier, und der Zwerg gibt in 13 entsprechenden Antwortstrophen die Namen bzw. Begriffe dafür in den Sprachen der Asen, Wanen, Menschen, Zwerge, Riesen und Alben an, alles aber sind poetische Synonyme für die erfragten Begriffe. Dieses späte Wissensgedicht hat seine Dialogform ebenso wie die pseudomythologische Rahmenhandlung mit anderen jungen Eddaliedern gemein (wobei der Verfasser wohl Anleihen bei der somit älteren *Vafþrúðnismál* nahm), ist aber deutlicher als andere derartige Dichtungen ein Produkt eines historischen Interesses an mythologischer poetischer Terminologie, die hierin bewahrt wurde, ohne dass aber Erklärungen über etwaige Mythenzusammenhänge gegeben werden (die der Dichter wohl kannte), was die Intention des Verfassers noch deutlicher macht. Das Gedicht könnte gut in der gelehrten isländischen Renaissance des 12. Jh.s entstanden sein, aber derartige Synonymreihen hat man auch im 13. Jh. (als *þulur* erhalten in den Handschriften der *Snorra Edda*) fleißig gesammelt, sodass auch dieses Jahrhundert als Entstehungszeit in Frage kommt.[18]

Alle anderen erhaltenen mythologischen Lieder sind nicht in der Haupthandschrift der *Liederedda*, dem *Codex Regius*, erhalten, und werden auch durchwegs zur jüngsten Schicht mythologischer Dichtungen gestellt. Bei manchen ist dies ganz offensichtlich, aber bei den *Baldrs draumar* („Balders Träumen") etwa macht die Datierung große Schwierigkeiten, da das Lied zwar die *Vǫluspá* voraussetzen dürfte, aber sich sonst bis zur Datierung der Haupthandschrift am Anfang des 14. Jh.s kaum Datierungshinweise ergeben. Die *Baldrs draumar* (auch *Vegtamskviða*, „Lied von Vegtamr") ist das einzige Eddalied, dass sich mit dem Gott Balder beschäftigt, und erzählt in den 14 Strophen recht flüssig über Balders böse Träume, welche die Götter als Vorzeichen kommenden Unheils werten, sodass Odin in die Unterwelt reitet, wo er eine tote Seherin erweckt und ihr unter dem Decknamen Vegtamr Fragen zur Zukunft stellt. Sie offenbart ihm in ihren Antworten Balders Schicksal, durch seine letzte unlösbare Frage gibt sich Odin schließlich zu erkennen. Ungleich anderen Liedern (außer vielleicht *Þrymskviða* und *Hymiskviða*) wird hier mythologisches Wissen in eine stringente Handlung eingebaut, also ein Mythos erzählt, den wir zwar auch sonst gut kennen, der aber sonst nirgendwo (oder jedenfalls erst bei Snorri wieder) so vollständig erzählt wird. Damit können wir bei den *Baldrs draumar* wohl von eddischer Mythographie im besten Sinne reden, denn hier wird kein Mythos erfunden oder alte Versatzstücke neu zusammengestellt, sondern einfach ein Mythos systematisch abgehandelt. Dabei wird sogar die heidnische Tradition der Befragung einer Völva durch Odin (wie in der *Vǫluspá*) berücksichtigt,[19] allerdings fließen auch Elemente mit ein wie der dem Zerberus ähnliche, obwohl ursprünglich wohl durch die *Vǫluspá* 44 bekannte Höllenhund in Str. 2, der von der antiken Tradition beeinflusst sein dürfte.[20]

Die *Hyndluljóð* („Lied von Hyndla") mit der darin eingebetteten *Vǫluspá in skamma* („die kurze *Vǫluspá*") ist ein junges Lied, in dessen pseudomythologischen Rahmen ein sich vorwiegend mit historischen und pseudohistorischen norwegischen Genealogien beschäftigendes Wissensgedicht (Str. 11–44) steht. In diesen Mittelteil ist aber selbst wiederum die *Vǫluspá in skamma* 29–44 eingeschoben, eine Nachahmung der *Vǫluspá*. Da Snorri (*Gylfaginning* 5) sie unter dem eigenen Titel zitiert, kann man davon ausgehen, dass sie Anfang des 13. Jh.s noch unabhängig von der *Hyndluljóð* überliefert oder sogar verfasst wurde, wird aber dennoch kaum vor dem Ende des 12. Jh.s entstanden sein. Obwohl sie direkte und wörtliche Anleihen aus der *Vǫluspá* nimmt, ist der Versuch einer heidnisch-mythologischen Kosmogonie in den 16 Strophen nicht annähernd durchgezogen; es geht vor allem um die Verwandtschaftsverhältnisse zwischen Göttern und Riesen, am Ende werden kurz die Weltuntergangsvorstellungen angesprochen, ohne dass aber der Begriff Ragnarök erwähnt wird. – Nach dieser Deklamation der Seherin soll Hyndla Ottar den Gedächtnistrunk reichen, stattdessen verunglimpft sie aber Freyja im Stil einer *Senna* und reicht ihm den Trank erst nach Androhung von Magie. Da alle enthaltenen Mytheme aus anderen Quellen, vor allem selbst wieder Eddaliedern, bekannt sind, wird man die *Vǫluspá in skamma* kaum vor dem Ende des 12./Anfang des 13. Jh.s ansetzen können, bei unabhängiger Entstehung[21] mag die *Hyndluljóð* in ihrer erhaltenen Form noch jünger sein. Es ist durchaus denkbar, dass es sich (wegen der norwegischen Genealogien) um die Auftragsarbeit eines Isländers für einen Norweger handelte oder dass das Wissensgedicht damit auf einen norwegischen (oder norwegischstämmigen?) Mäzen einging; dagegen ist eine Deutung als Kultlied völlig absurd[22], die jüngst diskutierte Frage nach der Relevanz des Liedes in der *Flateyjarbók* im 14. Jh. vom religionswissenschaftlichen Standpunkt aus irrelevant.

Ein ebenso typisch hochmittelalterliches Produkt der historischen Gelehrsamkeit wie die *Hyndluljóð* ist die *Rígsþula* („Merkgedicht von Ríg"). Schon der Titel identifiziert sie als ätiologische Wissensdichtung, auch wenn der Inhalt dieses Wissen in eine lineare Handlung eingebaut wird. Nach einer Prosaeinleitung, die den ansonsten ja ganz unbekannten Gott Rígr mit Heimdall identifiziert, erzählen 48 Strophen von den Besuchen des Rígr bei drei kinderlosen irdischen Ehepaaren. Er hält sich jeweils drei Tage bei ihnen auf und zeugt dabei je einen Sohn, wobei der Sohn des ersten Paares Ai und Edda („Urgroßvater und Urgroßmutter") Þræll („Knecht") heißt, der des zweiten Paares Afi und Amma („Großvater und Großmutter") Karl („Mann, Bauer"), der des dritten Paares Faðir und Móðir („Vater und Mutter") aber Jarl („Fürst"). Dabei werden diese Besuche mit den Lebensumständen der drei angesprochenen Stände, aber auch mit langen Listen von Synonymen für ihre soziale Stellung in Verkleidung von Eigennamen gegeben, ganz nach Muster anderer *Thulur* (Synonymlisten). Den jüngsten Sohn des Jarl aber, Konr ungr (= *konungr*, „König") erzieht und adoptiert Rígr, lehrt ihn die Kenntnis der Magie, der Runen, der Jagd und der Vogelsprache, und nach einem Kampf mit Rígr iarl überwindet er diesen (und tritt in die Königsnachfolge ein). – Die Herkunft des unbelegten Götternamens Rígr dürfte im irischen *rí*, (Gen., Dat., Akk. *ríg*) zu suchen sein, aber die gelehrte Ständedidaxe ist sicherlich ein Werk des 13. Jh.s. Wegen dieser typisch hochmittelalterlichen Ständetheorie, den zahlreichen literarischen Anleihen bei der Sigurddichtung (*Reginsmál* und *Fáfnismál*), den höfischen Elementen (Beizjagd!) hat man das Gedicht am überzeugendsten in die Zeit des norwegischen Königs Hákon Hákonarson und – wegen der Streigkeiten mit Jarl Skuli – konkret in die Zeit um 1240 datiert,[23] auch wenn man jüngst – wegen der immanenten Unterschiede zu anderen Ständelehren des 13. Jh.s – wieder für eine ältere Entstehung, jedenfalls vor dem Ende des 12. Jh.s, plädiert hat.[24] In der späten Entstehung sehe ich auch keinen Gegensatz zu den lange für die Frühdatierung instrumentalisierten irischen Einflüssen (Name, Teilung des Ehebetts, Beschreibung des Haushalts nach Vorbild irischer gnomischer Verse)[25], da auch der wohl noch jüngere altnorwegische *Konungs skuggsjá* (um 1260–1265) reiches irisches Material verwendete. In der *Rígsþula* allerdings einen alten Kultmythos sehen zu wollen, halte ich für völlig verfehlt.[26]

Ganz anders steht es mit den *Grottasöngr* („Lied von der Mühle Grotti"), einem zwar spät entstandenen, aber auf einem schon wikingerzeitlich belegten Stoff beruhenden Lied, das erst in Handschriften des 14. Jh.s erhalten ist. In einer sehr ausführlichen Prosaeinleitung (die dem Gedicht selbst teilweise widerspricht) und 24 recht kunstvollen Strophen wird die ätiologische Sage vom Ende des Königs Fróði erzählt, dessen zwei riesischen Mägde auf der Mühle Grotti alles mahlen, was er sich wünscht. Diese Mägde, Fenja und Menja, beklagen (Str. 8–24) in Dialogstrophen ihr Schicksal in der Gefangenschaft, verfallen schließlich in ihren Riesenzorn und bringen durch das „Herbeimahlen" eines feindlichen Heeres nicht nur das Ende über Mühle und Haus sowie Fróðis Königssitz in Lejre, sondern auch über den sagenhaften „Fróðis Frieden". Die Geschichte verbindet eine Reihe von Elementen: Fróðis sagenhaften Königssitz, die Zaubermühle und Fróðis Frieden, zu einer geschlossenen mythologischen Erzählung.[27] Ähnlich operiert Snorri, der in *Skáldskaparmál* 40 eine verwandte Fassung erzählt, die er aber an der Rätselgeschichte „Wie kommt das Salz ins Meer?" aufhängt. Das Motiv der Wunschmühle ist ein jedenfalls weit verbreitetes Märchenmotiv, aber es war in Skandinavien auch schon im 10. Jh. mit Fróði und seinen Mägden Fenja und Menja verbunden, wie zahlreiche skaldische Kenningar für Gold (schon bei Egill, *Hǫfuðlausn* 17; Eyvindr skáldaspillir) bezeugen. Hier haben wir also offenbar einen ätiologischen Mythos vorliegen, der zwar nicht zu den Göttermythen gehört, aber dennoch Bestandteil der heidnischen Vorstellungswelt war; wie genau das junge Gedicht (oder die Prosaeinleitung oder Snorris Darstellung) diese Vorstellungen wiedergibt, lässt sich zwar nicht sagen, aber die Einzelelemente haben sich jedenfalls als sehr langlebig erwiesen.

Eine sehr späte mythologische Dichtungskompilation liegt uns in dem Gedicht mit dem neuzeitlichen Titel *Svipdagsmál* („Lied von Svipdagr") für die zwei zusammengehörigen Eddalieder *Grógaldr* und *Fjölsvinnsmál* vor. In jüngeren Eddaausgaben gar nicht mehr aufgenommen, sind die beiden im 13. oder 14. Jh. entstandenen Gedichte erst in Handschriften des 17. Jh.s erhalten, aber methodisch unterscheidet sie nur wenig von anderen jüngeren Texten, etwa der *Hyndluljóð*, sodass sie mit gutem Recht zur mittelalterlichen Aufarbeitung mythologischer Stoffe zu rechnen sind, auch wenn die Entstehung erst spätmittelalterlich sein mag. Im *Grógaldr* („Zauberlied der Gróa") behandeln die 16 Strophen die Jugend eines Helden namens Svipdagr. Er bewegt in einem Totenzauber seine tote Mutter Gróa, ihm Ratschläge für die gefahrvolle Brautfahrt um Menglöð zu geben, und sie verspricht ihm dann neun in ihrer Wirkung beschriebene Zaubersprüche, die selbst aber nicht wiedergegeben werden. – Die *Fjǫlsvinnsmál* („Fjölsviðrs Sprüche") beschreiben nun in 50 Strophen die Brautfahrt dieses Svipdagr um die von ihm umworbene Menglöð, die auf einem von einer Waberlohe umgebenen Berg wohnt. Den Titel aber hat das Lied von ihrem Bewacher Fjölsviðr („Vielwisser"), einem weisen Riesen, dem Svipdagr nun Antwort stehen muss. Inhalt dieses (nur einseitigen) Wissenswettstreits ist mythologisches Namensmaterial, von dem aber schon einiges auf die Erfindung des Verfassers zurückgeht. Mit dem aus Saxo (*Gesta Danorum* VI, 186), Snorri (*Ynglinga saga* 34ff. und *Edda*-Prolog) und der *Hrólfs saga kráka* bekannten Helden Svipdagr hat der Protagonist wohl nur den Namen gemein, eher gehört er zu dem Helden Svejdal spätmittelalterlicher dänischer und schwedischer Balladen, die mit den jungen Eddaliedern gemeinsame Handlungselemente aufweisen. Der Wert der mythologischen Elemente ist durch die eigenständigen Erfindungen des Verfassers einerseits, durch Übernahmen aus anderen, ebenfalls schon jungen eddischen Quellen andererseits stark beeinträchtigt, sodass hier schon von sekundärer Rezeption germanischer Mythologie zu sprechen ist, was aber in eingeschränktem Ausmaß auch für andere der genannten Eddalieder aus dem 13. Jh. stimmt. In allen Eddaliedern kann man jedenfalls davon sprechen, dass der Mythos in den Jh.en nach der Bekehrung zur poetischen Form geworden ist. Die eddische Dichtung ist somit in erster Linie ein Thema der Literaturgeschichte, nicht der Religionsgeschichte, aber die Tatsache, dass heidnische Mythologie gerade in dieser Zeit noch zu solcher Kreativität Anlass geben konnte, spricht für eine im Hochmittelalter doch noch ganz gute Quellenlage, die Rekonstruktionsversuche heidnischer Mythenerzählungen offenbar als realistisch erscheinen ließ.

Ist uns bei den Eddaliedern die Intention der einzelnen Verfasser oder wenigstens die Stoßrichtung ihres Interesses bei der Abfassung von Liedern mit Inhalten aus der heidnischen Mythologie nicht immer ganz klar, so stellt sich wenigstens dieses Problem bei der Mythographie des Snorri Sturluson nicht. Mehr als für alle bisher genannten Texte gilt bei ihm, dass ihm die Wissensvermittlung oberstes Anliegen war. Die Forschung ist heute einig, dass die *Snorra-Edda* ein Lehrbuch der Skaldendichtung ist, in welchem Snorri die systematische Aufarbeitung der heidnischen Mythologie nach dichterischen Quellen zum Zwecke der Erklärung der (heidnischen) Skaldendichtung und ihres Heiti- und Kenninggebrauchs vornimmt.

Trotz der Eddalieder und dem vereinzelt ab dem Beginn des 12. Jh.s wieder leicht zunehmenden Gebrauch mythologischer Kenningar in der isländischen Skaldendichtung[28] war die heidnische Mythologie in der altnordischen Dichtung dennoch eine marginale Größe geworden, und der Großteil der Skaldendichtung des 12. und 13. Jh.s ist christlich-religiöse Dichtung, welche heidnisch-mythologische Kenningar tunlichst vermied. Offenbar bestand damit aber nun die angesprochene Gefahr, dass ältere Skaldendichtung unverständlich werden konnte und neue Skaldendichtung weltlichen (d.h. historisierend-heidnischen) Stils mangels einschlägiger Kenntnisse nicht mehr geschaffen werden konnte. Dem wollte Snorri Sturluson in seinem um 1220 entstandenen Lehrbuch der Skaldendichtung, das wir heute unter dem Namen *Prosa-Edda* oder *Snorra-Edda* kennen, abhelfen. In diesem Handbuch gab er, in einen historischen Prolog und drei Hauptteile gegliedert, zuerst eine systematische Darstellung heidnisch-germanischer Mythologie aus poetologischem Blickwinkel und nach skaldischen und eddischen Quellen (*Gylfaginning*), dann eine Darstellung der Techniken der Skaldendichtung (*Skáldskaparmál*), vor allem des Kenninggebrauchs, und schließlich ein Gedicht in 102 Strophen (*Háttatal*), das zwar äußerlich ein skaldisches Preisgedicht auf Jarl Skuli und König Hákon ist, intentionell aber eine dem Muster des *Háttalykill inn forni* und europäischer Zentimetren (also 100-strophiger Beispielgedichte der Versformen) folgende Beispielsammlung skaldischer Strophen- und Versformen ist.

Aus dieser Intention des ganzen Werkes ergibt sich, dass Snorris Darstellung der heidnischen Mythologie zum einen eine gelehrte Darstellung ist, die auf seiner wissenschaftlichen Methode beruht, zum anderen aber der Funktion der poetologischen Darstellung untergeordnet ist. Darüber hinaus war Snorri aber auch noch selbst ein begabter Skalde und Schriftsteller, sodass eine Ebene der literarischen Aufbereitung hinzukommt. Hatte man im 19. Jh. noch Snorri als eine unverfälschte Quelle heidnisch-germanischer Mythologie gesehen, so hat sich diese Einstellung schon am Beginn des 20. Jh.s ins Gegenteil verkehrt, als man Snorris christliche Ausbildung, seine historisierende Grundhaltung und die dichterische Gestaltungskraft ins Feld führte, um die Problematik der *Snorra-Edda* als Quelle germanisch-heidnischer Religion in Frage zu stellen. Später hat man den Quellenwert der *Snorra-Edda* wieder positiver beurteilt, und die philologische Textkritik hat geholfen, viele Schichten der Textproduktion aufzuzeigen, die deutlich machen, welchen Traditionen und Methoden Snorri verpflichtet war. Dabei ist aber das heidnische Weltbild nur *eine* von mehreren Schichten, die in Snorris Geisteswelt eine Rolle spielen, und es ist daher notwendig, in jedem einzelnen Fall genau zu untersuchen, welches Snorris Quellen für einen bestimmten Mythos sind und wie Snorri im speziellen Fall damit umgegangen ist. Zu berücksichtigen sind auch Snorris ausländische Vorbilder im Bereich der Mythographie (etwa der sog. Erste Vaticanische Mythograph, aber auch der *Elucidarius*) und die von ihm angewandte Methode des Euhemerismus (darüber mehr noch unten). Jegliche andere, unkritischere Verwendung der *Snorra-Edda* als religionsgeschichtliche Quelle, wie sie in populären Darstellungen der germanischen Mythologie, aber oft genug auch in wissenschaftlichen Versuchen benachbarter Disziplinen angewandt wird, ist vom religionshistorischen Blickwinkel her völlig abzulehnen. Wegen Snorris systematischer Darstellung anzunehmen, dass wir eine kohärente Zusammenstellung der heidnischen germanischen Mythologie wie etwa der griechischen besäßen,[29] ist m. E. eine völlige Überschätzung der Quellenlage. Am gerechtesten ist jedenfalls eine Betrachtungsweise, die Snorris *Edda* nicht in erster Linie als Quellensammlung, sondern als „unsere erste germanische Religionsgeschichte"[30] ansieht.

Eine grundlegende Frage bei der Betrachtung der snorronischen Mythenrezeption ist natürlich die nach seinen Quellen,[31] wobei man für die eigentliche Mythologie drei Hauptgruppen georte hat: die Skaldendichtung, die Eddalieder und die mündliche Tradition. Letztere ist naturgemäß am schwierigsten einzuschätzen, aber wir wissen, dass Snorri (wie andere Mythographen auch, z. B. die Verfasser der Eddalieder oder der dänische Historiker Saxo Grammaticus) auch die mündlichen Auskünfte von Informanten verwendet hat. Als Beispiel kann man aber die Geschichte von Thors Fahrt zu Útgarðaloki heranziehen, die Snorri zwar weitgehend literarisiert hat, die sich in den Grundzügen aber auch bei Saxo

Grammaticus in seinen lateinischen *Gesta Danorum* finden (VIII, 286 f. und 292 f.). Saxo aber deutet zu seinen Quellen an, die Geschichte stamme von Männern aus Thule, also Isländern (VIII, 286).

Snorri schildert (*Gylfaginning* 43–46) den Inhalt dieser mythologischen Erzählung folgendermaßen: Thor reist mit Loki nach Jötunheim, begleitet von den Bauernkindern Thjálfi und Röskva, die seine Diener sind. Auf der Suche nach Nachtquartier finden sie eine riesige Halle mit mächtigem Tor, wo sie Unterschlupf finden. In der Nacht von einem Erdbeben geweckt, gehen sie tiefer in die Halle hinein, wo sie einen Nebenraum finden, in dem sie sich wieder zur Ruhe begeben. Am Morgen verlassen sie die Unterkunft und sehen in der Nähe einen Riesen liegen, der sich Skrýmir nennt (und sich in der Folge als identisch mit Útgarðaloki herausstellt). Er teilt ihnen mit, dass sie die Nacht in seinem Fäustling verbracht hätten, dessen Däumling der Nebenraum gewesen sei. Skrýmir wandert nun mit ihnen und trägt ihre Verpflegung mit in seinem Rucksack. Am Abend schläft der Riese bald und Thor gelingt es nicht, den Knoten am Rucksack des Riesen zu lösen, worauf er in solche Wut gerät, dass er den Riesen dreimal mit seinem Hammer Mjöllnir zu erschlagen versucht – der aber glaubt, es sei ein Blatt, eine Eichel oder Vogelmist, was auf ihn gefallen sei. Zeitig am Morgen verlässt der Riese die anderen Reisenden und geht nach Norden, Thor und seine Gefährten aber gehen nach Osten zu Útgarðaloki. Als sie dort ankommen, werden sie nach einigen spöttischen Sticheleien über die geringe Größe des Gottes im Vergleich mit den Riesen aufgefordert, an einigen Wettbewerben teilzunehmen. Erst muss Loki mit Logi um die Wette essen, unterliegt aber, da Logi auch den Trog mitauffrisst. Thjalfi läuft mit Hugi um die Wette, unterliegt aber ebenfalls. Thor muss dann drei Prüfungen bestehen: Er soll Útgarðalokis Trinkhorn austrinken, kann es aber auch in drei Zügen nicht leeren. Er kann die Katze des Riesen nicht völlig hochheben, und er verliert einen Ringkampf gegen die alte Amme des Riesen, Elli. – Erst am nächsten Tag erklärt Útgarðaloki Thor, dass alle Abenteuer und Prüfungen durch Magie hervorgerufene Sinnestäuschungen waren, und erklärt, dass der Rucksack mit Eisendraht verschlossen war und dass die drei Hiebe, die Thor Skrýmir versetzt hat, drei tiefe Täler in einem Berg hinterlassen haben. Loki wurde durch Logi besiegt, dem alles verzehrenden „Wildfeuer", und Thjalfi von Hugi, dem „Gedanken", der schneller ist alles andere. Das Trinkhorn, aus dem Thor trank, hatte ein Ende im Meer, und Thors Züge daraus waren so mächtig, dass davon Ebbe und Flut entstanden seien. Die Katze war in Wirklichkeit die Midgardschlange, und Thor konnte Elli, „das Alter", nicht besiegen, denn das Alter überwindet alle, auch die Götter. Als Thor in seinem Zorn Rache an Útgarðaloki nehmen will, ist plötzlich dieser samt seiner Burg verschwunden.

Diese bekannte Erzählung bei Snorri wird in den altnordischen Quellen sonst nur in der *Lokasenna* (60 und 62: Fäustling und Rucksack) und den *Hárbarðsljóð* (26: Fäustling) erwähnt, die Lieder sind aber ebenfalls jüngeren Datums, so dass über das Alter des Mythos damit gar nichts ausgesagt ist. Es ist am wahrscheinlichsten, dass Snorri die Geschichte aus auch sonst als Volkserzählungen kursierenden Rätselgeschichten kompilierte, deren Bekanntheitsgrad zumindest teilweise durch die Erwähnungen in den anderen Eddaliedern gesichert ist. Diese Erwähnungen allein reichen jedenfalls als Quelle für die Geschichte bei Snorri nicht aus. Deutlich wird an der Erzählung von Thor bei Útgarðaloki auch Snorris an einheimischer Literatur ebenso wie an lateinischer Poetik geschulte Erzähltechnik: Der dramatische Aufbau mit Passagen direkter Rede, die Triaden mit Achtergewicht, Prolog und Epilog auch für einen so kurzen Text machen deutlich, wie bei ihm aus einer Sammlung von Rätseln und/oder Mythenanekdoten eine in sich geschlossene Erzählung wird, die nicht umsonst weltliterarischen Rang hat.

Die Geschichte zeigt aber auch, dass der Gott Thor, der schon in heidnischer Zeit *der* Protagonist von Mythenerzählungen war, auf Grund von deren Charakter als Volkssagen auch noch im christlichen Mittelalter der Held kreativer Neufassungen sein konnte, und dazu gehörten die *Þrymskviða* ebenso wie die *Hymiskviða* oder eben Snorris Schwank- und Rätselerzählung von Thor bei Útgarðaloki. Auffällig ist dabei allerdings, dass der Gott Loki, der in Eddaliedern wie der *Þrymskviða* und der *Lokasenna* schuld an diversen Krisen der Götter ist, hier eine ganz untergeordnete Rolle spielt, während ihm Snorri andernorts eine höchst zweifelhafte und für die Götter potentiell gefährliche Rolle, etwa in der Saga vom Riesenbaumeister (*Gylfaginning* 41) oder im Mythos von Þjazi und Skaði (*Skáldskaparmál* 1), zuweist.

Snorris literarische Begabung zeigt sich aber nicht nur dort, wo er mit mündlichen oder uns unbekannten Quellen umgeht, sondern sie ist in seiner gesamten, im Grunde wissenschaftlichen Beschäftigung mit dem mythologischen Material offenkundig. Allerdings bereitet sie Probleme bei der Betrachtung als Quelle der germanischen Religionsgeschichte. Nicht immer ist es nämlich so offensichtlich, dass Snorri sein Material nicht nur anordnet, organisiert und interpretiert, sondern auch aus eigenem ergänzt, wie bei der Beschreibung der jenseitigen Welt der (hier personifizierten) Hel, die er folgendermaßen schildert:

„Die Hel warf er nach Nebelheim und gab ihr Gewalt über neun Welten, damit sie alle Wohnstätten mit denen teile, die zu ihr gesandt worden waren, und das sind die an Krankheit oder Alter gestorbenen Menschen. Sie besitzt dort eine große Wohnstatt und ihre Zäune sind sehr hoch und haben große Gatter. Ihre Halle heißt 'die Regenfeuchte', 'Hunger' heißt ihr Teller, 'Hungersnot' ihr Messer, 'der Langsame' heißt ihr Knecht, 'die Langsame' ihre Magd, 'Sturzgefahr' ihre Schwelle beim Eingang, 'Krankheit' das Bett, 'bleiches Unglück' der Bettvorhang. Sie ist halb schwarz und halb fleischfarben, deswegen ist sie leicht erkennbar, und eher düster und grimmig" (Gylfaginning 33).

Diese Art der Darstellung hat weder etwas mit den verwendeten Quellen noch mit den Vorstellungen heidnischer Zeiten zu tun. Snorri lässt hier vielmehr – an dieser Stelle zweifellos auf übertriebene Weise – seiner Stofffreude und seiner Tendenz zur poetischen Ausgestaltung freien Lauf, und wir brauchen nicht davon auszugehen, dass er diese Namen etwa verlorenen Dichtungen entnommen hätte, sondern können eher annehmen, dass Snorri das Namensmaterial als Basis möglicher zukünftiger Kenningar darlegt, sodass eine Kenning wie „Herrin der Ganglöt" für Hel zwar nicht vorliegt, aber *nach Snorri* auf Grund seines Lehrbuchs möglich wäre. Auf stilistische Anklänge aus Isaias 11, 5 wurde schon oben in Kapitel VII hingewiesen. Dass Snorri von der heidnischen Vorstellung von Hel schon sehr weit entfernt war, zeigt auch eine andere Stelle, an der er von Hel spricht:

„Und alle rechtgläubigen Menschen sollen bei ihm selbst wohnen, wo es Gimlé oder Vingólf heißt, aber die bösen Menschen gehen nach Hel und von dort nach Biflhel, das ist unten in der neunten Welt" (Gylfaginning 4).

Zwar ist der hier angesprochene Schöpfergott (angeblich) Odin, aber die Belohnung der Guten und Bestrafung der Bösen in einer Vorhölle und einer tiefen Hölle ist durch und durch mittelalterlich-christlich.

Auf Snorris vielfältige Beziehungen zur Eddadichtung wurde schon oben bei der Behandlung der einzelnen Lieder kurz angespielt. Snorri zitiert die *Vǫluspá*, die *Grímnismál*, die *Vafþrúðnismál*, die *Lokasenna*, die *Alvíssmal*, die *Vǫluspá in skamma*, es bestehen des weiteren Übereinstimmungen mit der *Hymiskviða*, den *Baldrs draumar*, dem *Grottasöngr* und *Svipdagsmál*. Bei *Lokasenna* und *Þrymskviða* hat man gerätselt, ob Snorris sie nicht sogar verfasst haben könnte, aber insgesamt stehen fast alle Eddalieder Snorris Zeiten und Denkweisen näher als der heidnischen Zeit, so dass die Übereinstimmungen zwischen *Snorra-Edda* und den Liedern nicht nur auf nachvollziehbaren literarischen Abhängigkeiten beruhen, sondern auch auf einem geistigen Klima, das in Island zu einer bestimmten Zeit herrschte.

Dass Snorri ein ausgezeichneter Kenner der Skaldendichtung war und wohl hunderte von Strophen auswendig kannte, ist ganz unbestritten. Snorri benützte auch die Skaldendichtung als Quelle vor allem in der *Skáldskaparmál*, auffällig selten nur in der *Gylfaginning*.[32] Aber diese Gedichte hat er selbst weiter ausgestaltet, wobei die Mitbenützung der – meist sekundären – eddischen Quellen den Wert seiner Darstellung eher schmälert als verbessert. Ein Beispiel für den Wandel einer Vorstellung habe ich schon oben in Kapitel VII bei der Besprechung Walhalls gegeben, wo wir die am Ende der Zeit in Dänemark und Norwegen gültigen, aber keineswegs systematischen Vorstellungen am Beispiel der *Hákonarmál* und *Eiríksmál* erkennen können. Snorri kannte wohl beide Gedichte, aber er verwendet nicht nur diese Quellen vom Ende der heidnischen Zeit, sondern auch die *Vafþrúðnismál* und besonders die *Grímnismál*, wovon er immerhin fünf Strophen wörtlich zitiert, die in dieser Beziehung selbst schon fabulöse Ausschmückungen enthalten. Snorris Walhallbeschreibung ist also nicht in erster Linie eine auf heidnischen Vorstellungen beruhende, sondern eine selbst bereits poetisch gefärbte, paraphrasierende Beschreibung dieses paradiesischen Ortes. Auch sonst hat sich gezeigt, dass sein wissenschaftliches Interesse an der Vorzeit und seiner Dichtung kein Gegenstück in einer vorurteilsfreien Darstellung der heidnischen Mythologie hatten, sondern häufiger durch Fiktion als durch Kenntnis der heidnischen Vorzeit geprägt war.[33]

Snorris Darstellungen der Mythologie des Heidentums, einschließlich der mythologischer Ursprungssagen, sind wie gesagt von seiner christlichen Einstellung gefärbt, aber genauer durch ein Denkmodell, das seit der Antike zur Erklärung des Ursprungs der Götter verwendet wurde, nämlich den Euhemerismus. Im Christentum wurde das Modell zur Erklärung der Existenz falscher Götter verwendet. Euhemeristisch gefärbte Ansichten waren schon während der Germanenmission im Schwange, so im zitierten Brief Daniel von Winchesters an Bonifatius, wo er hervorhebt, dass man den Heiden klar machen muss, dass ihre Götter von Menschen geboren und deshalb gar keine richtigen Götter sein könnten. Der Euhemerismus erklärt die Herkunft des Götterglaubens aus der Verehrung und schließlich Vergöttlichung hervorragender historischer Personen der Vergangenheit. Eponymer Schöpfer dieser Theorie war Euhemeros von Messene (300 v. Chr.), dessen Werk durch Nennius ins Lateinische übersetzt wurde. Wie schon erwähnt, spielte der Euhemerismus schon im 6. und 7. Jh. eine gewisse Rolle, wurde dann aber ab dem 12. Jh. intensiver zur Erklärung der eigenen heidnischen Vergangenheit herangezogen. Im mittelalterlichen England war es vor allem Gottfried von Monmouth (um 1130), der diese Theorie vertrat, in Dänemark Saxo Grammaticus (darüber mehr noch unten), in Island findet sich das Modell schon bei Ari fróði in seiner *Íslendingabók* (vor 1133 beendet), in welcher er Yngvi und Njörðr als historische Könige in der mythischen Genealogie des Ynglingshauses anführt.

Bei Snorri wird seine euhemeristische Grundlage besonders in den historischen Einleitungen zur *Snorra-Edda* (im Prolog) und zur *Ynglinga saga* 5–7 greifbar, wo er den Ursprung der heidnischen nordischen Götter und Religion zu erklären versucht. Seine euhemeristische Götterlehre wird hier mit der in ganz Westeuropa gültigen historischen Fabel von der Abstammung der westeuropäischen Völker (oder wenigstens ihrer Herrscherhäuser) von den Trojanern verbunden, die zu seiner gelehrten Urgeschichte Skandinaviens verbunden wird. Bekanntlich stammten ja die Römer vom Troja-Flüchtling Aeneas ab, laut Gottfried von Monmouth war ein gewisser Brutus (oder Brito) der Ahnherr der Briten, und in frühmittelalterlicher fränkischer Historiographie wird selbst die Gründung von Paris einem der Gefährten des Aeneas namens Parisius zugeschrieben.[34] In der *Gylfaginning* und *Skáldskaparmál* ist bei der Darstellung der Mythologie das euhemeristische Denkmodell weniger greifbar, die ganze Mythographie der *Gylfaginning* wird ja als bewusste Täuschung des Fragenstellers Gylfi durch die Asengötter präsentiert (Gylfaginning, „Täuschung des Gylfi").

Snorris Euhemerismus lässt sich am deutlichsten an zwei ausführlichen Erzählungen seiner Mythographie exemplifizieren, nämlich einerseits an der gelehrten Urgeschichte von Odins Einwanderung nach Skandinavien, andererseits an der knapper ausgeführten von Odins Verbannung.

Die (pseudo-)mythische (Ur-)Geschichte von Odins Einwanderung kennen wir aus einer ganzen Reihe von isländischen Texten des 12. bis 14. Jh.s, wovon die erwähnte von Ari die knappste Fassung darstellt, alle Fassungen weichen nicht unwesentlich voneinander ab.[35] Die ausführlichste Version präsentiert uns Snorri in wiederum zwei voneinander abweichenden Texten im Prolog der *Snorra-Edda* und in der *Ynglinga saga*. Erstere berichtet, dass König Memnón von Troja in Tyrkland die Tochter des Königs Priamus heiratete und mit ihr einen Sohn namens Trór hatte, den die Skandinavier als Thor kannten. Dieser regierte in Trákíá (auch Þrúðheimr) und heiratete die „Sibylle" (also Seherin) Sif. Die darauf folgende Genealogie der Nachkommen Thors besteht vorwiegend aus Thors-Namen und endet mit Voden (Odin), der eine gewisse Frígídá (Frigg) heiratete. Als sie Tyrkland mit großer Gefolgschaft verlassen, ziehen sie zuerst nach Saxland, wo Odin einige seiner Söhne als Könige einsetzt, und ziehen dann weiter nach Schweden zum Reich Gylfis, der Odin die Herrschaft anbietet. Dieser lässt sich daraufhin in Sigtuna nieder und ernennt 12 Fürsten nach trojanischem Vorbild (darunter Njörðr, Freyr, Heimdall, Thor und Balder), und auf Grund ihrer – für das damalige Schweden – übermenschlichen Fähigkeiten und Kenntnisse werden sie bald wie Götter verehrt und Opfer werden ihnen dargebracht. – Die Fassung der *Ynglinga saga* weicht insofern ab, als Odin hier Herr über Asgard, das Land östlich des Dons in Asien, war, seine Brüder Vili und Vé als Herrscher über Russia and Saxland einsetzt und er nach Einsetzung seiner Söhne als Könige über Saxland via Fünen nach Schweden zieht. Die Unterschiede können auf zwei unterschiedliche, ihm beide bekannte Traditionen zurückgehen, von denen die erste von Ari fróði, die zweite vom Verfasser der *Skjöldunga saga* vertreten wurde. Daneben gab es aber auch noch weitere abweichende Auffassungen von der Einwanderung der Asen und ihrer Herkunft von den Trojanern, die wohl durch die fränkische Tradition gefördert wurde, nach der nicht nur fast alle westeuropäischen Völker, sondern sogar die *Nordmanni* von den Trojanern abstammten (so ausdrücklich bei Rigord von St.-Denis).

Die andere, etwas kryptischere Geschichte ist die von Odins Verbannung. Auch hier haben wir mehrere Fassungen, nämlich zwei verschiedene in Saxo Grammaticus' *Gesta Danorum* und eine Kurzfassung in Snorris *Ynglinga saga* 3. Diese Kurzfassung lautet folgendermaßen:

„Odin hatte zwei Brüder, von denen einer Vé, der andere Vili hieß. Die Brüder regierten sein Reich, wenn er abwesend war. Einmal, als Odin weit fort war und so lange ausblieb, dass die Asen seine Rückkehr für unwahrscheinlich hielten, begannen die Brüder seine Güter aufzuteilen, seine Frau Frigg aber besaßen sie gemeinsam. Wenig später aber kam Odin heim und nahm seine Frau wieder zu sich."

In dieser Fassung wird nichts über die Gründe für die Abwesenheit Odins ausgesagt, sondern nur über die Folgen: die temporäre Teilung der Herrschaft und seiner Frau durch seine Brüder. Zwei andere, ausführlichere Versionen bei Saxo Grammaticus berichten uns da wesentlich mehr über Odins Abwesenheit, die in der ersten der beiden Fassungen ein selbstgewähltes Exil, in der anderen eine 10-jährige Verbannung durch die anderen Asen ist. Erstere findet sich in den *Gesta Danorum* (I, 25 f.) und berichtet Folgendes: Odin, der (wie die Asen bei Saxo durchwegs) in Byzanz lebt, erhält von skandinavischen Königen eine schwer vergoldete Statue seiner selbst. Aus reiner Eifersucht lässt seine Frau Frigg das Gold davon entfernen, aber Odin lässt die Goldschmiede hängen und die Statue durch Magie sprechen. Daraufhin gibt sich Frigg einem Sklaven hin, der dafür die Statue zerstört und das Gold stiehlt. Aus Scham über diese Schande geht Odin in ein freiwilliges Exil, kehrt aber zurück, als der Zauberer Mithotyn die Herrschaft an sich reißt, und Mithotyn flieht nach Fünen, wo ihn die Einheimischen töten. – Die zweite Fassung in den *Gesta Danorum* (III, 80–82) ist mit Odins Verführung der Rinda/Rindr zusammengebracht, deren Widerstand er nur mit Magie brechen kann. Die anderen Asen bestrafen ihn aber für diese Schandtat mit einer 10-jährigen Verbannung, während der Ollerus (= Ullr) die Herrschaft übernimmt. Als Odin zurückkehrt, flieht Ollerus nach Schweden, wird aber schließlich von den Dänen getötet.

Bei Snorri haben wir also nur mehr den blassen Schatten eines Odinsmythus vor uns, der auch Saxos Informanten nicht mehr klar war oder in zu vielen unterschiedlichen Versionen kursierte. Nur mehr wenige Kernelemente sind den erhaltenen Fassungen zu entnehmen: Odin war einmal lange abwesend; in seiner Abwesenheit übernahm ein anderer Gott die Herrschaft; die Abwesenheit Odins hing irgendwie mit seiner Frau und einer Schandtat zusammen. Alle drei Fassungen haben diese Elemente, sie werden aber unterschiedlich gefüllt, wobei Snorri die Herrschaftsübernahme – dynastisch korrekt – den beiden ihm aus der *Vǫluspá* bekannten Odinsbrüdern Vili und Vé zuschreibt und die mit Frigg verbundene Schandtat in der Übernahme und Teilung der Frigg durch die Brüder sieht. Wie uns die Versionen bei Saxo zeigen, ist diese Interpretation aber falsch, denn die Schandtat (und/oder Frigg) waren offenbar der Grund für die Verbannung, nicht erst die Folge. An diesem Beispiel ist zu sehen, dass Snorri fallweise eine zu dünne (verlorene) skaldische Quelle oder mündliche Tradition zwar logisch schlüssig gestaltet, dass seine Fassung aber nicht den alten Mythen entsprechen muss.

Saxos Fassungen sind deswegen nicht verlässlicher, aber in diesem Fall haben die beiden sehr unterschiedlichen Versionen immerhin strukturelle Gemeinsamkeiten, die Snorris Deutung unwahrscheinlich erscheinen lassen. Die Abweichungen seiner Darstellung von Mythen und Mythemen sind aber auch damit zu erklären, dass er eine andere Intention verfolgte. Saxo Grammaticus (ca. 1150–1220) war ein Kleriker und Historiker am Hof des Erzbischofs von Lund, der eine dänische Geschichte in 16 Büchern verfasste, von denen immerhin neun die mehr oder weniger mythische Vorgeschichte bis zum Regierungsantritt von Harald Blauzahn (936) behandelten, grob also die Zeit bis zur Christianisierung. Diese umfangreichen neun Bücher füllt Saxo mit einer großen Zahl von Heldensagen und auch mythologischen Geschichten, die lose in seine – fiktive – Frühgeschichte Dänemarks eingearbeitet werden. Da er aber eine Pseudohistorie schreibt, sind Beispiele aus der Geschichte für ihn wichtiger als für Snorri, trotzdem hören wir bei ihm etwa nichts über die Einwanderung der Asen. Auch Saxo hält sich offiziell an den Euhemerismus, und er entwickelt in den *Gesta Danorum* I, 19 f. eine komplexe Theorie über die Entstehung der Götter. Innerhalb seines Werkes wird aber dann eine andere, simplere Form des Euhemerismus spürbar, indem einfach alle mythologischen Gestalten als historische Personen aufgefasst werden.

Saxos Göttertheorie lässt sich etwa so zusammenfassen, dass es drei Sorten von Zauberern gibt: Die älteste Gruppe bestand aus vorzeitlichen Riesen, die zweite Gruppe aus Wahrsagern, die er ebenfalls noch als Riesen bezeichnet, die dritte Gruppe ging aus den ersten beiden hervor und war so zauberkundig und kunstfertig, dass sie von den Menschen als Götter verehrt wurden. Dieses System bleibt in seiner Darstellung allerdings weitgehend funktionslos. Mythologische Göttergeschichten werden häufig so erzählt, als handelte es sich bei den Protagonisten um menschliche Helden (so etwa in der Erzählung um Balders Tod), und außer Odin spricht er nur in der Geschichte von Odins Verbannung ein göttliches Kollegium der Asen an (*Gesta Danorum* III, 80 ff.), das wohl dem polytheistischen Pantheon entsprechen soll, in diesem Kontext aber an Snorris 12 Priester in Uppsala erinnert.

Euhemeristische Darstellungsweisen finden sich aber auch in anderen mittelalterlichen Quellen der germanischen Religion, vor allem in den Stammtafeln der Königshäuser in England und Skandinavien, wo nicht nur bei Ari fróði die Götter als Vorfahren der irdischen Könige auftreten, was das Überleben dieser göttlichen Vorfahren auch in der christlichen Historiographie ermöglichte. Diese Einbettung in eine wissenschaftliche historische Theorie war überhaupt einer der wichtigsten Gründe für die Anwendung des Euhemerismus auf die heidnische Religion, da somit das Konfliktpotential mit christlichen Lehrmeinungen über die Rolle der heidnischen Götter minimiert wurde. Auf diese Art konnten die mittelalterlichen Historiker, besonders der gelehrten Renaissance des 12. Jh.s, die heidnische Götterwelt einem christlichen Publikum leicht verständlich präsentieren. Außerdem bot die euhemeristische Darstellung der heidnischen Götterwelt als historische Ahnen eine Möglichkeit der Anbindung der eigenen Vergangenheit an die Trojanersage, womit die Engländer und Skandinavier, wie früher schon die Franken, ihre Gleichstellung mit den sich aus der antiken Welt herleitenden Römern belegen konnten.

Während im wissenschaftlichen Schrifttum die euhemerisierten Götter zu Gestalten der eigenen Frühgeschichte umgestaltet wurden, finden sich in rein literarischen Quellen Tendenzen zu einer antiquarischen Verwendung der heidnischen Religion zu Zwecken des historischen Kolorits. Diese literarischen Darstellungen zeigen zwar manchmal Spuren der christlichen Dämonisierung der alten Religion – wenn etwa in der *Eyrbyggja saga* 10 als ätiologische Erklärung des Namens für einen Þorssteinn („Thors-Felsen") angeführt wird, auf diesem Stein habe man in heidnischer Zeit die Rücken von Menschen im Rahmen von Menschenopfern gebrochen. Es ist dazu nur anzumerken, dass wir für Island keinerlei ernst zu nehmende Hinweise auf Menschenopfer haben, aber der Verfasser der Saga hatte eine Tendenz zum Erfinden gruseliger Details, meist in Verbindung mit Opferblut:

„Er erbaute einen großen Hof am Hofsvag, den er Hofsstadir nannte. Dort ließ er einen Tempel errichten, und das war ein mächtiges Gebäude. Die Tür war an der Längsseite, nahe dem Ende der Wand. Im Inneren hinter der Tür standen die Hochsitzpfeiler; in diesen steckten Nägel, welche man die Nägel der Götter nannte. Das Innere des Tempels war eine heilige Friedensstätte. Weiter drinnen im Tempel war ein Raum, der dem Chor in den Kirchen heute ähnelte, und dort stand in der Mitte auf dem Boden ein Aufbau wie ein Altar, und dort lag offen ein Ring, zwanzig Öre schwer, und auf den mussten alle ihre Eide schwören. Diesen Ring sollte der Tempelgode bei allen Versammlungen am Arm tragen. Auf dem Aufbau sollte auch eine Opferschale stehen, und darin befand sich der Sprengwedel für das Opferblut, ähnlich einem Weihwedel, und mit diesem Wedel sollte das Blut aus der Schale gesprengt werden, das man Opferblut nannte. Es war dies das Blut von Tieren, die man schlachtete, um sie den Göttern zum Opfer zu bringen. Um den Altar herum waren in diesem gesonderten Raum die Götterbilder aufgestellt. An den Tempel hatte jedermann Abgaben zu zahlen, und alle waren dazu verpflichtet, dem Tempelgoden bei Zusammenkünften Gefolgschaft zu leisten, so wie jetzt die Thingleute ihrem Häuptling. Der Gode aber hatte den Tempel auf eigene Kosten zu erhalten, sodass er nicht verfiel, und hatte darin Opferfeste zu veranstalten" (*Eyrbyggja saga* 4).

Die Grundlagen für die Rekonstruktion dieser heidnischen Tempel und Riten in den christlichen Entsprechungen sind nur allzu deutlich, trotzdem hat die Fabulierfreude dieses Autors in der Vergangenheit auch die Wissenschaft immer wieder dazu verführt, seine Worte für bare Münze zu nehmen. Noch dicker aufgetragen wird in der romantischen, durch hochmittelalterliche höfische europäische Literatur beeinflussten *Friðþjófs saga frækna*. Der Verfasser der Saga konstruiert für das „vorzeitliche" Schweden einen Balders-Tempel und ein eigenes Balder-Priestertum, das deutlich an christlichen Heiligenkulten – und dem christlichen Konzept des Kirchenasyls – modelliert ist. Es ist wohl unnötig zu erwähnen, dass selbst falls es jemals einen Kult des Gottes Balders gegeben hätte – was zu bezweifeln ist – die Beschreibung eines Tempels und seiner Priesterschaft völlig ahistorisch ist. Auch andere Beschreibungen heidnischer Bräuche und vorchristlicher Kulte sind nicht an historischer korrekter Darstellung, sondern an der funktionalisierten Verwendung heidnischer Elemente in literarischen Werken interessiert. Dazu gehört die Geschichte vom Völsi im sog. *Vǫlsa þáttr* der *Óláfs saga hins helga hins mesta* ebenso wie der Freys-Kult im *Gunnars þáttr helmings*. Die Völsi-Geschichte, in der es um einen abgeschnittenen, in „Leinen und Lauch„ bewahrten Pferdepenis geht, den eine nordnorwegische Bauernfamilie als Gott verehrt, indem sie ihn allabendlich reihum gibt, während Strophen mit dem Refrain *þiggi Mǫrnir þetta bloeti* („Nimm an, Mörnir, dieses Opfer") deklamiert werden, bis Olaf der Heilige diesem Aberglauben ein Ende bereitet, hat sich als spätes Konstrukt erwiesen.³⁶ Hier ging es dem mittelalterlichen Autor in erster Linie darum, die Abwegigkeit heidnischer Bräuche aufzuzeigen und lächerlich zu machen sowie Olafs Rolle in der Christianisierung des Landes hervorzuheben. Auch im *Gunnars þáttr helmings* geht es um die Leichtgläubigkeit der Heiden, als Gunnar – auf der Flucht – sich in einem hohlen, auf einem Wagen herumgeführten Götterbild des Gottes Freyr verbirgt und schließlich dessen Priesterin schwängert, was von den Schweden als gutes Omen für die durch diesen Gott erflehte Fruchtbarkeit genommen wird.

Im späteren Mittelalter finden sich Anspielungen auf die heidnische Religion zusehends seltener, nicht zuletzt auch deshalb, weil das dominante Genre der *Riddarasǫgur* kaum Anlass zur Erwähnung einheimischer heidnischer Religion bot. Dass es aber keine prinzipiellen Gründe für die Vermeidung heidnischer Themen in der isländischen Literatur gab, beweisen Umarbeitungen von mythologischen Eddaliedern. Die *Þrymlur* etwa sind eine balladenartige Umarbeitung der *Þrymskviða*, die *Lokrur* eine der *Lokasenna*. Beide Werke sind erst um oder nach 1400 entstanden und ausgesprochen schwankhafter Natur, sodass das Interesse an Mythologie hinter dem an Unterhaltung zurücktritt. In norwegischen, dänischen und färingischen Balladen sind mythologische Themen – im Vergleich zu den heroischen – dagegen eher selten.

Sosehr aber diese Texte aus einem Zeitraum von 200 bis 400 Jahren nach der Christianisierung Islands im Jahre 1000 auch als gelehrte Rezeption zu sehen sind, so besteht doch kein Zweifel daran, dass zu keiner anderen Zeit eine intensivere Auseinandersetzung mit den mythischen Erzählungen des germanischen Heidentums stattgefunden hat als im Island des 12. und 13. Jh.s. Es ist daher wenig überraschend, dass die an Umfang und Intensität beachtliche isländische Auseinandersetzung mit der eigenen heidnischen Vergangenheit auf Grund ihrer (relativen) Zugänglichkeit in der Neuzeit eine große Rolle bei der Beschäftigung mit der vorchristlichen skandinavischen Religion gespielt hat, und rezeptionsgeschichtlich ist sie auch von beträchtlichem Wert, vor allem für das hochmittelalterliche Selbstverständnis, für sein Verhältnis zur norwegischen Monarchie und der Bewältigung der Brüche in der eigenen Vergangenheit, so etwa die Auswanderung von Norwegen nach Island oder eben die Christianisierung. Als Quelle der Religion des Heidentums hingegen muss das hochmittelalterliche skandinavische Schrifttum von Fall zu Fall sorgsam evaluiert werden. Diesbezüglich ist, wie oben dargestellt, in der Forschung aber selten ein Konsens herzustellen, und nicht zuletzt deswegen oder wegen der Chronologie allein muss diese Mythographie in einer Darstellung von Religion und Mythologie der Germanen den letzten Platz einnehmen.

Anmerkungen

Kapitel I

[1] Hammerbacher 14f.
[2] Hammerbacher 15f. und 20.
[3] Haack: Wotans Wiederkehr, 204ff.
[4] Haack: Wotans Wiederkehr, 177.
[5] Haack: Wotans Wiederkehr, 75.
[6] Weißmann 129.
[7] Schweidlenka 20.
[8] Schnurbein 48.
[9] Vortrag in München im Jahre 1984.
[10] Schnurbein 180f.
[11] Schweidlenka 19.
[12] In: Nordische Heldenromane, Breslau 1814–28.
[13] Burri 109.

Kapitel II

[1] Zur Erklärung der Methoden vgl. Renfrew: Before Civilization; im Fachschrifttum werden unkalibrierte C^{14}-Datierungen meist mit b.c., kalibrierte Datierungen mit B.C. angegeben; die im folgenden durch „v.Chr." bezeichneten Zahlen sind jedoch durchwegs kalibrierte Daten, also echte Kalenderjahre.
[2] Joussaume 102f.
[3] Renfrew: Before Civilization, 156–160.
[4] Tilley, 71.
[5] Ihr wichtigster Vertreter ist Renfrew: Before Civilization; eine Darstellung der wissenschaftlichen Diskussion in den 60er- und 70er-Jahren findet sich bei MacKie, 7–13; seither hat sich die Diskrepanz zwischen den Positionen deutlich entschärft.
[6] MacKie: The Megalithic Builders, 15–24.
[7] Castleden 118.
[8] Ritchie 337–350.
[9] Strömberg: Megalithic Tombs, 140.
[10] Rodríguez Casal, 60; die hier gemachten Bemerkungen betreffen zwar das spanische Galicien, gelten aber auch für andere westeuropäische Megalithstätten.
[11] MacKie, 146–199.
[12] Castleden, 252f. spricht zwar von „protowriting" and „primitive runes", aber Runen sind diese Zeichen nicht.
[13] MacKie, 28ff.
[14] M. J. O'Kelly, 14–23.
[15] M. J. O'Kelly, 146–185; C. O'Kelly, 86–96; Coffey, 84–120.
[16] Eogan, 113.

[17] Glob: Danish Prehistoric Monuments 53 ff.
[18] Tilley, 228; 275–278.
[19] Burl: The Stone Circles, 51 f.
[20] Burl: The Stone Circles, 24–33.
[21] Burl: Stonehenge People, 173–178.
[22] Burl: Stonehenge People, 192.
[23] Klindt-Jensen: Denmark before the Vikings, 80; Davidson: Scandinavian Mythology, 32–3; Glob: The Mound People, 167; Burl, Avebury, 222.
[24] Vgl. das auffällige Loch im Dachstein des Dolmens Trethevy Quoit, Cornwall; Abb. bei Castleden: The Stonehenge People, 166.
[25] Burl: The Stone Circles, 158.
[26] Myatt, 282–285.
[27] Coles and Harding, 277–331, bes. 313.
[28] Sween, 13–15.
[29] Glob, Helleristninger, 17; Schier: Skandinavische Felsbilder 162–228; Malmer: Chorographical Study, 3 f.
[30] Bertilsson: The Rock Carvings, 120 ff.; Schier, Skandinavische Felsbilder, 203f; Malmer, Chorographical Study.
[31] Klindt-Jensen: Denmark before the Vikings, 60.
[32] Birkhan: Kelten, 375; Szabo: Lex Celtes de L'est, 188–9.
[33] Jahnkuhn, Axt, 537–544.
[34] Simek: skíðblaðnir, 31–39.
[35] Kaul: Sandagergård, 31–54; Schier: Skandinavische Felsbilder, 208 f.
[36] Bertilsson: Rock Carvings and Graves, 18–20.

Kapitel III

[1] Jankuhn: Archaeologische Beobachtungen, 118.
[2] Hagberg: The Archeology of Skedemosse II; ders.: Religionsgeschichtliche Aspekte, 167–171.
[3] Behm-Blancke: Germanische Mooropferplätze, 129–135; ders.: Neue Funde, 377–380; ders.: Neue Ausgrabungen, 945–949; ders.: Ein westgermanisches Moor- und Seeheiligtumm, 264–266; ders.: Latènezeitliche Opferfunde, 232–235.
[4] Engelhardt: Thorsbjerg Mosefund.
[5] Jankuhn: Die religionsgeschichtliche Bedeutung, 365; vgl. auch ders.: Zur Deutung des Moorfundes von Thorsberg, 202; und ders.: Nydam und Thorsberg.; Raddatz: Religionsgeschichtliche Probleme des Thorsberger Moorfunds, 189 ff.
[6] Jankuhn: Die religionsgeschichtlichen Bedeutung, 367.
[7] Müller-Wille: Opferkulte, 52 f.
[8] Ørsnes: Der Moorfund von Ejsbøl, 185f; ders.: Ejsbøl., 67–77.
[9] Illkjær Lønstrup: Der Moorfund, 95–116; Illkjær: The weaponfind, 83–90; Illkjær und Stoklund: Illerup Ådal, 346–354.
[10] Bemmann und Hahne: Ältereisenzeitliche Heiligtümer, 57 f.
[11] Dazu zuletzt Seebold: Völker und Sprachen, 156 f.
[12] Golther: Handbuch, Nachdruck Essen 1995, 569 f.
[13] Siehe oben FN 7, sowie vgl. Illkjær und Lønstrup, Moorfund, 95 f. und 116.

[14] Jankuhn: Die religionsgeschichtliche Bedeutung, 366.
[15] Simek: Språkvitskaplig merknad, 228–233; Illkjær und Stoklund: Illerup Ådal, 346.
[16] Randsborg: Hjortspring; Kaul: Da våbene tav; Müller-Wille: Opferkulte, 39 f.
[17] Fabech: Booty Sacrifices, 94; vgl. auch Callmer: Territory, 266–269.
[18] Geisslinger: Horte als Geschichtsquelle,192.
[19] Kunwald: Der Moorfund im Rappendam, 68.
[20] Simek: skíðblaðnir, 31–39.
[21] Engelhardt: Kragehul- og Vimosefundene.
[22] Unsicherheiten ergeben sich daraus, dass der jüngste veröffentlichte Befund durch Illkjær: Kragehul, 276–279, nicht mit dem Befund des Ausgräbers Engelhard aus dem Jahre 1867 übereinzustimmen scheint; Engelhard hatte sich für eine kontinuierlichere Opfertätigkeit (wie bei Thorsberg) ausgesprochen, Illkjær sieht dagegen ausschließlich punktuelle Waffenopfer.
[23] Illkjær: Et bund våben,117–162.
[24] Capelle: Das alte Germanien.
[25] Wierschowski: Kriegsgefangene, 333.
[26] Wobei dieser Platz für die ansonsten laténezeitlichen Moorfunde Südwestdeutschlands eher untypisch ist: cf. Zimmermann: Urgeschichtliche Opferfunde, 74 ff. Zu den Funden von Pferdeschädeln und -extremitäten vgl. Müller-Wille: Pferdegrab, 180 ff.
[27] Arbman: Käringsjön; Carlie: Käringsjön, 17–37.
[28] Johs. und Klaus Ferdinand: Jernalderofferfund i Valmose, 82–89: Engl. Zusammenfassung: The Iron Age Find from Valmose near Rislev, bes. 71–82; vgl. auch Hagberg: Opferhorte, 80, FN 11, und Müller-Wille: Opferkulte, 32 f.
[29] Stjernquist: Das Opfermoor in Hassle Bösarp, 20 ff.
[30] Gregor von Tours: Liber in gloria confessorum; Monumenta Germaniae, Scriptores rerum Merovingicarum 1, 1, 749, Hannover 1885; vgl. Hagberg: Skedemosse II, 67.
[31] Vgl. Düwel: Runeninschriften als Quellen, 352 f.
[32] Hagberg: Opferhorte, 81.
[33] Vgl. Arbman: Käringsjön.
[34] Müller-Wille: Opferkulte, 11–13.
[35] Kunwald: Moorfund von Rappendam,100; vgl. auch ders.: Der Moorfund im Rappendam, in Prähist. Zs., 42–88.
[36] Vgl. aber Maringer: See- und Mooropfer, 415.
[37] Kunwald: Der Moorfund, in Prähist. Zs., 64.
[38] Waals: Prehistoric Disc Wheels.
[39] Kunwald: Der Moorfund, in Vorgesch. Heiligtümer, 113.
[40] Motz: The Goddess Nerthus, 1–19.
[41] Vgl. dazu Battaglia: Nerthus, 1–14, der die Schilderung für weitgehend fiktiv hält.
[42] Maier: Götterbilder, 289–293.
[43] Maier: Eine germanische Stierfigur, 331–356.
[44] Vgl. Müller-Wille: Frühmittelalterliche Bestattungen in Wagen, 17–30.
[45] vgl. Hagberg: The Archeology of Skedemosse II; Beskov-Sjöberg: The Archaeology of Skedemosse IV; knapp zusammengefaßt bei Hagberg: Religionsgeschichtliche Aspekte, 167–171.
[46] Beskov-Sjöberg: 126–130.
[47] Hagberg: Religionsgeschichtliche Aspekte, 170.
[48] Vgl. Günter Behm-Blancke: Neue Ausgrabungen germanischer Heiligtümer, 945.
[49] So Maringer 413.

[50] Behm-Blancke: Ein westgermanisches Moor- und Seeheiligtum, 264–266; referiert auch bei Maringer a. a. O., 413 f.

[51] Bemmann und Hahne: Ältereisenzeitliche Heiligtümer, 44–47.

[52] Behm-Blancke: Germanische Mooropferplätze, 129.

[53] Vita Vulframni 28, In: Monumenta Germaniae Historica. Scriptorum rerum Merovingicarum 5. Hannover und Leipzig 1910, 667.

[54] Vgl. dazu Ward: The threefold death, 126.

[55] P. Cornelius Tacitus: Germania, ed. A. A. Lund, Heidelberg 1988, 78–80; vgl. dazu bes. Ström: Bog Corpses and Germania, 223–239); Lund: Tacitus og moseligene, 26–33; Beckman: Ett ställe hos Tacitus, 103–108; ders.: „Ignavi et imbelles et corpore infames", 78–81.

[56] Ström: Bog Corpses and Germania; Rudolf und Angela Simek: Bog People Revisited, 51–85. Die bislang detaillierteste Spezialuntersuchung zu allen Aspekten der Moorleichen stammt von van der Sanden: Mumien aus dem Moor, 166–181.

[57] Ward: The Threefold Death; Talley: The Threefold Death in Finnish Lore, 43–146.

[58] Die Zählung erfolgt üblicherweise nach dem Katalog von: Dieck: Die europäischen Moorleichenfunde, und gibt das Fundjahr an.

[59] Dieck: Archäologische Belege für den Brauch des Skalpierens, 359–371.

[60] Dieck, a. a. O., 363.

[61] Die neuen C^{14}-Datierungen von Moorleichen zeigen vielfach, dass sie statt der Eisenzeit, wie bislang angenommen, vielfach schon der Bronzezeit zuzurechnen sind: vgl. Simek und Simek, 52, Table 1.

[62] Struve 38 f.

[63] Solberg: „Holy white stones", 103 f.

[64] Birkhan: Kelten.

[65] Carnap-Bornheim: Illemose, 345.

[66] Hedeager: Golddepots, 85 ff.

[67] Hedeager: Golddepots, 87; zu Depot und Hortfunden vgl. Geisslinger: Horte; Geisslinger: Depotfund, 320–338.

[68] Glob: Die Schläfer im Moor, 131–157.

[69] Zitiert bei al-Qazwînî: Birkeland: Nordens Historie, 103 f.

[70] Snorri: *Heimskringla*, *Hákonar saga goða*, Kap. 18.

[71] Zu anderen eisenzeitlichen Zentren Nordnorwegens vgl. Johansen: Vikingene lengst i Nord. 21–46.

[72] Thrane: Das Reichtumszentrum von Gudme, 310 ff.

[73] Sørensen: Gudmehallerne, 31; Thrane: Gudme, 145.

[74] Thrane: Das Reichtumszentrum, 353.

[75] Vgl. dazu Munksgaard: Brakteaten. I. Archäologisches, 337–343; für detaillierte Auskünfte bezüglich jüngster Zahlen bin ich Prof. Wilhelm Heizmann, Göttingen, zu besonderem Dank verpflichtet.

[76] Hedeager: Skandinavisk dyreornamentik, 126–141.

[77] Axboe: Goldbrakteaten, 320.

[78] Vgl. dazu auch Hauck: Text und Bild, 519–20.

[79] Hauck: Goldblechfigürchen, 318.

[80] Watt: Goldblechfiguren, 221.

[81] Watt: Goldblechfiguren, 206 ff.

[82] Thomsen: Die neuen Goldblech-Figurenpaare, 123; Watt: Goldblechfiguren, 220 f.

[83] Møllenhus: Gullgubbene fra mære kirke, 164.

84 Lundqvist: Slöinge, 15.
85 Hauck: Frühmittelalterliche Bildüberlieferung, 555; vgl. Watt: ebenda, 221–224.
86 Munch and Johansen: Borg in Lofoten, 119–126; Munch: Hus og hall, 321–333; Johansen: Vikingene, 42 ff.
87 Steinsland: De nordiske, 73–94.
88 Simek: Rich and Powerful, 468–479, and: Simek: Goddesses, mothers, dísir, 93–123.
89 Hauck: Frühmittelalterliche Bildüberlieferung, 564.
90 Graham-Campbell: Cultural Atlas, 28.
91 Hauck: Frühmittelalterliche Bildüberlieferung, 540–547.
92 Hauck: Die bremische Überlieferung, 412–420.
93 Vgl. dazu Psalm 23: „Du hast einen Tisch mir bereitet vor den Augen der Feinde, Du salbest mein Haupt mit Öl, mein Becher ist gefüllt bis zum Rand." Diese Darstellungsweise eines vollen Horns findet sich noch in der fränkischen Buchkunst, vgl. z. B. die Darstellung des Evangelisten Johannes in einem Evangeliar des Erzbischofs Ebo von Reims, Anfang des 9. Jhs.; Abb. bei Sawyer: Die Wikinger, 50. Die Übersetzung des Psalms folgt der Jerusalemer Bibel, Freiburg 1968.
94 Simek, s. FN 88.
95 Simek: Lust, Sex and Domination, 236–239 und Simek: Rich and Powerful, 475.
96 Thomsen in Hauck: Frühmittelalterliche Bildüberlieferung, 514.
97 Hauck: Frühmittelalterliche Bildüberlieferung, 569, Tafel XLVI.
98 Davidson: Scandinavian Mythology, 32 f.
99 Dabei wurden in Borg ca. 100 Fragmente von Glasgefäßen gefunden, welche aber zum Teil zu recht schlanken, kleinen Bechern gehörten, aber durchwegs Importe darstellten; cf. Munch and Johansen, 123 mit Abbildung.
100 Holmqvist: The Dancing Gods, 127.
101 Zusammengestellt bei Simek: Goddesses.
102 Näsström: Freyja 68–77; Näsström: Gudinnans förvandling, 95–112.
103 Thrane und Stoklund: Gudme, 142–149.
104 Müller-Wille: Opferplätze der Wikingerzeit, 188–195.
105 Müller-Wille: Opferkulte 77–80.
106 Müller-Wille: Opferkulte, 79.
107 Lamm: Helgö, 291.
108 Vgl. dazu die Zusammenstellung bei Müller-Wille: Heidnische Opferplätze, 10.
109 Rimbert: Leben Ansgars. In: Quellen des 9. und 11. Jhs. zur Geschichte der Hamburgischen Kirche und des Reiches. Darmstadt 1973, 16–133. (= Freiherr vom Stein-Gedächtnisausgabe. 11): 86–88.
110 Hoffmann: Der heutige Stand, 167.
111 *Kristni saga*, Kap. 12.
112 Jankuhn: Archäologische Bemerkungen, 146.
113 Capelle: Bildzeugnisse frühgeschichtlicher Menschenopfer, 97–100.
114 Simek/Pálsson, s. v. Víkarsbálkr.
115 Näsström: Offerlunden, 74–76. Daraus ein Bärenzeremoniell oder Bärenjagdzeremoniell zu postulieren, ist jedenfalls überzogen, denn die herangezogenen Bärendeponierungen Nordskandinaviens sind erst neuzeitlich und stammen aus dem Gebiet der Saami: vgl. dazu Müller-Wille: Heidnische Opferplätze, 16 f.
116 Näsström: Offerlunden, 66.
117 Birkeland: Nordens Historie, 16 f.
118 Gutaløg § 4, nach Olsen: Hørg, hov, og kirke, 84.

[119] Düwel: Germanische Opfer, 219–239; Libermann: Germanic sendan, 473–488.

[120] Walter: Quellenkritisches und Wortgeschichtliches zum Opferfest von Hlaðir, 359–367; Düwel: Das Opferfest von Lade,1971.

[121] Düwel: Opferfest.

[122] Ch. W. Jones: Bedae venerabilis opera, VI, Opera didascalia 2. Turnhout 1977 (= CCL 123B), 330.

[123] Vgl. Lange: Wo Göttinnen das Land beschützen, 121–148; Sage: Nachgrabung, 74–162.

[124] Knobloch, a. a. O., 37.

[125] Olsen: Hørg, hov og kirke, 70 f.

[126] Monumenta Germaniae historica, Scriptores rerum Merovingicarum I, Hannover 1885, 681.

[127] Bruno Krusch (Hrsg.): Passiones Vitaeque sanctorum ævi Merovingici (= Monumenta Germaniae historica, Scriptores rerum Merovingicarum 4), Hannover und Leipzig 1902, 149.

[128] Bruno Krusch (Hrsg.): Fredegarii et aliorum chronica. Vitae sanctorum (= Monumenta Germaniae historica, Scriptores rerum Merovingicarum II), 380.

[129] Ibid., 176.

[130] Behm-Blancke: Neue Ausgrabungen, 947.

[131] Olsen: Hørg, hov og kirke, 73.

[132] Olsen: Hørg, hov og kirke, 71 ff.; Boudriot: Die altgermanische Religion, 76 f.

[133] Herschend: Halle, 415

[134] Herrschend: Halle, 415.

[135] Owen: Rites and Religions, 43–45; vgl. auch Davidson: The Lost beliefs, 22 ff.

[136] Schier: Die Húsdrápa, 425–443.

[137] Herrschend: Halle, 424.

[138] Steinsland: Det hellige bryllup og norrøn kongeideologi, 76 f.

[139] *Landnámabók*, Version der *Sturlubók* Kap. 297 (= *Hauksbók*-Version Kap. 258).

[140] Aber auch christliche Siedler nahmen geweihte Erde mit: Landnámabók, *Sturlubók*-Fassung, Kap. 15, vgl. dazu unten Kap. 6 d.

[141] Kiil: Fra andvegissula til omnkall, 183–246.

[142] *Sturlubók* und *Hauksbók*-Fassungen, Kap. 8.

[143] *Sturlubók* und *Hauksbók*-Fassungen, Kap. 9.

[144] Vermutlich waren sie noch älter, da die traditionelle isländische Historiographie die Landung Ingolfs zwar um 874 (*Landnámabok*: *Sturlubók* und *Hauksbók* Kap. 8) ansetzt, die Besiedlung Islands aber mindestens 100 Jahre früher begonnen haben dürfte.

[145] *Landnámabók*, Version der *Sturlubók* Kap. 85 (= *Hauksbók*-Version Kap. 73).

[146] Vgl. dazu Kap. 9, FN 34.

[147] Sundqvist: Uppsalakulten, 37–39

[148] Duczko: Gamla Uppsala, 410 f.

[149] Lidén: From Pagan Sanctuary, 3–32; ders.: Utgravningen i Mære Kirke, 64.

[150] Lidén: Utgravningen i Mære Kirke, 67.

[151] Olsen: Hørg, hov og kirke, 167–208.

[152] Friðriksson und Vésteinsson: Hofstaðir Revisited, 103–112.

[153] *Hauksbók*-Fassung, Kap. 268.

[154] Jankuhn und Kuhn: Altar, 200–202.

[155] Olsen: Hørg, hov og kirke, 112–115.

[156] Ljunggren: Eine Gruppe südskandinavischer Heiligtümer, 261–270.

[157] Olsen: The 'sanctuary' in Jelling, 226–234; Olsen und Ståhl: Vi, 684–689.

[158] cf. Wesche: Beiträge, 25 ff.; Jente: Die mythologischen Ausdrücke; 8 f.; Olsen: Hørg, hov og kirke, 78.

[159] Harck: Gefäßopfer der Eisenzeit, 104 und Becker: Zur Frage der eisenzeitlichen Moorgefäße, 121).

[160] PL 71, 808.

[161] Capelle: Ein germanischer Opferplatz in Soest-Ardey, 71–78.

[162] Müller-Wille: Opferkulte, 14 und 41 f.

[163] Snorri Sturluson, *Edda: Skáldskaparmál* 40.

[164] Hagberg: Opferhorte, 75 ff.

[165] Geisslinger, 113 f.

[166] Vgl. hierzu bes. Birkhan: Kelten, 624 u. ö.; Maier: Kelten, 114 f. Für die Verbreitung von Quellen- und Flussfunden im keltisch-germanischen Übergangsgebiet Südwestdeutschlands vgl. Zimmermann: Urgeschichtliche Opferfunde, 53–92.

[167] Vgl. unten Kap. 9; deVries: Altgermanische Religionsgeschichte, II 282.

[168] Stjernquist: Germanische Quellenopfer, 84.

[169] Müller-Wille: Opferkulte, 42.

[170] Hohmann: Indiculus superstitionum, 369–379.

[171] Vgl. Padberg: Mission und Christianisierung, 228 f., und unten Kap. 9.

[172] Vgl. Padberg: Mission und Christianisierung, 33, FN 4: „Die päpstliche Kanzlei scheint in der Beschreibung des heidnischen Götzendienstes eine Art Formular benutzt zu haben, tauchen doch in den Briefen verschiedener Päbste immer wieder die gleichen Wendungen auf [...] Dies ist schon deshalb wahrscheinlich, weil es sich hierbei um Rückgriffe auf biblische Verdikte handeln dürfte, die unabhängig von der jeweiligen historischen Situation zitiert werden konnten. Vorlagen für entsprechende Formeln finden sich etwa in Lv 19,26 und Dt 18,10 f."

[173] Tangl: Die Briefe des Heiligen Bonifatius und Lullus. (= Monumenta Germaniae historica. Epistolae selectae I). Berlin 1916, 35 f.

[174] Tangl, Briefe, 69.

[175] Glob: Danish Prehistoric Monuments, 291.

[176] Vgl. Turville-Petre: A Note on the Landdísir, 196–201.

[177] Glob: Danish Prehistoric Monuments, 284–290.

[178] Liebermann: Die Gesetze der Angelsachsen Bd. I, 312: § 5.1 und 383 (§ 54), Halle 1903; Schmid: Die Gesetze der Angelsachsen. Leipzig 1858, 272 f.

Kapitel IV

[1] Owen: Rites and Religions of the Anglo-Saxons, 43 f.

[2] Riismøller: Frøya fra Rebild, 119–132; Capelle und Maier: Idole 325–330.

[3] Historia Francorum II, 10 und II, 21.

[4] Zu beiden Belegen vgl. Bernhard Maier in: Capelle und Maier: Idole und Idolatrie, 330.

[5] Karl Hauck: Die bremische Überlieferung, 409–479.

[6] Thrane: Das Reichtumszentrum, 326.

[7] Steinsland und Meulengracht Sørensen: Menneske og makter, 55.

[8] Gjærder: The Beard as an Iconographical Feature, 95–114; Eldjárn: The Bronze Image, 73–84.

[9] Motz: New Thoughts on an Archaic Artifact, 231–240.

[10] Perkins: The Gateway to Trondheim, 179–213.

[11] Capelle: Anthropomorphe Holzidole in Mittel- und Nordeuropa, 51.

[12] Zu den Argumenten für und wider vgl. R. Simek: Lexikon der germanischen Mythologie, 14 f.

[13] PL 101, 1027; vgl. die häufig wiederkehrende Formel etwa auch bei Alcuin: *Invocatio ad SS. Trinitatem*: *Adesto lumen de lumine, Verbum et Filius Dei, Deus omnipotens. Adesto sancte Spiritus, Patris et Filii concordia, Deus omnipotens. Adesto, Deus unus omnipotens, Pater, et Filius, et Spiritus sanctus.* (PL 101, 55).

[14] Vries: Dinsdag, 145–184; Höfler: Mars Thingsus, 344–348.

[15] CIL XIII 6604, 6605 Greinberg/Miltenberg (bei Würzburg;), CIL XIII 6402 (Heiligenberg bei Heidelberg, CIL XIII 6742 (bei Mainz), alle zw. 150 u. 210 n. Chr.; vgl. Kauffmann, 289–297.

[16] CIL XIII 7559 (Weisweiler bei Düren), wohl zum Namen der Stadt Lüttich, Leudicum (or *Leudiacum).

[17] Deutz, 252 n. Chr., und ähnlich CIL XIII 7789 (Remagen): *I.O.M. et Genio loci, Marti, Herculi, Mercurio, Ambiomarcis.*

[18] Deswegen wird man Weihungen an Mercurius Mercator. („Merkur der Händler": Metz, CIL XIII 4308), Mercurius Negotiator („Merkur der Großhändler": Heddernheim, CIL XIII 7360; Mercurius Nundinator („Merkur der Kaufmann": Wiesbaden, CIL XIII 7569) auch auf germanischem Boden eher dem römischen Merkur zuweisen müssen; vgl. aber R. Simek: Lexikon der german. Mythologie, s.v. Mercurius Mercator.

[19] Erhalten im Cod. pal. 577 der Bibliotheca Apostolica Vaticana, ursprünglich aus Mainz.

[20] Sog. *Nine Herbs Charm* in Ms. BL Harley 585 (spätes 11. Jh.); vgl. Grendon, Felix: Anglo-Saxon Charms , 105–237.

[21] Die Informationen zu Woden in England verdanke ich vor allem John McKinnel, University of Durham.

[22] Werner: Herkuleskeule und Donar-Amulett, 176–197.

[23] Zusammengefasst bei Simek, Lexikon der german. Mythologie, s.v. Hercules Magusanus; Norbert Wagner: (Hercules) Magusanus, 417–422.

[24] See: Kontinuitätstheorie; Dumézil: Gods of the Ancient Northmen. Höfler, Mars Thingsus.

[25] DeVries: Altgermanische Religionsgeschichte, Bd. 2, 244–255; Kuhn: Alci, 133–134; Hauck: Gemeinschaftsstiftende Kulte, 463–617; dagegen jüngst Dieter Timpe: Tacitus' Germania als religionsgeschichtliche Quelle, 434–485.

[26] Nur zwei der Steine sind datiert, und zwar auf die Jahre 223 und 227 n. Chr.

[27] Kauffmann: Dea Nehalennia, 210–234; Cramer-Peters: Zur Deutung des Namens Nehalennia, und: Frija-Isis-Nehalennia, 1–14 und 15–24; Stuart u. Bogaers: Nehalennia.

[28] Mit -*mella* zu altir. *mall* „langsam": Birkhan: Germanen und Kelten, 514 f.

[29] Jaekel: Ertha Hludana, 129–145; Kauffmann: Dea Hludana, 134–157; Helm: Hluðana, 337–338; Gutenbrunner: Die Germanischen Götternamen; deVries: Altgermanische Religionsgeschichte; Motz: Gerðr, 121–136.

[30] Heinzel: Über die ostgotische Heldensage, 1–98.

[31] Lange: Wo Göttinnen das Land beschützen, 26.

[32] Hempel: Matronenkult und germanischer Mütterglaube, 252.

[33] Derartige Zerstörungen heidnischer Kultanlagen waren aber keineswegs die Regel und können eher auf Kriegswirren als auf den Eifer der Missionare zurückzuführen sein; vgl. dazu Kap. 9.2.

[34] DeVries, 300.

[35] PL 140, 971D.

[36] Zu den Disen vgl. Blum: Die Schutzgeister in der altnordischen Literatur; Brate: Disen, 143–152;

Ström: Diser, nornor, valkyrjor; Naumann: Supernatural Beings 2. Dísir, 624; Turville-Petre: A Note on the Landdísir, 196–201; Strömbäck: Tidrande och disarna, 59 ff.

[37] Jónsson: Den Norsk-Islandske Skjaldedigtningen, A1-B2, (B1), 656.

[38] Storm: Monumenta Historica Norvegiæ, 101: *Cujus filius Adils ante ædem Dianæ, dum idolorum sacrificia fugeret, equo lapsus exspiravit.*

[39] Ingstad: Det kultiske miljø omkring Åker i Vang, 81–86.

[40] Text mit geringen Anpassungen nach Braune, Helm, Ebbinghaus: Althochdeutsches Lesebuch, 89.

[41] Beda: *De temporum ratione* XV (PL 90, 356).

[42] So schon Hempel, a. a. O. und zuletzt wieder Scovazzi: Tracce di concezioni, 169–78.

[43] Müller: Die Heilkraft der Walküre, 350–361.

[44] Vgl. dazu Hackenberg: Die Stammtafeln; Philippson: Germanisches Heidentum bei den Angelsachsen; Ryan: Othin in England, 460–480; Meaney: Woden in England, 105–115; Turville-Petre: Myth and Religion of the North.

[45] Vgl. Edith Marold: Die Skaldendichtung als Quelle der Religionsgeschichte, 686 ff.; zum mythologischen Inhalt der Skaldendichtung vgl. auch de Vries: Skaldenkenningen met mythologischen inhoud sowie Fidjestøl: Pagan Beliefs and Christian Impact, 100–120.

[46] Marold, Skaldendichtung; Ström: Poetry as an instrument of propaganda, 440–458.

[47] Motz: The King, The Champion and the Sorcerer, 103–124, bes. 105 f.

[48] Marold, Skaldendichtung, 694 und FN 21.

[49] Motz, The king, 48.

[50] Adam of Bremen: *Gesta Hammaburgensis ecclesiae pontificum* IV, 25–27.

[51] Motz, The king, 48

[52] Blinkenberg: The Thunderweapon in Religion and Folklore, 68–69.

[53] Werner: Herkuleskeule und Donar-Amulett, 176–197.

[54] Vgl. die Literatur bei Motz: The King, 115, sowie Blinkenberg: The Thunderweapon.

[55] Marold: „Thor weihe diese Runen", 195–222.

[56] Meulengracht Sørensen: Thor's Fishing Expedition, 257–278.

[57] Gschwantler: Christus, Thor und die Midgardschlange, 145–168.

[58] Zitiert bei Ljungberg: Tor, 121; vgl. auch Düwel: Runenkunde [3]2001, 136.

[59] Andersson: Orts- und Personennamen, 510.

[60] Zur Diskussion vgl. Turville-Petre: Thurstable. In: G. Turville-Petre, Nine Norse Studies, 20–29; Bronnenkant: Thurstable revisited, 9–19.

[61] Salo: Agricola's Ukko in the light of archaeology, 92–190.

[62] Dubois: Nordic Religions in the Viking Age, 56.

[63] Zusammengestellt bei Motz, a. a. O., 50 ff.

[64] Vgl. die Zusammenstellung bei deVries: De Skaldenkenningen, 50 ff.

[65] Falk: Odensheite.

[66] Aufgelistet bei Marold, Skaldendichtung, 701.

[67] Campbell: Chronicon Aethelweardi, 7.

[68] Bremmer: Hermes, Mercury and Woden-Odin as Inventors of Alphabets, 39–48.

[69] Motz: The King, 69–101.

[70] Ellis Davidson: Viking Road to Byzantium, 113 ff.

[71] Zu dieser Theorie vgl. Weiser: Altgermanische Jünglingsweihen und Männerbünde; Meuli: Bettelumzüge im Totenkultus, Opferritual und Volksbrauch, 1–38; Höfler: Kultische Geheimbünde; Huth: Der Durchzug des Wilden Heeres, 193–210; Höfler: Der germanische Totenkult, 33–49; deVries,

Altgermanische Religionsgeschichte; Höfler: Verwandlungskulte; Erich u. Beitl: Wörterbuch der deutschen Volkskunde; dagegen zusammenfassend: Ranke: Das Wilde Heer und die Kultbünde der Germanen, 380–408.

[72] So Hauck: Zum zweiten Band der Sutton Hoo-Edition, 319–362: 322; Hauck: Bildforschung als historische Sachforschung, 27–70.

[73] Orchard: Dictionary of Northern Myth and Legend, 18.

[74] Beck: Die Stanzen von Torslunda, 237–250: 237f.

[75] Dagegen Schjødt: Relationen mellem aser og vaner og dens ideologiske implikationer, 316, der ohne Quellenkritik Snorris literarische Gestaltung als Basis religionswissenschaftlicher Interpretation nimmt und daher zu ganz anderen, m. E. völlig unhaltbaren Ergebnissen kommt.

[76] So Weber: Das Odinsbild des Altunasteines, 323–334.

[77] Vgl. dazu Heusler: Die gelehrte Urgeschichte, Wild: Odin und Euemeros, 55–68, und Simek: Der lange Weg von Troja nach Grönland, 315–327.

[78] Heinrichs: Der liebeskranke Freyr, euhemeristisch entmythisiert, 3–36.

[79] Olsen: Fra gammelnorsk mythe og kultus. 17–36; Sahlgren: Skírnismál, 209–243; Lönnroth: Skírnismál och den fornisländska äktenskapsnormen, 154–178; Motz: Gerðr, 121–136; Mitchell: Fǫr Scírnis, 108–122; Randlev: Skírnismál, 132–158; Bibire: Freyr and Gerðr, 19–40; vgl. zur Skírnismál auch unten Kap. 10.

[80] Simek: Lust, Sex and Domination, 229–246

[81] Zur Fiktionalität der Hrafnkels saga vgl. erst jüngst wieder Aðalsteinsson: Faðernismál í fornsögu, 133–148.

[82] Mundal: The Position of the Individual Gods and Goddesses, 298.

[83] Tapp: Hinn almáttki áss, 85–99; Pálsson: Áss hin almáttki, 187–192; Turville-Petre: The cult of Oðinn in Iceland, 1–19.

[84] Motz: The Goddess Nerthus, 1–19.

[85] Holmberg: Über sakrale Ortsnamen und Personennamen, 541–551.

[86] Vgl. dazu jüngst Klaus Düwel: [Rez. von] Walter Pohl. Die Germanen, 366.

[87] Vgl. Falck-Kjällquist: Namnet Ullerö, 152–156.

[88] Kuhn: Es gibt kein balder „Herr", 37–45.

[89] Neckel: Die Überlieferungen vom Gotte Balder; Schröder: Germanentum und Hellenismus; de Vries: Der Mythos von Balders Tod, 41–60.

[90] Hauck: Goldbrakteaten aus Sievern; Hauck: Ein neues Drei-Götter-Amulett, 93–153.

[91] So zuletzt noch Ebenbauer: Ursprungsglaube, Herrschergott und Menschenopfer., 233–249 und Schier: Balder, 2–7. Dagegen zuletzt Volz: Balder, 1362–64.

[92] De Vries: Der Mythos von Balders Tod, 41–60.

[93] Ähnliches gilt auch für Thors Tochter Þrúðr und noch viel mehr für Freyjas Töchter Hnoss und Gersimi (beide „Schatz, Kostbarkeit").

[94] Simek, Lexikon der germanischen Mythologie, 3.

[95] Nach Bailey 126.

[96] Eine ausführliche Diskussion findet sich bei Schröder: Die Göttin des Urmeeres, 221–264.

[97] Heizmann: Gefjon, 197–255.

[98] Vennemann: Die mitteleuropäischen Orts- und Matronennamen mit f, þ, h, 409, Anm. 21.

[99] Heizmann, Gefjon.

[100] Vgl. dazu und zu einer systematischen Darstellung der Quellen zu Freyja: Heizmann: Freyja, 274–316: hier 292.

[101] Dazu und zu den ikonographischen Quellen vgl. die harmonisierende, aber doch vorsichtig-abwägende Darstellung bei Heizmann, Freyja, 283–287 und 299–303.

[102] So jedoch Näsström: Freyja and Frigg, 81–96.

[103] Höfler: Germanisches Sakralkönigtum 1; Höfler: Zwei Grundkräfte im Wodankult, 133–144. Dagegen: See: Kontinuitätstheorie und Sakraltheorie; See: Mythos und Theologie im skandinavischen Hochmittelalter.

[104] *Sturlubók*-Version 179 = *Hauksbók*-Version 145.

[105] Drescher, u. Hauck: Götterthrone, 237–301.

[106] Drescher u. Hauck: Götterthrone, 237–243.

[107] Zuletzt in einer Untersuchung persönlicher Bindungen auch von Ström: Personal Piety in Nordic Heathenism, 374–380.

[108] Dubois 185 ff.

[109] Ström, Personal Piety 375.

[110] *Landnámabók*, Version der *Melabók* 8.

[111] Landnámabók, *Sturlubók*-Version 85 = *Hauksbók*-Version 73.

[112] Landnámabók, *Sturlubók*-Version 123 = *Hauksbók*-Version 95.

[113] Landnámabók, *Hauksbók*-Version 15.

[114] Landnámabók, *Sturlubók*-Version 197 = *Hauksbók*-Version 164.

[115] Landnámabók, *Sturlubók*-Version 218, ähnlich *Hauksbók*-Version 184.

Kapitel V

[1] Deswegen sind auch alle Tendenzen, negative Aspekte männlicher Riesen – also ihre Entführungsversuche von Göttinnen u.ä. – schon auf die Urwesen der germanischen Schöpfungmythen übertragen zu wollen, völlig ahistorisch.

[2] Heizmann: Runica manuscripta, 519 f.

[3] Motz: The Rulers of the Mountain, 393–416.

[4] Ähnlich auch im urgeschichtlichen Abschnitt *Fundinn Nóregr* in der *Orkneyinga saga*.

[5] Simek: What a Swell Party, 385–395.

[6] Pálsson: Úr landnorðri, 141–154; Mundal: Kong Harald hårfagre, 39–53, und Mundal: The perception, 97–116.

[7] Zumindest laut *Haralds þáttr hárfagra* in der *Flateyjarbók*.

[8] Storm: Monumenta Historica Norvegiæ, 104.

[9] Die in der spätmittelalterlichen Sagaliteratur sehr häufige Bezeichnung *rísi* kommt in der Dichtung nur in der Zusammensetzung *berg-rísi* vor, und selbst dies erst in jüngeren Eddaliedern (*Skírnismál, Grottasöngr*).

[10] Zahlreiche Belege bei Düwel: Mittelalterliche Amulette, 237–252.

[11] Auf einen etwaigen kleinen Körperwuchs deutet fast ausschließlich Berlingr „der kurze Balken" hin, dürfte also kaum eine Bedeutung in den Vorstellungen gehabt haben.

[12] Motz: New Thoughts, 100–17; dies.: On Elves and Dwarfs, 93–127; dies.: Driving out the Elves, 439–41; dies.: The Host of Dvalinn, 81–96; dies.: Supernatural Beings. 1, 623.

[13] Libermann: What happened to female dwarfs?, 257–263.

[14] In der Version der *Sturlubók* Kap. 329 und 330 (= *Hauksbók*-Version Kap. 289)

[15] Norges innskrifter med de yngre runer. Bd. 4, Oslo 1957, 147–150: Nr. 351.

[16] Mundal: Supernatural Beings. 3, 625

[17] Dazu zuletzt und ausführlich Præstgaard Andersen: On Valkyries, 291–318.

Kapitel VI

[1] Lönnroth: Iǫrð fannz æva né upphiminn, 310–327.

[2] Schier: Die Erdschöpfung, 303–334.

[3] Steinsland: Antropogonimyten, 80–107: 86; vgl. auch Johansson: Urds brunn, 46 f.

[4] Martin: Ár vas alda, 357–369.

[5] Magússon: Odins Horse Yggdrasill; Detter: Review of E. Magnússon, 207–208; Magnússon: Yggdrasill, 205; Detter: Erwiderung, 207–208; Läffler: Det evigt grönskande trädet, 617–696; Olrik: Yggdrasill, 49–62; Holmberg: Der Baum des Lebens; Nordenstreng: Namnet Yggdrasill, 194–199; Sturtevant: Etymological Comments, 1145–1162; Einarson: „Askr Yggdrasils", 111–115; Steinsland: Treet i Vǫluspá, 120–150.

[6] Hastrup: Cosmology, 149.

[7] Schjødt: Horizontale und vertikale Achsen, 35–57, versucht diese Achse trotz fundierter Kritik an Hastrup et al. zu retten, indem er eine vertikale Opposition Götter – Kosmos konstruiert. Zum horizontalen Aspekt altskandinavischer Jenseitsvorstellungen vgl. noch unten Kap. VII, aber hier sei schon darauf aufmerksam gemacht, dass der Höllenhund Garmr immer *vor* der Hölle heult und nicht etwa über ihr.

[8] Hastrup, a. a. O.

[9] Vgl. dazu Patzelt: Schiffe machen Geschichte.

[10] Simek: Altnordische Kosmographie, 257.

[11] Konrad von Megenberg: Buch von der Natur, II, 33: Celebrant; Der lateinische Text *De mundi terrestrisque constitutione* (ed. Charles Burnett, London 1985, 22) des 12. Jh.s nennt das die Erdbeben hervorrufende Tier dann gleich: Leviathan.

[12] Grienberger: Múspell, 40–63; Braune: Muspilli, 225–245; Krogmann: Mûdspelli,68–85; Krogmann: Mudspelli auf Island; Krogmann: Muspilli and Muspellsheim, 97–118; Halvorsen: Muspell, 32–33; Mohr u. Haug: Zweimal „Muspilli"; Braune, Helm, Ebbinghaus: Althochdeutsches Lesebuch, 170–173; Sigurður Nordal: *Vǫluspá*.

[13] Allgemein zu den Ragnarök vgl. Reitzenstein: Weltuntergangsvorstellungen, 129–212; Reitzenstein: Die nordischen, persischen, und christlichen Vorstellungen vom Weltuntergang, 149–169; Martin: Ragnarök; Nordal, Vǫluspá.

[14] Vgl. dazu auch Hultgård: Old Scandinavian and Christian Eschatology, 344–357, der allerdings die Ragnarökvorstellung selbst als alt betrachtet.

[15] Olrik: Ragnarök.

[16] De Vries, ARG, I, 269.

[17] Weber: Wyrd.

[18] Schäferdiek: Gottschalk der Sachse, 108–110; Schäferdiek: Zur Frage früher christlicher Einwirkungen, 149–166.

[19] Birkeland, Nordens Historie 16.

[20] Seebold: Die sprachliche Deutung, 65–67.

[21] Clunies Ross: Prolonged Echoes, Bd. 2, 127; Jochens, 44 f.

[22] *Landnámabók, Hauksbók*-Version, 268.

[23] Keyser und Munch: Norges Gamle Love, 308.

[24] Diplomatarium Islandicum 2, Kopenhagen 1893, 224.

[25] Turville-Petre: Myth and Religion, 233.

[26] *Landnámabók*, Version der *Sturlubók*, 329 (= *Hauksbók*-Version, 284).

[27] *Landnámabók*, Version der *Sturlubók*, 330 (= *Hauksbók*-Version,. 289f).

[28] *Landnámabók*, Version der *Melabók*, 8.
[29] *Landnámabók*, Version der *Sturlubók*, 297 (= *Hauksbók*-Version, 258).
[30] Landnámabók, *Sturlubók*-Fassung, Kap. 15.

Kapitel VII

[1] Ellis: The Road to Hel, 8.
[2] Klindt-Jensen: Denmark before the Vikings, 82 ff.; Glob: Danish Prehistoric Monuments, 167.
[3] Uslar: Zu den tumuli paganorum, 484 f.; Padberg: Mission und Christianisierung, 307.
[4] Steuer, Thrane, Frey, Gebühr, Capelle: Fürstengräber, 189.
[5] Uslar, 481–488; Capelle: Hügelgräber, 180.
[6] Vgl. Raddatz: Kaiserzeitliche Körpergräber, 91–128; Klindt-Jensen: Denmark, 106.
[7] Dommasnes: Tradisjon og endring, 25–40
[8] Capelle: Hügelgräber, 180.
[9] Steuer u. a., Fürstengräber, 193.
[10] Gräslund: Some Aspects of the Christianization, 119.
[11] Geisslinger: Grab und Grabbrauch, 491–508.
[12] Herschend: Ship grave hall passage, 142–151; Herschend: Halle, 414–425.
[13] Müller-Wille: Burial Mounds and Burial Practices, 58–60; Gräslund, Some Aspects, 118 f.
[14] Oexle: Merowingische Pferdebestattungen, 150.
[15] Ellmers: Die archäologischen Quellen, 100.
[16] Werner: Childerichs Pferde, 145–161.
[17] Werner, Childerichs Pferde, 161, FN 32.
[18] Mauss: Die Gabe.
[19] Roesdahl: Pagan Beliefs, 100–120.
[20] Müller-Wille: Frühmittelalterliche Bestattungen in Wagen und Wagenkasten, nennt über 20 erhaltene Gräber dieses Typs allein in Dänemark; ähnlich Müller-Wille: Graves, 237–240.
[21] Vgl. dazu Birkhan: Die Kelten, 846 ff.; Maier: Die Religion der Kelten, 165 f.
[22] Müller-Wille: Bestattung im Boot, 1–203; ders., Bootgrab.
[23] Andersen, Lind, Crumlin Pedersen: Slusegårdgravpladsen III, 27 f. und 206–208.
[24] Vgl. Herschend, Halle.
[25] Müller-Wille: Bestattung, 126–141; Simek: Lexikon der germanischen Mythologie, 51–53; die von Müller-Wille fälschlich angeführten nicht-brennenden ausgesegelnden Schiffe gehören nicht zu den Schiffsbegräbnissen, sondern sind Fälle literarischer Jenseitsreisen.
[26] Zusammenfassend Ellis Davidson: The Lost Beliefs of Northern Europe, 17 ff.
[27] Fingerlin: Hüfingen, 177 f.
[28] Snorri: *Gylfaginning* 48, wobei er allerdings die Bildbeschreibung der *Húsdrápa* des Skalden Úlfr Uggason aus dem 10. Jahrhundert verwenden konnte.
[29] So in Lousgård auf Bornholm: vgl. Klindt-Jensen: Denmark, 121.
[30] Birkeland: Nordens historie, 17.
[31] *Sturlubók*-Version Kap. 72 = *Hauksbók*-Version Kap. 60.
[32] So etwa Rafnsson: The Atlantic Islands, 110–133: 123, oder Roth: Archäologische Beobachtungen zum Grabfrevel im Merovingerreich, 53–84: 74; die hier (73) gemachte Feststellung, im Skandinavien der Vendel- und Wikingerzeit sei der Grabfrevel im Gegensatz zum Merowingerreich unbekannt, ist übrigens falsch, auch wenn wikingerzeitliche Grabfelder wesentlich ungestörter erhalten sind als in Mitteleuropa: vgl. Capelle: Grabraub im wikingischen Norden, 197–210.

³³ Zum Grabfrevel in vor- und frühgeschichtlicher Zeit. Untersuchungen zu Grabraub und „haugbrot" in Mittel- und Nordeuropa. Hrsg. Von Herbert Jankuhn, Hermann Nehlsen, Helmut Roth. Göttingen 1978.

³⁴ Nehlsen: Der Grabfrevel, 167.

³⁵ Roesdahl: Pagan Beliefs, Christian Impact and Archaeology, 129 f.

³⁶ Marold: „Thor weihe diese Runen", 195–222.

³⁷ Sawyer: Property and Inheritanced in Viking Scandinavia.

³⁸ Glob: Danish Prehistoric Monuments, 192.

³⁹ Geisslinger, Grab und Grabbrauch, 511.

⁴⁰ Vgl. deVries, Altgermanische Religionsgeschichte, Bd. 1, 191.

⁴¹ Fidjestøl: Pagan Beliefs and Christian Impact, 105.

⁴² Z. B. in der Vǫlsunga saga cap. 4 oder der Sigurðar saga þǫgla cap. 9 und 35; vgl. dazu Mundal: Supernatural Beings. 4. Fylgja, 624–5; Mundal: Fylgjemotivet, 63 ff.

⁴³ Mundal: Fylgjemotivet, 90.

⁴⁴ Vgl. dazu Simek: Gloria – Memoria – Historia, 255–267.

⁴⁵ Marold: Das Walhallbild in den Eiríksmál und Hákonarmál, 24.

⁴⁶ Dubois: Nordic Religions, 75 f.

⁴⁷ Schier: Freys und Fróðis Bestattung, 53–79, bes. 73.

⁴⁸ Bächtoldi-Stäubli: Handwörterbuch des deutschen Aberglaubens, Bd. 4, 812–823.

⁴⁹ Glob: Die Schläfer im Moor, 58.

⁵⁰ Düwel: Runenkunde. 3. Aufl., 40–42 mit reichen Literaturverweisen, sowie: Düwel: Grabraub, Totenschutz und Platzweihe, 240.

⁵¹ Barber: Vampires, Burial and Death, 133–177.

⁵² Barber, a. a. O., 77.

⁵³ Dubois, a. a. O., 87.

⁵⁴ Simek: What a Swell Party, 385–395.

⁵⁵ Klare: Die Toten in der altnordischen Literatur, 18.

⁵⁶ Uecker: Die altwestnordischen Bestattungssitten, 50 f.

⁵⁷ Marold, Walhallbild; See: Zwei eddische Preislieder, 107–117; Harris: Eiríksmál and Hákonarmál, 384–392; Marold, Eiríksmál, 161–2.

⁵⁸ Marold, Walhallbild, 20 ff.

⁵⁹ Olsen: Vallhall med de mange dörer, 151–170.

⁶⁰ Butt: „Sterben" und „Töten" in der Sprache der altwestnordischen Dichter, 122–125.

⁶¹ Davidson: Scandinavian Mythology, 45.

⁶² Nordland: Valhall und Helgafell, 66–100.

Kapitel VIII

¹ Die Unterscheidung in eine dynamistische und eine animistische Form der Magie scheint für den germanischen Bereich nicht sonderlich zweckdienlich, da nicht klar zwischen beiden Bereichen zu trennen ist: vgl. dazu Flowers: Runes and Magic, 14 ff. und 125 ff.

² Harmening: Superstitio, 103.

³ Schmidt-Wiegand: Spuren paganer Religiosität, 585.

⁴ Hohmann: Indiculus superstitionum et paganiarum, 375.

⁵ So schon bei Aristoteles (Problemata 33,7) und Plutarch; vgl. Bächtoldi-Stäubli: Handwörterbuch des deutschen Aberglaubens. Bd. 6, 1076 f.

⁶ Hohmann, Indiculus, ist hier anderer Meinung und hält die Vogelorakel bei den Germanen für „vielfach bestätigt": 375.
⁷ Burchhard von Worms: Liber decretorum 19, cap. 5: PL 140, 964.
⁸ Burchhard von Worms: Liber decretorum 19, cap. 5: PL 140, 961.
⁹ Maríu saga, ed. C. R. Unger, Christiania 1871, 147f.
¹⁰ Grágás. Staðarhólsbók. Odense 1974, 27 (Kap. 18).
¹¹ Vgl. dazu Mundal: The perception of the Saamis, 106–115.
¹² Gustav Storm: Monumenta historica Norvegiæ, Kristiania 1880, 85–87.
¹³ Meulengracht Sørensen: The Unmanly Man; Ström: Níð, ergi and Old Norse Moral Attitudes.
¹⁴ Strömbäck: Sejd.
¹⁵ Clunies Ross: Prolonged Echoes. Bd. 1, 209.
¹⁶ Text nach Braune, Helm, Ebbinghaus: Althochdeutsches Lesebuch, 92.
¹⁷ Ibid. 90.
¹⁸ Dubois: Nordic Religions, 105 ff.
¹⁹ Grendon: Anglo-Saxon Charms, 130; Thorpe: Ancient Laws and Institutions of England.
²⁰ Hollis: Zaubersprüche. III. Englische Literatur, 487–8.
²¹ Text nach Krapp and Dobbie: The Anglo-Saxon Poetic Records, Bd. 6, 119 f.; vgl. dazu Storms: Anglo-Saxon Magic, 270 f.
²² Owen: Rites and Religions of the Anglo-Saxons, 12 und 60.
²³ Grendon: Anglo-Saxon Charms, 129.
²⁴ Dillmann: Sejd og shamanisme i de islandske sagaer, 23–24.
²⁵ Vgl. Page: An Introduction to English Runes. 2nd ed., 105–115.
²⁶ Thompson: The Runes in Bósa saga og Herrauðs, 50–56.
²⁷ Übersetzung bei Schier (Üb.:) Egils saga, 147.
²⁸ Ström: Níð, ergi and Old Norse moral attitudes, 6 ff.
²⁹ Keyser und Munch (Hrsg.): Norges Gamle Love indtil 1387. Bd. 1, 56 f.
³⁰ Flowers: The Galdrabók: An Icelandic Grimoire; ders.: Magic, 399–400.
³¹ Vgl. im Folgenden Düwel, McKinnell, Simek: Runes, Magic and Religion, (im Druck).
³² Vgl. im Folgenden: Krause: Die Runeninschriften im älteren Futhark, und Düwel: Runeninschriften als Quellen, 336–364.
³³ Düwel: Das Opferfest von Lade und die Geschichte vom Völsi.
³⁴ Heizmann: Lein(en) und Lauch in der Inschrift von Fløksand und im Vǫlsa áttr, 365–395.
³⁵ Moltke: Runes and their Origin; Nielsen: Danske Runeinskrifter, 68–72.
³⁶ Volkmann: Germanische Seherinnen.
³⁷ Meid: Der germanische Personenname Veleda, 256–258.
³⁸ Simek: Warum sind *Völuspá* und *Merlínuspá* in der *Hauksbók* überliefert?, 104–115.
³⁹ Burchhard von Worms: Liber decretorum 19, cap. 5: PL 140, 960 f.
⁴⁰ Burchhard von Worms: Liber decretorum 10, cap. 8: PL 140, 834.

Kapitel IX

¹ So berichtet es wenigstens die *Óláfs saga Tryggvasonar* nach der Fassung der *Flateyjarbók*, Kap. 85.
² Dieser Abschnitt beruht in den Grundzügen auf der exzellenten Darstellung von Gschwantler und Schäferdieck: Bekehrung und Bekehrungsgeschichte, 175–205.

³ *Carmen apologeticum.* In: Commodiani carmina, hrsg. v. Bernhard Dombart. Wien 1887 (= Corpus scriptorum ecclesiasticorum latinorum 15).

⁴ Ohne hier die Frage nach der Bedeutung der Namen Visigothae und Ostrogothae neu aufrollen zu wollen, halte ich die Deutung der Ostrogothae als der „getauften Goten" (Udolph: Ostern, 115–121) für unhaltbar, da der Bekehrungstermin der Ostgoten und der Westgoten nicht viel mehr als ein halbes Jahrhundert auseinanderliegt, jedenfalls nicht genug, um die Unterscheidung in gut „heidnische Goten" und „getaufte Goten" für die Terwingen und Greutungen zu solcher edeutung in römischer Sicht gelangen zu lassen.

⁵ Vgl. Wolfram: Geschichte der Goten, 83 ff.

⁶ Monumenta Germaniae Historia, Epist. Merov. et Carol. Aevi 271 und MGH, Epist. Selectae I (1916) 38–40. Zu diesem Brief vgl. die eingehende Behandlung bei Padberg: Mission und Christianisierung, 134–138.

⁷ Gschwantler und Schäferdieck, 185.

⁸ M. W. erstmals verwendet von Hauck: Die religionsgeographische Zweiteilung des frühmittelalterlichen Europas [sic!] im Spiegel der Bilder seiner Gottheiten, 161–181; vgl. dazu auch Padberg: Die Christianisierung Europas im Mittelalter, passim; Padberg: Christen und Heiden, 291–312 (= Arbeiten zur Frühmittelalterforschung 23): 291; kritischer Padberg: Odin oder Christus?, 252f und 258.

⁹ Ström: Poetry as an instrument of Propaganda, 440–458.

¹⁰ Darüber noch mehr bei der Behandlung des skandinavischen Synkretismus; vgl. Padberg: Odin oder Christus?, 254 f.

¹¹ Udolph: Ostern, 59 f.

¹² Padberg: Odin oder Christus?, 272 f.

¹³ Beda: *Historia ecclesiastica* V, 10; vgl. Schäferdiek: Hewalde, 545–6.

¹⁴ Gschwantler und Schäferdieck, 187.

¹⁵ Alcuin: *Epistola* XXXIII, In: PL 100, 190.

¹⁶ Padberg: Mission und Christianisierung, 152.

¹⁷ Wilson: Saints and their Cults, 2.

¹⁸ William Anderson: The Green Man. London, San Francisco 1990, 48

¹⁹ Für beide Beispiele vgl. Padberg, Mission und Christianisierung, 152 f.

²⁰ Padberg: Mission und Christianisierung, 155.

²¹ Bonifatius, Brief 59, in Tangl, Briefe des Hl. Bonifatius (= MGH, Ep. sel. I), 111 f.; Beurteilung nach Padberg: Mission und Christianisierung, 229, FN 198.

²² Beda, *Historia ecclesiastica gentis Anglorum* II 9.

²³ Beda, *Historia ecclesiastica gentis Anglorum* II 13; vgl. Padberg: Odin oder Christus?, 268–270.

²⁴ Vgl. dazu Padberg: Odin oder Christus?, 266.

²⁵ Bruce-Mitford: The Sutton Hoo Ship-Burial. Reflections after thirty years, 19.

²⁶ Hauck: Der Missionsauftrag Christi, 280; Padberg: Odin oder Christus?, 255.

²⁷ Vgl. hierzu Simek: Die Wikinger, 60.

²⁸ Padberg: Christianisierung Europas, 112.

²⁹ Padberg, ibid.

³⁰ Adam von Bremen: Gesta Hammburgensis ecclesiae pontificum, Scholion 21.

³¹ Krogh: The royal Viking-Age monuments at Jelling, 183–216.

³² Vgl. Mundal: Kong Harald hårfagre og samejenta Snøfrid, 39–53, und Mundal: The perception of the Saamis, 108f, sowie Simek: Lust, Sex and Domination, 229–246.

³³ B. und P. Sawyer: Medieval Scandinavia. From Conversion to Reformation, 102.

³⁴ So Hermanns-Auðardóttir: Islands tidiga Bosättning; dies.: The Early Settlement of Iceland,

1–12, und Diskussion 13–33; zuletzt ebenso, unter Analyse aller Kritiken, auch Theodórsson: Norse Settlement of Iceland – Close to AD 700?, 29–38.

[35] Ari: *Íslendingabók*, Kap. 1.

[36] Þórðarbók-Fassung, vgl. Benediktsson: Íslendingabók. Landnámabók. Reykjavík 1968 (= ÍF 1), 46, FN 3. Den mündlichen Hinweis auf das wahrscheinlich christliche erste Thing Islands verdanke ich Prof. Hermann Palsson, vgl. auch Pálsson: Keltar á Íslandi, 7–9.

[37] *Landnámabók, Hauksbók*-Version Kap. 15.

[38] *Landnámabók, Hauksbók*-Version Kap. 15, ähnlich *Sturlubók*-Version Kap. 15; vgl. dazu auch Strömbäck: The Conversion of Iceland, 66 f.

[39] *Landnámabók, Sturlubók*-Version Kap. 218, vgl. *Hauksbók*-Fassung Kap. 184.

[40] *Landnámabók, Sturlubók*-Version Kap. 97 = *Hauksbók*-Version Kap. 84.

[41] Diplomatarium Norvegicum XVII B, 195–6; Fríðrekr wird in der *Íslendingabók* Kap. 8 als einziger Bischof vor der Christianisierung erwähnt.

[42] Vgl. Strömbäck: Conversion, 21 ff.

[43] All diese Information finden sich in der verlässlichsten Quelle, Aris *Íslendingabók* Kap. 7.

[44] So Jón Hnefill Aðalsteinsson: Under the Cloak, Reykjavík 1999, 108–123.

[45] Gschwantler und Schäferdieck, 201 f.

[46] *Landnámabók, Sturlubók*-Version Kap. 218, vgl. *Hauksbók*-Fassung Kap. 184.

[47] Udolph: Ostern, 60.

[48] Padberg: Mission und Christianisierung, 127.

[49] Padberg, ibid. 148 f.

[50] Padberg, ibid, 135 f.

[51] Simek: Die Wasserweihe der heidnischen Germanen, 49; Simek: Lexikon der germanischen Mythologie, 475 f. Dagegen jedoch Udolph: Ostern, der offenbar meint, dass die *infusio* der *aspersio* näher steht als der *submersio* und daher dieses Argument nicht gelten lassen will; vgl. aber eben die bildliche Darstellung der Taufe Harald Blauzahns.

[52] Vgl. u.v.a. Baetke: Die Aufnahme des Christentums durch die Germanen, 143–166.; Dörries: Zur Frage der Germanisierung des Christentums, 190–209; Jaeger: Germanisierung des Christentums, 1070; Russel: The Germanization of Early Medieval Christianity; Schäferdieck: Germanisierung des Christentums, 521–524; Schmidt: Germanisierung des Christentums, 1440–1442; Staats: Der Geist der nordeuropäischen Mission von Willehad bis Adam von Bremen, 7–31.

[53] Schubert: Zur Germanisierung des Christentums, 389–404.

Kapitel X

[1] Eine Kenning ist eine poetische Umschreibung eines Begriffs in mehrgliedriger Form.

[2] Vgl. hierzu und im folgenden: Simek u. Pálsson: Lexikon der altnordischen Literatur, s.v.

[3] See: Die Gestalt der Hávamál; ders.: Disticha Catonis und Hávamál, 1–18; ders. Probleme der altnordischen Spruchdichtung, 91–118.

[4] McKinnell (u. Ruggerini): Both One and the Many, 105.

[5] So aus sprachlichen Gründen bei der *Vafþrúðnismál* auch Sprenger: Vafþrúðnismál 10,3: 185–210; für Entstehungszeit im 10. Jh. zuletzt McKinnell (u. Ruggerini), 87 f.

[6] Vgl. die Zusammenstellung der Argumente in See et al.: Kommentar zu den Liedern der Edda, Bd. 2, 47–65.

[7] Heinrichs: Der liebeskranke Freyr, 3–36.

[8] Steinsland: Den hellige bryllaup, bes. 208–226.

[9] Mundal: Kong Harald hårfagre og samejenta Snöfrid, 39–53; Simek: Lust, Sex and Domination, 229–246.

[10] Für die wesentlichsten Punkte der Diskussion vgl. Clover: *Hárbarðsljóð* as generic farce, 124–145; Bax und Padmos: Two Types of Verbal, 149–174; Clover: Hárbarðsljóð, 98.

[11] See: Kommentar, Bd. 2, 155–169.

[12] See: Kommentar, Bd. 2, 255–277.

[13] Schröder: Das Symposium der Lokasenna, 1–29.

[14] Zum Forschungsstand vgl. See: Kommentar, Bd. 2, 365–384.

[15] See: Kommentar, Bd. 2, 365–384; dagegen Jakobsen: Þrymskviða som allusjonsdikt, 75–80, der das Gedicht als Sammlung von Anspielungen auf andere Eddalieder sieht.

[16] Hallberg: Om Þrymskviða, 51–77.

[17] See: Kommentar, Bd. 2, 512; Marold: „Thor weihe diese Runen", 195–222.

[18] Klingenberg: Alvísmál, 113–142; Moberg: The Languages of Alvíssmál, 299–323; See et al.: Kommentar, Bd. 3, 268–292.

[19] Zu diesem Motiv der eddischen Dichtung vgl. Quinn: The *Gýgr*, the *Völva*, the *Ásynja* and her Lover, 137–148; dies.: Dialogue with a vǫlva.

[20] See et al.: Kommentar, Bd. 3, 384, 395 und 412 f.

[21] Dagegen aber jüngst Steinsland, die das Lied im Rahmen der Sukzession auf den norwegischen Thron (im 13. Jh.?) interpretiert: Steinsland: Den hellige bryllaup, 242 ff.

[22] So Fleck: Konr-Ottar-Geirroðr, 39–49; und Gurevich: Edda and Law. Commentary upon Hyndluljóð, 72–84; zum Forschungsstand vgl. See et al.: Kommentar, Bd. 3, 669–689.

[23] See: Rígsþula 47 u. 48, 318–320; ders.: Das Alter der Rígsþula, 1–12.

[24] Bagge: Old Norse Theories of Society, 7–45; ders.: Rígsþúla [sic!] and Viking Age Society, 14.

[25] Vgl. die Zusammenstellung der älteren Forschung dazu bei See: Kommentar, Bd. 3, 481–483.

[26] Fleck: Konr-Óttar-Geirroðr, 39–49.

[27] See: Kommentar, Bd. 3, 839–857, bes. 857.

[28] DeVries: De skaldenkenningen met mythologischen inhoud, 54 f., 68 und 73.

[29] Meulengracht, Sørensen: Religions Old and New, 208.

[30] Beck: Die religionsgeschichtlichen Quellen der Gylfaginning, 608, und ebenso: Clunies-Ross: Quellen zur germanischen Religionsgeschichte, 633

[31] Jüngst wieder eingehend untersucht und zusammengestellt bei Beck, a.a.O.

[32] Weber: Snorri Sturlusons Verhältnis zu seinen Quellen, 194–200.

[33] Vgl. u. a. Clunies Ross: The Mythological Fictions of Snorra Edda, 204–216; Beck: Gylfaginning und Theologie, 49–57.

[34] Zur gelehrten Urgeschichte als Textsammlung vgl. Heusler: Die gelehrte Urgeschichte, dessen Einschätzung der Quellen aber heute als völlig überholt gilt. Jüngste Diskussionen sind Beck: Yngvi Tyrkja Konungr, 55–68, und Simek: Der lange Weg von Troja nach Grönland, 315–327.

[35] Dass die gelehrte Urgeschichte eine mythologische Form der Darstellung ist und keine historische, sollte man nicht erwähnen müssen, wenn nicht das letzte Buch Thor Heyerdals einen diesbezüglichen, aber natürlich völlig verfehlten Versuch unternommen hätte: Heyerdahl, Lilienström: Jakten på Odin.

[36] Düwel: Das Opferfest von Lade.

Quellen

Die verschiedenen Ausgaben und Übersetzungen skandinavischer Texte sind hier nicht eigens verzeichnet, sondern finden sich bei: Rudolf Simek/Pálsson, Hermann: Lexikon der altnordischen Literatur. Stuttgart 1987. Sagatexte sind üblicherweise nach der Reykjavíker Ausgabe in der Reihe *Íslenzk fornrít* angegeben, Eddalieder nach der Ausgabe von Gustav Neckel/Kuhn, H.: Edda: Die Lieder des Codex Regius. Bd. 1: Text, Heidelberg ^{5}1983.

Adam von Bremen: *Gesta Hammaburgensis Ecclesiae Pontificum*: Magister Adam Bremensis: Gesta Hammaburgensis Ecclesiae Pontificum. In: Quellen des 9. und 11. Jahrhunderts zur Geschichte der Hamburgischen Kirche und des Reiches. Darmstadt 1973, 137–503. (= Freiherr vom Stein-Gedächtnisausgabe 11).

Æthelweard: *Chronicon:* Campbell, Alistair: Chronicon Aethelweardi London 1962.

Alcuin: Epistola. In: Patrologia Latina, Bd. 100.

Beda venerabilis: Historia ecclesiastica gentis Anglorum. In: Charles Plummer (Hrsg.): Venerabilis Baedae opera historica 1. Oxford 1896.

Bonifatius: Epistola: Michael Tangl (Hrsg.): Die Briefe des Heiligen Bonifatius und Lullus. (= MGH Epistolae selectae I). Berlin 1916.

Braune, Wilhelm/Helm, Karl/Ebbinghaus, Ernst A.: Althochdeutsches Lesebuch. Tübingen ^{17}1994.

Burchhard von Worms: Liber decretorum. In: Patrologia Latina 14, 537–1057.

Daniel von Winchester: Epistola: In: Wilhelm Gundlach (Hrsg.): Epistolae Merowingici er Karolini aevi I, Berlin 1872 (= MGH Epistolae in Quart III), 38–40.

Diplomatarium Islandicum, Bd. 2. Kopenhagen 1893.

Fredegar: Chronicon. In: Bruno Krusch (Hrsg.): Fredegarii et aliorum chronica. Vitae sanctorum. Hannover 1888 (= MGH Scriptores rerum Merovingicarum II).

Grágás: Staðarhólsbók. Odense 1974.

Gregor von Tours: Gesta Francorum. Bruno Krusch/Levison, Wilhelm (Hrsg.): Gregorii Turonensis Opera 1. Libri historiarum X. Hannover 1937–1951 (= MGH Scriptores rerum Merovingicarum I,1).

Gregor von Tours: *Vita S. Galli* (in: Liber in gloria confessorum). In: Bruno Krusch (Hrsg.): Gregorii Turonensis Opera 2. Miracula et opera minora. Hannover 1885 (= MGH Scriptores rerum Merovingicarum I,2).

Hagen, Friedrich Heinrich von der: Nordische Heldenromane. Breslau 1814–28.

Jónsson, Finnur (Hrsg.): Den Norsk-Islandske Skjaldedigtningen, A1-B2, København 1912–15.

Keyser, R. und Munch, P. A. (Hrsg.): Norges Gamle Love indtil 1387. Bd. 2, Christiania 1848.

Konrad von Megenberg: Buoch von der Natur. Hrsg. von F. Pfeiffer, Stuttgart 1861.

Liebermann, Felix (Hrsg.): Die Gesetze der Angelsachsen Bd. 1, Halle 1903.

Nielsen, Niels Åge: Danske Runeinskrifter. København 1983.

Norges innskrifter med de yngre Runer. Bd. 4, Oslo 1957.

Rimbert: Leben Ansgars. In: Quellen des 9. und 11. Jahrhunderts zur Geschichte der Hamburgischen Kirche und des Reiches. Darmstadt 1973, 16–133 (= Freiherr vom Stein-Gedächtnisausgabe 11).

Schmid, Reinhold (Hrsg.): Die Gesetze der Angelsachsen. Leipzig 1858.
Storm, Gustav (Hrsg.): Monumenta Historica Norvegiæ, Christiania 1880.
Thorpe, Benjamin (Hrsg.): Ancient Laws and Institutions of England, 2 Bde., London 1840.
Unger, C. R. (Hrsg.): Maríu saga. Christiania 1871.
Vita Columbani. In: Bruno Krusch (Hrsg.): Passiones vitaeque sanctorum ævi Merovingici 2. Hannover und Leipzig 1902 (= MGH Scriptores rerum Merovingicarum IV).
Vita Radegundis. In: Bruno Krusch (Hrsg.): Fredegarii et aliorum chronica. Vitae sanctorum. Hannover 1888 (= MGH Scriptores rerum Merovingicarum II).
Vita Vulfram(n)i. In: Bruno Krusch/Levison, Wilhelm (Hrsg.): Passiones vitaeque sanctorum ævi Merovingici 3. Hannover und Leipzig 1910 (= MGH Scriptorum rerum Merovingicarum V).

Literatur

Vorgermanische Megalithkultur und Bronzezeit

Almgren, Oskar: Nordische Felszeichnungen als religiöse Urkunden. Frankfurt 1934.
Althin, Carl-Axel: Studien zu den bronzezeitlichen Felszeichnungen von Skåne, 1–2. Lund, København 1945.
Ashmore, Patrick: Calanais. The Standing Stones. Inverness 1995.
Bertilsson, Ulf: Rock Carvings and Graves: Spatial Relationships. In: Gro Steinsland (Hrsg.): Words and Objects; towards a Dialogue between Archaeology and History of Religion. Oslo 1986, 9–20.
Bertilsson, Ulf: The Rock Carvings of Northern Bohuslän. Spatial Structures and Social Symbols. Diss. Stockholm 1987.
Briard, Jacques: Die Megalithen der Bretagne. Luçon 1991.
Brøndsted, Johannes: Danmarks Oldtid. III. Bronzealderen. København 1958.
Burl, Aubrey: The Stone Circles of the British Isles. New Haven, London 1976.
Burl, Aubrey: Prehistoric Avebury. New Haven and London 1979.
Burl, Aubrey: „By the light of the cinerary moon": Chambered tombs and the astronomy of death. In: C. L. N. Ruggles/Whittle, A. W. R. (Hrsg.): Astronomy and Society in Britain during the period 4000–1500 B.C., Oxford 1981 (= BAR British Series 88), 243–274.
Burl, Aubrey: The Stonehenge People. London, Melbourne 1987.
Capelle, Torsten: Bronze-Age Stone Ships. In: Ole Crumlin-Pedersen/Birgitte Munch Thye (Hrsg.): The Ship as Symbol in Prehistoric and Medieval Scandinavia. Kopenhagen 1995 (= Publications from the National Museum. Studies in Archaeology & History 1), 71–75.
Castleden, Rodney: The Stonehenge People. An Exploration of Life in Neolithic Britain 4700–2000 BC. London and New York 1987.
Coffey, George: New Grange and other incised tumuli in Ireland. Poole 1977.
Coles, J. M./Harding, A. F.: The Bronze-Age in Europe. London 1979.
Criado, Felip: „We, the post-megalithic people …". In: Ian Hodder (Ed.): The Meanings of Things. Material Culture and symbolic expression. London 1989 (= One world archaeology 6), 79–89.
Eogan, George: Irish Megalithic Tombs and Iberia: Comparisons and Contrasts. In: Probleme der Megalithgräberforschung. Vorträge zum 100. Geburtstag von Vera Leisner. Berlin, New York 1990, 113–137.
Glob, P. V.: Helleristniger i Danmark. København 1969.
Glob, P. V.: Danish Prehistoric Monuments. London 1971 (Übersetzung von: Danske Oldtidsminder, København 1967).
Glob, P. V.: The Mound People. London 1974.
Henshall, Aubrey: The chambered tombs of Scotland. 2 Bde. Edinburgh 1963–1972.
Hultkrantz, Åke: Rock Drawings as Evidence of Religion: Some Principal Points of View. In: Gro Steinsland (Hrsg.): Words and Objects; towards a Dialogue between Archaeology and History of Religion. Oslo 1986, 42–66.
Jahnkuhn, Herbert: Axt. II. B. Archäologisches. Stein- und Bronzezeit. In: RGA Bd. 1. Berlin, New York ²1973, 537–544.

Johansen, Øystein: New Results in the Investigation of the Bronze Age Rock Carvings. In: Norwegian Archaeological Review 12 (1979), 108–114.
Joussaume, Roger: Dolmen for the Dead. Ithaca, N.Y. 1988.
Kaelas, Lili: The Society and Economy of the Megalithic Builders. In: Kristina Jennbert et al. (Hrsg.): Regions and Reflections. In Honour of Märta Strömberg. Lund 1991 (= Acta Archaeologica Lundensia. Series in 8°, Nr. 20), 91–96.
Kaul, Flemming: Sandagergård. A Late Bronze Age Cultic Building with Rock Engravings and Menhirs from Northern Zealand, Denmark. In: Acta Archaeologica 56 (1985), 31–54.
MacKie, Euan: The Megalithic Builders. Oxford 1977.
Malmer, Mats P.: A Chorographical Study of North European Rock Art. Stockholm 1981 (= Kungl. Vittenhets Historie och Antikvitets Akademiens Handlingar. Antikvariska serien 32).
Mandt Larsen, Gro: Bergbilder i Hordaland: En Undersøkelse av bildenes sammensetning, deres naturmiljø og kulturmiljø. In: Årbok for Universitet i Bergen, Humanistisk serie 1970, No. 2, Bergen 1972.
Myatt, Leslie: The stone rows of northern Scotland. In: C. L. N. Ruggles (Ed.): Records in Stone. Papers in memory of Alexander Thom. Cambridge etc. 1988, 277–318: 282–285.
ÓRíordán, Sean P., and Glyn Daniel: Newgrange and the Bend of the Boyne. London 1964.
O'Kelly, Michael J.: Newgrange, Archeology, Art and Legend. London 1982.
Renfrew, Colin: Before Civilization. The Radiocarbon Revolution and Prehistoric Europe. London 1973.
Renfrew, Colin: Megaliths, territories and populations. In: DeLaet, Sigfried J. (Hrsg.): Acculturation and Continuity in Atlantic Europe. Brügge 1976, 198–220.
Richards, Colin: Centralising Tendencies? A Re-examination of Social Evolution in Late Neolithic Orkney. In: Mark Edmonds and Colin Richards (Hrsg.): Understanding the Neolithic of North-Western Europe. Glasgow 1998, 516–532.
Ritchie, Graham: The Ring of Brodgar, Orkney. In: C. L. N. Ruggles (Hrsg.): Records in Stone. Papers in memory of Alexander Thom. Cambridge etc. 1988, 337–350.
Rodríguez Casal/Antón, A.: Die Megalithkultur in Galicien. In: Probleme der Megalithgräberforschung. Vorträge zum 100. Geburtstag von Vera Leisner. Berlin, New York 1990, 53–72.
Scarre, Chris: Traditions of Death: Mounded Tombs, Megalithic Art, and Funerary Ideology in Neolithic Western Europe. In: Mark Edmonds and Colin Richards (Hrsg.): Understanding the Neolithic of North-Western Europe. Glasgow 1998, 161–187.
Schier, Kurt: Skandinavische Felsbilder als Quelle für die Germanische Religionsgeschichte. In: Germanische Religionsgeschichte. Quellen und Quellenprobleme. Hrsg. Heinrich Beck, Detlev Ellmers und Kurt Schier. Berlin 1992 (= Ergänzungsbände zum RGA Bd. 5), 162–228.
Simek, Rudolf: skíðblaðnir. Some Ideas on Ritual Connections Between Sun and Ship. In: Northern Studies 9 (1977), 31–39.
Strömberg, Märta: Megalithic Tombs and Society during the Middle and Late Noelithic in Southeast Sweden. In: Probleme der Megalithgräberforschung. Vorträge zum 100. Geburtstag von Vera Leisner. Berlin, New York 1990 (= Madrider Forschungen 16), 139–149.
Svensson, Mac: A Palisade Enclosure in South-West Scania – A Site from the Battle-Axe Culture. In: Kristina Jennbert et al. (Hrsg.): Regions and Reflections. In Honour of Märta Strömberg. Lund 1991 (= Acta Archaeologica Lundensia. Series in 8°, Nr. 20), 97–109.
Sween, Arvid: Felsbilder. Vadsø 1996.
Tilley, Christopher: Constructing a ritual landscape. In: Kristina Jennbert et al. (Hrsg.): Regions and Reflections. In Honour of Märta Strömberg. Lund 1991 (= Acta Archaeologica Lundensia. Series in 8°, Nr. 20), 67–79.

Germanische Religion und Mythologie

Aðalsteinsson, Jón Hnefill: Under the Cloak: The Acceptance of Christianity with Particular Reference to the Religious Attitudes Prevailing at the Time. Stockholm 1978 (= Studia Ethnologica Upsaliensia. 4).

Aðalsteinsson, Jón Hnefill: Old Norse Religion in the Sagas of Icelanders. In: Gripla VII, Reykjavík 1990, 303–322.

Aðalsteinsson, Jón Hnefill: Opferbeschreibungen in christlichen Schriften. In: Ahlbäck, Tore (Hrsg.): Old Norse and Finnish Religions and Cultic Place-Names. Åbo und Stockholm 1990, 206–222.

Aðalsteinsson, Jón Hnefill: Faðernismál í fornsögu. In: Sagnaheimur. Festschrift H. Pálsson Wien 2001 (= SMS 6), 133–148.

Andersen, Søren H./Lind, Birgit/Crumlin Pedersen, Ole: Slusegårdgravpladsen III. Aarhus 1991.

Andersson, Thorsten: Kultplatsbeteckningar i nordiska ortnamn. In: Sakrale Navne. Hrsg. von Gillian Fellows-Jensen und Bente Homberg. Uppsala 1992, 77–105.

Andersson, Thorsten: Orts- und Personennamen als Aussagequelle für die altgermanische Religion. In: Germanische Religionsgeschichte. Quellen und Quellenprobleme. Hrsg. v. Heinrich Beck, Detlev Ellmers und Kurt Schier. Berlin, New York 1992, 508–540 (= Ergänzungsbände zum RGA. Bd. 5).

Andersson, Thorsten: Sakrala personnamn – eller profana? Klassifikations- och gränsdragningsproblem i det gamla nordiska personnamnsförrådet. In: Personnamn i nordiska och andra germanska fornspråk, Hrsg. Lena Peterson, Uppsala 1993, 39–60 (= Norna-Rapporter. 51).

Andersson, Thorsten: Orts- und Personennamen als Aussagequelle für die altgermanische Religion. In: Germanische Religionsgeschichte. Quellen und Quellenprobleme. Hrsg. von Heinrich Beck, Detlev Ellmers und Kurt Schier, Bd. 5. Berlin, New York 1922, 508–540 540 (= Ergänzungsbände zum RGA. Bd. 5).

Anderson, William: The Green Man. London, San Francisco 1990.

Antonsen, Elmer H.: Die Darstellung des heidnischen Altars auf gotländischen Bildsteinen und der Runnenstein von Elgesem. In: FmSt 18 (1984), 334–5.

Arbman, Holger: Käringsjön, Studier i Halländsk Järnålder. Stockholm 1945.

Arrhenius, Birgit: Det flammande smycket. In: Fornvännen 57 (1962), 79–101.

Axboe, Morten und Hauck, Karl: Hohenmemmingen-B, ein Schlüsselstück der Brakteatenikonographie. Zur Ikonologie der Goldbrakteaten, XXXI. In: FmSt 19 (1985), 98–130.

Axboe, Morten: Brísingamen – også et arkæologisk problem. In: Danske Studier 1986, 116–121.

Axboe, Morten: Die Chronologie der Goldbrakteaten – regional und überregional. In: Freeden, Uta von, Ursula Koch und Alfried Wieczorek: Völker an Nord- und Ostsee und die Franken. Bonn 1999, 61–73.

Axboe, Morten: Goldbrakteaten. In: RGA, Bd. 12. Berlin, New York ²1998, 323–327.

Bächtoldi-Stäubli, Hanns (Hrsg.): Handwörterbuch des deutschen Aberglaubens. 10 Bde., Berlin 1972–1942, Reprint München 1987.

Baetke, Walter: Die Götterlehre der Snorra-Edda. Berlin 1950 (= Berichte über die Verhandlungen der sächsischen Akademie der Wissenschaften Leipzig. 97/3.)

Baetke, Walter: Die Religion der Germanen in Quellenzeugnissen. Frankfurt a.M. ²1938.

Baetke, Walter: Die Aufnahme des Christentums durch die Germanen. In: Die Welt als Geschichte 9, H.4/6 (1943), 143–166. Reprint Darmstadt 1959, 1962.

Bagge, Sverre: Old Norse Theories of Society from *Rígsþula* to *Konungs skuggsiá*. In: Speculum regale. Hrsg. von J. E. Schnall und R. Simek, Wien 2000 (= SMS 5), 7–45.

Bagge, Sverre: Rigsþúla [sic!] and Viking Age Society. In: Old Norse Myths, Literature and Society. Sydney 2000, 14.

Battaglia, Marco: Nerthus as a Female Deity. The *interpretatio romana* and Tacitus' *Germania*, XL revisited. In: Amsterdamer Beiträge zur älteren Germanistik 55 (2001), 1–14.

Bauchhenss, Gerhard: Jupitergigantensäulen. Köln 1976 (= Kleine Schriften zur Kenntnis der römischen Besetzungsgeschichte Südwestdeutschlands 14).

Bax, M./Padmos, T.: Two Types of Verbal Dueling in Old Icelandic: The Interactional Structure of the senna and the mannjafnaðr in *Hárbarðsljóð*. In: SS 55 (1983), 149–174.

Beck, Heinrich: Das Ebersignum im Germanischen. Berlin 1965 (= Quellen und Forschungen zur Sprach- und Kulturgeschichte der germanischen Völker. N.F. 16).

Beck, Heinrich: Die Stanzen von Torslunda und die literarische Überlieferung. In: FmSt 2 (1968), 237–250.

Beck, Heinrich: Eddische Dichtung. In: RGA, Bd. 6, Berlin, New York ²1986, 413–426.

Beck, Heinrich: Germanische Menschenopfer in der literarischen Überlieferung. In: Vorgeschichtliche Heiligtümer und Opferplätze in Mittel- und Nordeuropa. Hrsg. von H. Jankuhn. Göttingen 1970, 240–258.

Beck, Heinrich: Gylfaginning und Theologie. In: Alois Wolf (Hrsg.) Snorri Sturluson. Kolloquium anläßlich der 750. Wiederkehr seines Todestages. Tübingen 1993, 49–57.

Beck, Heinrich: Snorri Sturlusons Sicht der paganen Vorzeit, Göttingen 1994 (= Nachrichten der Akademie der Wissenschaften in Göttingen, Philol.-Hist.Kl. 1994, 1).

Beck, Heinrich: Yngvi Tyrkja Konungr. In: Sagnaþing helgað Jónasi Kristjánssyni, Bd. 1, Reykjavík 1994, 55–68.

Beck, Heinrich: Namenkundlich-Religionsgeschichtliche Bemerkungen zur Gudme-Diskussion. In: Edith Marold/Christiane Zimmermann: Nordwestgermanisch. Berlin, New York 1995 (= Ergänzungsbände zum RGA 13), 41–55.

Beck, Heinrich/Holmqvist, Wilhelm: Bautastein. In: RGA Bd. 2. Berlin, New York ²1976, 112–113.

Beck, Inge: Studien zur Erscheinungsform des heidnischen Opfers nach altnordischen Quellen. München 1967.

Becker, C. J.: Zur Frage der eisenzeitlichen Moorgefäße in Dänemark. In: Vorgeschichtliche Heiligtümer und Opferplätze in Mittel- und Nordeuropa. Hrsg. von H. Jankuhn. Göttingen 1970, 119–166.

Becker, C. J.: »Mosepotter« fra Danmarks jernalder. Problemer omkring mosefunde lerkar og deres tolkning. In: Aarbøger for nordisk oldkyndighed og historie 1971, 5–60.

Becker, C. J.: Dejberg. In: RGA Bd. 5. Berlin, New York ²1984, 308–309.

Beckman, Nataniel: Ett ställe hos Tacitus (Germ. c. 12). In: Nordisk Tidsskrift f. Filologi, R. 4, Vol. 9 (1920), 103–108.

Beckman, Nataniel: „Ignavi et imbelles et corpore infames". In: ANF 52 (1936), 78–81.

Behm-Blancke, Günter: Germanische Mooropferplätze in Thüringen. In: Ausgrabungen und Funde 2 (1957), 129–135.

Behm-Blancke, Günter: Ein westgermanisches Moor- und Seeheiligtum in Nordwest-thüringen. In: Ausgrabungen und Funde 3 (1958), 264–266.

Behm-Blancke, Günter: Neue Funde in Thüringen. In: Ausgrabungen und Funde 3 (1958), 377–380.

Behm-Blancke, Günter: Latènezeitliche Opferfunde aus dem germanischen Moor- und Seeheiligtum von Oberdorla, Kr. Mühlhausen. In: Ausgrabungen und Funde 5 (1960), 232–235.

Behm-Blancke, Günter: Das germanische Tierknochenopfer und sein Ursprung. In: Ausgrabungen und Funde 10 (1965), 233–239.

Behm-Blancke, Günter: Neue Ausgrabungen germanischer Heiligtümer in Thüringen. In: Filip, J. (Hrsg.): Actes du VIIe Congrès International des Sciences Préhistoriques et Protohistoriques, Prague 1966. Prag 1971, 945–949.

Behm-Blancke, Günter: Kult und Ideologie. In: Bruno Krüger: Die Germanen. Berlin 1976, 351–373.

Bemmann, Jan/Hahne, Güde: Ältereisenzeitliche Heiligtümer im nördlichen Europa nach den archäologischen Quellen. In: Germanische Religionsgeschichte. Quellen und Quellenprobleme. Hrsg. v. Heinrich Beck, Detlev Ellmers und Kurt Schier. Berlin, New York 1992 (= Ergänzungsbände zum RGA Bd. 5), 29–69.

Bennike, Pia/Ebbesen, Klaus: The Bog Find from Sigerdal. Human Sacrifice in the Early Neolithic. In: Journal of Danish Archeology 5 (1986), 85–115.

Bergman, Jan: Religio-Phenomenological Reflections on the Multi-Level Process of Giving to the Gods. In: Linders, Tullia/Nordquist, Gullög (Hrsg.): Gifts to the Gods. Uppsala 1987 (= Acta Universitatis Upsaliensis Boreas 15), 31–42.

Bibire, Paul: Freyr and Gerðr: the story and its myths. In: Sagnaskemmtun. Studies H. Pálsson, Wien 1986, 19–40.

Birkeland, Harris: Nordens Historie i Middelaleren etter Arabiske Kilder. Oslo 1954 (= Skrifter utg. av Det Norske Videnskaps-Akademi i Oslo 1954, II. Hist.-Filos. Kl., 2. Bd. No. 2.).

Birkhan, Helmut: Germanen und Kelten bis zum Ausgang der Römerzeit. Wien 1970.

Birkhan, Helmut: Die Kelten. Wien ²1997.

Bjerre Finnestad, Ragnhild: The Study of the Christianization of the Nordic countries. Some Reflections. In: Old Norse and Finnish Religions and Cultic Place-Names. Åbo und Stockholm 1990, 256–272.

Blinkenberg, Christian: The Thunderweapon in Religion and Folklore. Berlin 1911.

Blum, Ida: Die Schutzgeister in der altnordischen Literatur. Zabern 1912.

Boudriot, Wilhelm. Die altgermanische Religion in der amtlichen kirchlichen Literatur des Abendlandes vom 5. bis 11. Jh. Bonn 1928; reprint, Bonn 1964.

Boyer, Régis: Le Christ des Barbares: Le Monde nordique, IXe–Xii^e siècles. Paris 1987.

Brate, Erik: Disen. In: Zeitschrift für deutsche Wortforschung 13 (1911–12), 143–152.

Braune, Walter: Muspilli. In: PBB 40 (1915), 225–245.

Bremmer, Rolf H.: Hermes, Mercury and Woden-Odin as Inventors of Alphabets: A Neglected Parallel. In: Amsterdamer Beiträge zur älteren Germanistik 29 (1989), 39–48.

Bronnenkant, L. J.: Thurstable revisited. In: Journal of the English Place-Name Society 15 (1982–3), 9–19.

Bruce-Mitford, Rupert: The Sutton Hoo Ship-Burial. Reflections after thirty years. York 1979.

Buchholz, Peter: Odin: Celtic and Siberian Affinities of a Germanic Deity. In: Mankind Quaterly 24 (1984), 427–37.

Buchholz, Peter: Schamanistische Züge in der altisländischen Überlieferung. Münster 1968.

Burkert, Walter: Offerings in Perspektive: Surrender, Distribution, Exchange. In: Linders, Tullia, and Nordquist, Gullög, (Hrsg.): Gifts to the Gods. Proceedings of the Uppsala Symposium 1985. Uppsala 1987 (= Acta Universitatis Upsaliensis Boreas 15), 43–50.

Burri, Margrit: Germanische Mythologie zwischen Verdrängung und Verfälschung. Zürich 1982.

Butt, Wolfgang: „Sterben" und „Töten" in der Sprache der altnordischen Dichter. Diss. Kiel 1967.

Callmer, Johan: Territory and Dominion in the Late Iron Age in Southern Scandinavia. In: Jennbert, Kristina et al. (Hrsg.): Regions and Reflections. In Honour of Märta Strömberg. Lund 1991 (= Acta Archaeologica Lundensia. Series in 8°, Nr. 20), 257–273.

Capelle, Torsten: Grabraub im wikingischen Norden. In: Zum Grabfrevel in vor- und frühgeschichtlicher Zeit. Hrsg. von Herbert Jankuhn/Nehlsen, Hermann/Roth, Helmut. Göttingen 1978, 197–210.

Capelle, Torsten: Bildzeugnisse frühgeschichtlicher Menschenopfer. In: Offa 37 (1980), 97–100.

Capelle, Torsten: Ein germanischer Opferplatz in Soest-Ardey? In: Ausgrabungen und Funde Westfalen-Lippe 3 (1985), 71–78.

Capelle, Torsten: Anthropomorphe Holzidole in Mittel und Nordeuropa. Stockholm 1995.

Capelle, Torsten: Hügelgräber. In: RGA Bd. 15. Berlin, New York ²2000, 179–181.

Capelle, Torsten/Maier, Bernhard: Idole und Idolatrie. In: RGA Bd. 15. Berlin, New York ²2000, 325–330.

Capelle, Wilhelm: Das alte Germanien. Die Nachrichten der griechischen und römischen Schriftsteller. Jena 1937.

Carlie, A.: Käringsjön. A Fertility Sacrificial Site from the Late Roman Iron Age in Southwest Sweden. In: Current Swedish Archeology 6 (1998), 17–37.

Carnap-Bornheim, Claus von: Illemose. In: RGA Bd. 15. Berlin, New York ²2000, 344–346.

Christiansen, Reidar Thoralf: The Dead and the Living. Oslo 1946. (= Studia Norvegica 2).

Closs, Alois. Das Versenkungsopfer. In: Kultur und Sprache 9 (1952), 66–107.

Clover, C. J.: *Hárbarðsljóð* as generic farce. In: SS 51 (1979), 124–145.

Clover, C. J.: Hárbarðsljóð. In: DicMA 6 (1985), 98.

Clunies Ross, Margaret: The Mythological Fictions of Snorra Edda. In: Úlfar Bragason (Hrsg.) Snorrastefna. Reykjavík 1992, 204–216.

Clunies Ross, Margaret: „Quellen zur germanischen Religionsgeschichte" In: Germanische Religionsgeschichte. Quellen und Quellenprobleme. Hrsg. v. Heinrich Beck, Detlev Ellmers und Kurt Schier. Berlin, New York 1992, 633–655, (= Ergänzungsbände zum RGA. Bd. 5).

Clunies Ross, Margaret: Prolonged Echoes, Bd. 1–2. Odense 1994–1998.

Cordes, August: Lassen sich „urgermanische Menschenopfer" mit Tacitus beweisen? In: Heimat 67 (1960), 88–89.

Cramer-Peters, Elisabeth: Zur Deutung des Namens Nehalennia und Frija-Isis-Nehalennia. In: Amsterdamer Beiträge zur älteren Germanistik 3 (1972),1–14 und 15–24.

Davidson, Hilda R. Ellis: The road to Hel. A study ot the conception of the dead in Old Norse literature, Cambridge 1943, Reprint New York 1968.

Davidson, Hilda R. Ellis: Scandinavian Mythology. London 1969.

Davidson, Hilda R. Ellis: Viking Road to Byzantium. London 1976.

Detter, Ferdinand: Erwiderung. In: ANF 13 (1897), 207–208.

Detter, Ferdinand: Review of E. Magnússon. In: ANF 13 (1897), 207–208.

Dieck, Alfred: Die europäischen Moorleichenfunde (Hominidenmoorfunde) 1. Neumünster 1965.

Dieck, Alfred: Archäologische Belege für den Brauch des Skalpierens in Europa. In: Neue Ausgrabungen und Forschungen in Niedersachsen 4 (1969), 359–371.

Dieck, Alfred: Balderhaarsche Venne. In: RGA Bd. 2. Berlin, New York ²1976, 7–9.

Dillmann, François-Xavier: Sejd og shamanisme i de islandske sagaer. In: Myte og ritual i det førkristne Norden. Odense 1994.

Dobbie, Elliott van Kirk: The Anglo-Saxon Minor Poems. London 1942 (= The Anglo-Saxon Poetic Records. VI).

Dommasnes, Liv Helga: Tradisjon og endring belyst gjennom forhistorisk materiell kultur – en skisse. In: Myte og ritual i det førkristne Norden. Odense 1994, 25–40.

Dörries, Hermann: Zur Frage der Germanisierung des Christentums. In: H. Dörries: Wort und Stunde II, Göttingen 1969, 190–209.

Dörries, Hermann: Germanische Religion und Sachsenbekehrung. 2. Aufl. Göttingen 1934, Reprint in: W. Lammers (Hrsg.): Die Eingliederung der Sachsen in das Frankenreich. Darmstadt 1970 (= Wege der Forschung 185), 261–306.

Drescher Hans, Karl Hauck: Götterthrone des heidnischen Nordens. In: FmSt 16 (1982), 237–301.

Dronke, Ursula: Pagan Beliefs and Christian Impact: The Contribution of Eddic Studies. In: Anthony Faulkes and Richard Perkins (Hrsg.): Viking Revaluations. London 1993, 121–127.

Dubois, Thomas A.: Nordic Religions in the Viking Age. Philadelphia 1999.

Duczko, Wladyslaw: Gamla Uppsala. In: RGA Bd. 13. Berlin, New York ²1998, 409–418.

Dumézil, Georges: Gods of the Ancient Northmen. Berkeley 1977.

Düwel, Klaus [Rezension von]: Walter Pohl: Die Germanen. In: ZfdA 131 (2002), 359–367.

Düwel, Klaus: Germanische Opfer und Opferriten im Spiegel altgermanischer Kultworte. In: H. Jahnkuhn: Vorgeschichtliche Heiligtümer und Opferplätze in Mittel- und Nordeuropa. Göttingen 1970, 219–239.

Düwel, Klaus: Das Opferfest von Lade und die Geschichte vom Völsi. Göttingen 1971.

Düwel, Klaus: Runeninschriften als Quellen der germanischen Religionsgeschichte. In: Germanische Religionsgeschichte. Quellen und Quellenprobleme. Hrsg. v. Heinrich Beck, Detlev Ellmers und Kurt Schier. Berlin, New York 1992, (= Ergänzungsbände zum RGA. Bd. 5), 336–364.

Düwel, Klaus: Mittelalterliche Amulette aus Holz und Blei mit lateinischen und runischen Inschriften. In: Ausgrabungen in Schleswig, Berichte und Studien 15: Das archäologische Fundmaterial 2. Hrsg. Volker Vogel, Neumünster 2001, 227–302.

Düwel, Klaus: Runenkunde. Stuttgart, Weimar ³2001.

Düwel Klaus, John McKinnell, Rudolf Simek: Runes, Magic and Religion: A Sourcebook. Wien 2003 (= SMS 9).

Dyggve, Ejnar: Three Old Danish sanctuaries of the Jelling type. Lund 1961.

Ebbesen, Klaus: Menneskeoffer. In: Skalk nr. 3 (1985), 8–10.

Ebel, Else: Gode, Godentum. In: RGA Bd. 12. Berlin, New York ²1998, 260–263.

Ebenbauer, Alfred: Ursprungsglaube, Herrschergott und Menschenopfer: Beobachtungen zum Semnonenkult (Germania c. 39). In: Antiquitates Indogermanicae. Gedenkschrift für H. Güntert. Innsbruck 1974 (= Innsbrucker Beiträge zur Sprachwissenschaft 12), 233–249.

Eggers, Hans: Die Annahme des Christentums im Spiegel der deutschen Sprachgeschichte. In: Kirchengeschichte als Missionsgeschichte II/1 (1978), 466–504.

Einarson, Stefán: „Askr Yggdrasils", „Gullnar töflar". In: Festschrift M. Schlauch. Warschau 1966, 111–115.

Eldjárn, Kristján: The Bronze Image from Eyrarland. In: Speculum Norroenum. Studies G. Turville-Petre. Odense 1981, 73–84.

Ellmers, Detlev: Die archäologischen Quellen zur germanischen Religionsgeschichte. In: Germanische Religionsgeschichte. Quellen und Quellenprobleme. Hrsg. v. Heinrich Beck, Detlev Ellmers und Kurt Schier, Berlin, New York 1992, 95–117 (= Ergänzungsbände zum RGA Bd. 5).

Ellmers, Detlev: Valhalla and the Gotland Stones. In: Crumlin-Pedersen, Ole, and Birgitte Munch Thye (Hrsg.): The Ship as Symbol in Prehistoric and Medieval Scandinavia. Copenhagen 1995 (= Publications from the National Museum. Studies in Archaeology & History 1), 165–171.

Engelhardt, Conrad: Kragehul og Vimosefundene. Kjøbenhavn 1867, Nachdruck 1970.

Engelhardt, Conrad: Thorsbjerg Mosefund. København 1863, Nachdruck 1969.

Enright, Michael J.: Lady With a Mead-Cup. Ritual, Group Cohesion and Hierarchy in the Germanic Warband. In: FmSt 22 (1988), 170–203.

Enright, Michael J.: The Goddess Who Weaves. Some Iconographic Aspects of Bracteates of the Fürstenberg Type. In: FmSt 24 (1990), 54–71.

Enright, Michael J.: Lady with a Mead Cup. Ritual, Prophesy and Lordship in the European Warband from La Tène to the Viking Age. Dublin 1996.

Erich, O. A./Beitl, Richard: Wörterbuch der deutschen Volkskunde. Stuttgart ³1974.

Esterle, Gert: Die Boviden in der Germania. Wien 1974 (= Wiener Arbeiten zur germanischen Altertumskunde und Philologie 2).

Fabech, Charlotte: Booty Sacrifices in Southern Scandinavia. In: Sacred and Profane. Oxford University for Archaeology Monograph 32 (1991), 88–89.

Fabech, Charlotte: Krigsbytteoffer – religøs ceremoni eller politisk manifestation? – en undersøgelse af de sydskandinaviske krigsbytteofferfynd og en vurdering af denne offerskiks karakter samt funktion i yngre romertids og ældre germanertids samfund. Magisterabhandlung Universität Århus 1987.

Fabech, Charlotte: Sacrale pladser i sydskandinavisk jernalder. In: Sakrale navne. Hrsg. von Gillian Fellows-Jensen und Bente Holmberg. Uppsala 1992 (= Norna-Rapporter 48), 141–167.

Falck-Kjällquist, Birgit: Namnet Ullerö. In: NoB 71 (1983), 152–156.

Falk, Hjalmar: Odensheite. Christiania 1924.

Ferdinand, Johs. und Klaus: Jernalderofferfund i Valmose ved Rislev. In: Kuml (1961), 47–90.

Fidjestøl, Bjarne: Pagan Beliefs and Christian Impact: The Contribution of Scaldic Studies. In: Viking Revaluations. Hrsg. A. Faulkes and R. Perkins, London 1993, 100–120.

Fingerlin, Gerhard: Hüfingen. In: RGA Bd. 15. Berlin, New York ²2000, 176–179.

Fleck, Jere: Konr-Ottar- Geirroðr: A Knowledge Criterion for Succession to the Germanic Sacred Kingship. In: SS 42 (1970), 39–49.

Flint, Valerie I. J.: The Rise of Magic in Early Medieval Europe. Princeton, N.J. 1991.

Flowers, Stephen E.: Runes and Magic: Magical Formulaic Elements in the Older Runic Tradition, Bern, Frankfurt, New York 1986.

Flowers, Stephen E.: The Galdrabók: An Icelandic Grimoire. New York 1989.

Flowers, Stephen E.: Magic. In: Medieval Scandinavia. An Encyclopedia, New York, London 1993, 399–400.

Friðriksson, Adolf; Orri Vésteinsson: Hofstaðir Revisited. In: Norwegian Archaeological Review 30 (1997), 103–112.

Fuglesang, Signe Horn: Viking and medieval amulets in Scandinavia. In: Fornvännen 84 (1989), 15–25.

Geisslinger, Helmut: Horte als Geschichtsquelle. Neumünster 1967 (=Offa Bücher N. F. 19).

Geisslinger, Helmut: Depotfund, Hortfund. In: RGA Bd. 5. Berlin, New York ²1984, 320–338.

Geisslinger, Helmut: Grab und Grabbrauch. In: RGA Bd. 12. Berlin, New York ²1998, 491–508.

Geisslinger, Helmut/Alt, K. W./Schiller, G.: Grab und Grabbrauch. In: RGA Bd. 12. Berlin, New York ²1998, 491–515.

Gjærder, Per: The Beard as an Iconographical Feature in the Viking Period and the Early Middle Ages. In: Acta Archaeologica 35 (1964), 95–114.

Gladigow, Burkhard: Die Teilung des Opfers. Zur Interpretation von Opfern in vor- und frühgeschichtlichen Epochen. In: Frühmittelalterliche Studien 1984 ('Opfer'-Kolloquium in Münster 1983), 19–43.

Gladigow, Burkhard: Homo publice necans. Kulturelle Bedingungen kollektiven Tötens. In: Saeculum 37 (1986), 150–165.

Glob, P. V.: Danish Prehistoric Monuments. London 1971.

Glob, P. V.: Die Schläfer im Moor. München 1966.

Golther, Wolfgang: Handbuch der germanischen Mythologie. Leipzig 1895, Nachdruck Essen 1995.

Graham-Campbell, James (Hrsg.): Cultural Atlas of the Viking World. Abingdon 1994.
Gräslund, Anne-Sofie: Some Aspects of the Christianization of Central Sweden. In: Shamanism and Northern Ecology. Hrsg. Juha Pentikäinen. Berlin, New York 1996, 117–124.
Grendon, Felix: Anglo-Saxon Charms. In: Journal of American Folklore 22, No. 84 (1908), 105–237.
Grendon, Felix: Anglo-Saxon Charms. In: Speculum (1931), 105–237.
Grienberger, Theodor von: Múspell. In: IF 16 (1904), 40–63.
Gschwantler, Otto: Christus, Thor und die Midgardschlange. In: Festschrift für Otto Höfler 1). Wien 1968, 145–168.
Gschwantler, Otto/Schäferdieck, Knut: Bekehrung und Bekehrungsgeschichte. In: RGA Bd. 2, Berlin, New York ²1976, 175–205.
Gschwantler, Otto: Die Überwindung des Fenriswolfs und ihr christliches Gegenstück bei Frau Ava. In: Poetry in the Scandinavian Middle Ages, Spoleto, 4–10 Sept. 1988. Spoleto 1990, 93–103.
Gurevich, A. Y.: Edda and Law. Commentary upon Hyndluljóð. In: ANF 88 (1973), 72–84.
Gutenbrunner, Siegfried: Die germanischen Götternamen der antiken Inschriften. Halle 1936.
Haack, F.-W.: Wotans Wiederkehr. Blut-, Boden- und Rasse-Religion. München 1981.
Hackenberg, Erna: Die Stammtafeln der angelsächsischen Königreiche. Berlin 1918.
Hagberg, Ulf Erik: The Archeology of Skedemosse II. The Votive Deposits in the Skedemosse Fen and their Relation to the Iron-Age Settlement on Öland, Sweden. Stockholm 1967.
Hagberg, Ulf Erik: Religionsgeschichtliche Aspekte des Moorfundes vom Skedemosse auf Öland. In: H. Jankuhn: Vorgeschichtliche Heiligtümer und Opferplätze. Göttingen 1970, 167–171.
Hagberg, Ulf Erik: Fundort und Fundgebiet der Modeln aus Torslunda. In: FmSt 10 (1976), 323–349.
Hagberg, Ulf Erik: Opferhorte der Kaiser- und Völkerwanderungszeit in Schweden. In: FmSt 1984 ('Opfer'-Kolloquium in Münster 1983), 73–82.
Hallberg, Peter: Om Þrymskviða. In: ANF 69 (1954) 51–77.
Halvorsen, Eyvind Fjeld: Muspell. In: KLNM 12 (1967) 32–33.
Hammerbacher, H. W.: Midgards Morgen – Ein Bekenntnis. Wört bei Ellwangen ²1977.
Harck, Ole: Gefäßopfer der Eisenzeit im nördlichen Mitteleuropa. In: FmSt 18 (1984) ('Opfer'-Kolloquium in Münster 1983), 102–121.
Harmening, Dieter: Superstitio. Berlin 1979.
Hasenfratz, Hans-Peter: Die religiöse Welt der Germanen. Freiburg, Basel, Wien 1992.
Hastrup, Kirsten: Cosmology and society in Medieval Iceland. Lund 1981.
Hauck, Karl: Politische und asketische Aspekte der Christianisierung. In: Dauer und Wandel der Geschichte. Festgabe für K. v. Raumer, Münster 1965, 45–61.
Hauck, Karl: Goldbrakteaten aus Sievern. München 1970.
Hauck, Karl: Völkerwanderungszeitliche Bilddarstellungen des zweiten Merseburger Spruchs als Zugang zu Heiligtum und Opfer. In: Vorgeschichtliche Heiligtümer und Opferplätze. Hrsg. von H. Jankuhn. Göttingen 1970, 297–319.
Hauck, Karl: Ein neues Drei-Götter-Amulett von der Insel Fünen. Zur Ikonologie der Goldbrakteaten V. In: Geschichte in der Gesellschaft. Festschrift für K. Bosl, Stuttgart 1974, 93–153.
Hauck, Karl: Zur Ikonologie der Goldbrakteaten VIII. Ikonographie des Opfers. In: Festschrift für O. Höfler. Wien, Stuttgart 1976, 269–296.
Hauck, Karl: Bildforschung als historische Sachforschung. In: Geschichtsschreibung und geistiges Leben im Mittelalter. Festschrift Heinz Löwe. Köln, Wien 1978, 27–70.
Hauck, Karl: Brakteatenikonologie. In: RGA Bd. 3. Berlin, New York ²1978, 361–401.
Hauck, Karl: Gemeinschaftsstiftende Kulte der Seegermanen. In: FmSt 14 (1980), 463–617.
Hauck, Karl: Germania-Texte im Spiegel von Bildzeugnissen des Nordens. Zur Ikonologie der Gold-

brakteaten, XXIV. In: Romanitas-Christianitas. Johannes Straub zum 70. Geburtstag am 18. Oktober 1982 gewidmet. Hrsg. von Gerhard Wirth. Berlin, New York 1982, 175–216.

Hauck, Karl: Zum zweiten Band der Sutton Hoo-Edition. In: FmSt 16 (1982), 319–362.

Hauck, Karl: Text und Bild in einer oralen Kultur. In: FmSt 17 (1983), 510–599.

Hauck, Karl: Formenkunde der Götterthrone des heidnischen Nordens. Offa 41, 1984, 29 ff.

Hauck, Karl: Die religionsgeographische Zweiteilung des frühmittelalterlichen Europas im Spiegel der Bilder seiner Gottheiten. In: Fornvännen 82 (1987), 161–181.

Hauck, Karl: Gudme in der Sicht der Brakteaten-Forschung (Zur Ikonologie der Goldbrakteaten XXXVI). In: FmSt 21 (1987), 147–181 und Tafel XXII–XXV.

Hauck, Karl: Völkerwanderungszeitlicher Seeverkehr, erhellt mit Schiffsresten und Fundorten von Goldbrakteaten. Zur Ikonologie der Goldbrakteaten XXXIX. In: Trade and Exchange in Prehistory. Studies in honour of Berta Stjernquist. Lund 1988, 197–212.

Hauck, Karl: Macht und Meer im völkerwanderungszeitlichen Ostseeraum, erhellt mit Schiffsresten, Goldhorten und Bildzeugnissen. In: F. Seibt (Hrsg.): Gesellschaftsgeschichte. Festschrift für Karl Bosl. München 1988, 139–156.

Hauck, Karl: Der Missionsauftrag Christi und das Kaisertum Ludwig des Frommen. In: Charlemagne's Heir. Hrsg. P. Godman u. R. Collins, Oxford 1990, 275–296.

Hauck, Karl: Frühmittelalterliche Bildüberlieferung und der organisierte Kult (mit einem Exkurs von Per O. Thomsen: Die Goldblechfiguren („guldgubber") der vierten Lundeborg-Grabung 1989 (S. 512–517)). In: Hauck, Karl (Hrsg.): Der historische Horizont der Götterbild-Amulette aus der Übergangsepoche von der Spätantike zum Frühmittelalter. Göttingen 1992, 433–574.

Hauck, Karl: Die bremische Überlieferung zur Götter-Dreiheit Altuppsalas und die bornholmischen Goldfolien aus Sorte Muld (Zur Ikonologie der Goldbrakteaten, LII) In: FmSt 27 (1993), 409–479.

Hauck, Karl: Gudme als Kultort und seine Rolle beim Austausch von Bildformularen der Goldbrakteaten (Zur Ikonologie der Goldbrakteaten, L). In: Arkeologiske Studier 10 (1993), 78–87.

Hauck, Karl: Altuppsalas Polytheismus exemplarisch erhellt mit Bildzeugnissen des 5.–7. Jh.s. In: Studien zum Altgermanischen. Festschrift für Heinrich Beck. Berlin, New York 1994, 197–302.

Hauck, Karl: Götterbilder des spätantiken Polytheismus im Norden auf Votivgoldminiaturen. In: Zeitschrift für deutsche Kunstgeschichte 57 (1994), 301–305.

Hauck, Karl: Goldblechfigürchen. In: RGA Bd. 12. Berlin, New York ²1998, 318–323.

Hedeager, Lotte: Die Golddepots der Völkerwanderungszeit Dänemarks. Versuch einer Deutung. In: FmSt Bd. 25 (1991), 73–88.

Hedeager, Lotte: Sacred Topography: Depositions of wealth AD 400–1550 in Scandinavia. In: A. Gustafsson/Karlsson, H. (Hrsg.): Glyfer och Arkeologiska Rum – en vænbok til Jarl Nordbladh. Göteborg 1999 (= Gotarc Series A vol 3), 229–252.

Hedeager, Lotte: Skandinavisk dyreornamentik: Symbolsk repræsentation af en før-kristen kosmologi. In: Old Norse Myths, Literature and Society. Proceedings of the 11th International Saga Conference. Sydney 2000, 126–141.

Heinrichs, Anne: Der liebeskranke Freyr, euhemeristisch entmythisiert. In: alvíssmál 7 (1997), 3–36.

Heinzel, Richard: Über die ostgotische Heldensage. In: Sitzungsberichte der kaiserlichen Akademie der Wissenschaften in Wien 119 (1889), 1–98.

Heizmann, Wilhelm: Lein(en) und Lauch in der Inschrift von Fløksand und im Vǫlsa þáttr. In: Germanische Religionsgeschichte. Quellen und Quellenprobleme. Hrsg. v. Heinrich Beck, Detlev Ellmers und Kurt Schier. Berlin, New York 1992, 365–395, (= Ergänzungsbände zum RGA. Bd. 5).

Heizmann, Wilhelm: Runica manuscripta: Die isländische Überlieferung. In: Runeninschriften als

Quellen interdisziplinärer Forschung. In Zusammenarbeit mit Sean Nowak hg von Klaus Düwel. Berlin, New York 1998 (= Ergänzungsbände zum RGA 15), 513–535.

Heizmann, Wilhelm: Freyja. In: Ulrich Müller/Wunderlich, Werner (Hrsg.): Verführer. Schurken. Magier. St. Gallen 2001 (= Mittelalter Mythen 3), 274–316.

Heizmann, Wilhelm: Gefjon: Metamorphosen einer Göttin. In: Mythological Women. Studies in Memory of Lotte Motz. Vienna 2002 (= SMS 7), 197–255.

Helm, Karl: Hluðana. In: PBB 37 (1912), 337–338.

Hempel, Heinrich: Matronenkult und germanischer Mütterglaube. In: GRM 27 (1939), 245–270.

Hermanns-Auðardóttir, Margrét: Islands tidiga Bosättning. Umeå 1989.

Hermanns-Auðardóttir, Margrét: The Early Settlement of Iceland. In: Norwegian Archaeological Review 24 (1991), 1–12, und Diskussion 13–33.

Herschend, Frands: Halle. In: RGA Bd. 13. Berlin, New York ²1999, 414–425.

Herschend, Frands: Ship grave hall passage – the Oseberg monument as compund meaning. In: Old Norse Myths, Literature and Society. Proceedings of the 11th International Saga Conference. Sydney 2000, 142–151.

Heusler, Andreas: Die gelehrte Urgeschichte, Berlin 1908.

Heyerdahl, Thor/Lilienström, Per: Jakten på Odin: På sporet av vår fortid. Oslo 2002.

Höfler, Otto: Der germanische Totenkult und die Sagen vom Wilden Heer. In: Oberdeutsche Zeitschrift für Volkskunde 10 (1936), 33–49.

Höfler, Otto: Kultische Geheimbünde der Germanen. Frankfurt 1934.

Höfler, Otto: Germanisches Sakralkönigtum 1: Der Runenstein von Rök und die germanische Individualweihe. Tübingen, Münster, Köln 1952.

Höfler, Otto: Verwandlungskulte, Volkssagen und Mythen. Wien 1974.

Höfler, Otto: Zwei Grundkräfte im Wodankult. In: Antiquitates Indogermanicae. Gedenkschrift für H. Güntert. Innsbruck 1974, 133–144.

Höfler, Otto: Mars Thingsus. In: Handwörterbuch zur deutschen Rechtsgeschichte 18 (1979), 344–348.

Hoffmann, Erich: Der heutige Stand der Erforschung der Geschichte Skandinaviens. In: Karl Hauck: Der historische Horizont der Götterbild-Amulette aus der Übergangsepoche von der Spätantike zum Frühmittelalter. Göttingen 1992, 143–182.

Hohmann, Holger: Baumkult. In: RGA Bd. 2. Berlin, New York ²1976, 107–110.

Hohmann, Holger: Indiculus superstitionum et paganiarum. In: RGA Bd. 15. Berlin, New York ²2000, 369–379.

Hollis, Stephanie: Zaubersprüche. III. Englische Literatur. In: LexMA Bd. 9. München 1998, 487–8.

Holmberg, Bente: Views on Cultic Place-Names in Denmark. A Review of Research. In: Ahlbäck, Tore (Hrsg.): Old Norse and Finnish Religions and Cultic Place-Names. Åbo und Stockholm 1990, 381–393.

Holmberg, Bente: Om Sakrale sted- og personnavne. In: Nordisk hedendom. Et symposium. Hrsg. von Gro Steinsland et al. Odense 1991, 149–159.

Holmberg, Bente: Über sakrale Ortsnamen und Personennamen im Norden. In: Germanische Religionsgeschichte. Quellen und Quellenprobleme. Hrsg. von Heinrich Beck, Detlev Ellmers und Kurt Schier. Berlin, New York 1992. (= Ergänzungsbände zum RGA. Bd. 5), 541–551.

Holmberg, Uno: Der Baum des Lebens. Helsinki 1922.

Holmqvist, Wilhelm: The Dancing Gods. In: Acta Archaeologica 31 (1961), 101–127.

Hultgård, Anders: Old Scandinavian and Christian Eschatology. In: Ahlbäck, Tore (Hrsg.): Old Norse and Finnish Religions and Cultic Place-Names. Åbo und Stockholm 1990, 344–357.

Hulthén, Birgitta: Notes on Scandinavian Finds of Anthropomorphic Heads and Masks from Pre-Roman and Roman Iron Age. In: Jennbert, Kristina et al. (Hrsg.): Regions and Reflections. In Honour of Märta Strömberg. Lund 1991 (= Acta Archaeologica Lundensia. Series in 8°, Nr. 20), 169–176.

Huth, Otto: Der Durchzug des Wilden Heeres. In: ARW 32 (1935), 193–210.

Illkjær, Jørgen: Et bund våben fra Vimose. In: Kuml 1975, 117–162.

Illkjær, Jørgen: The weaponfind from Illerup and its implications for the explanations of similar finds from Northern Europe. In: FmSt 1984 ('Opfer'-Kolloquium in Münster 1983), 83–90.

Ilkjær, Jørgen: Das Mooropfer von Illerup Ådal – Der Stand der Bearbeitung im Jahr 1994. In: Beiträge zu römischer und barbarischer Bewaffnung in den ersten vier nachchristlichen Jahrhunderten. Hrsg. von Claus von Carnap-Bornheim. Lublin, Marburg 1994, 233–259.

Ilkjær, Jørgen/Lønstrup, Moesgård: Der Moorfund im Tal der Illerup-Å bei Skanderborg in Ostjütland (Dänemark). Vorbericht. In: Germania 61 (1983), 95–116.

Illkjær, Jørgen/Stoklund, Maria: Illerup Ådal. In: RGA Bd. 15. Berlin, New York [2]2000, 346–354.

Illkjær, Jørgen/Stoklund, Maria: Kragehul. In: RGA Bd. 17). Berlin, New York [2]2001, 276–281.

Ingstad, Anne Stine: Det kultiske miljø omkring Åker i Vang. In: Viking 56 (1993), 81–86.

Ingstad, Anne Stine: The Interpretation of the Oseberg-find. In: Ole Crumlin-Pedersen/Munch Thye, Birgitte (Hrsg.): The Ship as Symbol in Prehistoric and Medieval Scandinavia. Copenhagen 1995, 139–148.

Jacob, G.: Arabische Berichte. Berlin 1927.

Jaekel, Hugo: Ertha Hludana. In: ZfdPh 23 (1891), 129–145.

Jakobsen, Alfred: Þrymskviða som allusjonsdikt. In: Edda 84 (1984), 75–80.

Jankuhn, Herbert (Hrsg.): Vorgeschichtliche Heiligtümer und Opferplätze in Mittel- und Nordeuropa. Göttingen 1970.

Jankuhn, Herbert: Die religionsgeschichtliche Bedeutung des Thorsberger Fundes. In: Forschungen und Fortschritte 12 (1936), 365–367.

Jankuhn, Herbert: Zur Deutung des Moorfundes in Thorsberg. In: Forschungen und Fortschritte 16 (1936), 202.

Jankuhn, Herbert: Archäologische Bemerkungen zu Tier- und Menschenopfern bei den Germanen in der Römischen Kaiserzeit. (= Nachrichten der Akademie der Wissenschaften in Göttingen. I. Philologisch-Historische Klasse 6) Göttingen 1967.

Jankuhn, Herbert: Spuren von Anthrophagie in der Capitulatio de partibus Saxoniae? (= Nachrichten der Akademie der Wissenschaften in Göttingen. I. Philologisch-Historische Klasse 3 [1968]).

Jankuhn, Herbert: Axt. II.B. Archäologisches. Stein- und Bronzezeit. In: RGA Bd. 1. Berlin, New York [2]1973, 537–544.

Jankuhn, Herbert: Axtkult. In: RGA Bd. 1. Berlin, New York [2]1973, 562–566.

Jankuhn, Herbert: Nydam und Thorsberg. Moorfunde der Eisenzeit. Neumünster [11]1977.

Jankuhn, Herbert/Kuhn, Hans: Altar. In: RGA Bd. 1. Berlin, New York [2]1973, 200–202.

Jente, Richard: Die mythologischen Ausdrücke im altenglischen Wortschatz. Heidelberg 1921 (= Anglistische Forschungen. 56).

Jeppesen, Jens: De Dødes Huse. In: Skalk 3 (1986), 27–30.

Jochens, Jenny: Old Norse Images of Women. Philadelphia 1996.

Johansson, Karl G.: Urds brunn – en källa till förkristen religion i Norden? In: Guder på Jorden. Festskrift till Lars Lönnroth, Stockholm 2000, 44–56.

Johansen, Olav Sverre: Vikingene lengst i Nord. Håløygske høvdingesenter i Nord-Norge. In: Syvende tværfaglige vikingesymposium. Odense Universitet 1988, 21–46.

Kauffmann, Friedrich: Dea Nehalennia. In: PBB 16 (1892), 210–234.
Kauffmann, Friedrich: Mercurius Cimbrianus. In: ZfdPh 38 (1906), 289–297.
Kaul, Flemming: Da våbnene tav. Hjortspringfundet og dets baggrund. København 1988.
Kaul, Flemming: The Dejbjerg Carts. In: The Celts. Hrsg. von Sabatino Moscati, Otto, Hermann Frey, Vencesles Kruta, Barry Raferty und Miklós Szabó. New York 1991, 536–537.
Kaul, Flemming: The Gundestrup Cauldron. In: The Celts. Hrsg. von Sabatino Moscati, Otto Hermann Frey, Vencesles Kruta, Barry Raferty und Miklós Szabó. New York 1991, 538–539.
Kaul, Flemming: Ships on Bronzes. In: Ole Crumlin-Pedersen/Munch Thye, Birgitte (Hrsg.): The Ship as Symbol in Prehistoric and Medieval Scandinavia. Copenhagen 1995 (= Publications from the National Museum. Studies in Archaeology & History 1), 59–70.
Kiil, Vilhelm: Fra andvegissula til omnkall. In: Norveg 7 (1960), 183–246.
Klare, Hans-Joachim: Die Toten in der altnordischen Literatur. In: Acta Philologica Scandinavica 8 (1933/34), 1–56.
Klindt-Jensen, Ole: Denmark before the Vikings. London 1962.
Klingenberg, Heinz: Alvísmál. Das Lied vom überweisen Zwerg. In: GRM NF 17 (1967), 113–142.
Koppers, Wilhelm: Pferdeopfer und Pferdekult der Indogermanen. In: Wiener Beiträge zur Kulturgeschichte und Linguistik 4, 279–412.
Kousgård Sørensen, John: Gudhem. In: FmSt 19 (1985), 131–138.
Kousgård Sørensen, John: The Change of Religion and the Names. In: Ahlbäck, Tore (Hrsg.): Old Norse and Finnish Religions and Cultic Place-Names. Åbo und Stockholm 1990, 394–403.
Kousgård Sørensen, John: Cultic names. Past, present and future. In: Sakrale Navne. Hrsg. von Gillian Fellows-Jensen und Bente Holmberg. Uppsala 1992, 273–275.
Krafft, S.: Pictorial Weavings from the Viking Age. Oslo 1956.
Krapp, George Philip/Dobbie, E. V. K.: The Anglo-Saxon Poetic Records, 6 Bde, London, New York 1931–1953.
Krause, Wolfgang: Die Runeninschriften im älteren Futhark. Göttingen 1966.
Krogh, Knud J.: The royal Viking-Age monuments at Jelling in the light of recent archaeological excavations. A preliminary report. In: Acta Archaeologica 53 (1982), 183–216.
Krogmann, Willy: Mûdspelli. In: WuS 14 (1932) 68–85.
Krogmann, Willy: Mudspelli auf Island. Wismar 1933.
Krogmann, Willy: Muspilli and Muspellsheim. In: Zeitschrift für Religions- und Geistesgeschichte 5 (1935), 97–118.
Kromann, Anne et al.: Gudme og Lundeborg – et fynsk rigdomscenter i jernalderen. In: Nationalmuseets Arbejdsmark (1991), 144–161.
Krüger, Bruno: Die Germanen. Berlin 1976.
Kuhn, Hans: Es gibt kein balder 'Herr'. In: Erbe der Vergangenheit. Festschrift für K. Helm, Tübingen 1951, 37–45.
Kuhn, Hans: Das Fortleben des germanischen Heidentums nach der Christianisierung. In: Settimane di Studio del centro Italiano di Studi sull'Alto Medioevo 14, Spoleto 1967, 743–757.
Kuhn, Hans: Die Religion der nordischen Völker in der Wikingerzeit. In: I Normanni e la loro espansione in Europa nell'Alto Medioevo. Spoleto 1969, 117–163.
Kuhn, Hans: Alci. In: RGA Bd. 1. Berlin, New York ²1973.
Kunwald, Georg: Der Moorfund im Rappendam auf Seeland. In: Praehistorische Zeitschrift 45 (1970), 43–88.
Kunwald, Georg: Der Moorfund im Rappendam, Seeland, Dänemark. In: Vorgeschichtliche Heiligtümer und Opferplätze in Mittel- und Nordeuropa. Hrsg. von H. Jankuhn. Göttingen 1970, 100–118.

Läffler, L. Fr.: Det evigt grönskande trädet. In: Festskrift til H. F. Feilberg. Copenhagen 1911, 617–696.
Lamm, Klaus: Helgö. In: RGA Bd. 14. Berlin, New York ²1999, 286–291.
Lange, Sophie: Wo Göttinnen das Land beschützen. Bad Münstereifel ²1995.
Lehner, Hans: Der Tempelbezirk der Matronae Vacallinihae bei Pesch. In: Bonner Jahrbücher 125 (1919) 74–162.
Liberman, Anatoly: Germanic sendan „to make a sacrifice". In: JEGPh 77 (1978), 473–488.
Libermann, Anatoly: What happened to female dwarfs?. In: Mythological Women. Studies in Memory of Lotte Motz, Wien 2002 (= SMS 7), 257–263.
Lid, Nils: Drikkeoffer. In: KLNM 3 (1958), 322–323.
Lidén, Hans-Emil: From Pagan Sanctuary to Christian Church. The Excavation of Møre Church in Trøndelag. In: Norwegian Archaeological Review 2 (1969), 3–32.
Lidén, Hans-Emil: Utgravningen I Mære Kirke. Hvordan skal funnene tolkes? In: Walberg, Øystein: Før og etter Stiklestad 1030. Verdal 1996, 59–68.
Linders, Tullia/Nordquist, Gullög (Hrsg.): Gifts to the Gods. Proceedings of the Uppsala Symposium 1985. Acta Univ. Upsaliensis. Boreas 15, 1987 (= Uppsala Studies in Ancient Mediterranean and Near Eastern Civilisations).
Lindow, John: Billings mær. In: Gudar på jorden. Festskrift till Lars Lönnroth. Stockholm 2000, 57–66.
Ljungberg, Helge: Tor. Uppsala u. Leipzig 1947.
Ljunggren, Karl Gustav: Eine Gruppe südskandinavischer Heiligtümer in philologischer Beleuchtung. In: Festschrift Walter Baetke. Weimar 1966, 261–270.
Lönnroth, Lars: Iǫrð fannz æva né upphiminn. In: Speculum Norroenum. Studies Turville-Petre, Odense 1981, 310–327.
Lönnroth, Lars: Skírnismál och den fornisländska äktenskapsnormen. In: Opuscula Septentrionalia. Festskrift til O. Widding, Kopenhagen 1977, 154–178.
Lønstrup, Jørn: Older and Newer Theories. In: Fmst 18, (1984) 91–101.
Lund, Alan: Tacitus og moseligene. In: Museum Tusculanum 23 (1974), 26–33.
Lundqvist, Lars: Slöinge – en stormangård från järnåldern. In: Lars Lundqvist et. al. (Hrsg.): Slöinge och Borg. Stormansgårdar i öst och väst. (= Riksantikvarämbetet. Arkeologiska undersökningar. Skrifter nr. 18) Stockholm 1996, 9–25.
Magnússon, Eiríkr: Odins Horse Yggdrasill. London 1895.
Magnússon, Eiríkr: Yggdrasill. In: ANF 13 (1897), 205.
Maier, Bernhard: Lexikon der keltischen Religion und Kultur. Stuttgart 1994.
Maier, Bernhard: Fruchtbarkeitskulte. In: RGA Bd. 10. Berlin, New York ²1996, 128–133.
Maier, Bernhard: Götter und Göttinnen. In: RGA Bd. 12. Berlin, New York ²1998, 283–287.
Maier, Bernhard: Götterattribute. In: RGA Bd. 12. Berlin, New York ²1998, 287–289.
Maier, Bernhard: Götterbilder. In: RGA Bd. 12. Berlin, New York ²1998, 289–293.
Maier, Bernhard: Die Religion der Kelten. München 2001.
Maier, Bernhard: Irminsul. In: RGA Bd. 15. Berlin, New York ²2000, 504–506.
Maier, Bernhard: Die Kelten. München 2000.
Maier, Ferdinand: Eine germanische Stierfigur der späten Kaiserzeit aus dem Rhein-Main-Gebiet. In: Germania 59 (1981), 331–356.
Makiewicz, Tadeusz: Ein unbekannter Mooropferplatz aus der römischen Kaiserzeit in Slowikowo, Woj. Konin (Großpolen). In: Offa 47 (1990), 133–139.
Maringer, Johannes: See- und Mooropfer in vorgeschichtlicher Zeit. In: Saeculum 24 (1973), 396–417.
Maringer, Johannes: Flußopfer und Flußverehrung in vorgeschichtlicher Zeit. Germania 52, 1974, 309 ff.

Marold, Edith: Das Walhallabild in den Eiríksmál und den Hákonarmál. In: Medieval Scandinavia 5 (1972), 19–33.
Marold, Edith: „Thor weihe diese Runen". In: FmSt 8 (1975), 195–222.
Marold, Edith: Eiríksmál. In: Medieval Scandinavia, an Encyclopedia. New York, London 1983, 161–2.
Marold, Edith: Der heidnische Wortschatz der Skaldik des 10. Jh.s. In: Nordeuropa. Studien 23 (1988), 56–63.
Marold, Edith: Skaldendichtung und Mythologie. In: Poetry in the Scandinavian Middle Ages, Spoleto, 4–10 Sept. 1988, Spoleto 1990 (= Atti del 12° Congresso Internazionale di Studi sull' Alto Medioevo), 107–130.
Marold, Edith: Die Skaldendichtung als Quelle der Religionsgeschichte. In: Germanische Religionsgeschichte. Quellen und Quellenprobleme. Hrsg. v. Heinrich Beck, Detlev Ellmers und Kurt Schier), Berlin, New York 1992, 685–719 (= Ergänzungsbände zum RGA. Bd. 5).
Martin, John Stanley: Ragnarök. Assen 1972.
Martin, John Stanley: Ár vas alda: Ancient Scandinavian Creation Myths Reconsidered. In: Speculum Norroenum. Studies G. Turville-Petre, Odense 1981, 357–369.
Mauss, Marcel: Die Gabe. Frankfurt 1999.
McKinnell, John (u. Ruggerini, Maria Elena): Both One and the Many. Rom 1994.
Meaney, A. L.: Woden in England: A Reconsideration of the Evidence. In: Folklore 77 (1966), 105–115.
Meid, Wolfgang: Der germanische Personenname Veleda. In: Indogermanische Forschungen 69 (1964), 256–258.
Meulengracht Sørensen, Preben: The Unmanly Man. Concepts of sexual defamation in early Northern society. Odense 1983.
Meulengracht Sørensen, Preben: Thor's Fishing Expedition. In: Gro Steinsland (Hrsg.): Words and Objects. Towards a dialogue between Archaeology and the History of Religion. Oslo 1986, 257–278.
Meulengracht Sørensen, Preben: Religions Old and New. In: The Oxford Illustrated History of the Vikings, hrsg. v. Peter Sawyer, Oxford, New York 1997, 202–224.
Meuli, Karl: Bettelumzüge im Totenkultus, Opferritual und Volksbrauch. In: Schweizerisches Archiv für Volkskunde 28 (1928), 1–38.
Mitchell, Stephen A.: Fǫr Scírnis as Mythological Model: frið at kaupa. In: ANF 98 (1983), 108–122.
Moberg, L.: The Languages of Alvíssmál. In: Saga-Book 18 (1973), 299–323.
Mogk, Eugen: Die Menschenopfer bei den Germanen. Leipzig 1909.
Mohr, Wolfgang/Haug, Walter: Zweimal „Muspilli". Tübingen 1977.
Molland, Einar: Trosskiftet. In: KLNM 18 (1974), 702–710.
Møllenhus, Kristen R.: Gullgubbene fra mære kirke. In: Viking 31 (1967), 163–166.
Moltke, Erik: Runes and their Origin: Denmark and Elsewhere. Copenhagen 1986.
Motz, Lotte: Driving out the Elves: A Euphemism and a Theme of Folklore. In: FmSt 13 (1979), 439–41.
Motz, Lotte: New Thoughts on Dwarf-Names in Old Icelandic. In: FmSt 7 (1973), 100–117.
Motz, Lotte: On Elves and Dwarfs. In: Arv 29–30 (1973–74), 93–127.
Motz, Lotte: The Rulers of the Mountain: A Study of the Giants of the Old Icelandic Texts. In: The Mankind Quarterly 20 (1979–80): 393–416.
Motz, Lotte: Sister in the Cave: the Stature and the Function of the Female Figures of the Eddas. In: Arkiv för Nordisk Filologi 95 (1980), 168–182.
Motz, Lotte: Gerðr: A New Interpretation of the Lay of Skírnir. In: Maal og Minne (1981), 121–136.
Motz, Lotte: Gerðr. In: MoM (1981), 121–136.

Motz, Lotte: The Winter Goddess: Percht, Holda, and Related Figures. In: Folklore 95 (1984), 151–166.
Motz, Lotte: The Goddess Freyja. In: Snorrastefna 1990, Hrsg. Úlfar Bragason, Reykjavík 1992, 163–178.
Motz, Lotte: New Thoughts on an Archaic Artifact. In: The Mankind Quarterly 32 (1992), 231–240.
Motz, Lotte: The Goddess Nerthus: A New Approach. In: Amsterdamer Beiträge zur älteren Germanistik 36 (1992), 1–19.
Motz, Lotte: Supernatural Beings 1. Elves, Dwarfs and Giants. In: Medieval Scandinavia: An Encyclopedia. New York 1993. 622–623.
Motz, Lotte: The Beauty and the Hag: Female Figures of Germanic Faith and Myth. Wien 1993 (= Philologica Germanica 15).
Motz, Lotte: The King, the Champion, and the Sorcerer: A Study in Germanic Myth. Wien 1996 (= SMS 1).
Motz, Lotte: The Germanic Thunderweapon. In: Saga Book 24 (1997), 329–350.
Motz, Lotte: The Hammer and the Rod: A Discussion of Þórr's Weapons. In: Germanic Studies in Honor of Anatoly Liberman. Odense 1997. 243–252.
Motz, Lotte: The Great Goddess of the North. In: Arkiv för Nordisk Filologi 113 (1998), 29–57.
Much, Rudolf: Mercurius Hanno. In: ZfdA 35 (1891), 207–208.
Müller, Gunter: Zur Heilkraft der Walküre. Sondersprachliches der Magie in kontinentalen und skandinavischen Zeugnissen. In: FmSt 10 (1976), 350–361.
Müller-Wille, Michael: Bestattung im Boot. In: Offa 25–26 (1970), 1–203.
Müller-Wille, Michael: Pferdegrab und Pferdeopfer im frühen Mittelalter. Mit einem Beitrag von H. Vierck: Pferdegräber im angelsächsischen England. In: Berichten van de Rijksdienst voor het Oudheidkundig Bodemonderzoek 20–21 (1970–71), 119–248.
Müller-Wille, Michael: Burial Mounds and Burial Practices. In: Medieval Scandinavia, An Encyclopedia. New York, London 1983, 58–60.
Müller-Wille, Michael: Graves. In: Medieval Scandinavia. An Encyclopedia. New York, London 1983, 237–240.
Müller-Wille, Michael: Opferplätze der Wikingerzeit. In: FmSt 18 (1984), 187–221.
Müller-Wille, Michael: Frühmittelalterliche Bestattungen in Wagen und Wagenkasten. In: Archaeology and Environment 4: Supplement (1985), 17–30.
Müller-Wille, Michael: Heidnische Opferplätze im frühgeschichtlichen Europa nördlich der Alpen. Hamburg 1989 (= Berichte aus den Sitzungen der Joachim-Jungius-Gesellschaft der Wissenschaften e.V., Jahrgang 7, 1989, Heft 3).
Müller-Wille, Michael: Opferkulte der Germanen und Slawen. Darmstadt 1999.
Mundal, Else: Fylgjemotivet i norroen Literatur. Oslo, Bergen, Tromsø 1974.
Mundal, Else: Supernatural Beings. 4. Fylgja. In: Medieval Scandinavia, An Encyclopedia. New York, London 1983, 624–5.
Mundal, Else: The Position of the Individual Gods and Goddesses in Various Types of Sources – with Special Reference to the Female Divinities. In: Ahlbäck, Tore (Hrsg.): Old Norse and Finnish Religions and Cultic Place-Names. Åbo und Stockholm 1990, 294–315.
Mundal, Else: Supernatural Beings. 3. Norns. In: Medieval Scandinavia, An Encyclopedia, New York, London 1993, 625–6.
Mundal, Else: The perception of the Saamis and their religion in Old Norse sources. In: Shamanism and Northern Ecology. Hrsg. Juha Pentikäinen, Berlin, New York 1996, 97–116.

Mundal, Else: Kong Harald hårfagre og samejenta Snøfrid. Samefolket sin plass i den norske rikssamlingsmyten. In: Nordica Bergensia 14 (1997), 39–53.

Munksgaard, Elisabeth: Brakteaten. I. Archäologisches. In: RGA Bd. 3. Berlin, New York ²1978, 337–343.

Näsström, Britt-Mari: Gudinnans förvandling. Från Freyja till jungfru Maria vid religionsskiftet i Norden. In: Jens Peter Schjødt (Hrsg.): Myte og Ritual i det førkristne Norden. Et Symposium. Odense 1994, 95–112.

Näsström, Britt-Mari: Freyja – the Great Goddess of the North. Lund 1995 (= Lund Studies in History of Religions. 5).

Näsström, Britt-Mari: Freyja – A Goddess with many names. In: The concept of the Goddess. Hrsg. von Sandra Billington et. al. London 1996, 68–77.

Näsström, Britt-Mari: Freyja and Frigg – two aspects of the Great Goddess. In: Juha Pentikäinen (Hrsg.): Shamanism and Northern Ecology. Berlin, New York 1996, 81–96.

Näsström, Britt-Mari: Offerlunden under Frösö kyrka. In: Jämtlands kristnade. The Christianization of the province of Jämtland. Hrsg. Stefan Brink. Uppsala 1996, 65–85.

Näsström, Britt-Mari: Blot. Oslo 2001.

Naumann, Hans-Peter: Disen. In: RGA Bd. 4. Berlin, New York ²1984, 494–497.

Naumann, Hans-Peter: Supernatural Beings. Dísir. In: Medieval Scandinavia. An Encyclopedia. New York 1993, 624–5.

Neckel, Gustav, Die Überlieferungen vom Gotte Balder, Dortmund 1920.

Niedner, Felix: Skírnis Fǫr. In: ZfdA 30 (1886), 132–150.

Nielsen, Karl Martin: Runen und Magie. Ein forschungsgeschichtlicher Überblick. In: FmSt 19 (1985), 75–97.

Nielsen, Niels Åge: Danske Runeinskrifter. København 1983.

Nordal, Sigurður: Vǫluspá. Darmstadt 1980.

Nordenstreng, Rolf: Namnet Yggdrasill. In: Festschrift till. A. Kock. Lund 1929, 194–199.

Nordland, Odd: Offer. In: KLNM 12 (1967), 514–524.

Nordland, Odd: Stalli. In: KLNM 17 (1972), 38–41.

North, Richard, The Pagan Inheritance of „Sonatorrek". In: Poetry in the Scandinavian Middle Ages, Spoleto, 4–10 Sept. 1988) Spoleto 1990 (= Atti del 12° Congresso Internazionale di Studi sull' Alto Medioevo), 147–167.

Oexle, Judith: Merowingische Pferdebestattungen – Opfer oder Beigaben? In: FmSt 18 (1984), 122–172.

Oldenstein, Jürgen: Opferplätze auf provinzialrömischem Gebiet. In: FmSt 18 (1984), 173–186.

Olrik, Axel: Yggdrasill. In: Danske Studier 1917, 49–62.

Olrik, Axel: Ragnarök. Berlin 1923.

Olsen, Magnus: Fra gammelnorsk mythe og kultus. In: MoM 1909, 17–36.

Olsen, Magnus: Vallhall med de mange dörer. In: APhSc 6 (1931/32), 151–170.

Olsen, Olaf: Hørg, hov, og kirke. In: ANOH 1965, 5–307.

Olsen, Olaf: Vorchristliche Heiligtümer in Nordeuropa. In: Vorgeschichtliche Heiligtümer und Opferplätze in Mittel- und Nordeuropa. Hrsg. von Herbert Jankuhn. Göttingen 1970, 259–278.

Olsen, Olaf: The ‚sanctuary' in Jelling. In: Mediaeval Scandinavia 7 (1974), 226–234.

Olsen, Olaf/Ståhl, Harry: Vi. In: KLNM 19 (1975), 684–689.

Orchard, Andy: Dictionary of Northern Myth and Legend. London 1998.

Ørsnes, Mogens: Der Moorfund von Ejsbøl bei Hadersleben und die Deutungsprobleme der großen nordgermanischen Waffenopferfunde. In: H. Jankuhn (Hrsg.): Vorgeschichtliche Heiligtümer und

Opferplätze in Mittel- und Nordeuropa. Göttingen 1970 (= Abhandlungen der Akademie der Wiss. Göttingen, Phil. hist. Kl. 3. F., Nr. 74), 172–187.

Ørsnes, Mogens: Ejsbøl. In: RGA Bd. 7. Berlin, New York ²1989, 67–77.

Østergaard Sørensen, Palle: Gudmehallerne. Kongeligt byggeri fra jernalderen. In: National-museets Arbejdsmark (1994), 25–54.

Owen, Gale R.: Rites and Religions of the Anglo-Saxons. London etc. 1981.

Oxé, A.: Ein Merkurheiligtum in Sechtem. In: Bonner Jahrbücher 108/109 (1902), 246–251.

Padberg, Lutz E. v.: Christen und Heiden. Zur Sicht des Heidentums in ausgewählter angelsächsischer und fränkischer Überlieferung des 7. und 8. Jh.s. In: Iconologia sacra. Festschrift Karl Hauck. Hrsg. von Hagen Keller und Nikolaus Staubach. Berlin, New York 1994, 291–312 (= Arbeiten zur Frühmittelalterforschung 23).

Padberg, Lutz E. v.: Mission und Christianisierung. Formen und Folgen bei Angelsachsen und Franken im 7. und 8. Jh. Stuttgart 1995.

Padberg, Lutz E. v.: Odin oder Christus? Loyalitäts- und Orientierungskonflikte in der frühmittelalterlichen Christianisierungsepoche. In: Archiv für Kulturgeschichte 77 (1995), 249–278.

Padberg, Lutz E. v.: Die Christianisierung Europas im Mittelalter. Stuttgart 1998.

Page, R. I.: An Introduction to English Runes. 2nd ed., Woodbridge 1999.

Pálsson, Hermann: Áss hin almáttki. In: Skírnir 130 (1956), 187–192.

Pálsson, Hermann: Keltar á Íslandi. Reykjavík 1997.

Pálsson, Hermann: Úr landnorðri. Samar og ystu rætur íslenzkrar menningar. In: Studia Islandica 54 (1997), 141–154.

Patzelt, Erna: Schiffe machen Geschichte. Wien, Köln, Graz 1981.

Perkins, Richard: The Gateway to Trondheim. In: Saga-Book 25/2 (1999), 179–213.

Philippson, Ernst Alfred: Germanisches Heidentum bei den Angelsachsen, Leipzig 1929.

Polomé, Edgar C.: Germanentum und religiöse Vorstellungen. In: Germanenprobleme in heutiger Sicht. Hrsg. von H. Beck. Berlin 1986, Neuaufl. 1999 (= Ergänzungsbände zum RGA 1), 267–297.

Præstgaard Andersen: Lise On Valkyries, shield-maidens and other armed women – in Old Norse sources and Saxo Grammaticus. In: Mythological Women. Studies in Memory of Lotte Motz, Wien 2002, 291–330 (= SMS 7).

Præstgaard Andersen, Lise: Skjoldmær: En kvindemyte. København 1982.

Price, Neil S.: Different Vikings? Towards a cognitive archaeology of religion and war in late Iron Age Scandinavia. In: Gräslund, Anne-Sophie (Hrsg.): Cult and belief in the Viking Age: a period of change. EC Socrates Papers Vol. 1, Uppsala 1998, 53–66.

Quinn, Judy: Dialogue with a vǫlva: Vǫluspá, Baldrs draumar and Hyndluljóð. In: The Poetic Edda: Essays on Old Norse Mythology, hrsg. v. Carolyne Larrington und Paul Acker. New York 2001, 245–274.

Quinn, Judy: The Gýgr, the Völva, the Ásynja and her Lover: Meetings with remarkable women in the Eddic poems. In: Treasures of the Elder Tongue, hrsg. v. Katrina Burge, Melbourne 1995, 137–148.

Raddatz, Klaus: Kaiserzeitliche Körpergräber von Heiligenhafen, Kreis Oldenburg. In: Offa 19 (1962), 91–128.

Raddatz, Klaus: Religionsgeschichtliche Probleme des Thorsberger Moorfunds. In: Herbert Jankuhn (Hrsg.): Vorgeschichtliche Heiligtümer und Opferplätze in Mittel- und Nordeuropa. Göttingen 1970 (= Abhandlungen der Akademie der Wiss. Göttingen, Phil. hist. Kl. 3. F., Nr. 74), 188–197.

Rafnsson, Sveinbjörn: The Atlantic Islands. In: Peter Sawyer (Hrsg.): The Oxford illustrated history of the Vikings, Oxford, New York 1997, 110–133.

Randlev, Julie: Skírnismál. In: MoM (1985), 132–158.

Randsborg, Klaus: Hjortspring. Warfare and Sacrifice in Early Europe. Aarhus 1995.
Ranke, Friedrich: Das Wilde Heer und die Kultbünde der Germanen. Eine Auseinandersetzung mit Otto Höfler. In: ders.: Kleinere Schriften. Bern etc. 1971, 380–408.
Raudvere, Catharina: Now you see her, now you don't: Some notes on the conception of female shape-shifters in scandinavian tradition. In: The Concept of the Goddess. Hrsg. von Sandra Billington et al. London 1996, 41–67.
Reitzenstein, Richard: Die nordischen, persischen, und christlichen Vorstellungen vom Weltuntergang. In: Vorträge der Bibliothek Marburg 26 (1923–24), 149–169.
Reitzenstein, Richard: Weltuntergangsvorstellungen. In: Kyrkohistorisk Årsskrift 24 (1924), 129–212.
RGA: Johannes Hoops: Reallexikon der germanischen Altertumskunde, 2. Aufl. hrsg. v. H. Beck. Bd. 1, Berlin, New York 1973.
Riismøller, P.: Frøya fra Rebild. In: Kuml 1952, 119–132.
Roesdahl, Else: Pagan Beliefs, Christian Impact and Archaeology – A Danish View. In: Anthony Faulkes and Richard Perkins (Hrsg.): Viking Revaluations. London 1993, 100–120.
Roth, Helmut: Archäologische Beobachtungen zum Grabfrevel im Merovingerreich. In: Zum Grabfrevel in vor- und frühgeschichtlicher Zeit. Hrsg. von Herbert Jankuhn, Hermann Nehlsen, Helmut Roth. Göttingen 1978, 53–84.
Rüger, Christoph B.: A Husband for the Mother Goddesses – Some Observations on the *Matronae Aufaniae*. In: Hartley, Brian and John Wacher (Hrsg.): Rome and Her Northern Provinces. London 1983, 210–221.
Russel, James C.: The Germanization of Early Medieval Christianity. A Sociohistorical Approach to Religious Transformation. New York, Oxford, 1994.
Ryan, J. S.: Othin in England. In: Folklore 74 (1963), 460–480.
Sage, Walter: Nachgrabung in der „Basilika" des Heidentempels bei Pesch, Gemeinde Nöthen, Kreis Schleiden. In: Bonner Jahrbücher 164 (1964) 288–296.
Sahlgren, Jöran: Skírnismál. In: Eddica et Scaldica 2. Lund 1928, 209–243.
Salo, Unto: Agricola's Ukko in the light of archaeology. In: Old Norse and Finnish Religions and Cultic Place-Names, Hrsg. von Tore Ahlbäck, Åbo und Stockholm 1990, 92–190.
Sanden, Wijnand van der: Mumien aus dem Moor. Die vor- und frühgeschichtlichen Moorleichen aus Nordwesteuropa. Amsterdam 1996.
Sandnes, Jørn: Hedensk Kultur og Kristen Kirke. Noen refleksjoner om kultkontinuitet ut fra plasseringen av enkelte kirker i Nord-Trøndelag. In: Festskrift til Alfred Jakobsen. Trondheim 1987, 144–152.
Sandvig, Helge: Eventyrlig oldnorsk funn. In: Aftenposten 18. 11. 1998, 7.
Sauvé, James L.: The Divine Victim: Aspects of Human Sacrifice in Viking Scandinavia and Vedic India. In: Myth and Law among the Indo-Europeans. London 1970, 173–191.
Sawyer, Birgit u. a.: The Christianization of Scandinvia. Alingås 1987.
Sawyer, Birgit: Property and Inheritanced in Viking Scandinavia: The Runic Evidence. Alingsås 1988.
Sawyer, Birgit und Peter: Medieval Scandinavia. From Conversion to Reformation circa 800–1500. Minneapolis, London 1993.
Sawyer, Peter (Hrsg.): The Oxford illustrated history of the Vikings, Oxford, New York 1997.
Sawyer, Peter (Hrsg.): Die Wikinger. Darmstadt 2000.
Schäferdiek, Knut: Christentum der Bekehrungszeit. In: RGA Bd. 4, Berlin, New York ²1981, 501–599.
Schäferdiek, Knut: Germanisierung des Christentums. In: Theologische Realenzyklopädie, hrsg. von Gerhard Krause und Gerhard Müller, Bd. 12. Berlin, New York 1984 (Reprint 1993), 521–524.

Schäferdiek, Knut: Gottschalk der Sachse. In: Theologische Realenzyklopädie, hrsg. von Gerhard Krause und Gerhard Müller, Bd. 14. Berlin, New York 1985 (Reprint 1993), 108–110.

Schäferdiek, Knut: Zur Frage früher christlicher Einwirkungen auf den westgermanischen Raum. In: Zeitschrift für Kirchengeschichte 98 (1987), 149–166.

Schäferdiek, Knut: Hewalde. In: RGA Bd. 14. Berlin, New York ²1999, 545–6.

Schäferdiek, Knut/Gschwantler, Otto: Bekehrung und Bekehrungsgeschichte. In: RGA Bd. 2. Berlin, New York ²1976, 175–205.

Schama, Simon: Landscape and Memory. London 1996.

Schier, Kurt: Die Erdschöpfung aus dem Urmeer. In: Märchen, Mythos, Dichtung. Festschrift F.v.d. Leyen. München 1963, 303–334.

Schier, Kurt: Balder, Loki, Heimdall. Untersuchungen zur germanischen Religion. Teil 1: Balder und die sterbenden Gottheiten des Orients, Habil. München 1969.

Schier, Kurt: Balder. In: RGA Berlin, New York ²1976, 2–7.

Schier, Kurt: Die Húsdrápa von Úlfr Uggason und die bildliche Überlieferung altnordischer Mythen. In: Minjar og Menntir. Afmælisrit helgað Kristjáni Eldjárn. Reykjavík 1976, 425–443; Nachdruck in: Kurt Schier: Nordlichter. München 1994, 80–101.

Schier, Kurt: Freys und Fróðis Bestattung. In: Festschrift für Otto Höfler, Bd. 2. Wien 1968, 389–409; Nachdruck in: Kurt Schier: Nordlichter. München 1994, 53–79.

Schjødt, Jens Peter: The 'Meaning' of the Rock Carvings and the Scope for Religio-Historical Interpretation: Some Thoughts on the Limits of the Phenomenology of Religion. In: Gro Steinsland (Hrsg.): Words and Objects; towards a Dialogue between Archaeology and History of Religion. Oslo 1986, 180–196.

Schjødt, Jens Peter: Horizontale und vertikale Achsen in der vorchristlichen skandinavischen Kosmologie. In: Ahlbäck, Tore (Hrsg.): Old Norse and Finnish Religions and Cultic Place-Names. Åbo und Stockholm 1990, 35–57.

Schjødt, Jens Peter: Relationen mellem aser og vaner og dens ideologiske implikationer. In: Nordisk hedendom. Et symposium. Hrsg. von Gro Steinsland u.a., Odense 1991, 303–319.

Schjødt, Jens Peter: The Ship in Old Norse Mythology and Religion. In: Crumlin-Pedersen, Ole, and Birgitte Munch Thye (Hrsg.): The Ship as Symbol in Prehistoric and Medieval Scandinavia. Copenhagen 1995 (= Publications from the National Museum. Studies in Archaeology & History 1), 20–24.

Schjødt, Jens Peter (Hrsg.): Det førkristne Norden. Religion og mytologi. Copenhagen 1999.

Schmidt, Kurt Dietrich: Germanisierung des Christentums. In: Religion in Geschichte und Gegenwart, ³Bd. 2, Tübingen 1958, Reprint 1986, 1440–1442.

Schmidt-Wiegand, Ruth: Spuren paganer Religiosität in frühmittelalterlichen Rechtsquellen. In: Germanische Religionsgeschichte. Quellen und Quellenprobleme. Hrsg. von Heinrich Beck, Detlev Ellmers und Kurt Schier. Berlin, New York 1922 (= Ergänzungsbände zum RGA 5), 575–587.

Schneider, Karl: Runische Inschriftzeugnisse zum Stieropfer-Kult der Angelsachsen. Festschrift f. E. Mertner. München 1969, 9–54.

Schnurbein, Stefanie von: Religion als Kulturkritik. Neugermanisches Heidentum im 20.Jh. Heidelberg 1992.

Schröder, Franz Rolf: Die Göttin des Urmeeres und ihr männlicher Partner. In: PBB West 82 (1960), 221–264.

Schröder, Franz Rolf: Das Symposium der Lokasenna. In: ANF 67 (1972), 1–29.

Schubert, Hans von: Zur Germanisierung des Christentums. Erwägungen und Ergebnisse. In: Festgabe Adolf von Harnack, Tübingen 1921, 389–404.

Schweidlenka, Roman: Wodans neue Erben. In: Esotera 12/1991, 19–23 und 88–89.
Scovazzi, Marco: Tracce di concezioni germaniche nel culto delle Matronae e delle Matre. In: Studi germanici 8 (1970), S. 169–78
See, Klaus von: Rígsþula Str. 47 u. 48. In: PBB West 82 (1960), 318–320.
See, Klaus von: Das Alter der Rígsþula. In: APhSc 24 (1961), 1–12.
See, Klaus von: Zwei eddische Preislieder: Eiríksmál und Hákonarmál. In: Festgabe U. Pretzel. Berlin 1963, 107–117.
See, Klaus von: Die Gestalt der Hávamál. Frankfurt 1972.
See, Klaus von: Disticha Catonis und Hávamál. In: PBB West 94 (1972), 1–18.
See, Klaus von: Kontinuitätstheorie und Sakraltheorie in der Germanenforschung. Frankfurt 1972.
See, Klaus von: Probleme der altnordischen Spruchdichtung. In: ZfdA 104 (1975), 91–118.
See, Klaus von: Mythos und Theologie im skandinavischen Hochmittelalter. Heidelberg 1988.
See, Klaus von, et al.: Kommentar zu den Liedern der Edda, Bd. 2–3. Heidelberg 1997–2000.
Seebold, Elmar: Die sprachliche Deutung und Einordnung der archaischen Runeninschriften. In: Klaus Düwel (Hrsg.): Runische Schriftkultur in kontinental-skandinavischer und –angelsächsischer Wechselbeziehung. Berlin, New York 1994 (= Ergänzungsbände zum RGA 10), 57–94.
Seebold, Elmar: Die sprachliche Deutung und Einordnung der archaischen Runeninschriften. In: Runische Schriftkultur in kontinental-skandinavischer und -angelsächsischer Wechselbeziehung. Hrsg. v. Klaus Düwel. Berlin, New York 1994 (= Ergänzungsbände zum RGA Bd. 10), 56–94.
Seebold, Elmar: Völker und Sprachen in Dänemark zur Zeit der germanischen Wanderungen. In: Edith Marold/Zimmermann, Christiane: Norwestgermanisch. Berlin, New York 1995 (= RGA Ergänzungsbände 13), 155–186.
Simek, Rudolf: Die Wasserweihe der heidnischen Germanen. Dipl. Wien 1981.
Simek, Rudolf: Elusive Elysia, or: Which Way to Glæsisvellir? On the Geography of the North in Icelandic Legendary Fiction. In: Sagnaskemmtun. Studies in Honour of Hermann Pálsson. Ed. by R. Simek, J. Kristjánsson, H. Bekker-Nielsen. Wien 1986, 247–275.
Simek, Rudolf: Altnordische Kosmographie. Studien und Quellen zu Weltbild und Weltbeschreibung in Norwegen und Island vom 12. bis zum 14. Jh. Berlin, New York 1990 (= Ergänzungsbände zum RGA 4).
Simek, Rudolf: Warum sind *Vǫluspá* und *Merlínuspá* in der *Hauksbók* überliefert? In: Deutsch-Nordische Begegnungen. 9. Arbeitstagung der Skandinavisten des deutschen Sprachgebiets 1989 in Svendborg. Odense 1991, 104–115.
Simek, Rudolf: Lexikon der germanischen Mythologie. Stuttgart ²1994.
Simek, Rudolf: Språkvitskaplig merknad til jernalderens offerplasser. In: Ord etter ord. Heidersskrift til Oddvar Nes. Red. av Gunnstein Akselberg og Jarle Bondevik. Bergen 1998, 228–233.
Simek, Rudolf: Gloria – Memoria – Historia. Zu Berühmtheit und Erinnerung als Kern von Geschichtsdenken und Sagaschreibung. In: Studien zur Isländersaga. Festschrift für Rolf Heller. Hrsg. Heinrich Beck/Ebel, Else. Berlin, New York 2000 (= Ergänzungsbände zum RGA 24), 255–267.
Simek, Rudolf: Rich and Powerful: The Image of the Female Deity in Migration Age Scandinavia. In: Old Norse Myths, Literature and Society. Proceedings of the 11th International Saga Conference. Sydney 2000, 468–479.
Simek, Rudolf: What a Swell Party This Is …? Giants and Feasting in Old Norse Literature. In: De Consolatione Philologiae. Studies in Honor of Evelyn S. Firchow. Ed. by Anna Grotans, Heinrich Beck and Anton Schwob. Göppingen 2000 (= GAG 682/1-2), Bd. 1, 385–395.
Simek, Rudolf: Der lange Weg von Troja nach Grönland. Zu den Quellen der gelehrten Urgeschichte

in Island. In: Germanisches Altertum und christliches Mittelalter. Festschrift für Heinz Klingenberg. Hrsg. von Bela Brogyanyi/Krömmelbein, Thomas. Hamburg 2001, 315–327.

Simek, Rudolf: Die Wikinger. München ³2001.

Simek, Rudolf: Goddesses, Mothers, Dísir. In: Mythological Women. Studies in Memory of Lotte Motz. Hrsg. Wilhelm Heitzmann/Simek, Rudolf. Wien 2001 (= SMS 7), 93–123.

Simek, Rudolf: Lust, Sex and Domination. *Skírnismál* and the Foundation of the Norwegian Kingdom. In: R. Simek, Ásdís Egilsdóttir (Hrsg.): Sagnaheimur. Studies in Honour of Hermann Pálsson. Vienna 2001 (= SMS 6), 229–246.

Simek, Rudolf/Simek, Angela: Bog People Revisited: Iron Age Bog-Corpses and their Relevance for the History of Germanic Religion. In: Hugur. Mélanges [...] offerts à Régis Boyer pour son 65e anniversaire. Paris 1997, 51–85.

Simek, Rudolf/Pálsson, Hermann: Lexikon der altnordischen Literatur. Stuttgart 1987 (= Kröners Taschenausgabe 490).

Simpson, Jacqueline: Some Scandinavian Sacrifices. In: Folklore 78 (1967), 190–202.

Słupecki, Leszek Paweł: Slavonic pagan sanctuaries. Warsawa 1994.

Słupecki, Leszek Paweł and Roman Zaroff: William of Malmesbury on Pagan Slavic Oracles: New Sources for Slavonic Paganism and its two Interpretations. In: Studia Mythologica Slavica 2 (1999), 9–20.

Solberg, Bergljot: „Holy white stones". Remains of fertility cult in Norway. In: Freeden, Uta von, Ursula Koch und Alfried Wieczorek: Völker an Nord- und Ostsee und die Franken. Bonn 1999, 99–106.

Sprenger, Ulrike: Vafþrúðnismál 10,3: Der Kaltgerippte. In: Arbeiten zur Skandinavistik 6, Frankfurt etc. 1985, 185–210.

Staats, Reinhart: Der Geist der nordeuropäischen Mission von Willehad bis Adam von Bremen. In: Hospitium Ecclesiae. Forschungen zur Bremischen Kirchengeschichte. Bd. 18 (1991), 7–31.

Stamsø Munch, Gerd: Hus og hall. En høvdinggård på Borg i Lofoten. In: Gro Steinsland et al. (Eds): Nordisk Hedendom. Et Symposium. Odense 1991, 321–333.

Stamsø Munch, Gerd u. Johansen, Olav Sverre: Borg in Lofoten – An Inter-Scandinavian Research Project. In: Norwegian Archeological Review 21 (1988), 119–126.

Steinsland, Gro: Treet i Vǫluspá. In: ANF 94 (1979) 120–150.

Steinsland, Gro: Antropogonimyten i Vǫluspá. In: ANF 98 (1983), 80–107.

Steinsland, Gro: De nordiske gullblekk med parmotiv og norrøn fyrsteideologi. In: Collegium Medievale 3 (1990), 73–94.

Steinsland, Gro: Det hellige bryllup og norrøn kongeideologi. En analyse av hierogami-myten i *Skírnismál, Ynglingatal, Háleygjatal* og *Hyndluljóð*. Oslo 1991.

Steinsland, Gro und Preben Meulengracht Sørensen: Menneske og makter i Vikingenes Verden. Oslo 1994.

Steuer, Heiko/Thrane, H./Frey, O.-H./Gebühr, M./Capelle, T.: Fürstengräber: In: RGA Bd. 10. Berlin, New York ²1996, 168–220.

Stjernquist, Berta: New Light on Spring-Cults in Scandinavian Prehistory. In: Archaeology 17/3 (1964), 180–184.

Stjernquist, Berta: Germanische Quellenopfer. In: Vorgeschichtliche Heiligtümer und Opferplätze in Mittel- und Nordeuropa. Hrsg. von H. Jankuhn. Göttingen 1970, 78–99.

Stjernquist, Berta: Das Opfermoor in Hassle Bösarp, Schweden. In: Acta Archaeologica 44 (1973), 19–62.

Stjernquist, Berta: Spring-cults in Scandinavian Pre-history. In: Linders, Tullia, and Nordquist, Gullög, (Hrsg.): Gifts to the Gods. Proceedings of the Uppsala Symposium 1985. Uppsala 1987 (= Acta Universitatis Upsaliensis Boreas 15), 149–157.

Storms, Godfrid: Anglo-Saxon Magic. S'Gravenhage 1948.

Ström, Folke: Diser, nornor, valkyrjor. Stockholm 1954.

Ström, Åke V.: The King-God and his Connection with Sacrifice in Old Norse Religion. In: Sacral Kingship. Leiden 1959, 702–715.

Ström, Åke V.L: Die Hauptriten des wikingerzeitlichen Nordischen Opfers. In: Festschrift Walter Baetke. Weimar 1966, 330–342.

Ström, Folke: Poetry as an instrument of Propaganda. Jarl Hakon and his poets. In: Speculum Norroenum. Studies G. Turville-Petre. Odense 1981, 440–458.

Ström, Folke: Níð, ergi and Old Norse Moral Attitudes. London 1974 (= The Dorothea Coke Memorial Lecture).

Ström, Folke: Bog Corpses and Germania, Ch. 12. In: Gro Steinsland: Words and Objects; towards a Dialogue between Archaeology and History of Religion. Oslo 1986.

Ström, Åke: Personal Piety in Nordic Heathenism. In: Old Norse and Finnish Religions and Cultic Place-Names, Hrsg. Tore Ahlbäck. Åbo und Stockholm 1990, 374–380.

Strömbäck, Dag: Sejd. Stockholm und Copenhagen 1935.

Sturtevant, Albert Morey: Etymological Comments Upon Certain Old Norse Proper Names. In: PMLA 67 (1952), 1145–1162.

Sundqvist, Olof: Freyr's offspring. Rulers and religion in ancient Svea society. Uppsala 2002.

Sundqvist, Olof: Uppsalakulten. In: Myt, makt och människa. Tio uppsatser om Gamla Uppsala. Stockholm 2000, 37–39.

Szábo, Miklas: Les Celtes de l'est. Paris 1992.

Talley, Jeannine E.: The Threefold Death in Finnish Lore. In: Myth and Law among the Indo-Europeans. Berkeley 1970, 143–146.

Tapp, Henry L.: Hinn almáttki áss – Thor or Odin?. In: JEGPh 55 (1965), 85–99.

Teegen, Wolf-Rüdiger: Studien zu dem kaiserzeitlichen Quellopferfund von Bad Pyrmont. Berlin, New York 1999 (= Ergänzungsbände zum RGA 20).

Teichert, H.: Tierreste aus dem germanischen Opfermoor bei Oberdorla. Weimar 1974.

Teichert, H.: Ur- und frühgeschichtliche Tieropferfunde in Thüringen. In: Wiss. Zeitschr. Martin-Luther-Univ. Halle B 31, Heft 2 (1982), 119ff.

Theodórsson, Páll: Norse Settlement of Iceland – Close to AD 700? In: Norwegian Archaeological Review 31 (1998), 29–38.

Thompson, C. W.: The Runes in Bósa saga og Herrauðs. In: SS 50 (1978), 50–56.

Thomsen, Per O.: Die neuen Goldblech-Figurenpaare (Doppelgubber) von Lundeborg, Amt Svendborg, Fünen. In: FmSt 24 (1990), 121–125.

Thrane, Henrik: Das Gudme-Problem und die Gudme-Untersuchung. Fragen der Besiedlung in der Völkerwanderungs- und der Merowingerzeit auf Fünen. In: FmSt 21 (1987), 1–48 und Tafel I–VII.

Thrane, Henrik: Das Reichtumszentrum Gudme in der Völkerwanderungszeit Fünens. In: Der historische Horizont der Götterbild-Amulette aus der Übergangsepoche von der Spätantike zum Frühmittelalter. Hrsg. von Karl Hauck. Göttingen 1992, 299–380.

Thrane, Henrik: Guld, guder og godtfolk – et magtcentrum fra jernalderen ved Gudme og Lundeborg. København 1993.

Thrane, Henrik, Maria Stoklund: Gudme. In: RGA Bd. 13. Berlin, New York ²1999, 142–149.

Timpe, Dieter: Tacitus' Germania als religionsgeschichtliche Quelle. In: Germanische Religionsgeschichte. Quellen und Quellenprobleme. Hrsg. von Heinrich Beck, Detlev Ellmers und Kurt Schier, Bd. 5. Berlin, New York 1922, 434–485.

Torbrügge, Walter: Vor- und frühgeschichtliche Flußfunde. Zur Ordnung und Bestimmung einer Denkmälergruppe. In: 51.–52. Bericht der Römisch-Germanischen Kommission (1970–71), 1–123.

Turville-Petre, E. O. G.: A Note on the Landdísir. In: Early English and Norse Studies, Pres. to H. Smith. London 1963, 196–201.

Turville-Petre, E. O. G.: The cult of Oðinn in Iceland. In: Nine Norse Studies. London 1972, 1–19.

Turville-Petre, E.O. G.: Thurstable. In: G. Turville-Petre: Nine Norse Studies, London 1972, 20–29.

Turville-Petre, E. O. G.: Myth and Religion of the North, Westport 1975.

Udolph, Jürgen: Ostern. Heidelberg 1999.

Uecker, Heiko: Die altwestnordischen Bestattungssitten in der literarischen Überlieferung. Diss. München 1966.

Uslar, Rafael von: Zu den tumuli paganorum und corpora flamma consumpta. In: Studien zur Volkskultur, Sprache und Landesgeschichte. Festschrift Matthias Zender). Bonn 1972, Bd. 1, 481–489.

Vennemann, Theo: Die mitteleuropäischen Orts- und Matronennamen mit f, þ, h und die Spätphase der Indogermania. In: Früh-, Mittel-, Spätindogermanisch. Akten der 9. Fachtagung der Indogermanischen Gesellschaft vom 5. bis 9. Oktober 1992 in Zürich. Wiesbaden 1994, 403–426.

Volkmann, Hans: Germanische Seherinnen in römischen Diensten. Krefeld 1964.

Volz, Rupert: Balder. In: Lexikon der Mittelalters 1, München, Zürich 1980, 1362–64.

Vries, Jan de: Dinsdag. In: Tijdschrift voor Nederkandse Taal- en Letterkunde 48 (1929), 145–184.

Vries, Jan de: De Skaldenkenningen met mythologischen inhoud. Haarlem 1934.

Vries, Jan de: Der Mythos von Balders Tod. In: ANF 70 (1955), 41–60.

Vries, Jan de: Altgermanische Religionsgeschichte. Berlin ³1970.

Waals, J. D. v. d.: Prehistoric Disc Wheels in the Netherlands. Groningen 1964.

Wagner, Norbert: (Hercules) Magusanus. In: Bonner Jahrbücher 177 (1977), 417–422.

Walter, Ernst: Quellenkritisches und Wortgeschichtliches zum Opferfest von Hlaðir in Snorris Heimskringla (Hák.góð. c 17). In: Festschrift Walter Baetke. Weimar 1966, 359–367.

Wamers, Egon: The Symbolic Significance of the Ship-graves at Haiðaby and Ladby. In: Crumlin-Pedersen, Ole, und Birgitte Munch Thye (Hrsg.): The Ship as Symbol in Prehistoric and Medieval Scandinavia. Copenhagen 1995, 149–159.

Ward, Donald J.: The threefold death: An Indo-European trifunctional sacrifice? In: Myth and Law among the Indo-Europeans. Berkeley 1970, 123–142.

Watt, Margrethe: Die Goldblechfiguren („guldgubber") aus Sorte Muld. In: Der historische Horizont der Götterbild-Amulette aus der Übergangsepoche von der Spätantike zum Frühmittelalter. Hrsg. von Karl Hauck. Göttingen 1992, 195–227.

Watt, Margarete: Gubber. In: RGA Bd. 13. Berlin, New York ²1999, 131–142.

Watt, Margarete: Kings or Gods? Iconographic Evidence from Scandinavian Gold Foil Figures. In: The Making of Kingdoms. Anglo-Saxon Studies in Archaeology and History 10. Hrsg. Tania Dickinson and David Griffiths. Oxford 1999, 173–183.

Weber, Gerd Wolfgang: Wyrd. Bad Homburg etc. 1969.

Weber, Gerd Wolfgang: Das Odinsbild des Altunasteines. In: PBB (West 94) 1972, 323–334.

Weber, Gerd Wolfgang: Snorri Sturlusons Verhältnis zu seinen Quellen und sein Mythos-Begriff. In: Alois Wolf (Hrsg.) Snorri Sturluson. Kolloquium anläßlich der 750. Wiederkehr seines Todestages. Tübingen 1993, 193–244.

Weiser, Lily: Altgermanische Jünglingsweihen und Männerbünde. Baden 1927.

Weißmann, Karlheinz: Druiden, Goden, Weise Frauen. Zurück zu Europas alten Göttern. Freiburg etc. 1991.

Werner, Joachim: Herkuleskeule und Donar-Amulett. In: Jahrbuch des römisch-germanischen Zentralmuseums Mainz 11 (1964), 176–197.

Werner, Joachim: Childerichs Pferde. In: Germanische Religionsgeschichte. Quellen und Quellenprobleme. Hrsg. v. Heinrich Beck, Detlev Ellmers und Kurt Schier. Berlin, New York 1992 (= Ergänzungsbände zum RGA. Bd. 5), 145–161.

Wesche, Heinrich: Beiträge zu einer Geschichte des deutschen Heidentums. In: PBB 61 (1937), 1–116.

Wierschowski, Lothar: Kriegsgefangene. In: RGA Bd. 17. Berlin, New York ²2001, 329–333.

Willroth, Karl-Heinz: Die Opferhorte der älteren Bronzezeit in Südskandinavien. In: FmSt 18 (1984), 48–72.

Wilson, David M./Klindt-Jensen, Ole: Viking Art. Minneapolis 1980.

Wilson, Stephen: Saints and their Cults. Cambridge etc. 1983, Reprint 1987.

Wolfram, Herwig: Geschichte der Goten. München 1979.

Zimmermann, W. Haio: Urgeschichtliche Opferfunde aus Flüssen, Mooren, Quellen und Brunnen Südwestdeutschlands. In: Neue Ausgrabungen und Forschungen in Niedersachsen 6 (1970), 53–92.

Register

Adam von Bremen 61 f., 82, 83, 84, 93 f., 106, 139, 176, 241, 244
Aegir 152
Alben 64, 165, 168–170
Alcis 115 f.
Alcuin 109
Alvíssmál 140, 265, 271
Ansgar 81, 240 f., 250
Ari froði 93, 246
Asen 49, 130, 156, 176
Axt 30, 33 f.

Baduhenna 116
Balder 140, 150 f., 180, 279, 282
Baldrs draumar 140, 142, 150, 209, 263, 265, 271
Beda venerabilis 86–89, 101, 127, 138, 235, 237 f., 254, 258
Berserker 141
Birka 67, 77, 80 f.
Bonifatius 100 f., 230, 232 f., 252, 257
Borg 72, 76, 77, 90 f.
Brakteaten 65, 67–70, 143
Burchhard von Worms 124, 214

Disen 64, 78, 86, 124–127, 187, 202
Donar → Thor

Ejsbøl 46 f., 48, 51

Freyja 76, 79, 108, 114 f., 153, 156–159, 267, 270
Freyr 17, 76, 84, 142, 144–148, 162, 164, 267 f., 270, 279
Frigg 128, 153 f., 156–159, 267, 270, 279 f.
Fylgjen 125, 202 f.

Gefjon 155, 270, 279
Gerðr 76, 145, 268
Gosforth 78, 153
Gregor der Große 13, 88, 236, 252
Gregor von Tour 54, 89, 98, 101, 105, 231, 258

Grímnismál 90, 135, 137, 240, 148 f., 155, 166, 168 f., 174, 176, 199, 208, 210, 265–267, 278
Grottasöngr 263, 265, 273
Gudme 67 f., 71, 90 f., 94
Guldgubber 70 -79, 92, 124
Gylfaginning → Snorri Sturluson

Hákonar saga góða 85, 95
Hárbarðsljóð 135, 137, 140 f., 265, 268 f., 276
Hávamál 83, 85, 138–140, 183, 203 f., 265 f., 268
Heimdall 150, 272, 279
Heimskringla → Snorri Sturluson
Hjortspring 49 f.
Hludana 88, 116 f.
Hoenir 109, 138
Hofstaðir 90, 95
Hymiskviða 134–137, 144, 263, 265, 269
Hyndluljóð 153, 166, 181, 265, 267, 272 f.

Ibn Fadlan 84
Ibn Rustah 85
Illerup Å 46 f.–48, 50 f., 67, 97
Indiculus Superstitionum 57, 100 f., 110, 201, 214
Isis 108, 115

Jordanes 52, 84, 138

Kristni saga 83, 85, 141, 248 f.

Landnámabók 92 f., 163 f., 171, 187 f., 199, 204
Landvættir 165, 186 ff.
Loðurr 109, 128, 138
Lokasenna 135, 149 f., 152, 168, 265, 268 f., 276, 278, 283
Loki 128, 143, 153, 261, 270, 276

Mære 67, 76, 77
Mannus 175
Matronen 11–13, 86, 117–124, 160

Merseburger Zaubersprüche 70, 114 f., 127, 154, 156, 218, 220
Midgardschlange 132 f., 178 f., 180, 239
Moorleichen 62 f., 64

Nehalennia 88, 115–17
Nerthus 56 f., 64, 87
Newgrange 28–30, 34
Njörðr 56 f., 64, 109, 148 f., 267, 270, 279
Nornen 125 f., 171 f., 182 f.
Nydam 45 f., 48, 50, 51, 97

Oberdorla 59 f., 99
Odin 15–17, 69, 70, 74, 106–11, 117, 128, 137–144, 156, 162 f., 175, 180, 213, 215, 217 f., 267, 270, 279–281
Orosius 51, 84

Paulus Diaconus 110, 114, 138, 267
Pferd 66, 82, 193 f.
Possendorf 60 f., 99
Prokopius 51, 84, 100

Rappendam 55 f., 58
Riesen 165–168
Rígsþula 150, 265, 272 f.

Saxo Grammaticus 83, 134, 136, 141, 147, 150 f., 160, 171, 197, 219, 217, 274–282
Schiff 194–199
Sif 153
Sigrdrífomál 18, 149
Sigyn 153
Skáldskaparmál → Snorri Sturluson
Skara Brae 25–27
Skedemosse 44, 55, 58 f., 66, 97
Skírnismál 145–148, 154, 208, 265, 268
Sleipnir 108
Slöinge 67, 72, 76, 77, 79, 91
Snorri Sturluson 67, 75, 85 f., 92, 99, 107–10, 126, 128, 134 f., 137–139, 141, 144 f., 148, 152, 155 f., 159, 163, 166, 168, 171, 175–180, 184, 186–188, 192, 208 f., 212 f., 216, 231, 264, 268, 271–275, 281

Sól 115
Sonne 30, 33, 34, 37 f.
Sorte Muld 53
Sunucsal 116
Svipdagsmál 265, 167, 273

Tacitus 44, 51, 56 f., 61 f., 87, 108 f., 111, 142, 175, 184 f., 191, 224 f.
Tamfana 87, 116
Thietmar von Merseburg 81 f.
Þjóðólfr ór Hvíni 78
Thor 13–18, 75, 106 f., 109, 112, 117, 128, 130–137, 144, 162,-164, 180, 239, 268 f., 271, 276 f.
Thorsberg 44, 49, 51
Þrymskviða 134 f., 158, 166, 264 f., 278, 283
Trolle 165–168, 186
Trundholm 38, 57
Tuisto 109, 175, 185
Týr 80, 112 f., 149, 249 f.

Ulfheðnar 141
Ullr 49, 149, 280
Uppsala 81, 90, 93, 106

Vafþrúðnismál 140, 166, 174 f., 181, 293, 210, 265–267, 278
Vagdavercustis 116
Vé 109, 138, 179, 280 f.
Vili 109, 138, 279, 280 f.
Völuspá 90, 138, 250–153, 156, 166, 168–176, 179–183, 208 f., 226, 253, 263, 265–269, 271 f.

Wagner, Richard 17–19
Walküren 17–19, 125, 127 f., 138, 155, 165, 172
Wanen 130
Wodan → Odin

Ymir 109, 170, 173
Ynglinga saga → Snorri Sturluson
Ynglingatal 78, 126, 138, 168

Zwerge 165–170, 263

Abbildungsverzeichnis

Abb. 1: Matronentempel in Nettersheim in der Eifel.
Abb. 2: Verbreitung megalithischer Grabformen in Europa (nach McKie, 148 f.).
Abb. 3: Innenansicht eines Hauses und Plan von Skara Brae, Mainland, Orkney (Plan nach McKie, 33).
Abb. 4: Plan des Ganggrabs von Newgrange, Irland (nach Sean P. ÓRíordán and Glyn Daniel: Newgrange, publ. by Thames and Hudson Ltd., London 1964: Mit freundlicher Genehmigung des Verlags).
Abb. 5: Zeichnerische Rekonstruktion des Kulthauses von Tustrup, Nordjütland, Dänemark (nach Tilley, 228).
Abb. 6: Stonehenge, Wiltshire, Südengland.
Abb. 7: Relative Häufigkeit der Felszeichnungsmotive (nach Bertilsson: The Rock Carvings, 120, mit freundlicher Genehmigung des Verfassers).
Abb. 8: Bronzezeitlicher Sonnenwagen von Trundholm.
Abb. 9: Felszeichnung mit Kultschiff aus Bohuslän, Westschweden.
Abb. 10: Bronzezeitliche Luren und Kulthelme aus Dänemark.
Abb. 11: Karte der großen Mooropferplätze in Nordeuropa (nach Müller-Wille: Opferkulte, 41).
Abb. 12: Art und Anzahl geopferter Ausrüstungsgegenstände im Kriegsbeuteopfer von Ejsbøl-Nord (um 300 n. Chr.; nach Ørsnes: Der Moorfund, 179).
Abb. 13: Die drei Haupttypen der Guldgubber (mit Dank an M. Watt).
Abb. 14: Goldblechfiguren aus bedeutenden Siedlungszentren (nach Watt: Images of Women, Pl. 9).
Abb. 15: Eisenzeitliche Idole aus Germanien (tw. nach Capelle, Anthropomorphe Holzidole, 1995).
Abb. 16: Opferszene von einem Weihestein für die Aufanischen Matronen aus Bonn (um 220 n. Chr.; mit freundlicher genehmigung des Rheinischen Landesmuseums, Bonn).
Abb. 17: Runensteine mit a) Thorshammer (Stenkvista, Södermannland, Schweden) und b) „Thorsweihe" (Glavendrup, Fünen, Dänemark).
Abb. 18: a) Herkuleskeule, b) Donarskeule, c)–e) diverse Thorshämmer.
Abb. 19: Wikingerzeitliche ikonographische Repräsentationen des Mythos von Thors Fischfang: a) Altuna (Uppland, Schweden) und b) Ardre (Gotland, Schweden).
Abb. 20: Motive von Helmpressblechen und deren Modeln aus Torslunda, Valsgärde, Vendel.
Abb. 21: Statuette des Gottes Freyr aus Rällinge, Schweden.
Abb. 22: Darstellung Freyjas in einer isländischen Papierhandschrift des 17. Jahrhunderts (Hs AM 738, 4to, 37v; mit freundlicher Genehmigung des Arnamagnæanischen Instituts in Reykjavík).
Abb. 23: Sonnenuhr mit Midgardschlange an der angelsächsischen Kirche von Escom (bei Bishop Auckland; um 700).
Abb. 24: Wikingerzeitliches Gräberfeld von Lindholm Høje in Jütland mit Schiffssetzungen.
Abb. 25: Weibliche Personifizierung der Wellen, eine Frühform der Vorstellung von Ran? Von einem Riemenbeschlag aus Solberga, Askeby, Östergötland, Schweden, um 700.
Abb. 26: Der große Runenstein von Jelling, Jütland, Dänemark.
Abb. 27: Blick von Norwegens ältester christlicher Kirche, St. Michael auf Selja.
Abb. 28: Kommendation aus dem Sachsenspiegel.